时事政治与税收知识一本通

税务干部能力提升研究编写组　编

中国财经出版传媒集团
中国财政经济出版社

图书在版编目（CIP）数据

时事政治与税收知识一本通／税务干部能力提升研究编写组编．--北京：中国财政经济出版社，2021.4
ISBN 978-7-5223-0493-9

Ⅰ.①时…　Ⅱ.①税…　Ⅲ.①税收管理－行政执法－中国－资格考试－自学参考资料　Ⅳ.①D922.22

中国版本图书馆CIP数据核字（2021）第066403号

责任编辑：潘　飞　　　　责任印制：史大鹏
封面设计：卜建辰

时事政治与税收知识一本通
SHISHI ZHENGZHI YU SHUISHOU ZHISHI YIBENTONG

中国财政经济出版社 出版
URL：http：//www.cfeph.cn
E-mail：cfeph@cfeph.cn

社址：北京市海淀区阜成路甲28号　邮政编码：100142
营销中心电话：010-88191522
天猫网店：中国财政经济出版社旗舰店
网址：https：//zgczjjcbs.tmall.com
北京时捷印刷有限公司印刷　各地新华书店经销
成品尺寸：185mm×260mm　16开　35.75印张　712 000字
2021年4月第1版　2021年4月北京第1次印刷
定价：119.00元
ISBN 978-7-5223-0493-9
（图书出现印装问题，本社负责调换，电话：010-88190548）
本社质量投诉电话：010-88190744
打击盗版举报热线：010-88191661　QQ：2242791300

前 言

如何做一名有理想、有本领、有担当的税务干部，是摆在每一名税务干部面前的首要课题。为帮助大家达到业务提升、能力提高、全面发展的终极目的，真正做到“大局观，税务心，专业能力，本土功夫”，我们精心编写了这本书。

学习的目的在于应用。为充分兼顾税收执法资格考试、税务系统岗位练兵等不同层次的考试需求，让每位读者既有税务人的专业视角，又有提升站位的大局眼光，本书精心编写了党务知识、税收业务知识、涉税法律知识、国内外时事政治等必学必会知识，通过表格归纳、要点提示、习题演练等多方式、多角度帮助每位读者构建科学系统的知识体系，实现个人综合能力的“系统升级”，真正做到理论与实践有机结合，党建和业务深度融合，不忘初心，学习兴税。

本书的编写人员长期从事税收工作，具有丰富的理论和实践经验。在编写过程中，得到了诸多老师对我们的鼎力支持，提出了大量的宝贵意见和建议，在此一并致谢。书中如有疏漏之处，欢迎各位读者不吝赐教，我们将虚心接受，使本书更趋完美。

有理想的人海阔天空。希望每一名读者都能不忘初心，奋勇前行，在高质量推进新时代税收现代化、更好地服务国家治理现代化中贡献自己的一份力量。

税务干部能力提升研究编写组
2021 年 4 月

目　录

第一篇　党的基本知识

第一章　党员应知应会常见知识

1. 党的性质：中国共产党是中国工人阶级的先锋队，同时是中国人民和中华民族的先锋队，是中国特色社会主义事业的领导核心，代表中国先进生产力的发展要求，代表中国先进文化的前进方向，代表中国最广大人民的根本利益。党的最高理想和最终目标是实现共产主义。

2. 党的行动指南：中国共产党以马克思列宁主义、毛泽东思想、邓小平理论、“三个代表”重要思想、科学发展观、习近平新时代中国特色社会主义思想作为自己的行动指南。

3. 中国共产党的根本宗旨：全心全意为人民服务。

4. 现阶段我国社会的主要矛盾：人民日益增长的美好生活需要和不平衡不充分的发展之间的矛盾。

5. 中国共产党人的初心和使命：为中国人民谋幸福，为中华民族谋复兴。

6. 中国共产党在社会主义初级阶段的基本路线：领导和团结全国各族人民，以经济建设为中心，坚持四项基本原则，坚持改革开放，自力更生，艰苦创业，为把我国建设成为富强民主文明和谐美丽的社会主义现代化强国而奋斗。

7. 党的思想路线：一切从实际出发，理论联系实际，实事求是，在实践中检验真理和发展真理。

8. 新时代党的组织路线：全面贯彻新时代中国特色社会主义思想，以组织体系建设为重点，着力培养忠诚干净担当的高素质干部，着力集聚爱国奉献的各方面优秀人才，坚持德才兼备、以德为先、任人唯贤，为坚持和加强党的全面领导、坚持和发展中国特色社会主义提供坚强组织保证。

9. 党的群众路线：一切为了群众，一切依靠群众，从群众中来，到群众中去，把党的正确主张变为群众的自觉行动。

10. 两个重要时期：从现在起到2020年，是全面建成小康社会决胜期；从党的十九大到二十大，是“两个一百年”奋斗目标的历史交汇期。

从2020年到本世纪中叶可以分两个阶段来安排：第一个阶段，从2020年到2035年，在全面建成小康社会的基础上，再奋斗十五年，基本实现社会主义现代化；第二个阶段，从2035年到本世纪中叶，在基本实现现代化的基础上，再奋斗十五年，把我国建成富强民主文明和谐美丽的社会主义现代化强国。

11. “两个一百年”奋斗目标：第一个“一百年”，是到中国共产党成立一百年时全面建成小康社会；第二个“一百年”，是到新中国成立一百年时建成富强民主文明和谐美丽的社会主义现代化强国。

12. 党的民主集中制的基本原则：

（1）党员个人服从党的组织，少数服从多数，下级组织服从上级组织，全党各个组织和全体党员服从党的全国代表大会和中央委员会。

（2）党的各级领导机关，除它们派出的代表机关和在非党组织中的党组外，都由选举产生。

（3）党的最高领导机关，是党的全国代表大会和它所产生的中央委员会。党的地方各级领导机关，是党的地方各级代表大会和它们所产生的委员会。党的各级委员会向同级的代表大会负责并报告工作。

（4）党的上级组织要经常听取下级组织和党员群众的意见，及时解决他们提出的问题。党的下级组织既要向上级组织请示和报告工作，又要独立负责地解决自己职责范围内的问题。上下级组织之间要互通情报、互相支持和互相监督。党的各级组织要使党员对党内事务有更多的了解和参与。

（5）党的各级委员会实行集体领导和个人分工负责相结合的制度。凡属重大问题都要按照集体领导、民主集中、个别酝酿、会议决定的原则，由党的委员会集体讨论，作出决定；委员会成员要根据集体的决定和分工，切实履行自己的职责。

（6）党禁止任何形式的个人崇拜。要保证党的领导人的活动处于党和人民的监督之下，同时维护一切代表党和人民利益的领导人的威信。

13. 不忘初心、牢记使命：

党的十九大报告中强调：“中国共产党人的初心和使命，就是为中国人民谋幸福，为中华民族谋复兴。这个初心和使命是激励中国共产党人不断前进的根本动力。”弘扬马克思主义学风，推进“两学一做”学习教育常态化制度化，以县处级以上领导干部为重点，在全党开展”不忘初心、牢记使命”主题教育，用党的创新理论武装头脑，推动全党更加自觉地为实现新时代党的历史使命不懈奋斗。

14. 社会主义核心价值观：富强、民主、文明、和谐；自由、平等、公正、法治；爱国、敬业、诚信、友善。

15. 两个维护：坚决维护习近平总书记党中央的核心、全党的核心地位，坚决维护党中央权威和集中统一领导。

16. 三会一课：“三会”指定期召开支部党员大会、党支部委员会和党小组会，“一课”指按时上好党课。

17. 党的三大优良作风：理论联系实际、密切联系群众、批评与自我批评。

18. 三严三实：既严以修身、严以用权、严以律己；又谋事要实、创业要实、做人要实。

19. 四项基本原则：坚持社会主义道路，坚持人民民主专政，坚持中国共产党领导，坚持马克思列宁主义、毛泽东思想。

20. 四个意识：政治意识、大局意识、核心意识、看齐意识。

21. 四个全面战略布局：协调推进全面建成小康社会、全面深化改革、全面依法治国、全面从严治党。

22. 四个自信：中国特色社会主义道路自信、理论自信、制度自信、文化自信。

23. 四个伟大：伟大梦想（中华民族伟大复兴）、伟大斗争（具有许多新的历史特点的伟大斗争）、伟大工程（党的建设新的伟大工程）、伟大事业（中国特色社会主义事业）。

24. 四大危险：精神懈怠危险、能力不足危险、脱离群众危险、消极腐败危险。

25. 四大考验：执政考验、改革开放考验、市场经济考验、外部环境考验。

26. 党内政治生活"四性"：政治性、时代性、原则性、战斗性。

27. 四自能力：自我净化、自我完善、自我革新、自我提高的能力。

28. 四个服从：党员个人服从党的组织、少数服从多数、下级组织服从上级组织、全党各个组织和全体党员服从党的全国代表大会和中央委员会。

29. 合格党员的"四讲四有"标准：讲政治、有信念，讲规矩、有纪律，讲道德、有品行，讲奉献、有作为。

30. 四个坚持、三个支撑、两个走在前列：坚持党的领导、坚持中国特色社会主义、坚持新发展理念、坚持改革开放，为全国推进供给侧结构性改革、实施创新驱动发展战略、构建开放型经济新体制提供支撑，努力在全面建成小康社会、加快建设社会主义现代化新征程上走在前列。

31. 五大发展理念：创新、协调、绿色、开放、共享。

32. 五位一体总体布局：统筹推进经济建设、政治建设、文化建设、社会建设、生态文明建设。

33. "好干部"的五条标准：信念坚定、为民服务、勤政务实、敢于担当、清正廉洁。

34. 党的建设五项基本要求：坚持党的基本路线；坚持解放思想，实事求是，与时俱进，求真务实；坚持全心全意为人民服务；坚持民主集中制；坚持从严管党治党。

35. 七项组织生活制度：会议制度、党日制度、党课制度、报告工作制度、民主生活制度、党员汇报制度、民主评议党员制度。

36. 八个明确：

（1）明确坚持和发展中国特色社会主义，总任务是实现社会主义现代化和中华民族伟大复兴，在全面建成小康社会的基础上，分两步走在本世纪中叶建成富强民主文明和谐美丽的社会主义现代化强国；

（2）明确新时代我国社会主要矛盾是人民日益增长的美好生活需要和不平衡不充分的发展之间的矛盾，必须坚持以人民为中心的发展思想，不断促进人的全面发展、全体人民共同富裕；

（3）明确中国特色社会主义事业总体布局是“五位一体”、战略布局是“四个全面”，强调坚定道路自信、理论自信、制度自信、文化自信；

（4）明确全面深化改革总目标是完善和发展中国特色社会主义制度、推进国家治理体系和治理能力现代化；

（5）明确全面推进依法治国总目标是建设中国特色社会主义法治体系、建设社会主义法治国家；

（6）明确党在新时代的强军目标是建设一支听党指挥、能打胜仗、作风优良的人民军队，把人民军队建设成为世界一流军队；

（7）明确中国特色大国外交要推动构建新型国际关系，推动构建人类命运共同体；

（8）明确中国特色社会主义最本质的特征是中国共产党领导，中国特色社会主义制度的最大优势是中国共产党领导，党是最高政治领导力量，提出新时代党的建设总要求，突出政治建设在党的建设中的重要地位。

37. 十四个坚持：坚持党对一切工作的领导；坚持以人民为中心；坚持全面深化改革；坚持新发展理念；坚持人民当家作主；坚持全面依法治国；坚持社会主义核心价值体系；坚持在发展中保障和改善民生；坚持人与自然和谐共生；坚持总体国家安全观；坚持党对人民军队的绝对领导；坚持“一国两制”和推进祖国统一；坚持推动构建人类命运共同体；坚持全面从严治党。

38. 新时代党的建设总体要求：坚持和加强党的全面领导，坚持党要管党、全面从严治党，以加强党的长期执政能力建设、先进性和纯洁性建设为主线，以党的政治建设为统领，以坚定理想信念宗旨为根基，以调动全党积极性、主动性、创造性为着力点，全面推进党的政治建设、思想建设、组织建设、作风建设、纪律建设，把制度建设贯穿其中，深入推进反腐败斗争，不断提高党的建设质量，把党建设成为始终走在时代前列、人民衷心拥护、勇于自我革命、经得起各种风浪考验、朝气蓬勃的马克思主义执政党。

39. 党的基层组织设置：企业、农村、机关、学校、科研院所、街道社区、社会组织、人民解放军连队和其他基层单位，凡是有正式党员三人以上的，都应当成立党的基层组织。党的基层组织，根据工作需要和党员人数，经上级党组织批准，分别设立党的基层委员会、总支部委员会、支部委员会。基层委员会由党员大会或代表大会选举产生，总支部委员会和支部委员会由党员大会选举产生，提出委员候选人要广泛征求党员和群众的意见。

40. 党支部的职责：党支部是党的基础组织，担负直接教育党员、管理党员、监督党员和组织群众、宣传群众、凝聚群众、服务群众的职责。

41. 党员组织关系：党员组织关系是指党员对党的基层组织的隶属关系。按照党章规定，每个党员不论职务高低，都必须编入党的一个支部、小组，或者其他特定组织，参加党的组织生活，接受党内外群众的监督。申请入党的人一经被批准入党，接受其入党的党组织就把其编入党的基层组织，从此就确定了他的组织关系。党员的组织关系一经确定，党员就可以而且必须参加该组织的生活，并在其中积极工作。

42. 党的组织生活：党的组织生活是党内政治生活的重要内容和载体，是党组织对党员进行教育管理监督的重要形式。党的组织生活依托党组织开展活动，主要形式有支部党员大会、支部委员会、党小组会、党课，也就是我们通常所说的“三会一课”，以及党员组织生活会、党员领导干部民主生活会、民主评议党员等。

43. 民主评议党员制度：民主评议党员制度是党支部按照有关规定，定期组织党员开展民主评议的一种制度。民主评议党员要在党委领导下，以支部为单位进行，每年进行一次。对党员进行民主评议要督促党员对照党章规定的党员标准、对照入党誓词、联系个人实际进行党性分析，强化党员意识，增强党的观念，提高党性修养。对党性不强的党员及时进行批评教育、限期改正，经教育仍无转变的，应劝其退党或除名。

44. 谈心谈话制度：谈心谈话制度是党的组织生活的重要形式，党组织领导班子成员之间、班子成员和党员之间、党员和党员之间要开展经常性的谈心谈话，坦诚相见，交流思想，交换意见。领导干部要带头谈，也要接受党员、干部约谈。

45. 批评与自我批评：批评和自我批评是我们党强身治病、保持机体健康的锐利武器，也是加强和规范党内政治生活的重要手段。必须坚持不懈把批评和自我批评这个武器用好。批评和自我批评必须坚持实事求是，讲党性不讲私情，讲真理不讲面子，坚持“团结—批评—团结”，按照“照镜子、正衣冠、洗洗澡、治治病”的要求，严肃认真提意见，满腔热情帮同志，绝不能把自我批评变成自我表扬，把相互批评变成相互吹捧。

46. 党的纪律：党的纪律主要包括政治纪律、组织纪律、廉洁纪律、群众纪律、工作纪律、生活纪律、对党员的纪律处分有五种：警告、严重警告、撤销党内职务、留党察看、开除党籍。

47. 双重组织生活：是指党员领导干部既要参加党委、党组的民主生活会，又要参加所在党支部、党小组的组织生活会。

48. 两学一做：学党章党规、学系列讲话，做合格党员。

49. 党徽党旗：中国共产党党徽为镰刀和锤头组成的图案。中国共产党党旗为旗面缀有金黄色党徽图案的红旗。中国共产党的党旗党徽是中国共产党的象征和标志。党的各级组织和每一个党员，都应当尊重和爱护党旗党徽。

50. 党籍：是指党员资格。一个申请入党的同志，当他履行了入党手续，从被批准为预备党员之日起，就取得了党员资格，就有了党籍。取得了党籍，是一个人从组织上被承认为党员的依据。党员被取消预备党员资格、劝退出党、除名、自行脱党、不予登记开除党籍的，就失去了党籍。

51. 党龄：是指党员从预备党员转为正式党员之后经过的年数，即成为正式党员后的全部时间。党员的党龄，应当从预备期满转为正式党员之日算起。

52. 党费：按照党章规定向党组织缴纳党费，是共产党员必须具备的起码条件，是党员对党组织应尽的义务。党费收缴、使用和管理，是党的基层组织建设和党员队伍建设中的一项重要工作。预备党员从支部大会通过为其预备党员之日起缴纳党费。

53. 申请入党基本条件：

（1）年龄在18岁以上的中国公民；

（2）承认党的纲领和章程；

（3）愿意参加党的一个组织并在其中积极工作；

（4）愿意执行党的决议；

（5）按期缴纳党费。

54. 党员的基本要求：

中国共产党党员是中国工人阶级的有共产主义觉悟的先锋战士。

中国共产党党员必须全心全意为人民服务，不惜牺牲个人的一切，为实现共产主义奋斗终身。

中国共产党党员永远是劳动人民的普通一员。除了法律和政策规定范围内的个人利益和工作职权以外，所有共产党员都不得谋求任何私利和特权。

55. 党员必须履行的义务：

（1）认真学习马克思列宁主义、毛泽东思想、邓小平理论、“三个代表”重要思想、科学发展观、习近平新时代中国特色社会主义思想，学习党的路线、方针、政策和决议，学习党的基本知识，学习科学、文化、法律和业务知识，努力提高为人民服务的本领。

（2）贯彻执行党的基本路线和各项方针、政策，带头参加改革开放和社会主义现代化建设，带动群众为经济发展和社会进步艰苦奋斗，在生产、工作、学习和社会生活中起先锋模范作用。

（3）坚持党和人民的利益高于一切，个人利益服从党和人民的利益，吃苦在前，享受在后，克己奉公，多做贡献。

（4）自觉遵守党的纪律，首先是党的政治纪律和政治规矩，模范遵守国家的法律法规，严格保守党和国家的秘密，执行党的决定，服从组织分配，积极完成党的任务。

（5）维护党的团结和统一，对党忠诚老实，言行一致，坚决反对一切派别组织和小集团活动，反对阳奉阴违的两面派行为和一切阴谋诡计。

（6）切实开展批评和自我批评，勇于揭露和纠正违反党的原则的言行和工作中的缺点、错误，坚决同消极腐败现象作斗争。

（7）密切联系群众，向群众宣传党的主张，遇事同群众商量，及时向党反映群众的意见和要求，维护群众的正当利益。

（8）发扬社会主义新风尚，带头实践社会主义核心价值观和社会主义荣辱观，提倡共产主义道德，弘扬中华民族传统美德，为了保护国家和人民的利益，在一切困难和危险的时刻挺身而出，英勇斗争，不怕牺牲。

56. 党员享有下列权利：

（1）参加党的有关会议，阅读党的有关文件，接受党的教育和培训。

（2）在党的会议上和党报党刊上，参加关于党的政策问题的讨论。

（3）对党的工作提出建议和倡议。

（4）在党的会议上有根据地批评党的任何组织和任何党员，向党负责地揭发、检举党的任何组织和任何党员违法乱纪的事实，要求处分违法乱纪的党员，要求罢免或撤换不称职的干部。

（5）行使表决权、选举权，有被选举权。

（6）在党组织讨论决定对党员的党纪处分或作出鉴定时，本人有权参加和进行申辩，其他党员可以为他作证和辩护。

（7）对党的决议和政策如有不同意见，在坚决执行的前提下，可以声明保留，并且可以把自己的意见向党的上级组织直至中央提出。

（8）向党的上级组织直至中央提出请求、申诉和控告，并要求有关组织给以负责的答复。

57. 党员的监督义务：

（1）加强对党的领导干部的民主监督，及时向党组织反映群众意见和诉求。

（2）在党的会议上有根据地批评党的任何组织和任何党员，揭露和纠正工作中存在的缺点和问题。

（3）参加党组织开展的评议领导干部活动，勇于触及矛盾问题、指出缺点错误，对错误言行敢于较真、敢于斗争。

（4）向党负责地揭发、检举党的任何组织和任何党员违纪违法的事实，坚决反对一切派别活动和小集团活动，同腐败现象作坚决斗争。

58. 党的各级领导干部必须具备的基本条件：

具有履行职责所需要的马克思列宁主义、毛泽东思想、邓小平理论、“三个代表”重要思想、科学发展观的水平，带头贯彻落实习近平新时代中国特色社会主义思想，努力用马克思主义的立场、观点、方法分析和解决实际问题，坚持讲学习、讲政治、讲正气，经得起各种风浪的考验。

具有共产主义远大理想和中国特色社会主义坚定信念，坚决执行党的基本路线和各项方针、政策，立志改革开放，献身现代化事业，在社会主义建设中艰苦创业，树立正确政绩观，作出经得起实践、人民、历史检验的实绩。

坚持解放思想，实事求是，与时俱进，开拓创新，认真调查研究，能够把党的方针、政策同本地区、本部门的实际相结合，卓有成效地开展工作，讲实话，办实事，求实效。

有强烈的革命事业心和政治责任感，有实践经验，有胜任领导工作的组织能力、文化水平和专业知识。

正确行使人民赋予的权力，坚持原则，依法办事，清正廉洁，勤政为民，以身作则，艰苦朴素，密切联系群众，坚持党的群众路线，自觉地接受党和群众的批评和监督，加强道德修养，讲党性、重品行、作表率，做到自重、自省、自警、自励，反对形式主义、官僚主义、享乐主义和奢靡之风，反对任何滥用职权、谋求私利的行为。

坚持和维护党的民主集中制，有民主作风，有全局观念，善于团结同志，包括团结同自己有不同意见的同志一道工作。

59. 中国共产党第十九届五中全会公报要点

（1）一个重要判断：

有习近平同志作为党中央的核心、全党的核心领航掌舵，有全党全国各族人民团结一心、顽强奋斗，我们就一定能够战胜前进道路上出现的各种艰难险阻，一定能够在新时代把中国特色社会主义更加有力地推向前进。

（2）决胜全面建成小康社会取得10方面的决定性成就：

“十三五”时期，全面深化改革取得重大突破，全面依法治国取得重大进展，全面从严治党取得重大成果，国家治理体系和治理能力现代化加快推进，中国共产党领导和我国社会主义制度优势进一步彰显；

经济实力、科技实力、综合国力跃上新的大台阶，经济运行总体平稳，经济结构持续优化，预计二〇二〇年国内生产总值突破一百万亿元；

脱贫攻坚成果举世瞩目，五千五百七十五万农村贫困人口实现脱贫；

粮食年产量连续五年稳定在一万三千亿斤以上；

污染防治力度加大，生态环境明显改善；

对外开放持续扩大，共建“一带一路”成果丰硕；

人民生活水平显著提高，高等教育进入普及化阶段，城镇新增就业超过六千万人，建成世界上规模最大的社会保障体系，基本医疗保险覆盖超过十三亿人，基本养老保险覆盖近十亿人，新冠肺炎疫情防控取得重大战略成果；

文化事业和文化产业繁荣发展；

国防和军队建设水平大幅提升，军队组织形态实现重大变革；

国家安全全面加强，社会保持和谐稳定。

（3）我国发展环境面临深刻复杂变化：

国际机遇

当今世界正经历百年未有之大变局，新一轮科技革命和产业变革深入发展，国际力量对比深刻调整，和平与发展仍然是时代主题，人类命运共同体理念深入人心。挑战：国际环境日趋复杂，不稳定性不确定性明显增加。

国内机遇

我国已转向高质量发展阶段，制度优势显著，治理效能提升，经济长期向好，物质基础雄厚，人力资源丰富，市场空间广阔，发展韧性强劲，社会大局稳定，继续发展具有多方面优势和条件

国内挑战

我国发展不平衡不充分问题仍然突出，重点领域关键环节改革任务仍然艰巨，创新能力不适应高质量发展要求，农业基础还不稳固，城乡区域发展和收入分配差距较大，生态环保任重道远，民生保障存在短板，社会治理还有弱项。

（4）二〇三五年基本实现社会主义现代化远景目标：

我国经济实力、科技实力、综合国力将大幅跃升，经济总量和城乡居民人均收入将再迈上新的大台阶，关键核心技术实现重大突破，进入创新型国家前列；

基本实现新型工业化、信息化、城镇化、农业现代化，建成现代化经济体系；

基本实现国家治理体系和治理能力现代化，人民平等参与、平等发展权利得到充分保障，基本建成法治国家、法治政府、法治社会；

建成文化强国、教育强国、人才强国、体育强国、健康中国，国民素质和社会文明程度达到新高度，国家文化软实力显著增强；

广泛形成绿色生产生活方式，碳排放达峰后稳中有降，生态环境根本好转，美丽中国建设目标基本实现；

形成对外开放新格局，参与国际经济合作和竞争新优势明显增强；

人均国内生产总值达到中等发达国家水平，中等收入群体显著扩大，基本公共服务实现均等化，城乡区域发展差距和居民生活水平差距显著缩小；

平安中国建设达到更高水平，基本实现国防和军队现代化；

人民生活更加美好，人的全面发展、全体人民共同富裕取得更为明显的实质性进展。

（5）“十四五”时期经济社会发展主要目标：

经济发展取得新成效，在质量效益明显提升的基础上实现经济持续健康发展，增

长潜力充分发挥，国内市场更加强大，经济结构更加优化，创新能力显著提升，产业基础高级化、产业链现代化水平明显提高，农业基础更加稳固，城乡区域发展协调性明显增强，现代化经济体系建设取得重大进展；

改革开放迈出新步伐，社会主义市场经济体制更加完善，高标准市场体系基本建成，市场主体更加充满活力，产权制度改革和要素市场化配置改革取得重大进展，公平竞争制度更加健全，更高水平开放型经济新体制基本形成；

社会文明程度得到新提高，社会主义核心价值观深入人心，人民思想道德素质、科学文化素质和身心健康素质明显提高，公共文化服务体系和文化产业体系更加健全，人民精神文化生活日益丰富，中华文化影响力进一步提升，中华民族凝聚力进一步增强；

生态文明建设实现新进步，国土空间开发保护格局得到优化，生产生活方式绿色转型成效显著，能源资源配置更加合理、利用效率大幅提高，主要污染物排放总量持续减少，生态环境持续改善，生态安全屏障更加牢固，城乡人居环境明显改善；

民生福祉达到新水平，实现更加充分更高质量就业，居民收入增长和经济增长基本同步，分配结构明显改善，基本公共服务均等化水平明显提高，全民受教育程度不断提升，多层次社会保障体系更加健全，卫生健康体系更加完善，脱贫攻坚成果巩固拓展，乡村振兴战略全面推进；

国家治理效能得到新提升，社会主义民主法治更加健全，社会公平正义进一步彰显，国家行政体系更加完善，政府作用更好发挥，行政效率和公信力显著提升，社会治理特别是基层治理水平明显提高，防范化解重大风险体制机制不断健全，突发公共事件应急能力显著增强，自然灾害防御水平明显提升，发展安全保障更加有力，国防和军队现代化迈出重大步伐。

（6）实现奋斗目标的12个具体举措：

坚持创新在我国现代化建设全局中的核心地位，把科技自立自强作为国家发展的战略支撑，面向世界科技前沿、面向经济主战场、面向国家重大需求、面向人民生命健康，深入实施科教兴国战略、人才强国战略、创新驱动发展战略，完善国家创新体系，加快建设科技强国。要强化国家战略科技力量，提升企业技术创新能力，激发人才创新活力，完善科技创新体制机制。

加快发展现代产业体系，推动经济体系优化升级。坚持把发展经济着力点放在实体经济上，坚定不移建设制造强国、质量强国、网络强国、数字中国，推进产业基础高级化、产业链现代化，提高经济质量效益和核心竞争力。要提升产业链供应链现代化水平，发展战略性新兴产业，加快发展现代服务业，统筹推进基础设施建设，加快建设交通强国，推进能源革命，加快数字化发展。

形成强大国内市场，构建新发展格局。坚持扩大内需这个战略基点，加快培育完整内需体系，把实施扩大内需战略同深化供给侧结构性改革有机结合起来，以创新驱动、高质量供给引领和创造新需求。要畅通国内大循环，促进国内国际双循环，全面促进消费，拓展投资空间。

全面深化改革，构建高水平社会主义市场经济体制。坚持和完善社会主义基本经济制度，充分发挥市场在资源配置中的决定性作用，更好发挥政府作用，推动有效市场和有为政府更好结合。要激发各类市场主体活力，完善宏观经济治理，建立现代财税金融体制，建设高标准市场体系，加快转变政府职能。

优先发展农业农村，全面推进乡村振兴。坚持把解决好“三农”问题作为全党工作重中之重，走中国特色社会主义乡村振兴道路，全面实施乡村振兴战略，强化以工补农、以城带乡，推动形成工农互促、城乡互补、协调发展、共同繁荣的新型工农城乡关系，加快农业农村现代化。要保障国家粮食安全，提高农业质量效益和竞争力，实施乡村建设行动，深化农村改革，实现巩固拓展脱贫攻坚成果同乡村振兴有效衔接。

优化国土空间布局，推进区域协调发展和新型城镇化。坚持实施区域重大战略、区域协调发展战略、主体功能区战略，健全区域协调发展体制机制，完善新型城镇化战略，构建高质量发展的国土空间布局和支撑体系。要构建国土空间开发保护新格局，推动区域协调发展，推进以人为核心的新型城镇化。

繁荣发展文化事业和文化产业，提高国家文化软实力。坚持马克思主义在意识形态领域的指导地位，坚定文化自信，坚持以社会主义核心价值观引领文化建设，加强社会主义精神文明建设，围绕举旗帜、聚民心、育新人、兴文化、展形象的使命任务，促进满足人民文化需求和增强人民精神力量相统一，推进社会主义文化强国建设。要提高社会文明程度，提升公共文化服务水平，健全现代文化产业体系。

推动绿色发展，促进人与自然和谐共生。坚持绿水青山就是金山银山理念，坚持尊重自然、顺应自然、保护自然，坚持节约优先、保护优先、自然恢复为主，守住自然生态安全边界。深入实施可持续发展战略，完善生态文明领域统筹协调机制，构建生态文明体系，促进经济社会发展全面绿色转型，建设人与自然和谐共生的现代化。要加快推动绿色低碳发展，持续改善环境质量，提升生态系统质量和稳定性，全面提高资源利用效率。

实行高水平对外开放，开拓合作共赢新局面。坚持实施更大范围、更宽领域、更深层次对外开放，依托我国大市场优势，促进国际合作，实现互利共赢。要建设更高水平开放型经济新体制，全面提高对外开放水平，推动贸易和投资自由化便利化，推进贸易创新发展，推动共建“一带一路”高质量发展，积极参与全球经济治理体系改革。

改善人民生活品质，提高社会建设水平。坚持把实现好、维护好、发展好最广大人民根本利益作为发展的出发点和落脚点，尽力而为、量力而行，健全基本公共服务体系，完善共建共治共享的社会治理制度，扎实推动共同富裕，不断增强人民群众获得感、幸福感、安全感，促进人的全面发展和社会全面进步。要提高人民收入水平，强化就业优先政策，建设高质量教育体系，健全多层次社会保障体系，全面推进健康中国建设，实施积极应对人口老龄化国家战略，加强和创新社会治理。

统筹发展和安全，建设更高水平的平安中国。坚持总体国家安全观，实施国家安全战略，维护和塑造国家安全，统筹传统安全和非传统安全，把安全发展贯穿国家发展各领域和全过程，防范和化解影响我国现代化进程的各种风险，筑牢国家安全屏障。要加强国家安全体系和能力建设，确保国家经济安全，保障人民生命安全，维护社会稳定和安全。

加快国防和军队现代化，实现富国和强军相统一。贯彻习近平强军思想，贯彻新时代军事战略方针，坚持党对人民军队的绝对领导，坚持政治建军、改革强军、科技强军、人才强军、依法治军，加快机械化信息化智能化融合发展，全面加强练兵备战，提高捍卫国家主权、安全、发展利益的战略能力，确保二〇二七年实现建军百年奋斗目标。要提高国防和军队现代化质量效益，促进国防实力和经济实力同步提升，构建一体化国家战略体系和能力，推动重点区域、重点领域、新兴领域协调发展，优化国防科技工业布局，巩固军政军民团结。

第二章 中国共产党党史概述

1840 年鸦片战争后，外国列强的入侵和国内统治阶级的腐朽没落，导致中国沦为半殖民地半封建社会。面对各种屈辱，无数仁人志士不断探索民族复兴的方法道路——从康有为的戊戌变法到孙中山的辛亥革命，但这些尝试都没有取得成功。

1919 年巴黎和会上，山东的主权由德国转交给日本，激起我国各阶层人民的强烈愤怒，五四运动如火山爆发般开始了。

五四运动之后，陈独秀、李大钊、毛泽东等一大批接受共产主义并初步掌握马克思主义理论的知识分子开始在中国传播马克思主义。1921 年，中国共产党在上海召开第一次全国代表大会，宣告了中国共产党的成立。

中国共产党第二次全国代表大会：提出反帝反封建的民主革命纲领。

1922 年，党的二大召开。本次会议正确分析了中国的社会性质，中国革命的性质、对象、动力和前途，指出了中国革命要分两步走，在中国近代史上第一次提出了彻底的反帝反封建的民主革命纲领。党的最高纲领是实现社会主义、共产主义。现阶段的革命纲领即最低纲领是统一中国为真正的民主共和国。中国共产党第二次全国代表大会为中国各民族人民的革命斗争指明了方向，对中国革命具有重大的深远的意义。

中国共产党第三次全国代表大会：大革命洪流中召开的党的代表大会。

1923 年，本次会议决定共产党员以个人身份加入国民党，实现国共合作，同时保持共产党在政治、思想、组织上的独立性。1924 年，国民党一大召开，确立联俄、联共、扶助农工的三大政策，形成了新三民主义，标志着第一次国共合作正式形成。

中国共产党第四次全国代表大会：大革命洪流中召开的党的代表大会。

1925 年召开了党的四大，提出了无产阶级在民主革命中的领导权问题和工农联盟问题。但是本次会议的缺点和不足是：虽然提出了领导权的问题，但对于如何争取领导权，缺乏具体明确的方针，只讲对群众运动的领导权，而完全忽视了对政权和武装力量的领导权。提出了农民是革命同盟军的问题，但没有提出土地革命这一解决农民问题的根本思想。

中国共产党第五次全国代表大会：大革命洪流中召开的党的代表大会。

1927 年党的五大召开，虽然批判了陈独秀的右倾错误，但对争夺革命领导权所迫切需要解决的重大问题，如改造武汉国民党、改造武汉国民政府、组织和扩大党对革命武装的领导等问题，均未作出切合实际的回答。大会对陈独秀右倾投降主义的实质和危害也缺乏深刻的认识。五大实际上并未解决挽救时局的问题。

中国共产党第六次全国代表大会：唯一一次在国外召开的党的代表大会。

1928 年党的六大在莫斯科召开，中共六大制定的路线基本是正确的，对后来中国革命的发展起了积极的作用。但这次会议也存在着缺点，即对中间阶级的作用、反动势力内部的矛盾缺乏正确的估计和政策，特别是对中国革命的长期性和农村革命根据地的重要意义认识不足，仍旧把城市工作放在全党工作的中心，这对中国革命的发展起了消极的影响。

中国共产党第七次全国代表大会：确立毛泽东思想在全党的指导地位。

1945 年党的七大在延安召开，大会确立毛泽东思想为全党的指导思想，这是七大作出的历史性贡献。大会把党在长期奋斗中形成的优良传统和作风概括为三大作风，即理论联系实际，密切联系群众，批评与自我批评。

中国共产党第八次全国代表大会：探索建设社会主义道路的良好开端。

1956 年党的八大召开，大会正确分析了国内外形势和国内主要矛盾的变化，指出：由于社会主义改造已经取得决定性胜利，我国无产阶级同资产阶级之间的矛盾已经基本解决，国内的主要矛盾已经是人民对于建立先进的工业国的要求同落后的农业国的现实之间的矛盾，已经是人民对于经济文化迅速发展的需要同当前经济文化不能满足人民需要的状况之间的矛盾。党和人民当前的主要任务，就是要集中力量解决这个矛盾，把我国尽快地从落后的农业国变成先进的工业国。八大是探索中国自己的建设社会主义道路的良好开端。

中国共产党第九次全国代表大会："文化大革命"中的大会。

1969 年 4 月党的九大召开，本次会议坚持"无产阶级专政下继续革命的理论"，使 1966 年开始的"文化大革命"的理论和实践进一步系统化、合法化，在思想上、政治上、组织上的指导方针都是错误的。

中国共产党第十次全国代表大会："文化大革命"中的大会。

1973 年党的十大召开，继续肯定九大的政治路线和组织路线。

中国共产党第十一次全国代表大会："文化大革命"后的首次大会。

1977 年党的十一大召开，虽然宣告"文化大革命"已经结束，但仍然肯定"文化大革命"的错误理论和实践。直到 1978 年党的十一届三中全会，才将党和国家工作的着重点转移到现代化建设上，从而实现了新中国成立以来党和国家历史上具有深远意义的伟大转折。

中国共产党第十二次全国代表大会：开创社会主义现代化建设新局面。

1982 年党的十二大召开，邓小平在这次大会上第一次提出了"建设有中国特色的社会主义"的崭新命题，明确指出："马克思主义的普遍真理同我国的具体实际结合起来，走自己的路，建设有中国特色的社会主义，这就是我们总结长期历史经验得出的基本结论。"

中国共产党第十三次全国代表大会：阐述社会主义初级阶段理论。

1987 年党的十三大召开，大会第一次系统地阐明了关于社会主义初级阶段的理论，明确概括了党在社会主义初级阶段的基本路线。大会指出，我国社会主义初级阶段是特指我国在生产力落后、商品经济不发达条件下建设社会主义必然要经历的特定阶段。这一论断包括两层含义：第一，我国社会已经是社会主义社会；第二，我国的社会主义社会还处在初级阶段，我们必须从这个实际出发，而不能超越这个阶段。大会提出了党在社会主义初级阶段的基本路线，即"一个中心，两个基本点"。大会还制定了到 21 世纪中叶经济发展分三走、实现现代化的发展战略，并提出了政治体制改革的任务。

中国共产党第十四次全国代表大会：确立邓小平建设有中国特色社会主义理论在全党的指导地位；明确经济体制改革的目标是建立社会主义市场经济体制。

1992 年年初邓小平发表"南方谈话"后，为党的十四大召开作了充分的理论准备，1992 年 10 月党的十四大召开，这次大会作出了三项具有深远意义的决策：一是确立邓小平建设有中国特色社会主义理论在全党的指导地位；二是明确经济体制改革的目标是建立社会主义市场经济体制；三是要求全党抓住机遇，加快发展，集中精力把经济建设搞上去。

中国共产党第十五次全国代表大会：高举邓小平理论伟大旗帜。

1997 年党的十五大召开，在大会通过的党章中，把邓小平理论同马列主义、毛泽东思想一起作为中国共产党的指导思想。大会指出，中国共产党要高举邓小平理论伟大旗帜，把建设有中国特色社会主义事业全面推向二十一世纪。

中国共产党第十六次全国代表大会：与时俱进的大会。

2002 年党的十六大召开，这次大会是我们党新世纪乘胜前进、规划制新世纪中国发展重大战略的会议，也是与时俱进，为指导思想增添理论新成果的代表大会。在大会通过的党章中，把"三个代表"确立为全党的指导思想。并实现了我们党承前启后，完成整体性新老交替的任务。大会的主题是：高举邓小平理论的伟大旗帜，全面贯彻"三个代表"重要思想，继往开来，与时俱进，全面建设小康社会，加快推进社会主义现代化，为开创中国特色社会主义事业新局面而奋斗

中国共产党第十七次全国代表大会：科学发展、共建和谐的大会。

2007 年，党的十七大召开，党的十七大的主题是："高举中国特色社会主义伟大旗帜，以邓小平理论和'三个代表'重要思想为指导，深入贯彻落实科学发展观，继续解放思想，坚持改革开放，推动科学发展，促进社会和谐，为夺取全面建设小康社会新胜利而奋斗。"

中国共产党第十八次全国代表大会：

2012 年，中国共产党第十八次全国代表大会召开。党的十八大明确了"科学发展

观”是党必须长期坚持的指导思想，并将其写入党章，并回答了坚定不移走中国特色社会主义道路的政策立场。

2017 年，中国共产党第十九次全国代表大会召开。其主题是：不忘初心，牢记使命，高举中国特色社会主义伟大旗帜，决胜全面建成小康社会，夺取新时代中国特色社会主义伟大胜利，为实现中华民族伟大复兴的中国梦不懈奋斗。

历史告诉我们，中国走过的历程，中国人民和中华民族走过的历程，是中国共产党和中国人民用鲜血、汗水、泪水写就的，充满着苦难和辉煌、曲折和胜利、付出和收获，这是中华民族发展史上不能忘却、不容否定的壮丽篇章，也是中国人民和中华民族继往开来、奋勇前进的现实基础。

党史知识测试题

一、单项选择题

1. 1921 年 7 月 23 日至 8 月初，中国共产党第一次全国代表大会先后在（　　）召开。

A. 上海、嘉兴　　B. 上海、天津

C. 北京、上海　　D. 北京、广州

2. 第一次明确提出彻底的反帝反封建民主革命纲领的会议是（　　）。

A. 中共一大　　B. 中共二大　　C. 中共三大　　D. 中共四大

3. 第一次国共合作正式建立的标志是（　　）。

A. 国民党第一次全国代表大会的召开

B. 中共三大的召开

C. 黄埔军校的建立

D. 北伐战争的开始

4. “政权是由枪杆子中取得的”这一论断是毛泽东在（　　）提出的。

A. 八七会议上　　B. 古田会议上

C. 反“围剿”斗争中　　D. 井冈山斗争中

5. （　　）从组织上确立了党对军队的绝对领导，为建立一支无产阶级领导下的新型人民军队奠定了基础。

A. 井冈山会师　　B. 工农武装割据

C. 三湾改编　　D. 中共六大

6. 红军长征途中召开的（　　），开始确立了毛泽东在党中央和红军的领导地位，挽救了党、挽救了红军、挽救了中国革命，成为党的历史上一个生死攸关的转折点。

A. 古田会议　　B. 遵义会议

C. 黎平会议　　D. 两河口会议

7. 1935 年 12 月，中共中央在（　　）上确定了抗日民族统一战线的策略方针。

A. 八七会议　　B. 洛川会议

C. 瓦窑堡会议　　D. 十二月会议

8. “千古奇冤，江南一叶；同室操戈，相煎何急？”是周恩来在（　　）后对国民党蒋介石的控诉和回击。

A. 七七事变　　B. 八一三事变　　C. 皖南事变　　D. 五二血案

9. 1945 年，党的（　　）确立了毛泽东思想为全党的指导思想。

A. 六大　　B. 六届六中全会

C. 七大　　D. 八大

10. 1946 年 8 月，毛泽东在同美国记者安娜·路易斯·斯特朗的谈话中提出了(　　)。

A. “没有调查就没有发言权”

B. “将革命进行到底”

C. “星星之火，可以燎原”

D. “帝国主义和一切反动派都是纸老虎”

11. 1949 年 3 月，中共中央在（　　）召开七届二中全会。毛泽东在会上向全党同志提出了著名的“两个务必”。

A. 阜平　　B. 延安　　C. 北京　　D. 西柏坡

12. 1950 年 6 月朝鲜战争爆发，10 月 19 日以（　　）为司令员兼政治委员的中国人民志愿军奉命开赴朝鲜战场。

A. 朱德　　B. 彭德怀　　C. 贺龙　　D. 刘伯承

13. 标志着我国进入改革开放新时期的重要会议是（　　）。

A. 党的十一届三中全会　　B. 党的八大

C. 党的九届二中全会　　D. 党的十二大

14. 1997 年 7 月 1 日，香港回归祖国，标志着邓小平（　　）构想获得巨大成功。

A. 改革开放　　B. 全方位外交

C. “一国两制”　　D. 和谐世界

15. 邓小平理论的精髓是（　　）。

A. 什么是社会主义，怎样建设社会主义

B. 一个中心，两个基本点

C. 解放思想，实事求是

D. 全心全意为人民服务

16. 十九大的主题是：不忘初心，________，高举中国特色社会主义伟大旗帜，决胜全面建成小康社会，夺取新时代中国特色社会主义伟大胜利，为实现中华民族伟大复兴的中国梦不懈奋斗。

A. 继续前进　　B. 牢记使命　　C. 方得始终　　D. 砥砺前行

17. 中国共产党人的初心和使命，就是为中国人民________，为中华民族________。这个初心和使命是激励中国共产党人不断前进的根本动力。

A. 谋幸福，谋未来　　B. 谋生活，谋复兴

C. 谋幸福，谋复兴　　D. 谋生活，谋未来

18. 五年来，我们统筹推进“________”总体布局、协调推进“________”战略布局，“十二五”规划胜利完成，“十三五”规划顺利实施，党和国家事业全面开创新局面。

A. 五位一体；四个全面　　B. 四位一体；五个全面

C. 五个全面；四位一体　　D. 四个全面；五位一体

19. 中国特色社会主义进入新时代，我国社会主要矛盾已经转化为人民日益增长的________需要和________的发展之间的矛盾。

A. 美好生活；不充分不平衡　　B. 幸福生活；不平衡不充分

C. 幸福生活；不充分不平衡　　D. 美好生活；不平衡不充分

20. 必须认识到，我国社会主要矛盾的变化，没有改变我们对我国社会主义所处历史阶段的判断，我国仍处于并将长期处于________的基本国情没有变，我国是世界最大发展中国家的国际地位没有变。

A. 社会主义阶段　　B. 社会主义初级阶段

C. 社会主义中级阶段　　D. 社会主义高级阶段

21. ________是实现社会主义现代化、创造人民美好生活的必由之路。

A. 中国特色社会主义道路　　B. 中国特色社会主义理论体系

C. 中国特色社会主义制度　　D. 中国特色社会主义文化

22. ________是指导党和人民实现中华民族伟大复兴的正确理论。

A. 中国特色社会主义道路　　B. 中国特色社会主义理论体系

C. 中国特色社会主义制度　　D. 中国特色社会主义文化

23. 新时代中国特色社会主义思想，明确坚持和发展中国特色社会主义，总任务是实现社会主义现代化和中华民族伟大复兴，在全面建成小康社会的基础上，分________在本世纪中叶建成富强民主文明和谐美丽的社会主义现代化强国。

A. 两步走　　B. 三步走　　C. 四步走　　D. 五步走

24. 新时代中国特色社会主义思想，明确中国特色社会主义最本质的特征是________。

A. “五位一体”总体布局　　B. 建设中国特色社会主义法治体系

C. 人民利益为根本出发点　　D. 中国共产党领导

25. 发展是解决我国一切问题的基础和关键，发展必须是科学发展，必须坚定不移贯彻________的发展理念。

A. 创新、协调、绿色、开放、共享

B. 创造、协调、生态、开放、共享

C. 创新、统筹、绿色、开放、共享

D. 创造、统筹、生态、开放、共享

26. ________是中国特色社会主义的本质要求和重要保障。

A. 全面依法治国　　B. 全面从严治党

C. 全面发展经济　　D. 全面可持续发展

27. ________是一个国家、一个民族发展中更基本、更深沉、更持久的力量。

A. 道路自信　　B. 理论自信　　C. 制度自信　　D. 文化自信

28. 从现在到二〇二〇年，是全面建成小康社会________。

A. 决战期　　B. 决胜期　　C. 关键期　　D. 攻坚期

29. 从________到________，是“两个一百年”奋斗目标的历史交汇期。

A. 二〇二〇年二〇三五年　　B. 十九大二十大

C. 二十大二十一大　　D. 二〇三五年本世纪中叶

30. 综合分析国际国内形势和我国发展条件，从二〇二〇年到本世纪中叶可以分两个阶段来安排。第一个阶段，从________到________，在全面建成小康社会的基础上，再奋斗十五年，基本实现社会主义现代化。

A. 二〇二〇年二〇三五年　　B. 二〇二五年二〇四〇年

C. 二〇三〇年二〇四五年　　D. 二〇三五年本世纪中叶

二、多项选择题

1. 毛泽东在《〈共产党人〉发刊词》一文中总结的中国革命的三大法宝是（　　）。

A. 实事求是　　B. 统一战线

C. 武装斗争　　D. 党的建设

E. 独立自主

2. 中共七大的重大意义在于（　　）。

A. 确立毛泽东思想为党的指导思想

B. 作出了把党和国家工作重心转移到城市的决定

C. 实现了全党空前的团结和统一

D. 为抗日战争和新民主主义革命的胜利做了重要准备

E. 首次提出了新民主主义革命的总路线

3. 毛泽东在《论联合政府》中提出的党的三大作风是（　　）。

A. 理论和实践相结合　　B. 和人民群众密切地联系在一起

C. 自我批评　　D. 与时俱进

E. 求真务实

4. 毛泽东思想活的灵魂是（　　）。

A. 解放思想　　B. 求真务实　　C. 实事求是　　D. 群众路线

E. 独立自主

5. 毛泽东在党的七届二中全会上提出，务必使同志们保持（　　）。

A. 密切联系群众的作风　　B. 实事求是的作风

C. 谦虚、谨慎、不骄、不躁的作风　　D. 艰苦奋斗的作风

E. 自我批评的作风

6. 毛泽东等老一辈革命家提出的四个现代化是（　　）。

A. 工业现代化　　B. 农业现代化

C. 科学技术现代化　　D. 军队现代化

E. 国防现代化

7. 邓小平提出的我们必须在思想政治上坚持的四项基本原则是（　　）。

A. 坚持改革开放　　B. 坚持社会主义道路

C. 坚持共产党的领导　　D. 坚持马列主义、毛泽东思想

E. 坚持人民民主专政

8. 中国共产党与各民主党派实行（　　）的方针。

A. 长期共存　　B. 互相监督　　C. 肝胆相照　　D. 荣辱与共

E. 互相支持

9. 社会主义的本质是（　　）。

A. 解放生产力　　B. 发展生产力　　C. 消灭剥削　　D. 消除两极分化

E. 最终达到共同富裕

10. 全党要更加自觉地增强________、________、________、________，既不走封闭僵化的老路，也不走改旗易帜的邪路，保持政治定力，坚持实干兴邦，始终坚持和发展中国特色社会主义。

A. 道路自信　　B. 理论自信　　C. 制度自信　　D. 文化自信

E. 思想自信

11. 新时代坚持和发展中国特色社会主义的基本方略是________。

A. 坚持党对一切工作的领导，坚持以人民为中心，坚持全面深化改革

B. 坚持新发展理念，坚持人民当家作主，坚持全面依法治国

C. 坚持社会主义核心价值体系，坚持在发展中保障和改善民生，坚持人与自然和谐共生

D. 坚持总体国家安全观，坚持党对人民军队的绝对领导，坚持“一国两制”和推进祖国统一

E. 坚持推动构建人类命运共同体，坚持全面从严治党

12. 党政军民学，东西南北中，党是领导一切的。必须增强________，自觉维护党中央权威和集中统一领导，自觉在思想上政治上行动上同党中央保持高度一致。

A. 政治意识　　B. 大局意识　　C. 核心意识　　D. 看齐意识

E. 纪律意识

13. 新时代中国特色社会主义思想，是________，必须长期坚持并不断发展。

A. 对马克思列宁主义、毛泽东思想、邓小平理论、“三个代表”重要思想、科学发展观的继承和发展

B. 马克思主义中国化最新成果

C. 党和人民实践经验和集体智慧的结晶

D. 中国特色社会主义理论体系的重要组成部分

E. 全党全国人民为实现中华民族伟大复兴而奋斗的行动指南

14. 保持香港、澳门长期繁荣稳定，必须全面准确贯彻________的方针。

A. "一国两制"　　B. "港人治港"

C. "澳人治澳"　　D. 高度自治

15. 新时代党的建设总要求是________________。

A. 坚持和加强党的全面领导，坚持党要管党、全面从严治党

B. 以加强党的长期执政能力建设、先进性和纯洁性建设为主线，以党的政治建设为统领，以坚定理想信念宗旨为根基，以调动全党积极性、主动性、创造性为着力点

C. 全面推进党的政治建设、思想建设、组织建设、作风建设、纪律建设

D. 把制度建设贯穿其中，深入推进反腐败斗争，不断提高党的建设质量

E. 把党建设成为始终走在时代前列、人民衷心拥护、勇于自我革命、经得起各种风浪考验、朝气蓬勃的马克思主义执政党

16. 领导十三亿多人的社会主义大国，我们党既要政治过硬，也要本领高强。要________。

A. 增强学习本领，增强政治领导本领

B. 增强改革创新本领，增强科学发展本领

C. 增强依法执政本领，增强群众工作本领

D. 增强狠抓落实本领，增强驾驭风险本领

17. 以________、________、________、________、________，把党内和党外、国内和国外各方面优秀人才集聚到党和人民的伟大奋斗中来。

A. 识才的慧眼　　B. 敬才的风度

C. 爱才的诚意　　D. 用才的胆识

E. 容才的雅量　　F. 聚才的良方

18. 全党全国各族人民要紧密团结在党中央周围，高举中国特色社会主义伟大旗帜，锐意进取，埋头苦干，为实现推进现代化建设、完成祖国统一、维护世界和平与促进共同发展三大历史任务，为______________继续奋斗！

A. 决胜全面建成小康社会

B. 夺取新时代中国特色社会主义伟大胜利

C. 全面建成社会主义现代化强国

D. 实现中华民族伟大复兴的中国梦

E. 实现人民对美好生活的向往

19. 要教育引导全党从党史中汲取正反两方面历史经验，坚定不移向党中央看齐，不断提高________、________、________，自觉在思想上政治上行动上同党中央保持高度一致，确保全党上下拧成一股绳，心往一处想、劲往一处使。

A. 政治判断力　　B. 政治领悟力

C. 政治执行力　　D. 政治能力

20. 习近平总书记强调全党同志要做到________、________、________、________，学党史、悟思想、办实事、开新局，以昂扬姿态奋力开启全面建设社会主义现代化国家新征程，以优异成绩迎接建党一百周年。

A. 学史明理　B. 学史增信　C. 学史崇德　D. 学史力行

参考答案

一、单项选择题

1－5. ABBAC　6－10. BCCCD　11－15. DBACC

16－20. BCADB　21－25. ABADA　26－30. ADBBA

二、多项选择题

1. BCD　2. ACD　3. ABC　4. CDE　5. CD　6. ABCE　7. BCDE　8. ABCD

9. ABCDE　10. ABCD　11. ABCDE　12. ABCD　13. ABCDE　14. ABCD

15. ABCDE　16. ABCD　17. ACDEF　18. ABDE　19. ABC　20. ABCD

第二篇　税收业务基础知识

第三章　税务概论

第一节　初识税收

一、税收的概念和特征

（一）税收的概念

认识角度	具体内容
（1）从最基本、最直接的作用来看	（1）**税收**是国家取得财政收入**最主要**的形式，有国必有税 （2）我国当前财政收入的形式主要有五类：**税收、政府收费、国有资产收益、专项收入和其他收入**，其中税收收入占一般公共预算收入的80%以上
（2）从历史角度来看	支撑国家有效发挥公共事务管理能力的经济基础主要是税收，所以从客观上讲，税收是人们为文明所付出的代价
（3）从法律角度来看	税收是国家关于社会财富分配的规范，有税必有法。**税收属于分配范畴，是国家参与社会财富分配的主要形式。**税收是国家主导的分配关系，这种分配关系必须依靠法律来规范，**税收是法律的内容，法律是税收的形式**
（4）从经济学角度来看	**税收是国家参与资源配置的主要手段**
（5）从政治学角度来看	**税收在国家治理中具有基础性、支柱性、保障性作用**

（二）税收的内涵

税收内涵	具体内容
（1）征税的主体是国家	国家出现和存在是税收产生的政治条件，有了国家，才会有税收；只有国家才有权力征收税款
（2）国家征税的目的是满足社会公共需要	国家是基于社会公共需要而产生的，因而国家天然具备满足社会公共需要的职能。税收作为国家财政收入的重要来源，其根本目的是保障国家职能的实现、满足社会公共需要

续表

税收内涵	具体内容
(3) 国家征税权源于国民的授权	马克思说过，国家拥有两种权力：一种是财产权力，也就是所有者的权力；另一种是政治权力，即国家的权力。国家征税在形式上凭借的是政治权力，而不是财产权力。国家的政治权力实质上是国民将其权利的一部分让渡给国家而形成的。国家征税权源于国民的授权，或者说，国家是凭借国民的授权而取得税收收入
(4) 国家征税的依据是税法	从古至今，国家征税一般是由君主（王室）颁布法令或者国家立法机关通过法律交由政府实施的。税法体现了国民与政府的契约关系：国民向政府纳税，政府为国民提供公共产品和服务
(5) 税收分配的对象是社会剩余产品	(1) 私有制的存在是税收产生的经济条件，税收是私有财产制度和国家政权相结合的产物。有了剩余产品，才会有私有制；有了剩余产品和私有制两个条件，税收的产生才具备了可能性和必要性；税收产生的直接原因就是要合理分配剩余产品
	(2) 根据马克思再生产理论，社会产品总价值 W = C + V + M。C 是物化劳动的转移价值，是社会产品中对经营者的投入价值补偿，为了维持物质资料再生产，不能被分配掉；V 是维持劳动者基本需要的生活资料的价值，以便使劳动者个体能够在正常生活状况下维持生存，能够持续从事生产活动，是社会产品中对劳动者的必要价值补偿，也不能成为税收分配的对象；M 是 C 和 V 充分结合后产生的社会剩余价值
	(3) 税源和税本 C + V 是税本，是创造税源的基础和前提；M 是税源，是税收分配的对象。国家税收只能来自税源，不能来自税本。国家征税要立足于保护和壮大税本，不能侵蚀税本。如果征自税本，会损害国民经济的生产力。只有不侵蚀税本，税源才能丰裕，税收才能源源不断地增加。从社会总产品价值的角度看，税收分配对象与税源总体上是统一的，指的都是社会剩余产品。分配对象表明对什么进行分配，税源表明国家税收来自何处

【判断题】国家征税的目的是满足政府支出需要。(　　)

【参考答案】×

国家征税的目的是满足社会公共需要。

(三) 税收的本质

1. 税收的本质是指税收固有的根本属性

要从根本上明确税收“是什么”，或者说税收“应该是什么”的问题。

2. 从国家和个人之间关系的角度来认识税收的根本属性

税收本质	具体内容
(1) 按照国家与个人关系的逻辑	个人应当把与共同利益相关的权力让渡给政府，由政府充分履行国家职能。政府要正常行使政治权力，必然需要大量的经费开支。政府的目标是服务于个人的共同利益，其经费支出就需要由其所保护的国民以税收的形式来承担
(2) 从国家和个人角度认识税收本质	(1) 从国家角度来看。税收是国家以法律规定对社会剩余产品进行分配所体现的一种特殊的分配关系。之所以说税收是一种特殊的分配关系，根本原因是税收分配是通过非市场方式实现的 (2) 从个人角度来看。因为享受公共产品而受益的原因，以及对国家政治权力的遵从或认可，每一个人都具有依法纳税的义务

【多选题】下列关于税收本质的描述，正确的有（　　）

A. 税收的本质是指税收固有的根本属性，是要从根本上明确税收“是什么”的问题

B. 政府的目标是服务于个人的共同利益，其经费支出就需要由其所保护的国民以税收的形式来承担

C. 从国家的角度看，税收是国家以法律规定对社会剩余产品进行分配所体现的一种特殊的分配关系

D. 从个人的角度看，税收是人们享受国家提供的公共产品而支付的费用

【参考答案】ABCD

本题涉及的知识点是税收的本质。四个选项均正确。

（四）税收的特征

1. 与其他财政收入形式比较，税收具有三个基本的形式特征：**强制性、无偿性和固定性。**

2. 税收特征的具体解释

税收特征	具体内容
（1）强制性	（1）税收的强制性表明税收是以强制的形式进行征收的 （2）税收的强制性表现为：一是国家作为征税主体依据政治权力，通过颁布税收法律，明确国家征税的权力和方式，用法律的强制力保障财政收入的实现；二是纳税人必须依法纳税，自觉履行纳税义务，否则将受到法律制裁，国家用强制力维护税收秩序；三是征税主体必须遵从税法的规定征税，不得以自己的意志实施与税法规定不同的行为，既不准任意多征，也不得随意少征或者不征
（2）无偿性	（1）税收的无偿性表明税收是以无偿的形式进行缴纳的。从形式上看，纳税人向国家纳税是无偿的，国家为公众提供的公共产品和服务也是免费的，纳税人向国家缴纳税收是法律规定的义务，国家对具体的纳税人不承担直接偿还的义务，也不需要付出任何形式的直接报酬或代价。无偿性是相对的，对某个具体纳税人来说，税收不具有直接返还性，但从财政活动整体来看，税收是对政府提供公共物品的经济补偿，又呈现出有偿性的一面 （2）决定税收的无偿性是税收的强制性
（3）固定性	税收的固定性表明税收是以固定的形式规范征税标准的。国家征税是按预先明确的法定标准进行的，征税之前国家首先制定颁布税法，规定征税标准，并保持相对稳定和连续、多次适用

【单选题】决定税收的无偿性是税收的（　　）。

A. 强制性　　B. 本质　　C. 固定性　　D. 特征

【参考答案】A

税收的无偿性是由强制性决定的。

3. 税收特征之间的关系

（1）税收的三个形式特征是完整的统一体，缺一不可。无偿性是税收分配的核心特征，强制性和固定性是对无偿性的保证和约束。

（2）**税收的三个形式特征是各类税收的“共性”**，只要同时具备这“三性”，即便不称作税，实质上也是税；也只有三者同时具备，才可称其为税收。

（3）区别一种财政收入是税还是非税，不在于它的名称，**而主要看它是否同时具有这“三性”**。

【单选题】税收分配的核心特征是（　　）。

A. 强制性　　B. 固定性　　C. 无偿性　　D. 普遍性

【参考答案】C

税收的三个形式特征是完整的统一体，缺一不可。无偿性是税收分配的核心特征，强制性和固定性是对无偿性的保证和约束。

二、税收原则

税收原则是指制定和执行税收制度应遵循的基本准则，也可称为税收政策原则或税制原则。税收原则在税收实践中产生，并随着社会经济发展和税收实践的差异而调整。税收的原则是一定时期治税思想的具体体现，是判断税收政策和税收制度是否合理的标准。

（一）历史上主要的税收原则理论

代表观点	具体内容
亚当·斯密的税收原则	他在《国富论》中**第一次系统、明确地提出了“平等、确实、便利、最少征收费”**的税收四原则，为税收原则理论研究奠定了基础
瓦格纳的税收原则	他在《财政学》一书中，将税收原则归纳为四大项九小点内容（亦称“**四项九端原则**”） **（1）财政政策原则，包括税收充分原则和税收弹性原则。**充分原则要求必须有充分的税收收入来保证财政支出的需要；弹性原则要求税收能适应政府的支出增长需要，依据法律或自然增加 **（2）国民经济原则，包括税源选择原则和税种选择原则。**税源选择原则，就是选择有利于保护税本的税源，以发展经济；税种选择原则，就是税种的选择要考虑税收的最终负担，以实现税负的公平 **（3）税收公平原则，包括税收普遍原则和税收平等原则。**普遍征税要求公民都必须纳税，不能因为身份不同、地位特殊而例外；税负平等要求税收的负担应力求公平合理，应该按能力大小来缴税，做到收入多的多缴税、收入少的少缴税，对处于最低收入以下的免税 **（4）税务行政原则，包括税收确实原则、税收便利原则和最少征收费用原则**
现代西方税收原则	现代西方税收原则是指20世纪以来的税收原则，当代西方学者在前人提出的税收原则基础上，着重研究的是税收对经济和社会的影响问题，提出了当代关于税收的最高三原则，**即效率原则、公平原则和稳定原则**

【判断题】最先系统、明确提出的税收原则是瓦格纳的“四项九端原则”。（　　）

【参考答案】×

最先系统、明确提出的税收原则是亚当·斯密的税收四原则。

(二)我国税收的基本原则

1. 税收法定原则

税收法定原则的基本内涵是：税种的设立、税率的确定和税收征收管理等税收基本制度只能制定法律。

法定原则	具体内容
(1)税收法定原则的内涵	一是**要素法定**。即纳税人、课税对象、税基、税率、税收优惠等基本税收要素应当由法律规定 二是**要素确定**。即法律对税收要素的规定必须是尽量明确的，以避免出现漏洞和歧义 三是**征税合法**。即征税机关必须严格按照法律规定的课税要素与征纳程序来征收税款，不允许擅自变更
(2)税收法定原则的要求	**纳税主体的权利与义务必须由法律加以规定，税法的构成要素必须且只能由法律予以明确规定** **征税主体的权利与义务只能以法律规定为依据，没有法律规定，任何主体不得征税和减免征收**
(3)全面落实税收法定原则	党的十八届三中全会明确提出“落实税收法定原则”。这是税收原则第一次写入党的重要纲领性文件中 我国的总目标是要在2020年之前，力争完成税收法定原则改革任务

2. 税收公平原则

税收公平原则，就是国家征税，包括税制的建立和税收政策的运用，应确保公平。

公平原则	具体内容
(1)社会公平	**(1)绝对公平** 税收的社会公平，最早指的是税额的绝对公平，即要求每个纳税人都应缴纳相同数额的税。亚当·斯密将税额的绝对公平上升为税负的绝对公平。它强调每个纳税人**都应按同一比例纳税** **(2)相对公平** ①瓦格纳将公平的标准从绝对公平发展到相对公平，即征税要考虑**纳税人的纳税能力**，纳税能力大的，应多纳税；纳税能力小的，则少纳税 ②如今，在理论上，相对公平**又分为横向公平和纵向公平。横向公平，就是纳税能力相同的人应负担相同的税；纵向公平，就是纳税能力不同的人，负担的税负则不应相同**，纳税能力越强，其承担的税负应越重
(2)经济公平	首先是要求税收保持中性，即对所有从事经营的纳税人，包括投资者和经营者，要一视同仁、同等对待，以便创造一个公平合理的税收环境，促进公平竞争(横向公平)；其次是对于客观上存在不公平的因素，如资源禀赋差异等，需要通过差别征税实施调节，以创造大体同等或者说大体公平的客观的竞争环境(**纵向公平**)

【单选题】现代税收的社会公平，是指(　　)。

A. 税额的绝对公平　　B. 税负的绝对公平

C. 相对公平　　D. 横向公平和纵向公平

【参考答案】D

横向公平，就是纳税能力相同的人应负担相同的税；纵向公平，就是纳税能力不同的人，负担的税负则不应相同，纳税能力越强，其承担的税负应越重。

3. 税收效率原则

税收效率原则，就是政府征税，包括税制的建立和税收政策的运用，应讲求效率，遵循效率原则。

效率原则	具体内容
（1）**税收行政效率**	**税收行政效率，通过税收成本率即税收的行政成本占税收收入的比率来反映。**有效率就是要求以尽可能少的税收行政成本征收尽可能多的税收收入，即税收成本率越低越好。税收行政成本，既包括政府为征税而花费的征收成本，也包括纳税人为纳税而耗费的缴纳成本
（2）**税收经济效率**	**（1）第一层次的要求是税收的“额外负担”最小。**税收的额外负担，就是征税所引起的资源配置效率的下降，它是税收行政成本以外的一种经济损失，即“额外负担”，相对于税收行政成本，通常又将其称为税收的经济成本 **（2）第二层次的要求是保护税本。**为保护和发展国民经济，政府征税应慎重选择税源，避免伤及税本 **（3）第三层次的要求是通过税收分配来提高资源配置的效率**

【多选题】下列关于税收经济效率的认识，正确的有（　　）。

A. 降低税收的征收成本和缴纳成本

B. 保护税本

C. 通过税收分配来提高资源配置的效率

D. 税收的“额外负担”最小

【参考答案】BCD

选项A，降低税收的征收成本和缴纳成本是税收行政效率的要求。

4. 税收适度原则

适度原则	具体内容
（1）含义	税收适度原则就是国家征税应**兼顾需要与可能，做到取之有度**
（2）收入适度和充裕的关系	（1）国家追求的**不应只是收入充裕，还包括收入适度** （2）税收适度原则并不排斥收入充裕的要求，税负过高或过低都不好。税负过低，就不能满足政府的正常支出需要，公众利益难以得到有效维护；税负过高，不仅不会增加收入，反而会制约经济发展

【多选题】当代中国的税收基本原则包括（　　）。

A. 公平原则　　B. 法定原则　　C. 效率原则　　D. 适度原则

【参考答案】ABCD

税收原则包括税收法定原则、税收公平原则、税收效率原则和税收适度原则。

三、税收负担与转嫁

（一）税收负担的含义

税收负担，简称“税负”，是指一定时期内纳税人因履行纳税义务而承受的经济负担。

确定税收负担的原则有两种：

1. 公平税负原则

公平税负原则是指税收负担公平地分配于每个纳税人身上。

2. 合理负担原则

合理负担原则是指国家与纳税人在税收分配总量上要适度，兼顾需要与可能。

（二）宏观税收负担的衡量指标

衡量指标	具体内容
（1）国内生产总值税收负担率	国内生产总值税收负担率反映一个国家在其国内提供的全部最终产品和劳务所承受的税收负担状况。 **国内生产总值税收负担率＝税收收入总额/国内生产总值×100%**
（2）国民收入税收负担率	国民收入税收负担率反映一个国家在一定时期内新创造价值的税收负担状况。 **国民收入税收负担率＝税收收入总额/国民收入×100%**

【单选题】国内生产总值税收负担率是（　　）。

A. 税收总额与国民收入之比

B. 税收总额与国内生产总值之比

C. 企业缴纳的各项税收与企业净值之比

D. 居民缴纳的各项税收与企业增加值之比

【参考答案】B

国内生产总值税收负担率反映一个国家在其国内提供的全部最终产品和劳务所承受的税收负担状况。

（三）微观税收负担的衡量指标

衡量指标	具体内容
（1）居民税收负担率	居民税收负担率是指一定时期内居民个人所缴纳的各种税款占其同期收入总额的比率。 **居民税收负担率＝居民实际缴纳税款/居民同期收入总额×100%**

续表

衡量指标	具体内容
（2）企业税收负担率	（1）企业综合税收负担率。企业综合税收负担率是指一定时期内企业实际缴纳的各种税款总额与企业同期利税总额或增加值的比率。 **企业综合税收负担率＝企业实际缴纳的税款总额/企业同期利税总额（或增加值）×100%** （2）企业所得税负担率。企业所得税负担率是指一定时期内企业所缴纳的所得税总额与同期利润总额的比率。 **企业所得税负担率＝企业实际缴纳的所得税总额/企业同期利润总额×100%** 企业货物和劳务税负担率。企业货物和劳务税负担率是指一定时期内企业所缴纳的货物和劳务税总额与同期销售收入的比率。 **企业货物和劳务税负担率＝企业实际缴纳的货物和劳务税总额/企业同期销售收入×100%**

（四）影响税收负担的因素

因素	具体内容
（1）社会经济发展水平	一国社会经济发展水平的状况，通常用人均国民收入指标来反映。在人均国民收入比较高的国家，经济的税负承受力较强；反之，在人均国民收入较低的国家，税负承受力较弱，宏观税负就相应要低一些。只有税收负担适应本国经济发展水平和纳税人的承受能力，税收才能为国家取得所需的财政收入，同时可以刺激经济增长、扩大税源，并反过来提高社会的税负承受力。如果税收负担超出了经济发展水平和社会的税负承受能力，势必抑制社会扩大再生产甚至简单再生产，影响社会经济的发展
（2）国家的宏观经济政策	在社会总需求过旺、经济发展速度过快时，适当提高社会总体税负，以使国家集中较多的收入，减少企业和个人的收入存量，抑制需求的膨胀，使之与社会供给总量相适应。反之，当社会供需矛盾主要表现为供给存在较大缺口，企业自有资金发生短缺，就需要降低社会总体税负，增加企业税后利润，以刺激生产发展和供给增加，使之与社会需求相适应
（3）税收征收管理能力	税收征收管理能力较强的国家，主要根据社会经济发展的需要来确定合理的税收负担水平；税收征管能力较差的国家，除了要考虑社会经济发展的需要，还必须根据税收征管能力水平，制定相应的税收负担政策，满足财政收入需要

【多选题】影响税收负担的因素包括（　　）。

A. 社会经济发展水平　　B. 国家的宏观经济政策

C. 税收征收管理能力　　D. 人们的主观愿望

【参考答案】ABC

税收负担不存在根据人们的主观愿望来确定，其他三个选项符合题意。

（五）税负转嫁

税负转嫁是指税法上规定的纳税人将自己所缴纳的税款转移给他人负担的过程。

税负转嫁的形式分为前转、后转和混转。

(1) 前转。前转是市场经济中最典型和普遍的税负转嫁形式。这种转嫁方式主要是通过提高销售价格，将税负向前转嫁给购买者。

(2) 后转。后转主要是指纳税人通过压低商品进价的方式，将税负转嫁给商品的供应商负担。

(3) 混转。混转即混合转嫁，也叫散转，这是将前转与后转结合并用的税负转嫁方式。经营者将其缴纳税款的一部分，向前转嫁给购买方，另一部分向后转嫁给供应商。

第二节　税收的职能和作用

一、税收的职能

税收的基本职能是满足国家的财政需要，是税收发挥作用的起点。

在财政收入职能实现的同时，**经济调节和监督管理两个派生职能**必然体现出来，逐渐被人们认识并加以有效运用。

税收的职能

税收职能	具体内容
(1) 税收财政收入职能	是指税收具有**组织财政收入**的功能，即税收作为参与社会产品分配的手段，能将一部分社会剩余产品从社会成员手中转移到国家手中，聚集国家财政收入的能力
(2) 税收经济调节职能	税收具有较强的经济调节职能，市场经济条件下税收的调节职能主要表现在对**资源配置的调节、对社会财富分配的调节和对总需求与总供给平衡的调节方面**等。但是必须注意，国家**不能简单地把税收调节职能定位**于某一特定方面，或只是突出和强化税收在某一方面的调节作用。因为受到众多客观条件的制约，税收**调节必须是系统的，而不能是零碎的**
(3) 税收监督管理职能	税收监督管理职能，是指税收对社会经济生活进行监督和管理的能力

【多选题】税收的职能主要包括税收的（　　）。

A. 财政收入职能　　B. 监督管理职能

C. 经济调节职能　　D. 效率职能

【参考答案】ABC

税收的三大基本职能是财政收入职能、经济调节职能和监督管理职能。

二、税收的作用机制

（一）税收的市场作用机制

市场作用	具体内容
（1）为公共需要提供资金	公共需要在消费上具有非竞争性和非排他性，无法由市场通过价格竞争机制决定，只能由政府提供，而**税收是政府满足公共需要的资金来源**
（2）应对经济外部性	经济活动的外部性可能是正面的，也可能是负面的，市场机制决定的资源无法让其达到最优配置，需要**运用税收来提高资源配置效率。对于负外部性经济活动，政府可以增加其税收负担，对其进行限制和约束；对正外部性经济活动，政府可以减少、免除税收负担，甚至给予补贴，使企业能够取得有吸引力的收益**

（二）税收的政府作用机制

政府作用	具体内容
（1）缓解收入分配矛盾	政府可以利用税收和其他手段**尽可能缩小收入差别**，使这种差别保持在相对合理的范围内
（2）实现宏观经济目标	政府运用税收在内的各种政策工具，调节总需求或总供给，控制成本或利润，消除膨胀或紧缩缺口，实现价格**稳定、充分就业和经济稳定增长**的目标

（三）税收效应

税收效应	具体内容
1. 税收效应的含义	税收效应是**指政府征税所引起的各种经济反应**，也可以理解为政府征税对社会经济生活的影响。**税收效应可分为收入效应和替代效应**
2. 正确理解税收效应的基本认识	（1）税收的形式特征决定了税收效应的特殊性 （2）**税收效应是多种手段政策综合作用**的结果 （3）税收效应出发点和结果可能不一致 （4）税收效应的**前提是税收收入的实现**

【多选题】下列属于税收作用机制主要表现的有（　　）。

A. 为公共需要提供资金　　　　B. 应对经济外部性

C. 缓解收入分配矛盾　　　　　D. 实现宏观经济目标

【参考答案】ABCD

这四项都是税收作用机制的具体表现。

（四）我国现阶段税收的作用

我国现阶段税收的作用	（1）筹集财政收入，服务国家治理 （2）维护市场统一，稳定经济增长 （3）贯彻产业政策，优化资源配置 （4）调节收入分配，促进社会公平 （5）加强国际合作，维护国家权益 （6）提供经济信息，监督经济活动

第三节　税收制度

一、税收制度概述

税收制度	具体内容
（1）含义	税收制度，简称税制，是国家制定的关于税收的法律法规的总称，是税收征纳双方在税收分配活动中应当遵循的行为规范。广义的税制**不仅涵盖各税种的法律法规**，还包括为保证这些法律法规得以实施的**税收征管制度和税收管理体制等**；狭义的税制是各税种基本法律法规的总称，即关于税种及其内容的规范
（2）决定因素	税收制度是由国家的**生产力发展水平、生产关系性质、经济管理体制，以及税收应发挥的作用决定的**

【多选题】一个国家制定什么样的税收制度，是由该国的（　　）决定的。

A. 生产力发展水平　　B. 生产关系性质

C. 经济管理体制　　D. 税收应发挥的作用

【参考答案】ABCD

国家制定什么样的税收制度，是由该国生产力发展水平、生产关系性质、经济管理体制以及税收应发挥的作用决定的。

二、税制要素

税制要素主要包括纳税人、征税对象、税率、纳税环节、纳税期限、纳税地点、减税免税等。

其中，纳税人（对谁征税）、征税对象（对什么征税）、税率（征多少税）是税收制度的三个最基本要素。

【多选题】税制的三个最基本的要素包括（　　）。

A. 纳税人　　B. 课税对象

C. 税率　　D. 纳税环节

【参考答案】ABC

税制三个最基本的要素是纳税人、课税对象、税率。

（一）纳税人

纳税人	具体内容
1. 含义	纳税人是"纳税义务人"的简称，是法律、行政法规规定的**直接负有纳税义务**的单位和个人，也称为纳税主体，目的在于明确"对谁征税"的问题
2. 基本形式	作为纳税人的自然人，是指负有纳税义务的个人，既包括**本国公民，也包括外国人和无国籍人**。法人是基于法律规定享有权利能力和行为能力，具有独立的财产和经费，依法独立承担民事责任的社会组织
3. 相关概念	**（1）负税人** 是指**实际负担**税款的单位和个人。**税负不发生转嫁时，纳税人与负税人一致；税负发生转嫁时，纳税人与负税人不一致** **（2）代征人** 是指依照有关规定，受税务机关委托而代征税款的单位和个人 **（3）扣缴义务人** 扣缴义务人，是指依照法律、行政法规的规定履行代扣代缴、代收代缴税款义务的单位和个人 **①代扣代缴义务人** 是指虽不承担纳税义务，但依照有关规定，在向纳税人支付收入、结算货款时**有义务代扣代缴其应纳**税款的单位和个人 **②代收代缴义务人** 是指虽不承担纳税义务，但依照有关规定，在向**纳税人收取商品或劳务收入时**，有义务代收代缴其应纳税款的单位和个人

【单选题】下列关于纳税人的描述，正确的是（　　）。

A. 纳税人是法律、行政法规规定负有纳税义务的单位和个人

B. 负税人是实际负担税款的单位和个人

C. 扣缴义务人是指依照有关规定，受税务机关委托而代征税款的单位和个人

D. 委托代征人是指依照法律、行政法规的规定履行代扣代缴税款义务的单位和个人

【参考答案】B

选项 A 缺了"直接"二字；选项 C、D 的定义应该互换；选项 B 正确。

（二）征税对象

征税对象	具体内容
（1）含义	征税对象又称为课税对象，是税法规定的征税的目的物，目的在于明确"对什么征税"的问题。**征税对象是一种税区别于另一种税的最主要标志**，体现着各种税的征税范围。税制其他要素的内容一般都是以征税对象为基础确定的

续表

征税对象	具体内容
（2）相关概念	（1）计税依据 又称为税基，是指税法中规定的据以计算应征税款的依据或标准。计税依据在表现形态上一般有两种：**一种是征税对象的货币价值；另一种是征税对象的数量、重量、容积、面积等实物量**
	（2）税目 **税目是在税法中对征税对象分类规定的具体的征税项目，反映具体的征税范围，代表征税的广度**。设置税目就是要明确具体的征税范围，凡列入税目的即为应税项目，未列入税目的则不属于应税项目。需要说明的是，有些税种**征税对象比较明确**，一般不存在理解认识上的差异，**因此无须设置税目**

【单选题】税种之间相互区别的最主要标志是（　　）。

A. 纳税人　　B. 税率　　C. 纳税环节　　D. 课税对象

【参考答案】D

税种之间相互区别的最主要标志是征税对象不同。

（三）税率

税率是应纳税额与征税对象之间的法定比例，是计算应纳税额的**尺度**。**一般分为比例税率、定额税率和累进税率三种。**

【多选题】税率的形式一般包括（　　）。

A. 比例税率　　B. 临时税率　　C. 定额税率　　D. 累进税率

【参考答案】ACD

税率一般分为比例税率、定额税率和累进税率三种。

1. 比例税率

比例税率	具体内容
（1）含义	**比例税率**，是指对同一征税对象或同一税目，不分数额大小，**以百分比形式规定相同的征税比例**
（2）优缺点	比例税率具有计算简单、税负透明度高、有利于保证财政收入、有利于纳税人公平竞争等优点，符合税收效率原则。但比例税率不能针对不同的收入水平实施不同的税收负担，在调节纳税人的收入水平方面难以体现税收的公平原则
（3）具体形式	（1）**单一比例税率**，又称为统一比例税率，是指一种税只设置一种比例税率，所有纳税人都按同一税率纳税 （2）**差别比例税率**，是指一种税设两种或两种以上的税率，不同纳税人或同一纳税人的不同征税对象按不同税率计算应纳税额（城建税，市区为税率7%，县城和镇为5%） （3）**幅度比例税率**，是指对同一征税对象，税法只规定最低税率和最高税率，各地区在该幅度内确定具体的适用税率（契税实行3%－5%的幅度税率）

【多选题】比例税率的具体形式包括（　　）。

A. 单一比例税率　　B. 差别比例税率

C. 幅度比例税率　　D. 定额比例税率

【参考答案】ABC

不存在定额比例税率的提法。

2. 定额税率

定额税率	具体内容
（1）含义	定额税率，是指根据**征税对象的计量单位**，直接规定的固定的征税数额（**甲类啤酒消费税率为 250 元/吨**）。它不是按照征税对象规定征收比例，而是按照征税对象的计量单位规定固定税额，所以又称为固定税额，适用于**从量计征**的税种
（2）基本特点	税率与**征税对象的价值量脱离了联系**，不受征税对象价值量变化的影响
（3）适用范围	适用于对价格稳定、质量等级和品种规格单一的**大宗产品**征税的税种

【多选题】定额税率是根据征税对象的计量单位直接规定固定的征税数额，下列关于定额税率的描述，正确的有（　　）。

A. 定额税率一般适用于从量计征的税种

B. 定额税率是按照征税对象的计量单位规定固定税额

C. 适用于对价格稳定、质量等级和品种规格单一的大宗产品征税的税种

D. 定额税率与征税对象的价值量关系紧密

【参考答案】ABC

定额税率与征税对象的价值量脱离了联系，不受征税对象价值量变化的影响。

3. 累进税率

（1）累进税率的含义。是指随着征税对象数量增大而随之提高的比例税率，即将征税对象按数额的大小划分为若干等级，不同等级的征税对象分别适用不同的税率，征税对象数额越大，适用税率越高。

累进税率可以充分体现对纳税人收入多的多征、收入少的少征、无收入的不征的税收原则，从而有效地**调节纳税人的收入**，正确处理**税收负担的纵向公平**问题。

【单选题】税收纵向公平是指经济能力不同的人应缴纳数额不同的税收，税法对不同收入水平（支付能力）的纳税人规定不同的负担水平。就税制原理而言，实现纵向公平一般采用（　　）。

A. 比例税率　　B. 累进税率　　C. 定额税率　　D. 固定税率

【参考答案】B

累进税率体现量能负担，可以实现税收纵向公平。

(2) 累进税率的形式。

累进税率	具体内容
(1) 全额累进税率	将征税对象按数额大小划分为若干等级，对各等级由低到高分别规定相应税率，征税对象的**全部数额都按相对应级距**的税率计算税额。 应纳税额 = 征税对象全额 × 适用税率
(2) 超额累进税率	将征税对象按数额大小划分为若干等级，每个**等级由低到高规定相应的税率，每个等级分别按该级的税率计税**，最后将各级的计算结果相加后得出应纳税款。 应纳税额 = 按全额累进方法计算的税额 - 速算扣除数
(3) 全率累进税率	以征税对象数额的**相对率**（如销售利润率、资金利润率等）划分若干级距，分别规定由低到高的差别税率，征税对象的全部数额都按相对应级距的税率计算税额
(4) 超率累进税率	以征税对象数额的相对率划分若干级距，分别规定相应的差别税率，相对率每超过一个级距的，对超过的部分就按高一级的税率计算征税，最后将各级的计算结果相加后得出应纳税款

【举例】以所得税为例介绍全额累进税率和超额累进税率

假设有一个六级超额累进税率，如果所得额为 12 000 元。

级数	应纳税所得额	税率（%）	速算扣除数
1	不超过 500 元的部分	5	0
2	超过 500—2 000 元的部分	10	25
3	超过 2 000—5 000 元的部分	15	125
4	超过 5 000—10 000 元的部分	20	375
5	超过 10 000—20 000 元的部分	25	875
6	超过 20 000 元的部分	30	1 875

(1) 全额累进税率应纳税额的计算：12 000 × 25% = 3 000（元）

(2) 超额累进税率应纳税额的计算

第一级应纳税额 = 500 × 5% = 25（元）

第二级应纳税额 = (2 000 - 500) × 10% = 150（元）

第三级应纳税额 = (5 000 - 2 000) × 15% = 450（元）

第四级应纳税额 = (10 000 - 5 000) × 20% = 1 000（元）

第五级应纳税额 = (12 000 - 10 000) × 25% = 500（元）

应纳税额 = 25 + 150 + 450 + 1 000 + 500 = 2 125（元）

速算扣除法计算，应纳税额 = 按全额累进方法计算的税额 - 速算扣除数 = 12 000 × 25% - 875 = 2 125（元）

【单选题】为解决超额累进税率计算税款比较复杂的问题，在实际工作中引进了（　　）。

A. 税收弹性系数　　B. 超率累进税率

C. 速算扣除数　　　　　　　　D. 自动稳定器

【参考答案】C

速算扣除数可以简化超额累进税率的计算过程。

【举例】土地增值税四级超率累进税率表

级数	增值额与扣除项目金额的比率	税率（%）	速算扣除数率
1	不超过 50% 的部分	30	0
2	超过 50%—100% 的部分	40	5
3	超过 100%—200% 的部分	50	15
4	超过 200% 的部分	60	35

（四）纳税环节

纳税环节，是指税法规定征税对象从**生产到消费的流转过程中应当**缴纳税款的环节。

纳税环节一般有以下两种类型：

1. 单环节征税。即对征税对象从生产到消费流转过程中的**某一特定环节**征税。

2. 多环节征税。即对征税对象从生产到消费流转过程中的**两个或两个以上的环节征税**。

【多选题】下列有关税收基本术语的表述，正确的有（　　）。

A. 纳税人是实际负担税款的单位和个人

B. 税收属于社会再生产的交换环节

C. 税目反映了征税广度

D. 税率反映了征税深度

【参考答案】CD

负税人是实际负担税款的单位和个人，税收属于社会再生产的分配环节，税目反映了征税广度，税率反映了征税深度。

（五）纳税期限

纳税期限	具体内容
（1）含义	纳税期限，是指**税法规定的缴纳税款的时间**
（2）形式	（1）**按期纳税**。即根据纳税义务的发生时间，通过确定纳税间隔期，实行按规定时间纳税 （2）**按次纳税**。即根据纳税行为的发生次数确定纳税期限 （3）**按年计征**，分期预缴或缴纳。年度结束后汇算清缴，多退少补 **【提示】纳税人的具体纳税期限，由主管税务机关根据纳税人应纳税额的大小分别核定，不能按照固定期限纳税的，可以按次纳税**

【多选题】我国现行税制的纳税期限的形式包括（　　）。

A. 按期纳税　　　　　　　　　B. 按需纳税

C. 按次纳税　　　　　　　　　D. 按年计征，分期预缴，年终汇算清缴

【参考答案】ACD

本题涉及的知识点是税制要素。不存在按需纳税。

（六）纳税地点

纳税地点	具体内容
（1）含义	纳税地点，是指税法规定纳税人申报纳税的地点
（2）我国税法规定的纳税地点有	**机构所在地、经济业务发生地、核算地、财产所在地、报关地**等

【多选题】下列属于我国税法规定的纳税地点有（　　）。

A. 机构所在地　　　　　　　　B. 经济业务发生地

C. 财产所在地　　　　　　　　D. 核算地

【参考答案】ABCD

我国税法规定的纳税地点主要有机构所在地、经济业务发生地、核算地、财产所在地、报关地等。

（七）减税免税

减税免税，是指国家对特定纳税人或征税对象，给予减轻或者免除税收负担的一种税收优惠措施。减税是减征部分应纳税款；免税是免征全部应纳税款。

1. 减免税的具体形式

（1）税基式减免。即通过**缩小计税依据**的方式来实现的税收减免。

税基式减免的内容

减免内容	具体内容
（1）免税收入	是指在确认计税依据时，不计算纳税人某些符合特定情况的应税收入
（2）减计收入	是指在确认计税依据时，按规定比例减计纳税人某些符合特定情况的应税收入
（3）起征点	是指征税对象达到**一定数额开始征税**的起点。当征税对象数额超过起征点时，要就其**全额征税**
（4）免征额	是指在征税对象的全部数额中**免予征税的数额**。当征税对象数额超过免征额时，**仅就超过的部分征税**
（5）加计扣除	是指在确认计税依据时，对扣除项目按照税法规定据实扣除的基础上，再加计一定比例扣除
（6）加速折旧	是指企业的固定资产由于技术进步等原因，确需加速折旧的，可以缩短折旧年限或者采取加速折旧的方法
（7）特许扣除	特许扣除，是指确认计税依据时，一般情况下不得扣除的项目，在符合特定条件时允许扣除

【单选题】征税对象达到一定数额开始征税的起点是（ ）。

A. 免征额 B. 起征点 C. 计税依据 D. 减计收入

【参考答案】B

本题涉及的知识点是税制要素。起征点是征税对象达到一定数额开始征税的起点。

(2) 税率式减免

即通过**降低税率**的方式来实现税收的减免。

(3) 税额式减免

即通过**直接减少应纳税额**的方式来实现税收减免。

税额式减免的内容

减免内容	具体内容
(1) 全部免征和减半征收	是指对纳税人依法应当履行的纳税义务全部免除，或者只缴纳50%的税款
(2) 税额抵免	是指为鼓励纳税人在特定方面进行投资，根据税法规定可以按照投资额或费用支出直接冲抵应纳税额的一种税收优惠措施
(3) 即征即退	是指对按税法规定缴纳的税款，由税务机关在征税时部分或全部退还纳税人的一种税收优惠
(4) 先征后返，又称为先征后退	是指对按税法规定缴纳的税款，由税务机关征收入库后，再由税务机关或财政部门按规定的程序给予部分或全部退税或返还已纳税款的一种税收优惠

【单选题】下列不属于税基式减免的是（ ）。

A. 起征点 B. 免征额 C. 加计扣除 D. 减半征收

【参考答案】D

本题的考核点是税收优惠形式。减半征收属于税额式减免。

2. 减免税的分类

减免类型	具体内容
(1) 法定减免	法定减免，一般是指由税收法律规定的减税、免税。法定减免体现了减免税的基本原则规定，具有**长期适用性**
(2) 特定减免	特定减免，是根据社会经济发展变化和发挥税收调节作用的需要，特别规定的减税、免税。**具有灵活性和较强的限制性**
(3) 临时减免	临时减免，又称为困难减免，是指对部分遭遇特定暂时性困难的纳税人，**减除或豁免其纳税义务的特殊规定**

三、税制分类

税制分类，也称为税收分类或税法分类，是按一定标准，将具有相近或相似特点的税种归并成若干类别的一种研究方法。

（一）按征税对象进行分类

类型	具体内容
（1）货物与劳务税	是指以货物或劳务销售额（营业额）为征税对象的各税种的统称 包括**增值税、消费税、关税**
（2）所得税	是指以所得额为征税对象的各税种的统称 包括企业所得税和个人所得税
（3）资源税	是指以各种应税自然资源为征税对象，为了调节资源级差收入并体现国有资源有偿使用而征收的各税种的统称 包括资源税、城镇土地使用税、耕地占用税、土地增值税
（4）财产税	是指以各种财产为征税对象的各税种的统称 包括房产税、契税、车船税
（5）行为目的税	是指为达到特定的目的，对特定对象和行为发挥调节作用而征收的各税种的统称 包括环境保护税、印花税、城市维护建设税、车辆购置税、烟叶税、船舶吨税

【多选题】在我国现行税制体系中，下列税种属于“货物与劳务税”的有（　　）。

A. 增值税　　B. 消费税

C. 土地增值税　　D. 企业所得税

【参考答案】AB

增值税和消费税属于货物与劳务税，土地增值税是资源税，企业所得税是所得税。

（二）按计税依据的计量标准进行分类

类型	具体内容
（1）从价税	是指以征税对象的价格为标准，按一定比例计征的税，也称为从价计征，主要包括增值税、消费税、关税、所得税等
（2）从量税	是指以课税对象的重量、数量、容积、面积等为标准，按预先确定的税额计征的税，也称为从量计征，主要包括城镇土地使用税、耕地占用税等

（三）按税收和价格的关系进行分类

类型	具体内容
（1）价内税	凡是税款包含在征税对象价格之中的税即为价内税。购买者按照约定支付价款时，该价款中已经包含了销售者需要向国家缴纳的税款。价内税的计税依据是包含税款的，税款是计税依据的组成部分，即计税依据 = 成本 + 利润 + 税金，**包括消费税、关税等**
（2）价外税	凡是税款独立于征税对象价格之外的税即为价外税。购买者除需要支付约定的价款外，还须支付按规定计算出来的税款。价外税的计税依据不包含税款，理论上价款和税款是分开记载的，即计税依据 = 含税价 - 税金，**包括增值税**

（四）按税收负担能否转嫁进行分类

类型	具体内容
（1）直接税	是指难以实现税负转嫁的税种，**包括所得税**
（2）间接税	是指容易发生税负转嫁的税种，**包括增值税、消费税等**

（五）按税收的管理和使用权限进行分类

类型	具体内容
（1）中央税	是指由中央政府征收管理和使用的税种，这类税征收范围广、收入规模大，政策上需要全国统一，**主要包括消费税、车辆购置税、关税等**
（2）地方税	是指由地方政府征收管理和使用的税，这类税收入稳定、税基流动性差，与地方经济及利益关系密切，**主要包括城镇土地使用税、耕地占用税、土地增值税、房产税、车船税、契税、环境保护税、烟叶税等**
（3）中央与地方共享税	是指中央统一立法，收入由中央和地方按一定比例分成共享的税种，这类税涉及中央和地方的共同利益，可以有效解决各地财政不均衡的问题，**主要包括增值税、企业所得税、个人所得税、资源税等**

四、税制体系和结构

（一）税制体系

税制体系	具体内容
（1）含义	税制体系，是指一国在进行税制设计时，根据本国的具体情况，将不同功能的税种进行组合配置，形成主体税种明确，辅助税种各具特色和作用、功能互补的有机系统
（2）分类	税制体系根据一国开征税种的多少和类别，可以分为：**单一税制**，是指以一种课税对象为基础设置税种所形成的税制。**复合税制**，是指由多种征税对象为基础设置税种所形成的税制，它是由主次搭配、层次分明的多个税种构成的税收体系。**我国现行税制也是复合税制**

【多选题】按照税种构成方法和形式的不同，一个国家的税制结构可分为（　　）。

A. 单一税制　　B. 复合税制　　C. 所得税税制　　D. 财产税税制

【参考答案】AB

按照税种构成方法和形式的不同，一个国家的税制结构可分为单一税制和复合税制。

（二）税制结构

税制结构	具体内容
（1）含义	税制结构，是指构成税制的各税种在社会再生产中的分布状况及相互之间的比重关系
（2）我国实行的税制结构	我国实行以**直接税和间接税为主体的“双主体”**税制结构，但实际运行中仍处于间接税比重较高、直接税比重较低的状态。近年来，直接税比重虽然有所提高，但税收收入的主要来源还是依靠间接税

（三）我国税制体系和结构的完善

2019 年 1 月召开的全国税务工作会议上提出，更好发挥税收在国家治理中的基础性、支柱性、保障性作用。税收现代化包括六大体系：**完备规范的税法体系、成熟定型的税制体系、优质便捷的服务体系、科学严密的征管体系、稳固强大的信息体系、高效清廉的组织体系。其中，成熟定型的税制体系是实现税收现代化的主要内容。中国新一轮税制改革的目标是逐渐降低间接税比重，稳步提高直接税比重，发挥所得税和财产税的调节分配功能，构建以直接税为主体的税制结构。**

第四节　税收法治

一、法治与税收的渊源

税收涉及各方面的切身利益，理论上讲必须采用法律形式进行规范。税收和法治相辅相成。没有税收，法治没有办法维系；没有法治，税收将变得泛滥。

（一）税收分配关系的确认是法律产生的原因之一

国家征税和个人保护私有财产之间存在天然矛盾，为了处理这一重大而复杂的社会分配关系，税收必须通过法律的形式予以明确。

有效处理税收分配关系是早期法律的重要内容，税收分配关系催生了法律的出现。

（二）税收分配关系的调整是现代法治形成的重要动因

历史表明，税收法定原则的确立与发展过程，也就是国家从封建走向民主、从专制走向自由、从人治走向法治的过程。

【单选题】下列对税收现象描述正确的是（　　）。

A. 国家获取财政收入的途径有很多，税收只是一种选择，可有可无

B. 从历史的角度看，税收的产生是一种偶然现象

C. 税收分配关系的调整是现代法治形成的重要动因

D. 从经济学的角度看，税收是国家以普通经济主体身份参与市场竞争的收入形式

【参考答案】C

选项 A，税收是财政收入的主要形式，不可或缺；选项 B，税收的产生是历史必然；选项 D，国家征税不是一般经济行为。

二、税收法治基础

（一）税收法律

税收法律简称税法，是调整税收关系的法律规范的总称，是国家法律的重要组成部分。税收法治的基础和起点是税法，认识税收法治要从税法开始。

税法是税收的法律表现形式，税收则是税法所确定的具体内容。

1. 按税法内容分类

税法类型	具体内容
（1）税收实体法	是指规定税收法律关系主体的实体权利、义务的法律规范的总称，其主要内容包括纳税主体、征税对象、计税依据、税目、税率、减税免税等
（2）税收程序法	**是指如何具体实施税收实体法的规定，是规定国家征税权行使程序和纳税人纳税义务履行程序的法律规范的总称。**其内容主要包括税收确定程序、税收征收程序、税收检查程序和税务争议的解决程序

【多选题】按税法内容分类，可将税法分为（　　）。

A. 税收实体法　　　　B. 国内税法

C. 税收程序法　　　　D. 国际税法

【参考答案】AC

国内税法与国际税法的划分依据是主权国家行使税收管辖权的不同。

2. 按税法效力分类

税法类型	具体内容
（1）税收法律	是指享有国家立法权的国家最高权力机关，依照法律程序制定的规范性税收文件，其法律地位和法律效力仅次于宪法而高于税收法规规章
（2）税收法规	是指国家最高行政机关、地方立法机关根据其职权或国家最高权力机关的授权，依据宪法和税收法律，通过一定法律程序制定的规范性税收文件
（3）税收规章	是指国家税收管理职能部门、地方政府根据其职权和国家最高行政机关的授权，依据有关法律、法规制定的规范性税收文件
（4）税务行政规范	即通常所称的税收规范性文件，是指税务机关依照法定职权和规定程序，针对普遍的、不特定的对象作出的对征纳双方具有普遍约束力的、可反复适用的行为规则

3. 按主权国家行使税收管辖权不同分类

税法类型	具体内容
（1）国内税法	是指一国在其税收管辖权范围内调整税收分配过程中形成的权利义务关系的法律规范的总称，其效力范围在地域上和适用主体上均以国家税收管辖权所能达到的管辖范围为准。我们通常所说的税法即指国内税法
（2）国际税法	是指调整国家与国家之间税收权益分配的法律规范的总称。 它包括政府间的双边或多边税收协定、条约、国际税收惯例等。 国际税法一旦得到一国政府和立法机关的法律承认，国际税法的效力高于国内税法

（二）税收法治的基本内涵

税收法治是法治理念和原则在税收领域中的运用，是通过制约政府、征税机关权力，**以保障纳税人权利为核心，**运用社会认可的法律制度来协调各主体之间关系，达到政府依法治税、征税机关依法征税、纳税人依法纳税的和谐状态。

现代税收法治是以市场经济和民主政治制度为前提和基础的，**通过制约政府权力以保障公民权利。**

【单选题】现代税收法治是以市场经济和民主政治制度为前提和基础，通过制约政府权力以保障（　　）。

A. 国家利益　　B. 经济发展　　C. 公民权利　　D. 社会稳定

【参考答案】C

税收法治是法治理念和原则在税收领域中的运用，核心是保障纳税人权利。

税收法治的基本内涵

基本内涵	具体内容
（1）税收法治的基本价值取向是树立法律至上的现代法治观念	立法机关要依据法定程序制定税法，税务机关要严格按照税法规定行使征税职责，纳税人要按照税法规定履行纳税义务，任何税收活动主体都不能凌驾于法律之上
（2）税收法治最基本的原则是税收法定	税收法定原则是税收的基本原则，是实现税收法治的必然要求。根据这一原则，所有税收活动的参与者都要依法行事。 **税收法律只能由立法机关制定，没有法律规定，政府不能征税，国民也不需要缴纳税款**
（3）税收法治的核心是有效规范和限制公权力	税收法治必须对政府在税收方面的权力进行制约，包括征税权和用税权，政府的所有税收活动只能在法律规定的范围内进行，否则就是越权违法
（4）税收法治的基本特征是良法与善治的统一	良法是善治推行的前提和基础，通过科学立法、民主立法，既要落实税收法定，又要在限定政府权力的同时保障纳税人权利，从而在国家和纳税人之间寻求利益的最大平衡。善治是良法落地的环境和条件，是指形成良好的税收治理方式和治理能力，实现程序正义、共同治理和征税效率

【判断题】税法主体及其权利和义务必须由法律加以确定，税收的各类要素都必须且只能由法律予以明确规定，没有法律依据，政府不能征税，国民也不得被要求缴纳各种税款。(　　)

【参考答案】√

税收法治最基本的原则是税收法定。

（三）现代税收法治的标志

现代税收法治的基本标志	(1) 税收职能依法全面发挥 (2) 税收制度体系完备 (3) 税收行政行为规范 (4) 税收法治环境优化 (5) 税收司法公正高效

第五节　税收管理体制

一、税收管理体制的概念

（一）税收分配

税收分配从一般意义上讲是在国家和纳税人之间进行的，但是在实际操作层面还有两种关于税收的分配是必须事先安排好、处理妥当的，否则会影响到税收分配的大局。

一是税收收入在**中央和地方**之间的分配问题。理论上把这方面的研究称作**“税收管理体制”**。

二是税收收入在国家与国家之间的分配问题。协调处理好**不同国家的税收管辖权和收益分配**，促进国际经济往来，维护国家主权。理论上把这方面的研究称作**“国际税收”**。

（二）税收管理体制

税收管理体制是划分中央和地方政府之间税收收入和税收管理权限的一项制度，其目的是明确中央和地方政府及各级税务机关的税收管理权限，调动各方面积极性，保证税收工作顺利进行和税收职能作用充分发挥。

在我国，税收管理体制体现了中央政府和地方政府，以及各级政府之间在国民收入分配活动中，根本利益一致基础上处理全局与局部利益关系的权力划分和职责分工关系。

二、税收管理体制的内容

税收体制	具体内容
（1）税收的立法权	是指国家最高权力机关根据法律程序赋予税收法律效力时所具有的权力，包括税法制定权、审议权、表决权、批准权及公布权
（2）税种的开征与停征权	是指决定开征什么税种、停征什么税种，以及对已制定的税法决定何时开征、何时停征的权力
（3）税法的解释权	是指对税法进行解释的权力，即对税收法规内容进行解释、制定实施细则和补充性规定的权力
（4）税法的调整权	是指对税收法律中的税目进行增减，以及对某些条文进行修订和补充的权力。对某些税法规定允许在一定幅度内浮动的税制要素（如税率、起征点等）作具体规定和进行调整的权力
（5）税收的减免权或加征权	是指制定减免税规定，审批、确定减免税或加税数额和期限的权力
（6）税收执法权	是指税务机关依法征收税款、依法进行税务管理的权力
（7）税收收入的分配	是指税收收入在各级政府间的分配标准和方式

【单选题】税收的立法权，是根据法律程序赋予税收法律效力时所具有的权力。一般而言，税收立法权属于（　　）。

A. 国家最高行政机关　　B. 国家最高权力机关

C. 国家各级政府　　D. 所有社会组织

【参考答案】B

税收立法权属于国家最高权力机关，包括税法制定权、审议权、表决权、批准权及公布权。

三、我国现行税收管理体制

（一）我国分税制的主要内容

按照中央政府和地方政府的事权划分，合理确定各级财政的支出范围；根据事权和财权相结合原则，将税种统一划分为中央税、地方税、中央与地方共享税；科学核定地方财政支出数额，逐步实现比较规范的中央财政对地方财政的税收返还和转移支付制度；建立和健全分级预算制度，硬化各级预算约束。原则上实现一级政府一级预算。

（二）税收立法权的划分

税法内容	立法机构
（1）税收法律	**全国人民代表大会及其常务委员会制定**
（2）税收的行政法规	**国务院制定**
（3）税收的部门规章	**财政部、国家税务总局、海关总署、国务院关税税则委员会等部门制定**

【多选题】下列关于税收立法权的描述，正确的有（　　）。

A. 税收立法权只有国家权力机关才拥有

B. 税收法律由全国人民代表大会及其常务委员会制定

C. 税收行政法规由国务院制定

D. 税收规章由财政部、国家税务总局、海关总署、国务院关税税则委员会等部门制定

【参考答案】BCD

税收法律由全国人民代表大会及其常务委员会制定；有关税收的行政法规由国务院制定；有关税收的部门规章由财政部、国家税务总局、海关总署、国务院关税税则委员会等部门制定。

（三）税收执法权的划分

税收执法权是税收征收管理机关依法行政、征收税款的法定权力。目前，我国税收执法机关主要有**税务部门和海关部门。**

【判断题】税收执法权是税收征收管理机关依法行政、征收税款的法定权力。我国的税收执法权必须由税务部门行使，其他部门不得行使征税权。（　　）

【参考答案】×

本题涉及的知识点是我国现行税收管理体制。目前，我国税收执法机关主要有税务部门和海关部门。

（四）中央政府和地方政府税收收入的划分

我国的税收收入按税种分为中央政府固定收入、地方政府固定收入和中央政府和地方政府共享收入。**中央和地方税收收入划分的原则是公平、便利、效率。**合理划分各级政府间事权与支出责任，要充分考虑公共事项的受益范围、信息的复杂性和不对称性，以及地方的自主性、积极性。我国在中央政府和地方政府税收收入划分方面的目标是构建以共享税为主的中央和地方收入分配格局。

四、税收核心业务

组织税收收入是税务机关基本的和首要的任务。税务机关的核心业务包括**纳税服务与税收征管**。二者相互依存、相互作用、相互促进，共存于税务机关行政行为之中。没有税收征管就不存在纳税服务，离开纳税服务就没有高质量的税收征管。

五、税务组织体系

（一）税务组织体系的内涵

税务组织体系就是由各级税务机关组成的税收工作网络。

内涵	具体内容
（1）税务组织体系的目标是高效和协调	高效具有机关高效运转与对纳税人高效服务两方面含义。 协调既包括税务机关上下级之间、各类岗位之间的协调，也包括税务机关与各级人民政府、政府其他部门和各类社会组织之间的协调，还应该包括与时代协调发展、与时俱进
（2）税务组织体系的核心是组织原则	从税收法定原则的要求和税收工作的性质出发，要使税收活动理性化、规范化，防止主观意志的影响，就必须遵循组织原则
（3）税务组织体系的基本要求是便利	税务管理组织体系搭建应将有效降低税收成本、便利纳税人办理涉税事项作为基本要求，优化流程设置，提高税收管理效能
（4）税务组织体系的质量保证是监督	税务组织体系基本特征之一就是要明确对权力的监督制约，着力构建科学合理的监督制约体系。一是要在机构职能和岗位职责设置上形成相互配合和制约的机制；二是要设立专门的监督部门，既实现对税收管理权力及时、有效的监督，又充分体现对纳税人权利的保障

【单选题】税务组织体系的核心是（　　）。

A. 机构设置　　B. 组织原则　　C. 岗位职责　　D. 人员分工

【参考答案】B

税务组织体系的核心是组织原则。税务机关是按照完整统一的组织原则构建的国家机关的组成部分，无论哪一级税务机关、无论什么人，在税收工作中都必须遵循事先设定的税务机关的工作职责和业务流程。

（二）税务机构

我国税务机关是政府的重要经济管理部门，**“为国聚财，为民收税”**，承担着国家赋予的税收执法权力和责任。我国现行税务机关按照行政级次和行政区划分为总局、省局、市局和县局四级税务机关。**国家税务总局是国务院主管税收工作的直属机构。省及省以下税务机关实行以国家税务总局为主与省（自治区、直辖市）政府双重领导**

的管理体制，具体承担所辖区域内各项税收、非税收入和社会保险费的征管等职责，既是从属于上级税务机关的基层单位，又是政府的职能部门。

（三）税务人员

我国税务机关公务员职务实行**委任制**，应当按照管理权限和规定程序任免其职务。数字人事实现税务干部考核管理**日常化、多维化、数据化、累积化和可比化，包括平时考核、公认评价考核、业务能力考核、领导胜任能力考核。**

本章习题

一、单项选择题

1. 税收与其他财政收入形式不同，其特征不包括（　　）。
   A. 强制性　　B. 无偿性　　C. 固定性　　D. 法律性
2. 下列税种不属于中央与地方共享税的是（　　）。
   A. 增值税　　B. 消费税　　C. 企业所得税　　D. 个人所得税
3. 税收首要的、基本的职能是（　　）。
   A. 经济调节职能　　B. 财政收入职能
   C. 收入分配职能　　D. 监督管理职能
4. 我国现行税制结构的基本特征是（　　）。
   A. 以直接税为主的税制结构
   B. 以间接税为主的税制结构
   C. 以直接税或间接税为主的税制结构
   D. 直接税与间接税并重的“双主体”结构
5. 税务机关的两项核心业务，一是税收征管，一是（　　）。
   A. 纳税服务　　B. 税务稽查　　C. 组织收入　　D. 税制改革

二、多项选择题

1. 从政治学的角度看，税收是国家治理的重要手段，其作用的特征包括（　　）。
   A. 基础性　　B. 支柱性　　C. 保障性　　D. 关键性
2. 税收法定原则的内容可概括为（　　）。
   A. 课税要素法定　　B. 课税要素确定
   C. 征税合法　　D. 课征主体法定
3. 依据税收与价格的关系，税收可分为（　　）。
   A. 直接税　　B. 间接税　　C. 价内税　　D. 价外税

4. 按税法效力分类，税法包括（　　）。

A. 税收法律　　B. 税收法规　　C. 税收规章　　D. 税收文件

5. 在我国现行税收体系中，增值税属于（　　）。

A. 从价税　　B. 从量税　　C. 直接税　　D. 间接税

参考答案与解析

一、单项选择题

1.【参考答案】D。税收与其他分配方式相比，具有强制性、无偿性和固定性的特征，习惯上称为税收的“三性”。法律性不是税收的特征。

2.【参考答案】B。我国现行消费税是中央税。

3.【参考答案】B。财政收入的职能是税收的基本职能，其他职能是派生职能。

4.【参考答案】D。我国的现行税制结构名义上是以直接税和间接税为主体的“双主体”税制结构。

5.【参考答案】A。税收核心业务包括纳税服务和税收征管两个方面。

二、多项选择题

1.【参考答案】ABC。税收在国家治理中发挥基础性、支柱性、保障性作用。

2.【参考答案】ABC。税收法定原则的内涵包括三个方面：一是要素法定；二是要素确定；三是征税合法。

3.【参考答案】CD。直接税和间接税区分的标准是能否转嫁，价内税和价外税的区分标准是税收与价格的关系。

4.【参考答案】ABC。按税法效力分类，税法可以分为税收法律、法规、规章、税收规范性文件。

5.【参考答案】AD。增值税以应税货物或劳务的价格为依据，按照适用税率计征，属于从价税；增值税税负易于转嫁，属于间接税。

第四章　增值税

第一节　增值税概述

一、增值税的概念

增值税	具体内容
（1）含义	从理论上讲，增值税是以单位和个人生产经营过程中取得的增值额为课税对象征收的一种税
（2）实行范围	增值税有效地解决了传统营业税的重复征税问题。1954 年法国最早实行增值税，到 2015 年，世界上已有 190 多个国家和地区实行了增值税，征税范围大多覆盖所有货物、劳务和服务
（3）我国改革情况	1979 年，引入增值税，1984 年颁布《中华人民共和国增值税条例（草案）》。**1994 年，税制改革，颁布《中华人民共和国增值税暂行条例》**。2009 年，我国进行增值税转型改革，将固定资产纳入进项税额的抵扣范围，2012 年，开始扩大征税范围的改革。 **2016 年 5 月 1 日起，在全国范围内全面推开营改增，至此，原营业税征税范围全部纳入增值税征税范围**

二、增值税的类型

（一）增值额

1. 理论增值额

从理论上讲，增值额是企业在生产经营过程中新创造的那部分价值，即货物或劳务价值中的 V + M 部分，在我国相当于净产值或国民收入部分。在现实经济生活中，对增值额这一概念可以从以下两个方面理解：第一，从一个生产经营单位来看，增值额是指该单位销售货物或提供劳务的收入额扣除为生产经营这种货物（包括劳务，下同）而外购的那部分货物价款后的余额；第二，从一项货物来看，增值额是该货物经历的生产和流通的各个环节所创造的增值额之和，也就是该项货物的最终销售价值。

【单选题】从理论上讲，作为增值税课税对象的增值额是指（　　）。

A. V + M　　B. V　　C. M　　D. C + V + M

【参考答案】A

增值额是企业在生产经营过程中新创造的那部分价值，即货物或劳务价值中的V + M 部分，在我国相当于净产值或国民收入的部分。

2. 法定增值额

增值额	具体内容
(1) 法定增值额的含义	法定增值额，是指各国政府根据各自的国情和政策要求，在其**增值税制度中确定的增值额**
(2) 法定增值额和理论增值额关系	法定增值额可以等于理论上的增值额，也可以大于或小于理论上的增值额
(3) 造成法定增值额与理论增值额不一致的原因	一个重要原因是各国在规定扣除范围时，对**外购固定资产**的处理办法不同。另外，由于流通领域征**税范围划分及减免税优惠**等，造成理论增值额与法定增值额也有很大不同

【单选题】增值税法定增值额与理论增值额不一致的主要原因是各国在规定扣除范围时，是否允许扣除外购的（　　）。

A. 固定资产　　B. 固定资产折旧　　C. 生产资料　　D. 生活资料

【参考答案】A

造成法定增值额与理论增值额不一致的一个重要原因是各国在规定扣除范围时，对外购固定资产的处理办法不同。

（二）增值税的类型（按对外购固定资产处理方式不同划分）

类型	具体内容
(1) 生产型增值税	是指计算增值额时，**不允许扣除任何外购固定资产**的价款
(2) 收入型增值税	是指计算增值额时，对外购固定资产价款只允许扣除当期**计入产品价值的折旧费部分**
(3) 消费型增值税	**是指计算增值额时，允许将当期购入的固定资产价款一次性全部扣除。**国务院决定自2009年1月1日起在全国范围内实施增值税转型改革，允许纳税人将其购进固定资产中的**动产**按规定抵扣其所含的增值税，增值税由生产型逐步向消费型过渡。随着营改增的全面推开，**不动产**纳入增值税征税和抵扣范围，我国增值税完成了彻底转型

三、增值税的计税方法

（一）直接计算法

直接计算法，是指首先计算出应税行为的增值额，然后用增值额乘以适用税率求出应纳税额。

由于存在难以准确计算增值额、不利于凭票抵扣等问题，因此实际应用的可能性很小。

（二）间接计算法

间接计算	具体内容
（1）含义	**间接计算法也称为扣税法，是将一定时期内实现的应税行为的销售收入，乘以相应税率，再减去法定允许扣除的外购项目已缴纳的增值税税款，得出税款属期的应纳税额**
（2）分类（按照扣除税额的具体环节不同划分）	**（1）购进扣税法：**是以外购项目的实际已纳税额为计算依据确定扣除税额，又叫发票扣税法，购进扣税法简便易行、计算准确，是实行增值税的国家广泛采用的计税方法。**目前，我国的增值税采用的也是购进扣税法** **（2）实耗扣税法：**是以外购扣除项目的**实际消耗金额为依据**计算扣除税额的方法

【单选题】以下关于增值税的表述，不正确的是（　　）。

A. 增值税只就纳税人新增价值作为征税对象

B. 增值税属于间接税

C. 增值税的作用是调节收入差距

D. 我国增值税采用间接计算法计算税额

【参考答案】C

①增值税是以单位和个人生产经营过程中取得的增值额为课税对象征收的一种税。从理论上来讲，增值额是企业在生产经营过程中新创造的那部分价值。②增值税属于间接税。③我国采用间接计算法计算税额。④增值税不重复征税，具有中性税收的特征。所谓中性税收，是指税收对经济行为包括企业生产决策、生产组织形式等，不产生影响，由市场对资源配置发挥基础性、主导性作用。

四、增值税的特点

增值税的特点	1. 避免重复征税，体现了税收中性的特征 2. 逐环节征税，逐环节抵扣，最终消费者是全部税款的承担者 3. 既普遍征收又多环节征收

第二节　增值税的纳税人、征税范围和税率

一、增值税的纳税人和扣缴义务人

（一）纳税人

纳税人	具体内容
（1）基本概念	**在中华人民共和国境内销售货物或者加工、修理修配劳务，销售服务、无形资产、不动产以及进口货物的单位和个人，为增值税的纳税人。**单位，是指企业、行政单位、事业单位、军事单位、社会团体及其他单位。**个人，是指个体工商户和其他个人**
（2）纳税人的分类	**（1）一般规定** **自2018年5月1日起，统一增值税小规模纳税人标准，即增值税小规模纳税人标准为年应税销售额500万元及以下。**年应税销售额，是指纳税人在连续不超过12个月或四个季度的经营期内累计应税销售额，**包括纳税申报销售额、稽查查补销售额、纳税评估调整销售额。**销售服务、无形资产或者不动产（以下简称“应税行为”）有扣除项目的纳税人，其应税行为年应税销售额按未扣除之前的销售额计算。纳税人偶然发生的销售无形资产、转让不动产的销售额，不计入应税行为年应税销售额。 **【提示】境外企业不区分一般纳税人和小规模纳税人，均由扣缴义务人按照适用税率扣缴增值税，不适用小规模纳税人月销售额10万元以下免税政策**
	（2）特殊规定 **①年应税销售额超过规定标准的其他个人按小规模纳税人纳税** **②销售货物、劳务的非企业性单位、不经常发生应税行为的企业可选择按小规模纳税人纳税** **③销售服务、无形资产或者不动产年应税销售额超过规定标准但不经常发生应税行为的单位和个体工商户可选择按照小规模纳税人纳税** **④小规模纳税人会计核算健全，能够提供准确税务资料的，可以向主管税务机关办理一般纳税人登记，成为一般纳税人**
（3）纳税人的管理	**（1）增值税一般纳税人资格实行登记制** 纳税人在年应税销售额超过规定标准的月份（或季度）的所属申报期结束后15日内按照有关规定办理相关手续 **（2）除国家税务总局另有规定外，纳税人一经登记为一般纳税人后，不得转为小规模纳税人**（注意：国家税务总局公告2020年第9号规定，一般纳税人符合以下条件的，在2020年12月31日前，可选择转登记为小规模纳税人：转登记日前连续12个月（以1个月为1个纳税期）或者连续4个季度（以1个季度为1个纳税期）累计销售额未超过500万元。）

【判断题】某小规模纳税人，既从事货物生产，也提供应税服务，该纳税人连续12个月经营期累计货物年销售额300万元，应税服务年销售额为250万元，因货物、服务销售额均未达500万元，所以该纳税人为小规模纳税人。（　　）

【参考答案】×

自2018年5月1日起，统一增值税小规模纳税人标准，即增值税小规模纳税人标

准为年应征增值税销售额500万元及以下。年应税销售额，是指纳税人在连续不超过12个月或四个季度的经营期内累计应征增值税销售额，包括纳税申报销售额、稽查查补销售额、纳税评估调整销售额。

（二）扣缴义务人

事项	扣缴义务人
（1）境外的单位或者个人在境内提供应税劳务	在境内**未设有经营机构**的，以其**境内代理人**为扣缴义务人；在境内没有代理人的，以**购买方**为扣缴义务人
（2）境外单位或者个人在境内发生销售服务、无形资产或者不动产行为	在境内未设有经营机构的，以**购买方为增值税扣缴义务人**；财政部和国家税务总局另有规定的除外

【多选题】境外单位或个人在境内发生增值税劳务而在境内未设立经营机构的，税款征收采取扣缴方式。下列关于增值税扣缴义务人的表述，正确的有（　　）。

A. 在境内有代理人的，以代理人为扣缴义务人

B. 以纳税人指定的税务师事务所为扣缴义务人

C. 在境内没有代理人的，以购买方为扣缴义务人

D. 以境外单位为扣缴义务人

【参考答案】AC

中华人民共和国境外的单位或者个人在境内提供应税劳务，在境内未设有经营机构的，以其境内代理人为扣缴义务人；在境内没有代理人的，以购买方为扣缴义务人。

二、增值税的征税范围

（一）征税范围的基本规定

增值税的征税范围包括在中华人民共和国境内销售货物、劳务，销售服务、无形资产、不动产（以下统称应税销售行为）以及进口货物。

1. 境内的含义

境内的含义	具体内容
（1）在境内销售货物或者劳务	**是指销售货物的起运地或者所在地在境内以及提供的应税劳务发生在境内**
（2）在境内销售服务、无形资产、不动产	①服务（租赁不动产除外）或者无形资产（自然资源使用权除外）的**销售方或者购买方**在境内 ②所销售或者租赁的**不动产在境内** ③所销售自然资源使用权的**自然资源在境内** ④财政部和国家税务总局规定的其他情形

续表

境内的含义	具体内容
(3) 不属于境内销售服务或者无形资产的情形	①境外单位或者个人向境内单位或者个人**销售完全在境外发生的服务** **②境外单位或者个人向境内单位或者个人销售完全在境外使用的无形资产** **(注意:境外单位或者个人向境内单位或者个人销售的未完全在境外使用的无形资产,属于在境内销售无形资产。例如:境外A公司向境内B公司转让一项专利技术,该技术同时用于B公司在境内和境外的生产线。)** ③境外单位或者个人向境内单位或者个人**出租完全在境外使用的有形动产** ④财政部和国家税务总局规定的其他情形

【单选题】下列情形中,不属于在中华人民共和国境内销售服务、无形资产的是( )。

A. 服务(租赁不动产除外)的销售方在境内

B. 服务(租赁不动产除外)的购买方在境内

C. 所销售自然资源使用权的自然资源在境内

D. 境外单位或者个人向境内单位或者个人销售完全在境外发生的服务

【参考答案】D

境外单位或者个人向境内单位或者个人销售完全在境外发生的服务,不属于在中华人民共和国境内销售服务。

2. 销售货物

销售货物	具体内容
(1) 含义	销售货物,是指有偿转让货物的所有权
(2) 内容	**货物是指有形动产,包括电力、热力、气体**

3. 提供加工、修理修配劳务

加工、修理修配	具体内容
(1) 含义	提供加工、修理修配劳务,是指有偿提供加工、修理修配劳务
(2) 内容	加工,是指受托加工货物,**即委托方提供原料及主要材料**,受托方按照委托方的要求制造货物并收取加工费的业务。修理修配,是指受托对损伤和丧失功能的货物进行修复,使其恢复原状和功能的业务 **【提示】修理修配中的货物是指有形动产**

4. 销售服务

销售服务,是指有偿提供交通运输服务、邮政服务、电信服务、建筑服务、金融服务、现代服务、生活服务。

5. 销售无形资产

销售无形资产	具体内容
（1）含义	销售无形资产，是指有偿转让无形资产所有权或者使用权的业务活动
（2）内容	**无形资产，是指不具实物形态，但能带来经济利益的资产，包括技术、商标、著作权、商誉、自然资源使用权和其他权益性无形资产**

6. 销售不动产

销售不资产	具体内容
（1）含义	销售不动产，是指有偿转让不动产所有权的业务活动
（2）内容	不动产，是指不能移动或者移动后会引起性质、形状改变的财产。包括：建筑物，包括住宅、商业营业用房、办公楼等可供居住、工作或者进行其他活动的建造物；构筑物，包括道路、桥梁、隧道、水坝等建造物

【多选题】下列项目中，属于“销售服务、无形资产或者不动产”范围的业务有（　　）。

A. 建筑企业提供的建筑安装服务　　B. 超市销售的商品

C. 汽修企业提供的修理服务　　D. 转让专利权

【参考答案】AD

销售服务，是指有偿提供交通运输服务、邮政服务、电信服务、建筑服务、金融服务、现代服务、生活服务；销售无形资产，是指有偿转让无形资产所有权或者使用权的业务活动，包括技术、商标、著作权、商誉、自然资源使用权和其他权益性无形资产。选项B属于销售货物；选项C属于提供修理修配劳务。

7. 有偿的理解

上述所称的有偿是指取得货币、货物或者其他经济利益。

（二）征税范围的特殊规定

1. 视同销售

视同销售	具体内容
（1）视同销售货物的情形	**（1）将货物交付其他单位或者个人代销** **（2）销售代销货物** **（3）设有两个以上机构并实行统一核算的纳税人，将货物从一个机构移送至其他机构用于销售，但相关机构设在同一县（市）的除外** （4）将自产、委托加工的货物用于集体福利或者个人消费 （5）将自产、委托加工或者**购进的**货物作为投资，提供给其他单位或者个体工商户 （6）将自产、委托加工或者**购进的**货物分配给股东或者投资者 （7）将自产、委托加工或者**购进的**货物无偿赠送其他单位或者个人 **【提示】**货物用于公益事业或者以社会公众为对象依然要视同销售，特殊政策除外：

续表

税收特征	具体内容
（1）视同销售货物的情形	**（1）自2019年1月1日至2022年12月31日，对单位或者个体工商户将自产、委托加工或购买的货物通过公益性社会组织、县级及以上人民政府及其组成部门和直属机构，或直接无偿捐赠给目标脱贫地区的单位和个人，免征增值税** **（2）自2020年1月1日起，单位和个体工商户将自产、委托加工或购买的货物，通过公益性社会组织和县级以上人民政府及其部门等国家机关，或者直接向承担疫情防治任务的医院，无偿捐赠用于应对新型冠状病毒感染的肺炎疫情的，免征增值税、消费税、城市维护建设税、教育费附加、地方教育附加**
（2）视同销售服务、无形资产或者不动产	**（1）单位或者个体工商户向其他单位或者个人无偿提供服务，但用于公益事业或者以社会公众为对象的除外** **（2）单位或者个人向其他单位或者个人无偿 转让无形资产或者不动产，但用于公益事业或者以社会公众为对象的除外** （3）财政部和国家税务总局规定的其他情形

【多选题】根据现行增值税政策规定，下列行为应视同销售货物征收增值税的有（　　）。

A. 将委托加工收回的货物用于赠送客户

B. 将外购的食品作为职工中秋节福利

C. 将自产的办公用品用于公司办公使用

D. 将自产的设备以投资的方式投入联营企业

【参考答案】AD

选项B错误，将自产、委托加工的货物用于集体福利或者个人消费的才属于视同销售范围。选项C错误，将自产、委托加工的货物用于非增值税应税项目才属于视同销售范围。

2. 非经营活动

非经营活动	具体内容
（1）不应征收增值税的非经营活动	**（1）行政单位收取的同时满足以下条件的政府性基金或者行政事业性收费：** a. 由国务院或者财政部批准设立的政府性基金，由国务院或者省级人民政府及其财政、价格主管部门批准设立的行政事业性收费 b. 收取时开具省级以上（含省级）财政部门监（印）制的财政票据 c. 所收款项全额上缴财政 **（2）单位或者个体工商户聘用的员工为本单位或者雇主提供取得工资的服务** **（3）单位或者个体工商户为聘用的员工提供服务** （4）财政部和国家税务总局规定的其他情形
（2）不属于有偿提供应税劳务的情形	**单位或者个体工商户聘用的员工为本单位或者雇主提供加工、修理修配劳务，不属于有偿提供应税劳务**

【多选题】纳税人有偿销售货物、有偿提供应税劳务、有偿发生应税行为，应缴纳

增值税。但下列情形不属于有偿的有（　　）。

A. 行政单位收取的同时满足税法规定条件的政府性基金或者行政事业性收费

B. 单位或者个体工商户聘用的员工为本单位或者雇主提供取得工资的服务

C. 单位或者个体工商户为聘用的员工提供服务

D. 单位或者个体工商户聘用的员工为本单位或者雇主提供加工、修理修配劳务

【参考答案】ABCD

非经营活动的情形有：（1）行政单位收取的同时满足条件的政府性基金或者行政事业性收费。（2）单位或者个体工商户聘用的员工为本单位或者雇主提供取得工资的服务。（3）单位或者个体工商户为聘用的员工提供服务。（4）单位或者个体工商户聘用的员工为本单位或者雇主提供加工、修理修配劳务。（5）财政部和国家税务总局规定的其他情形。

3. 不征收增值税项目

（1）根据国家指令无偿提供的铁路运输服务、航空运输服务，属于用于规定的公益事业的服务，不视同销售服务。

（2）存款利息。

（3）被保险人获得的保险赔付。

（4）房地产主管部门或者其指定机构、公积金管理中心、开发企业以及物业管理单位代收的住宅专项维修资金。

（5）在资产重组过程中，通过合并、分立、出售、置换等方式，将全部或者部分实物资产以及与其相关联的债权、负债和劳动力一并转让给其他单位和个人，其中涉及的货物、不动产、土地使用权转让行为。

4. 混合销售

混合销售	具体内容
（1）含义	一项销售行为如果既涉及**货物又涉及服务**，为混合销售
（2）税务处理	**从事货物的生产、批发或者零售的单位和个体工商户的混合销售行为，按照销售货物缴纳增值税**。其他单位和个体工商户的混合销售行为，按照**销售服务**缴纳增值税

【单选题】假设2019年7月，某计算机股份有限公司（一般纳税人）销售给某商场100台计算机，不含税单价为4 300元/台，已开具税控系统专用发票，双方议定送货上门，商场支付运费1 500元（开具普通发票），当月该公司可以抵扣的进项税额为3 400元。该计算机股份公司应纳增值税为（　　）元。

A. 69 700.00　　B. 52 672.57　　C. 69 955.00　　D. 73 317.95

【参考答案】B

应纳税额 $= 100 \times 4\ 300 \times 13\% + 1\ 500 \div (1 + 13\%) \times 13\% - 3\ 400 = 52\ 672.57$（元）。本题要重点把握混合销售的界定及销售额的确定。这笔业务运费由商场支付给该计算机公司，因此，该计算机公司一项销售行为，既收到了货款，又收到了运费收入，而且运费收入开具的是普通发票，所以属于混合销售，按销售货物征收增值税，销售额为货物与服务销售额合计。

三、增值税的税率与征收率

税率/征收率	适用范围
税率	一般纳税人
征收率	**简易计税方法的一般纳税人、小规模纳税人**

（一）确定增值税税率的一般原则

增值税税率确定的基本原则是尽可能减少税率档次，这是由增值税实行税款抵扣的计税方法以及其中性税收的特征所决定的。

世界各国设置增值税税率有以下几种类型：

1. 基本税率，也称标准税率。这是各个国家根据本国生产力发展水平、财政政策的需要、消费者的承受能力并考虑到历史上货物劳务税税负水平后确定的，适用于绝大多数货物和应税劳务的税率。

2. 低税率，即对基本生活用品和劳务确定的适用税率。由于增值税税负最终构成消费者的支出，因此，设置低税率的根本目的是鼓励某些货物或劳务的消费，或者说是为了照顾消费者的利益，保证消费者对基本生活用品的消费。设置低税率的目的决定了各国对低税率货物和劳务的选择具有一致性，即一般都是对属于生活必需品的货物和劳务实行低税率，并对实行低税率的货物和劳务采取在税制中单独列举品目的方式。一般来说，采用低税率的货物和劳务不宜过多，否则会影响增值税发挥其应有的作用。

3. 高税率，即对奢侈品、非生活必需品或劳务确定的适用税率。采用高税率是为了发挥增值税的宏观调控作用，限制某些货物和劳务的消费，增加财政收入。和低税率一样，各国对高税率货物和劳务的选择也具有一致性并在税制中单独列举，采用高税率的货物和劳务也不宜过多。

4. 零税率。一般来说，各国增值税都规定有零税率，其实施范围主要是出口货物。

【提示】注意区分零税率和免税。免征增值税：应纳增值税为0，同时不能抵扣进项税额。适用零税率：增值税应纳税额 = 销项税额 - 进项税额，适用零税率即销项税额为0，应纳税额 = 0 - 进项税额。这意味着可以退还税款，或进项留抵。相比之下，适用零税率比免征增值税更实惠。

（二）增值税税率

税率	适用范围
13%	（1）自 2019 年 4 月 1 日起，一般销售、进口货物 （2）自 2019 年 4 月 1 日起，加工、修理修配劳务 （3）自 2019 年 4 月 1 日起，提供有形动产租赁服务
9%	（1）自 2019 年 4 月 1 日起，纳税人提供交通运输、邮政、基础电信、建筑、不动产租赁服务，销售不动产，转让土地使用权 （2）销售或者进口特殊货物 ①农业相关：粮食等农产品、饲料、化肥、农药、农机、农膜 ②居民生活相关：食用植物油、食用盐、自来水、暖气、冷气、热水、煤气、石油液化气、天然气、二甲醚、沼气、居民用煤炭制品 ③文化业相关：图书、报纸、杂志、音像制品、电子出版物
6%	金融服务、现代服务（租赁服务除外）、生活服务、转让无形资产、增值电信服务
0	（1）纳税人出口货物，税率为零；但国务院另有规定的除外 （2）境内单位和个人发生的跨境销售国务院规定范围内的服务、无形资产

【综合题】甲运输公司为增值税一般纳税人。

【要求】分析该公司 2019 年 7 月发生的业务，计算甲运输公司当期应缴纳的增值税。

【业务 1】在境内提供水路运输业务，取得不含税收入 150 万元；

提供运输服务的销项税额 = 150 × 9% = 13.50（万元）

【业务 2】提供船员培训服务，取得含税收入 50 万元；

『解析』提供船员培训服务的销项税额 = 50 ÷（1 + 6%）× 6% = 2.83（万元）

【业务 3】提供集装箱租赁服务，取得含税收入 45 万元；

提供集装箱租赁服务的销项税额 = 45 ÷（1 + 13%）× 13% = 5.18（万元）

【业务 4】当月购进教学器具及燃料等共计发生进项税额 12.8 万元，均取得合法抵扣凭证并于当月勾选认证。

【参考答案】当月销项税额合计 = 13.50（业务 1）+ 2.83（业务 2）+ 5.18（业务 3）= 21.51（万元）

进项税额为 12.8 万元

当月应缴纳的增值税 = 21.51 − 12.8（业务4）= 8.71（万元）

（三）增值税征收率

增值税法定的征收率为3%，但财政部和国家税务总局另有规定的除外。**目前，简易计税方法下特殊的征收率为5%**。

（四）兼营行为税率或征收率的确定

1. 兼营行为的含义

兼营是指纳税人的经营范围既包括销售货物和劳务，又包括销售服务、无形资产或者不动产。但是，销售货物、劳务、服务、无形资产或者不动产**不同时**发生在同一项销售行为中。

2. 兼营行为的税务处理

（1）纳税人销售货物、加工修理修配劳务、服务、无形资产或者不动产适用不同税率或者征收率的，**应当分别核算**适用不同税率或者征收率的销售额。

（2）未分别核算销售额的，按照以下方法适用税率或者征收率：

①兼有不同税率的销售货物、加工修理修配劳务、服务、无形资产或者不动产，**从高**适用税率。

②兼有不同征收率的销售货物、加工修理修配劳务、服务、无形资产或者不动产，**从高**适用征收率。

③兼有不同税率和征收率的销售货物、加工修理修配劳务、服务、无形资产或者不动产，**从高**适用税率。

【提示】注意区分混合销售和兼营。混合销售的本质是一项纳税行为；而兼营行为的本质是多项应税行为。混合销售税务处理原则是按企业的主营项目的性质划分增值税税目；而兼营应当分别核算适用不同税率或者征收率应税行为的销售额，从而计算相应的增值税应缴税额。

第三节　增值税应纳税额的计算

一、计税销售额的确定

（一）纳税人销售货物或者劳务销售额的确定

纳税人销售货物或者劳务销售额为向购买方收取的全部价款和价外费用，但是不包括收取的增值税。

价外费用的范围

价外费用	具体内容
（1）包含的内容	价外费用包括价外向购买方收取的手续费、补贴、基金、集资费、返还利润、奖励费、违约金、滞纳金、延期付款利息、赔偿金、代收款项、代垫款项、包装费、包装物租金、储备费、优质费、运输装卸费以及其他各种性质的价外收费
（2）不包含的内容	（1）受托加工应征消费税的消费品所代收代缴的消费税 （2）同时符合以下条件的代垫运输费用： ①承运部门的运输费用发票开具给购买方的 ②纳税人将该项发票转交给购买方的 （3）同时符合以下条件代为收取的政府性基金或者行政事业性收费： ①由国务院或者财政部批准设立的政府性基金，由国务院或者省级人民政府及其财政、价格主管部门批准设立的行政事业性收费 ②收取时开具省级以上财政部门印制的财政票据 ③所收款项全额上缴财政
	（4）销售货物的同时代办保险等而向购买方收取的保险费，以及向购买方收取的代购买方缴纳的车辆购置税、车辆牌照费

【多选题】增值税的销售额为纳税人销售货物或者提供应税劳务向购买方收取的全部价款和价外费用，但下列费用不包括在价外费用之中的有（　　）。

A. 符合法定条件的代垫运费

B. 向购买方收取的延期付款利息

C. 向购买方收取的增值税销项税额

D. 受托加工应征消费税的消费品所代收代缴的消费税

【参考答案】ACD

销售额为纳税人销售货物或者应税劳务向购买方收取的全部价款和价外费用，但是不包括收取的销项税额。价外费用包括价外向购买方收取的延期付款利息。但下列项目不包括在内。一是受托加工应征消费税的消费品所代收代缴的消费税。二是同时符合以下条件的代垫运输费用：①承运部门的运输费用发票开具给购买方的；②纳税人将该项发票转交给购买方的。

（二）纳税人销售服务、无形资产、不动产销售额的确定

纳税人销售服务、无形资产、不动产的销售额为取得的全部价款和价外费用，财政部和国家税务总局另有规定的除外。

价外费用，是指价外收取的各种性质的收费，但不包括以下项目：

1. 代为收取并符合规定条件的政府性基金或者行政事业性收费。

2. 以委托方名义开具发票代委托方收取的款项。

（三）含税销售额的换算

情形	具体内容
（1）一般计税方法下含税销售额的换算	一般计税方法的销售额**不包括收取的销项税额**。纳税人采用销售额和销项税额合并定价方法的，按照下列公式计算销售额：销售额 = 含税销售额 ÷（1 + 税率）
（2）简易计税方法下含税销售额的换算	简易计税方法的销售额不包括其应纳税额。纳税人采用销售额和应纳税额合并定价方法的，按照下列公式计算销售额：销售额 = 含税销售额 ÷（1 + 征收率）

（四）外币销售额的折算

纳税人发生应税销售行为，按照人民币以外的货币结算销售额的，应当折合成人民币计算，折合率可以选择**销售额发生的当天或者当月1日**的人民币汇率中间价。

纳税人应当在事先确定采用何种折合率，确定后12个月内不得变更。

【多选题】增值税纳税人按照人民币以外的货币结算销售额的，应当折合成人民币计算，折合率可以选择（　　）。

A. 销售额发生当天人民币汇率中间价

B. 外币销售额发生当月每日人民币汇率中间价均价

C. 销售额发生当月最后一日人民币汇率中间价

D. 销售额发生当月1日人民币汇率中间价

【参考答案】AD

增值税销售额以人民币计算。纳税人按照人民币以外的货币结算销售额的，应当折合成人民币计算。折合率可以选择销售额发生的当天或者当月1日的人民币汇率中间价。纳税人应当在事先确定采用何种折合率，确定后1年内不得变更。

（五）特殊销售方式下销售额的确定

1. 折扣方式销售

（1）商业折扣方式销售

商业折扣	具体内容
（1）含义	商业折扣方式销售是指销售方在销售货物、提供应税劳务、销售服务、无形资产或者不动产时，为促销等原因而**给予购买方的价格优惠**，是交易行为发生前的价格让渡
（2）税务处理	**纳税人采取折扣方式销售，如果销售额和折扣额在同一张发票上分别注明的，可按折扣后的销售额征收增值税**。销售额和折扣额在同一张发票上分别注明，是指销售额和折扣额在同一张发票上的“金额”栏分别注明的。纳税人未在同一张发票“金额”栏注明折扣额，而仅在发票的“备注”栏注明折扣额的，折扣额不得从销售额中减除

【计算题】某百货零售企业系增值税一般纳税人，2019 年 5 月，以折扣方式销售货物一批，不含税销售额 200 000 元，折扣额 40 000 元，销售额和折扣额在同一张发票金额栏上分别注明。

【要求】计算该纳税人当期的计税销售额。

【参考答案】以折扣方式销售货物的计税销售额 = 200 000（不含税销售额）－40 000（折扣额）= 160 000（元）

（2）现金折扣方式销售

现金折扣	具体内容
（1）含义	现金折扣是指销货方在销售货物后，为鼓励购买方及早偿还货款而给予购买方的一种折扣优惠（如：10 天内付款，货款折扣 2%；20 天内付款，货款折扣 1%；30 天内全价付款）
（2）税务处理	**现金折扣发生在销售行为实现后，是一种融资性质的理财费用，在确定计税销售额时现金折扣不得从销售额中减除**

2. 以旧换新方式销售货物

以旧换新	具体内容
（1）含义	以旧换新是指纳税人在销售自己的货物时，有偿收回旧货物的行为
（2）税务处理	纳税人采取以旧换新方式销售货物（**除金银首饰外**）的，**应按新货物的同期销售价格确定计税销售额，不得扣减旧货物的收购价格**。对**金银首饰以旧换新业务**，按销售方**实际收取**的不含增值税的全部价款征收增值税

【计算题】某百货零售企业系增值税一般纳税人，2019 年 9 月，以旧换新方式销售洗衣机 20 台，每台含税销售额 3 390 元，旧洗衣机回收价每台 200 元，销售每台洗衣机实际收取价格为 3 190 元。

【要求】计算该纳税人当期的计税销售额。

【参考答案】以旧换新方式销售洗衣机计税销售额 = 20 × 3 390（新洗衣机含税销售额）÷（1 + 13%）= 60 000（元）

【判断题】金银首饰以旧换新业务，按销售方实际收取的不含增值税的全部价款征收增值税。（　　）

【参考答案】√

金银首饰以旧换新业务，按销售方实际收取的不含增值税的全部价款征收增值税。

3. 还本方式销售

还本销售	具体内容
（1）含义	**还本销售是指纳税人在销售货物后，到一定期限由销售方一次或分次退还给购货方全部或部分购货款**。这种方式实际上是**一种融资行为**，是以货物换取资金的使用价值，到期还本不付息的方法
（2）税务处理	纳税人采取还本销售方式销售货物，其计税销售额就是货物的**销售价格**，不得从销售额中减除还本支出

4. 以物易物方式销售

以物易物	具体内容
（1）含义	以物易物是一种较为特殊的购销活动，是指购销双方不是以货币结算，而是以同等价款的货物相互结算、实现货物购销的一种方式
（2）税务处理	以物易物**双方都应作购销处理**，以各自发出的货物核算销售额，以各自收到的货物核算购货额 **【提示】**以物易物中，双方都取得了其他经济利益，不能将二者价差计入销售额，造成少计算销售额。

【单选题】甲贸易公司为增值税一般纳税人，2019 年 6 月以不含税价格为 15 万元的玉米与乙公司不含税价格为 8 万元的罐头进行交换，差价款由乙公司以银行存款支付，双方均向对方开具增值税专用发票，假定当月取得的相关票据均符合税法规定，并在当月抵扣进项税，甲贸易公司当月应缴纳增值税（　　）万元。

A. 0.31　　B. 1.95　　C. 2.50　　D. 1.19

【参考答案】A

应纳的增值税 $=15\times9\%-8\times13\%=0.31$（万元）

5. 包装物押金销售额的确认

货物类别		税务处理
一般货物		（1）收取押金时，单独记账核算的，不并入销售额征税 （2）逾期时或没收时，再计入销售额征税（增值税、消费税）
酒类产品	啤酒黄酒	（1）收取押金时，单独记账核算的，不并入销售额征税 （2）逾期时或没收时，再计入销售额征收增值税，但不征消费税（因为啤酒、黄酒消费税是从量计征）
	其他酒类产品	（1）收取押金时，无论是否单独记账核算，也无论是否退还，直接并入销售额征收增值税和消费税 （2）逾期时或没收时，不再征收增值税和消费税

【单选题】纳税人销售下列货物出租包装物单独记账核算收取的押金，应并入当期销售额征收增值税的是（　　）。

A. 销售黄酒　　B. 销售啤酒　　C. 销售白酒　　D. 销售矿泉水

【参考答案】C

纳税人为销售货物出租出借包装物而收取的押金，单独记账核算的，不并入销售额征税。从 1995 年 6 月 1 日起，对销售除啤酒、黄酒外的其他酒类产品而收取的包装物押金，无论是否返还以及会计上如何核算，均应并入当期销售额征税。

6. 混合销售行为销售额的确定

一般情形下，混合销售行为销售额为货物销售额与应税服务销售额的合计。

一般纳税人销售自产和外购机器设备的同时提供安装服务，不属于混合销售，应分别核算机器设备和安装服务的销售额，分别适用不同的税率和征收率计税。

【多选题】下列关于增值税税务处理的表述中，不正确的有（　　）。

A. 转让商誉，不属于销售无形资产

B. 销售货物的同时代办保险等而向购买方收取的保险费属于价外费用，应征收增值税

C. 卫星电视信号落地转接服务，按照增值电信服务缴纳增值税

D. 销售自产机器设备的同时提供安装服务，属于混合销售

【参考答案】ABD

增值税的无形资产，是指不具实物形态，但能带来经济利益的资产，包括技术、商标、著作权、商誉、自然资源使用权和其他权益性无形资产；销售货物的同时代办保险等而向购买方收取的保险费，不包括在价外费用内；卫星电视信号落地转接服务，按照增值电信服务缴纳增值税；纳税人销售活动板房、机器设备、钢结构件等自产货物的同时提供建筑、安装服务，不属于混合销售。

7. 兼营行为销售额的确定

纳税人兼营应税销售行为，适用不同税率或者征收率的，应当分别核算适用不同税率或者征收率的销售额；**未分别核算的，按合计销售额从高适用税率或征收率计税。**

（六）销售额的核定

1. 纳税人销售货物价格明显偏低并无正当理由或者发生视同销售货物行为而无销售额的，由主管税务机关按顺序核定其销售额。

销售额核定顺序：

顺序	销售额
(1)	**按纳税人最近时期同类货物的平均销售价格确定**
(2)	**按其他纳税人最近时期同类货物的平均销售价格确定**
(3)	**按组成计税价格确定，组成计税价格 = 成本 × （1 + 成本利润率）。属于应征消费税的货物，其组成计税价格中应加计消费税税额。**公式中的成本是指：销售自产货物的为实际生产成本，销售外购货物的为实际采购成本公式中的成本利润率由国家税务总局确定。目前，除应征消费税的货物外，**一般货物的成本利润率按10%确定**

2. 纳税人销售服务、无形资产、不动产价格明显偏低或者偏高且不具有合理商业目的的，或者视同销售服务、无形资产或者不动产而无销售额的，主管税务机关有权按照顺序确定销售额。

销售额核定顺序：

顺序	销售额
(1)	按照纳税人**最近时期销售**同类服务、无形资产或者不动产的平均价格确定
(2)	按照**其他纳税人**最近时期销售同类服务、无形资产或者不动产的平均价格确定
(3)	按照组成计税价格确定，组成计税价格 = 成本 ×（1 + 成本利润率）。成本利润率由国家税务总局确定

（七）差额确定销售额（针对部分营改增行业）

事项	差额确定销售额
(1) 一般纳税人销售自行开发的房地产项目	**一般纳税人销售自行开发的房地产项目，适用一般计税方法计税的，销售额 =（全部价款和价外费用 − 当期允许扣除的土地价款）÷（1 +9%）。**支付的土地价款，**包括土地受让人向政府部门支付的征地和拆迁补偿费用、土地前期开发费用和土地出让收益等。纳税人向其他单位或个人支付的拆迁补偿费用也**允许在销售额中扣减 【提示】**小规模纳税人以及简易计税的一般纳税人不适用**
(2) 金融商品转让	按照卖出价扣除买入价后的余额为销售额。无论是一般纳税人还是小规模纳税人，无论采用一般计税方法还是采用简易计税方法，按差额确定销售额
(3) 纳税人提供旅游服务	纳税人提供旅游服务，可以选择以取得的全部价款和价外费用，扣除向旅游服务购买方收取并支付给其他单位或者个人的住宿费、餐饮费、交通费、签证费、门票费和支付给其他接团旅游企业的旅游费用后的余额为销售额。上述规定，无论是一般纳税人还是小规模纳税人，无论采用一般计税方法还是采用简易计税方法，均可以选择差额确定销售额。如果纳税人不选择差额确定销售额，就要按取得的全部价款和价外费用确定销售额
(4) 一般纳税人提供客运场站服务	一般纳税人提供客运场站服务，以其取得的全部价款和价外费用，扣除支付给承运方运费后的余额为销售额 上述规定，只适用于一般纳税人，小规模纳税人提供客运场站服务要全额确定销售额

续表

事项	差额确定销售额
（5）纳税人提供劳务派遣服务	（1）纳税人没有选择差额纳税的 一般纳税人提供劳务派遣服务，以取得的全部价款和价外费用为销售额，按照一般计税方法计算缴纳增值税。小规模纳税人提供劳务派遣服务，以取得的全部价款和价外费用为销售额，按照简易计税方法依3%的征收率计算缴纳增值税 **（2）纳税人也可以选择差额纳税** **无论是一般纳税人，还是小规模纳税人，均以取得的全部价款和价外费用，扣除代用工单位支付给劳务派遣员工的工资、福利和为其办理社会保险及住房公积金后的余额为销售额，按照简易计税方法依5%的征收率计算缴纳增值税**
（6）纳税人提供建筑服务	**（1）小规模纳税人提供建筑服务，以及一般纳税人提供建筑服务选择适用简易计税方法计税的，应以取得的全部价款和价外费用扣除支付的分包款后的余额为销售额，按照3%的征收率计算应纳税额** （2）一般纳税人提供建筑服务适用一般计税方法计税的，应以取得的全部价款和价外费用为销售额计算应纳税额，不得差额确定销售额

【多选题】根据增值税政策规定，下列项目中按差额确定销售额的有（　　）。

A. 一般纳税人采取一般计税方法销售自行开发的房地产项目

B. 农业生产者销售自产农产品

C. 一般纳税人转让金融商品

D. 一般纳税人提供客运场站服务

【参考答案】ACD

一般纳税人销售自行开发的房地产项目，适用一般计税方法计税的，按照取得的全部价款和价外费用，扣除受让土地时向政府部门支付的土地价款后的余额为销售额；金融商品转让，按照卖出价扣除买入价后的余额为销售额；一般纳税人提供客运场站服务，以其取得的全部价款和价外费用，扣除支付给承运方运费后的余额为销售额；农业生产者销售自产农产品按收取的全部价款和价外费用确定销售额。

二、一般计税方法下应纳税额的计算

一般计税	具体内容
应纳税额的计算	一般纳税人发生应税行为适用一般计税方法计税：应纳税额＝当期销项税额－当期进项税额
留抵税额的处理	当期销项税额小于当期进项税额**不足抵扣时，其不足部分可以结转下期继续抵扣自2019年4月1日起，试行增值税期末留抵税额退税制度。同时符合一定条件的纳税人，可以向主管税务机关申请退还增量留抵税额**

（一）销项税额

销项税额	具体内容
(1) 销项税额的计算	销项税额，是指纳税人发生应税销售行为，按照销售额和规定的税率计算收取的增值税额；销项税额 = 销售额 × 税率
(2) 销项税额扣减	纳税人在货物购销活动中，因货物、劳务或服务质量、规格等原因发生**销货退回、销售折让、劳务或服务中止**等情况而退还给购买方的增值税额，应当从当期的销项税额中**扣减**

（二）进项税额

进项税额，是指纳税人购进货物、劳务、服务、无形资产或者不动产，支付或者负担的增值税额。

1. 准予从销项税额中抵扣的进项税额

(1) 从销售方取得的增值税专用发票（含税控机动车销售统一发票）上注明的增值税额。

(2) 从海关取得的海关进口增值税专用缴款书上注明的增值税额。

(3) 购进农产品准予抵扣的进项税额。

扣除规定	具体内容
(1) 一般扣除规定	(1) 纳税人购进农产品，取得一般纳税人开具的增值税专用发票或海关进口增值税专用缴款书的，以**增值税专用发票或海关进口增值税专用缴款书**上注明的增值税额为进项税额 **(2) 自 2019 年 4 月 1 日起，纳税人从按照简易计税方法依照 3%征收率计算缴纳增值税的小规模纳税人取得增值税专用发票的，以增值税专用发票上注明的金额和 9%的扣除率计算进项税额；取得（开具）农产品销售发票或收购发票的，以农产品销售发票或收购发票上注明的农产品买价和 9%的扣除率计算进项税额** 【提示 1】农产品，是指种植业、养殖业、林业、牧业、水产业生产的各种植物、动物的初级产品 【提示 2】上述销售发票，是指**农业生产者销售自产农产品**适用免征增值税政策而开具的普通发票 纳税人从**批发、零售环节**购进适用免征增值税政策的蔬菜、部分鲜活肉蛋而取得的普通发票，**不得作**为计算抵扣进项税额的凭证
(2) 加计扣除规定	**纳税人购进用于生产或委托受托加工 13%税率货物的农产品，按照 10%的扣除率计算进项税额** 【提示】纳税人在购进农产品时，应按照农产品抵扣的一般规定，按照 9%计算抵扣进项税额 **在领用农产品环节，如果农产品用于生产或者委托加工 13%税率货物，则再加计 1%进项税额。例如，5 月购进一批农产品，购进时按照 9%计算抵扣进项税额；6 月领用时，确定用于生产 13%税率货物，则在 6 月再加计 1%进项税额**

【计算题】某商贸企业系增值税一般纳税人，假设抵扣凭证均在当月通过认证。

【要求】分析该企业 2019 年 7 月发生业务，计算该商贸企业当月应纳的增值税。

【业务 1】购进商品取得增值税专用发票，注明价款 100 000 元、税额 13 000 元；

进项税额 = 13 000（元）

【业务 2】收购农民自产玉米，收购发票注明价款 30 000 元；

自 2019 年 4 月 1 日起，农产品税率调整为 9%，一般纳税人购进农产品，取得（开具）农产品销售发票或收购发票的，以农产品销售发票或收购发票上注明的农产品买价和 9% 的扣除率计算进项税额（生产销售或委托受托加工 13% 税率货物的纳税人购进农产品除外）。

进项税额 = 买价 × 扣除率 = 30 000 × 9%

【业务 3】销售商品一批，开具增值税专用发票，注明价款 200 000 元、税额 26 000元；

销项税额 = 26 000（元）

【业务 4】销售玉米取得含税销售收入 40 000 元；

含税收入计算销项税时要换算为不含税收入。农产品税率为 9%。

销项税额 = 40 000 ÷（1 + 9%）× 9%

【业务 5】购进和销售货物支付运费取得增值税专用发票，注明运费 7 000 元，税额 630 元。

进项税额 = 630（元）

【参考答案】

（1）当期进项税额 = 13 000（业务 1）+ 30 000 × 9%（业务 2）+ 630（业务 5）= 16 330（元）

（2）当期销项税额 = 26 000（业务3）+ 40 000 ÷（1 + 9%）× 9%（业务4）= 29 302.75（元）

（3）应纳增值税 = 销项税额 − 进项税额 = 29 302.75 − 16 330 = 12 972.75（元）

扣除规定	具体内容
（3）核定扣除规定	自 2012 年 7 月 1 日起，以购进农产品为原料生产销售**液体乳及乳制品、酒及酒精、植物油**的增值税一般纳税人，其购进农产品无论是否用于生产上述产品，购进农产品增值税进项税额实施核定扣除办法。营改增后有条件的地区，应在餐饮行业推行农产品进项税额核定扣除办法

【单选题】以购进农产品为原料生产销售液体乳及乳制品、酒及酒精、植物油的增值税一般纳税人，购进农产品增值税进项税额，采用（　　）。

A. 核定扣除办法　　B. 购进扣税办法

C. 税额抵减办法　　D. 税额退还办法

【参考答案】A

以购进农产品为原料生产销售液体乳及乳制品、酒及酒精、植物油的增值税一般纳税人，其购进农产品无论是否用于生产上述产品，购进农产品增值税进项税额，实施核定扣除办法。

(4) 纳税人支付的道路、桥、闸通行费进项税额的抵扣。纳税人支付的道路通行费，按照收费公路通行费**增值税电子普通发票**上注明的增值税额抵扣进项税额。

(5) 纳税人购进国内旅客运输服务未取得增值税专用发票的，暂按照以下规定确定进项税额：

情形	允许扣除的进项税额
(1) 取得增值税电子普通发票的	发票上注明的税额
(2) 取得注明旅客身份信息的航空运输电子客票行程单的	**航空旅客运输进项税额 =（票价 + 燃油附加费）÷（1 +9%）×9%**
(3) 取得注明旅客身份信息的铁路车票的	**铁路旅客运输进项税额 = 票面金额 ÷（1 +9%）×9%**
(4) 取得注明旅客身份信息的公路、水路等其他客票的	**公路、水路等其他旅客运输进项税额 = 票面金额 ÷（1 +3%）×3%**

(6) 从境外单位或者个人购进劳务、服务、无形资产或者境内的不动产，自税务机关或者扣缴义务人取得的解缴税款的完税凭证上注明的增值税额。

增值税一般纳税人 2019 年 4 月 1 日起取得并在会计制度上按固定资产核算的不动产，购入当期凭合法有效的抵扣凭证按规定一次抵扣进项税额。

取得的不动产，包括以直接购买、接受捐赠、接受投资入股以及抵债等各种形式取得的不动产。

纳税人新建、改建、扩建、修缮、装饰不动产，属于不动产在建工程。

(7) 生产生活性服务业允许加计扣减进项税额。

(1) 2019 年 4 月 1 日至 2021 年 12 月 31 日，允许生产、生活性服务业纳税人按照当期可抵扣进项税额加计 10%，**抵减应纳税额**。

(2) 2019 年 10 月 1 日至 2021 年 12 月 31 日，允许生活性服务业纳税人按照当期可抵扣进项税额加计 15%，抵减应纳税额。

2. 不予从销项税额中抵扣的进项税额

不予抵扣	具体内容
(1) 扣税凭证不符合规定	纳税人购进货物、劳务、服务、无形资产、不动产，**取得的增值税扣税凭证不符合法律、行政法规或者国务院税务主管部门有关规定的，其进项税额不得从销项税额中抵扣**

续表

不予抵扣	具体内容
(2) 其他不得抵扣的规定	一般纳税人发生下列项目的进项税额不得从销项税额中抵扣： (1) 用于简易计税方法计税项目、免征增值税项目、集体福利或者个人消费的购进货物、加工修理修配劳务、服务、无形资产和不动产 【提示1】其中涉及的固定资产、无形资产、不动产，仅指专用于上述项目的固定资产、无形资产（不包括其他权益性无形资产）、不动产 【提示2】纳税人的交际应酬消费属于个人消费
	(2) 非正常损失的购进货物，以及相关的劳务和交通运输服务 (3) 非正常损失的在产品、产成品所耗用的购进货物（不包括固定资产）、劳务和交通运输服务 (4) 非正常损失的不动产，以及该不动产所耗用的购进货物、设计服务和建筑服务 (5) 非正常损失的不动产在建工程所耗用的购进货物、设计服务和建筑服务 【提示】非正常损失，是指因管理不善造成货物被盗、丢失、霉烂变质，以及因违反法律法规造成货物或者不动产被依法没收、销毁、拆除的情形
	(6) 购进的贷款服务、餐饮服务、居民日常服务和娱乐服务 (7) 财政部和国家税务总局规定的其他情形

【多选题】一般纳税人购进的下列货物中，可以抵扣进项税额的有（　　）。

A. 接送员工上下班专用的汽车

B. 生产用货车

C. 职工食堂专用的货车

D. 既用于职工食堂也用于生产的货车

【参考答案】BD

选项A、C属于外购货物用于集体福利，不予抵扣进项税额。选项D属于既用于增值税应税项目，也用于简易计税方法计税项目、免征增值税项目、集体福利和个人消费的固定资产，准予抵扣进项税额。选项B用于生产的货车准予抵扣进项税额。

3. 扣减发生期进项税额的规定

业务事项	扣减进项税额的规定
(1) 适用一般计税方法的纳税人，兼营简易计税方法计税项目、免征增值税项目而无法划分不得抵扣的进项税额的	不得抵扣的进项税额 = 当期无法划分的全部进项税额 × （当期简易计税方法计税项目销售额 + 免征增值税项目销售额）÷ 当期全部销售额
(2) 已抵扣进项税额的购进货物（不含固定资产）、劳务、服务，发生上述不得抵扣情形（简易计税方法计税项目、免征增值税项目除外）的	应当将该进项税额从当期进项税额中扣减；无法确定该进项税额的，按照当期实际成本计算应扣减的进项税额
(3) 适用一般计税方法计税的纳税人，因销货退回、销售折让、劳务、服务中止而收回的增值税额	应当从当期的进项税额中扣减

续表

业务事项	扣减进项税额的规定
（4）已抵扣进项税额的固定资产、无形资产，发生上述不得抵扣情形的	不得抵扣的进项税额 = 固定资产、无形资产净值 × 适用税率
（5）已抵扣进项税额的不动产，发生非正常损失，或者改变用途，专用于简易计税方法计税项目、免征增值税项目、集体福利或者个人消费的	不得抵扣的进项税额（该税额从当期进项税额中扣减）= 已抵扣进项税额 × 不动产净值率 不动产净值率 =（不动产净值 ÷ 不动产原值）× 100%
（6）按照规定不得抵扣进项税额的不动产，发生用途改变，用于允许抵扣进项税额项目的	按照下列公式在改变用途的次月计算可抵扣进项税额： 可抵扣进项税额 = 增值税扣税凭证注明或计算的进项税额 × 不动产净值率

【综合题】某木器加工企业系增值税一般纳税人，生产的产品适用 13% 的增值税税率。

【要求】请结合业务，计算该木器加工企业当期应纳增值税税额。

【业务 1】从苗木公司（小规模纳税人）购进原木一批，取得增值税普通发票，发票上注明的买价为 50 000 元，该批原木当月已全部生产领用；

【提示】纳税人购进用于生产或委托受托加工 13% 税率货物的农产品（原木属于农产品），按照 10% 的扣除率计算进项税额。

【参考答案】进项税额 = 50 000 × 10% = 5 000（元）

【业务 2】销售给某商场办公桌一批，开具增值税专用发票一份，发票金额栏注明的价格为 65 000 元；

【提示】增值税专用发票，价格是不含税销售额。

【参考答案】销项税额 = 65 000 × 13% = 8 450（元）

【业务 3】销售给某经销商家具一批，不含税价款 250 000 元，委托某货运公司运送货物，代垫运费 15 000 元，货运公司将发票开具给经销商，木器加工企业将运费发票转交给该经销商；

【提示】价外费用不包含同时符合以下条件的代垫运输费用：（1）承运部门的运输费用发票开具给购买方的；（2）纳税人将该项发票转交给购买方的。

【参考答案】销项税额 = 250 000 × 13% = 32 500（元）

【业务 4】购进生产用设备一台，取得增值税专用发票，发票金额栏注明的价款为 200 000 元、税额为 26 000 元，发票已认证；

【参考答案】进项税额 = 26 000（元）

【业务 5】将自产的餐桌赠送给敬老院，该批餐桌生产成本为 16 000 元，餐桌的正常不含税销售价为 20 000 元；

【提示】将自产的产品无偿赠送他人，视同销售，计提销项税额。

【参考答案】销项税额 =20 000 ×13% =2 600（元）

【业务6】以赊销方式销售餐桌给某饭店，发货当天全额开具增值税普通发票，价税合计金额22 600元。

【提示】增值税普通发票，价税合计金额22 600元，是含税销售额，计算销项税额时，需要将含税销售额转换为不含税销售额。

【参考答案】销项税额 =22 600 ÷（1 +13%）×13% =2 600（元）

该木器加工企业应纳增值税 = 销项税额合计 − 进项税额合计(8 450 +32 500 +2 600 +2 600) −（5 000 +26 000）=15 150（元）

4. 进项税额申报抵扣时限

抵扣时限	具体内容
（1）一般规定	**自2020年3月1日起，**增值税一般纳税人取得2017年1月1日及以后开具的增值税专用发票、海关进口增值税专用缴款书、机动车销售统一发票、收费公路通行费增值税电子普通发票，**取消认证确认、稽核比对、申报抵扣的期限。**纳税人在进行增值税纳税申报时，应当通过本省（自治区、直辖市和计划单列市）增值税发票综合服务平台对上述扣税凭证信息进行用途确认。增值税一般纳税人取得2016年12月31日及以前开具的增值税专用发票、海关进口增值税专用缴款书、机动车销售统一发票，超过认证确认、稽核比对、申报抵扣期限，但符合规定条件的，仍可按照《国家税务总局关于逾期增值税扣税凭证抵扣问题的公告（2011年第50号，国家税务总局公告2017年第36号、2018年第31号修改）、《国家税务总局关于未按期申报抵扣增值税扣税凭证有关问题的公告（2011年第78号，国家税务总局公告2018年第31号修改）规定，继续抵扣进项税额
（2）继续抵扣规定	**增值税一般纳税人发生真实交易但由于客观原因造成增值税扣税凭证逾期未认证、确认或者稽核比对的，经主管税务机关审核、逐级上报，由省税务局认证、稽核比对后，对比对相符的增值税扣税凭证，允许纳税人继续抵扣其进项税额**

三、简易计税方法下应纳税额的计算

简易计税	具体内容
（1）适用范围	适用于小规模纳税人应纳税额的计算，特定情形下，一般纳税人也需按简易计税方法计算应纳税额 【提示】特定情形下，一般纳税人可以选择适用简易计税方法计税，但一经选择，36个月内不得变更
（2）应纳税额	简易计税方法的应纳税额，是指按照销售额和增值税征收率计算的增值税额，不得抵扣进项税额。应纳税额 = 销售额 × 征收率

四、进口货物应纳税额的计算

纳税人进口货物，按照组成计税价格和规定的税率计算应纳税额。

组成计税价格 = 关税完税价格 + 关税 + 消费税

或者：组成计税价格 = 关税完税价格 ×（1 + 关税税率）+ 消费税

应纳税额 = 组成计税价格 × 税率

【单选题】关于增值税进口货物的组成计税价格，下列说法正确的是（　　）。

A. 组成计税价格不含消费税　　B. 组成计税价格不含关税

C. 组成计税价格含增值税　　D. 组成计税价格含关税和消费税

【参考答案】D

纳税人进口货物，按照组成计税价格和规定的税率计算应纳税额。组成计税价格 = 关税完税价格 + 关税 + 消费税。

五、销售自己使用过的物品和旧货应纳税额的计算

（一）销售自己使用过的固定资产应纳税额的计算

1. 小规模纳税人（除其他个人外）销售自己使用过的固定资产，减按2%征收率征收增值税。

应纳税额 = 含税销售额 ÷（1 + 3%）× 2%

2. 一般纳税人销售自己使用过的固定资产

（1）统一依照3%减按2%征收增值税的特殊情况

①原增值税纳税人销售自己使用过的属于增值税暂行条例规定不得抵扣且未抵扣进项税额的固定资产。

②纳税人购进或者自制固定资产时为小规模纳税人，认定为一般纳税人后销售该固定资产。

③纳税人发生按简易计税方法征收增值税应税行为，销售其按照规定不得抵扣且未抵扣进项税额的固定资产。

（2）根据具体情况判断适用何种计税方法

事项情形	依照3%征收率减按2%征收	按照适用税率征收
（1）2008年12月31日以前未纳入扩大增值税抵扣范围试点的纳税人	销售自己使用过的2008年12月31日以前购进或者自制的固定资产	销售自己使用过的2009年1月1日以后购进或者自制的固定资产
（2）2008年12月31日以前已纳入扩大增值税抵扣范围试点的纳税人	销售自己使用过的在本地区扩大增值税抵扣范围试点以前购进或者自制的固定资产	销售自己使用过的在本地区扩大增值税抵扣范围试点以后购进或者自制的固定资产
（3）营改增纳税人	销售自己使用过的营改增试点前购入的固定资产	销售试点实施以后购入允许抵扣的固定资产

【多选题】增值税一般纳税人销售自己使用过的固定资产，属于依照3%征收率减按2%征收增值税的有（　　）。

A. 销售2010年购进已抵扣进项税额的固定资产

B. 销售2005年购进未抵扣进项税额的固定资产

C. 销售福利部门使用的未抵扣进项税额的固定资产

D. 销售2008年以前纳入扩大增值税抵扣范围试点期间购进已抵扣进项税额的固定资产

【参考答案】BC

增值税一般纳税人销售自己使用过的固定资产依照3%征收率减按2%征收增值税的情形包括：（1）2008年12月31日以前未纳入扩大增值税抵扣范围试点的纳税人，销售自己使用过的2008年12月31日以前购进或者自制的固定资产；（2）2008年12月31日以前已纳入扩大增值税抵扣范围试点的纳税人，销售自己使用过的在本地区扩大增值税抵扣范围试点以前购进或者自制的固定资产；（3）销售自己使用过的属于规定不得抵扣且未抵扣进项税额的固定资产。

（二）销售自己使用过的除固定资产以外的物品

纳税人类型	税务处理
（1）一般纳税人销售自己使用过的除固定资产以外的物品	应当按照适用税率征收增值税
（2）小规模纳税人（其他个人除外）销售自己使用过的除固定资产以外的物品	应按照3%的征收率征收增值税

（三）纳税人销售旧货应纳税额的计算

旧货，是指进入二次流通的具有部分使用价值的货物**（含旧汽车、旧摩托车和旧游艇）**，但不包括自己使用过的物品。

纳税人销售旧货的，按照简易办法依照3%征收率减按2%征收增值税。

六、纳税人转让取得的不动产应纳税额的计算

（一）一般纳税人转让其取得的不动产应纳税额的计算

取得时间	简易计税方法	一般计税方法
（1）2016年4月30日前取得	选择适用简易计税方法计税的： **自建以外的不动产，以取得的全部价款和价外费用扣除不动产购置原价或者取得不动产时的作价后的余额为销售额，按照5%的征收率计算应纳税额。**自建的不动产，以取得的全部价款和价外费用为销售额，按照5%的征收率计算应纳税额	选择适用一般计税方法计税的，以取得的全部价款和价外费用为销售额计算应纳税额
（2）转让2016年4月30日后取得	—	**适用一般计税方法，以取得的全部价款和价外费用为销售额计算应纳税额**

（二）小规模纳税人转让其取得的不动产应纳税额的计算

事项类型	税务处理
(1) 小规模纳税人转让其取得（不含自建）的不动产	以取得的全部价款和价外费用扣除不动产购置原价或者取得不动产时的作价后的余额为销售额，按照5%的征收率计算应纳税额
(2) 小规模纳税人转让其自建的不动产	以取得的全部价款和价外费用为销售额，按照5%的征收率计算应纳税额

（三）个人转让其购买的住房应纳税额的计算

事项类型	税务处理
(1) 个人转让其购买的住房，按照有关规定全额缴纳增值税的	以取得的全部价款和价外费用为销售额，按照5%的征收率计算应纳税额
(2) 个人转让其购买的住房，按照有关规定差额缴纳增值税的	以取得的全部价款和价外费用扣除购买住房价款后的余额为销售额，按照5%的征收率计算应纳税额

七、纳税人提供不动产经营租赁服务应纳税额的计算

（一）一般纳税人出租不动产应纳税额的计算

取得时间	税务处理
(1) 一般纳税人出租其2016年4月30日前取得的不动产	可以选择适用简易计税方法，按照5%的征收率计算应纳税额；选择适用一般计税方法，按适用税率计算应纳税额
(2) 一般纳税人出租其2016年5月1日后取得的不动产	适用一般计税方法，按适用税率计算应纳税额

（二）小规模纳税人出租不动产应纳税额的计算

纳税人类型	税务处理
(1) 单位和个体工商户	出租不动产（不含个体工商户出租住房），按照5%的征收率计算应纳税额。**出租住房（个体工商户），按照5%的征收率减按1.5%计算应纳税额**
(2) 其他个人	出租不动产（不含住房），按照5%的征收率计算应纳税额。应纳税额＝含税销售额÷(1+5%)×5% **出租住房，按照5%的征收率减按1.5%计算应纳税额应纳税额＝含税销售额÷(1+5%)×1.5%** **（注意：其他个人采取一次性收取租金的形式出租不动产，取得的租金收入可在租金对应的租赁期内平均分摊，分摊后的月租金收入不超过3万元的，可享受小微企业免征增值税优惠政策）**

第四节　增值税的税收优惠

增值税的税收优惠：纳税人发生应税销售行为适用免税、减税规定的，可以放弃免税、减税，依照规定缴纳增值税。放弃免税、减税后，36 个月内不得再申请免税、减税。

一、免税项目

纳税人兼营免税、减税项目的，应当分别核算免税、减税项目的销售额；未分别核算的，不得免税、减税。

（一）《增值税暂行条例》规定的免税项目

1. 农业生产者销售的自产农产品。

农业	具体内容
概念	农业，是指种植业、养殖业、林业、牧业、水产业 农业生产者，包括从事农业生产的单位和个人 农产品，是指种植业、养殖业、林业、牧业、水产业生产的各种植物、动物的初级产品
不属于免税的情形	**直接从事植物种植、收割和动物的饲养、捕捞的单位和个人销售的外购农产品，以及单位和个人外购农产品生产、加工后销售的仍然属于规定范围的农业产品，但不属于免税的范围，应当按照规定的税率征收增值税**

2. 避孕药品和用具。

3. 古旧图书。古旧图书，是指向社会收购的古书和旧书。

4. 直接用于科学研究、科学试验和教学的进口仪器、设备。

5. 外国政府、国际组织无偿援助的进口物资和设备。

6. 由残疾人的组织直接进口供残疾人专用的物品。

7. 销售的自己使用过的物品。自己使用过的物品，是指其他个人自己使用过的物品。

【多选题】下列关于增值税免税规定的表述，正确的有（　　）。

A. 外国政府、国际组织无偿援助的进口物资和设备免征增值税

B. 单位销售自己使用过的物品免征增值税

C. 销售向社会收购的古旧图书免征增值税

D. 典当行销售死当物品免征增值税

【参考答案】AC

向社会收购的古旧图书，外国政府、国际组织无偿援助的进口物资和设备，以及其他个人销售自己使用过的物品免税。典当业销售死当物品按 3% 征收率简易计税；单位销售自己使用过的物品按规定征收增值税。

（二）营业税改征增值税试点过渡政策规定的主要免税项目

1. 托儿所、幼儿园提供的保育和教育服务。

2. 养老机构提供的养老服务。

3. 残疾人福利机构提供的育养服务。

4. 婚姻介绍服务。

5. 殡葬服务。

6. 残疾人员本人为社会提供的服务。

7. 医疗机构提供的医疗服务。

8. 从事学历教育的学校提供的教育服务。

9. 学生勤工俭学提供的服务。

10. 农业机耕、排灌、病虫害防治、植物保护、农牧保险以及相关技术培训业务，家禽、牲畜、水生动物的配种和疾病防治。

11. 纪念馆、博物馆、文化馆、文物保护单位管理机构、美术馆、展览馆、书画院、图书馆在自己的场所提供文化体育服务取得的第一道门票收入。

12. 寺院、宫观、清真寺和教堂举办文化、宗教活动的门票收入。

【多选题】纳税人发生下列增值税应税销售行为，免征增值税的有（　　）。

A. 其他个人销售自己用过的摩托车　B. 婚介所提供的婚姻介绍服务

C. 寺院的门票收入　D. 寺院销售货物的收入

【参考答案】ABC

下列项目免征增值税：婚姻介绍服务；寺院、宫观、清真寺和教堂举办文化、宗教活动的门票收入；销售自己使用过的物品。自己使用过的物品，是指其他个人自己使用过的物品。

二、起征点

起征点	具体内容
（1）起征点税收优惠	纳税人销售额未达到国务院财政、税务主管部门规定的增值税起征点的，免征增值税。**达到起征点的，依照规定全额计算缴纳增值税**
（2）适用范围	增值税起征点的适用范围限于个人，但增值税起征点不适用于登记为一般纳税人的个体工商户
（3）增值税起征点的幅度规定	（1）按期纳税的，为月销售额5 000—20 000元（含本数） （2）按次纳税的，为每次（日）销售额300—500元（含本数） 【提示】省、自治区、直辖市财政厅（局）和国家税务局应在规定的幅度内，根据实际情况确定本地区适用的起征点，并报财政部、国家税务总局备案

三、小规模纳税人起征点税收优惠

业务事项	税收优惠
(1) 合计月销售额未超过10万元的	小规模纳税人发生增值税应税销售行为，合计月销售额未超过10万元（以1个季度为1个纳税期的，季度销售额未超过30万元，下同）的，免征增值税
(2) 合计月销售额超过10万元的	小规模纳税人发生增值税应税销售行为，合计月销售额超过10万元，但扣除本期发生的销售不动产的销售额后未超过10万元的，其销售货物、劳务、服务、无形资产取得的销售额免征增值税
(3) 适用差额征税政策的	适用增值税差额征税政策的小规模纳税人，以差额后的销售额确定是否可以享受免征增值税政策

【单选题】某旅游公司为增值税小规模纳税人，选择差额确定销售额。假设2019年7月，取得含税收入120 000元，支付其他旅游公司接团费22 000元，主管税务机关核定其按月缴纳税款。该公司当月应纳的增值税为（　　）元。

A. 900　　B. 873.79　　C. 213.79　　D. 0

【参考答案】D

小规模纳税人发生增值税应税销售行为，合计月销售额未超过10万元（以1个季度为1个纳税期的，季度销售额未超过30万元）的，免征增值税。适用增值税差额征税政策的小规模纳税人，以差额后的销售额确定是否可以享受免征增值税。

四、新型冠状病毒感染的肺炎疫情防控税收优惠

1. 为进一步做好新型冠状病毒感染的肺炎疫情防控工作，支持相关企业发展，自2020年1月1日起实施下列政策，截止日期视疫情情况。

（1）疫情防控重点保障物资生产企业可以按月向主管税务机关申请全额退还增值税增量留抵税额。增量留抵税额，是指与2019年12月底相比新增加的期末留抵税额。

（2）对纳税人运输疫情防控重点保障物资取得的收入，免征增值税。

（3）对纳税人提供公共交通运输服务、生活服务，以及为居民提供必需生活物资快递收派服务取得的收入，免征增值税。公共交通运输服务、生活服务、快递收派服务的具体范围，按照营业税改征增值税试点有关事项的规定和销售服务、无形资产、不动产注释执行。

（4）单位和个体工商户将自产、委托加工或购买的货物，通过公益性社会组织和县级以上人民政府及其部门等国家机关，或者直接向承担疫情防治任务的医院，无偿捐赠用于应对新型冠状病毒感染的肺炎疫情的，免征增值税、消费税、城市维护建设税、教育费附加、地方教育附加。

2. 自2020年3月1日至12月31日，对湖北省增值税小规模纳税人，适用3%征

收率的应税销售收入，免征增值税；适用3%预征率的预缴增值税项目，暂停预缴增值税。**除湖北省外，其他省、自治区、直辖市的增值税小规模纳税人，适用3%征收率的应税销售收入，减按1%征收率征收增值税；适用3%预征率的预缴增值税项目，减按1%预征率预缴增值税。**

第五节　增值税的申报缴纳

一、纳税义务发生时间

（一）销售货物或者应税劳务纳税义务发生时间

1. 销售货物或者应税劳务，为收讫销售款项或者取得索取销售款项凭据的当天；先开具发票的，为开具发票的当天。

收讫销售款项或者取得索取销售款项凭据的当天的确定

结算方式	收讫销售款项或者取得索取销售款项凭据的当天
（1）采取直接收款方式销售货物	无论货物是否发出，均为收到销售款或者取得索取销售款凭据的当天
（2）采取托收承付和委托银行收款方式销售货物	为发出货物并办妥托收手续的当天
（3）采取赊销和分期收款方式销售货物	为书面合同约定的收款日期的当天。无书面合同的或者书面合同没有约定收款日期的，为货物发出的当天
（4）采取预收货款方式销售货物	为货物发出的当天，但生产销售生产工期超过12个月的大型机械设备、船舶、飞机等货物，为收到预收款或者书面合同约定的收款日期的当天
（5）委托其他纳税人代销货物	为收到代销单位的代销清单或者收到全部或者部分货款的当天。未收到代销清单及货款的，为发出代销货物满180天的当天

2. 纳税人发生视同销售货物行为（不包括将货物交付其他单位或者个人代销、销售代销货物），为货物移送的当天。

（二）销售服务、无形资产、不动产纳税义务发生时间

业务事项	纳税义务发生时间
（1）纳税人销售服务、无形资产、不动产	纳税义务发生时间为发生应税行为并收讫销售款项或者取得索取销售款项凭据的当天；先开具发票的，为开具发票的当天
（2）纳税人提供租赁服务采取预收款方式的	其纳税义务发生时间为收到预收款的当天

续表

业务事项	纳税义务发生时间
（3）纳税人从事金融商品转让的	其纳税义务发生时间为金融商品所有权转移的当天
（4）纳税人发生视同销售服务、无形资产、不动产情形的	其纳税义务发生时间为服务、无形资产转让完成的当天或者不动产权属变更的当天

【多选题】增值税纳税人发生下列应税行为，纳税义务发生时间表述正确的有（　　）。

A. 纳税人发生应税行为，其纳税义务发生时间为开具发票的当天

B. 纳税人租赁服务采取预收款方式的，其纳税义务发生时间为收到预收款的当天

C. 纳税人从事金融商品转让的，为金融商品所有权转移的当天

D. 纳税人发生视同销售服务的，其纳税义务发生时间为服务完成的当天

【参考答案】BCD

纳税人发生应税行为，纳税义务发生时间为收讫款项或者取得索取销售款项凭据的当天；先开具发票的，为开具发票的当天；纳税人提供租赁服务采取预收款方式的，其纳税义务发生时间为收到预收款的当天；纳税人从事金融商品转让的，其纳税义务发生时间为金融商品所有权转移的当天；纳税人发生视同销售服务、无形资产、不动产情形的，其纳税义务发生时间为服务、无形资产转让完成的当天或者不动产权属变更的当天。

（三）纳税义务发生时间的其他规定

1. 进口货物，其纳税义务发生时间为报关进口的当天。

2. 增值税扣缴义务发生时间为纳税人增值税纳税义务发生的当天。

二、纳税期限

纳税/申报期限	具体内容
（1）增值税的纳税期限	增值税的纳税期限分别为1日、3日、5日、10日、15日、1个月或者1个季度，**纳税人的具体纳税期限，由主管税务机关根据纳税人应纳税额的大小分别核定；不能按照固定期限纳税的，可以按次纳税。以1个季度为纳税期限的规定适用于小规模纳税人、银行、财务公司、信托投资公司、信用社，以及财政部和国家税务总局规定的其他纳税人**
（2）增值税的申报期限	纳税人以1个月或者1个季度为1个纳税期的，自期满之日起15日内申报纳税**以1日、3日、5日、10日或者15日为1个纳税期的，自期满之日起5日内预缴税款，于次月1日起15日内申报纳税并结清上月应纳税款**。纳税人进口货物，应当自海关填发海关进口增值税专用缴款书之日起15日内缴纳税款

【多选题】关于增值税纳税期限，下列说法正确的有（　　）。

A. 纳税人可以按月纳税　　　　B. 纳税人可以按次纳税

C. 纳税人可以按日纳税　　　　　　D. 纳税人可以按数量纳税

【参考答案】ABC

增值税的纳税期限分别为1日、3日、5日、10日、15日、1个月或者1个季度。纳税人的具体纳税期限，由主管税务机关根据纳税人应纳税额的大小分别核定；不能按照固定期限纳税的，可以按次纳税。

三、纳税地点

业务事项	纳税地点
（1）固定业户应当向其机构所在地的主管税务机关申报纳税	**总机构和分支机构不在同一县（市）的，应当分别向各自所在地的主管税务机关申报纳税。**经国务院财政、税务主管部门或者其授权的财政、税务机关批准，可以由总机构汇总向总机构所在地的主管税务机关申报纳税
（2）固定业户到外县（市）销售货物或者应税劳务	（1）应当向其机构所在地的主管税务机关报告外出经营事项，并向其机构所在地的主管税务机关申报纳税 （2）未报告的，应当向销售地或者劳务发生地的主管税务机关申报纳税，未向销售地或者劳务发生地的主管税务机关申报纳税的，由其机构所在地的主管税务机关补征税款
（3）非固定业户销售货物、劳务或者服务	应当向销售地、劳务和服务发生地的主管税务机关申报纳税。未向销售地、劳务和应税行为发生地的主管税务机关申报纳税的，由其机构所在地或者居住地的主管税务机关补征税款
（4）其他个人提供建筑服务，销售或者租赁不动产，转让自然资源使用权	应向建筑服务发生地、不动产所在地、自然资源所在地主管税务机关申报纳税
（5）进口货物	应当向报关地海关申报纳税
（6）扣缴义务人	应当向其机构所在地或者居住地的主管税务机关申报缴纳其扣缴的税款

【多选题】下列关于增值税纳税地点的表述，正确的有（　　）。

A. 固定业户应当向其机构所在地主管税务机关申报纳税

B. 总机构和分支机构不在同一县（市）的，应当分别向各自所在地主管税务机关申报纳税

C. 固定业户到外县（市）销售货物的，应当向其机构所在地主管税务机关申请开具外出经营活动税收管理证明，向其机构所在地主管税务机关申报纳税

D. 非固定业户销售货物或者提供应税劳务，应当回居住地主管税务机关申报纳税

【参考答案】ABC

固定业户应当向其机构所在地的主管税务机关申报纳税。总机构和分支机构不在同一县（市）的，应当分别向各自所在地的主管税务机关申报纳税。固定业户到外县（市）销售货物或者应税劳务，应当向其机构所在地的主管税务机关申请开具外出经营活动税收管理证明，并向其机构所在地的主管税务机关申报纳税。非固定业户销售货

物或者应税劳务，应当向销售地或者劳务发生地的主管税务机关申报纳税。

四、预缴税款管理

（一）房地产开发企业采取预收款方式销售自行开发的房地产项目

纳税人	预缴税款规定
（1）一般纳税人	（1）应在收到预收款时按照3%的预征率预缴增值税 应预缴税款 = 预收款 ÷（1 + 适用税率或征收率）× 3% （2）应纳税额计算 适用一般计税方法计税的，按照9%的适用税率计算；适用简易计税方法计税的，按照5%的征收率计算
（2）小规模纳税人	应在收到预收款时按照3%的预征率预缴增值税，应预缴税款 = 预收款 ÷（1 + 5%）× 3%

（二）纳税人提供建筑服务

1. 根据《国家税务总局关于进一步明确营改增有关征管问题的公告》（国家税务总局公告2017年第11号）有关规定，纳税人在同一地级行政区范围内跨县（市、区）提供建筑服务，不适用向建筑服务发生地预缴税款。

纳税人跨地级行政区提供建筑服务，预缴税款的确定

纳税人	预缴税款规定
（1）一般纳税人	**（1）适用一般计税方法计税的** **应预缴税款 =（全部价款和价外费用 − 支付的分包款）÷（1 + 9%）× 2%** 【提示】计算应纳税额时，应以取得的全部价款和价外费用为销售额计算应纳税额，不得差额确定销售额 （2）选择适用简易计税方法计税的 应预缴税款 =（全部价款和价外费用 − 支付的分包款）÷（1 + 3%）× 3%
（2）小规模纳税人	应预缴税款 =（全部价款和价外费用 − 支付的分包款）÷（1 + 3%）× 3%

【单选题】某建筑公司为增值税一般纳税人，假设2019年7月在甲市取得跨区域含税建筑收入总额为400万元，支付分包款200万元，该公司当月应在甲市预缴的税款是（　　）万元。

A. 3.6　　B. 1.8　　C. 3.67　　D. 0.82

【参考答案】C

应预缴税款 =（全部价款和价外费用 − 支付的分包款）÷（1 + 9%）× 2% =（400 − 200）÷（1 + 9%）× 2% = 3.67（万元）。

2. 纳税人提供建筑服务取得预收款，应在收到预收款时，以取得的预收款扣除支

付的分包款后的余额，按下列规定预缴增值税：

预缴规定	具体内容
（1）预缴地点	按照现行规定，应在建筑服务发生地预缴增值税的项目，纳税人收到预收款时在建筑服务发生地预缴增值税；按照现行规定，无须在建筑服务发生地预缴增值税的项目，纳税人收到预收款时在机构所在地预缴增值税
（2）预征率	适用一般计税方法计税的项目预征率为2%；适用简易计税方法计税的项目预征率为3%

（三）纳税人提供不动产经营租赁服务

除其他个人外，纳税人出租其取得的不动产，不动产所在地与机构所在地不在同一县（市、区）的，应按照规定的计税方法向不动产所在地主管税务机关预缴税款，向机构所在地主管税务机关申报纳税。

【多选题】小规模纳税人出租不动产，下列关于其缴纳增值税的表述，正确的有（　　）。

A. 单位和个体工商户出租不动产（不含个体工商户出租住房），按照5%的征收率计算应纳税额

B. 个体工商户出租住房，按照5%的征收率减按1.5%计算应纳税额

C. 不动产所在地与机构所在地不在同一县（市、区）的，纳税人应向不动产所在地主管税务机关预缴税款，向机构所在地主管税务机关申报纳税

D. 不动产所在地与机构所在地不在同一县（市、区）的，向机构所在地主管税务机关申报纳税并缴纳税款

【参考答案】ABC

单位和个体工商户出租不动产（不含个体工商户出租住房），按照5%的征收率计算应纳税额。个体工商户出租住房，按照5%的征收率减按1.5%计算应纳税额。不动产所在地与机构所在地不在同一县（市、区）的，纳税人应按照上述计税方法向不动产所在地主管税务机关预缴税款，向机构所在地主管税务机关申报纳税。

（四）纳税人转让取得的不动产

除其他个人外，纳税人转让取得的不动产，向不动产所在地主管税务机关预缴税款，向机构所在地主管税务机关申报纳税。

1. 一般纳税人转让其取得的不动产

（1）一般纳税人转让其取得的（不含自建）不动产，以取得的全部价款和价外费用扣除不动产购置原价或者取得不动产时的作价后的余额，按照5%的预征率计算应缴税款。

（2）一般纳税人转让其自建的不动产，以取得的全部价款和价外费用，按照5%的预征率计算应缴税款。

2. 小规模纳税人转让其取得的不动产

小规模纳税人转让其取得的不动产，除个人转让其购买的住房外，应按照应纳税额的计税方法向不动产所在地主管税务机关预缴税款，向机构所在地主管税务机关申报纳税；其他个人应按照应纳税额的计税方法向不动产所在地主管税务机关申报纳税。

3. 个人转让其购买的住房

个体工商户应按照应纳税额的计税方法向住房所在地主管税务机关预缴税款，向机构所在地主管税务机关申报纳税；其他个人应按照应纳税额的计税方法向住房所在地主管税务机关申报纳税。

第六节　增值税发票管理

一、增值税发票种类

（一）增值税专用发票

基本联次为三联：第一联为记账联，是销售方记账凭证；第二联为抵扣联，是购买方扣税凭证；第三联为发票联，是购买方记账凭证。其他联次用途，由纳税人自行确定。**纳税人办理产权过户手续需要使用发票的，可以使用增值税专用发票第六联。**

（二）增值税普通发票

1. 增值税普通发票（折叠票）

增值税普通发票（折叠票）由基本联次或者基本联次附加其他联次构成，分为两联版和五联版两种。基本联次为两联：第一联为记账联，是销售方记账凭证；第二联为发票联，是购买方记账凭证。其他联次用途，由纳税人自行确定。**纳税人办理产权过户手续需要使用发票的，可以使用增值税普通发票第三联。**

2. 增值税普通发票（卷票）

增值税普通发票（卷票）分为两种规格：57mm×177.8mm、76mm×177.8mm，均为单联。自2017年7月1日起，纳税人可按照中华人民共和国发票管理办法及其实施细则要求，书面向税务机关要求使用印有本单位名称的增值税普通发票（卷票），税务机关按规定确认印有该单位名称发票的种类和数量。

（三）增值税电子普通发票

增值税电子普通发票的开票方和受票方需要纸质发票的，可以自行打印增值税电子普通发票的版式文件，其法律效力、基本用途、基本使用规定等与税务机关监制的增值税普通发票相同。

（四）机动车销售统一发票

从事机动车零售业务的单位和个人，在销售机动车（不包括销售旧机动车）收取款项时，开具机动车销售统一发票。机动车销售统一发票为电脑六联式发票：第一联为发票联，是购货单位付款凭证；第二联为抵扣联，是购货单位扣税凭证；第三联为报税联，车辆购置税征收单位留存；第四联为注册登记联，车辆登记单位留存；第五联为记账联，销货单位记账凭证；第六联为存根联，销货单位留存。

（五）增值税电子专用发票

电子专票属于增值税专用发票，其法律效力、基本用途、基本使用规定等与增值税纸质专用发票（以下简称“纸质专票”）相同。与纸质专票相比，电子专票具有以下几方面的优点：一是发票样式更简洁；二是领用方式更快捷，纳税人可以实现“即领即用”；三是远程交付更便利；四是财务管理更高效；五是存储保管更经济；六是社会效益更显著。

二、专用发票最高开票限额管理

专用发票实行最高开票限额管理。最高开票限额，是指单份专用发票开具的销售额合计数不得达到的上限额度。纳税人申请专用发票最高开票限额不超过10万元的，主管税务机关不需要事前进行实地查验。

自2018年8月1日起，首次申领增值税发票的新办纳税人办理发票票种核定，增值税专用发票最高开票限额不超过10万元，每月最高领用数量不超过25份；增值税普通发票最高开票限额不超过10万元，每月最高领用数量不超过50份。

实行纳税辅导期管理的小型商贸批发企业，领购专用发票的最高开票限额不得超过十万元；其他一般纳税人专用发票最高开票限额应根据企业实际经营情况核定。

三、专用发票领用范围

专票领用	具体内容
（1）可以申领专用发票的情形	已办理专用发票核定的纳税人，可向税务机关申请领用专用发票

续表

专票领用	具体内容
(2) 一般纳税人不得领用专用发票的情形	(1) 会计核算不健全，不能向税务机关准确提供增值税销项税额、进项税额、应纳税额数据及其他有关增值税税务资料的 (2) 有税收征管法规定的税收违法行为，拒不接受税务机关处理的 (3) 有下列行为之一，经税务机关责令限期改正而仍未改正的： ①虚开增值税专用发票 ②私自印制专用发票 ③向税务机关以外的单位和个人买取专用发票 ④借用他人专用发票 ⑤未按规定开具专用发票 ⑥未按规定保管专用发票和专用设备 ⑦未按规定申请办理防伪税控系统变更发行 ⑧未按规定接受税务机关检查

【多选题】下列各项中，属于违反我国增值税专用发票使用规定的情形的有（　　）。

A. 借用他人增值税专用发票

B. 向税务机关以外的单位和个人买取专用发票

C. 向一般纳税人提供增值税应税劳务开具增值税专用发票

D. 未按规定保管专用发票和专用设备

【参考答案】ABD

增值税一般纳税人发生下列情形，经税务机关责令限期改正而仍未改正，不得领购开具专用发票：一般纳税人借用他人专用发票；向税务机关以外的单位和个人买取专用发票；未按规定保管专用发票和专用设备。

四、专用发票开具范围

一般纳税人发生应税销售行为，应向购买方开具专用发票。**以下情形不得开具专用发票：**

(1) 应税销售行为的购买方为消费者个人的；

(2) 发生应税销售行为适用免税规定的；

(3) 部分适用增值税简易征收政策规定的；

(4) 商业企业一般纳税人零售的烟、酒、食品、服装、鞋帽（不包括劳保专用部分）、化妆品等消费品；

(5) 法律、法规以及国家税务总局另有规定的其他情形。

【单选题】一般纳税人发生下列行为，不得开具增值税专用发票的是（　　）。

A. 商业企业零售劳保用品　　B. 向消费者个人销售服务

C. 烟草公司向零售单位批发卷烟　　D. 向小规模纳税人销售不动产

【参考答案】B

一般纳税人发生应税行为，应向购买方开具专用发票。以下情形不得开具专用发票：（1）应税销售行为的购买方为消费者个人的；（2）发生应税销售行为适用免税规定的（法律、法规及国家税务总局另有规定的除外）；（3）部分适用增值税简易征收政策规定的；（4）商业企业一般纳税人零售的烟、酒、食品、服装、鞋帽（不包括劳保专用部分）、化妆品等消费品；（5）法律、法规及国家税务总局另有规定的其他情形。

五、代开专用发票

已办理税务登记的小规模纳税人（包括个体工商户）以及国家税务总局确定的其他可予代开增值税专用发票的纳税人，发生增值税应税行为，可以申请代开增值税专用发票。增值税小规模纳税人销售其取得的不动产以及其他个人出租不动产，购买方或承租方不属于其他个人的，纳税人缴纳增值税后可以向税务机关申请代开增值税专用发票。

自2020年2月1日起，增值税小规模纳税人**（其他个人除外）**发生增值税应税行为，需要开具增值税专用发票的，可以自愿使用增值税发票管理系统自行开具。选择自行开具增值税专用发票的小规模纳税人，税务机关不再为其代开增值税专用发票。

【单选题】增值税专用发票的基本联次不包括（　　）。

A. 存根联　　B. 发票联　　C. 抵扣联　　D. 记账联

【参考答案】A

增值税专用发票由基本联次或者基本联次附加其他联次构成，基本联次为三联：发票联、抵扣联和记账联。

六、发票违章处理

1. 违反中华人民共和国发票管理办法的规定，有下列情形之一的，由税务机关责令改正，可以处1万元以下的罚款；有违法所得的予以没收：

（1）应当开具而未开具发票，或者未按照规定的时限、顺序、栏目，全部联次一次性开具发票，或者未加盖发票专用章的；

（2）使用税控装置开具发票，未按期向主管税务机关报送开具发票的数据的；

（3）扩大发票使用范围的；

（4）以其他凭证代替发票使用的；

（5）跨规定区域开具发票的；

（6）未按照规定缴销发票的；

（7）未按照规定存放和保管发票的。

2. 跨规定的使用区域携带、邮寄、运输空白发票，以及携带、邮寄或者运输空白发票出入境的，由税务机关责令改正，可以处1万元以下的罚款；情节严重的，处1

万元以上 3 万元以下的罚款；有违法所得的予以没收。丢失发票或者擅自损毁发票的，依照上述规定处罚。

3. 违反中华人民共和国发票管理办法第二十二条第二款的规定虚开发票的，由税务机关没收违法所得；虚开金额在 1 万元以下的，可以并处 5 万元以下的罚款；虚开金额超过 1 万元的，并处 5 万元以上 50 万元以下的罚款；构成犯罪的，依法追究刑事责任。非法代开发票的，依照上述规定处罚。

4. 有下列情形之一的，由税务机关处 1 万元以上 5 万元以下的罚款；情节严重的，处 5 万元以上 50 万元以下的罚款；有违法所得的予以没收：

（1）转借、转让、介绍他人转让发票、发票监制章和发票防伪专用品的；

（2）知道或者应当知道是私自印制、伪造、变造、非法取得或者废止的发票而受让、开具存放、携带、邮寄、运输的。

5. 对违反发票管理法规情节严重构成犯罪的，税务机关应当依法移送司法机关处理。

本章习题

一、单项选择题

1. 根据增值税的类型划分，我国现行增值税属于（　　）。

A. 消费型增值税　　B. 生产型增值税

C. 收入型增值税　　D. 产出型增值税

2. 下列业务，属于增值税修理修配劳务的是（　　）。

A. 文印服务　　B. 照相服务　　C. 房屋维修　　D. 钟表维修

3. 假设 2019 年 7 月，某汽车生产企业（增值税一般纳税人）销售一批汽车，取得不含税销售额 1 327 万元，同时收取价外费用 16.8 万元，则汽车生产企业该笔业务需要计算增值税的销项税额（　　）万元。

A. 2.44　　B. 225.59　　C. 174.44　　D. 228.46

4. 下列项目中，属于不征收增值税项目的是（　　）。

A. 贷款利息　　B. 存款利息

C. 保险公司的保费收入　　D. 金融商品转让收入

5. 下列纳税人，必须办理一般纳税人登记的是（　　）。

A. 其他个人

B. 非企业性单位

C. 不经常发生应税行为的单位

D. 年应税销售额超过 500 万元且经常发生应税行为的工业企业

6. 下列各项中，应视同销售货物或服务，征收增值税的是（　　）。

A. 王某无偿向其他单位转让无形资产（用于非公益事业）

B. 某公司将外购饮料用于职工福利

C. 某建筑公司外购水泥发生非正常损失

D. 个人股东无偿借款给单位

7. 某企业为增值税一般纳税人，2019 年 3 月销售钢材一批取得含税销售额 58 万元。2019 年 5 月因质量问题该批钢材被全部退回，企业按规定开具红字发票；5 月份销售钢材取得不含税销售额 150 万元。该企业 5 月增值税销项税额（　　）万元。

A. 11.50　　B. 11.96　　C. 12.83　　D. 13.00

8. 某企业为增值税一般纳税人，对外出租房屋，适用简易计税方法，由于承租方（增值税一般纳税人）提前解除租赁合同，收取承租方的违约金。关于收取的违约金，下列税务处理正确的是（　　）。

A. 不需要缴纳增值税

B. 按照 3% 征收率缴纳增值税

C. 按照 5% 征收率缴纳增值税

D. 需要缴纳增值税，不得开具增值税专用发票

9. 境外自然人为境内单位提供宣传画册设计服务，境内单位支付含税服务费 10 300 元。境内单位应扣缴增值税（　　）元。

A. 0　　B. 300.00　　C. 583.02　　D. 618.00

10. 关于小规模纳税人缴纳增值税，下列说法正确的是（　　）。

A. 销售自己使用过的不动产，以 3% 征收率减按 2% 计算缴纳增值税

B. 提供建筑服务，以取得的全部价款和价外费用为销售额，按照 3% 征收率计算缴纳增值税

C. 出租不动产按照 5% 征收率计算缴纳增值税（不含个人出租住房）

D. 销售边角料收入应按照 3% 征收率减按 2% 计算缴纳增值税

二、多项选择题

1. 依据增值税有关规定，下列行为属于增值税征税范围的有（　　）。

A. 婚介公司提供婚介服务

B. 房地产开发公司销售房屋

C. 饭店提供餐饮服务

D. 根据国家指令无偿提供的铁路运输服务、航空运输服务

2. 增值税一般纳税人销售下列货物，适用 9% 税率的有（　　）。

A. 音像制品　　B. 农药　　C. 食品添加剂　　D. 大白兔奶糖

3. 下列关于增值税的纳税义务发生时间的表述，正确的有（　　）。

A. 采取直接收款方式销售货物，不论货物是否发出，均为收到销售额或取得索取销售额的凭据的当天

B. 采取托收承付和委托银行收款方式销售货物，为发出货物并办妥托收手续的当天

C. 采取预收货款方式销售货物，为收到货款的当天

D. 委托其他纳税人代销货物，为收到代销单位的代销清单或者收到全部或者部分货款的当天

4. 增值税一般纳税人购进国内旅客运输服务，准予抵扣进项税额的抵扣凭证有（　　）。

A. 增值税专用发票

B. 注明旅客身份信息的航空运输电子客票行程单

C. 注明旅客身份信息的铁路车票

D. 未注明乘客身份信息的出租车票

5. 增值税一般纳税人购进农产品，取得的下列凭证可以计算抵扣进项税额的有（　　）。

A. 纳税人从按照简易计税方法依照3%征收率计算缴纳增值税的小规模纳税人取得的增值税专用发票

B. 开具的农产品收购发票

C. 纳税人从批发环节购进适用免征增值税政策的蔬菜取得的普通发票

D. 取得农业生产者销售自产农产品适用免征增值税政策开具的普通发票

6. 下列行为应视同销售，缴纳增值税的有（　　）。

A. 在线教育平台提供免费视听课程

B. 健身俱乐部向本单位员工免费提供健身服务

C. 化工试剂公司以固定资产入股投资

D. 食品有限公司将外购食品给员工发福利

7. 关于增值税一般纳税人购进和租用固定资产进项税额抵扣，下列说法正确的有（　　）。

A. 购进固定资产，既用于一般计税方法计税项目，又用于免征增值税项目，进项税额可以全额从销项税额中抵扣

B. 购进固定资产，既用于一般计税方法计税项目，又用于免征增值税项目，进项税额不得从销项税额中抵扣

C. 购进固定资产，专用于简易计税方法计税项目，进项税额不得从销项税额中抵扣

D. 租入固定资产，既用于一般计税方法计税项目，又用于免征增值税项目，其进项税额准予从销项税额中全额抵扣

E. 购买时不得抵扣且未抵扣进项税额的固定资产，发生用途改变，用于允许抵扣进项税额的应税项目，可在用途改变的次月按照规定计算可抵扣的进项税额

8. 一般纳税人发生下列应税行为，可以选择简易计税方法计税的有（　　）。

A. 人力资源外包服务　　B. 收派服务

C. 公交客运服务　　D. 物业管理服务

E. 以清包工方式提供建筑服务

参考答案与解析

一、单项选择题

1.【参考答案】A。全面推开营改增后，我国现行增值税属于消费型增值税。

2.【参考答案】D。修理修配是指受托对损伤和丧失功能的货物进行修复，使其恢复原状和功能的业务。修理修配的对象是增值税的货物，货物是指有形动产。

3.【参考答案】C。收取的价外费用属于含税销售额，需换算为不含税销售额。销项税额 = 1 327 × 13% + 16.8 ÷（1 + 13%）× 13% = 174.44（万元）。

4.【参考答案】B。不征税项目是指：（1）根据国家指令无偿提供的铁路运输服务、航空运输服务，属于规定用于公益事业的服务；（2）存款利息；（3）被保险人获得的保险赔付；（4）房地产主管部门或者其指定机构、公积金管理中心、开发企业以及物业管理单位代收的住宅专项维修资金；（5）在资产重组过程中，通过合并、分立、出售、置换等方式，将全部或者部分实物资产以及与其相关联的债权、负债和劳动力一并转让给其他单位和个人，其中涉及的货物、不动产、土地使用权转让行为。

5.【参考答案】D。选项 A，年应税销售额超过规定标准的其他个人不能登记为一般纳税人。选项 B，年应税销售额超过规定标准的非企业性单位，可选择按照小规模纳税人纳税。选项 C，年应税销售额超过规定标准但不经常发生应税行为的单位和个体工商户可选择按照小规模纳税人纳税。

6.【参考答案】A。选项 A，单位或者个人向其他单位或者个人无偿转让无形资产或者不动产（未用于公益事业或者以社会公众为对象），应视同销售征收增值税。选项 BCD，不视同销售，无须缴纳增值税。

7.【参考答案】A。（1）自 2019 年 4 月 1 日起，增值税一般纳税人在增值税税率调整前已按原 16%、10% 适用税率开具的增值税发票，发生销售折让、中止或者退回等情形需要开具红字发票的，按照原适用税率开具红字发票。（2）该企业 5 月增值税销项税额 = 150 × 13% − 58 ÷（1 + 16%）× 16% = 11.50（万元）。

8.【参考答案】C。(1) 增值税的计税销售额是纳税人销售货物、劳务、服务、无形资产和不动产向购买方收取的全部价款和价外费用，但不包括增值税。价外费用，是指价外向购买方收取的手续费、补贴、基金、集资款、返还利润、奖励费、违约金、滞纳金、延期付款利息、赔偿金、代收款项、代垫款项、包装费、包装物租金、储备费、优质费、运输装卸费以及其他各种性质的价外收费。(2) 价外费用按其所属项目的适用税率或征收率计算缴纳增值税，出租房屋适用征收率为 5%，故违约金按照 5% 征收率缴纳增值税。

9.【参考答案】C。境内单位应扣缴增值税 = 10 300 ÷ (1 + 6%) × 6% = 583.02 (万元)。

10.【参考答案】C。选项 A，按照 5% 的征收率计算增值税，小规模纳税人销售自己使用过的固定资产（有形动产），适用简易办法依照 3% 征收率减按 2% 征收增值税。选项 B，以取得的全部价款和价外费用扣除支付的分包款后的余额为销售额，按照 3% 的征收率计算增值税。选项 D，按照 3% 的征收率计算增值税。

二、多项选择题

1.【参考答案】ABC。根据国家指令无偿提供的铁路运输服务、航空运输服务，属于《营业税改征增值税试点实施办法》（财税〔2016〕36 号附件 1）规定，用于公益事业的服务，不视同销售服务，属于不征收增值税项目。

2.【参考答案】AB。增值税一般纳税人销售或者进口下列货物，税率为 9%：农产品（含粮食）、自来水、暖气、石油液化气、天然气、食用植物油、冷气、热水、煤气、居民用煤炭制品、食用盐、农机、饲料、农药、农膜、化肥、沼气、二甲醚、图书、报纸、杂志、音像制品、电子出版物。

3.【参考答案】ABD。采取预收货款方式销售货物，为货物发出的当天，但生产销售生产工期超过 12 个月的大型机械设备、船舶、飞机等货物，为收到预收款或者书面合同约定的收款日期的当天。

4.【参考答案】ABC。纳税人未取得增值税专用发票的：(1) 取得增值税电子普通发票的，为发票上注明的税额；(2) 取得注明旅客身份信息的航空运输电子客票行程单的，航空旅客运输进项税额 =（票价 + 燃油附加费）÷ (1 + 9%) × 9%；(3) 取得注明旅客身份信息的铁路车票的，铁路旅客运输进项税额 = 票面金额 ÷ (1 + 9%) × 9%；(4) 取得注明旅客身份信息的公路、水路等其他客票的，公路、水路等其他旅客运输进项税额 = 票面金额 ÷ (1 + 3%) × 3%，未注明乘客身份信息的出租车票不得抵扣进项税额。

5.【参考答案】ABD。纳税人从按照简易计税方法依照 3% 征收率计算缴纳增值税的小规模纳税人取得增值税专用发票的，以增值税专用发票上注明的金额和 9% 的扣除率计算进项税额；取得（开具）农产品销售发票或收购发票的，以农产品销售发票或收购发票上注明的农产品买价和9%的扣除率计算进项税额。纳税人从批发、零售环节购进适用免征增值税政策的蔬菜、部分鲜活肉蛋而取得的普通发票，不得作为计算抵扣进项税额的凭证。

6. 【参考答案】AC。选项B，单位或者个体工商户为员工提供应税服务，属于非营业活动，不属于视同销售情形。选项D，将外购的货物用于集体福利，不属于视同销售情形。

7. 【参考答案】ACDE。选项B，用于简易计税方法计税项目、免征增值税项目、集体福利或者个人消费的购进货物、劳务、服务、无形资产和不动产，不得抵扣进项税额。其中涉及的固定资产、无形资产、不动产，仅指专用于上述项目的固定资产、无形资产、不动产。将购进的固定资产兼用于一般计税方法计税项目和免征增值税项目的，购进固定资产的进项税额可以全额从销项税额中抵扣。

8. 【参考答案】ABCE。选项D，提供物业管理服务的纳税人，向服务接受方收取的自来水水费，以扣除其对外支付的自来水水费后的余额为销售额，按照简易计税方法计算缴纳增值税。

第五章 消费税

第一节 消费税概述

一、消费税的概念

我国现行消费税是对**在中华人民共和国境内生产、委托加工和进口应税消费品的单位和个人**，以及国务院确定的销售应税消费品的其他单位和个人，就其销售额或销售数量，在特定环节征收的一种税，属于货物劳务税类。1993 年年底，国务院正式颁布了《中华人民共和国消费税暂行条例》，并于 1994 年 1 月 1 日起实施。

二、消费税的特点

特点	具体内容
(1) 征税范围的选择性	在大量消费品或消费行为中有选择性地确定某些特定项目，进行列举式征收，没有列举到的则不征收
(2) 征税环节的单一性	**消费税一般实行单环节征税，在消费品的生产销售、进口、批发以及零售等环节选择某一环节进行征税，某一环节征税后，其他环节不再征收。单环节一次课征制既可以减少纳税人数量，降低税款征收费用和税源流失的风险，又能避免重复征税。为加强源泉控制、防止税款流失，消费税的纳税环节主要确定在产制环节或进口环节**
(3) 征税方法的多样性	消费税的征税方法比较灵活，有从价定率的，有从量定额的，还有从价定率和从量定额叠加的复合计税方式
(4) 税收调节的特殊性	在普遍征收增值税的基础上选择一部分产品再征收一道消费税，可对某些产品形成双层调节。还可利用征税范围的选择和税率的差别设计，对需要限制和控制消费的产品进行特殊调节
(5) 税收负担具有转嫁性	凡列入消费税征税范围的消费品，一般都是高价产品。消费税无论在哪个环节征收，消费品中所含的消费税税款最终都要转嫁到消费者身上，由消费者负担，税负具有转嫁性。消费税转嫁性的特征，要较其他商品课税形式更为明显

【多选题】我国现行消费税具有的特点有（　　）。

A. 课税对象有选择　　　　B. 征税方法多样化

C. 多环节多次征收　　　　D. 税收调节特殊

【参考答案】ABD

我国的消费税实行单环节征税而不是多环节多次征。

第二节　消费税的纳税人、征税范围和税率

一、消费税的纳税人和代收代缴义务人

（一）纳税人

在中华人民共和国境内生产、委托加工和进口应税消费品的单位和个人，以及国务院确定的销售应税消费品的其他单位和个人，为消费税纳税人。

单位，是指企业、行政单位、事业单位、军事单位、社会团体及其他单位。

个人，是指个体工商户及其他个人。

（二）代收代缴义务人

委托加工的应税消费品，除受托方为个人外，由受托方在向委托方交货时代收代缴税款。

如受托方为个人，则由委托方向其机构所在地或者居住地主管税务机关自行申报纳税。

【单选题】下列各项行为中，不需要纳税人自行缴纳消费税的是（　　）。

A. 将自产的应税消费品对外交换其他应税消费品

B. 将自产的应税消费品对外投资

C. 将外购的原料委托其他企业加工应税消费品

D. 将自产的应税消费品对外交换其他非应税消费品

【参考答案】C

委托加工的应税消费品，除受托方为个人外，由受托方在向委托方交货时代收代缴税款。

二、消费税的征税范围

（一）征税范围确定的原则

1. 确定消费税征税范围的总原则是：立足于我国经济发展水平、国家消费政策和产业政策，充分考虑人民生活水平、消费水平和消费结构状况，注重保证国家财政收入稳定增长，并适当借鉴国外征收消费税的成功经验和国际通行做法。具体表现在以下几个方面：**引导消费、保护环境、持续发展。**

2. 确定消费税征税范围的一般原则

征税原则	征税范围
（1）将过度消费会对人身健康、社会秩序、生态环境等方面造成危害的特殊消费品纳入征税范围，**以抑制消费**	卷烟 酒 鞭炮、焰火
（2）将非生活必需品、奢侈品等高档消费品纳入征税范围，以体现多收入者多纳税，**进而调节收入分配**	高档化妆品 贵重首饰 高尔夫球及球具 高档手表 游艇
（3）将高能耗消费品纳入征税范围，**以降低能耗、减少污染**	小汽车 摩托车
（4）将不可再生和不可替代的稀缺资源消费品纳入征税范围，**以限制消费、节约资源**	成品油 实木地板 木制一次性筷子

（二）我国现行消费税征税范围

我国现行消费税征税范围包括在我国境内生产、委托加工和进口应税消费品，以及国务院确定的销售应税消费品。现行的消费税税目共有15个。

消费税税目税率：

税目	子税目	生产（进口）环节	批发环节	零售环节
一、烟	1. 卷烟 （1）甲类卷烟：每标准条（200支）调拨价格在70元（不含增值税）以上（含70元）	56%加0.003元/支 36%加0.003元/	11%加0.005元/支	
	（2）乙类卷烟：每标准条调拨价格在70元（不含增值税）以下 2. 雪茄烟 3. 烟丝	支 36% 30%		
	【提示】卷烟每标准条：10包×20支/包=200支。每标准箱：250标准条×200支/条=50 000支			
二、酒	1. 白酒 2. 黄酒 3. 啤酒： （1）甲类啤酒：每吨出厂价（含包装物及包装物押金，不包括重复使用的塑料周转箱的押金，下同）在3 000元（含3 000元，不含增值税，下同）以上的 （2）乙类啤酒：每吨出厂价在3 000元以下的 4. 其他酒	20%加0.5元/500克（500毫升） 240元/吨 250元/吨 220元/吨 10%		

续表

税目	子税目	生产（进口）环节	批发环节	零售环节
三、高档化妆品	包括高档美容、修饰类化妆品、高档护肤类化妆品和成套化妆品	15%		
四、贵重首饰及珠宝玉石	1. 金基、银基合金首饰以及金、银和金基、银基合金的镶嵌首饰、钻石及钻石饰品、铂金首饰			5%
	2. 与金、银和金基、银基、钻石、铂金无关的其他贵重首饰和珠宝玉石	10%		
五、鞭炮、焰火		15%		
六、成品油	汽油、柴油、（航空煤油暂缓征收）、石脑油、溶剂油、润滑油、燃料油	1.2—1.52 元/升		
七、摩托车	1. 气缸容量（排气量，下同）250 毫升的 2. 气缸容量在 250 毫升以上的	3% 10%		
八、小汽车	1. 乘用车（≤9 座） 2. 中轻型商用客车【10—23 座】 3. 超豪华小汽车：是指每辆零售价格 130 万元（不含增值税）及以上的乘用车和中轻型商用客车 【提示】包括中巴，但不含大客车、电动车、超豪华小汽车零售环节加征 10%	1. 乘用车的税率为 1%—40% 2. 中轻型商用客车的税率为 5% 3. 超豪华小汽车按乘用车和中轻型商用客车分别适用 1%—40%和 5%的税率		10%
九、高尔夫球及球具	高尔夫球、球杆（杆头、杆身和握把）、球包（袋）	10%		
十、高档手表	高档手表是指销售价格（不含增值税）每只在 1 万元（含 1 万元）以上的各类手表	20%		
十一、游艇	长度大于 8 米小于 90 米	10%		
十二、木制一次性筷子		5%		
十三、实木地板	实木地板、实木指接地板、实木复合地板、未经涂饰的素板以及用于装饰墙壁、天棚的侧端面为榫、槽的实木装饰板	5%		
十四、电池		4%		
十五、涂料		4%		

三、消费税的税率

（一）税率的一般规定

税率形式	包括的税目
（1）比例税率	除定额税率和复合征税以外的税目
（2）定额税率	啤酒、黄酒、成品油
（3）复合征税	卷烟、白酒

【单选题】根据我国现行消费税的规定，下列消费品中实行从价定率与从量定额相结合征税办法的是（　　）。

A. 啤酒　　B. 雪茄烟　　C. 黄酒　　D. 卷烟

【参考答案】D

卷烟的生产（进口）环节、批发环节，采用比例加定额的复合税率。

（二）税率的特殊规定

消费税采用列举法，按具体应税消费品对应设置税目税率，界限清楚，一般不易发生错用税率的情况。在某些特殊情况下，确定税率时需遵循以下规定：

业务事项	确定消费税税率的规定
（1）纳税人兼营不同税率的应税消费品	**应当分别核算不同税率应税消费品的销售额或销售数量。未分别核算的，从高适用税率**
（2）纳税人将应税消费品与非应税消费品，以及适用税率不同的应税消费品组成成套消费品销售的	**应根据组合产制品的整体销售金额，按其中应税消费品适用的最高税率征税**。例如，企业将高档化妆品、护肤护发品、小工艺品等组成成套消费品销售时，则应按该成套消费品销售额以15%的税率征税

（三）进口卷烟适用税率的规定

1. 每标准条进口卷烟（200支）确定消费税适用比例税率的价格＝(关税完税价格＋关税＋消费税定额税率)÷(1－消费税税率)。其中，关税完税价格和关税为每标准条的关税完税价格及关税税额；**消费税定额税率为每标准条（200支）0.6元（依据现行消费税定额税率折算而成）；消费税税率固定为36%**。

2. 每标准条进口卷烟（200支）确定消费税适用比例税率的价格大于等于70元

的，适用比例税率为56%；每标准条进口卷烟（200支）确定消费税适用比例税率的价格小于70元的，适用比例税率为36%。

非标准条包装卷烟应当折算成标准条包装卷烟的数量，以其实际销售收入计算确定其折算成标准条包装后的实际销售价格，并确定适用的比例税率。折算的实际销售价格高于计税价格的，应按照折算的实际销售价格确定适用比例税率；折算的实际销售价格低于计税价格的，应按照同牌号规格标准条包装卷烟的计税价格和适用税率征税。

非标准条包装卷烟，是指每条包装多于或者少于200支的条包装卷烟。

第三节　消费税的纳税环节

一、生产销售环节

生产销售	具体内容
（1）用于销售	纳税人生产的应税消费品，于销售时纳税
（2）自产自用	（1）纳税人自产的应税消费品，用于连续生产应税消费品的，不纳税。用于连续生产应税消费品，是指纳税人将自产的应税消费品作为直接材料生产最终应税消费品，自产自用应税消费品构成最终应税消费品的实体 （2）用于其他方面的，于移送使用时纳税。用于其他方面，是指纳税人将自产应税消费品用于生产非应税消费品、在建工程、管理部门、非生产机构、提供劳务、馈赠、赞助、集资、广告、样品、职工福利、奖励等方面

【单选题】根据我国现行消费税的规定，下列纳税人自产自用应税消费品不缴纳消费税的是（　　）。

A. 炼化厂用于本企业基建部门车辆的自产汽油

B. 汽车厂用于管理部门的自产汽车

C. 日化厂用于交易会样品的自产高档化妆品

D. 卷烟厂用于生产卷烟的自制烟丝

【参考答案】D

纳税人自产自用的应税消费品，用于连续生产应税消费品的，不纳税；用于其他方面的，于移送使用时纳税。用于其他方面，是指纳税人将自产应税消费品用于生产非应税消费品、在建工程、管理部门、非生产机构、提供劳务、馈赠、赞助、集资、广告、样品、职工福利、奖励等方面。

二、委托加工环节

（一）委托加工的含义

委托加工	具体内容
（1）属于委托加工应税消费品的情形	委托加工的应税消费品，是指由委托方提供原料和主要材料，受托方只收取加工费和代垫部分辅助材料加工的应税消费品
（2）不属于委托加工应税消费品的情形	**由受托方提供原材料生产的应税消费品。受托方先将原材料卖给委托方，然后再接受加工的应税消费品。由受托方以委托方名义购进原材料生产的应税消费品** 【提示】以上情形，无论在财务上是否作销售处理，都不得作为委托加工应税消费品，而应当按照销售自制应税消费品缴纳消费税

（二）委托加工的应税消费品收回后的税务处理

收回后	税务处理
（1）委托加工的应税消费品收回后直接出售的	**不再缴纳消费税。这里的直接销售不再征收消费税，是指委托方将收回的应税消费品以不高于受托方的计税价格出售的，为直接出售，不再缴纳消费税**
（2）如委托方以高于受托方的计税价格出售的	则不属于直接出售。需按照规定申报缴纳消费税，在计税时准予扣除受托方已代收代缴的消费税

【判断题】纳税人收回已代扣代缴消费税的委托加工应税消费品，将其直接出售，无论售价高低，均不再缴纳消费税。（ ）

【参考答案】×

委托方将收回的应税消费品，以不高于受托方的计税价格出售的，为直接出售，不再缴纳消费税；以高于受托方的计税价格出售的，不属于直接出售，需按照规定申报缴纳消费税。

三、进口环节

进口的应税消费品，由进口报关者于报关进口时纳税。

四、零售环节

零售环节征收消费税的应税消费品范围仅限于：金、银、铂金首饰；金基、银基合金首饰；金、银和金基、银基合金的镶嵌首饰；钻石、钻石饰品。

自 2016 年 12 月 1 日起，“小汽车”税目下增设“超豪华小汽车”子税目。征收范围为每辆零售价格 130 万元（不含增值税）及以上的乘用车和中轻型商用客车。对超豪华小汽车，在生产（进口）环节按现行税率征收消费税基础上，在零售环节加征消费税，税率为10%。

【单选题】某金店（一般纳税人）假设2019年7月发生以下业务（均是向消费者个人销售）：销售金银首饰取得收入72 356元，销售金银镶嵌首饰取得收入89 421元，销售镀金首饰取得收入23 853元，销售镀金镶嵌首饰取得收入17 954元，取得金银首饰修理清洗收入1 000元，均为含税收入。则该金店当月应缴纳消费税（　　）元。

A. 7 680.94　　B. 0　　C. 7 158.27　　D. 7 975.64

【参考答案】C

改为零售环节征收消费税的金银首饰范围仅限于金、银和金基、银基合金首饰，以及金、银和金基、银基合金的镶嵌首饰。其计税依据为不含增值税的销售额。据此，应缴纳的消费税 =（72 356 + 89 421）÷（1 + 13%）× 5% = 7 158.27（元）。

五、批发环节

自2009年5月1日起，对卷烟，除生产环节外，在批发环节加征一道消费税。

自2015年5月10日起，**提高卷烟批发环节从价税税率，并加征从量税。**

【单选题】下列单位中不属于消费税纳税人的是（　　）。

A. 生产销售贵重首饰（金银首饰除外）的企业

B. 委托加工烟丝的卷烟厂

C. 进口小轿车的外贸公司

D. 零售高档化妆品的商场

【参考答案】D

在中华人民共和国境内生产、委托加工和进口应税消费品的单位和个人，以及国务院确定的销售应税消费品的其他单位和个人，为消费税纳税人。金银首饰消费税在零售环节征收。自2016年12月1日起，对超豪华小汽车，在生产（进口）环节按现行税率征收消费税基础上，在零售环节加征消费税。

第四节　消费税应纳税额的计算

根据税率设定的不同，消费税应纳税额的计算方法分为三种

税率形式	应纳税额计算方法	包括的税目
(1) 比例税率	(1) 从价定率法	除定额税率和复合征税以外的税目
(2) 定额税率	(2) 从量定额法	啤酒、黄酒、成品油
(3) 复合征税	(3) 复合计税法（从价定率和从量定额复合计税）	卷烟、白酒

一、从价定率法下应纳税额的计算

（一）计算公式

应纳税额 = 销售额 × 比例税率

（二）销售额的确定

1. 一般规定

消费税的计税销售额为销售应税消费品从购买方收取的**全部价款和价外费用**。

（1）增值税和消费税计税销售额的关系。消费税和增值税实行叠加征收，**消费税实行价内税，增值税实行价外税。这就决定了实行从价定率征税的消费品，其消费税税基和增值税税基基本一致，即都是以含消费税而不含增值税的销售额作为计税依据。**

应税消费品的销售额 = 含增值税的销售额 ÷（1 + 增值税税率或者征收率）

实行从价定率征税的消费品，消费税和增值税计税依据：

计税依据 = 价款（含消费税）+ 价外费用

【多选题】根据我国现行消费税的规定，下列说法正确的有（　　）。

A. 消费税的征税范围小于增值税的征税范围

B. 凡是征收增值税的货物都征收消费税

C. 应征消费税的货物，其增值税税基含有消费税

D. 应征消费税的货物，其消费税税基不含有增值税

【参考答案】ACD

消费税的特点之一是课税对象有选择性，在普遍征收增值税的基础上选择一部分产品再征收一道消费税，其征税范围比增值税小得多。特点之二是价内税，即消费税税额包含在消费品的价格内，而增值税是价外税，税基不含增值税税额。

（2）价外费用

<table>
<tr><th>价外费用</th><th>具体内容</th></tr>
<tr><td>（1）包含的内容</td><td>价外向购买方收取的手续费、补贴、基金、集资费、返还利润、奖励费、违约金、滞纳金、延期付款利息、赔偿金、代收款项、代垫款项、包装费、包装物租金、储备费、优质费、运输装卸费以及其他各种性质的价外收费</td></tr>
<tr><td rowspan="2">（2）不包含的内容</td><td>第一，同时符合以下条件的代垫运输费用：
①承运部门的运输费用发票开具给购买方的
②纳税人将该项发票转交给购买方的</td></tr>
<tr><td>第二，同时符合以下条件代为收取的政府性基金或者行政事业性收费：
①由国务院或者财政部批准设立的政府性基金，由国务院或者省级人民政府及其财政、价格主管部门批准设立的行政事业性收费
②收取时开具省级以上财政部门印制的财政票据
③所收款项全额上缴财政</td></tr>
</table>

2. 特殊情形

（1）连同包装物销售的

类型	税务处理
①应税消费品连同包装物销售的	无论包装物是否单独计价，也不论在财务上如何核算，均应并入应税消费品的销售额中征收消费税
②包装物不作价随同产品销售，而是收取押金	未到期的押金不应并入应税消费品销售额中征税。对逾期未收回的包装物不再退还的或已收取一年以上的押金，应并入应税消费品的销售额，按照应税消费品的适用税率征收消费税
③对既作价随同应税消费品销售，又另外收取押金的包装物押金	凡纳税人在规定的时间内不予退还的，均应并入应税消费品的销售额，按照应税消费品的适用税率征收消费税
④酒类产品的包装物押金	1995 年 6 月 1 日起，对酒类产品生产企业销售酒类产品（啤酒、黄酒外）而收取的包装物押金，无论押金是否返还及会计上如何核算，均应并入酒类产品销售额中征收消费税

【提示】包装物押金销售额的确认

货物类别		税务处理
一般货物		（1）收取押金时，单独记账核算的，不并入销售额征税 （2）逾期时或没收时，再计入销售额征税（增值税、消费税）
酒类产品	**啤酒 黄酒**	**（1）收取押金时，单独记账核算的，不并入销售额征税 （2）逾期时或没收时，再计入销售额征收增值税，但不征消费税（因为啤酒、黄酒消费税是从量计征）**
	其他酒类产品	（1）收取押金时，无论是否单独记账核算，也无论是否退还，直接并入销售额征收增值税和消费税 （2）逾期时或没收时，不再征收增值税和消费税

【单选题】关于应税消费品销售额的确定，下列表述不正确的是（　　）。

A. 应税消费品的销售额不包括向购买方收取的增值税款

B. 随同应税消费品出售的包装物，无论是否单独计价也无论会计上如何核算，均应并入销售额中征收消费税

C. 对酒类产品生产企业销售酒类产品而收取的包装物押金，因逾期未收回包装物而不再退还的押金，应并入酒类产品销售额中征收消费税

D. 随同应税消费品出售的包装物，其适用的消费税税率和应税消费品的消费税税率相同

【参考答案】C

应税消费品连同包装物销售的，无论包装物是否单独计价以及在会计上如何核算，均应并入应税消费品的销售额中缴纳消费税。对酒类产品生产企业销售除啤酒、黄酒以外的酒类产品而收取的包装物押金，无论押金是否返还及会计上如何核算，均需并

入酒类产品销售额中依酒类产品的适用税率征收消费税。

（2）通过非独立核算门市销售的

纳税人通过自设非独立核算门市部销售的自产应税消费品，应当按照门市部对外销售额计算征收消费税。

（3）特殊交易方式的

纳税人自产的应税消费品用于**换取生产资料和消费资料、投资入股和抵偿债务等方面，应当按纳税人同类应税消费品的最高销售价格**作为计税依据。

【提示】增值税应按照平均价格作为计税依据。

【单选题】纳税人用于抵偿债务的应税消费品，应以纳税人同类应税消费品的（　　）作为计税依据计算消费税。

A. 最高销售价格　　B. 平均销售价格

C. 最低销售价格　　D. 最低销售价格的70%

【参考答案】A

纳税人自产的应税消费品用于换取生产资料和消费资料、投资入股和抵偿债务等方面，应当按纳税人同类应税消费品的最高销售价格作为计税依据。

（4）计税价格明显偏低且无正当理由的

纳税人应税消费品的计税价格明显偏低且无正当理由的，由**主管税务机关核定**其计税价格。

①卷烟、白酒和小汽车的计税价格由国家税务总局核定，送财政部备案；

②其他应税消费品的计税价格由省、自治区和直辖市税务局核定；

③进口的应税消费品的计税价格由海关核定。

【提示】白酒生产企业消费税计税价格低于销售单位对外销售价格（不含增值税）70%以下的，应核定消费税最低计税价格。

将委托加工收回的白酒销售给销售单位，消费税计税价格低于销售单位对外销售价格（不含增值税）70%以下，属于《消费税暂行条例》第十条规定的情形，应该按照国税函〔2009〕380号规定的核价办法，核定消费税最低计税价格。

【单选题】关于消费税的计税依据，下列说法不正确的是（　　）。

A. 应税消费品连同包装物销售的，无论包装物是否单独计价以及在会计上如何核算，均应并入应税消费品的销售额中缴纳消费税

B. 纳税人通过自设非独立核算门市部销售的自产消费品，应当按照门市部对外销售额计算征收消费税

C. 纳税人自产的消费品用于换取生产资料和消费资料的，应当按纳税人同类应税消费品的最高销售价格作为计税依据

D. 纳税人应税消费品的计税价格明显偏低且无正当理由的，应当按纳税人同类应

税消费品的最高销售价格作为计税依据

【参考答案】D

纳税人应税消费品的计税价格明显偏低且无正当理由的，由主管税务机关核定其计税价格。计税价格的核定权限规定如下：①卷烟、白酒和小汽车的计税价格由国家税务总局核定，送财政部备案；②其他应税消费品的计税价格由省、自治区和直辖市税务局核定；③进口的应税消费品的计税价格由海关核定。

(5) 以外币结算的

纳税人销售的应税消费品，以人民币以外的货币结算销售额的，其销售额的人民币折合率可以选择销售额**发生的当天或者当月1日的人民币汇率中间价**。

纳税人应在事先确定采用何种折合率，确定后1年内不得变更。

二、从量定额法下应纳税额的计算

（一）计算公式

应纳税额＝销售数量×定额税率

（二）销售数量的确定

业务事项	销售数量的确定
(1) 销售应税消费品的	应税消费品的销售数量
(2) 自产自用应税消费品的	应税消费品的移送使用数量
(3) 委托加工应税消费品的	纳税人收回的应税消费品数量
(4) 进口的应税消费品	海关核定的应税消费品进口征税数量
(5) 纳税人通过自设非独立核算门市部销售的自产应税消费品	门市部对外销售数量

【计算题】某啤酒2019年8月销售啤酒400吨，每吨出厂价格2 900元（不含增值税），另收取非重复使用的包装物押金226元/吨。计算该啤酒厂8月应缴纳的消费税税额。

【参考答案】

(1) 判断啤酒定额税率的每吨出厂价格＝2 900＋226÷(1＋13%)＝3 100（元）

(2) 每吨出厂价在3 000元以上，适用单位税额250元。

(3) 该啤酒厂8月应缴纳消费税＝销售数量×定额税率＝400×250＝100 000（元）

三、复合计税法下应纳税额的计算

应纳税额＝销售额×比例税率＋销售数量×定额税率

【计算题】2019 年 5 月，某白酒厂销售白酒 100 吨，当月取得不含增值税销售额 1 480万元。计算该厂当月应缴纳的消费税税额。

【参考答案】

该酒厂 5 月应缴纳消费税 $=100\times 2\ 000\times 0.5\div 10\ 000+1\ 480\times 20\%=306$（万元）

四、应纳税额计算的特殊规定

（一）外购应税消费品已纳消费税的扣除

为避免重复征税，规定纳税人将外购（含进口，下同）已税消费品用于连续生产应税消费品的，在销售实现计算应纳消费税时准予按当期生产领用数量计算扣除外购的应税消费品已纳消费税。

纳税人外购已税消费品用于连续生产应税消费品允许扣除外购已税消费品已纳消费税的规定。

1. 可抵扣税款的情形

（1）用外购已税烟丝为原料生产卷烟；

（2）用外购已税高档化妆品为原料生产高档化妆品；

（3）用外购已税珠宝玉石为原料生产贵重首饰及珠宝玉石；

（**【提示】**纳税人用外购的已税珠宝玉石生产的改在零售环节征收消费税的金银首饰（镶嵌首饰），在计税时一律不得扣除外购珠宝玉石的已纳消费税税款）

（4）用外购已税鞭炮、焰火为原料生产鞭炮、焰火；

（5）用外购已税汽油、柴油、石脑油、燃料油、润滑油为原料生产应税成品油；

（6）用外购已税木制一次性筷子为原料生产木制一次性筷子；

（7）用外购已税杆头、杆身和握把为原料生产高尔夫球杆；

（8）用外购已税实木地板为原料生产实木地板；

（9）从葡萄酒生产企业购进、进口葡萄酒连续生产应税葡萄酒。

关于销售额中扣除外购已税消费品已纳消费税的总结

问题	规定
（1）不能扣除的税目	（1）酒；（2）小汽车；（3）高档手表；（4）游艇；（5）电池；（6）涂料；（7）溶剂油
（2）可以扣除的原则	只有同类消费品才能抵扣。例如，外购已税汽油为原料生产的高尔夫球杆不能抵扣，但是以外购的已税杆头、杆身和握把为原料生产的高尔夫球杆可以抵扣
（3）强调用途	必须用于继续生产才能扣除。如果用于委托加工或销售，则不能扣除

【多选题】根据我国现行消费税的规定，下列应税消费品中准予扣除外购已纳消费

税的有（　　）。

A. 以进口白酒为原料连续生产的白酒

B. 以外购已税钻石为原料生产的钻石镶嵌首饰

C. 用外购已税燃料油生产应税消费品

D. 用外购已税木制一次性筷子为原料生产木制一次性筷子

【参考答案】CD

以外购已税珠宝玉石为原料生产的改在零售环节纳税的金银首饰和钻石首饰、以外购已税白酒连续生产白酒均不能抵扣已纳消费税。

2. 抵扣税款的计算方法

计税方法	允许抵扣税款
（1）外购应税消费品实行从价定率计税法的	当期准予扣除外购应税消费品已纳税款 = 当期准予扣除外购应税消费品买价 × 外购应税消费品适用税率 **当期准予扣除外购应税消费品买价 = 期初库存外购应税消费品买价 + 当期购进的外购应税消费品买价 − 期末库存的外购应税消费品买价**
（2）外购应税消费品实行从量定额计税法的	当期准予扣除的外购应税消费品已纳税款 = 当期准予扣除外购应税消费品数量 × 外购应税消费品单位税额 当期准予扣除外购应税消费品数量 = 期初库存外购应税消费品数量 + 当期购进外购应税消费品数量 − 期末库存外购应税消费品数量
（3）进口应税消费品的	当期准予扣除的进口应税消费品已纳税款 = 期初库存的进口应税消费品已纳税款 + 当期进口应税消费品已纳税款 − 期末库存的进口应税消费品已纳税款

【计算题】2019 年 7 月，某家化厂用外购已税香水为原料加工生产高档化妆品“幻影香水 2 号”。本月外购已税香水 60 万元（不含增值税），本月期初库存外购香水 15 万元，月末库存外购香水 20 万元。该厂本月销售“幻影香水 2 号”取得销售额合计 78 万元（不含增值税）。

【要求】计算该厂当月应缴纳的消费税。

【参考答案】

（1）当月准予扣除的外购香水的买价 = 60（期初库存） + 15（当期购进） − 20（期末库存） = 55（万元）；

（2）当月准予扣除的外购香水的已纳消费税税款 = 55 × 15% = 8.25（万元）；

（3）应缴纳的消费税 = 78（销售额） × 15% − 8.25 = 3.45（万元）。

（二）自产自用的应税消费品应纳税额的计算

自产自用应税消费品属于应纳消费税的，应按照纳税人生产的同类消费品的销售价格计算纳税；**没有同类消费品销售价格的，按照组成计税价格计算纳税。**

1. 同类消费品的销售价格的确定

同类消费	具体内容
（1）同类消费品的销售价格	指纳税人或者代收代缴义务人当月销售的同类消费品的销售价格
（2）如果当月同类消费品各期销售价格高低不同	（1）应按销售数量加权平均计算 （2）但销售的应税消费品有下列情况之一的，不得列入加权平均计算：销售价格明显偏低且无正当理由的；无销售价格的
（3）如果当月无销售或者当月未完结	应按照同类消费品上月或者最近月份的销售价格计算纳税

2. 组成计税价格的确定

计税办法	组成计税价格的确定
（1）实行从价定率办法计算纳税的	组成计税价格 =（成本 + 利润）÷（1 – 比例税率）
（2）实行复合计税办法计算纳税的	组成计税价格 =（成本 + 利润 + 自产自用数量 × 定额税率）÷（1 – 比例税率）
【注意】上述公式中，成本，是指应税消费品的产品生产成本；利润，是指根据应税消费品的全国平均成本利润率计算的利润；应税消费品全国平均成本利润率由国家税务总局确定	

【计算题】某酒厂将自产的葡萄酒作为年终奖励发给本企业职工，无同类产品销售价格，该批葡萄酒的生产成本15 000元。葡萄酒的成本利润率为5%，消费税适用税率为10%。计算该企业上述业务应缴纳的消费税税额。

【参考答案】

组成计税价格 = 15 000 ×（1 + 5%）÷（1 – 10%）= 17 500（元）

应缴纳消费税额 = 17 500 × 10% = 1 750（元）

（三）委托加工的应税消费品应纳税额的计算

委托加工的应税消费品，按照受托方的同类消费品的销售价格计算纳税；没有同类消费品销售价格的，按照组成计税价格计算纳税。

1. 组成计税价格的确定

计税办法	组成计税价格的确定
（1）实行从价定率办法计算纳税的	组成计税价格 =（材料成本 + 加工费）÷（1 – 比例税率）
（2）实行复合计税办法计算纳税的	组成计税价格 =（材料成本 + 加工费 + 委托加工数量 × 定额税率）÷（1 – 比例税率）
【注意】上述公式中： 材料成本，是指委托方所提供加工材料的实际成本。委托加工应税消费品的纳税人，必须在委托加工合同上如实注明（或者以其他方式提供）材料成本，凡未提供材料成本的，受托方主管税务机关有权核定其材料成本。 加工费，是指受托方加工应税消费品向委托方所收取的全部费用（包括代垫辅助材料的实际成本）	

【单选题】甲企业委托乙企业加工一批高档化妆品，甲企业提供原料及主要材料，实际成本为44 000元（不含增值税），支付给乙企业不含税加工费5 000元（其中包括乙企业代垫的辅助材料1 000元），乙企业无同类高档化妆品的不含税售价。则乙企业代收代缴的消费税额为（　　）元。

A. 8 647.06　　B. 10 571.43　　C. 7 700　　D. 6 200

【参考答案】A

代收代缴消费税计税依据首选受托方同类产品售价，没有则按照“组成计税价”。实行从价定率办法计税的组成计税价格 =（材料成本 + 加工费）÷（1 - 比例税率）。其中“材料成本”含代垫辅料。据此，应代收代缴消费税 =（44 000 + 5 000）÷（1 - 15%）× 15% = 8 647.06（元）。

2. 委托方收回后的消费税处理

对受托方已代扣代缴消费税的应税消费品，委托方收回后直接销售的，不再征收消费税；收回后用于连续生产应税消费品的，在销售实现时计算缴纳消费税，但准予按当期生产领用数量计算扣除委托加工收回的应税消费品已代收代缴的消费税。

（1）可抵扣税款的情形

①用委托加工收回的已税烟丝为原料生产卷烟；

②用委托加工收回的已税高档化妆品为原料生产高档化妆品；

③用委托加工收回的已税珠宝玉石为原料生产贵重首饰及珠宝玉石［注意：纳税人用委托加工收回的已税珠宝玉石生产的改在零售环节征收消费税的金银首饰（镶嵌首饰），在计税时一律不得扣除收回的珠宝玉石已缴纳的消费税税款］；

④用委托加工收回的已税鞭炮、焰火为原料生产鞭炮、焰火；

⑤用委托加工收回的已税汽油、柴油为原料生产汽油、柴油；

⑥用委托加工收回的已税石脑油、燃料油生产应税消费品；

⑦用委托加工收回的已税润滑油生产润滑油；

⑧用委托加工收回的已税木制一次性筷子为原料生产木制一次性筷子；

⑨用委托加工收回的已税杆头、杆身和握把为原料生产高尔夫球杆；

⑩用委托加工收回的已税实木地板为原料生产实木地板。

（2）抵扣税款的计算方法。当期准予扣除的委托加工应税消费品已纳税款 = 期初库存的委托加工应税消费品已纳税款 + 当期收回的委托加工应税消费品已纳税款 - 期末库存的委托加工应税消费品已纳税款。

委托加工应税消费品已纳税款为代扣代收税款凭证注明的受托方代收代缴的消费税。

（四）进口应税消费品应纳税额的计算

进口的应税消费品，按照组成计税价格计算纳税。

计税办法	组成计税价格的确定
(1) 实行从价定率办法计算纳税的	组成计税价格 =(关税完税价格 + 关税)÷(1 - 消费税比例税率)
(2) 实行复合计税办法计算纳税的	组成计税价格 =(关税完税价格 + 关税 + 进口数量 × 消费税定额税率)÷(1 - 消费税比例税率)
【提示】关税完税价格，是指海关核定的关税计税价格	

【单选题】甲企业进口气缸容量250毫升的摩托车一批，海关核定的关税完税价格为40 000元，关税税率为20%，消费税税率为3%。则该批摩托车进口环节应缴纳的消费税为（　　）元。

A. 1 200　　B. 1 440　　C. 1 484.54　　D. 1 398.06

【参考答案】C

进口的应税消费品，按照组成计税价格计税，实行从价定率办法计税的组成计税价格 =(关税完税价格 + 关税)÷(1 - 消费税比例税率)。据此，应缴纳的消费税 =(40 000 +40 000 ×20%)÷(1 -3%)×3% =1 484.54（元）。

（五）金银首饰零售环节应纳税额的计算

纳税人零售金银首饰，其计税依据的确定与前述基本一致，但有以下两种特殊情况：

业务事项	税务处理
(1) 纳税人采用以旧换新（含翻新改制）方式销售的金银首饰	应按**实际收取**的不含增值税的全部价款确定计税依据征收消费税
(2) 金银首饰消费税改变纳税环节后，用外购已税珠宝玉石生产的镶嵌首饰	**在计税时一律不得扣除已纳的消费税税款**

【计算题】2019年6月，某金店（增值税一般纳税人）采取以旧换新方式销售24K纯金项链1条，新项链对外销售价格5 000元，旧项链作价3 000元，从消费者手中收取新旧差价款2 000元，开具普通发票，发票上注明的金额为2 000元；并以同一方式销售某品牌金表2块，此表对外零售价每块3 500元，旧表作价50元，开具普通发票，发票上注明的单价为3 500元。

【要求】计算该金店当月增值税销项税额和应缴纳的消费税。

【参考答案】

纳税人采用以旧换新方式销售的金银首饰，应按实际收取的不含增值税的全部价款确定消费税计税依据。

金表不属于改在零售环节征税的金银首饰，故无须计算缴纳消费税，但增值税是对在中华人民共和国境内销售货物普遍征收，所以，销售金表需要缴纳增值税。

销项税额 =［2 000（以旧换新销售金银首饰含税差价款）+3 500（金表含税零售额）×2］÷（1 +13%）×13% =1 035.40（元）

应缴纳的消费税 =2 000 ÷（1 +13%）×5% =88.50（元）

（六）卷烟批发环节应纳税额的计算

卷烟批发	具体内容
（1）在卷烟批发环节加征一道消费税的规定	为适当增加财政收入，完善烟产品消费税制度，自2009年5月1日起，在卷烟批发环节加征一道消费税。在中华人民共和国境内从事卷烟批发业务的单位和个人，应就其批发销售的所有牌号规格的卷烟的销售额（不含增值税）按照5%的比例税率计算缴纳消费税。**自2015年5月10日起，税率由5%提高至11%，并按0.005元/支加征从量税**
（2）卷烟批发环节消费税应纳税额	**应纳税额 = 销售额 ×11% + 销售数量（支）×0.005元/支**。卷烟消费税在生产和批发两个环节征收后，批发企业在计算纳税时不得扣除已含的生产环节的消费税税款
（3）纳税人兼营卷烟批发和零售业务的	应当分别核算批发和零售环节的销售额、销售数量。**未分别核算批发和零售环节销售额、销售数量的，按照全部销售额、销售数量计征批发环节消费税**

【判断题】卷烟在生产和批发两个环节均征收消费税，但批发企业在计算纳税时不得扣除已含的生产环节的消费税税款。（　　）

【参考答案】√

卷烟消费税在生产和批发两个环节征收后，批发企业在计算纳税时不得扣除已含的生产环节的消费税税款。

（七）超豪华小汽车零售环节应纳税额的计算

超豪华小汽车	具体内容
（1）在零售环节加征消费税的规定	超豪华小汽车，在生产（进口）环节按现行税率征收消费税的基础上，**在零售环节加征消费税，税率为10%**。超豪华小汽车的纳税人为销售给消费者的单位和个人
（2）零售环节消费税应纳税额	应纳税额 = 零售环节销售额（不含增值税，下同）× 零售环节税率
（3）国内汽车生产企业直接销售给消费者的超豪华小汽车	消费税税率按照生产环节税率和零售环节税率加总计算应纳税额 = 销售额 ×（生产环节税率 + 零售环节税率）

第五节　消费税的申报纳税

一、消费税的纳税义务发生时间

1. 纳税人销售的应税消费品

结算方式	纳税义务发生时间
（1）采取赊销和分期收款结算方式的	为书面合同规定的收款日期的当天；书面合同没有约定收款日期或者无书面合同的，为发出应税消费品的当天
（2）采取预收货款结算方式的	为发出应税消费品的当天
（3）采取托收承付和委托银行结算方式的	为发出应税消费品并办妥托收手续的当天
（4）采取其他结算方式的	为收讫销售款或者取得索取销售款凭据的当天

2. 纳税人自产自用的应税消费品，纳税义务发生的时间为移送使用的当天。

3. 纳税人委托加工的应税消费品，纳税义务发生的时间为纳税人提货的当天。

4. 纳税人进口的应税消费品，纳税义务发生的时间为报关进口的当天。

【多选题】关于消费税纳税义务发生时间的说法，正确的有（　　）。

A. 采取预收货款结算方式的，纳税义务发生时间为收到预收货款的当天

B. 纳税人自产自用的应税消费品，纳税义务发生时间为移送使用的当天

C. 采取分期收款结算方式的，纳税义务发生时间为货物发出的当天

D. 纳税人委托加工的应税消费品，纳税义务发生时间为纳税人提货的当天

【参考答案】BD

采取赊销和分期收款结算方式的，纳税义务发生的时间为书面合同约定的收款日期的当天；书面合同没有约定收款日期或者无书面合同的，为发出应税消费品的当天。采取预收货款结算方式的，纳税义务发生的时间为发出应税消费品的当天。纳税人自产自用的应税消费品，纳税义务发生的时间为移送使用的当天。纳税人委托加工的应税消费品，纳税义务发生的时间为纳税人提货的当天。

二、消费税的纳税期限

纳税/申报期限	具体内容
（1）消费税的纳税期限	消费税的纳税期限分别为1日、3日、5日、10日、15日、1个月或者1个季度纳税人的具体纳税期限，由主管税务机关根据纳税人应纳税额的大小分别核定。不能按照固定期限纳税的，可以按次纳税

续表

纳税/申报期限	具体内容
（2）消费税的申报期限	纳税人以1个月或者1个季度为1个纳税期的，自期满之日起15日内申报纳税。以1日、3日、5日、10日或者15日为1个纳税期的，自期满之日起5日内预缴税款，于次月1日起15日内申报纳税并结清上月应纳税款。纳税人进口货物，应当自海关填发海关进口消费税专用缴款书之日起15日内缴纳税款

三、消费税的纳税地点

业务事项	纳税地点
（1）固定业户	纳税人销售的应税消费品，以及自产自用的应税消费品，除国务院财政、税务主管部门另有规定外，应当向纳税人机构所在地或者居住地的主管税务机关申报纳税**【按居住地原则】** （1）纳税人的总机构与分支机构不在同一县（市）的，应当分别向各自机构所在地的主管税务机关申报纳税 （2）经财政部、国家税务总局或者其授权的财政、税务机关批准，可以由总机构汇总向总机构所在地的主管税务机关申报纳税（选择性） **（3）卷烟批发企业的纳税地点为其机构所在地，总机构与分支机构不在同一地区的，由总机构申报纳税**
（2）纳税人到外县（市）销售或委托外县（市）代销自产应税消费品的	在应税消费品销售后，向机构所在地或者居住地主管税务机关申报纳税**【按居住地原则】**
（3）委托加工应税消费品	除受托方为个人外，由受托方向机构所在地或者居住地的主管税务机关解缴消费税税款。委托个人加工的应税消费品，由委托方向其机构所在地或者居住地主管税务机关申报纳税
（4）进口的应税消费品	由进口人或者其代理人，向报关地海关申报纳税**【按发生地原则】**
（5）纳税人销售的应税消费品	如因质量等原因由购买者退回时，经机构所在地或者居住地主管税务机关审核批准后，可退还已缴纳的消费税税款

本章习题

一、单项选择题

1. 根据我国现行消费税的规定，下列消费品中属于消费税征税范围的是（　　）。

   A. 香皂　　B. 竹制一次性筷子

   C. 高尔夫球杆　　D. 电动汽车

2. 甲啤酒厂为增值税一般纳税人，2019年6月销售鲜啤酒10吨给乙烟酒批发销售公司，开具的增值税专用发票上注明金额29 000元，另开收据收取包装物押金2 000

元（含塑料周转箱押金 500 元）；销售无醇啤酒 5 吨给丙商贸公司，开具增值税普通发票注明金额 13 800 元，另开收据收取包装物押金 750 元。上述押金均单独核算。甲厂当月应缴纳消费税（　　）元。

A. 2 500. 00　　B. 3 300. 00　　C. 3 600. 00　　D. 3 750. 00

3. 2019 年 6 月，甲电池生产企业委托乙企业加工铅蓄电池，乙企业按照本企业同类铅蓄电池不含税价格 100 万元代收代缴消费税 4 万元。甲企业当月全部收回。将其中 30% 对外出售，取得不含税销售额 33 万元；50% 用于继续加工铅蓄电池后销售，取得不含税销售额 80 万元。甲企业当月应缴纳消费税（　　）万元。

A. 0　　B. 2. 52　　C. 1. 20　　D. 1. 32

4. 生产企业以外购应税消费品连续生产应税消费品，下列准予扣除外购应税消费品已纳消费税税款的是（　　）。

A. 已税摩托车生产的摩托车

B. 已税白酒生产的白酒

C. 已税烟丝生产的卷烟

D. 已税珠宝玉石生产的金银镶嵌首饰

5. 关于对超豪华小汽车征收消费税的规定，下列说法正确的是（　　）。

A. 征税对象是每辆零售价格 130 万元（含增值税）及以上的小汽车

B. 纳税环节是生产环节和零售环节

C. 纳税人是消费者

D. 计税价格是不含消费税的计税销售价格

二、多项选择题

1. 下列货物属于应税消费品的有（　　）。

A. 啤酒　　B. 鞭炮　　C. 保健食品　　D. 涂料

2. 下列情形属于受托方自制应税消费品的有（　　）。

A. 由受托方提供原材料生产的应税消费品

B. 受托方先将原材料卖给委托方，然后再接受加工的应税消费品

C. 由委托方提供原料和主要材料，受托方只收取加工费和代垫部分辅助材料加工的应税消费品

D. 由受托方以委托方名义购进原材料生产的应税消费品

3. 下列消费品，属于消费税征收范围的有（　　）。

A. 酒精　　B. 护发液　　C. 合成宝石　　D. 果木酒

E. 卡丁车

4. 关于金银首饰零售环节征收消费税，下列说法正确的有（　　）。

A. 纳税人采用以旧换新方式销售的金银首饰，应按实际收取的不含税的全部价款确定计税依据

B. 金银首饰连同包装物销售，能够分别核算的，包装物不并入销售额计征消费税

C. 金银首饰与其他产品组成成套消费品销售的，应区别应税和非应税消费品分别征税

D. 单位用于馈赠的金银首饰，没有同类金银首饰销售价格的，按照组成计税价格计算纳税

E. 金银首饰改在零售环节征税后，出口金银首饰不退消费税

5. 下列关于消费税纳税地点的表述，正确的有（　　）。

A. 纳税人自产自用应税消费品，除国务院财政、税务主管部门另有规定外，应向纳税人机构所在地或者居住地的主管税务机关申报纳税

B. 纳税人的总机构与分支机构不在同一县（市）的，应当分别向各自机构所在地的主管税务机关申报纳税，经批准，可以汇总纳税

C. 纳税人到外县（市）销售应税消费品，应向销售地主管税务机关申报纳税

D. 委托个人加工的应税消费品，由委托方向其机构所在地或者居住地主管税务机关申报纳税

参考答案与解析

一、单项选择题

1.【参考答案】C。小汽车属于消费税征税范围，但不包括电动汽车。每辆零售价格130万元（不含增值税）及以上的乘用车和中轻型商用客车，为超豪华小汽车，对超豪华小汽车，在生产（进口）环节按现行税率征收消费税基础上，在零售环节加征消费税，税率为10%。高尔夫球及球具属于消费税征税范围，具体包括高尔夫球、高尔夫球杆（含杆头、杆身和握把）、高尔夫球包（袋）。而香皂、竹制一次性筷子则不属于消费税征税范围。

2.【参考答案】C。（1）啤酒分为甲类和乙类，分别适用250元/吨和220元/吨的单位税额。啤酒分类以每吨出厂价的高低作为划分标准，每吨不含增值税出厂价（含包装物及包装物押金）3 000元（含3 000元）以上是甲类啤酒。计算啤酒分类的包装物押金不包括供重复使用的塑料周转箱的押金。（2）鲜啤酒每吨出厂价 = [29 000 + (2 000 − 500) ÷ (1 + 13%)] ÷ 10 = 3 032.74（元），为甲类啤酒；无醇啤酒每吨出厂价 = [13 800 + 750 ÷ (1 + 13%)] ÷ 5 = 2 892.74（元），为乙类啤酒。（3）甲厂当月应缴纳消费税 = 10 × 250 + 5 × 220 = 3 600（元）。

3.【参考答案】D。（1）委托方将委托加工收回的应税消费品，以高于受托方的计税价格出售的，需按照销售额申报缴纳消费税，在计税时准予扣除受托方已代收代缴的消费税。（2）以委托加工收回的已税电池连续生产应税电池在计征消费税时，

可以扣除委托加工收回应税消费品的已纳消费税税款。(3) 甲企业当月应缴纳消费税 $=(33+80)\times4\%-4\times80\%=1.32$(万元)。

4.【参考答案】C。已税消费品连续生产应税消费品的，允许抵扣税额的税目从大类上看，原则上不包括酒（葡萄酒除外）、小汽车、高档手表、游艇、涂料、摩托车。从允许抵扣项目的子目上看，不包括雪茄烟、溶剂油、航空煤油。选项 ABD，不属于外购应税消费品已纳税款扣除的范围。

5.【参考答案】B。选项 A，超豪华小汽车为每辆零售价格 130 万元（不含增值税）及以上的乘用车和中轻型商用客车。选项 C，超豪华小汽车的消费税纳税人为销售方，购买方（消费者）不是消费税的纳税人。选项 D，超豪华小汽车的计税价格是含消费税不含增值税的计税销售价格。

二、多项选择题

1.【参考答案】ABD。保健食品不属于消费税征税范围。

2.【参考答案】ABD。委托加工的应税消费品，是指由委托方提供原料和主要材料，受托方只收取加工费和代垫部分辅助材料加工的应税消费品。对于由受托方提供原材料生产的应税消费品，或者受托方先将原材料卖给委托方，然后再接受加工的应税消费品，以及由受托方以委托方名义购进原材料生产的应税消费品，不论在财务上是否作销售处理，都不得作为委托加工应税消费品，而应当按照销售自制应税消费品缴纳消费税。

3.【参考答案】CD。选项 A，酒精不属于消费税征税范围。选项 B，高档化妆品征税范围包括高档美容、修饰类化妆品、高档护肤类化妆品和成套化妆品，护发液不属于高档化妆品，不征收消费税。选项 E，电动汽车、沙滩车、雪地车、卡丁车、高尔夫车不属于消费税征税范围。

4.【参考答案】ADE。选项 B，金银首饰连同包装物销售的，无论包装物是否单独计价，也无论会计上如何核算，均应并入金银首饰的销售额，计征消费税。选项 C，金银首饰与其他产品组成成套消费品销售的，应按销售额全额征收消费税。选项 E，金银首饰改在零售环节征税后，出口金银首饰不退还消费税。

5.【参考答案】ABD。纳税人自产自用应税消费品，除国务院财政、税务主管部门另有规定外，应向纳税人机构所在地或者居住地的主管税务机关申报纳税。纳税人到外县（市）销售或者委托外县（市）代销自产应税消费品的，于应税消费品销售后，向机构所在地或者居住地主管税务机关申报纳税。纳税人的总机构与分支机构不在同一县（市）的，应当分别向各自机构所在地的主管税务机关申报纳税，经财政部、国家税务总局或者其授权的财政、税务机关批准，可以由总机构汇总向总机构所在地的主管税务机关申报纳税。委托个人加工的应税消费品，由委托方向其机构所在地或者居住地主管税务机关申报纳税。

第六章　企业所得税

第一节　企业所得税概述

一、企业所得税概述

1. 企业所得税是对我国境内企业和其他取得收入的组织就其生产经营所得和其他所得征收的一种税。

2. 我国加入世界贸易组织（WTO）后，为适应企业法人制度和以公司制为主要形式的企业制度，2007 年 3 月，第十届全国人民代表大会通过了《中华人民共和国企业所得税法》（以下简称企业所得税法），自 2008 年 1 月 1 日起施行。

这标志着内外资统一的企业所得税制度的建立，新的企业所得税法实现了“四个统一”：

（1）内资企业、外资企业适用统一的企业所得税法；

（2）统一并适当降低企业所得税税率；

（3）统一和规范税前扣除项目和标准；

（4）统一和规范税收优惠政策。

二、企业所得税的特点

1. 以应纳税所得额为计税依据。

2. 税负不易转嫁。

3. 按纳税年度计算。

4. 分月或者分季预缴、年终汇算清缴。

第二节　企业所得税的纳税人、征税对象和税率

一、企业所得税的纳税人

企业所得税的纳税人是指在中华人民共和国境内的企业和其他取得收入的组织（以下统称企业）。

（一）企业所得税纳税人的范围

企业所得税纳税义务人	非企业所得税纳税义务人
我国境内的企业 其他取得收入的组织	个体工商户 个人独资企业 合伙企业 【提示】个人投资者缴纳个人所得税，不是企业所得税的纳税人

【单选题】依据我国法律成立的下列主体不是企业所得税纳税人的是（　　）。

A. 个人独资企业　　B. 有限责任公司

C. 股份有限公司　　D. 外商投资企业

【参考答案】A

根据企业所得税法规定，个人独资企业、合伙企业不是企业所得税的纳税人。

（二）企业所得税纳税人的类型

1. 居民企业

居民企业	内容
（1）判定标准	**居民企业采用登记注册地和实际管理机构所在地两个标准确定（两者满足其一即可）**
（2）具体包括	**（1）依法在中国境内成立的企业。**是指依照中国法律、行政法规在中国境内成立的企业、事业单位、社会团体以及其他取得收入的组织，也包括依法在中国境内成立的外资企业 **（2）依照外国（地区）法律成立但实际管理机构（是指对企业的生产经营、人员、账务、财产等实施实质性全面管理和控制的机构）在中国境内的企业**

2. 非居民企业

非居民企业	内容
（1）判定标准	**非居民企业，是指依照外国（地区）法律成立且实际管理机构不在中国境内，但在中国境内设立机构、场所的，或者在中国境内未设立机构、场所，但有来源于中国境内所得的企业**
（2）营业代理人	非居民企业委托营业代理人在中国境内从事生产经营活动的，包括委托单位或者个人经常代其签订合同，或者储存、交付货物等，该营业代理人视为非居民企业在中国境内设立的机构、场所
（3）机构、场所	上述所称机构、场所，是指在中国境内从事生产经营活动的机构、场所，包括： （1）管理机构、营业机构、办事机构； （2）工厂、农场、开采自然资源的场所； （3）提供劳务的场所； （4）从事建筑、安装、装配、修理、勘探等工程作业的场所； （5）其他从事生产经营活动的机构、场所。

【多选题】下列属于我国企业所得税纳税人的有（　　）。

A. 我国甲企业在境内设立的分公司

B. 我国甲企业在境内设立的子公司

C. 我国甲企业在境外设立的子公司

D. 实际管理机构在我国境内的外国企业

【参考答案】BD

我国企业在境内设立的分公司，不是企业所得税纳税人，应由总机构汇总缴纳企业所得税。境内设立的子公司是企业所得税纳税人，独立承担纳税义务。境外设立的子公司不是企业所得税纳税人。实际管理机构在我国境内的外国企业是居民企业。

二、企业所得税的征税对象

（一）居民企业的征税对象

居民企业应当就其来源于**中国境内、境外的所得**缴纳企业所得税。

（二）非居民企业的征税对象

非居民企业	境内所得	境外所得
（1）在中国境内设立机构、场所的，取得所得与设立机构、场所有实际联系	所设立机构、场所取得的来源于境内的所得，征税	**发生在境外但与其所设立的机构、场所有实际联系的所得，征税**
（2）在中国境内设立机构、场所，但取得的所得与设立机构、场所没有实际联系的	来源于境内的所得，征税	不征税
（3）在中国境内未设立机构、场所的		不征税

（三）境内、境外所得的确定原则

所得类型	所得来源地确定原则
（1）销售货物所得	按照交易活动发生地确定
（2）提供劳务所得	按照劳务发生地确定
（3）转让财产所得	不动产转让所得，按照不动产所在地确定。动产转让所得，按照转让动产的企业或者机构、场所所在地确定。权益性投资资产转让所得，按照被投资企业所在地确定
（4）股息、红利等权益性投资所得	按照分配所得的企业所在地确定
（5）利息所得、租金所得、特许权使用费所得	按照负担、支付所得的企业或者机构、场所所在地确定，或者按照负担、支付所得的个人的住所地确定
（6）其他所得	由国务院财政、税务主管部门确定

【多选题】下列符合企业所得税所得来源地确定原则的有（　　）。

A. 特许权使用费所得，按照交易活动发生地确定

B. 建筑劳务所得，按照劳务发生地确定

C. 利息所得，按照负担、支付所得的企业或者机构、场所所在地确定

D. 租金所得，按照取得租金所得的企业或者机构、场所所在地确定

【参考答案】BC

销售货物所得，按照交易活动发生地确定；提供劳务所得，按照劳务发生地确定；转让财产所得，不动产转让所得按照不动产所在地确定，动产转让所得按照转让动产的企业或者机构、场所所在地确定；权益性投资资产转让所得按照被投资企业所在地确定；股息、红利等权益性投资所得，按照分配所得的企业所在地确定；利息所得、租金所得、特许权使用费所得，按照负担、支付所得的企业或者机构、场所所在地确定，或者按照负担、支付所得的个人的住所地确定；其他所得，由国务院财政、税务主管部门确定。

三、税率

类型	税率	适用范围
（1）基本税率	25%	居民企业；非居民企业：在中国境内设有机构、场所且所得与机构、场所有关联的非居民企业
（2）优惠税率	**20%（实际10%）**	非居民企业：中国境内未设立机构、场所的，虽设立机构、场所但取得的所得与其所设机构、场所没有实际联系的非居民企业
	20%	符合条件的小型微利企业
	15%	国家重点扶持的高新技术企业、经认定的技术先进型服务企业

【单选题】非居民企业在中国境内未设立机构、场所的，或者虽设立机构、场所但取得的所得与其所设机构、场所没有实际联系的，应当就其来源于中国境内的所得缴纳企业所得税。该非居民企业所得税实际适用的税率是（　　）。

A. 25%　　B. 20%　　C. 15%　　D. 10%

【参考答案】D

根据企业所得税法及其实施条例规定，非居民企业在中国境内未设立机构、场所的，或者虽设立机构、场所但取得的所得与其所设机构、场所没有实际联系的，适用20%的企业所得税优惠税率，实际减按10%征收企业所得税。

第三节 企业所得税应纳税所得额的确定

一、企业所得税的计税原理

（一）企业所得税的计税依据

1. 企业所得税的计税依据是应纳税所得额

应纳税所得额为每一纳税年度的收入总额，减除不征税收入、免税收入、各项扣除以及允许弥补的以前年度亏损后的余额。

2. 企业应纳税所得额的计算，以权责发生制为主、收付实现制为辅

属于当期的收入和费用，不论款项是否收付，均作为当期的收入和费用；不属于当期的收入和费用，即使款项已经在当期收付，均不作为当期的收入和费用。企业所得税法条例和国务院财政、税务主管部门另有规定的除外。

（二）计税原理

计算方法	应纳税所得额
（1）直接计算法	**从税法角度直接计算， 应纳税所得额＝应税收入－税法认可扣除项 ＝收入总额－不征税收入－免税收入－各项扣除金额－允许弥补的以前年度亏损**
（2）间接计算法	**（1）从会计角度调整计算 应纳税所得额＝会计利润＋纳税调增额－纳税调减额** （2）企业所得税年度纳税申报表采用了间接法计算填报应纳税所得额，申报表第一部分“利润总额的计算”按照国家统一会计制度口径计算。在“利润总额”基础上，会计制度与税法规定的差异，在申报表第二部分“应纳税所得额计算”中进行调整，由此得出企业所得税的计税依据“应纳税所得额”

【判断题】企业所得税以税法规定的每一纳税年度的收入总额，减除税法规定的各项扣除和允许弥补的以前年度亏损后的余额为应纳税所得额。（　　）

【参考答案】×

根据企业所得税法规定，企业每一纳税年度的收入总额，减除不征税收入、免税收入、各项扣除以及允许弥补的以前年度亏损后的余额，为应纳税所得额。

二、收入总额的税务处理

（一）收入范围

收入范围	具体内容
（1）一般规定	（1）企业以货币形式和非货币形式从各种来源取得的收入，都属于收入总额 （2）企业以非货币形式取得的收入，应当按照**公允价值**确定收入额。**公允价值，也就是按照市场价格确定的价值**
（2）收入项目	（1）销售货物收入：是指企业销售商品、产品、原材料、包装物、低值易耗品以及其他存货取得的收入 （2）提供劳务收入 （3）转让财产收入 （4）股息、红利等权益性投资收益 （5）利息收入 （6）租金收入 （7）特许权使用费收入 （8）接受捐赠收入 （9）其他收入

（二）视同销售货物、转让财产或者提供劳务

1. 视同销售货物、转让财产或者提供劳务的范围

视同销售	具体内容
（1）视同销售货物、转让财产或者提供劳务的情形	**企业发生非货币性资产交换，以及将货物、财产、劳务用于捐赠、偿债、赞助、集资、广告、样品、职工福利或者利润分配等用途的，应当视同销售货物、转让财产或者提供劳务，但国务院财政、税务主管部门另有规定的除外**
（2）处理该类业务时，主要看资产的所有权属是否发生改变	如果资产的所有权属在形式和实质上均不发生改变，除将资产转移至境外以外，应作为内部处置资产，不视同销售确认收入，相关资产的计税基础延续计算。如果将资产移送他人，因资产所有权属已发生改变而不属于内部处置资产，应按规定视同销售确定收入
（3）不属于视同销售的情形	**企业以“买一赠一”等方式组合销售本企业商品的，不属于捐赠，无需进行视同销售的处理，应将总的销售金额按各项商品的公允价值的比例来分摊确认各项的销售收入**

【多选题】根据现行企业所得税相关规定，下列说法正确的有（　　）。

A. 以分期收款方式销售货物，按照合同约定的收款日期确认收入

B. 企业将资产用于市场推广，应视同销售

C. 企业以买一赠一销售的，视同捐赠销售

D. 企业将自制商品用于职工奖励的，应视同销售

【参考答案】ABD

《国家税务总局关于确认企业所得税收入若干问题的通知》（国税函〔2008〕875号）规定："企业以买一赠一等方式组合销售本企业商品的，不属于捐赠，应将总的销售金额按各项商品的公允价值的比例来分摊确认各项的销售收入。"

2. 视同销售货物、转让财产或者提供劳务的收入和成本的确认

视同销售确定收入时，除另有规定外，应按照被移送资产的公允价值确定销售收入。同时注意，在确认视同销售收入的同时，需要确认视同销售成本。

视同销售业务会计、增值税、企业所得税处理

业务	会计	增值税	企业所得税
(1) 设有两个以上机构（不在同一县市）并实行统一核算的纳税人，将货物从一个机构移送至其他机构用于销售	×	√	×
(2) 将自产货物用于职工福利或奖励	√	√	√
(3) 将自产货物用于对外投资	√	√	√
(4) 将自产货物用于股息分配	√	√	√
(5) 将自产货物用于对外捐赠	×	√	√

(三) 收入确认的时间

1. 收入确认的条件

一般情况下，企业销售收入的确认，应当遵循权责发生制和实质重于形式的原则，而不是根据是否实际收款来确认。

类型	收入确认条件
(1) 企业销售商品	**同时满足下列条件的，应确认收入的实现：** (1) 商品销售合同已经签订，企业已将商品所有权相关的主要风险和报酬转移给购货方 (2) 企业对已售出的商品既没有保留通常与所有权相联系的继续管理权，也没有实施有效控制 (3) 收入的金额能够可靠地计量 (4) 已发生或将发生的销售方的成本能够可靠地核算
(2) 企业提供劳务	在各个纳税期末，如果提供劳务交易的结果能够可靠估计的，应采用完工进度（完工百分比法）确认收入的实现 **(1) 提供劳务交易的结果能够可靠估计，是指同时满足下列条件：收入的金额能够可靠地计量；交易的完工进度能够可靠地确定；交易中已发生和将发生的成本能够可靠地核算** (2) 提供劳务的完工进度，可以选用已完工作的测量、已提供劳务占劳务总量的比例、发生成本占总成本的比例等方法来确定

2. 不同项目收入确认的时间

项目类型	收入确认时间
（1）转让股权收入	应于转让协议生效且完成股权变更手续时，确认收入的实现
（2）股息、红利等权益性投资收益	除国务院财政、税务主管部门另有规定外，**按照被投资方作出利润分配决定的日期确认收入的实现**
（3）利息收入	按照合同约定的债务人应付利息的日期确认收入的实现
（4）租金收入	按照合同约定的承租人应付租金的日期确认收入的实现
（5）特许权使用费收入	按照合同约定的特许权使用人应付特许权使用费的日期确认收入的实现
（6）接受捐赠收入	**按照实际收到捐赠资产的日期确认收入的实现**

【多选题】根据企业所得税的有关规定，下列有关收入确认时间的叙述正确的有（　　）。

A. 利息收入，按照实际收到利息的日期确认收入的实现

B. 租金收入，按照合同约定的承租人应付租金的日期确认收入的实现

C. 特许权使用费收入，按照实际收到特许权使用费的日期确认收入的实现

D. 接受捐赠收入，按照实际收到捐赠资产的日期确认收入的实现

【参考答案】BD

根据企业所得税法实施条例规定，利息收入，按照合同约定的债务人应付利息的日期确认收入的实现。租金收入，按照合同约定的承租人应付租金的日期确认收入的实现。特许权使用费收入，按照合同约定的特许权使用人应付特许权使用费的日期确认收入的实现。接受捐赠收入，按照实际收到捐赠资产的日期确认收入的实现。

3. 不同结算方式收入确认的时间

结算方式	收入确认时间
（1）销售商品采取预收款方式的	在发出商品时确认收入
（2）销售商品需要安装和检验的	**在购买方接受商品以及安装和检验完毕时确认收入；如果安装程序比较简单，可在发出商品时确认收入**
（3）销售商品采用支付手续费方式委托代销的	在收到代销清单时确认收入
（4）销售商品采用托收承付方式的	在办妥托收手续时确认收入
（5）以分期收款方式销售货物的	按照合同约定的收款日期确认收入

【单选题】根据企业所得税法的规定，以分期收款方式销售货物的，确定企业所得税收入的实现时间是（　　）。

A. 货物发出的日期　　B. 实际收到货款的日期

C. 全部货款收齐的日期　　D. 合同约定的收款日期

【参考答案】D

根据企业所得税法实施条例规定，以分期收款方式销售货物的，按照合同约定的

收款日期确认收入的实现。

(四) 不征税收入

1. 不征税收入的税务处理

不征税收入不缴纳企业所得税，应从收入总额中扣除。

不征税收入用于支出所形成的费用或者财产，也不得税前扣除或者不得计算对应的折旧、摊销税前扣除。

【提示】收入成本配比原则的体现，由于作为不征税收入处理，不列入企业所得税的征税范围，因此相应发生的成本也不得税前扣除。

2. 不征税收入的内容

不征税收入	具体含义
(1) 财政拨款	**财政拨款**，是指各级人民政府对纳入预算管理的事业单位、社会团体等组织拨付的财政资金，但国务院和国务院财政、税务主管部门另有规定的除外
(2) 依法收取并纳入财政管理的行政事业性收费、政府性基金	**行政事业性收费**，是指依照法律法规等有关规定，按照国务院规定程序批准，在实施社会公共管理，以及在向公民、法人或者其他组织提供特定公共服务的过程中，向特定对象收取并纳入财政管理的费用 **政府性基金**，是指企业依照法律、行政法规等有关规定，代政府收取的具有专项用途的财政资金
(3) 国务院规定的其他不征税收入	是指企业取得的，由国务院财政、税务主管部门规定专项用途并经国务院批准的财政性资金 【提示】没有规定专项用途的财政性资金应作为应税收入缴纳企业所得税

【判断题】不征税收入用于支出所形成的费用或者财产，经税务机关批准可以税前扣除或者计算对应的折旧、摊销税前扣除。(　　)

【参考答案】×

根据《企业所得税法》及其实施条例规定，不征税收入不缴纳企业所得税；不征税收入用于支出所形成的费用或者财产，不得在税前扣除或者不得计算对应的折旧、摊销在税前扣除。

三、扣除项目的税务处理

(一) 扣除项目概述

1. 扣除项目的范围

企业实际发生的与取得收入有关的、合理的支出，准予在计算应纳税所得额时扣除。

这些支出包括**成本、费用、税金、损失和其他支出**。

（1）成本，是指企业在生产经营活动中发生的销售成本、销货成本、业务支出以及其他耗费。即企业销售商品（产品、材料、下脚料、废料、废旧物资等）、提供劳务、转让固定资产、无形资产（包括技术转让）的成本。

（2）费用，是指企业每一个纳税年度为生产、经营商品和提供劳务等所发生的销售（经营）费用、管理费用和财务费用。已经计入成本的有关费用除外。

（3）税金，是指企业发生的除企业所得税和允许抵扣的增值税以外的企业缴纳的各项税金及其附加，即企业按规定缴纳的消费税、城市维护建设税、关税、资源税、土地增值税、房产税、车船税、城镇土地使用税、印花税、教育费附加、地方教育附加等税金及附加。

（4）损失，是指企业在生产经营活动中发生的固定资产和存货的盘亏、毁损、报废损失，转让财产损失，呆账损失，坏账损失，自然灾害等不可抗力因素造成的损失以及其他损失。

（5）其他支出，是指除成本、费用、税金、损失外，企业在生产经营活动中发生的与生产经营活动有关的、合理的支出。

【单选题】下列不可以在企业所得税税前扣除的税金的是（　　）。

A. 契税　　B. 资源税

C. 城镇土地使用税　　D. 允许抵扣的增值税

【参考答案】D

《企业所得税法》第八条规定："企业实际发生的与取得收入有关的、合理的支出，包括成本、费用、税金、损失和其他支出，准予在计算应纳税所得额时扣除。"《企业所得税法实施条例》第三十一条规定："企业所得税法第八条所称税金，是指企业发生的除企业所得税和允许抵扣的增值税以外的各项税金及其附加。"

2. 扣除时间

支出类型	扣除时间
（1）收益性支出	**收益性支出在发生当期直接扣除，**如管理费用、销售费用、财产损失等都属于收益性支出，应在发生当期直接扣除
（2）资本性支出	**资本性支出应当分期扣除或者计入有关资产成本，不得在发生当期直接扣除** 购买原材料的支出属于资本性支出，不得在购买原材料时税前扣除，应在原材料生产的产品、半成品等对外销售或者直接对外销售原材料时税前扣除

【提示】资本性支出应当分期扣除或者计入有关资产成本，不得在发生当期直接扣除。除另有规定外，企业实际发生的成本、费用、税金、损失和其他支出，不得重复扣除。

例外情况：

1. 2018年1月1日至2020年12月31日期间新购进的设备、器具（不含房地产），单位价值不超过500万元的，允许一次性扣除。

2. 疫情防控重点保障物资生产企业为扩大产能新购置的相关设备，允许一次性计入当期成本费用在企业所得税税前扣除。

3. 2020—2024 年，对在海南自由贸易港设立的企业，新购置（含自建、自行开发）固定资产或无形资产，单位价值不超过 500 万元（含）的，允许一次性计入当期成本费用在计算应纳税所得额时扣除，不再分年度计算折旧和摊销。

【多选题】根据现行企业所得税法规定，准予在当期企业所得税前扣除的项目有（　　）。

A. 缴纳的增值税　　　　B. 转让财产的损失

C. 劳动保护费　　　　D. 资本性支出

【参考答案】BC

《企业所得税法实施条例》第二十八条规定："资本性支出应当分期扣除或者计入有关资产成本，不得在发生当期直接扣除。"第三十一条规定："企业所得税前允许扣除的税金，是指企业发生的除企业所得税和允许抵扣的增值税以外的各项税金及其附加。"

3. 税前扣除凭证

（1）税前扣除凭证的内涵

纳税人发生的各类支出，应取得税前扣除凭证，作为计算企业所得税应纳税所得额时证明与取得收入有关的、合理的支出实际发生的凭证，并据以进行税前扣除。

（2）税前扣除凭证的分类（按照来源的不同划分）

凭证类型	具体内容
内部凭证	**内部凭证是指企业自制用于成本、费用、损失和其他支出核算的会计原始凭证，**包括支付无需办理税务登记的单位、小额零星经营个人的凭证
外部凭证	**（1）外部凭证是指企业发生经营活动和其他事项时，从其他单位、个人取得的用于证明其支出发生的凭证** **（2）最重要的外部凭证是发票（包括纸质发票和电子发票），外部凭证还包括财政票据、完税凭证、收款凭证、分割单等。不能只把发票作为唯一合法的外部凭证** **（3）企业在境内发生的支出项目属于增值税应税项目** 一般以发票作为合法的外部凭证。如销售方为依法无需办理税务登记的单位或者从事小额零星经营业务个人的，其支出以税务机关代开的发票或者收款凭证及内部凭证作为税前扣除凭证，收款凭证应载明收款单位名称、个人姓名及身份证号、支出项目、收款金额等相关信息 **（4）企业在境内发生的支出项目不属于增值税应税项目** 销售方为单位的，以销售方开具的发票以外的其他外部凭证作为税前扣除凭证。销售方为个人的，以内部凭证作为税前扣除凭证。企业在境内发生的支出项目虽不属于应税项目，但按税务总局规定可以开具发票的，也可以发票作为税前扣除凭证

【多选题】企业所得税税前扣除凭证按照来源的不同可以分为（　　）。

A. 内部凭证　　　　B. 外部凭证

C. 增值税应税项目凭证　　　　D. 非增值税应税项目凭证

【参考答案】AB

根据《企业所得税税前扣除凭证管理办法》（国家税务总局公告2018年第28号）规定，企业所得税税前扣除凭证按照来源的不同可以分为内部凭证和外部凭证。

（3）取得合法的税前扣除凭证的时间。企业应在当年度企业所得税法规定的汇算清缴期结束前取得税前扣除凭证。

通常情况下，企业以前年度应当取得而未取得发票、其他外部凭证，且相应支出在该年度没有税前扣除的，在以后年度取得符合规定的发票、其他外部凭证或者按规定提供可以证实其支出真实性的相关资料，相应支出可以追补至该支出发生年度税前扣除，**但追补年限不得超过5年。**

（二）扣除项目及其标准

扣除项目	具体内容
（1）工资、薪金支出	企业发生的合理的工资薪金支出，准予扣除 合理的工资薪金，是指企业按照股东大会、董事会、薪酬委员会或相关管理机构制订的工资薪金制度规定**实际发放**给员工的工资薪金 包括企业每一纳税年度支付给在本企业任职或者受雇员工的所有现金形式或者非现金形式的基本工资、奖金、津贴、补贴、年终加薪、加班工资，以及与员工任职或者受雇有关的其他支出
（2）职工福利费支出	（1）职工福利费包括： ①尚未实行分离办社会职能的企业，其内设福利部门（包括职工食堂、职工浴室、理发室、医务所、托儿所、疗养院等）所发生的设备、设施和人员费用 ②为职工卫生保健、生活、住房、交通等所发放的各项补贴和非货币性福利。包括企业向职工发放的因公外地就医费用、未实行医疗统筹企业职工医疗费用、职工供养直系亲属医疗补贴、供暖费补贴、职工防暑降温费、职工困难补贴、救济费、职工食堂经费补贴、职工交通补贴等 ③按照其他规定发生的其他职工福利费，包括丧葬补助费、抚恤费、安家费、探亲假路费等 （2）企业发生的职工福利费支出，**不超过工资薪金总额14%的部分，准予扣除**
（3）工会经费	企业拨缴的职工工会经费，**不超过工资薪金总额2%的部分，**凭工会组织开具的《工会经费收入专用收据在企业所得税税前扣除
（4）职工教育经费	2018年1月1日起，企业发生的职工教育经费支出，**不超过工资薪金总额8%的部分，准予扣除，超过部分，准予在以后纳税年度结转扣除**
（5）社会保险费和住房公积金	（1）企业依照国务院有关主管部门或者省级人民政府规定的范围和标准，为职工缴纳的基本养老保险费、基本医疗保险费、失业保险费、工伤保险费、生育保险费等基本社会保险费和住房公积金（五险一金），准予扣除 （2）企业根据国家有关政策规定，**为在本企业任职或者受雇的全体员工支付的补充养老保险费、补充医疗保险费，分别在不超过职工工资总额5%标准内的部分，在计算应纳税所得额时准予扣除；超过的部分，不予扣除** （3）企业依照国家有关规定，为特殊工种职工支付的人身安全保险费和国务院财政、税务主管部门规定可以扣除的其他商业保险费准予税前扣除，如企业为职工因公出差乘坐交通工具而发生的人身意外保险费支出，准予企业在计算应纳税所得额时扣除 （4）企业参加财产保险，按照规定缴纳的保险费，准予税前扣除（包括雇主责任险、公众责任险、银行机构存款保险保费）

【多选题】企业在生产经营中支付的下列保险费可以税前扣除的有（　　）。

A. 财产保险的保险费

B. 为投资者支付的商业保险费

C. 为特殊工种职工支付的人身安全保险费

D. 为职工因公出差乘坐交通工具而支付的人身意外保险费

【参考答案】ACD

企业依照国家有关规定为特殊工种职工支付的人身安全保险费、为职工因公出差乘坐交通工具而发生的人身意外保险费支出、参加财产保险按照规定缴纳的保险费，准予企业在计算应纳税所得额时扣除。为投资者支付的商业保险费不得税前扣除。

扣除项目	具体内容
（6）借款费用	**（1）企业在生产经营活动中发生的合理的借款费用，应区分为收益性支出和资本性支出在税前扣除**。企业为购置、建造固定资产、无形资产和经过12个月以上的建造才能达到预定可销售状态的存货发生借款的，在有关资产购置、建造期间发生的合理的借款费用，应当作为资本性支出计入有关资产的成本，在有关资产折旧、摊销或对外销售时按规定税前扣除。企业除此之外发生的合理的借款费用，作为收益性支出，在发生当期税前扣除
	（2）利息支出是借款费用的重要组成。非金融企业向金融企业借款的利息支出、金融企业的各项存款利息支出和同业拆借利息支出、企业经批准发行债券的利息支出，准予税前扣除。非金融企业向非金融企业借款的利息支出，不超过按照金融企业同期同类贷款利率计算的数额的部分，准予税前扣除

【计算题】某企业2018年发生财务费用50万元，其中26万元为向金融机构借款而发生的利息支出，24万元为向非金融机构借款的利息支出。

向非金融机构借款金额为300万元，利率为8%，期限为一年，金融企业同期同类贷款利率为6%。

【要求】计算该企业2018年向非金融机构借款允许企业所得税税前扣除的财务费用金额是多少万元？纳税调增的财务费用金额是多少万元？

【参考答案】

（1）企业向非金融企业借款的利息支出，不超过按照金融企业同期同类贷款利率6%计算的数额的部分，准予税前扣除。

允许企业所得税税前扣除的财务费用＝300（向非金融机构借款额）×6%（金融企业同期同类贷款利率）＝18（万元）

（2）纳税调增的财务费用金额

＝24（向非金融机构借款的利息支出）－18（允许税前扣除的财务费用）＝6（万元）

扣除项目	具体内容
（7）汇兑损益	企业在货币交易中，以及纳税年度终了时将人民币以外的货币性资产、负债按照期末即期人民币汇率中间价折算为人民币时产生的汇兑收益，应缴纳企业所得税。产生的汇兑损失，除已经计入有关资产成本以及与向所有者进行利润分配相关的部分外，准予税前扣除
（8）业务招待费	（1）企业发生的与生产经营活动有关的业务招待费支出，按照发生额的60%扣除，但最高不得超过当年销售（营业）收入的5‰ （2）销售（营业）收入包括： 会计：会计科目“主营业务收入”“其他业务收入” 税收：企业所得税法规定的视同销售货物、转让财产或者提供劳务的收入 **股权投资业务的企业（包括集团总部、创业投资企业等），其从被投资企业所分配的股息、红利以及股权转让收入。房地产企业的未完工开发产品预售收入**
（9）广告费和业务宣传费	（1）企业发生的符合条件的广告费和业务宣传费支出，除国务院财政、税务主管部门另有规定外，**不超过当年销售（营业）收入15%的部分，准予扣除；超过部分，准予在以后纳税年度结转扣除** **（2）对化妆品制造或销售、医药制造和饮料制造（不含酒类制造）企业发生的广告费和业务宣传费支出，不超过当年销售（营业）收入30%的部分，准予扣除；超过部分，准予在以后纳税年度结转扣除**

【计算题】某企业2018年销售货物取得收入3 000万元，出租机器设备取得收入20万元，取得投资收益50万元。本年发生业务招待费28万元。

【要求】计算该企业2018年允许企业所得税税前扣除的业务招待费金额是多少万元？纳税调增的业务招待费的金额是多少万元？

【参考答案】企业发生的与生产经营活动有关的业务招待费支出，按照发生额的60%扣除，但最高不得超过当年销售（营业）收入的5‰。

（1）业务招待费发生额的60% =28×60% =16.8（万元）

（2）销售（营业）收入的5‰ =［3 000（销售收入）+20（租赁收入）］×5‰ =15.1（万元）

（3）业务招待费限额为15.1万元，允许企业所得税税前扣除的业务招待费为15.1万元。

（4）纳税调增的业务招待费金额 =28（实际发生额）-15.1（扣除限额）=12.9（万元）

扣除项目	具体内容
（10）环境保护、生态恢复专项资金	企业依照法律、行政法规有关规定提取的用于环境保护、生态恢复等方面的专项资金，准予扣除。上述专项资金提取后改变用途的，不得扣除
（11）固定资产租赁费	企业在生产经营活动中需要租入固定资产的，其支付的租赁费根据不同的租赁方式进行税前扣除。以经营租赁方式租入的固定资产，其租赁费支出按照租赁期限均匀扣除；以融资租赁方式租入的固定资产，其租赁费支出按照规定构成融资租入固定资产价值的部分应当提取折旧费用，分期扣除

续表

扣除项目	具体内容
(12) 公益性捐赠支出	(1) 企业发生的公益性捐赠支出，除有其他规定可以全部税前扣除外，**在年度利润总额12%以内的部分，准予在计算应纳税所得额时扣除；超过年度利润总额12%的部分，准予结转以后3年内在计算应纳税所得额时扣除**。公益性捐赠，是指企业通过公益性社会组织或者县级以上人民政府及其部门，用于符合法律规定的慈善活动、公益事业的捐赠。直接向受赠方的捐赠支出不得税前扣除。年度利润总额，是指企业依照国家统一会计制度的规定计算的年度会计利润。 【提示】注意区分利润总额和净利润。 **利润表中不同层次的利润依次为：营业利润、利润总额和净利润。** **营业利润＝营业收入－营业成本－税金及附加－销售费用－管理费用－研发费用－财务费用＋其他收益－资产减值损失＋公允价值变动收益（－公允价值变动损失）** **利润总额＝营业利润＋营业外收入—营业外支出** **净利润＝利润总额－所得税费用**
	(2) 自2019年1月1日至2022年12月31日，企业通过公益性社会组织或者县级（含县级）以上人民政府及其组成部门和直属机构，用于目标脱贫地区的扶贫捐赠支出，准予在计算企业所得税应纳税所得额时据实扣除。在政策执行期限内，目标脱贫地区实现脱贫的，可继续适用上述政策。企业在2015年1月1日至2018年12月31日期间已发生的符合上述条件的扶贫捐赠支出，尚未在计算企业所得税应纳税所得额时扣除的部分，可执行上述企业所得税政策
	(3) 企业同时发生扶贫捐赠支出和其他公益性捐赠支出，在计算公益性捐赠支出年度扣除限额时，符合上述条件的扶贫捐赠支出不计算在内
(13) 资产损失	**企业发生的资产损失，减除责任人赔偿和保险赔款后的余额，依照国务院财政、税务主管部门的规定扣除** 企业已经作为损失处理的资产，在以后年度又全部收回或部分收回时，应当计入当期收入

【判断题】企业发生的捐赠支出，在年度利润总额12%以内的部分，准予在计算应纳税所得额时扣除（　　）

【参考答案】×

《企业所得税法实施条例》第五十三条规定："企业发生的公益性捐赠支出，不超过年度利润总额12%的部分，准予扣除。"

【计算题】某企业2018年利润总额为1 000万元，其中通过公益性社会团体向公益事业的捐赠支出125万元。

该企业2018年列支的借款利息支出、业务招待费支出中超过税法规定列支标准的金额分别为15万元、20万元。

【要求】计算该企业2018年允许企业所得税税前扣除的公益性捐赠支出金额是多少万元？纳税调增的公益性捐赠支出金额是多少万元？应纳税所得额是多少万元？

【参考答案】企业发生的公益性捐赠支出，在年度利润总额12%以内的部分，准予在计算应纳税所得额时扣除；超过年度利润总额12%的部分，准予结转以后三年内在计算应纳税所得额时扣除。

（1）公益性捐赠支出的限额

=1 000（利润总额）×12% =120（万元）。

（2）公益性捐赠支出纳税调增金额 =125 - 120 =5（万元）

结转以后 3 年内在计算应纳税所得额时扣除。

（3）应纳税所得额 =1 000（利润总额）+5（公益捐赠调增）+15（利息调增）+20（业务招待费调增）=1 040（万元）。

（三）不得扣除的项目

1. 向投资者支付的股息、红利等权益性投资收益款项。

2. 企业所得税税款。

3. 税收滞纳金。

4. 罚金、罚款和被没收财物的损失。

不得税前扣除的罚金、罚款和被没收财物的损失是对违反法律规定的企业给予的刑事处罚和行政处罚，不包括企业按照经济合同规定支付的违约金、罚款和诉讼费。

5. 超过规定标准的捐赠支出。

6. 赞助支出（是指企业发生的与生产经营活动无关的各种非广告性质支出）。

7. 未经核定的准备金支出。

8. 企业之间支付的管理费、企业内营业机构之间支付的租金和特许权使用费，以及非银行企业内营业机构之间支付的利息，不得扣除。

9. 与取得收入无关的其他支出。

【判断题】企业因违反经济合同中的相关条款而向对方支付的违约金，可以在计算应纳税所得额时扣除。（　　）

【参考答案】√

根据《企业所得税法》第十条规定，罚金、罚款和被没收财物的损失，不得扣除。这里不包括纳税人按照经济合同规定支付的违约金（包括银行罚息）、罚款和诉讼费。

四、资产的税务处理

（一）固定资产的税务处理

1. 固定资产的概念

固定资产是指企业为生产产品、提供劳务、出租或者经营管理而持有的、使用时间超过 12 个月的非货币性资产。

包括房屋、建筑物、机器、机械、运输工具以及其他与生产经营活动有关的设备、器具、工具等。

2. 固定资产的计税基础

取得方式	计税基础
(1) 外购的固定资产	以购买价款和支付的相关税费以及直接归属于使该资产达到预定用途发生的其他支出为计税基础
(2) 自行建造的固定资产	以竣工结算前发生的支出为计税基础
(3) 融资租入的固定资产	以租赁合同约定的付款总额和承租人在签订租赁合同过程中发生的相关费用为计税基础。租赁合同未约定付款总额的，以该资产的公允价值和承租人在签订租赁合同过程中发生的相关费用为计税基础
(4) 盘盈的固定资产	以同类固定资产的重置完全价值为计税基础
(5) 通过捐赠、投资、非货币性资产交换、债务重组等方式取得的固定资产	以该资产的公允价值和支付的相关税费为计税基础
(6) 改建的固定资产	除已足额提取折旧的固定资产的改建支出和租入固定资产的改建支出外，以改建过程中发生的改建支出增加计税基础

3. 固定资产折旧的计提方法

(1) 企业按照规定计算的固定资产折旧，准予扣除。

(2) 企业应当自固定资产投入使用月份的次月起计算折旧；停止使用的固定资产，应当自停止使用月份的次月起停止计算折旧。

(3) 企业应当根据固定资产的性质和使用情况，合理确定固定资产的预计净残值。固定资产的预计净残值一经确定，不得变更。

4. 固定资产折旧的计提年限

固定资产类型	最低折旧年限
(1) 房屋、建筑物	20 年
(2) 飞机、火车、轮船、机器、机械和其他生产设备	10 年
(3) 与生产经营活动有关的器具、工具、家具等	5 年
(4) 飞机、火车、轮船以外的运输工具	4 年
(5) 电子设备	3 年

【多选题】根据企业所得税法的规定，下列固定资产的税务处理正确的有（　　）。

A. 自行建造的固定资产以竣工结算前发生的支出为计税基础

B. 未投入使用的机器设备可以计提折旧扣除

C. 房屋折旧最低年限为 20 年

D. 机器设备从投入使用的当月起计算折旧

【参考答案】AC

根据《企业所得税法》第十一条规定，房屋、建筑物以外未投入使用的固定资产，不得计算折旧扣除。未投入使用的机器设备不得计提折旧扣除。《企业所得税法实施条例》第五十九条规定："企业应当自固定资产投入使用月份的次月起计算折旧；停止使用的固定资产，应当自停止使用月份的次月起停止计算折旧。"机器设备应当从投入使用的次月起计算折旧。

5. 不得计算折旧扣除的固定资产

（1）房屋、建筑物以外未投入使用的固定资产；

（2）以经营租赁方式租入的固定资产；

（3）以融资租赁方式租出的固定资产；

（4）已足额提取折旧仍继续使用的固定资产；

（5）与经营活动无关的固定资产；

（6）单独估价作为固定资产入账的土地；

（7）其他不得计算折旧扣除的固定资产。

【多选题】根据企业所得税法规定，不得计算折旧在税前扣除的固定资产包括（　　）。

A. 以经营租赁方式租入的固定资产

B. 以融资租赁方式租入的固定资产

C. 以融资租赁方式租出的固定资产

D. 管理部门使用的固定资产

【参考答案】AC

《企业所得税法》第十一条规定："下列固定资产不得计算折旧扣除：（一）房屋、建筑物以外未投入使用的固定资产；（二）以经营租赁方式租入的固定资产；（三）以融资租赁方式租出的固定资产；（四）已足额提取折旧仍继续使用的固定资产；（五）与经营活动无关的固定资产；（六）单独估价作为固定资产入账的土地；（七）其他不得计算折旧扣除的固定资产。"

【计算题】甲企业2018年5月20日购入一辆大卡车，当月投入使用。取得的机动车销售统一发票注明的金额为20万元，增值税税额为3.2万元。

假设甲企业按照税法规定的最低折旧年限计提折旧，残值率为0。

【要求】计算这辆大卡车2018年可以税前扣除的折旧金额。

【参考答案】甲企业这辆大卡车计提折旧的年限是4年。2018年5月20日购入，当月投入使用，次月计提折旧，所以2018年计提折旧时间为7个月。

（1）如果大卡车抵扣了进项税额，则大卡车的计税基础为20万元，则可以税前扣除的折旧金额 = 200 000 ÷ 4 ÷ 12 × 7 = 29 166.67（元）

（2）如果大卡车没有抵扣进项税额，则大卡车的计税基础为23.2万元，则可以税前扣除的折旧金额 = 232 000 ÷ 4 ÷ 12 × 7 = 33 833.33（元）

（二）生物资产的税务处理

1. 生物资产的概念

生物资产，是指有生命的动物和植物。

生物资产的分类

类型	具体内容
消耗性生物资产	是指为出售而持有的或在将来收获为农产品的生物资产，包括生长中的农田作物、蔬菜、用材林以及存栏待售的牲畜等
生产性生物资产	是指为产出农产品、提供劳务或出租等目的而持有的生物资产，包括经济林、薪炭林、产畜和役畜等
公益性生物资产	是指以防护、环境保护为主要目的的生物资产，包括防风固沙林、水土保持林和水源涵养林等

2. 生产性生物资产的计税基础

取得方式	计税基础
（1）外购的生产性生物资产	以购买价款和支付的相关税费为计税基础，不包括可以抵扣的进项税额
（2）通过捐赠、投资、非货币性资产交换、债务重组等方式取得的生产性生物资产	以该资产的公允价值和支付的相关税费为计税基础

3. 生产性生物资产折旧的计提方法

（1）生产性生物资产按照直线法计算的折旧，准予扣除。

（2）企业应当自生产性生物资产投入使用月份的次月起计算折旧；停止使用的生产性生物资产，应当自停止使用月份的次月起停止计算折旧。

（3）企业应当根据生产性生物资产的性质和使用情况，合理确定生产性生物资产的预计净残值。生产性生物资产的预计净残值一经确定，不得变更。

4. 生产性生物资产折旧的计提年限

类型	最低折旧年限
（1）林木类生产性生物资产	10年
（2）畜类生产性生物资产	3年

【多选题】关于生物资产的税务处理，下列说法正确的有（　　）。

A. 外购的生产性生物资产，以购买价款和支付的相关税费为计税基础

B. 通过捐赠等方式取得的生产性生物资产，以公允价值为计税基础

C. 生产性生物资产按照直线法计算的折旧，准予扣除

D. 林木类生产性生物资产的折旧最低年限为10年

【参考答案】CD

根据《企业所得税法实施条例》规定，外购的生产性生物资产，以购买价款和支付的相关税费为计税基础；通过捐赠方式取得的生产性生物资产，以该资产的公允价值和支付的相关税费为计税基础；生产性生物资产按照直线法计算的折旧，准予扣除；林木类生产性生物资产的折旧最低年限为10年。

（三）无形资产的税务处理

1. 无形资产的概念

无形资产，是指企业为生产产品、提供劳务、出租或者经营管理而持有的、没有实物形态的非货币性长期资产。

包括专利权、商标权、著作权、土地使用权、非专利技术、商誉等。

2. 无形资产的计税基础

取得方式	计税基础
（1）外购无形资产	以购买价款和支付的相关税费以及直接归属于使该资产达到预定用途发生的其他支出为计税基础，不包括可以抵扣的进项税额
（2）自行开发的无形资产	（1）以开发过程中该资产符合资本化条件后至达到预定用途前发生的支出为计税基础，不包括可以抵扣的进项税额 （2）企业自行开发无形资产时，应当区分研究阶段与开发阶段分别进行核算。**对于研究阶段的支出计入管理费用；开发阶段支出符合资本化条件的计入无形资产成本，不符合资本化条件的费用化计入管理费用**
（3）通过捐赠、投资、非货币性资产交换、债务重组等方式取得的无形资产	以该资产的公允价值和支付的相关税费为计税基础

3. 无形资产的摊销方法

无形资产按照直线法计算的摊销费用，准予扣除。

外购商誉的支出，在企业整体转让或者清算时，准予扣除。

4. 无形资产的摊销年限

无形资产的摊销年限不得低于10年。

作为投资或者受让的无形资产，有关法律规定或者合同约定了使用年限的，可以按照规定或者约定的使用年限分期摊销。

5. 不得计算摊销费用扣除的无形资产

（1）自行开发的支出已在计算应纳税所得额时扣除的无形资产；

（2）自创商誉；

（3）与经营活动无关的无形资产；

（4）其他不得计算摊销费用扣除的无形资产。

【计算题】某企业2018年研发一项技术，研究阶段的支出为30万元，开发阶段的支出为80万元。该项技术申请取得了专利证书，2018年9月投入使用。

假设企业按照税法规定的最低摊销年限摊销，不考虑税收优惠的影响。

【要求】计算该项专利技术2018年可以税前扣除的金额。

【参考答案】该项专利技术研究阶段的支出30万元全部可以税前扣除。开发阶段的支出80万元计入无形资产成本，投入使用当月开始摊销，摊销年限10年，本年摊销4个月。

可扣除的金额 $=300\ 000+800\ 000\div10\div12\times4=326\ 666.67$（元）

（四）长期待摊费用的税务处理

企业发生的长期待摊费用，是指企业发生的应在一个年度以上或几个年度进行摊销的费用。

在计算应税所得额时，企业发生的长期待摊费用，按照规定摊销的，准予扣除。

长期待摊费用的内容

费用范围	具体内容
（1）固定资产的改建支出	（1）固定资产的改建支出，是指改变房屋或者建筑物结构、延长使用年限等发生的支出。改建的固定资产延长使用年限的，应当适当延长折旧年限 （2）属于长期待摊费用的改建支出，按下列规定摊销：已足额提取折旧的固定资产的改建支出，按照固定资产预计尚可使用年限分期摊销；租入固定资产的改建支出，按照合同约定的剩余租赁期限分期摊销
（2）固定资产的大修理支出	固定资产的大修理支出，按照固定资产尚可使用年限分期摊销。大修理支出，是指同时符合下列条件的支出： **（1）修理支出达到取得固定资产时的计税基础50%以上** **（2）修理后固定资产的使用年限延长2年以上**
（3）其他应当作为长期待摊费用的支出	其他应当作为长期待摊费用的支出，自支出发生月份的次月起，分期摊销，**摊销年限不得低于3年**

【单选题】根据企业所得税的有关规定，已足额提取折旧的固定资产的改建支出作为长期待摊费用分期摊销税前扣除，分期摊销的时间是（　　）。

A. 固定资产两次改建间隔期间　　B. 固定资产剩余的折旧年限

C. 固定资产预计尚可使用年限　　D. 不低于3年的摊销年限

【参考答案】C

根据《企业所得税法实施条例》规定，企业已足额提取折旧的固定资产的改建支出，按照固定资产预计尚可使用年限分期摊销。

（五）投资资产的税务处理

项目	具体内容
（1）投资资产的概念	投资资产，是指企业对外进行权益性投资和债权性投资形成的资产
（2）投资资产的成本	**（1）通过支付现金方式取得的投资资产，以购买价款为成本** **（2）通过支付现金以外的方式取得的投资资产，以该资产的公允价值和支付的相关税费为成本**
（3）投资资产成本的扣除方法	企业在转让或者处置投资资产时，投资资产的成本准予扣除。企业对外投资期间，投资资产的成本在计算应纳税所得额时不得扣除

【多选题】下列项目，不得在企业所得税税前扣除的有（　　）。

A. 向投资者支付的股息、红利等权益性投资收益款项

B. 税收滞纳金

C. 企业对外投资期间，投资资产的成本

D. 企业转让资产，该项资产的净值

【参考答案】ABC

根据《企业所得税法》规定，向投资者支付的股息、红利等权益性投资收益款项、税收滞纳金不能税前扣除；企业转让资产，该项资产的净值，准予在计算应纳税所得额时扣除；对外投资资产成本属于资本性支出，不能税前扣除。

（六）存货的税务处理

项目	具体内容
（1）存货的概念	存货，是指企业持有以备出售的产品或者商品、处在生产过程中的在产品、在生产或者提供劳务过程中耗用的材料和物料等
（2）存货的成本	企业使用或者销售存货，按照规定计算的存货成本，准予在计算应纳税所得额时扣除 （1）通过支付现金方式取得的存货，以购买价款和支付的相关税费为成本 （2）通过支付现金以外的方式取得的存货，以该存货的公允价值和支付的相关税费为成本 （3）生产性生物资产收获的农产品，以产出或者采收过程中发生的材料费、人工费和分摊的间接费用等必要支出为成本
（3）存货成本的计算方法	企业使用或者销售的存货的成本计算方法，**可在先进先出法、加权平均法、个别计价法中选用一种**。计价方法一经选用，不得随意变更

五、亏损弥补

项目	具体内容
（1）弥补范围	可以弥补的亏损，不是企业按照会计制度核算的亏损，而是企业按照税法规定，每一纳税年度的收入总额减除不征税收入、免税收入和各项扣除后小于零的数额 **【提示】**会计上的“亏损”与税法上的“亏损”不是同一概念，税法上的“亏损”是在会计“亏损”基础上经主管税务机关按税法规定调整后的金额，企业应按税法规定进行亏损弥补
（2）弥补时间	企业纳税年度发生的亏损，准予向以后年度结转，用以后年度的所得弥补，但结转年限最长**不得超过5年**。自2018年1月1日起，当年具备高新技术企业或科技型中小企业资格的企业，其具备资格年度之前5个年度发生的尚未弥补完的亏损，准予结转以后年度弥补，最长结转年限**由5年延长至10年**
（3）境内境外之间	企业在汇总计算缴纳企业所得税时，其境外营业机构的亏损不得抵减境内营业机构的盈利。境外营业机构的盈利可以弥补境内营业机构的亏损 **【提示】**如果允许境外亏损弥补境内盈利，由于对境外营业机构的税收管理难度相对较大，则很容易引发企业通过非正常手段虚增境外亏损的动机，从而对国内税基造成侵蚀

六、特别纳税调整

1. 关联企业的含义

是指与企业有以下关系之一的公司、企业和其他经济组织：

（1）在资金、经营、购销等方面，存在直接或者间接的拥有或者控制关系；

（2）直接或者间接地同为第三者所拥有或者控制；

（3）其他在利益上相关联的关系。

纳税人有义务就其与关联企业之间的业务往来，向当地税务机关提供有关的价格、费用标准等资料。

2. 特别纳税调整的含义

企业与其关联方之间的业务往来（简称关联交易），**不符合独立交易原则**而减少企业或者其关联方应纳税收入或者所得额的，税务机关有权按照合理方法进行调整，这种调整称为特别纳税调整。

3. 特别纳税调整事项的管理

调整事项	具体内容
（1）转让定价管理	是指税务机关按照规定对企业与其关联方之间的业务往来是否符合独立交易原则进行审核评估和调查调整等工作的总称
（2）预约定价安排	是指税务机关按照规定，对企业提出的未来年度关联交易的定价原则和计算方法进行审核评估，并与企业协商达成预约定价安排等工作的总称

续表

调整事项	具体内容
(3) 成本分摊协议管理	企业与其关联方共同开发、受让无形资产，或者共同提供、接受劳务，应签订成本分摊协议，协议应符合成本分摊协议管理规定。企业也可以采取预约定价安排的方式达成成本分摊协议
(4) 受控外国企业管理	由居民企业，或者由居民企业和中国居民控制的设立在实际税负明显低于25%的国家（地区）的企业，并非由于合理的经营需要而对利润不作分配或者减少分配的，上述利润中应归属于该居民企业的部分，应当计入该居民企业的当期收入，这种调整称为受控外国企业管理
(5) 资本弱化管理	(1) 企业实际支付给关联方的利息支出，不超规定比例并同时不超过按照金融企业同期同类贷款利率计算的部分，准予扣除，超过的部分不得在发生当期和以后年度扣除 (2) 企业实际支付给关联方的利息支出，其接受关联方债权性投资与其权益性投资不得超过的比例为： **金融企业，为5：1** **其他企业，为2：1**
(6) 一般反避税管理	一般反避税管理，是指税务机关根据企业所得税法的规定，对企业实施其他不具有合理商业目的的安排而减少其应纳税收入或所得额进行审核评估和调查调整等工作的总称

【单选题】企业实际支付给关联方的利息支出，超过税法规定的部分不得在发生当期和以后年度扣除。对此进行的调整称为（　　）。

A. 转让定价管理　　B. 资本弱化管理

C. 预约定价安排　　D. 成本分摊协议管理

【参考答案】B

企业实际支付给关联方的利息支出，不超过规定比例同时不超过按照金融企业同期同类贷款利率计算的部分，准予扣除，超过的部分不得在发生当期和以后年度扣除。这种调整称为资本弱化管理。

第四节 企业所得税的税收优惠

一、税基优惠

（一）免税收入

免税收入，是指对企业的某些收入免予征税，即允许企业计算应纳税所得额时将这些收入从收入总额中减除。

免税收入

免税收入	具体内容
(1) 国债利息收入	指企业持有国务院财政部门发行的国债取得的利息收入
(2) 符合条件的居民企业之间的股息、红利等权益性投资收益	指居民企业直接投资于其他居民企业取得的投资收益，不包括连续持有居民企业公开发行并上市流通的股票不足 12 个月取得的投资收益
(3) 在中国境内设立机构、场所的非居民企业	从居民企业取得与该机构、场所有实际联系的股息、红利等权益性投资收益。不包括连续持有居民企业公开发行并上市流通的股票不足 12 个月取得的投资收益
(4) 符合条件的非营利组织的收入	不包括非营利组织从事营利性活动取得的收入

【单选题】企业的下列收入属于免税收入的是（　　）。

A. 财政拨款　　B. 国债利息收入

C. 转让财产的收入　　D. 出租厂房的租金收入

【参考答案】B

根据《企业所得税法》规定，国债利息收入是免税收入，财政拨款是不征税收入，转让财产的收入、出租厂房的租金收入都是应税收入。

（二）减计收入

企业以《资源综合利用企业所得税优惠目录》规定的资源作为主要原材料，生产国家非限制和禁止并符合国家和行业相关标准的产品取得的收入，**减按 90% 计入收入总额。**

（三）免征、减征所得

项目	具体内容
(1) 从事农、林、牧、渔业项目的所得	(1) 企业从事下列项目的所得，免征企业所得税：蔬菜、谷物、薯类、油料、豆类、棉花、麻类、糖料、水果、坚果的种植；农作物新品种的选育；中药材的种植；林木的培育和种植；牲畜、家禽的饲养；林产品的采集；灌溉、农产品初加工、兽医、农技推广、农机作业和维修等农、林、牧、渔服务业项目；远洋捕捞 **(2) 企业从事下列项目的所得，减半征收企业所得税：花卉、茶及其他饮料作物和香料作物的种植；海水养殖、内陆养殖**
(2) 从事国家重点扶持的公共基础设施项目投资经营的所得	自项目取得第一笔生产经营收入所属纳税年度起，第一年至第三年免征企业所得税，第四年至第六年减半征收企业所得税（3 免 3 减半）。企业承包经营、承包建设和内部自建自用的上述项目，不得享受上述规定的企业所得税优惠。国家重点扶持的公共基础设施项目，是指《公共基础设施项目企业所得税优惠目录》规定的港口码头、机场、铁路、公路、城市公共交通、电力、水利等项目

续表

项目	具体内容
(3) 从事符合条件的环境保护、节能节水项目的所得	企业从事规定的符合条件的环境保护、节能节水项目的所得，自项目取得第一笔生产经营收入所属纳税年度起，第一年至第三年免征企业所得税，第四年至第六年减半征收企业所得税（3免3减半）。符合条件的环境保护、节能节水项目，包括公共污水处理、公共垃圾处理、沼气综合开发利用、节能减排技术改造、海水淡化等
(4) 符合条件的技术转让所得	**一个纳税年度内，居民企业技术转让所得不超过500万元的部分，免征企业所得税，超过500万元的部分，减半征收企业所得税**
(5) 非居民企业符合规定的所得可以免征企业所得税	(1) 外国政府向中国政府提供贷款取得的利息所得 (2) 国际金融组织向中国政府和居民企业提供优惠贷款取得的利息所得 (3) 经国务院批准的其他所得

(四) 加计扣除

项目	具体内容
(1) 开发新技术、新产品、新工艺发生的研究开发费用	**(1) 企业为开发新技术、新产品、新工艺发生的研究开发费用，未形成无形资产计入当期损益的，在按照规定据实扣除的基础上，按照研究开发费用的75%加计扣除，形成无形资产的，按照无形资产成本的175%摊销**
	(2) 企业的研究开发费用，包括人员人工费用；直接投入费用；折旧费用；无形资产摊销费用；新产品设计费、新工艺规程制定费、新药研制的临床试验费、勘探开发技术的现场试验费；其他相关费用六项 **其中，其他相关费用总额不得超过可加计扣除研发费用总额的10%，每个项目其他相关费用限额＝(研究开发费用总额－其他相关费用)×10%÷(1－10%)** **【提示】**当其他相关费用实际发生数小于限额时，按实际发生数计算税前扣除数额；当其他相关费用实际发生数大于限额时，按限额计算税前扣除数额。
(2) 安置残疾人员及国家鼓励安置的其他就业人员所支付的工资	**企业安置残疾人员的，在按照支付给残疾职工工资据实扣除的基础上，按照支付给残疾职工工资的100%加计扣除。残疾人员的范围适用《中华人民共和国残疾人保障法》的有关规定**

【多选题】下列项目可以享受企业所得税“加计扣除”优惠政策的有（　　）。

A. 开发新技术、新产品、新工艺发生的研究开发费用

B. 企业购置用于环境保护、节能节水、安全生产等专用设备的投资额

C. 创业投资企业从事国家需要重点扶持和鼓励的创业投资的投资额

D. 安置残疾人员及国家鼓励安置的其他就业人员所支付的工资

【参考答案】AD

根据《企业所得税法》规定，企业的下列支出，可以在计算应纳税所得额时加计扣除：开发新技术、新产品、新工艺发生的研究开发费用；安置残疾人员及国家鼓励安置的其他就业人员所支付的工资。选项B、C属于投资抵免的税收优惠。

（五）固定资产加速折旧

企业按规定可以享受固定资产加速折旧企业所得税税收优惠的，可以采取缩短折旧年限的方法，或者采取双倍余额递减法或者年数总和法计提折旧。

采取缩短折旧年限方法的，最低折旧年限不得低于《企业所得税法实施条例》规定折旧年限的60%。

（六）创业投资企业优惠

创业投资企业采取股权投资方式投资于未上市的中小高新技术企业和种子期、初创期科技型企业2年（24个月）以上，可以按照其对中小高新技术企业和种子期、初创期科技型企业投资额的70%，在股权持有满2年的当年抵扣该创业投资企业的应纳税所得额；当年不足抵扣的，可以在以后纳税年度结转抵扣。

二、税率优惠

（一）小型微利企业优惠

项目	具体内容
（1）优惠内容	**（1）税率优惠：符合条件的小型微利企业，减按20%的税率征收企业所得税** **（2）税基优惠：对小型微利企业年应纳税所得额不超过100万元的部分，减按25%计入应纳税所得额；对年应纳税所得额超过100万元但不超过300万元的部分，减按50%计入应纳税所得额**
（2）条件	**上述小型微利企业是指从事国家非限制和禁止行业，且同时符合年度应纳税所得额不超过300万元、从业人数不超过300人、资产总额不超过5 000万元等三个条件的企业**

【多选题】下列项目中关于企业所得税优惠政策的说法，正确的有（　　）。

A. 企业开展研发活动中实际发生的研发费用，未形成无形资产计入当期损益时，按照规定在据实扣除的基础上，在2018年1月1日至2020年12月31日期间，再按照实际发生额的75%在税前加计扣除

B. 安置残疾人就业的，按照支付给残疾职工工资的100%加计扣除

C. 居民企业技术转让所得不超过500万元的部分，免征企业所得税，超过500万元的部分减半征收企业所得税

D. 自2019年1月1日至2021年12月31日，对小型微利企业年应纳税所得额不超过100万元的部分，减按25%计入应纳税所得额，按20%的税率缴纳企业所得税；对年应纳税所得额超过100万元但不超过300万元的部分，减按50%计入应纳税所得额，按20%的税率缴纳企业所得税

【参考答案】ABCD

以上选项均符合企业所得税的税收优惠。

（二）高新技术企业、技术先进型服务企业优惠

1. 国家需要重点扶持的高新技术企业，**减按15%的税率征收企业所得税。**

2. 自2018年1月1日起，**对经认定的技术先进型服务企业（服务贸易类），减按15%的税率征收企业所得税。**

（三）非居民企业税率优惠

非居民企业在中国境内未设立机构、场所的，或者虽设立机构、场所但取得的所得与其所设机构、场所没有实际联系的，来源于中国境内的所得，**减按10%的税率征收企业所得税。**

三、税额优惠

（一）专用设备投资额抵免税额

项目	具体内容
（1）专用设备投资额抵免税额规定	企业购置并实际使用《环境保护专用设备企业所得税优惠目录》《节能节水专用设备企业所得税优惠目录》和《安全生产专用设备企业所得税优惠目录》规定的环境保护、节能节水、安全生产等专用设备的，**该专用设备的投资额的10%可以从企业当年的应纳税额中抵免，当年不足抵免的，可以在以后5个纳税年度结转抵免**
（2）增值税进项税额的处理	如增值税进项税额允许抵扣，其专用设备投资额不再包括增值税进项税额；如增值税进项税额不允许抵扣，其专用设备投资额应为增值税专用发票上注明的价税合计金额。 企业购买专用设备取得普通发票的，其专用设备投资额为普通发票上注明的金额
（3）享受期间	享受上述优惠的企业，应当实际购置并自身实际投入使用上述规定的专用设备。企业购置上述专用设备从购置之日起在5个纳税年度内转让、出租的，在该专用设备停止使用当月停止享受该优惠，并补缴已经抵免的企业所得税税款

（二）民族自治地方企业优惠

民族自治地方的自治机关对本民族自治地方的企业应缴纳的企业所得税中属于地方分享的部分，可以决定减征或者免征。

自治州、自治县决定减征或者免征的，须报省、自治区、直辖市人民政府批准。

对民族自治地方内国家限制和禁止行业的企业，不得减征或者免征企业所得税。

四、支持新冠肺炎疫情防控和经济社会发展优惠政策

1. 受疫情影响较大的困难行业企业2020年度发生的亏损最长结转年限延长至8年

自2020年1月1日起，受疫情影响较大的困难行业企业2020年度发生的亏损，最长结转年限由5年延长至8年。困难行业企业，包括交通运输、餐饮、住宿、旅游（指旅行社及相关服务、游览景区管理两类）四大类，具体判断标准按照现行《国民经济行业分类》执行。困难行业企业2020年度主营业务收入须占收入总额（剔除不征税收入和投资收益）的50%以上。

2. 对疫情防控重点保障物资生产企业扩大产能购置设备允许企业所得税税前一次性扣除

自2020年1月1日起，对疫情防控重点保障物资生产企业为扩大产能新购置的相关设备，允许一次性计入当期成本费用在企业所得税税前扣除。企业名单由省级及省级以上发展改革部门、工业和信息化部门确定。

3. 小型微利企业所得税延缓缴纳政策

2020年5月1日至2020年12月31日，小型微利企业在2020年剩余申报期按规定办理预缴申报后，可以暂缓缴纳当期的企业所得税，延迟至2021年首个申报期内一并缴纳。在预缴申报时，小型微利企业通过填写预缴纳税申报表相关行次，即可享受小型微利企业所得税延缓缴纳政策。

第五节　企业所得税应纳税额的计算

一、查账征收企业所得税应纳税额的计算

（一）应纳税额的计算

实行查账征收的企业，在持续经营的状态下，应在企业**会计利润**的基础上，根据税法的规定计算出应纳税所得额，并据此申报缴纳企业所得税。

居民企业应缴纳所得税额等于应纳税所得额乘以适用税率，基本计算公式为：

应纳税额＝应纳税所得额×适用税率－减免税额－抵免税额

在实际过程中，应纳税所得额的计算一般有两种方法。

（一）直接计算法

在直接计算法下，企业每一纳税年度的收入总额减除不征税收入、免税收入、各项扣除

以及允许弥补的以前年度亏损后的余额为应纳税所得额。计算公式与前述相同：

应纳税所得额＝收入总额－不征税收入－免税收入－各项扣除金额－弥补亏损

（二）间接计算法

在间接计算法下，在会计利润总额的基础上加或减按照税法规定调整的项目金额后，即为应纳税所得额。现行企业所得税年度纳税申报表采取该方法。计算公式为：

应纳税所得额＝会计利润总额－纳税调整项目金额

纳税调整项目金额包括两方面的内容：一是企业财务会计制度规定的项目范围与税收法规规定的项目范围不一致应予以调整的金额；二是企业财务会计制度规定的扣除标准与税法规定的扣除标准不一致的差异应予以调整的金额。

【计算题】某企业 2019 年度会计利润为 300 万元，预缴企业所得税 75 万元。

【要求】分析该企业生产经营中的部分业务，计算该企业 2019 年度汇算清缴应补（退）企业所得税多少万元。

【业务 1】向非金融机构的借款 150 万元，利率为 8%，本年支付利息 12 万元，金融机构同类贷款的利率为 6%。

（1）向非金融机构的借款的利息支出限额

＝150×6%＝9（万元）

（2）实际列支 12 万元

（3）纳税调增＝12－9＝3（万元）

【业务 2】全年发生业务招待费 40 万元，已据实列支，企业的销售（营业）收入为 2 400 万元。

（1）业务招待费限额：

40×60%＝24（万元）

2 400×5‰＝12（万元）

（2）实际列支 40 万元

（3）纳税调增＝40－12＝28（万元）

【业务 3】通过公益性社会团体向灾区捐赠现金 50 万元。

（1）捐赠支出限额＝300（会计利润）×12%＝36（万元）

（2）实际列支 50 万元

（3）纳税调增＝50－36＝14（万元）

【业务 4】取得国库券利息收入 5 万元。

取得国库券利息收入 5 万元免税。

【业务 5】支付税收滞纳金 1 万元。

税收滞纳金 1 万元不得税前扣除，纳税调增 1 万元。

【业务6】 全年支付职工工资1 000万元，支付职工福利费155万元、职工教育经费10万元、工会经费20万元。

（1）支付的职工工资1 000万元可以全部税前扣除。

（2）职工福利费限额 = 1 000 × 14% = 140（万元），实际列支155万元，纳税调增 = 155 − 140 = 15（万元）。

（3）职工教育费限额 = 1 000 × 8% = 80（万元），实际列支10万元，无需纳税调整。

（4）工会经费限额 = 1 000 × 2% = 20（万元），实际列支20万元，无需纳税调整。

【业务7】 本年购买节能设备并投入使用，投资额为20万元。

购买节能设备，投资额的10%可以抵减所得税税额，可以抵减的金额为2万元。

【参考答案】

（1）纳税调增金额 = 3（业务1）+ 28（业务2）+ 14（业务3）+ 1（业务5）+ 15（业务6）= 61（万元）

免税收入5万元（业务4）

（2）应纳税所得额 = 300（会计利润）+ 61（纳税调增）− 5（免税收入）= 356（万元）

（3）年终汇算应补缴企业所得税

= 356 × 25% − 2（业务7）− 75（预缴企业所得税）

= 12（万元）

（二）境外所得抵免税额的计算

企业取得的来源于境外的所得已在境外缴纳的所得税税额，可以在按照规定计算的抵免限额范围内从其当期应纳税额中抵免，超过抵免限额的部分，**可以在以后5个年度内**，用每年度抵免限额抵免当年应抵税额后的余额进行抵补。

【提示】 境外所得税的抵免法，指为了消除国际重复征税，本国政府对本国居民的境外所得征税时，允许其用在国外缴纳的税款冲抵在本国应缴纳的税款，从而实际征收的税款只为该居民应纳本国税款与已纳外国税款的差额。

二、核定征收企业所得税应纳税额的计算

（一）核定应税所得率

项目	具体内容
（1）核定应税所得率的情形	**企业具有下列情形之一的，核定其应税所得率** （1）能正确核算（查实）收入总额，但不能正确核算（查实）成本费用总额的 （2）能正确核算（查实）成本费用总额，但不能正确核算（查实）收入总额的 （3）通过合理方法，能计算和推定纳税人收入总额或成本费用总额的

续表

项目	具体内容
(2) 应税所得率的确定	实行应税所得率方式核定征收的企业，经营多业的，无论其经营项目是否单独核算，均由税务机关根据其主营项目确定适用的应税所得率
(3) 应纳税所得额的计算	(1) 企业能正确核算（查实）收入总额，但不能正确核算（查实）成本费用总额，或者通过合理方法，能计算和推定企业收入总额的 **应纳税所得额 = 应税收入额 × 应税所得率** **应税收入额 = 收入总额 − 不征税收入 − 免税收入** (2) 企业能正确核算（查实）成本费用总额，但不能正确核算（查实）收入总额，或者通过合理方法，能计算和推定纳税人成本费用总额的 **应纳税所得额 = 成本（费用）支出额 ÷ (1 − 应税所得率) × 应税所得率**
(4) 应纳税额的计算	应纳所得税额 = 应纳税所得额 × 适用税率 【提示】核定征收方式的小型微利企业可以享受小型微利企业税收优惠

【单选题】甲企业企业所得税的征收方式为核定应税所得率征收。2019 年收入总额为 800 万元，其中，150 万元为销售办公用房的收入，办公用房于 2011 年以 50 万元的价格购入。该企业的应税所得率为 10%。则甲企业 2019 年的企业所得税应纳税所得额为（　　）万元。

A. 60　　B. 65　　C. 75　　D. 80

【参考答案】D

根据《企业所得税核定征收管理办法》规定，能正确核算（查实）收入总额，但不能正确核算（查实）成本费用总额的企业，计算应纳税所得额的公式为：应纳税所得额 = 应税收入额 × 应税所得率。甲企业的应纳税所得额 = 800 × 10% = 80（万元）。

（二）核定应纳所得税额

对于不符合核定应税所得率方式情形的企业，采取核定应纳所得税额的方法征收企业所得税。

第六节　企业所得税的申报缴纳

一、纳税期限

项目	具体内容
(1) 一般规定	居民企业和在中国境内设立机构、场所的非居民企业，企业所得税按纳税年度计算，分期预缴，年终汇算清缴，**纳税年度自公历 1 月 1 日起至 12 月 31 日止**。企业在一个纳税年度中间开业，或者终止经营活动，使该纳税年度的实际经营期不足 12 个月的，应当以其实际经营期为一个纳税年度。**企业依法清算时，应当以清算期间作为一个纳税年度** **【提示】**企业终止经营时，应对企业所得税分为两个部分处理，即经营所得和清算所得，虽说两者都属于企业所得税的征税对象，但后者属于企业清算期间形成的所得，因清算期间不同于企业的正常经营期间，已不具备持续经营的前提，所以，清算所得的确认也与正常经营所得的确认不同

续表

项目	具体内容
（2）源泉扣缴	在中国境内未设立机构、场所的非居民企业，或者虽设立机构、场所但取得的所得与其所设机构、场所没有实际联系的非居民企业，实行源泉扣缴的征收管理方式，由支付人按次扣缴税款。扣缴义务人每次代扣的税款，**应当自代扣之日起7日内缴入国库，并向所在地的税务机关报送扣缴企业所得税报告表**

【单选题】企业所得税扣缴义务人每次代扣的税款，应当自代扣之日起（　　）日内缴入国库。

A. 7　　B. 10　　C. 15　　D. 20

【参考答案】A

本题的考核点是纳税期限的一般规定，属于基础型考核点。企业所得税扣缴义务人每次代扣的税款，应当自代扣之日起7日内缴入国库。

二、纳税地点

纳税人	纳税地点
（1）居民企业	（1）除另有规定外，居民企业以企业登记注册地为纳税地点；登记注册地在境外的，以实际管理机构所在地为纳税地点 （2）汇总纳税企业的纳税地点。居民企业在中国境内设立不具有法人资格的营业机构的，应当汇总计算并缴纳企业所得税。跨地区（指跨省、自治区、直辖市和计划单列市）设立不具有法人资格分支机构的，总机构和具有主体生产经营职能的二级分支机构，就地分摊缴纳企业所得税，分月或分季分别向所在地主管税务机关申报预缴企业所得税
（2）非居民企业	（1）非居民企业在中国境内设立机构、场所的，其所设机构、场所取得的来源于中国境内的所得，以及发生在中国境外但与其所设机构、场所有实际联系的所得，以机构、场所所在地为纳税地点。非居民企业在中国境内设立两个或者两个以上机构、场所的，可以选择由其主要机构、场所汇总缴纳企业所得税。主要机构、场所和被汇总机构、场所，除国家税务总局另有规定外，都应在机构、场所所在地分季度预缴和年终汇算清缴企业所得税
	（2）非居民企业在中国境内未设立机构、场所的，或者虽设立机构、场所但取得的所得与其所设机构、场所没有实际联系的，其来源于中国境内的所得，以扣缴义务人所在地为纳税地点

【单选题】根据企业所得税法的规定，除税收法律、行政法规另有规定外，居民企业的纳税地点是（　　）。

A. 经营地　　B. 登记注册地

C. 业务发生地　　D. 会计核算地

【参考答案】B

根据《企业所得税法》规定，除税收法律、行政法规另有规定外，居民企业以企业登记注册地为纳税地点。

三、申报缴纳

企业所得税分月或者分季预缴，年终汇算清缴。

项目	具体内容
（1）预缴税款	（1）企业分月或者分季预缴企业所得税，由税务机关具体核定。符合条件的小型微利企业，按季度预缴企业所得税
	（2）企业应当自月份或者季度终了之日起15日内，向税务机关报送预缴企业所得税纳税申报表，预缴税款。分月或者分季预缴企业所得税时，应当按照月度或者季度的实际利润额预缴。按照月度或者季度的实际利润额预缴有困难的，可以按照上一纳税年度应纳税所得额的月度或者季度平均额预缴，或者按照经税务机关认可的其他方法预缴。预缴方法一经确定，该纳税年度内不得随意变更 【提示】所得税按年核算，但是国库支出不是按年支付，而是均期支付，因此设计了预缴制度
（2）汇算清缴	**企业应当自年度终了之日起5个月内**，向税务机关报送年度企业所得税纳税申报表，并汇算清缴，结清应缴应退税款。**企业在年度中间终止经营活动的，应当自实际经营终止之日起60日内，向税务机关办理当期企业所得税汇算清缴**
（3）申报资料	企业在纳税年度内无论盈利或者亏损，都应当依照上述规定的期限，向税务机关报送预缴企业所得税纳税申报表、年度企业所得税纳税申报表、财务会计报告和税务机关规定应当报送的其他有关资料

【判断题】企业终止经营活动，应当依法清算，并在办理注销登记前，以清算期为应税年度，应当依法计算清算所得及其应纳所得税，向税务机关申报并依法缴纳企业所得税。（　　）

【参考答案】√

根据《企业所得税法》规定，企业依法清算时，应当以清算期间作为一个纳税年度。企业应当在办理注销登记前，就其清算所得向税务机关申报并依法缴纳企业所得税。

四、源泉扣缴

项目	具体内容
（1）法定扣缴	在中国境内未设立机构、场所的非居民企业，或者虽设立机构、场所但取得的所得与其所设机构、场所没有实际联系的非居民企业，应当就其来源于中国境内的所得缴纳企业所得税。应缴纳的所得税，实行源泉扣缴，以支付人为扣缴义务人。税款由扣缴义务人在每次支付或者到期应支付时，从支付或者到期应支付的款项中扣缴
（2）指定扣缴	（1）对非居民企业在中国境内取得工程作业和劳务所得应缴纳的所得税，非居民企业应当按年计算，分月或者分季预缴，年终汇算清缴
	（2）如果非居民企业存在下列情形之一的，税务机关可以指定工程价款或者劳务费的支付人为扣缴义务人：预计工程作业或者提供劳务期限不足一个纳税年度，且有证据表明非居民企业不履行纳税义务的；非居民企业没有办理税务登记或者临时税务登记，且未委托中国境内的代理人履行纳税义务的；非居民企业未按照规定期限办理企业所得税纳税申报或者预缴申报的

续表

项目	具体内容
（3）特定扣缴	应当扣缴的所得税，扣缴义务人未依法扣缴或者无法履行扣缴义务的，由纳税人在所得发生地缴纳。纳税人未依法缴纳的，税务机关可以从该纳税人在中国境内其他收入项目的支付人应付的款项中，追缴该纳税人的应纳税款。税务机关应向其他支付人发出“非居民企业欠税追缴告知书”。税务机关在追缴该纳税人应纳税款时，应当将追缴理由、追缴数额、缴纳期限和缴纳方式等告知该纳税人

【多选题】下列有关企业所得税源泉扣缴的叙述不正确的有（　　）。

A. 非居民企业在中国境内取得工程作业和劳务所得应缴纳的所得税，必须以支付人为扣缴义务人

B. 在中国境内未设立机构、场所的非居民企业应缴纳的所得税，以支付人为扣缴义务人

C. 应当扣缴的所得税，扣缴义务人未依法扣缴或者无法履行扣缴义务的，由纳税人在所得发生地缴纳

D. 应当扣缴的所得税，扣缴义务人未依法扣缴或者无法履行扣缴义务的，由税务机关追缴税款

【参考答案】AD

如果非居民企业存在特定情形不能申报缴纳的，税务机关可以指定工程价款或者劳务费的支付人为扣缴义务人，所以选项 A 不正确。应当扣缴的所得税，扣缴义务人未依法扣缴或者无法履行扣缴义务的，由纳税人在所得发生地缴纳，纳税人未依法缴纳的，税务机关可以从该纳税人在中国境内其他收入项目的支付人应付的款项中，追缴该纳税人的应纳税款，所以选项 D 不正确。

五、计量货币

企业所得税应当以人民币计算。

如果以人民币以外的货币计算的，应当折合成人民币计算并缴纳税款。

折合人民币的具体规定

情形	折合人民币的规定
（1）预缴企业所得税时	**应当按照月度或者季度最后一日的人民币汇率中间价**，折合成人民币计算应纳税所得额
（2）年度终了汇算清缴时	对已经按照月度或者季度预缴税款的，不再重新折合计算，只就该纳税年度内未缴纳企业所得税的部分，按照纳税年度最后一日的人民币汇率中间价，折合成人民币计算应纳税所得额
（3）补税或退税时	经税务机关检查确认，企业少计或者多计所得的，**应当按照检查确认补税或者退税时的上一个月最后一日的人民币汇率中间价**，将少计或者多计的所得折合成人民币计算应纳税所得额，再计算应补缴或者应退的税款

本章习题

一、单项选择题

1. 企业所得税纳税人分为居民企业和非居民企业。下列企业中，不属于居民企业的是（　　）。

   A. 依法在中国境内成立的事业单位

   B. 依法在中国境内成立的社会团体

   C. 依照外国法律成立，实际管理机构在上海的企业

   D. 依照外国法律成立，实际管理机构在我国香港的企业

2. 企业所得税应当以人民币计算。纳税人预缴企业所得税时，应当折合成人民币计算应纳税所得额，折合的汇率是（　　）。

   A. 本年第一日人民币汇率中间价

   B. 预缴日人民币汇率中间价

   C. 月度或者季度第一日的人民币汇率中间价

   D. 月度或者季度最后一日的人民币汇率中间价

3. 汽车贸易有限公司是我国居民企业，2019 年度境内应纳税所得额为 200 万元，来源于境外某国税前所得 100 万元。该公司全年已预缴所得税款 40 万元，境外已纳所得税款 20 万元，该公司当年汇算清缴应补（退）企业所得税（　　）万元。

   A. 5　　B. 10　　C. 15　　D. 35

4. 根据企业所得税法及相关规定，下列说法正确的有（　　）。

   A. 居民企业的征税对象仅指境内所得

   B. 企业所得税的纳税义务人包括合伙企业

   C. 合理的工资薪金可以在计算应纳税所得额时扣除

   D. 税收滞纳金可以在计算应纳税所得额时扣除

5. 下列有关资产计税基础叙述不正确的是（　　）。

   A. 自行建造的固定资产，以达到预定可使用状态前发生的支出为计税基础

   B. 自行开发的无形资产，以开发过程中该资产符合资本化条件后至达到预定用途前发生的支出为计税基础

   C. 外购的生产性生物资产，以购买价款和支付的相关税费为计税基础

   D. 以非货币性资产交换方式取得的无形资产，以该资产的公允价值和支付的相关税费为计算基础

6. 依据企业所得税的相关规定，下列所得按转让货物或资产的企业所在地确定所得来

源地的是（　　）。

A. 转让动产所得　　B. 销售货物所得

C. 转让不动产所得　　D. 转让权益性投资资产所得

7. 依据企业所得税的相关规定，下列关于收入确认的时间，正确的是（　　）。

A. 接受捐赠收入，按照合同约定的捐赠日期确认收入的实现

B. 特许权使用费收入，以实际取得收入的日期确认收入的实现

C. 采取产品分成方式取得收入的，按照企业分得产品的日期确认收入的实现

D. 股息、红利等权益性投资收益，以被投资方实际分红的日期确认收入的实现

8. 依据企业所得税的相关规定，下列固定资产可以计提折旧的是（　　）。

A. 闲置未用的仓库和办公楼

B. 以经营租赁方式租入的生产设备

C. 单独估价作为固定资产入账的土地

D. 已提足折旧仍继续使用的运输工具

9. 企业发生的广告费，下列所得税处理正确的是（　　）。

A. 酒类制造企业的广告费，不得在税前扣除

B. 医药销售企业的广告费，不超过当年销售收入 30% 的部分准予税前扣除

C. 企业筹建期间发生的广告费，可按实际发生额计入筹办费，按有关规定在税前扣除

D. 签订广告分摊协议的关联企业，计算税前可扣除的广告费，只能在关联企业之间平均扣除

10. 企业在年度中间终止经营活动，办理企业所得税汇算清缴的时间是（　　）。

A. 自清算完成之日起 30 天内

B. 自注销营业执照之前 30 日内

C. 自终止实际经营之日起 60 日内

D. 自人民法院宣告破产之日起 15 日内

二、多项选择题

1. 在我国境内设立机构、场所的非居民企业，本年度发生的下列所得，应在我国缴纳企业所得税的有（　　）。

A. 来源于中国境内，但与其所设机构、场所没有实际联系的所得

B. 发生在中国境外，但与其所设机构、场所有实际联系的所得

C. 来源于中国境内，与其所设机构、场所有实际联系的所得

D. 来源于中国境外，与其所设机构、场所没有实际联系的所得

2. 纳税人销售货物的收入应按照企业所得税法的规定缴纳企业所得税，销售货物收入

包括（　　）。

A. 销售商品的收入　　B. 销售原材料的收入

C. 销售包装物的收入　　D. 销售固定资产的收入

3. 居民企业企业所得税核定征收的方式有（　　）。

A. 核定收入总额　　B. 核定成本费用总额

C. 核定应税所得率　　D. 核定应纳所得税额

4. 下列关于企业所得税税率的说法，正确的有（　　）。

A. 企业所得税的基本税率为 25%

B. 符合条件小型微利企业减按 10% 征税

C. 国家需要重点扶持的高新技术企业减按 15% 征税

D. 非居民企业来源于中国境内的所得减按 20% 征税

5. 下列业务所得，可以享受企业所得税税收优惠的有（　　）。

A. 远洋捕捞所得　　B. 咨询服务所得

C. 海水养殖所得　　D. 苹果种植所得

6. 下列居民企业中，不得核定征收企业所得税的有（　　）。

A. 小额贷款公司　　B. 上市公司

C. 担保公司　　D. 进出口代理公司

E. 专门从事股权（股票）投资业务的企业

7. 关于无形资产的企业所得税处理，下列说法正确的有（　　）。

A. 无形资产的摊销，采用直线法摊销年限不得低于 10 年

B. 外购商誉的支出，在企业整体转让或清算时扣除

C. 自创商誉不得计算摊销费用扣除

D. 通过债务重组方式取得的无形资产，以应收债权和支付的相关税费作为计税基础

E. 作为投资的无形资产，有关合同约定了使用年限的，可按照约定的使用年限摊销

8. 依据企业所得税的相关规定，企业取得的下列资金中，不计入企业收入总额的有（　　）。

A. 增加企业实收资本的国家投资　　B. 无法偿付的应付款项

C. 企业资产的溢余收入　　D. 企业使用后需归还财政的资金

E. 按规定取得的增值税出口退税款

参考答案与解析

一、单项选择题

1.【参考答案】D。《企业所得税法》第二条规定：“居民企业，是指依法在中国境内

成立，或者依照外国（地区）法律成立但实际管理机构在中国境内的企业。”因此，应当将依照外国法律成立，实际管理机构在我国香港的企业认定为非居民企业。

2. 【参考答案】D。根据《企业所得税法实施条例》规定，预缴企业所得税时，应当按照月度或者季度最后一日的人民币汇率中间价，折合成人民币计算应纳税所得额。

3. 【参考答案】C。应纳税额＝应纳税所得额×适用税率－减免税额－抵免税额；抵免限额＝中国境内、境外所得依照《企业所得税法及其实施条例》的规定计算的应纳税总额×来源于某国（地区）的应纳税所得额÷中国境内、境外应纳税所得总额。因此，抵免限额＝(200＋100)×25%×[100÷(100＋200)]＝25＞20，所以，境外已纳所得税款20万元可以抵免。该公司当年汇算清缴应补企业所得税＝300×25%－40－20＝15（万元）。

4. 【参考答案】C。《企业所得税法》第三条规定：“居民企业应当就其来源于中国境内、境外的所得缴纳企业所得税。”《企业所得税法》第一条规定：“个人独资企业、合伙企业不适用本法。”根据《企业所得税法》第十条规定，在计算应纳税所得额时，税收滞纳金不得扣除。

5. 【参考答案】A。自行建造的固定资产，以竣工结算前发生的支出为计税基础。

6. 【参考答案】A。选项B，销售货物所得，按照交易活动发生地确定。选项C，转让不动产所得，按照不动产所在地确定。选项D，转让权益性投资资产所得，按照被投资企业所在地确定。

7. 【参考答案】C。选项A，接受捐赠收入，按照实际收到捐赠资产的日期确认收入的实现。选项B，特许权使用费收入，按照合同约定的特许权使用人应付特许权使用费的日期确认收入的实现。选项D，股息、红利等权益性投资收益，除另有规定外，按照被投资企业股东会或股东大会作出利润分配或转股决定的日期，确认收入的实现。

8. 【参考答案】A。不得计算折旧扣除的固定资产：（1）房屋、建筑物以外未投入使用的固定资产；（2）以经营租赁方式租入的固定资产（选项B）；（3）以融资租赁方式租出的固定资产；（4）已足额提取折旧仍继续使用的固定资产（选项D）；（5）与经营活动无关的固定资产；（6）单独估价作为固定资产入账的土地（选项C）；（7）其他不得计算折旧扣除的固定资产。

9. 【参考答案】C。选项A，烟草企业的烟草广告费和业务宣传费支出，一律不得在计算应纳税所得额时扣除，酒类制造企业的广告费可以限额在税前扣除。选项B，对化妆品制造与销售、医药制造和饮料制造（不含酒类制造）企业发生的广告费和业务宣传费支出，不超过当年销售（营业）收入30%的部分，准予扣除；超过部分，准予在以后纳税年度结转扣除。选项D：对签订广告费和业务宣传费分摊协议的关联企业，其中一方发生的不超过当年销售（营业）收入税前扣除限额比例内的广告费和业务宣传费支出可以在本企业扣除，也可以将其中的部分或全部按照分摊协议归集至另一方扣除。

10.【参考答案】C。企业在年度中间终止经营活动的，应当自实际经营终止之日起60日内，向税务机关办理当期企业所得税汇算清缴。

二、多项选择题

1.【参考答案】ABC。根据《企业所得税法》规定，非居民企业在中国境内设立机构、场所的，应当就其所设机构、场所取得的来源于中国境内的所得，以及发生在中国境外但与其所设机构、场所有实际联系的所得，缴纳企业所得税；非居民企业虽在中国境内设立机构、场所，但取得的所得与其所设机构、场所没有实际联系的，应当就其来源于中国境内的所得缴纳企业所得税。

2.【参考答案】ABC。根据《企业所得税法实施条例》规定，销售货物收入是指企业销售商品、产品、原材料、包装物、低值易耗品以及其他存货取得的收入。

3.【参考答案】CD。根据《企业所得税核定征收管理办法（试行）》（国税发〔2018〕30号）规定，居民企业核定征收的方式有两种，一是核定应税所得率，二是核定应纳所得税额。

4.【参考答案】AC。根据《企业所得税法》规定，企业所得税的税率为25%，非居民企业取得本法第三条第三款规定的所得，适用税率为20%；符合条件的小型微利企业，减按20%的税率征收企业所得税；国家需要重点扶持的高新技术企业，减按15%的税率征收企业所得税。

5.【参考答案】ACD。（1）企业从事下列项目的所得，免征企业所得税：①蔬菜、谷物、薯类、油料、豆类、棉花、麻类、糖料、水果、坚果的种植；②农作物新品种的选育；③中药材的种植；④林木的培育和种植；⑤牲畜、家禽的饲养；⑥林产品的采集；⑦灌溉、农产品初加工、兽医、农技推广、农机作业和维修等农、林、牧、渔服务业项目；⑧远洋捕捞。（2）企业从事下列项目的所得，减半征收企业所得税：①花卉、茶以及其他饮料作物和香料作物的种植；②海水养殖、内陆养殖。

6.【参考答案】ABCE。选项D，可以核定征收企业所得税。

7.【参考答案】ABCE。选项D，通过捐赠、投资、非货币性资产交换、债务重组等方式取得的无形资产，以该资产的公允价值和支付的相关税费为计税基础。

8.【参考答案】ADE。选项AD，企业取得的各类财政性资金，除属于国家投资和资金使用后要求归还本金的以外，均应计入当年收入总额。选项E，企业按规定取得的出口退税款不计入收入总额，作为其他应收款处理。

第七章　个人所得税

第一节　个人所得税概述

一、个人所得税的概念

项目	具体内容
（1）含义	个人所得税是**以个人（自然人）取得的各项应税所得**为征税对象所征收的一种税。它于1799年诞生于英国，至今已有200多年的历史。
（2）纳税人	个人所得税的纳税人不仅包括个人，还包括具有自然人性质的企业，**包括中国公民、个体工商业户、个人独资企业、合伙企业投资者、在中国有所得的外籍人员（包括无国籍人员，下同）和香港、澳门、台湾同胞**

【单选题】中国公民张某办理了个体工商户营业执照，开办了一家名为“幸福小吃店”的餐馆。这里的纳税主体是（　　）。

A. 张某　　B. 幸福小吃店

C. 张某和幸福小吃店　　D. 张某或幸福小吃店

【参考答案】A

个体工商户以业主为个人所得税纳税义务人。

二、我国个人所得税的特点

特点	具体内容
（1）实行混合征收	（1）对居民纳税人。**2018年修订的《中华人民共和国个人所得税法》首次引入综合与分类税制，将居民纳税人取得的工资薪金所得、劳务报酬所得、稿酬所得和特许权使用费所得计入综合所得，按年计征、分月或分次预扣预缴。对经营所得，财产转让所得，财产租赁所得，利息、股息、红利所得和偶然所得仍实行分类征收。** （2）对非居民纳税人。**取得的各类所得仍采用分类征收**
（2）累进税率与比例税率并用	**对综合所得和经营所得采用累进税率，实行量能负担。对财产转让所得，利息、股息、红利所得，财产租赁所得等采用比例税率，实行等比负担**
（3）费用扣除额范围较宽	我国本着费用扣除从宽、从简的原则，采用费用定额扣除和定率扣除等多种方法 例如综合所得，**自2019年1月1日起按年扣除60 000元。对于财产租赁所得，每次收入不超过4 000元的减除费用为800元，4 000元以上的减除费用为20%**

续表

特点	具体内容
(4) 源泉扣缴与自行申报相结合	个人所得税以所得人为纳税人，以支付所得的单位或者个人为扣缴义务人。对居民纳税人取得的综合所得，有扣缴义务人的，由扣缴义务人按月或者按次预扣预缴税款，按年计征个人所得税，纳税人需要办理汇算清缴的，**应当在取得所得的次年3月1日至6月30日内办理汇算清缴**

第二节　个人所得税的纳税人、征税范围和税率

一、个人所得税的纳税人

我国个人所得税同时实行居民税收管辖权和地域税收管辖权。

（一）居民纳税人及其纳税义务

居民	具体内容
(1) 判定条件	**居民纳税人是指在中国境内有住所，或者无住所而一个纳税年度内在中国境内居住累计满183天的个人。**在中国境内有住所，是指因户籍、家庭、经济利益关系而在中国境内习惯性居住**在境内居住累计满183天，是指在一个纳税年度（即公历1月1日起至12月31日止，下同）内，在中国境内居住累计满183天**
(2) 纳税义务	居民纳税人应就其从中国境内和境外取得的所得，依照我国个人所得税法的规定缴纳个人所得税。在中国境内无住所的纳税人，在中国境内居住累计满183天的年度连续不满六年的，经向主管税务机关备案，**其来源于中国境外且由境外单位或者个人支付的所得，免予缴纳个人所得税** **【注】在中国境内居住累计满183天的任一年度中有一次离境超过30天的，其在中国境内居住累计满183天的年度的连续年限重新起算**

【多选题】下列各项中，属于我国个人所得税居民纳税人的有（　　）。

A. 一个纳税年度内在境内累计居住满183天的香港地区同胞

B. 海外工作3年的中国公民

C. 因户籍、家庭、经济利益关系而在境内习惯性居住的台湾地区同胞

D. 一个纳税年度内在境内累计居住不满180天的外国人

【参考答案】ABC

居民为在中国境内有住所，或者无住所而在境内居住满183天的个人。

（二）非居民纳税人及其纳税义务

非居民	具体内容
（1）判定条件	非居民纳税人是指在中国境内无住所又不居住，或无住所且一个纳税年度内在中国境内居住累计不满183天的个人
（2）纳税义务	非居民纳税人仅就其来源于中国境内的所得，依照我国个人所得税法的规定缴纳个人所得税。在中国境内无住所的纳税人，一个纳税年度内在中国境内居住累计不超过90天的，其来源于中国境内的所得，由境外雇主支付并且不由该雇主在中国境内的机构、场所负担的部分，免予缴纳个人所得税

【提示】注意把握非居民个人和外籍个人的区别。非居民个人是个税法规定的一个名词。而外籍个人并不是一个法律名词，通俗地说，外籍个人就是非中国国籍的人士。外籍个人一个纳税年度内在中国境内居住累计满183天后，就成了居民个人。所以，外籍个人可能是个人所得税法界定的居民个人，也可能是非居民个人。

（三）所得来源地的判定

除国务院财政、税务主管部门另有规定外，**下列所得，不论支付地点是否在中国境内，均为来源于中国境内的所得：**

（1）因任职、受雇、履约等在中国境内提供劳务取得的所得；

（2）将财产出租给承租人在中国境内使用而取得的所得；

（3）许可各种特许权在中国境内使用而取得的所得；

（4）转让中国境内的不动产等财产或者在中国境内转让其他财产取得的所得；

（5）从中国境内企业、事业单位、其他组织以及居民个人取得的利息、股息、红利所得。

二、个人所得税的征税范围

征税范围	具体内容
（1）工资、薪金所得	是指个人因**任职或者受雇**而取得的工资、薪金、奖金、年终加薪、劳动分红、津贴、补贴，以及与任职或者受雇有关的其他所得 **【提示】退休人员再任职取得的收入，在减除按个人所得税法规定的费用扣除标准后，按“工资、薪金所得”应税项目缴纳个人所得税**
（2）劳务报酬所得	是指个人从事设计、装潢、安装、制图、化验、测试、医疗、法律、会计、咨询、讲学、翻译、审稿、书画、雕刻、影视、录音、录像、演出、表演、广告、展览、技术服务、介绍服务、经纪服务、代办服务，以及其他劳务取得的所得
（3）稿酬所得	是指个人因其作品以图书、报刊等形式出版、发表而取得的所得 **【提示】不以图书报刊形式出版、发表的翻译、审稿、书画所得属于劳务报酬所得**

续表

征税范围	具体内容
（4）特许权使用费所得	是指个人提供专利权、商标权、著作权、非专利技术，以及其他特许权的使用权取得的所得 **【提示】** **（1）提供著作权的使用权取得的所得，不包括稿酬所得** （2）对于作者将自己的文字作品手稿原件或复印件公开拍卖（竞价）取得的所得，属于提供著作权的使用权所得，**故应按特许权使用费所得项目征收个人所得税**

【多选题】下列个人收入，应按照“特许权使用费所得”项目缴纳个人所得税的有（　　）。

A. 个人取得的特许权经济赔偿收入

B. 作家公开拍卖自己的文字作品手稿复印件取得的收入

C. 剧本作者从任职的电视剧制作单位获得的剧本使用费

D. 个人发表书画作品取得的收入

【参考答案】ABC

特许权使用费所得，是指个人提供专利权、商标权、著作权、非专利技术，以及其他特许权的使用权取得的所得；提供著作权的使用权取得的所得，不包括稿酬所得。对于剧本作者从电影、电视剧的制作单位取得的剧本使用费，不再区分剧本的使用方是否为其任职单位，统一按特许权使用费所得项目计征个人所得税。个人发表书画作品取得的收入应按“稿酬所得”缴纳个人所得税。

征税范围	具体内容
（5）经营所得	（1）个体工商户从事生产、经营活动取得的所得，个人独资企业投资人、合伙企业的个人合伙人来源于境内注册的个人独资企业、合伙企业生产、经营的所得 （2）个人依法从事办学、医疗、咨询，以及其他有偿服务活动取得的所得 （3）个人对企业、事业单位承包经营、承租经营以及转包、转租取得的所得 （4）个人从事其他生产、经营活动取得的所得
（6）利息、股息、红利所得	是指个人拥有债权、股权等而取得的利息、股息、红利所得

出租车驾驶员取得的所得分类问题

<table>
<tr><th colspan="3">出租车归属</th><th>所得类别</th></tr>
<tr><td>出租车归属为单位的</td><td colspan="2">出租汽车经营单位对出租车驾驶员采取单车承包或承租方式运营，出租车驾驶员从事客货营运取得的收入</td><td>工资、薪金所得</td></tr>
<tr><td rowspan="2">出租车归属为个人的</td><td rowspan="2">从事个体出租车运营的出租车驾驶员取得的收入</td><td>出租车属于个人所有，但挂靠出租汽车经营单位或企事业单位，驾驶员向挂靠单位缴纳管理费的</td><td rowspan="2">经营所得</td></tr>
<tr><td>出租汽车经营单位将出租车所有权转移给驾驶员的</td></tr>
</table>

用企业资金购买房屋等财产的税务处理

企业类型	企业资金用途	应税项目
个人独资企业、合伙企业	为其个人投资者或其家庭成员或其相关人员支付与企业无关的消费性支出及购买汽车、住房等财产性支出	视为企业对个人投资者利润分配，依照经营所得计税
个人独资企业、合伙企业以外的其他企业		视为企业对个人投资的红利分配，依照利息、股息、红利所得计税
所有企业	为本企业除投资者以外的雇员购买房屋等财产	工资、薪金所得

【多选题】下列各项中，应按“经营所得”项目征税的有（　　）。

A. 个人因从事彩票代销业务而取得的所得

B. 演职员参加任职单位组织的演出取得的报酬

C. 私营企业（非个人独资企业、合伙企业）的个人投资者以企业资本金为本人购买的汽车

D. 从事个体出租车运营的出租车驾驶员取得的收入

【参考答案】AD

演职员参加任职单位组织的演出取得的报酬，应按“工资、薪金所得”计征个人所得税。私营企业（非个人独资企业、合伙企业）的个人投资者以企业资本金为本人购买的汽车，应按“利息、股息、红利所得”计征个人所得税。

征税范围	具体内容
（7）财产租赁所得	是指个人出租不动产、机器设备、车船，以及其他财产取得的所得
（8）财产转让所得	是指个人转让有价证券、股权、合伙企业中的财产份额、不动产、机器设备、车船，以及其他财产取得的所得
（9）偶然所得	是指个人得奖、中奖、中彩以及其他偶然性质的所得。个人取得的所得，难以界定应纳税所得项目的，由国务院税务主管部门确定

【单选题】下列个人收入中，应按“劳务报酬所得”缴纳个人所得税的是（　　）。

A. 在其他单位兼职取得的收入　　B. 退休后再任职取得的收入

C. 在任职单位取得董事费收入　　D. 个人购买彩票取得的中奖收入

【参考答案】A

退休后再任职取得的收入，属于工资、薪金所得。在任职单位取得的董事费收入，属于工资、薪金所得。个人购买彩票取得的中奖收入，属于偶然所得。

三、个人所得税的税率

（一）超额累进税率

1. 七级超额累进税率

（1）居民纳税人取得综合所得适用七级超额累进税率，税率为3%—45%：

综合所得个人所得税税率表

级数	全年应纳税所得额	税率（%）	速算扣除数
1	不超过36 000元的部分	3	0
2	超过36 000元至144 000元的部分	10	2 520
3	超过144 000元至300 000元的部分	20	16 920
4	超过300 000元至420 000元的部分	25	31 920
5	超过420 000元至660 000元的部分	30	52 920
6	超过660 000元至960 000元的部分	35	85 920
7	超过960 000元的部分	45	181 920

（2）非居民纳税人取得工资、薪金所得、劳务报酬所得、稿酬所得、特许权使用费所得适用七级超额累进税率（依照本表按月换算后计算应纳税额），税率为3%—45%

非居民纳税人工资、薪金所得，劳务报酬所得，稿酬所得，特许权使用费所得适用税率

级数	应纳税所得额	税率（%）	速算扣除数
1	不超过3 000元的部分	3	0
2	超过3 000元至12 000元的部分	10	210
3	超过12 000元至25 000元的部分	20	1 410
4	超过25 000元至35 000元的部分	25	2 660
5	超过35 000元至55 000元的部分	30	4 410
6	超过55 000元至80 000元的部分	35	7 160
7	超过80 000元的部分	45	15 160

2. 五级超额累进税率

经营所得适用五级超额累进税率，税率为5%—35%

经营所得适用税率

级数	全年应纳税所得额	税率（%）	速算扣除数
1	不超过 30 000 元的部分	5	0
2	超过 30 000 元至 90 000 元的部分	10	1 500
3	超过 90 000 元至 300 000 元的部分	20	10 500
4	超过 300 000 元至 500 000 元的部分	30	40 500
5	超过 500 000 元的部分	35	65 500

（二）比例税率

除综合所得、经营所得之外，其他各类所得均适用 20% 的比例税率。
具体为：利息、股息、红利所得，财产租赁所得，财产转让所得和偶然所得。

第三节　个人所得税应纳税所得额和应纳税额的计算

一、居民纳税人应纳税所得额和应纳税额的计算

个人所得税的计税依据是纳税人取得的应纳税所得额。应纳税所得额是个人取得的各项应税收入减去税法规定的扣除项目或扣除金额后的余额。由于个人所得税的应税项目不同，并且取得某项所得所需费用也不相同，因此，计算个人应纳税所得额时需按不同应税项目单独计算。

（一）综合所得

1. 综合所得预扣预缴方法

（1）工资、薪金所得

扣缴义务人向居民个人支付工资、薪金所得时，应当按照累计预扣法计算预扣税款，并按月办理扣缴申报。

累计预扣法

累计预扣	具体内容
计算公式	**本期应预扣预缴税额＝（累计预扣预缴应纳税所得额×预扣率－速算扣除数）－累计减免税额－累计已预扣预缴税额** **累计预扣预缴应纳税所得额＝累计收入－累计免税收入－累计减除费用－累计专项扣除－累计专项附加扣除－累计依法确定的其他扣除**

续表

累计预扣	具体内容
指标解释	**（1）累计减除费用。按照5 000元/月乘以纳税人当年截至本月在本单位的任职受雇月份数计算** **（2）累计专项附加扣除。**是指居民纳税人取得工资、薪金所得时，选择向扣缴义务人提供专项附加扣除有关信息，由扣缴义务人扣缴税款时减除专项附加扣除之和 **【注】纳税人同时从两处以上取得工资、薪金所得，并由扣缴义务人减除专项附加扣除的，对同一专项附加扣除项目，在一个纳税年度内只能选择从一处取得的所得中减除**

【计算题】居民纳税人张某2018年入职甲公司，假设2019年1—12月取得应发工资收入分别为10 000元、10 000元、15 000元、10 000元、10 000元、18 000元、10 000元、10 000元、15 000元、10 000元、10 000元、30 000元。

每月个人按规定缴纳的“三险一金”为工资收入的20%，按规定享受子女教育、赡养老人两项专项附加扣除共2 000元，假定没有减免收入及减免税额等优惠。

【要求】计算2019年甲公司每月应预扣预缴张某工资、薪金所得的个人所得税。

工资、薪金所得预扣预缴适用预扣率

级数	累计预扣预缴应纳税所得额	预扣率（%）	速算扣除数
1	不超过36 000元的部分	3	0
2	超过36 000元至144 000元的部分	10	2 520
3	超过144 000元至300 000元的部分	20	16 920
4	超过300 000元至420 000元的部分	25	31 920
5	超过420 000元至660 000元的部分	30	52 920
6	超过660 000元至960 000元的部分	35	85 920
7	超过960 000元的部分	45	181 920

【参考答案】预扣预缴张某工资、薪金所得个人所得税明细表

月份	工资收入	累计收入	累计扣除费用	累计专项扣除	累计专项附加扣除	累计预扣预缴应纳税所得额	预扣预缴个税	累计预扣预缴个税
1	10 000	10 000	5 000	2 000	2 000	=10 000－5 000－2 000－2 000=1 000	1 000×3%=30	30
2	10 000	20 000	10 000	4 000	4 000	=20 000－10 000－4 000－4 000=2 000	2 000×3%－30=30	60
3	15 000	35 000	15 000	7 000	6 000	=35 000－15 000－7 000－6 000=7 000	7 000×3%－60=150	210
4	10 000	45 000	20 000	9 000	8 000	=45 000－20 000－9 000－8 000=8 000	8 000×3%－210=30	240
5	10 000	55 000	25 000	11 000	10 000	=55 000－25 000－11 000－10 000=9 000	9 000×3%－240=30	270

续表

月份	工资收入	累计收入	累计扣除费用	累计专项扣除	累计专项附加扣除	累计预扣预缴应纳税所得额	预扣预缴个税	累计预扣预缴个税
6	18 000	73 000	30 000	14 600	12 000	=73 000 - 30 000 - 14 600 - 12 000 = 16 400	16 400 × 3% - 270 = 222	492
7	10 000	83 000	35 000	16 600	14 000	=83 000 - 35 000 - 16 600 - 14 000 = 17 400	17 400 × 3% - 492 = 30	522
8	10 000	93 000	40 000	18 600	16 000	=93 000 - 40 000 - 18 600 - 16 000 = 18 400	18 400 × 3% - 522 = 30	552
9	15 000	108 000	45 000	21 600	18 000	=108 000 - 45 000 - 21 600 - 18 000 = 23 400	23 400 × 3% - 552 = 150	702
10	10 000	118 000	50 000	23 600	20 000	=118 000 - 50 000 - 23 600 - 20 000 = 24 400	24 400 × 3% - 702 = 30	732
11	10 000	128 000	55 000	25 600	22 000	=128 000 - 55 000 - 25 600 - 22 000 = 25 400	25 400 × 3% - 732 = 30	762
12	30 000	158 000	60 000	31 600	24 000	=158 000 - 60 000 - 31 600 - 24 000 = 42 400	42 400 × 10% - 2 520 - 762 = 958	1 720

（2）劳务报酬所得、稿酬所得、特许权使用费所得

扣缴义务人向居民纳税人支付劳务报酬所得、稿酬所得、特许权使用费所得，按次或者按月预扣预缴个人所得税。

劳务报酬所得、稿酬所得、特许权使用费所得，属于一次性收入的，以取得该项收入为一次；属于同一项目连续性收入的，以一个月内取得的收入为一次。

所得类型	预扣预缴税额
劳务报酬所得	劳务报酬所得应预扣预缴税额 = 预扣预缴应纳税所得额 × 预扣率 - 速算扣除数 = 每次收入额 × 预扣率 - 速算扣除数 =（每次收入 - 费用）× 预扣率 - 速算扣除数 【注】居民纳税人取得劳务报酬所得适用三级超额累进预扣率

【提示】上述计算公式中，减除费用的确定均依据每次收入是否超过 4 000 元而定，每次收入不超过 4 000 元的，减除费用按 800 元计算；每次收入 4 000 元以上的，减除费用按 20% 计算

级数	预扣预缴应纳税所得额	预扣率（%）	速算扣除数
1	不超过 20 000 元的部分	20	0
2	超过 20 000 元至 50 000 元的部分	30	2 000
3	超过 50 000 元的部分	40	7 000

所得类型	预扣预缴税额
稿酬所得	稿酬所得以每次收入额为预扣预缴应纳税所得额 稿酬所得应预扣预缴税额 = 预扣预缴应纳税所得额 × 预扣率 = 每次收入额 × 70% × 预扣率 = (每次收入 - 费用) × 70% × 20% **【注】稿酬所得的收入额减按 70% 计算，稿酬所得适用 20% 的比例预扣率**
【提示】上述计算公式中，减除费用的确定均依据每次收入是否超过 4 000 元而定，每次收入不超过 4 000 元的，减除费用按 800 元计算；每次收入 4 000 元以上的，减除费用按 20% 计算	

【单选题】某作者出版一部作品，出版社支付稿酬 26 000 元，出版社就该项业务应预扣预缴个人所得税为（　　）元。

A. 2 912　　B. 3 528　　C. 4 160　　D. 5 200

【参考答案】A

稿酬所得应预扣预缴税额 = 预扣预缴应纳税所得额 × 20% = 每次收入额 × 70% × 20% = (每次收入 - 费用) × 70% × 20%。减除费用的确定依据每次收入是否超过 4 000 元而定，每次收入不超过 4 000 元的，减除费用按 800 元计算；每次收入 4 000 元以上的，减除费用按 20% 计算。稿酬所得应预扣预缴个人所得税 = 26 000 × (1 - 20%) × 70% × 20% = 2 912（元）。

所得类型	预扣预缴税额
特许权使用费所得	特许权使用费所得应预扣预缴税额 = 预扣预缴应纳税所得额 × 预扣率 = 每次收入额 × 20% = (每次收入 - 费用) × 20% 【注】特许权使用费所得适用 20% 的比例预扣率
【提示】上述计算公式中，减除费用的确定均依据每次收入是否超过 4 000 元而定，每次收入不超过 4 000 元的，减除费用按 800 元计算；每次收入 4 000 元以上的，减除费用按 20% 计算	

【计算题】李某 3 月从乙单位取得劳务报酬收入 30 000 元，5 月从丙杂志社取得稿酬收入 2 000 元，8 月从丁单位取得特许权使用费收入 20 000 元。

【要求】计算乙、丙、丁单位支付所得时应预扣预缴的个人所得税。

【参考答案】

（1）3 月乙单位劳务报酬应预扣预缴的个人所得税 = [30 000 × (1 - 20%)] × 30% - 2 000 = 5 200（元）

（2）5 月丙单位稿酬应预扣预缴的个人所得税 = (2 000 - 800) × 70% × 20% = 168（元）

（3）8 月丁单位特许权使用费应预扣预缴的个人所得税 = 2 0000 × (1 - 20%) × 20% = 3 200（元）

2. 综合所得应纳税所得额的确定

居民纳税人取得综合所得，以每一纳税年度的收入额减除费用6万元以及专项扣除、专项附加扣除和依法确定的其他扣除后的余额，为应纳税所得额。

应纳税所得额=每一纳税年度的收入额-6万元-专项扣除-专项附加扣除-依法确定的其他扣除

【提示】累计预扣预缴应纳税所得额=累计收入-累计免税收入-累计减除费用-累计专项扣除-累计专项附加扣除-累计依法确定的其他扣除

（1）每一纳税年度的收入额。包括工资、薪金所得，劳务报酬所得，稿酬所得和特许权使用费所得。

1）劳务报酬所得，稿酬所得，特许权使用费所得以收入减除费用后的余额为收入额，即收入额=收入×(1-20%)

2）稿酬所得的收入额减按70%计算，**即收入额=收入×70%×(1-20%)**

【提示】计算综合所得应纳税所得额时，劳务报酬所得、稿酬所得、特许权使用费所得减除费用统一定为20%，不需要考虑是否超过4 000。此处与预扣预缴时费用扣除规定不同。

（2）专项扣除。包括居民纳税人按照国家规定的范围和标准缴纳的基本养老保险、基本医疗保险、失业保险等社会保险费和住房公积金（以下简称三险一金）等。

（3）专项附加扣除（六大项）。包括子女教育、继续教育、大病医疗、住房贷款利息或者住房租金、赡养老人等支出。

【多选题】下列各项中，属于专项附加扣除项目的有（　　）。

A. 子女教育　　B. 大病医疗

C. 职业资格继续教育　　D. 赡养老人

【参考答案】ABCD

专项附加扣除包括子女教育、继续教育、大病医疗、住房贷款利息或者住房租金、赡养老人等6项扣除。继续教育扣除适用于纳税人在中国境内接受学历（学位）继续教育的支出和技能人员职业资格继续教育、专业技术人员职业资格继续教育的支出。

专项附加扣除的具体内容

专项附加扣除	具体内容
（1）子女教育	适用于纳税人的子女接受学前教育（**年满3岁至小学入学前**）的支出和全日制学历教育（包括在中国境外接受教育）的支出。学历教育包括义务教育（小学、初中教育）、高中阶段教育（普通高中、中等职业、技工教育）、高等教育（大学专科、大学本科、硕士研究生、博士研究生教育）。**纳税人按每个子女每月1 000元的标准定额扣除。父母可以选择由其中一方按扣除标准的100%扣除，也可以选择由双方分别按扣除标准的50%扣除，具体扣除方式在一个纳税年度内不能变更**

续表

专项附加扣除	具体内容
（2）继续教育	适用于纳税人在中国境内接受学历（学位）继续教育的支出和技能人员职业资格继续教育、专业技术人员职业资格继续教育的支出。前者允许纳税人在学历（学位）教育期间按照每月 400 元定额扣除。同一学历（学位）继续教育的扣除期限不能超过 48 个月。后者允许纳税人在取得相关证书的当年，按 3 600 元定额扣除。个人接受本科及以下学历（学位）继续教育，符合规定扣除条件的，可以选择由其父母扣除，也可以选择由本人扣除
（3）大病医疗	适用于在一个纳税年度内，纳税人发生的与基本医保相关的医药费用支出，扣除医保报销后个人负担（指医保目录范围内的自付部分）累计超过 15 000 元的部分，由纳税人在办理年度汇算清缴时，在 80 000 元限额内据实扣除。纳税人发生的医药费用支出可以选择由本人或者其配偶扣除，未成年子女发生的医药费用支出可以选择由其父母一方扣除
（4）住房贷款利息	适用于纳税人本人或者配偶单独或者共同使用商业银行或者住房公积金个人住房贷款为本人或者其配偶购买中国境内住房，发生的首套住房贷款利息支出。在实际发生贷款利息的年度，按照每月 1 000 元的标准定额扣除，扣除期限最长不超过 240 个月。经夫妻双方约定，可以选择由其中一方扣除，具体扣除方式在一个纳税年度内不能变更
	夫妻双方婚前分别购买住房发生的首套住房贷款，其贷款利息支出，婚后可以选择其中一套购买的住房，由购买方按扣除标准的 100% 扣除，也可以由夫妻双方对各自购买的住房分别按扣除标准的 50% 扣除，具体扣除方式在一个纳税年度内不能变更
（5）住房租金	适用于纳税人在主要工作城市没有自有住房而发生的住房租金支出。按照以下标准每月定额扣除：直辖市、省会（首府）城市、计划单列市以及国务院确定的其他城市，扣除标准为每月 1 500 元；除前述所列城市以外，市辖区户籍人口超过 100 万的城市，扣除标准为每月 1 100 元；市辖区户籍人口不超过 100 万的城市，扣除标准为每月 800 元
（6）赡养老人	适用于纳税人赡养一位及以上被赡养人（年满 60 岁的父母，以及子女均已去世的年满 60 岁的祖父母、外祖父母）的赡养支出，按照以下标准定额扣除：纳税人为独生子女的，按照每月 2 000 元的标准定额扣除；纳税人为非独生子女的，由其与兄弟姐妹分摊每月 2 000 元的扣除额度，每人分摊的额度不能超过每月 1 000 元。可以由赡养人均摊或者约定分摊，也可以由被赡养人指定分摊

（4）依法确定的其他扣除。包括个人缴付符合国家规定的企业年金、职业年金，个人购买符合国家规定的商业健康保险、税收递延型商业养老保险的支出，以及国务院规定可以扣除的其他项目。

（5）专项扣除、专项附加扣除和依法确定的其他扣除，以居民纳税人一个纳税年度的应纳税所得额为限额；一个纳税年度扣除不完的，不结转以后年度扣除。

3. 综合所得应纳税额的计算

应纳税额 = 应纳税所得额 × 适用税率 − 速算扣除数

【计算题】假设中国居民李某 2019 年每月应取得工资收入为 30 000 元，缴纳“三险一金”4 500 元、享受子女教育和赡养老人两项专项附加扣除 2 000 元。2019 年度李某只在本单位一处拿工资，没有其他收入，没有大病医疗和减免收入及减免税额等情况。请依照现行税法规定，计算李某每月应预扣预缴税额和年终综合所得应纳税额。

【参考答案】

每月应预扣预缴税额：

1 月：（30 000 - 5 000 - 4 500 - 2 000）×3% = 555（元）

2 月：（30 000 ×2 - 5 000 ×2 - 4 500 ×2 - 2 000 ×2）×10% - 2 520 - 555 = 625（元）

3 月：（30 000 ×3 - 5 000 ×3 - 4 500 ×3 - 2 000 ×3）×10% - 2 520 - 1 180 = 1 850（元）

4 月：（30 000 ×4 - 5 000 ×4 - 4 500 ×4 - 2 000 ×4）×10% - 2 520 - 3 030 = 1 850（元）

5 月：（30 000 ×5 - 5 000 ×5 - 4 500 ×5 - 2 000 ×5）×10% - 2 520 - 4 880 = 1 850（元）

6 月：（30 000 ×6 - 5 000 ×6 - 4 500 ×6 - 2 000 ×6）×10% - 2 520 - 6 730 = 1 850（元）

7 月：（30 000 ×7 - 5 000 ×7 - 4 500 ×7 - 2 000 ×7）×10% - 2 520 - 8 580 = 1 850（元）

8 月：（30 000 ×8 - 5 000 ×8 - 4 500 ×8 - 2 000 ×8）×20% - 16 920 - 10 430 = 2 250（元）

9 月：（30 000 ×9 - 5 000 ×9 - 4 500 ×9 - 2 000 ×9）×20% - 16 920 - 12 680 = 3 700（元）

10 月：（30 000 ×10 - 5 000 ×10 - 4 500 ×10 - 2 000 ×10）×20% - 16 920 - 16 380 = 3 700（元）

11 月：（30 000 ×11 - 5 000 ×11 - 4 500 ×11 - 2 000 ×11）×20% - 16 920 - 20 080 = 3 700（元）

12 月：（30 000 12 - 5 000 ×12 - 4 500 ×12 - 2 000 ×12）×20% - 16 920 - 23 780 = 3 700（元）

1—12 月所在单位共计预扣预缴税额为 27 480 元。

年终综合所得应纳税额：

2019 年度综合所得应缴纳个人所得税 =（30 000 ×12 - 60 000 - 4 500 ×12 - 2 000 ×12）×20% - 16 920 = 27 480（元）

由于李某只在一处取得工资、薪金，且足额享受专项附加扣除，单位已全额预扣预缴税款，故年终不需进行综合所得汇算清缴。

（二）经营所得

经营所得，以每一纳税年度的收入总额减除成本、费用以及损失后的余额，为应纳税所得额。

1. 应纳税所得额和应纳税额计算的一般规定

经营所得	具体内容
（1）应纳税额的计算	应纳税额 = 应纳税所得额 × 适用税率 − 速算扣除数
（2）预缴和汇算清缴	**（1）纳税人取得经营所得，按年计算个人所得税，由纳税人在月度或者季度终了后15日内向税务机关报送纳税申报表，并预缴税款** 本月应预缴税额 = 本月累计应纳税所得额 × 适用税率 − 速算扣除数 − 上月累计已预缴税额 **（2）在取得所得的次年3月31日前办理汇算清缴** 全年应纳税额 = 全年应纳税所得额 × 适用税率 − 速算扣除数 汇算清缴税额 = 全年应纳税额 − 全年累计已预缴税额
（3）取得经营所得的个人，没有综合所得的	计算其每一纳税年度的应纳税所得额时，应当减除费用6万元、专项扣除、专项附加扣除以及依法确定的其他扣除。专项附加扣除在办理汇算清缴时减除

2. 个体工商户应纳税额的计算

个体工商户的生产、经营所得，以每一纳税年度的收入总额，减除成本、费用、税金、损失、其他支出以及允许弥补的以前年度亏损后的余额，为应纳税所得额。

个体工商户应纳税额的计算

个体工商户	具体内容
（1）与企业所得税相同的扣除项目和标准	从业人员工资；为从业人员缴纳的基本养老保险费、基本医疗保险费、失业保险费、生育保险费、工伤保险费和住房公积金；向当地工会组织拨缴的工会经费、实际发生的职工福利费；借款费用；租赁费；汇兑损益；业务招待费、广告费和业务宣传费；劳动保护费；亏损弥补等规定，均与企业所得税的基本规定一致
（2）与企业所得税不同的扣除项目和标准	（1）个体工商户业主的工资薪金支出不得税前扣除，但可以依照法律法规扣除一定的费用：**个体工商户业主的费用扣除标准统一确定为60 000元/年，即5 000元/月** **（2）对其购买符合规定的商业健康保险产品支出，可按照规定标准（限额2 400元/年，200元/月）在个人所得税前扣除**
	（3）个体工商户生产经营活动中，应当分别核算生产经营费用和个人、家庭费用。对于生产经营与个人、家庭生活混用难以分清的费用，**其40%视为与生产经营有关费用，准予扣除** 【提示】个人独资企业和个体工商户存在差异。在个人独资企业中，投资者及其家庭发生的生活费用不允许在税前扣除。投资者及其家庭发生的生活费用与企业生产经营费用混合在一起，并且难以划分的，**全部视为投资者个人及其家庭发生的生活费用，不允许在税前扣除** （4）企业拨缴的职工教育经费支出在工资薪金总额2.5%的标准内据实扣除 **（5）个体工商户代其从业人员或者他人负担的税款，不得税前扣除** **（6）个体工商户按照规定缴纳的摊位费、行政性收费、协会会费等，按实际发生数额扣除** **（7）公益性捐赠，捐赠额不超过其应纳税所得额30%的部分可以据实扣除，**直接给受益人的捐赠不得扣除
（3）税前不允许扣除的支出	**（1）个人所得税税款** **（2）税收滞纳金** **（3）罚金、罚款和被没收财物的损失** **（4）不符合扣除规定的捐赠支出** **（5）赞助支出** **（6）用于个人和家庭的支出** **（7）与取得生产经营收入无关的其他支出** **（8）国家税务总局规定不准扣除的支出**

续表

个体工商户	具体内容
(4) 核定征收	**从事生产、经营活动，未提供完整、准确的纳税资料，不能正确计算应纳税所得额的，由主管税务机关核定应纳税所得额或者应纳税额** (1) 企业能正确核算（查实）收入总额，但不能正确核算（查实）成本费用总额，或者通过合理方法，能计算和推定企业收入总额的 应纳税所得额 = 应税收入额 × 应税所得率 **(2) 企业能正确核算（查实）成本费用总额，但不能正确核算（查实）收入总额，或者通过合理方法，能计算和推定纳税人成本费用总额的** **应纳税所得额 = 成本（费用）支出额 ÷ (1 − 应税所得率) × 应税所得率**

【单选题】假设2019年度某个人独资企业发生生产经营费用30万元，经主管税务机关审核，与其家庭生活费用无法划分，依据个人所得税相关规定，该个人独资企业允许税前扣除的生产经营费用为（　）万元。

A. 0　　B. 12　　C. 18　　D. 30

【参考答案】A。投资者及其家庭发生的生活费用不允许在税前扣除。投资者及其家庭发生的生活费用与企业生产经营费用混合在一起，并且难以划分的，全部视为投资者个人及其家庭发生的生活费用，不允许在税前扣除。

【计算题】某个体工商户从事商品销售，假设2019年销售收入为248 000元，销货成本为100 000元，各项费用支出为18 000元，缴纳增值税12 000元，其他税费合计1 800元，当年支付2名雇工工资各20 000元。1—11月累计已预缴个人所得税790元（各项成本费用支出符合税前扣除标准）。

【要求】根据以上资料，在没有综合所得的情况下，计算：

(1) 该个体工商户当年的应纳税所得额。

(2) 该个体工商户当年的应纳个人所得税额。

(3) 该个体工商户当年汇算清缴应补（退）税额。

经营所得适用税率表

级数	全年应纳税所得额	税率（%）	速算扣除数
1	不超过30 000元的部分	5	0
2	超过30 000元至90 000元的部分	10	1 500
3	超过90 000元至300 000元的部分	20	10 500
4	超过300 000元至500 000元的部分	30	40 500
5	超过500 000元的部分	35	65 500

【参考答案】

(1) 该个体工商户当年的应纳税所得额 = 248 000（销售收入）− 100 000（销售成

本）-18 000（各项费用）-1 800（其他税费）-20 000×2（雇工工资）-60 000（减除费用）=28 200（元）

（2）该个体工商户当年的应纳个人所得税=28 200×5%=1410（元）

（3）该个体工商户当年汇算清缴应补税额=1 410-790（已预缴税额）=620（元）

（三）利息、股息、红利所得

利股红	具体内容
（1）应纳税所得额的确定	利息、股息、红利所得，以每次收入额为应纳税所得额 利息、股息、红利所得，以支付利息、股息、红利时取得的收入为一次
（2）应纳税额的计算	**应纳税额=应纳税所得额×适用税率（20%）**

（四）财产租赁所得

财产租赁	具体内容
（1）应纳税所得额的确定	（1）每次收入不超过4 000元的： 应纳税所得额=每次收入-800 （2）每次收入超过4 000元的： 应纳税所得额=每次收入×（1-20%） **【注】2016年5月1日全面推开营改增后，个人出租房屋的个人所得税应税收入不含增值税**
（2）应纳税额的计算	应纳税额=应纳税所得额×适用税率（20%） **【提示】个人出租住房取得的所得减按10%的税率征收个人所得税**

【计算题】王某于2019年3月将其位于市区的住房租给甲公司使用，每月租金收入3 000元，假定不考虑增值税等相关税费。

【要求】计算王某3月取得财产租赁所得应缴纳的个人所得税。

【参考答案】王某应缴纳个人所得税=（3 000-800）×10%=220（元）

（五）财产转让所得

1. 应纳税所得额的确定

财产转让所得，以一次转让财产的收入额减除**财产原值和合理费用**后的余额，为应纳税所得额。

应纳税额=应纳税所得额×适用税率（20%）

财产原值和合理费用的确定

财产转让	具体内容
（1）财产原值	（1）财产原值的确定方法： ①**有价证券**，为买入价以及买入时按照规定缴纳的有关费用 ②**建筑物**，为建造费或者购进价格以及其他有关费用 ③**土地使用权**，为取得土地使用权所支付的金额、开发土地的费用以及其他有关费用 ④**机器设备、车船**，为购进价格、运输费、安装费以及其他有关费用 ⑤**其他财产**，参照上述规定的方法确定财产原值 （2）核定财产原值的情形 纳税人未提供完整、准确的财产原值凭证，不能按照上述规定的方法确定财产原值的，由主管税务机关核定财产原值
（2）合理费用	是指卖出财产时按照规定支付的有关税费

【计算题】田某于2019年6月买进某公司债券10 000份，每份买价8元，共支付手续费800元，假设11月将10 000份全部卖出，每份卖价8.3元，共支付手续费415元。

【要求】计算田某11月取得财产转让所得应缴纳的个人所得税。

【参考答案】有价证券，财产原值为买入价以及买入时按照规定缴纳的有关费用。

（1）卖出债券应扣除的财产原值 =10 000×8（买价）+800（手续费）=80 800（元）

（2）转让债券的应纳税所得额 =10 000×8.3（卖价）-80 800（财产原值）-415（手续费）=1 785（元）

（3）转让债券应缴纳的个人所得税 =1 785×20% =357（元）

（六）偶然所得

偶然所得	具体内容
（1）应纳税所得额的确定	**偶然所得，以每次取得该项收入为一次，以每次收入额为应纳税所得额**
（2）应纳税额的计算	应纳税额 = 应纳税所得额 × 适用税率（20%）

【多选题】下列各项中，以每次收入额为个人所得税计税依据的有（　　）。

A. 偶然所得

B. 个体工商户从事生产、经营活动取得的所得

C. 工资、薪金所得

D. 利息、股息、红利所得

【参考答案】AD。利息、股息、红利所得和偶然所得，以每次收入额为应纳税所得额。

（七）特殊问题处理

1. 全年一次性奖金的处理

时间	税务处理
（1）2021 年 12 月 31 日以前	**（1）居民个人取得全年一次性奖金，在 2021 年 12 月 31 日前，可选择不并入当年综合所得，扣缴义务人发放时代扣代缴** **计税办法：将居民个人取得的全年一次性奖金，除以 12 个月，按其商数依照按月换算后的综合所得税率表确定适用税率和速算扣除数** 【注】无须考虑当月固定工资薪金小于生计费减除标准的差额 （2）居民个人取得全年一次性奖金，也可以选择并入当年综合所得计算纳税，在发放当月应遵循累计预扣法扣缴税款
（2）2022 年 1 月 1 日以后	**自 2022 年 1 月 1 日起，居民个人取得全年一次性奖金，应并入当年综合所得计算缴纳个人所得税**

2. 非上市公司授予本公司员工的期权、限制性股票和股权奖励的税务处理

非上市公司授予本公司员工的股票期权、股权期权、限制性股票和股权奖励，符合规定条件的，经向主管税务机关备案，可实行递延纳税政策，**即员工在取得股权激励时暂不纳税，递延至转让该股权时纳税。**

3. 企事业单位将住房以低于购置或建造成本价格销售给职工的个人所得税的征税规定

单位低价出售住房给职工，职工因此而少支出的差价部分，除另有规定外（住房制度改革期间是免税的），不并入当年综合所得，以差价收入除以 12 个月得到的数额，按照月度税率表确定适用税率和速算扣除数，单独计算纳税。其中“差价部分”，是指职工实际支付的购房价款低于该房屋的购置或建造成本价格的差额。

应纳税额 = 职工实际支付的购房价款低于该房屋的购置或建造成本价格的差额 × 适用税率 − 速算扣除数

【提示】事业单位和企业将自己建设或购买的住房低价卖给员工，由于卖给员工的价格通常低于单位购买的价格，因此相当于给员工一种“补贴”，该政策主要是针对这一“补贴”征收个税，保持税负公平。

二、非居民纳税人应纳税所得额和应纳税额的计算

居民/非居民企业	具体内容
计算方法相同的项目	经营所得，利息、股息、红利所得，财产租赁所得，财产转让所得，偶然所得
计算方法不相同的项目	工资、薪金所得，劳务报酬所得，稿酬所得，特许权使用费所得

（一）工资、薪金所得

工资薪金	具体内容
（1）应纳税所得额的确定	工资、薪金所得，以每月收入额减除费用5 000元后的余额为应纳税所得额 应纳税所得额 = 月收入额 - 5 000元
（2）应纳税额的计算	**应纳税额 = 应纳税所得额 × 适用税率 - 速算扣除数**

（二）劳务报酬所得

劳务报酬	具体内容
（1）应纳税所得额的确定	劳务报酬所得，以每次收入额为应纳税所得额，以收入减除20%的费用后的余额为收入额 **应纳税所得额 = 每次收入额 = 每次收入 ×（1 - 20%）**
（2）应纳税额的计算	**应纳税额 = 应纳税所得额 × 适用税率 - 速算扣除数**

【计算题】2019年5月，美国人约翰为我国境内A公司进行室内装潢设计，工作结束后，A公司向约翰支付了税前劳务报酬收入65 000元。

【要求】计算A公司应代扣代缴约翰的个人所得税。

【参考答案】

（1）应纳税所得额 = 65 000 ×（1 - 20%）= 52 000（元）

（2）应纳税额 = 52 000 × 30% - 4 410 = 11 190（元）

（三）稿酬所得

稿酬所得	具体内容
（1）应纳税所得额的确定	稿酬所得，以每次收入额为应纳税所得额。以收入减除20%的费用后的余额为收入额，稿酬所得的收入额减按70%计算 **应纳税所得额 = 每次收入额 = 每次收入 ×（1 - 20%）× 70%**
（2）应纳税额的计算	应纳税额 = 应纳税所得额 × 适用税率 - 速算扣除数

【计算题】2019年3月，某德国作家的长篇小说由我国境内一家出版社出版，按合同规定，出版社向该作家一次性支付稿酬20 000元。

【要求】计算该作家稿酬所得应缴纳的个人所得税。

【参考答案】

（1）应纳税所得额 = 20 000 ×（1 - 20%）× 70% = 11 200（元）

（2）应纳税额 = 11 200 × 10% − 210 = 910（元）

（四）特许权使用费所得

特许权使用费	具体内容
（1）应纳税所得额的确定	特许权使用费所得，以每次收入额为应纳税所得额。以收入减除 20% 的费用后的余额为收入额 应纳税所得额 = 每次收入额 = 每次收入 ×（1 − 20%）
（2）应纳税额的计算	应纳税额 = 应纳税所得额 × 适用税率 − 速算扣除数

【提示】个人所得税法将纳税人区分为居民个人和非居民个人。需要注意的是，享受个税专项附加扣除是不分国籍的；外国人能否享受个税专项附加扣除，取决于他的"纳税身份"。比如，外籍员工在中国居住未满 183 天，属于非居民个人，不能享受专项附加扣除；外籍个人若满足居民个人条件，即可享受专项附加扣除待遇，也可以选择继续享受现行有关子女教育费、语言训练费、住房补贴的免税优惠，但同一类支出事项不得同时享受。但对非居民个人的外籍人，只能享受现行有关子女教育费、语言训练费、住房补贴的免税优惠，不能享受专项附加扣除政策。

【计算题】2019 年 5 月，某法国编剧从我国境内某电视剧制作中心取得剧本使用费收入 10 000 元。

【要求】计算该法国编剧就该笔剧本使用费收入应缴纳的个人所得税。

【参考答案】

（1）应纳税所得额 = 10 000 ×（1 − 20%）= 8 000（元）

（2）应纳税额 = 8 000 × 10% − 210 = 590（元）

第四节　个人所得税的税收优惠

一、免税项目

1. 省级人民政府、国务院部委和中国人民解放军军以上单位，以及外国组织、国际组织颁发的科学、教育、技术、文化、卫生、体育、环境保护等方面的奖金。

2. 国债和国家发行的金融债券利息。

3. 按照国家统一规定发给的补贴、津贴。其中，按照国家统一规定发给的补贴、津贴，是指按照国务院规定发给的政府特殊津贴、院士津贴，以及国务院规定免予缴纳个人所得税的其他补贴、津贴。

4. 福利费、抚恤金、救济金。其中，福利费是指根据国家有关规定，从企业、事业单位、国家机关、社会组织提留的福利费或者工会经费中支付给个人的生活补助费；

救济金是指各级人民政府民政部门支付给个人的生活困难补助费。

5. 保险赔款。

6. 军人的转业费、复员费、退役金。

7. 按照国家统一规定发给干部、职工的安家费、退职费、基本养老金或者退休费、离休费、离休生活补助费。

8. 依照有关法律规定应予免税的各国驻华使馆、领事馆的外交代表、领事官员和其他人员的所得。

9. 中国政府参加的国际公约、签订的协议中规定免税的所得。

10. 国务院规定的其他免税所得。该项免税规定由国务院报全国人民代表大会常务委员会备案。

11. 支持新冠肺炎疫情防控和经济社会发展税费优惠政策

（1）取得政府规定标准的疫情防治临时性工作补助和奖金免征个人所得税。对参加疫情防治工作的医务人员和防疫工作者按照政府规定标准取得的临时性工作补助和奖金，免征个人所得税。政府规定标准包括各级政府规定的补助和奖金标准。对省级及省级以上人民政府规定的对参与疫情防控人员的临时性工作补助和奖金，比照执行。

（2）个人取得单位发放的预防新型冠状病毒感染肺炎的医药防护用品等免征个人所得税。单位发给个人用于预防新型冠状病毒感染的肺炎的药品、医疗用品和防护用品等实物（不包括现金），不计入工资、薪金收入，免征个人所得税。该政策自2020年1月1日起施行，截止日期视疫情情况另行公告。

（3）个体工商户延缓缴纳当期的个人所得税。2020年5月1日至2020年12月31日，个体工商户在2020年剩余申报期按规定办理个人所得税经营所得纳税申报后，可以暂缓缴纳当期的个人所得税，延迟至2021年首个申报期内一并缴纳。其中，个体工商户实行简易申报的，2020年5月1日至2020年12月31日期间暂不扣划个人所得税，延迟至2021年首个申报期内一并划缴。

二、减征项目

根据个人所得税法规定，有下列情形之一的，可以减征个人所得税，具体幅度和期限，由省、自治区、直辖市人民政府规定，并报同级人民代表大会常务委员会备案：

1. 残疾、孤老人员和烈属的所得；

2. 因自然灾害遭受重大损失的。

国务院可以规定其他减税情形，报全国人民代表大会常务委员会备案。

【提示】《国家税务总局关于明确残疾人所得征免个人所得税范围的批复（国税函〔1999〕329号）规定："经省级人民政府批准可减征个人所得税的残疾、孤老人员和烈属的所得仅限于劳动所得，具体所得项目为：工资、薪金所得；个体工商户的生产经营所得；对企事业单位的承包经营、承租经营所得；劳务报酬所得；稿酬所得；特许权使用费所得。”

第五节　个人所得税的申报缴纳

一、个人所得税的申报缴纳方式

（一）预扣预缴（代扣代缴）税款

扣缴税款	具体内容
（1）扣缴义务人	税法规定，个人所得税以所得人为纳税人，以支付所得的单位或者个人为扣缴义务人。扣缴义务人向个人支付应税款项时，应当依照个人所得税法规定预扣或者代扣税款，每月或者每次预扣、代扣的税款，应当在次月15日内缴入国库，并向税务机关报送“个人所得税扣缴申报表”
（2）应扣缴申报的应税所得项目	**实行个人所得税全员全额扣缴申报的应税所得包括：** **（1）工资、薪金所得** **（2）劳务报酬所得** **（3）稿酬所得** **（4）特许权使用费所得** **（5）利息、股息、红利所得** **（6）财产租赁所得** **（7）财产转让所得** **（8）偶然所得**
（3）扣缴义务人的法定义务	**扣缴义务人应当依法办理全员全额扣缴申报。在代扣税款的次月15日内，向主管税务机关报送其支付所得的所有个人的有关信息、支付所得数额、扣除事项和数额、扣缴税款的具体数额和总额以及其他相关涉税信息资料。**扣缴义务人首次向纳税人支付所得时，应当按照纳税人提供的识别号等基础信息，填写“个人所得税基础信息表”（A表）。支付工资、薪金所得的扣缴义务人应当于年度终了后两个月内，向纳税人提供其个人所得和已扣缴税款等信息。纳税人年度中间需要提供上述信息的，扣缴义务人应当提供。居民个人向扣缴义务人提供有关信息并依法要求办理专项附加扣除的，扣缴义务人按月预扣税款时应当按照规定予以扣除，不得拒绝。扣缴义务人应当依法对纳税人报送的专项附加扣除等相关涉税信息和资料保密。扣缴义务人发现纳税人提供的信息和实际情况不符的，可以要求纳税人修改。纳税人拒绝修改的，扣缴义务人应当报告税务机关，税务机关应当及时处理
（4）简便优化部分纳税人个人所得税预扣预缴方法	（1）对一个纳税年度内首次取得工资、薪金所得的居民个人，扣缴义务人在预扣预缴个人所得税时，**可按照5 000元/月乘以纳税人当年截至本月月份数计算累计减除费用。** （2）正在接受全日制学历教育的学生因实习取得劳务报酬所得的，扣缴义务人预扣预缴个人所得税时，可按照《国家税务总局关于发布〈个人所得税扣缴申报管理办法（试行）〉的公告（2018年第61号）规定的累计预扣法计算并预扣预缴税款。 （3）对上一完整纳税年度内每月均在同一单位预扣预缴工资、薪金所得个人所得税且全年工资、薪金收入不超过6万元的居民个人，扣缴义务人在预扣预缴本年度工资、薪金所得个人所得税时，累计减除费用自1月起直接按照全年6万元计算扣除。**即，在纳税人累计收入不超过6万元的月份，暂不预扣预缴个人所得税；在其累计收入超过6万元的当月及年内后续月份，再预扣预缴个人所得税。** **对按照累计预扣法预扣预缴劳务报酬所得个人所得税的居民个人，扣缴义务人比照上述规定执行。**

【判断题】扣缴义务人向个人支付应税款项时，应当依照个人所得税法规定预扣或者代扣税款，每月或者每次预扣、代扣的税款，应当在次月 7 日内缴入国库，并向税务机关报送“个人所得税扣缴申报表”

【参考答案】×。扣缴义务人向个人支付应税款项时，应当依照个人所得税法规定预扣或者代扣税款，每月或者每次预扣、代扣的税款，应当在次月 15 日内缴入国库，并向税务机关报送“个人所得税扣缴申报表”。

扣缴税款	预扣预缴	代扣代缴
（1）居民纳税人	（1）工资、薪金所得 （2）劳务报酬所得 （3）稿酬所得 （4）特许权使用费所得	（5）利息、股息、红利所得 （6）财产租赁所得 （7）财产转让所得 （8）偶然所得
（2）非居民纳税人	无	全部所得

（二）自行申报纳税（有下列情形之一的）

1. 取得综合所得需要办理汇算清缴。

（1）从两处以上取得综合所得，且综合所得年收入额减除专项扣除的余额超过 6 万元；

（2）取得劳务报酬所得，稿酬所得，特许权使用费所得中一项或者多项所得，且综合所得年收入额减除专项扣除的余额超过 6 万元；

（3）纳税年度内预缴税额低于应纳税额；

（4）纳税人申请退税。纳税人申请退税，应当提供其在中国境内开设的银行账户，并在汇算清缴地就地办理税款退库。

2. 取得应税所得没有扣缴义务人。

3. 取得应税所得，扣缴义务人未扣缴税款。

4. 取得境外所得。

5. 因移居境外注销中国户籍。

6. 非居民个人在中国境内从两处以上取得工资、薪金所得。

7. 国务院规定的其他情形。

【判断题】取得个人所得税应税所得，但没有扣缴义务人的，纳税人应于取得所得后自行申报纳税。（　　）

【参考答案】√。纳税人取得应纳税所得，没有扣缴义务人的，纳税人应当按照规定到主管税务机关办理纳税申报。

【单选题】下列情况中，纳税人不需要自行向主管税务机关申报所得并缴纳税款的是（　　）。

A. 取得应纳税所得，没有扣缴义务人的

B. 因移居境外注销中国户籍的

C. 居民纳税人从中国境外取得所得的

D. 非居民纳税人在中国境内一处取得工资、薪金所得的

【参考答案】D。非居民纳税人在中国境内一处取得工资、薪金所得，由扣缴单位依法履行代扣代缴义务，不需要自行向主管税务机关申报缴纳税款。

二、个人所得税的纳税期限

除特殊情况外，扣缴义务人每月或每次预扣、代扣的税款，应当在次月15日内缴入国库，并向税务机关报送扣缴个人所得税申报表。

业务情形	纳税期限规定
（1）取得综合所得	居民纳税人取得综合所得，按年计算个人所得税。**需要办理汇算清缴的，应当在取得所得的次年3月1日至6月30日内办理纳税申报，并报送“个人所得税年度自行纳税申报表”**
（2）取得经营所得	**纳税人取得经营所得，按年计算个人所得税，由纳税人在月度或者季度终了后15日内办理预缴纳税申报，并报送“个人所得税经营所得纳税申报表”（A表）。在取得所得的次年3月31日前办理汇算清缴，并报送“个人所得税经营所得纳税申报表”（B表）。纳税人在中国境内两处以上取得经营所得，办理合并计算个人所得税的年度汇总纳税申报时，应报送“个人所得税经营所得纳税申报表”（C表）**
（3）取得应税所得，扣缴义务人未扣缴税款	**居民纳税人取得综合所得，扣缴义务人未扣缴税款，需要办理汇算清缴的，应当在取得所得的次年3月1日至6月30日内办理纳税申报。**非居民纳税人取得工资、薪金所得，劳务报酬所得，稿酬所得，特许权使用费所得，扣缴义务人未扣缴税款，需要办理汇算清缴的，应当在取得所得的次年6月30日前办理纳税申报。**非居民纳税人在次年6月30日前离境（临时离境除外）的，应当在离境前办理纳税申报，**纳税人取得利息、股息、红利所得，财产租赁所得，财产转让所得和偶然所得，扣缴义务人未扣缴税款，需要办理汇算清缴的，应当在取得所得的次年6月30日前办理纳税申报。税务机关通知限期缴纳的，纳税人应当按照期限缴纳税款
（4）从中国境外取得所得	居民纳税人从中国境外取得所得的，应当在取得所得的次年3月1日至6月30日内办理纳税申报
（5）因移居境外注销中国户籍	**纳税人因移居境外注销中国户籍的，应当在申请注销中国户籍前办理纳税申报，进行税款清算**
（6）非居民个人在中国境内从两处以上取得工资、薪金所得	**非居民纳税人在中国境内从两处以上取得工资、薪金所得的，应当在取得所得的次月15日内办理纳税申报，并报送“个人所得税自行纳税申报表”（A表）**

三、纳税地点

（一）居民纳税人纳税地点的规定

业务情形	纳税地点规定
（1）取得综合所得需要办理汇算清缴的纳税人	应向任职、受雇单位所在地主管税务机关办理纳税申报。纳税人有两处以上任职、受雇单位的，选择向其中一处任职、受雇单位所在地主管税务机关办理纳税申报。纳税人没有任职、受雇单位的，向户籍所在地或经常居住地主管税务机关办理纳税申报
（2）取得经营所得的纳税人	应向经营管理所在地主管税务机关办理预缴纳税申报，在取得所得的次年3月31日前，向经营管理所在地主管税务机关办理汇算清缴。从两处以上取得经营所得的，选择向其中一处经营管理所在地主管税务机关办理年度汇总申报
（3）取得境外所得的纳税人	应向中国境内任职、受雇单位所在地主管税务机关办理纳税申报。在中国境内没有任职、受雇单位的，向户籍所在地或中国境内经常居住地主管税务机关办理纳税申报。户籍所在地与中国境内经常居住地不一致的，选择其中一地主管税务机关办理纳税申报。在中国境内没有户籍的，向中国境内经常居住地主管税务机关办理纳税申报
（4）因移居境外注销中国户籍的纳税人	应向户籍所在地主管税务机关办理纳税申报
（5）取得应税所得，扣缴义务人未扣缴税款的	居民纳税人取得综合所得的，应向任职、受雇单位所在地主管税务机关办理纳税申报

（二）非居民纳税人纳税地点的规定

业务情形	纳税地点规定
（1）在中国境内从两处以上取得工资、薪金所得	应向其中一处任职、受雇单位所在地主管税务机关办理纳税申报
（2）取得应税所得，扣缴义务人未扣缴税款的	非居民纳税人取得工资、薪金所得，劳务报酬所得，稿酬所得，特许权使用费所得的，应向扣缴义务人所在地主管税务机关办理纳税申报。有两个以上扣缴义务人均未扣缴税款的，选择向其中一处扣缴义务人所在地主管税务机关办理纳税申报

本章习题

一、单项选择题

1. 2018年《个人所得税法》首次引入（　　）。

A. 单一所得税制　　B. 综合所得税制

C. 分类所得税制　　　　D. 综合与分类相结合的税制

2. 下列所得中，不属于个人所得税“工资、薪金所得”应税项目的是（　　）。

A. 个人兼职取得的所得

B. 退休人员再任职取得的所得

C. 任职于杂志社的记者在本单位杂志上发表作品取得的所得

D. 个人在公司任职并兼任董事取得的董事费所得

3. 2019 年 3 月我国公民贾某取得劳务报酬收入 3 000 元，在提供劳务过程中发生支出 400 元。2019 年 3 月支付方应预扣预缴贾某劳务报酬所得个人所得税为（　　）元。

A. 360　　B. 440　　C. 880　　D. 1 200

4. 下列各类所得中，适用累进税率的是（　　）。

A. 财产转让所得　　　　B. 综合所得

C. 利息、股息、红利所得　　　　D. 财产租赁所得

5. 纳税人的子女接受学前教育和全日制学历教育的相关支出，则每个子女每月定额扣除的标准为（　　）元。

A. 1 000　　B. 2 000　　C. 3 000　　D. 4 000

6. 居民纳税人方某一次性取得稿酬收入 20 000 元，按现行个人所得税的相关规定，其预扣预缴个人所得税的应纳税所得额是（　　）元。

A. 10 000　　B. 11 200　　C. 16 000　　D. 20 000

7. 2019 年某保险营销员取得不含税佣金收入 37.5 万元，假定不考虑其他附加税费、专项扣除和专项附加扣除，2019 年该营销员应缴纳个人所得税（　　）元。

A. 9 480　　B. 16 080　　C. 19 080　　D. 28 080

8. 非居民个人取得工资薪金所得的征收管理，下列说法正确的是（　　）。

A. 依据综合所得税率表，按月代扣代缴税款

B. 由扣缴义务人按月代扣代缴税款，不办理汇算清缴

C. 扣缴义务人可将同期的工资薪金和股息红利所得合并代扣代缴税款

D. 向扣缴义务人提供专项附加扣除信息的，可按扣除专项附加后的余额代扣税款

9. 下列工资、薪金所得，免征个人所得税的是（　　）。

A. 年终加薪

B. 劳动分红

C. 退休人员再任职收入

D. 外籍人员取得任职单位的非现金住房补贴

10. 居民个人的下列所得，不并入综合所得计税的是（　　）。

A. 稿酬所得　　　　B. 劳务报酬所得

C. 财产租赁所得　　　　D. 工资薪金所得

二、多项选择题

1. 非居民个人取得的下列收入中，应在中国按规定计算缴纳个人所得税的有（　　）。
   A. 在中国境内任职取得的工资、薪金收入
   B. 出租境外房屋而取得的租金收入
   C. 从我国境内的上市公司取得的股息收入
   D. 将专利权转让给中国境内企业使用而取得的特许权使用费收入
2. 下列各项中，适用 20% 比例税率征收个人所得税的有（　　）。
   A. 经营所得　　B. 利息、股息、红利所得
   C. 财产租赁所得　　D. 财产转让所得
3. 下列各项中，实行个人所得税全员全额扣缴申报的应税所得有（　　）。
   A. 工资、薪金所得　　B. 劳务报酬所得
   C. 稿酬所得　　D. 财产转让所得
4. 下列属于个人所得税不征税项目的有（　　）。
   A. 独生子女补贴
   B. 执行公务员工资制度未纳入基本工资总额的补贴、津贴差额和家属成员的副食品补贴
   C. 托儿补助费
   D. 差旅费津贴
5. 下列关于全年一次性奖金个人所得税政策的表述中，正确的有（　　）。
   A. 2019 年 1 月 1 日至 2021 年 12 月 31 日，纳税人取得的全年一次性奖金可以选择单独计算纳税，也可以选择并入当年综合所得计算纳税
   B. 2019 年 1 月 1 日至 2021 年 12 月 31 日，居民纳税人取得全年一次性奖金选择单独计算纳税时，需将当月固定工资薪金小于生计费减除标准的差额抵减全年一次性奖金，以余额作为计税依据
   C. 居民纳税人选择将全年一次性奖金并入综合所得计算纳税时，在发放当月应遵循累计预扣法扣缴税款
   D. 自 2022 年 1 月 1 日起，居民纳税人取得的全年一次性奖金只能并入当年综合所得计算缴纳个人所得税
6. 下列关于专项附加扣除的说法，符合个人所得税相关规定的有（　　）。
   A. 住房贷款利息扣除的期限最长不得超过 240 个月
   B. 直辖市的住房租金支出的扣除标准是每月 1 500 元
   C. 同一学历的继续教育扣除期限不得超过 36 个月
   D. 赡养老人专项附加扣除的起始时间为被赡养人年满 60 周岁的当月
   E. 职业资格技术教育在取得相关证书的当年，按照 3 600 元定额标准扣除

7. 取得综合所得需要办理汇算清缴的情形包括（　　）。

A. 两处以上取得综合所得，且综合所得年收入额超过6万元

B. 劳务报酬所得、稿酬所得、特许权使用费所得中一项或者多项所得，且综合所得年收入额减除专项扣除的余额超过6万元

C. 纳税年度内预缴税额低于应纳税额

D. 纳税人申请退税

8. 个人取得的下列收入中，需要以扣除规定费用后的余额为应纳税所得额征收个人所得税的有（　　）。

A. 偶然所得　　B. 财产租赁收入

C. 财产转让收入　　D. 股息红利所得

参考答案与解析

一、单项选择题

1.【参考答案】D。2018年《个人所得税法》首次引入综合与分类相结合的税制。

2.【参考答案】A。工资、薪金所得，是指个人因任职或者受雇而取得的工资、薪金、奖金、年终加薪、劳动分红、津贴、补贴以及与任职或者受雇有关的其他所得。个人兼职取得的所得，按“劳务报酬所得”缴纳个人所得税。

3.【参考答案】B。劳务报酬所得应预扣预缴税额＝预扣预缴应纳税所得额×预扣率－速算扣除数＝每次收入额×预扣率－速算扣除数＝(每次收入－费用)×预扣率－速算扣除数。减除费用的确定依据每次收入是否超过4 000元而定，每次收入不超过4 000元的，减除费用按800元计算；每次收入4 000元以上的，减除费用按20%计算。贾某取得劳务报酬所得应被预扣预缴税额＝(3 000－800)×20%＝440（元）。

4.【参考答案】B。综合所得采用累进税率；财产转让所得，利息、股息、红利所得，财产租赁所得等采用比例税率。

5.【参考答案】A。纳税人的子女接受学前教育和全日制学历教育的相关支出，按照每个子女每月1 000元的标准定额扣除。

6.【参考答案】B。(1) 居民个人取得稿酬所得，以收入减除费用后的余额为收入额，稿酬所得的收入额减按70%计算，以每次收入额为预扣预缴应纳税所得额。(2) 每次收入4 000元以上的，减除费用按照20%计算。(3) 预扣预缴的应纳税所得额＝20 000×(1－20%)×70%＝11 200（元）。

7.【参考答案】B。(1) 保险营销员、证券经纪人取得的佣金收入，属于劳务报酬所得，以不含增值税的收入减除20%的费用后的余额为收入额，收入额减去展业成本以及附加税费后，并入当年综合所得，计算缴纳个人所得税。保险营销员、证券经纪人展业成本按照收入额的25%计算。(2) 收入额＝375 000×(1－20%)＝300 000

（元）；展业成本 =300 000× 25% =75 000（元）；并入综合所得的金额 =300 000 - 75 000 =225 000（元）。（3）应缴纳个人所得税 =（225 000 - 60 000）×20% - 16 920 =16 080（元）。

8.【参考答案】B。非居民个人取得工资、薪金所得，有扣缴义务人的，由扣缴义务人按月代扣代缴税款，不办理汇算清缴。

9.【参考答案】D。外籍个人以非现金形式或实报实销形式取得的住房补贴和伙食补贴，免征个人所得税，但外籍个人以现金形式取得的住房补贴和伙食补贴不属于免征个人所得税的项目。

10.【参考答案】C。综合所得包含工资薪金所得、劳务报酬所得、稿酬所得、特许权使用费所得。

二、多项选择题

1.【参考答案】ACD。根据2019年1月1日起实施的《个人所得税法实施条例》规定，下列所得，不论支付地点是否在中国境内，均为来源于中国境内的所得：因任职、受雇、履约等而在中国境内提供劳务取得的所得；将财产出租给承租人在中国境内使用而取得的所得；许可各种特许权在中国境内使用而取得的所得；从中国境内企业、事业单位、其他组织以及居民个人取得的利息、股息、红利所得。

2.【参考答案】BCD。利息、股息、红利所得，财产租赁所得，财产转让所得和偶然所得，适用比例税率，税率为20%。

3.【参考答案】ABCD。实行个人所得税全员全额扣缴申报的应税所得包括：（1）工资、薪金所得；（2）劳务报酬所得；（3）稿酬所得；（4）特许权使用费所得；（5）利息、股息、红利所得；（6）财产租赁所得；（7）财产转让所得；（8）偶然所得。

4.【参考答案】ABCD。下列不属于工资、薪金性质的补贴、津贴或者不属于纳税人本人工资、薪金所得项目的收入，不征税：（1）独生子女补贴；（2）执行公务员工资制度未纳入基本工资总额的补贴、津贴差额和家属成员的副食品补贴；（3）托儿补助费；（4）差旅费津贴、误餐补助。

5.【参考答案】CD。选项A，2019年1月1日至2021年12月31日，居民纳税人取得的全年一次性奖金可以选择单独计算纳税，也可以选择并入当年综合所得计算纳税，非居民纳税人不适用。选项B，居民纳税人取得全年一次性奖金选择单独计算纳税时，无须考虑当月固定工资薪金小于生计费减除标准的差额。

6.【参考答案】ABDE。选项C，同一学历（学位）继续教育的扣除期限不能超过48个月。

7.【参考答案】BCD。选项A，取得综合所得需要办理汇算清缴的情形包括从两处以上取得综合所得，且综合所得年收入额减除专项扣除的余额超过6万元。

8. 【参考答案】BC。财产租赁所得，以一个月内取得的收入为一次。每次收入不超过 4 000 元的，减除费用 800 元；4 000 元以上的，减除 20% 的费用，其余额为应纳税所得额。财产转让所得，以一次转让财产的收入额减除财产原值和合理费用后的余额，为应纳税所得额。

第八章　资源税

第一节　资源税概述

一、资源税概述

资源税是以应税资源为课税对象，对在中华人民共和国领域和中华人民共和国管辖的其他海域开发应税资源的单位和个人，就其应税资源销售额或销售数量为计税依据而征收的一种税。目前通过改革试点，已经将水资源纳入其征税范围。

我国现行的资源税是由盐税和资源税两个税种合并而成。

【提示】资源税强调应税矿产品在**境内**开采或生产，**进口不征，出口不退**。

二、资源税发展历程

1950 年	政务院颁布《全国税政实施要则》，将盐税纳入中央与地方税收
1973 年	税制改革，将盐税并入工商税作为一个税目
1984 年	盐税成从工商税种分离，成为独立税种。财政部发布《财政部 国家税务总局关于资源税若干问题的法规（财税〔1984〕296 号），对原油、天然气、煤炭等先行开征资源税，对金属矿产品和其他非金属矿产品暂缓征收
1993 年	1993 年 12 月 25 日，国务院发布了《中华人民共和国资源税暂行条例》，将盐税与资源税合并，并对开采应税矿产品和生产盐的单位，实行从量定额征收
2010—2011 年	率先在新疆实行原油、天然气资源税从价计征。2011 年 11 月 1 日起，在全国实施原油、天然气资源税从价计征
2014 年	2014 年 12 月 1 日，实施煤炭资源税从价计征
2015 年	实施稀土、钨、钼资源税从价计征
2016 年	2016 年 5 月 9 日，财政部、国家税务总局公布了《关于全面推进资源税改革的通知（财税〔2016〕53 号），决定自 2016 年 7 月 1 日起，我国全面推进资源税改革，改革的主要内容包括： （1）扩大资源税征收范围 （2）实施矿产资源税从价计征改革 （3）全面清理涉及矿产资源的收费基金 （4）合理确定资源税税率水平 （5）加强矿产资源税收优惠政策管理，提高资源综合利用效率

续表

2019 年	2019 年 8 月 26 日，第十三届全国人大常委会第十二次会议表决通过了《中华人民共和国资源税法》（以下简称《资源税法》），并于 2020 年 9 月 1 日实施。依照《资源税法》的原则，对取用地表水或者地下水的单位和个人试点征收水资源税。水资源税试点实施办法由国务院规定，报全国人民代表大会常务委员会备案

【判断题】资源税是对开采、生产所有自然资源的单位和个人征收的一种税。（ ）

【参考答案】×。本题涉及的知识点是资源税的纳税人。在中华人民共和国领域及管辖海域开采应税矿产品或者生产盐的单位和个人缴纳资源税。

三、资源税的特点

资源税特点	具体内容
（1）对特定资源征税	资源税的征税范围是**矿产品、盐和水资源**（部分地区试点中），并逐步探索对森林、草场、滩涂等自然资源开征资源税
（2）对开采资源取得的收益征税	对开采资源**取得的收益征税**，可以**有效调节资源收益**，维护国家作为资源所有者的权益，促进资源行业健康发展
（3）由从量定额征收过渡到从价定率征收	（1）从量计征的缺点。从量计征的资源税对**市场价格不敏感**，**不能**反映市场供求关系带来的价格变动。从量计征会导致企业在一般资源开采中采富弃贫，造成资源浪费，**不能**起到保护环境或者引导企业节能减排的作用。 （2）我国现行资源税从 2010 年开始对部分应税资源逐步采取从价定率征收，自 **2016 年 7 月 1 日**起资源税从价计征改革**开始全面实施**。**2019 年通过**《资源税法》，并于 2020 年 9 月 1 日实施。依照《资源税法》的原则，对取用地表水或者地下水的单位和个人试点征收水资源税
（4）适度分权	结合我国资源分布不均衡、地域差异较大等实际情况，在不影响全国统一市场秩序前提下，赋予地方适当的税政管理权

【多选题】下列选项符合**资源税的特点**（ ）。

A. 对特定资源征税　　B. 对开采资源取得的收益征税

C. 由从量定额征收过渡到从价定率征收　　D. 适度分权

【参考答案】ABCD。根据上述归纳内容，四个选项都符合题意，应当全选。

第二节 资源税的纳税人和税目、税率

一、资源税的纳税人

在中华人民共和国领域和中华人民共和国管辖的其他海域开发应税资源的单位和个人，为资源税的纳税人，应当缴纳资源税。

【判断题】在中华人民共和国领域及管辖海域开采矿产品的企业和个体工商户为资

源税的纳税人。( )

【参考答案】×。这里的单位不能简单理解为仅仅指企业，它的范围是指企业、行政单位、事业单位、军事单位、社会团队及其他单位。这里的个人，不能简单理解为自然人，应包括个体工商户和其他个人（自然人）。

二、资源税的税目、税率

《资源税法》规定：资源税税目为能源矿产、金属矿产、非金属矿产、水汽矿产、盐五大类。此外，在改革试点地区，还包括地表水、地下水税目。

（二）税目具体解释

税目/征税对象	具体解释
（1）铝土矿	包括耐火级矾土、研磨级矾土等高铝粘土
（2）氯化钠初级产品	（1）是指井矿盐、湖盐原盐、提取地下卤水晒制的盐和海盐原盐 （2）包括**固体和液体形态的初级产品**
（3）海盐	是指海水晒制的盐，**不包括**提取地下卤水晒制的盐
（4）原煤	（1）原煤是指开采出的毛煤经过简单选矸（矸石直径 50mm 以上）后的煤炭，以及经过筛选分类后的筛选煤等 （2）**未税原煤（即自采原煤）加工的洗选煤**，是指经过筛选、破碎、水洗、风洗等物理化学工艺，去灰去矸后的煤炭产品，包括精煤、中煤、煤泥等，**不包括**煤矸石

【多选题】资源税的纳税义务人包括（ ）。

A. 在中国境内开采并销售煤炭的个人

B. 在中国境内开采销售天然气的国有企业

C. 在中国境内生产自用应税资源的个人

D. 进口应税资源的国有企业

【参考答案】ABC。在中华人民共和国领域及管辖海域开采《资源税暂行条例》规定的矿产品或者生产盐的单位和个人，为资源税的纳税人，应当按规定缴纳资源税。单位，是指企业、行政单位、事业单位、军事单位、社会团体及其他单位；个人，是指个体工商户和其他个人。因此 ABC 符合条件。D、E 不属于在中华人民共和国领域及管辖海域开采矿产品或者生产盐的单位，不是资源税的纳税义务人。

【多选题】下列属于资源税征税范围的有（ ）。

A. 稀土矿　　B. 石灰石　　C. 海盐　　D. 煤炭

【参考答案】ABCD。我国目前资源税的征税范围仅涉及矿产品和盐两大类，具体包括：原油、天然气、煤炭、其他非金属矿（包括：石墨、硅藻土、高岭土、萤石、石灰石、硫铁矿、磷矿、氯化钾、硫酸钾、井矿盐、湖盐、提取地下卤水晒制的盐、煤层（成）气、金属矿（包括：铁矿、金矿、铜矿、铝土矿、铅锌矿、镍矿、锡矿、稀土、钨、钼及其他金属矿产品等）和海盐。稀土矿、石灰石、海盐、煤炭都属于资源税的征税范围，因此 ABCD 都选。

三、税率

资源税针对不同资源产品分别采用比例税率和定额税率计税。

特征	说明
明确了分级分类确定税率的权限划分方式	对原油、天然气、中重稀土、钨、钼等战略资源实行固定税率，由税法直接确定。其他应税资源实行幅度税率，由税法确定幅度，并授权省级人民政府提出本地区的具体适用税率，报同级人大常委会决定
规范细化了税目	将全部 164 个应税资源品目在资源税法所附“税目税率表”中逐一列明，覆盖了目前已发现的所有矿种
明确了以从价计征为主的征税方式	资源税从法律上确立了从价计征为主、从量计征为辅的资源税征税方式。税法所列 164 个税目中，有 158 个税目实行从价计征，对地热、矿泉水、石灰岩、砂石、其他粘土和天然卤水 6 个税目可视征管便利度选择实行从价计征或者从量计征
明确了按原矿、选矿分别设定税率	这一设计既确保了税负公平，又便利了纳税申报，是资源税制的一次优化

第三节 资源税应纳税额的计算

一、销售额的基本规定

计税方法	具体内容
从价定率	应税产品的销售额 × 纳税人具体适用的比例税率。资源税应税产品的销售额，按照纳税人销售应税产品向购买方收取的全部价款确定，不包括增值税税款
从量定额	应税产品的销售数量 × 纳税人具体适用的定额税率。应税产品的销售数量，包括纳税人开采或者生产应税产品的实际销售数量和自用于应当缴纳资源税情形的应税产品数量

【单选题】某油田企业为增值税一般纳税人，2020 年 9 月销售自产原油 1 000 吨，取得含税收入 2 260 万元，同时向购买方收取赔偿金 3.39 万元、储备费 2.26 万元。支付运输费用 1 万元，取得增值税专用发票，原油资源税税率 6%，该油田企业当月应纳资源税（　　）万元。

A. 120.00　　B. 120.25　　C. 140.75　　D. 120.30

【参考答案】D。向购买方收取的赔偿金和储备费属于价外费用，要换算为不含税金额并入销售额中征收资源税。当月应纳资源税 = (2 260 + 3.39 + 2.26) ÷ (1 + 13%) × 6% = 120.30（万元）。

二、销售额的特殊规定

（一）销售额的核定

销售额	具体内容
核定销售额的情形	（1）有自用应税产品行为而无销售额的：包括纳税人以应税产品用于**非货币性资产交换、捐赠、偿债、赞助、集资、投资、广告、样品、职工福利、利润分配或者连续生产非应税产品**等 （2）申报的应税产品**销售价格明显偏低且无正当理由**的
核定销售额的顺序	主管税务机关可以按下列方法和顺序确定其应税产品销售额： （1）按纳税人最近时期同类产品的平均销售价格确定 （2）按其他纳税人最近时期同类产品的平均销售价格确定 （3）按后续加工非应税产品销售价格，减去后续加工环节的成本利润后确定 （4）按应税产品组成计税价格确定 组成计税价格 = 成本 ×（1 + 成本利润率）÷（1 − 资源税税率） 上述公式中的成本利润率由省、自治区、直辖市税务机关确定 （5）按其他合理方法确定

（二）运杂费的扣减

运杂费用	具体内容
含义	相关运杂费用是指应税产品从坑口或者洗选（加工）地到车站、码头或者购买方指定地点的运输费用、建设基金以及随运销产生的装卸、仓储、港杂费用
可从计税销售额中扣减的情形	计入销售额中的相关运杂费用，凡取得增值税发票或者其他合法有效凭据的，准予从销售额中扣除

（三）矿产品

1. 外购产品扣除

外购产品扣除	具体内容
规定情形	纳税人外购应税产品与自采应税产品混合销售或者混合加工为应税产品销售的，在计算应税产品销售额或者销售数量时，准予扣减外购应税产品的购进金额或者购进数量；当期不足扣减的，可结转下期扣减。纳税人以外购原矿与自采原矿混合洗选加工为选矿产品销售的，在计算应税产品销售额或者销售数量时，按照下列方法进行扣减： **准予扣减的外购应税产品购进金额（数量）= 外购原矿购进金额（数量）×（本地区原矿适用税率 ÷ 本地区选矿产品适用税率）** 不能按照上述方法计算扣减的，按照主管税务机关确定的其他合理方法进行扣减
例外情形	纳税人应当准确核算外购应税产品的购进金额或者购进数量，未准确核算的，一并计算缴纳资源税
扣除凭据	依据外购应税产品的增值税发票、海关进口增值税专用缴款书或者其他合法有效凭据

2. 特殊规定

应税产品为矿产品的	包括原矿和选矿产品
纳税人以自采原矿（经过采矿过程采出后未进行选矿或者加工的矿石）直接销售，或者自用于应当缴纳资源税情形的	按照原矿计征资源税
纳税人以自采原矿洗选加工为选矿产品（通过破碎、切割、洗选、筛分、磨矿、分级、提纯、脱水、干燥等过程形成的产品，包括富集的精矿和研磨成粉、粒级成型、切割成型的原矿加工品）销售，或者将选矿产品自用于应当缴纳资源税情形的	按照选矿产品计征资源税，在原矿移送环节不缴纳资源税
对于无法区分原生岩石矿种的粒级成型砂石颗粒的	按照砂石税目征收资源税

三、销售数量的确定

（一）销售数量的类型

应税产品的销售数量，包括纳税人开采或者生产应税产品的实际销售数量和自用于应当缴纳资源税情形的应税产品数量。

（二）自产自用应税产品的税务处理

纳税人开采或者生产应税产品自用的，应当依照法律规定缴纳资源税；但是，自用于连续生产应税产品的，不缴纳资源税。

四、税率的确定

纳税人开采或者生产不同税目应税产品的	应当分别核算不同税目应税产品的销售额或者销售数量
未分别核算或者不能准确提供不同税目应税产品的销售额或者销售数量的	从高适用税率

五、水资源税计税依据的确定

水资源税采用**从量定额**方法计征。

计税依据	具体内容
（1）一般情况	水资源税的计税依据**一般是实际取用水量**
（2）特殊情况	水力发电和火力发电贯流式（不含循环式）冷却取用水计税依据**为实际发电量**

（五）资源税的税收优惠

纳税人开采或者生产同一应税产品同时符合两项或者两项以上减征资源税优惠政

策的，除另有规定外，只能选择其中一项执行。

优惠政策	具体内容
免征	开采原油以及在油田范围内运输原油过程中用于加热的原油、天然气； 煤炭开采企业因安全生产需要抽采的煤成（层）气。对青藏铁路公司及其所属单位运营期间自采自用的砂、石等材料免征资源税
减征	从低丰度油气田开采的原油、天然气，减征20%资源税；高含硫天然气、三次采油和从深水油气田开采的原油、天然气，减征30%资源税；稠油、高凝油减征40%资源税；从衰竭期矿山开采的矿产品，减征30%资源税。 自2019年1月1日至2021年12月31日，对增值税小规模纳税人可以在50%的税额幅度内减征资源税。自2014年12月1日至2023年8月31日，对充填开采置换出来的煤炭，资源税减征50%
其他	有下列情形之一的，省、自治区、直辖市可以决定免征或者减征资源税： （1）纳税人开采或者生产应税产品过程中，因意外事故或者自然灾害等原因遭受重大损失； （2）纳税人开采共伴生矿、低品位矿、尾矿。

【单选题】关于资源税税收优惠，下列说法正确的是（　　）。

A. 对深水油气田减征20%资源税

B. 对低丰度油气田暂减征30%资源税

C. 开采原油过程中用于加热的原油免征资源税

D. 开采原油过程同时开采的天然气免征资源税

【参考答案】C。选项A，对深水油气田资源税减征30%；选项B，对低丰度油气田资源税暂减征20%；选项D，与原油同时开采的天然气照章缴纳资源税。

第五节　资源税的纳税申报

一、纳税义务发生时间

1. 纳税人销售应税产品，纳税义务发生时间为**收讫销售款**或者**取得索取销售款凭据**的当天。

销售方式	纳税义务发生时间
（1）纳税人采取**分期收款**结算方式的	为销售合同**规定的收款日期**的当天
（2）纳税人采取**预收货**款结算方式的	为**发出**应税产品的当天
（3）纳税人采取其他结算方式的	为收讫销售款或者取得索取销售款凭据的当天

2. 纳税人**自产自用**应税产品的纳税义务发生时间，为**移送使用**应税产品的当天。

3. 水资源税的纳税义务发生时间为纳税人**取用水资源的当日**。

【单选题】下列关于资源税纳税义务发生时间的说法，不正确的是（ ）。

A. 自产自用应税产品，为移送使用应税产品的当天

B. 采取预收款方式销售应税产品，为收到预收款的当天

C. 采取直接收款方式销售应税产品，为收讫销售款或取得索取销售款凭证的当天

D. 采取分期收款方式销售应税产品，为合同规定的收款日期的当天

【参考答案】B。采取预收款方式销售应税产品，纳税义务时间为发出应税产品的当天。

二、纳税期限

纳税期限	具体内容
（1）纳税期限	纳税人的纳税期限分别为1日、3日、5日、10日、15日或者1个月，由**主管税务机关根据实际情况具体核定**。**不能按固定期限**计算纳税的，**可以**按次计算纳税。除农业生产取用水外，水资源税按季或者按月征收，由主管税务机关根据实际情况确定
（2）申报纳税	纳税人**以1个月**为一期纳税的，**自期满之日起10日内**申报纳税。以1日、3日、5日、10日或者15日为一期纳税的，**自期满之日起5日内预缴税款**，于**次月1日起10日内**申报纳税并结清上月税款。**水资源税**纳税人应当自纳税期满或者纳税义务**发生之日起15日**内申报纳税

三、纳税地点

事项情形	纳税地点
（1）一般规定	纳税人应纳的资源税，应当向应税产品的**开采或者生产所在地**主管税务机关缴纳。水资源税纳税人应当向**生产经营所在地**的税务机关申报缴纳。纳税人在**本省、自治区、直辖市范围内**开采或者生产应税产品，其纳税地点需要调整的，由**省、自治区、直辖市税务机关决定**
（2）跨省、自治区、直辖市开采或者生产资源税应税产品的纳税人	其下属生产单位与核算单位**不在同一省、自治区、直辖市的**，对其开采或者生产的应税产品，**一律在开采地或者生产地纳税**。实行**从量计征**的应税产品，其应纳税款一律由**独立核算的单位**按照**每个开采地或者生产地**的**销售量及适用税率**计算划拨。实行**从价计征**的应税产品，其应纳税款一律由独立核算的单位按照每个**开采地或者生产地的销售量、单位销售价格及适用税率**计算划拨
（3）扣缴义务人代扣代缴的资源税	应当向**收购地**主管税务机关缴纳

本章习题

一、单项选择题

1. 下列说法符合现行资源税法规政策规定的是（ ）。

A. 资源税采用定额税率

B. 稀土矿由从价计征改为从量定额计征

C. 资源税的计税价格中不含增值税

D. 资源税的纳税地点一般为机构所在地

2. 下列资源品中，属于资源税征收范围的是（　　）。

A. 土地　　B. 海盐　　C. 原始森林　　D. 柴油

3. 资源税纳税人开采或者生产不同税目应税产品的，应当分别核算不同税目应税产品的销售额或者销售数量；未分别核算或者不能准确提供不同税目应税产品的销售额或者销售数量的，（　　）

A. 从高适用税率

B. 从低适用税率

C. 由主管税务机关核定不同税目应税产品的销售额或者销售数量，按各自的税率分别计算纳税

D. 由财政部核定

二、多项选择题

1. 下列项目中关于资源税税收政策的说法，正确的有（　　）。

A. 开采原油过程中用于加热、修井的原油免税

B. 在从价定率计征方法下，销售额为纳税人销售应税产品向购买方收取的全部价款和价外费用，但不包括收取的增值税销项税额

C. 资源税采用比例税率和累进税率

D. 纳税地点是应税产品的开采或生产所在地

2. 以下关于资源税的表述，正确的有（　　）。

A. 对在中华人民共和国领域及管辖海域开采煤炭的单位和个人，应按规定征收资源税

B. 原油是资源税的应税资源，包括天然原油和人造石油

C. 纳税人进口应税资源不缴纳资源税

D. 开采资源税应税产品销售的，应向销售所在地的主管税务机关缴纳资源税

3. 下列项目中关于资源税税收政策的说法，正确的有（　　）

A. 开采原油过程中用于加热、修井的原油免税

B. 在从价定率计征方法下，销售额为纳税人销售应税产品向购买方收取的全部价款和价外费用，但不包括收取的增值税销项税额

C. 资源税采用比例税率和累进税率

D. 纳税地点是应税产品的开采或生产所在地

4. 关于资源税税收政策的说法，正确的有（　　）。
   A. 开采原油过程中用于加热、修井的原油免税
   B. 对低丰度油气田暂减征 20% 资源税
   C. 资源税采用比例税率和累进税率
   D. 纳税地点是应税产品的销售地

参考答案与解析

一、单项选择题

1.【参考答案】C。注意，2020 年 9 月 1 日起执行《资源税法》。

A 选项错误。资源税法保留了从价定率和从量定额两种方法。

B 选项错误。《财政部 国家税务总局关于实施稀土、钨、钼资源税从价计征改革的通知》（财税〔2015〕52 号）规定，稀土矿由从量计征改为从价计征。但其被《财政部 税务总局关于资源税有关问题执行口径的公告（财政部 税务总局公告 2020 年第 34 号）规定全文废止，现行资源税法保留了稀土矿从价计征的税率。

C 选项正确。《财政部 国家税务总局关于资源税改革具体政策问题的通知》（财税〔2016〕54 号）规定："销售额是指纳税人销售应税产品向购买方收取的全部价款和价外费用，不包括增值税销项税额和运杂费用。"但其已经被《财政部 税务总局关于资源税有关问题执行口径的公告（财政部 税务总局公告 2020 年第 34 号）规定全文废止，同时该文件也再次明确："一、资源税应税产品（以下简称应税产品）的销售额，按照纳税人销售应税产品向购买方收取的全部价款确定，不包括增值税税款。"

D 选项错误。《资源税法》规定："纳税人应当向应税产品**开采地或者生产地**的税务机关申报缴纳资源税。"

2.【参考答案】B。资源税是对境内开发应税资源的单位和个人征收的税收，税目表中不包含土地、原始森林和柴油。

3.【参考答案】A。《中华人民共和国资源税法》第四条规定：纳税人开采或者生产不同税目应税产品的，应当分别核算不同税目应税产品的销售额或者销售数量；未分别核算或者不能准确提供不同税目应税产品的销售额或者销售数量的，从高适用税率。

二、多项选择题

1.【参考答案】ABD。开采原油过程中用于加热、修井的原油，免税；销售额为纳税人销售应税产品向购买方收取的全部价款和价外费用，但不包括收取的增值税销项税额；资源税针对不同资源产品分别采用比例税率和定额税率计税；纳税人应纳的资源税，应当向应税产品的开采或者生产所在地主管税务机关缴纳。

2.【参考答案】AC。我国资源税只对在中华人民共和国领域及管辖海域开采应税矿产

品和生产盐的单位和个人征收资源税；纳税人应纳的资源税，应当向应税产品的开采或者生产所在地主管税务机关缴纳；原油不包括人造石油。

3. 【参考答案】ABD。

《中华人民共和国资源税法》第六条规定，有下列情形之一的，免征资源税：

（一）开采原油以及在油田范围内运输原油过程中用于加热的原油、天然气；

（二）煤炭开采企业因安全生产需要抽采的煤成（层）气。

选项A符合应选。

《财政部 税务总局关于资源税有关问题执行口径的公告》（财政部 税务总局公告2020年第34号）规定：资源税应税产品（以下简称应税产品）的销售额，按照纳税人销售应税产品向购买方收取的全部价款确定，不包括增值税税款。选项B符合应选。

资源税实行比例税率、幅度税率、单位税率，没有累进税率一说。选项C不选。

4.【参考答案】AB。根据《中华人民共和国资源税法》规定，资源税按照"税目税率表"实行从价计征或者从量计征。纳税人应当向应税产品开采地或者生产地的税务机关申报缴纳资源税。

第九章　土地增值税

第一节　土地增值税概述

一、土地增值税的概念

土地增值税是以纳税人转让国有土地使用权、地上的建筑物及其附着物（以下简称转让房地产）所取得的**增值额为征税对象**，依照规定税率征收的一种税。

二、土地增值税的特点

特点	具体内容
（1）以转让房地产取得的增值额为征税对象	土地增值税的增值额为纳税人转让房地产的收入，减除税法规定准予扣除的项目金额后的余额
（2）征税面广	凡在我国境内转让房地产并取得收入的单位和个人，除税法规定免税的外，均应依照税法规定缴纳土地增值税
（3）采用扣除法和评估法计算增值额	（1）土地增值税在计算方法上考虑我国实际情况，一般以纳税人转让房地产取得的收入，减除法定扣除项目金额后的余额作为计税依据 （2）对于转让旧房及建筑物，既没有评估价格，又不能提供购房发票的，以及对纳税人转让房地产申报不实、成交价格偏低的，采用评估价格法确定增值额，计征土地增值税
（4）实行超率累进税率	（1）土地增值税的税率是以转让房地产的增值率高低为依据，按照累进原则设计的，实行分级计税 （2）增值率高的，适用税率高、多纳税；增值率低的，适用税率低，少纳税，税收负担较为合理，体现国家政策
（5）按次征收	土地增值税发生在房地产转让环节，实行按次征收，每发生一次转让行为，就应根据每次取得的增值额征一次税。

第二节　土地增值税的纳税人、征税范围和税率

一、土地增值税的纳税人

土地增值税的纳税义务人为转让国有土地使用权、地上的建筑物及其附着物并取

得收入的**单位和个人**。

二、土地增值税的征税范围

凡转让国有土地使用权、地上建筑物及其附着物并取得收入的行为均属于土地增值税的征税范围。

征税范围	具体内容
(1) 土地增值税仅对**转让国有土地**使用权的行为征收，对转让集体土地使用权和出让国有土地使用权的行为不征税	(1) 根据《中华人民共和国土地管理法》的规定，国家为了公共利益，可以依照法律规定对集体土地实行征用，依法被征用后的土地属于国家所有。未经国家征用的集体土地不得转让。**如要自行转让是一种违法行为。对这种违法行为应由有关部门依照相关法律来处理，而不应纳入土地增值税的征税范围** (2) 出让国有土地使用权的出让方是国家，出让的目的是实行国有土地的有偿使用制度，合理开发、利用、经营土地，因此土地使用权的出让不属于土地增值税的征税范围
(2) 土地增值税既对转让土地使用权征税，也对转让地上建筑物及其附着物的产权征税	(1) 地上的建筑物，是指建于土地上的一切建筑物，包括地上地下的各种附属设施 (2) 附着物，是指附着于土地上的不能移动，一经移动即遭损坏的物品
(3) 土地增值税只对**有偿转让**的房地产征税，对以继承、赠与等方式无偿转让的房地产因未取得收入，不予征税	对转让房地产并取得收入的征税，对发生转让行为，而未取得收入的不征税。不征收土地增值税的房地产赠与行为仅指： (1) 房产所有人、土地使用权所有人将房屋产权、土地使用权赠与直系亲属或承担直接赡养义务人的 (2) 房产所有人、土地使用权所有人通过中国境内非营利的社会团体、国家机关将房屋产权、土地使用权赠与教育、民政和其他社会福利、公益事业的

【判断题】按照现行土地增值税的有关规定，下列说法正确的有（　　）。

A. 房地产评估增值征税

B. 房地产抵押期间不征税

C. 房地产所有人将房屋产权赠与直系亲属不征税

D. 房地产出租收入征税

【参考答案】BC。土地增值税对转让国有土地使用权、地上的建筑物及其附着物的行为征收。而评估增值、抵押期间和出租情况下房地产并没有转让，不应征收土地增值税。房产所有人、土地使用权所有人将房屋产权、土地使用权赠与直系亲属或承担直接赡养义务人的，不征收土地增值税。

三、土地增值税税率

土地增值税采用最低 30%、最高 60% 的**四级超率累进税率**。

超率累进税率是以征税对象数额的相对率为累进依据，按超率累进方式计算和确定适用税率。

【提示】在确定适用税率时，首先需要确定征税对象数额的相对率。即以增值额与扣除项目金额的比率（增值率）从低到高划分为4个级次：增值额未超过扣除项目金额50%的部分；增值额超过扣除项目金额50%，未超过100%的部分；增值额超过扣除项目金额100%，未超过200%的部分；增值额超过扣除项目金额200%的部分，并分别适用30%、40%、50%、60%的税率。

土地增值税4级超率累进税率中每级增值额未超过扣除项目金额的比例，均包括本比例数。如增值额未超过项目金额50%的部分，包括50%在内，均适用30%的税率。

级数	增值额与扣除项目金额的比率	税率（%）	速算扣除系数（%）
1	不超过50%的部分	30	0
2	超过50%至100%的部分	40	5
3	超过100%至200%的部分	50	15
4	超过200%的部分	60	35

第三节　土地增值税应纳税额的计算

步骤	具体内容
第一步	确定收入项目及金额
第二步	确定扣除项目及金额
第三步	计算土地增值额： 土地增值额＝转让房地产的收入－扣除项目金额
第四步	计算增值比率： 增值比率＝土地增值额÷扣除项目金额×100%
第五步	确定适用税率和速算扣除系数
第六步	计算应纳税额

一、收入额确定

纳税人转让房地产所取得不含增值税的收入。

包括货币收入、实物收入和其他收入在内的全部价款及有关的经济收益。

二、扣除项目及其金额确定

（一）房地产开发企业转让新建房扣除项目及其金额确定

1. 取得土地使用权所支付的金额

支付金额	具体内容
（1）取得土地使用权所支付的地价款	（1）以协议、招标、拍卖等出让方式取得土地使用权的，为纳税人所支付的土地出让金 （2）以行政划拨方式取得土地使用权的，为转让土地使用权时按照国家有关规定补缴的土地出让金 （3）以转让方式取得土地使用权的，为向原土地使用权人支付的地价款
（2）按国家统一规定缴纳的有关费用	（1）是指纳税人在取得土地使用权过程中为办理有关手续，按国家统一规定缴纳的有关登记费、过户手续费、契税等 （2）房地产开发企业**逾期开发**缴纳的土地闲置费不得扣除 【提示】不含耕地占用税（因为已经列入土地征用费）

【单选题】2019年4月，某房地产开发公司转让在建项目，取得转让收入20 000万元。该公司取得土地使用权时支付土地出让金7 000万元、契税210万元、印花税3.5万元（已计入管理费用）及登记费0.1万元，该公司缴纳土地增值税时可以扣除的取得土地使用权所支付的金额为（　　）万元。

A. 7 213.50　　B. 7 210.10　　C. 7 213.60　　D. 7 210.00

【参考答案】B。取得土地使用权所支付的金额是指纳税人为取得土地使用权所支付的地价款和按国家统一规定缴纳的有关费用之和。该公司缴纳土地增值税时可以扣除的取得土地使用权所支付的金额 = 7 000 + 210 + 0.1 = 7 210.1（万元）。

2. 房地产开发成本

开发成本	具体内容
（1）土地征用及拆迁补偿费	包括土地征用费、耕地占用税、劳动力安置费及有关地上、地下附着物拆迁补偿的净支出、安置动迁用房支出等
（2）前期工程费	包括规划、设计、项目可行性研究和水文、地质、勘察、测绘、“三通一平”等支出
（3）建筑安装工程费	指以出包方式支付给承包单位的建筑安装工程费，以自营方式发生的建筑安装工程费
（4）基础设施费	包括开发小区内道路、供水、供电、供气、排污、排洪、通信、照明、环卫、绿化等工程发生的支出
（5）公共配套设施费	包括不能有偿转让的开发小区内公共配套设施发生的支出
（6）开发间接费用	指**直接组织、管理**开发项目发生的费用，包括工资、职工福利费、折旧费、修理费、办公费、水电费、劳动保护费、周转房摊销等 **【提示】如果不是直接组织、管理的，视为与收入没有直接相关的联系，不允许扣除**

【单选题】下列项目中，在计算土地增值税的扣除项目时，应计入房地产开发成本

的是（　　）。

A. 耕地占用税

B. 利息支出

C. 取得土地使用权时缴纳的过户手续费

D. 地价款

【参考答案】A。耕地占用税属于房地产开发成本中土地征用及拆迁补偿费项目。

3. 开发土地和新建房及配套设施的费用（房地产开发费用）

房地产开发费用是指与房地产开发项目有关的销售费用、管理费用、财务费用。

【提示】以前印花税按管理费用扣除，现在印花税全部计入税金及附加科目。

已经计入房地产开发成本的利息支出，应调整至财务费用中计算扣除。

在计算扣除项目金额时，房地产开发费用不是按照纳税人实际发生额进行扣除，而是按（取得土地使用权所支付的金额＋房地产开发成本）金额之和的5%以内计算扣除。

【提示】土地增值税是按照项目计算扣除的，费用在项目之间的分摊合理性无法区分，规定按照(土地＋开发成本)×5%计算是一个核定的方式。

【判断题】在计算土地增值税时，为销售房产发生的业务招待费可以据实扣除。(　　)

【参考答案】×。本题的考点是土地增值税的扣除项目。销售房产发生的业务招待费不属于据实扣除的项目，而是作为房地产开发费用根据“取得土地使用权所支付的金额”和“开发土地和新建房及配套设施的成本”的金额之和计算扣除。

业务情形	房地产开发费用扣除规定
（1）凡能够按转让房地产项目计算分摊并提供金融机构证明的	（1）利息支出允许据实扣除，但最高**不能超过按商业银行同类同期贷款利率计算的金额**，利息的上浮幅度按国家的有关规定执行，**超过上浮幅度的部分不允许扣除**。对于超过贷款期限的利息部分和加罚的利息不允许扣除 （2）其他房地产开发费用，按取得土地使用权所支付的金额与房地产开发成本之和的5%以内计算扣除。 房地产开发费用＝利息＋(取得土地使用权所支付的金额＋房地产开发成本)×5%以内
（2）凡不能按转让房地产项目计算分摊利息支出或不能提供金融机构证明的	房地产开发费用＝(取得土地使用权所支付的金额＋房地产开发成本)×10%以内
（3）全部使用自有资金，没有利息支出的	房地产开发费用＝(取得土地使用权所支付的金额＋房地产开发成本)×10%以内
（4）房地产开发企业既向金融机构借款，又有其他借款的	其房地产开发费用计算扣除时不能同时适用本表（1）（2）所述两种办法

【提示】上述规定分为据实扣除和限额扣除两种方式，如果不能按转让房地产项目计算分摊并提供金融机构证明的，只能选择限额扣除。

4. 与转让房地产有关的税金

税金	具体内容
允许扣除的税金	(1) 房地产开发企业转让新建房在计算“与转让房地产有关的税金”时，营改增之后包括在转让房地产时缴纳的**城市维护建设税和教育费附加**，凡能够按清算项目准确计算的，允许据实扣除 (2) 营改增后，计算土地增值税增值额的扣除项目中“与转让房地产有关的税金”不包括缴纳的增值税 提示：房地产开发企业按照规定，**其在转让时缴纳的印花税因列入管理费用中，故在此不允许单独再扣除**。其他纳税人缴纳的印花税（按产权转移书据所载金额0.5‰）允许扣除，原因在于其他纳税人主要是个人，不存在计入管理费用后重复扣除的问题，因此允许扣除
增值税进项税额	(1) 涉及的增值税进项税额，允许在销项税额中计算抵扣的，不计入扣除项目 (2) 不允许在销项税额中计算抵扣的，可以计入扣除项目

5. 财政部确定的其他扣除项目

财政部确定的其他扣除项目，是指对从事**房地产开发的纳税人**可按“取得土地使用权所支付的金额”和“房地产开发成本”的金额之和，**加计20%的扣除**。

【提示】上述规定目的是使得从事房地产开发的纳税人有一个基本的投资回报，以调动其从事正常房地产开发的积极性。

【多选题】房地产开发公司支付的下列相关税费，不可列入加计20%扣除范围的有（　　）。

A. 支付建筑人员的工资、福利费　　B. 占用耕地缴纳的耕地占用税

C. 销售过程中发生的销售费用　　D. 开发小区内的道路建设费用

【参考答案】C。销售费用属于房地产开发费用，不能加计扣除。

（二）转让旧房扣除项目及其金额的确定（分三种情况）

1. 能提供旧房及建筑物评估价格的情况下，扣除项目包含

扣除项目	具体内容
(1) 地价款和有关费用	(1) 与房地产开发企业转让新建房扣除项目中的“取得土地使用权所支付的金额”规定一致 (2) 对取得土地使用权时未支付地价款或不能提供已支付的地价款凭据的，不允许扣除取得土地使用权所支付的金额
(2) 房屋及建筑物的**评估价格**	(1) 旧房及建筑物的评估价格，是指在转让已使用的房屋及建筑物时，由政府批准设立的房地产评估机构评定的重置成本价乘以成新度折扣率后的价格。评估价格须经当地税务机关确认 (2) 评估价格＝重置成本价×成新度折扣率 ①**重置成本价**就是对旧房及建筑物，按转让时的建材价格及人工费用计算，建造同样面积、同样层次、同样结构、同样建筑标准的新房及建筑物所需花费的成本费用 ②**成新度折扣率**按旧房的新旧程度作一定比例的折扣 【提示】上述规定主要是考虑到如果按原成本价作为扣除项目金额，不尽合理。而采用评估的重置成本价能够相对消除通货膨胀因素的影响，比较合理

续表

扣除项目	具体内容
（3）有关的税金	（1）与转让房地产有关的税金，是指转让环节缴纳的城市维护建设税、教育费附加、印花税 （2）对于个人购入房地产再转让的，其在购入环节缴纳的契税，由于已经包含在旧房及建筑物的评估价格之中，故计征土地增值税时，不另作为与转让房地产有关的税金予以扣除
（4）评估费用	（1）纳税人为对房地产进行评估而支付的评估费用允许在计算土地增值税时予以扣除 （2）但对纳税人因隐瞒、虚报房地产成交价格等情形而按房地产评估价格计算征收土地增值税所发生的评估费用，则不允许在计算土地增值税时扣除

2. 不能取得评估价格，但能提供购房发票的情况

扣除项目	具体内容
（1）购房发票金额及发票加计扣除金额	（1）提供的购房凭据为营改增前取得的营业税发票的，按照发票所载金额（不扣减营业税）并从购买年度起至转让年度止每年加计5%计算 （2）提供的购房凭据为营改增后取得的增值税普通发票的，按照发票所载价税合计金额从购买年度起至转让年度止每年加计5%计算
	（3）提供的购房发票为营改增后取得的增值税专用发票的，按照发票所载不含增值税金额加上不允许抵扣的增值税进项税额之和，并从购买年度起至转让年度止每年加计5%计算 【注】计算扣除项目时“每年”按购房发票所载日期起至售房发票开具之日止，每满12个月计一年；超过一年，未满12个月但超过6个月的，可以视同为一年
（2）购房契税	对纳税人购房时缴纳的契税，凡能提供契税完税凭证的，准予作为“与转让房地产有关的税金”予以扣除，但不作为加计5%的基数。
（3）与转让房地产有关的税金	**是指转让环节缴纳的城市维护建设税、教育费附加、印花税（此时印花税可以全额扣除，原因在于为转让房地产实现土地增值而发生的）**

【提示】考虑到如果按原成本价作为扣除项目金额，不尽合理。为消除房屋及建筑成本的通货膨胀因素，基于有利于纳税人的课税，按照发票所载价税合计金额从购买年度起至转让年度止每年加计5%计算。

3. 既没有评估价格，又不能提供购房发票的情况

对于转让旧房及建筑物，既没有评估价格，又不能提供购房发票的，税务机关可以根据《税收征管法》第三十五条的规定，实行**核定征收**。

（三）转让未开发的土地使用权扣除项目及其金额的确定

业务事项	扣除规定
（1）对取得土地使用权后，**未进行开发**即转让的	（1）计算其增值额时，只允许扣除。取得土地使用权时支付的地价款+缴纳的有关费用+以及在转让环节缴纳的税金 （2）**这样规定，其目的主要是抑制“炒”买“炒”卖地皮的行为**
（2）对取得土地使用权后投入资金，将生地变为熟地转让的	计算其增值额时，允许扣除。取得土地使用权时支付的地价款+缴纳的有关费用+开发土地所需成本再加计开发成本的20%+在转让环节缴纳的税金。**这样规定，是鼓励投资者将更多的资金投向房地产开发**

【单选题】关于转让旧房及建筑物土地增值税扣除项目的税务处理，下列说法正确的是（ ）。

A. 凡不能取得评估价格的，按购房发票所载金额作为扣除项目金额

B. 凡不能取得评估价格的，由税务机关核定的金额作为扣除项目金额

C. 因计算纳税需要对房地产进行评估的，其支付的评估费用不得扣除

D. 出售旧房或建筑物的，首选按评估价格计算扣除项目

【参考答案】D。选项AB，营改增后，纳税人转让旧房及建筑物，凡不能取得评估价格，但能提供购房发票的，扣除项目的金额按照下列方法计算：（1）提供的购房凭据为营改增前取得的营业税发票的，按照发票所载金额（不扣减营业税）并从购买年度起至转让年度止每年加计5%计算；（2）提供的购房凭据为营改增后取得的增值税普通发票的，按照发票所载价税合计金额从购买年度起至转让年度止每年加计5%计算；（3）提供的购房发票为营改增后取得的增值税专用发票的，按照发票所载不含增值税金额加上不允许抵扣的增值税进项税额之和，并从购买年度起至转让年度止每年加计5%计算。选项C，纳税人转让旧房及建筑物时，因计算纳税需要对房地产进行评估，其支付的评估费用允许在计算土地增值税时予以扣除。

三、评估价格运用

在计算土地增值税时，某些特殊情况下，收入额或扣除项目金额难以采集或可靠性差，就需要用到评估价格。

需要用到评估价格的情形

业务事项	评估价格的确定
（1）出售旧房及建筑物的	（1）首先确定该房屋及建筑物的重置成本价 （2）然后确定其新旧程度（即成新度折扣率） （3）最后以重置成本价乘以其成新度折扣率，确定转让该旧房及建筑物的扣除项目金额
（2）隐瞒、虚报房地产成交价格的	（1）应由评估机构参照同类房地产的市场交易价格进行评估 （2）税务机关根据评估价格确定转让房地产的收入
（3）提供扣除项目金额不实的	（1）应由评估机构对该房屋按照评估出的房屋重置成本价乘以房屋的成新度折扣率，确定房产的扣除项目金额，并用该房产所占用土地取得时的基准地价或标定地价确定土地的扣除项目金额 （2）房产和土地的扣除项目金额之和即为该房地产的扣除项目金额
（4）转让房地产的成交价格低于房地产评估价格，又无正当理由的	应按评估的**市场交易价**确定其实际成交价，并以此作为转让房地产的收入，计算征收土地增值税

【单选题】下列项目中，计征土地增值税时不按评估价格来确定转让房地产收入、扣除项目金额的是（ ）。

A. 出售新房屋

B. 出售旧房

C. 虚报房地产成交价格的

D. 转让房地产成交价格低于评估价格，又无正当理由

【参考答案】A。土地增值税中规定要按评估价的情形有：出售旧房及建筑物的；虚报、隐瞒成交价格的；扣除项目金额不实的；成交价低于房地产评估价，又无正当理由的。

第四节　土地增值税的税收优惠

一、纳税人建造普通标准住宅

普通标准住宅	具体内容
(1) 纳税人建造**普通标准住宅**出售，税收处理规定	其增值额**未超过扣除项目金额20%的，免征**土地增值税。超过20%的，应就其全部增值额按规定计税
(2) 普通标准住宅的判定条件	2005年6月1日起普通标准住宅应同时满足： (1) 住宅小区建筑容积率在1.0以上 (2) 单套建筑面积在120平方米以下 (3) 实际成交价格低于同级别土地上住房平均交易价格1.2倍以下

【提示】上述规定是考虑到我国人民居住条件仍然较差，对建造普通标准住宅而增值较低的予以免税，而对增值较高的就全部增值额征税，有利于控制普通标准住宅售价，促进和保证其健康发展。

【多选题】计算缴纳土地增值税时，判定普通标准住宅的标准有（　　）。

A. 建筑容积率在1.0以上

B. 实际成交价低于同级别土地上住房平均交易价1.2倍以下

C. 建筑覆盖率在1.0以上

D. 单套建筑面积在120平方米以下

【参考答案】ABD。普通标准住宅的标准是：住宅小区建筑容积率在1.0以上；单套建筑面积在120平方米以下；实际成交价低于同级别土地上住房平均交易价1.2倍以下。

二、企事业单位、社会团体以及其他组织转让旧房

1. 企事业单位、社会团体以及其他组织转让旧房作为**廉租住房、经济适用住房**房源且增值额未超过扣除项目金额20%的，免征土地增值税。

2. 对企事业单位、社会团体以及其他组织转让旧房作为**公共租赁住房**房源，且增值额未超过扣除项目金额20%的，免征土地增值税。

【提示】上述免征土地增值税条件与纳税人建造普通标准住宅完全一致。主要是鼓

励和引导社会各方积极增加住房供给，推进住房市场健康发展，对于增值空间不大的给予同等税收待遇，从而保持税负公平。

【判断题】企事业单位转让旧房作为经济适用房房源，且增值额未超过扣除项目金额之和 20% 的，免征土地增值税。(　　)

【参考答案】√。

三、因国家建设需要被政府征收、收回、搬迁房地产

因国家建设需要而被政府征收、收回的房地产，免征土地增值税。

因城市市政规划、国家建设的需要而搬迁，由纳税人自行转让原房地产而取得的收入，免征土地增值税。

四、居民个人销售、互换住房

1. 居民个人**销售住房**，暂免征收土地增值税。

2. 个人之间**互换自有居住用房**的，经税务机关核实后可免税。

五、合作建房

合作建房，一方出土地，一方出资金，建成后按比例分房自用的，暂免征收土地增值税。

【单选题】根据土地增值税的相关规定，下列行为中，需要缴纳土地增值税的有(　　)。

A. 某房地产企业以开发的商品房抵偿债务

B. 以出地、出资双方合作建房，建成后又转让给其中一方的

C. 个人之间的互换住房

D. 某人将自己一套闲置的住房出租

【参考答案】AB。选项 C，个人之见互换自有居住用房地产的，经当地税务机关核实，暂免土地增值税；选项 D，个人出租住房，房屋所有权没有转移，不缴纳土地增值税。

第五节　土地增值税的征收管理

一、土地增值税的纳税期限

纳税期限	具体内容
(1) 每次转让后纳税申报	纳税人应自转让房地产合同签订之日起 **7 日内**向房地产所在地主管税务机关办理纳税申报，向税务机关提交有关资料，并在税务机关核定的期限内缴纳土地增值税
(2) 定期纳税申报	纳税人因经常发生房地产转让而难以在每次转让后申报的，经税务机关审核同意后，可以**定期**进行纳税申报，具体期限由税务机关根据情况确定

【提示】无论其是否取得了该土地使用权属证书、办理了土地使用权属证书变更登记手续，只要土地使用者享有收益、处分土地权利，有合同表明纳税人实质转让并取得了相应经济利益，当事人应当缴纳土地增值税。

【选择题】依据土地增值税相关规定，纳税人办理纳税申报的期限是（　　）。

A. 签订房地产建筑合同之日起 30 日内

B. 自转让房地产合同签订之日起 7 日内

C. 向有关部门办理过户登记手续之日起 7 日内

D. 签订房地产转让合同且收回款项之日起 10 日内

【参考答案】B。纳税人应当在签订房地产转让合同、发生纳税义务后 7 日内或在税务机关核定的期限内，按照税法规定，向主管税务机关办理纳税申报。

二、土地增值税的纳税地点

纳税地点	具体内容
（1）一般规定	土地增值税的纳税地点为房地产所在地（是指房地产的坐落地） 纳税人转让房地产坐落在两个或两个以上地区的，应按**房地产所在地**分别申报纳税
（2）具体规定	（1）纳税人是法人的 ①当转让的房地产坐落地与机构所在地或经营所在地一致时，则向办理税务登记的原管辖税务机关申报纳税即可 ②如果转让的房地产坐落地与其机构所在地或经营所在地不一致时，则应向**房地产坐落地**所管辖的税务机关申报纳税
	（2）纳税人是自然人的 ①当转让的房地产坐落地与其居住地一致时，则向其居住地税务机关申报纳税 ②当转让的房地产坐落地与其居住地不一致时，向**办理过户手续所在地**税务机关申报纳税

【提示】上述规定的逻辑是：为方便纳税人办理土地增值税缴税手续，一般规定向房地产坐落地的税务机关缴纳税款；为方便税务机关管理，对于自然人居住地与转让的房地产坐落地不一致的，要求到办理过户手续所在地的税务机关缴纳税款

【单选题】土地增值税的纳税人是法人的，如果转让的房地产坐落地与其机构所在地或经营所在地不一致时，则应在（　　）的税务机关申报纳税。

A. 房地产坐落地所管辖　　　　B. 机构所在地所管辖

C. 经营所在地所管辖　　　　D. 房地产转让实现地

【参考答案】A。纳税人是法人的，如果转让的房地产坐落地与其机构所在地或经营所在地不一致时，则应在房地产坐落地所管辖的税务机关申报纳税。

三、土地增值税的预征

纳税人在项目全部竣工结算前转让房地产取得的收入，由于涉及成本确定或其他原因，而无法据以计算土地增值税的，可以预征土地增值税，待该项目全部竣工办理

结算后再进行清算，多退少补。

除保障性住房外，东部省份预征率不低于 2%，中部和东北部不低于 1.5%，西部不低于 1%。

【提示】为确保税款平稳，均匀流入国库，采取土地增值税预征，通常按销售收入的一定比例征收。

第六节　土地增值税的清算

一、清算单位

土地增值税以国家有关部门审批的房地产开发项目为单位进行清算，对于分期开发的项目，一般以城市建设规划部门颁发的“建设工程规划许可证”所审批确认的分期项目为清算单位。

开发项目中同时包含普通住宅和非普通住宅的，对不同类型房地产分别计算增值额、增值率，缴纳土地增值税。

【提示】这是一个具有递进关系的规定，首先以审批项目为清算单位，其次分期开发的以分期项目为清算单位，再次是包含普通、非普通的分别计算增值额、增值率，缴纳土地增值税。

二、清算条件

清算条件	具体内容
(1) 应进行土地增值税清算的情形	纳税人符合下列条件之一的，**应进行**土地增值税的清算： (1) 房地产开发项目全部竣工、完成销售的 (2) 整体转让未竣工决算房地产开发项目的 (3) 直接转让土地使用权的 纳税人应当在满足条件之日起 **90 日内**到主管税务机关办理清算手续并提供相应的清算资料
(2) 主管税务机关可要求纳税人进行清算的情形	对符合以下条件之一的，主管税务机关**可要求**纳税人进行土地增值税清算： (1) 已竣工验收的房地产开发项目，已转让的房地产建筑面积占整个项目可售建筑面积的比例在 **85%以上**，或该比例虽未超过 85%，但剩余的可售建筑面积已经出租或自用的 (2) 取得销售（预售）许可证**满 3 年**仍未销售完毕的 (3) 纳税人申请注销税务登记但未办理土地增值税清算手续的（应在办理注销登记前进行土地增值税清算） (4) 税务机关规定的其他情况 税务机关可要求纳税人进行土地增值税清算的项目，由主管税务机关确定是否进行清算；对于确定需要进行清算的项目，由主管税务机关下达清算通知，纳税人应当在收到清算通知之日起 90 日内办理清算手续

【提示】单独提出主管税务机关可要求纳税人进行清算的情形，主要是防止纳税人故意长期造成不符合土地增值税清算条件，延迟缴纳国家税款，造成税款流失的情况。

【判断题】对取得销售（预售）许可证满三年仍未销售完毕的，税务机关可以要求纳税人进行土地增值税清算。（　　）

【参考答案】√

三、核定征收

在清算过程中，发现纳税人符合以下条件之一的，应按核定征收方式对房地产项目进行清算。

1. 依照法律、行政法规的规定**应当设置但未设置**账簿的；

2. **擅自销毁**账簿或者拒不提供纳税资料的；

3. 虽设置账簿，但**账目混乱**或者成本资料、收入凭证、费用凭证残缺不全，难以确定转让收入或扣除项目金额的；

4. 符合土地增值税清算条件，企业未按照规定的期限办理清算手续，经税务机关责令限期清算，逾期仍不清算的；

5. 申报的计税依据明显偏低，又无正当理由的。

【提示】要与《征管法》规定的核定征收情形进行区分。

《征管法》第三十五条规定：纳税人有下列情形之一的，税务机关有权核定其应纳税额：

（一）依照法律、行政法规的规定可以不设置账簿的；

（二）依照法律、行政法规的规定应当设置账簿但未设置的；

（三）擅自销毁账簿或者拒不提供纳税资料的；

（四）虽设置账簿，但账目混乱或者成本资料、收入凭证、费用凭证残缺不全，难以查账的；

（五）发生纳税义务，未按照规定的期限办理纳税申报，经税务机关责令限期申报，逾期仍不申报的；

（六）纳税人申报的计税依据明显偏低，又无正当理由的。

对比我们可以看到，《征管法》第三十五条规定的第一项情形不属于土地增值税规定的情形。因为土地增值税必须要设置账簿，因此该条款未被列入《土地增值税条例》。

四、清算后再转让房地产的处理

在土地增值税清算时未转让的房地产，清算后销售或有偿转让的，纳税人应按规定进行土地增值税的纳税申报，扣除项目金额按清算时的单位建筑面积成本费用乘以销售或转让面积计算。

单位建筑面积成本费用 = 清算时的扣除项目总金额 ÷ 清算的总建筑面积

本章习题

一、单项选择题

1. 关于土地增值税清算管理的说法，正确的是（　　）。

A. 分期开发房地产项目，以全部工程为单位清算

B. 直接转让土地使用权，符合清算条件，应进行清算

C. 取得销售许可证满 2 年仍未销售完毕，税务机关应要求纳税人清算

D. 整体转让未竣工决算房地产开发项目的，不符合清算条件

2. 在计算土地增值税时，不是按纳税人实际发生额进行扣除的是（　　）。

A. 取得土地使用权所支付的金额　　B. 房地产开发成本

C. 房地产开发费用　　D. 与转让房地产有关的税金

3. 下列各项中，应当征收土地增值税的是（　　）。

A. 公司与公司之间互换房产

B. 房地产开发公司为客户代建房产

C. 兼并企业从被兼并企业取得房产

D. 双方合作建房后按比例分配自用房产

二、多项选择题

1. 根据土地增值税的规定，下列说法正确的有（　　）。

A. 房地产评估增值征税

B. 房地产抵押期间不征税

C. 企业合并且原企业投资主体存续的，转让房地产不征税

D. 房地产出租收入征税

2. 在土地增值税征税范围的规定中，下列说法正确的有（　　）。

A. 合作建房建成后自用的，暂免征税

B. 企业互换自有房屋，免税

C. 房地产抵押期间，不征税

D. 房地产出租，不征税

3. 下列情形中，在计征土地增值税时需要以评估价格来确定转让房地产收入或扣除项目金额的有（　　）。

A. 虚报房地产成交价格的

B. 以市场价将房地产进行投资联营的

C. 提供扣除项目金额不实的

D. 出售旧房屋及建筑物的

三、判断题

1. 土地增值税实行预征制度，预征率的确定，除保障性住房外，西部省份预征率不低于 1%，中部和东北部不低于 1.5%，东部不低于 2%。　（　　）
2. 土地增值税实行超额累进税率。　（　　）

参考答案与解析

一、单项选择题

1.【参考答案】B。《国家税务总局关于房地产开发企业土地增值税清算管理有关问题的通知》规定：土地增值税以国家有关部门审批的房地产开发项目为单位进行清算，对于分期开发的项目，以分期项目为单位清算。因此 A 选项错误。

（一）符合下列情形之一的，纳税人应进行土地增值税的清算：

1. 房地产开发项目全部竣工、完成销售的；

2. 整体转让未竣工决算房地产开发项目的；

3. 直接转让土地使用权的。

（二）符合下列情形之一的，主管税务机关可要求纳税人进行土地增值税清算：

1. 已竣工验收的房地产开发项目，已转让的房地产建筑面积占整个项目可售建筑面积的比例在 85% 以上，或该比例虽未超过 85%，但剩余的可售建筑面积已经出租或自用的；

2. 取得销售（预售）许可证满三年仍未销售完毕的；

3. 纳税人申请注销税务登记但未办理土地增值税清算手续的；

4. 省税务机关规定的其他情况。

因此 B 选项正确，CD 选项错误。

2.【参考答案】C。根据《中华人民共和国土地增值税暂行条例实施细则》规定，取得土地使用权所支付的金额、房地产开发成本、与转让房地产有关的税金都可以据实扣除，但是房地产开发费用是限额扣除：财务费用中的利息支出，凡能够按转让房地产项目计算分摊并提供金融机构证明的，允许据实扣除，但最高不能超过按商业银行同类同期贷款利率计算的金额。其他房地产开发费用，按土地使用权支付金额、房地产开发成本规定计算的金额之和的 5% 以内计算扣除；凡不能按转让房地产项目计算分摊利息支出或不能提供金融机构证明的，房地产开发费用按土地使用权支付金额、房地产开发成本规定计算的金额之和 10% 以内计算扣除。

3.【参考答案】A。根据土地增值税相关法律规定，房地产的互换由于发生了房产转移，因此属于土地增值税的征税范围。但是对于个人之间互换自有居住用房的行为，经过当地税务机关审核，可以免征土地增值税。企业兼并转让房地产，在企业兼并中，对被兼并企业将房地产转让到兼并企业中的，免征收土地增值税。房地产的代建行为，是指房地产开发公司代客户进行房地产的开发，开发完成后向客户收取代建收入的行为。对于房地产开发公司而言，虽然取得了收入，但没有发生房地产权属的转移，其收入属于劳务收性质，故不在土地增值税征税范围。

二、多项选择题

1. 【参考答案】BC

《土地增值税暂行条例》规定："转让国有土地使用权、地上的建筑物及其附着物（以下简称转让房地产）并取得收入的单位和个人，为土地增值税的纳税义务人（以下简称纳税人），应依照本条例缴纳土地增值税。"房产评估增值、抵押、出租均没有发生转让行为，因此不征土地增值税。因此 B 选项正确，A、D 选项错误。

《财政部　国家税务总局关于企业改制重组有关土地增值税政策的通知》（财税〔2015〕5 号）规定："二、按照法律规定或者合同约定，两个或两个以上企业合并为一个企业，且原企业投资主体存续的，对原企业将国有土地、房屋权属转移、变更到合并后的企业，暂不征土地增值税。"因此，C 选项正确。

2. 【参考答案】ACD。财税字〔1995〕48 号规定：对于一方出地，一方出资金，双方合作建房，建成后按比例分房自用的，暂免征收土地增值税；建成后转让的，应征收土地增值税。对个人之间互换自有居住用房地产的，经当地税务机关核实，可以免征土地增值税。既建普通标准住宅又搞其他房地产开发的，不分别核算或不能准确核算增值额的，其普通标准住宅不能免税。选项 A 正确，选项 B 错误，企业之间互换房地产不在免税范围之列。选项 C、D 并未发生房屋所有权属转移，不应征税。

3. 【参考答案】ACD。《土地增值税暂行条例》第九条规定，纳税人有下列情形之一的，按照房地产评估价格计算征收：

（1）隐瞒、虚报房地产成交价格的；

（2）提供扣除项目金额不实的；

（3）转让房地产的成交价格低于房地产评估价格，又无正当理由的。

三、判断题

1. 【参考答案】√

《关于加强土地增值税征管工作的通知》（国税发〔2010〕53 号）规定："为了发挥土地增值税在预征阶段的调节作用，各地须对目前的预征率进行调整。除保障性住房外，东部地区省份预征率不得低于 2%，中部和东北地区省份不得低于 1.5%，西部地区省份不得低于 1%，各地要根据不同类型房地产确定适当的预征率（地区的划分按照国务院有关文件的规定执行）。对尚未预征或暂缓预征的地区，应切实按照税收法律法规开展预征，确保土地增值税在预征阶段及时、充分发挥调节作用。”

2.【参考答案】×。《土地增值税暂行条例》第七条规定：“土地增值税实行四级超率累进税率”。

第十章　其他各税

第一节　房产税

一、房产税概念

房产税是以房屋为征税对象，以房产原值一次减除10%—30%后的余值或房产租金收入为计税依据，向房屋产权所有人征收的一种财产税。

二、房产税的纳税义务人

是指在征税范围内拥有房屋产权的单位和个人。

税法规定情形	纳税人
产权属于**全民所有**的	由**经营管理的单位**纳税
产权属集体和个人所有的	由集体单位和个人纳税
产权出典的 **【提示】所谓产权出典，是指产权所有人将房屋、生产资料等的产权，在一定期限内典当给他人使用，而取得资金的一种融资业务。由于在房屋出典期间，产权所有人已无权支配房屋，因此，税法规定由对房屋具有支配权的承典人为纳税人**	由承典人纳税
产权所有人、承典人不在房产所在地的，或者产权未确定及租典纠纷未解决的	由房产代管人或者使用人纳税 **【提示】对租典纠纷尚未解决的房产，规定由代管人或使用人为纳税人，主要目的在于加强征收管理、保证房产税及时入库**
纳税单位和个人**无租使用**房产管理部门、免税单位及纳税单位的房产	应由**使用人**代为缴纳房产税
纳税单位将应税房产**无租出借给免税单位使用**的	应由房产所有人缴纳房产税

【单选题】下列关于房产税纳税人的税法，正确的是（　　）。

A. 产权出典的，由出典人缴纳房产税

B. 产权属于国家所有的，由经营管理单位缴纳房产税

C. 纳税单位无租使用免税单位房产的，由免税单位缴纳房产税

D. 无论产权所有人是否在房屋所在地，均由产权所有人缴纳房产税

【参考答案】B。选项 A，产权出典的，由承典人纳税；选项 C，纳税单位无租使用免税单位房产的，由纳税单位代为缴纳房产税；选项 D，产权所有人不在房屋所在地的，由房产代管人或者使用人缴纳房产税。

三、房产税的征税范围

1. 房产税以房产为征税对象

房产是以房屋形态表现的财产，房屋是指有屋面和围护结构（有墙或两边有柱），能够遮风避雨，可供人们在其中生产、学习、工作、娱乐、居住或储藏物资的场所。

2. 房产税在城市、县城、建制镇和工矿区征收

【提示】不涉及农村。农村的房屋，大部分是农民居住用房，为了不增加农民负担，对坐落在农村的房屋没有纳入征税范围。

【单选题】下列房屋及建筑物中，属于房产税征税范围的是（　　）。

A. 农村的居住用房

B. 建在室外的露天游泳池

C. 个人拥有的市区经营性用房

D. 房开企业尚未使用或出租而待售的商品房

【参考答案】C。选项 A，房产税的征税范围为城市、县城、建制镇和工矿区，不包括农村；选项 B，房产税以房产为征税对象，所谓房产，是指有屋面和围护结构（有墙或两边有柱），能够遮风避雨，可供人们在其中生产、学习、工作、娱乐、居住或储藏物资的场所，对于建在室外的露天游泳池，不属于房产税的征税范围；选项 D，房地产开发企业建造的商品房，在出售前，不征收房产税，但对出售前房地产开发企业已使用或出租、出借的商品房应按规定征收房产税。

四、房产税的税率、计税依据和计税方法

（一）房产税的税率（比例税率）

计税依据	税率
（1）按房产余值计税的	1.2%
（2）按房产租金收入计税的	12%

【特殊情况】
（1）对个人出租住房，**不区分用途，按 4%** 的税率征收房产税
（2）对企事业单位、社会团体以及其他组织按照市场价格向个人出租用于居住的住房，**减按 4%** 的税率征收房产税

【提示】拥有房屋的单位和个人，既可以将房屋用于经营自用和出典，又可以把房屋用于出租。房产税根据纳税人经营形式不同，对前一类房屋按房产计税余值征收，

对后一类房屋按租金收入计税。

【单选题】下列出租住房的行为，不分用途一律减按4%的税率征收房产税的是(　　)。

A. 个人出租在城市的住房　　B. 企业出租在农村的住房

C. 事业单位出租在县城的住房　　D. 社会团体出租在工矿区的住房

【参考答案】A。对个人出租住房，不区分用途，按4%的税率征收房产税。农村的住房不属于房产税的征税范围。

（二）房产税的计税依据

1. 一般规定

业务事项	计税依据的确定
（1）经营自用的房屋	（1）以房产余值作为计税依据 ①房产余值计税，是指依照房产原值一次减除10%—30%后的余额计算缴纳。具体减除幅度由省、自治区、直辖市人民政府规定（**【提示】将房产的自然损耗因素考虑进去**） ②房产原值是指纳税人按照会计制度规定，在会计核算账簿“固定资产”科目中记载的房屋原值
	③对按照房产原值计税的房产，无论会计上如何核算，房产原值均应包含地价，包括为取得土地使用权支付的价款、开发土地发生的成本费用等
（1）经营自用的房屋	④容积率低于0.5的，按房产建筑面积的2倍计算土地面积并据此确定计入房产原值的地价（**【提示】对低于0.5容积率的房产加大税负，从而鼓励提高土地使用效率，避免土地资源浪费**） （2）没有房产原值作为依据的，由房产所在地税务机关参考同类房产核定
（2）房产出租的	以不含增值税的房产租金收入为房产税的计税依据

2. 特殊规定

业务事项	具体税务处理规定
（1）对于更换房屋附属设备和配套设施的	在将其价值计入房产原值时，**可扣减原来**相应设备和设施的价值 对附属设备和配套设施中易损坏、需要经常更换的零配件，更新后不再计入房产原值
（2）改扩建对房屋原值的影响	纳税人对原有房屋进行**改建、扩建**的，要相应增加房屋的原值
（3）地下建筑	包括与地上房屋相连的地下建筑以及完全建在地面以下的建筑、地下人防设施等，均应当依照有关规定征收房产税 （1）出租的地下建筑 按照出租地上房屋建筑的有关规定计算征收房产税
	（2）自用的地下建筑，按以下方式计税： ①**工业用途**房产，以房屋原价的**50%—60%**作为应税房产原值。**商业和其他用途**房产，以房屋原价的**70%—80%**作为应税房产原值 【注】房屋原价折算为应税房产原值的具体比例，由各省、自治区、直辖市和计划单列市财政和税务部门在幅度内自行确定 ②对于与地上房屋**相连**的地下建筑，如房屋的地下室、地下停车场、商场的地下部分等，应将地下部分与地上房屋**视为一个整体**按照地上房屋建筑的有关规定计算征收房产税

续表

业务事项	具体税务处理规定
（4）投资联营	（1）以房产投资联营，投资者参与投资利润分红，**共担风险的**，**从价计征**，按房产余值作为计税依据计征房产税 （2）以房产投资，收取固定收入，**不承担联营风险的**（**【提示】实际是以联营名义取得房产租金**），**从租计征**，由出租方按不含增值税的租金收入计缴房产税

（三）房产税的计税方法

房产用途	计税方法
（1）自用的房产	以房产余值计税 应纳税额 = 房产余值 ×1.2% 房产余值 = 房产原值 ×（1 − 原值减除比例）
（2）出租的房产	以房产租金收入计税 应纳税额 = 不含增值税的房产租金收入 ×12%（或4%）

【判断题】房屋出租的，其缴纳房产税的计税依据是市场价格。（　　）

【参考答案】×。房屋出租房产税需要缴纳，出租房的房产税是按出租金额的12%计算缴纳。

五、房产税的税收优惠

下列房产免征房产税：

1. 国家机关、人民团体、军队**自用**的房产免征房产税。

自用的房产，是指这些单位本身的办公用房和公务用房。

2. 由国家财政部门拨付事业经费的单位**自用的房产免征**房产税。

自用的房产，是指这些单位本身的业务用房。

3. 宗教寺庙、公园、名胜古迹**自用的房产免征**房产税。

宗教寺庙自用的房产，是指举行宗教仪式等的房屋和宗教人员使用的生活用房屋；公园、名胜古迹自用的房产，是指公共参观游览的房屋及其管理单位的办公用房。

公园、名胜古迹中附设的**营业单位**，如影剧院、饮食部、茶社、照相馆等所使用的房产及出租的房产，应**征收**房产税。

【提示】对国家机关、人民团体、军队、国家财政部门拨付事业经费的单位，以及宗教寺庙、公园名胜古迹自用的房产免征房产税，主要是考虑到这些单位的经费来源由国家财政部门拨款，本身没有纳税能力。至于这些单位非自用的房产，例如出租或作营业用的，因为已有收入来源和纳税能力，应按照规定征收房产税。

4. 个人所有非营业用的房产免征房产税，国务院批准的征税试点城市除外。

对个人所有的营业用房或出租等非自用的房产，应按照规定征收房产税。

【提示】主要是为了照顾我国城镇居民住房的实际状况，鼓励个人改善居住条件，配合城市住房制度的改革。

5. 经财政部和国家税务总局批准免税的其他房产。

【多选题】根据房产税相关规定，下列房产可免征房产税的有（　　）。

A. 按政府规定价格出租的公有住房

B. 公园内的照相馆用房

C. 饮水工程运营管理单位自用的生产用房

D. 施工期间为基建工地服务的临时性办公用房

【参考答案】ACD。选项B，应征收房产税。

六、房产税的征收管理

（一）纳税义务发生时间

事项情形	纳税义务发生时间
（1）购置新建商品房	自房屋交付使用之**次月**起计征房产税
（2）购置存量房	自办理房屋权属转移、变更登记手续，房地产权属登记机关**签发房屋权属证书之次月**起计征房产税
（3）出租、出借房产	自交付出租、出借房产之**次月**起计征房产税
（4）纳税人将原有房产用于生产经营	从**生产经营之月**起，计征房产税
（5）融资租赁的房产	由承租人自融资租赁**合同约定开始日的次月**起依照房产余值缴纳房产税；合同未约定开始日的，由承租人自合同签订的次月起依照房产余值缴纳房产税
（6）纳税人自建的房屋	自**建成之次月**起计征房产税
（7）纳税人委托施工企业建设的房屋	从办理验收手续之次月起征收房产税

【提示】除用于生产经营当月计征房产税，其他情形均为次月计征。

【多选题】下列各项中，符合房产税纳税义务发生时间规定的有（　　）。

A. 将原有房产用于生产经营，从生产经营之次月起缴纳房产税

B. 房地产开发企业出借本企业建造的商品房，自房屋交付之次月起

C. 购置存量房，自权属登记机关签发房屋权属证书之次月起缴纳房产税

D. 自建新房用于经营，从建成之次月起缴纳房产税

【参考答案】BCD。纳税人将原有房产用于生产经营，从生产经营之月起，缴纳房产税。

（二）纳税期限

房产税**按年征收、分期缴纳**。

（三）纳税地点

房产税的纳税地点为房产所在地。

【单选题】房产不在一地的纳税人，应按房产的坐落地点，分别向房产所在地的税务机关缴纳房产税。（ ）

【参考答案】√。本题涉及的知识点是房产税的纳税地点。房产税由房产所在地的税务机关征收。房产不在一地的纳税人，应按房产的坐落地点，分别向房产所在地的税务机关缴纳房产税。

（四）纳税申报

房产税纳税人应该根据有关规定，将现有房屋的坐落地点、结构、面积、原值、出租收入等情况，据实向当地税务机关办理纳税申报，并按规定纳税。

如果纳税人住址发生变更、产权发生转移以及出现新建、改建、扩建、拆除房屋等情况，而引起房产原值或租金收入发生变化的，应及时向税务机关办理变更申报。

［计算题］甲公司 2019 年接受税务师事务所纳税审查，关于房产税的有关情况如下：

（1）本年委托施工企业建设的房产在 5 月 30 日办理验收手续，入账价值是 450 万元（不含中央空调 50 万元）验收投入使用。

（2）6 月 30 日，将原值为 250 万元的闲置用房向乙企业投资，协议规定，甲公司每月向乙企业收取固定收入 2.5 万元，乙企业的经营盈亏情况与甲公司无关。投资前的房产一直处于闲置状态。

（3）7 月 7 日，改建办公楼，办公楼账面原值 550 万元，为改造支付费用 120 万元，加装排水系统支付 35 万元，该排水系统单独作为固定资产入账，7 月底完成改建工程，交付使用。

（该省规定，计算房产税时按原值的 30% 作为扣除比例；租金收入不含增值税。）

根据上述资料，回答下列问题：

1. 业务（1）纳税人新建房产 2019 年应纳房产税（ ）万元。

A. 2.21　　B. 2.45　　C. 1.96　　D. 2.47

【参考答案】B。凡以房屋为载体，不可随意移动的附属设备和配套设施应计入房产原值计征房产税，应纳房产税 $=(450+50)\times(1-30\%)\times1.2\%\times7\div12=2.45$（万元）。

2. 业务（2）甲公司投资的房产 2019 年应纳房产税（ ）万元。

A. 3.6　　B. 2.85　　C. 2.48　　D. 2.24

【参考答案】B。投资前闲置的房产也应当缴纳房产税。从价的房产税 =250 ×（1 - 30%）×1.2% ×6 ÷12 =1.05（万元）。

甲公司以房产对外投资，收取固定收入，不承担联营风险，实际上是以联营名义取得房产的租金，应由出租方按租金收入计缴房产税。从租的房产税 =2.5 ×6 ×12% = 1.8（万元）。

合计应纳的房产税 =1.05 +1.8 =2.85（万元）

3. 甲公司业务（3）办公楼2019年应纳房产税（　　）万元。

A. 5.62　　B. 5.12　　C. 5.58　　D. 5.16

【参考答案】D。应纳房产税 =550 ×（1 -30%）×1.2% ×7 ÷12 +（550 +120 +35）×（1 -30%）×1.2% ×5 ÷12 =5.16（万元）

第二节　城镇土地使用税

一、城镇土地使用税的概念

城镇土地使用税是以开征范围内的土地为征税对象，以**实际占用**的土地面积为计税依据，按规定税额对**拥有土地使用权**的单位和个人征收的一种税。

二、城镇土地使用税的纳税人

纳税人	具体内容
（1）一般规定	城镇土地使用税的纳税义务人，是在**城市、县城、建制镇和工矿区**范围内使用土地的单位和个人。单位包括国有企业、集体企业、私营企业、股份制企业、**外商投资企业、外国企业**以及其他企业和事业单位、社会团体、国家机关、军队以及其他单位。个人是指个体工商户与其他个人
（2）特殊规定	（1）城镇土地使用税由拥有土地使用权的单位和个人缴纳 （2）拥有土地使用权的纳税人不在土地所在地的，由**代管人或实际使用人**纳税 （3）土地使用权未确定或权属纠纷未解决的，由**实际使用人**纳税 （4）土地使用权共有的，由**共有各方**分别纳税 （5）在城镇土地使用税征税范围内，承租集体所有建设用地的，由直接从集体经济组织**承租土地的单位和个人缴纳**城镇土地使用税 （6）**免税单位**无偿使用纳税单位的土地，**免征**城镇土地使用税。**纳税单位**无偿使用免税单位的土地，纳税单位应**照章**缴纳城镇土地使用税

【单选题】下列不属于城镇土地使用税纳税人的是（　　）。

A. 位于市区拥有土地使用权的外商投资企业

B. 位于县城的内资企业

C. 在城市占有土地的企业

D. 城市、县城、建制镇和工矿区外的工矿企业

【参考答案】D。建立在城市、县城、建制镇和工矿区以外的工矿企业不需要缴纳城镇土地使用税。

三、城镇土地使用税的征税范围

城镇土地使用税的征税范围，包括在城市、县城、建制镇和工矿区内的国家所有和集体所有的土地。

四、城镇土地使用税的税率、计税依据和计税方法

税制要素	具体内容
(1) 税率	城镇土地使用税采用定额税率，按大、中、小城市和县城、建制镇、工矿区分别规定每平方米土地使用税年应纳税额。经省、自治区、直辖市人民政府批准，经济落后地区的城镇土地使用税适用税额标准可以适当降低，但降低额不得超过规定的**最低税额的30%**。经济发达地区城镇土地使用税的适用税额标准可以适当**提高，但须报经财政部批准**
(2) 计税依据	以纳税人实际占用的土地面积为计税依据，土地面积的计量标准为每平方米 (1) 凡由省、自治区、直辖市人民政府确定的单位组织测定土地面积的，以**测定的面积**为准 (2) 尚未组织测量，但纳税人持有政府部门核发的土地使用证书的，以**证书确认**的土地面积为准 (3) 尚未核发出土地使用证书的，应由纳税人申报土地面积，据以纳税，等到**核发土地使用证后再作调整**
(3) 计税方法	应纳税额依据纳税人实际占用的土地面积和适用单位税额计算。应纳税额 = 计税土地面积（平方米）× 适用税额

【单选题】2020 年，某公司与军队共同拥有某幢建筑物的土地使用权。该建筑物占地面积为 3 000 平方米，建筑面积为 20 000 平方米，公司与军队的占用比例为 4∶1，公司所在市城镇土地使用税年税额为每平方米 5 元。该公司全年应纳城镇土地使用税为（　　）元。

A. 0　　B. 3 000　　C. 12 000　　D. 20 000

【参考答案】C。纳税单位与免税单位共同拥有土地使用权的多层建筑，对纳税单位按照实际占用的建筑面积计征城镇土地使用税，该公司全年应纳城镇土地使用税 = 3 000 × 4 ÷ (4 + 1) × 5 = 12 000（元）。

五、城镇土地使用税的税收优惠

（一）法定免缴城镇土地使用税的优惠

1. 国家机关、人民团体、军队**自用的**土地免缴城镇土地使用税。

2. 由国家财政部门拨付事业经费的单位自用的土地免缴城镇土地使用税。

由国家财政部门拨付事业经费的单位，**不包括实行自收自支、自负盈亏**的事业单位。

企业办的学校、托儿所、幼儿园，其用地能与企业其他用地**明确区分**的，免征城镇土地使用税。

3. 宗教寺庙、公园、名胜古迹**自用的**土地免缴城镇土地使用税。

以上单位的生产、经营用地和其他用地，不属于免税范围，应按规定缴纳城镇土地使用税，如公园、名胜古迹中附设的营业单位如影剧院、饮食部、茶社、照相馆等使用的土地。

4. 市政街道、广场、绿化地带等公共用地免缴城镇土地使用税。

5. 直接用于农、林、牧、渔业的生产用地免缴城镇土地使用税。

指直接从事种植、养殖、饲养的专业用地。不包括农副产品加工场地和生活、办公用地。

6. 经批准开山填海整治的土地和改造的废弃土地，从使用的月份起免缴城镇土地使用税5—10年。

7. 由财政部另行规定免税的能源、交通、水利设施用地和其他用地。

【提示】此类优惠政策比较散，记住核心原则是用于社会公益事业、促进农业生产，要么是非经营活动、要么是国家扶持和引导的行业，实施免税优惠。

（二）省、自治区、直辖市税务局确定的城镇土地使用税减免优惠

1. 个人所有的居住房屋及院落用地；

2. 房产管理部门在房租调整改革前经租的居民住房用地；

3. 免税单位职工家属宿舍用地；

4. 集体和个人举办的各类学校、医院、托儿所、幼儿园用地。

【多选题】下列各项中，免征城镇土地使用税的是（　　）。

A. 基建项目在建期间使用的土地

B. 宗教寺庙内的宗教人员生活用地

C. 从事农、林、牧、副、渔业生产单位的办公用地

D. 企业关闭、撤销后，其占地未作他用的

【参考答案】B。基建项目原则上应征收城镇土地使用税；直接从事种植、养殖、饲养的专业用地才免税；企业关闭、撤销后，其占地未作他用的，经各省、自治区、直辖市税务局批准，可暂免征收城镇土地使用税。

六、城镇土地使用税的征收管理

（一）纳税义务发生时间

事项情形	纳税义务发生时间
（1）购置新建商品房	自房屋交付使用之**次月**起计征城镇土地使用税
（2）购置存量房	自办理房屋权属转移、变更登记手续，房地产权属登记机关签发房屋权属证书之次月起计征城镇土地使用税
（3）出租、出借房产	自交付出租、出借房产之次月起计征城镇土地使用税
（4）纳税人以出让或转让方式有偿取得土地使用权的	应由受让方从**合同约定交付土地时间的次月**起缴纳城镇土地使用税；合同未约定交付土地时间的，由受让方**从合同签订的次月**起缴纳城镇土地使用税
（5）纳税人新征用的耕地	自批准征用**之日起满 1 年**时开始缴纳城镇土地使用税 【提示】为避免对一块土地同时征收耕地占用税和城镇土地使用税
（6）纳税人新征用的非耕地	自批准征用次月起缴纳城镇土地使用税

【多选题】下列项目中关于城镇土地使用税纳税义务发生时间表述正确的有（　　）

A. 纳税人以转让方式有偿取得土地使用权的，应由受让方从合同约定交付土地时间的次月起缴纳城镇土地使用税

B. 购置存量房，自办理房屋权属转移、变更登记手续，房地产权属登记机关签发房屋权属证书之次月起计征城镇土地使用税

C. 购置新建商品房，自房屋交付使用当月计征城镇土地使用税

D. 出租房产，自交付出租房产之次月起计征城镇土地使用税

【参考答案】ABD

（二）纳税期限

城镇土地使用税**按年计算、分期缴纳**。

具体缴纳期限由**省、自治区、直辖市人民政府确定**，一般分别确定按月、季、半年或 1 年等不同的期限缴纳。

（三）纳税地点

城镇土地使用税的纳税地点为**土地所在地**，由土地所在地的税务机关负责征收。

纳税人使用的土地不属于同一省（自治区、直辖市）管辖范围的，应由纳税人**分别向土地所在地**的税务机关申报缴纳土地使用税。

在同一省（自治区、直辖市）管辖范围内，纳税人跨地区使用的土地，由各省、

自治区、直辖市税务局确定纳税地点。

（四）纳税申报

城镇土地使用税的纳税人应依照**当地税务机关**规定的期限如实填写“城镇土地使用税纳税申报表”，向当地税务机关办理纳税申报，并提供有关的证明文件资料。

第三节　契税

一、契税的概念

契税是以发生土地使用权和房屋所有权转移的土地、房屋为征税对象，向权属**承受人**征收的一种财产税。

【单选题】单位和个人发生下列行为，应该缴纳契税的是（　　）。

A. 转让土地使用权　　B. 承受不动产所有权

C. 赠与不动产所有权　　D. 转让不动产所有权

【参考答案】B。契税是以所有权发生转移的不动产为征税对象，向产权承受人征收的一种财产税。

二、契税的纳税人

契税的纳税人是指在中华人民共和国境内承受土地、房屋权属的单位和个人。

法定继承人（配偶、子女、父母、兄弟姐妹、祖父母、外祖父母）继承土地、房屋权属	继承行为不征契税
非法定继承人继承土地、房屋权属	赠与行为征收契税

【多选题】下列各项行为中，受让人应当缴纳契税的有（　　）。

A. 以房产抵债　　B. 将房产赠与单位

C. 以房产投资入股　　D. 子女继承父母房产

【参考答案】ABC。选项 D，子女继承父母房产属于法定继承，免征契税。

三、契税的征税范围

征税范围		具体内容
土地使用权	国有土地使用权出让	国有土地使用权**出让**，是指土地使用者向国家交付土地使用权出让费用，国家将国有土地使用权在一定年限内让与土地使用者的行为

续表

征税范围		具体内容
土地使用权	土地使用权转让	土地使用权的**转让**包括出售、赠与和交换或者其他方式将土地使用权转移给其他单位和个人的行为 **【提示】不包括农村集体土地承包经营权的转移**
房屋	房屋买卖	是指房屋所有者将其房屋出售，由承受者交付货币、实物、无形资产或者其他经济利益的行为
	房屋赠与	是指房屋产权所有人将房屋无偿转让给他人所有
	房屋交换	是指房屋所有者之间相互交换房屋的行为
视同土地使用权转让、房屋买卖		土地、房屋权属以下列方式转移的，视同土地使用权转让、房屋买卖： （1）以土地、房屋权属作价**投资、入股** （2）以土地、房屋权属**抵债** （3）以**获奖**方式承受土地、房屋权属 （4）以预购方式或者预付集资建房款方式承受土地、房屋权属

【选择题】下列不属于契税征税范围的是（　　）

A. 国有土地使用权出让　　B. 土地使用权赠与

C. 农村集体土地承包经营权的转移　D. 房屋交换

【参考答案】C。契税的征税范围包括：国有土地使用权出让；土地使用权转让，房屋买卖；房屋赠与；房屋交换。不包括农村集体土地承包经营权的转移。

四、契税的税率、计税依据和计税方法

（一）契税的税率

契税实行 3%—5% 的幅度税率。

【提示】实行幅度税率是考虑到我国经济发展的不平衡，各地经济差别较大的实际情况。

各省、自治区、直辖市人民政府在规定的幅度内按照本地区的实际情况确定具体的适用税率，并报财政部和国家税务总局备案。

【多选题】按照契税的规定，下列说法正确的有（　　）。

A. 房屋赠与属于契税的征收范围

B. 契税税率由财政部确定

C. 房屋买卖以成交价格作为计税依据

D. 房屋交换以差额作为计税依据

【参考答案】ACD。B 选项，契税税率由省、自治区、直辖市人民政府确定，报财政部和国家税务总局备案。

（二）契税的计税依据

计税依据为不动产的价格。契税的计税依据不含增值税。

计税依据规定。主要分为市场价格、其他价格、核定价格。

1. 市场价格

（1）国有土地使用权出让、土地使用权出售、房屋买卖，以成交价格作为计税依据。

（2）土地使用权交换、房屋交换，其计税依据为所交换的土地使用权、房屋的价格的**差额**。

土地使用权交换、房屋交换，交换价格不相等的，由**多交付**货币、实物、无形资产或者其他经济利益的一方缴纳税款；交换价格相等的，免征契税。

2. 其他价格

以划拨方式取得土地使用权的，经批准转让房地产时，应由房地产转让者补缴契税，其计税依据为补缴的土地使用权出让费用或者土地收益。

3. 核定价格

（1）土地使用权赠与、房屋赠与，其计税依据由征收机关参照土地使用权出售、房屋买卖的**市场价格**核定。

（2）成交价格明显低于市场价格并且无正当理由的，或者所交换土地使用权、房屋的价格的差额明显不合理并且无正当理由的，由征收机关参照市场价格核定。

4. 特殊规定

（1）对于承受与房屋相关的附属设施（包括停车位、汽车库、自行车库、顶层阁楼以及储藏室等）所有权或土地使用权的行为按照契税规定征收契税，对于不涉及土地使用权和房屋所有权转移变动的，不征收契税。

（2）采取分期付款方式购买房屋附属设施土地使用权、房屋所有权的，应按合同规定的总价款计征契税。

（3）承受的房屋附属设施权属单独计价的，按照适用税率征收契税；与房屋统一计价的，适用与房屋相同的契税税率。

【多选题】关于契税的政策表述，正确的有（　　）。

A. 国有土地使用权出让不需要缴纳契税

B. 因不可抗力灭失住房而重新购买住房的，免征契税

C. 土地使用权赠与、房屋赠与，其计税依据由征收机关参照土地使用权出售、房屋买卖的市场价格核定

D. 纳税人承受荒山土地使用权，用于农业生产的，免征契税

【参考答案】CD。国有土地使用权出让应当按照规定缴纳契税。因不可抗力灭失

住房而重新购买住房的，酌情准予减征或者免征。

（三）契税的计税方法

契税应纳税额为契税的计税依据乘以适用税率。

应纳税额 = 计税依据 × 税率

五、契税的税收优惠

1. 国家机关、事业单位、社会团体、军事单位承受土地、房屋用于办公、教学、医疗、科研和军事设施的，免征契税。

2. 城镇职工按规定**第一次**购买公有住房的，免征契税。

3. 因不可抗力灭失住房而重新购买住房的，**酌情准予减征或者免征**契税。

4. 土地、房屋被县级以上人民政府征用、占用后，重新承受土地、房屋权属的，是否减征或者免征契税，由省、自治区、直辖市人民政府确定。

5. 纳税人承受荒山、荒沟、荒丘、荒滩土地使用权，用于农、林、牧、渔业生产的，免征契税。

6. 依照我国有关法律规定以及我国缔结或参加的双边和多边条约或协定的规定应当予以免税的外国驻华使馆、领事馆、联合国驻华机构及其外交代表、领事官员和其他外交人员承受土地、房屋权属的，经外交部确认，可以免征契税。

【单选题】关于个人出售或出租住房的，以下说法错误的是（　　）

A. 除北上广深外，个人将购买 2 年以上的普通住房对外销售的，免征增值税

B. 个人之间互换住房，免征土地增值税

C. 城镇职工按规定第一次购买商品房的，免征契税

D. 个人出租和销售住房，免征印花税

【参考答案】C。城镇职工按规定第一次购买公有住房的，免征契税。

7. 个人购买家庭住房的

住房情况	契税征收规定
（1）对个人购买家庭**唯一住房**	面积为 90 平方米及以下的，减按 **1%** 的税率征收契税；面积为 90 平方米以上的，减按 **1.5%** 的税率征收契税
（2）对个人购买家庭第二套改善性住房	面积为 90 平方米及以下的，减按 **1%** 的税率征收契税；面积为 90 平方米以上的，减按 **2%** 的税率征收契税（北京市、上海市、广州市、深圳市不执行第二套购房契税优惠）

【单选题】2020 年 10 月 3 日中国公民肖某首次购买普通商品房一套，属于家庭唯一住房，面积 85 平方米，合同不含增值税总价格 54.4 万元，其中含装修费 8.4 万元。肖某购买该住房应缴纳契税（　　）元。

A. 4 600　　B. 5 440　　C. 6 900　　D. 8 160

【参考答案】B。从2010年10月1日起，对个人购买90平方米及以下且属家庭唯一住房的普通住房，减按1%税率征收契税。应纳契税 =54.4×1% =0.544（万元）=5 440（元）。小于等于144平方米大于90平方米，契税税率为房款的1.5%—2%，税率减半征收。大于144平方米，契税税率为房款的3%—4%征收。购买非普通住房，二套及以上住房（非家庭唯一住房）商业投资性房产（商铺、办公写字楼、商务公寓等）均按照3%—4%的税率征收。

六、契税的征收管理

征收管理	具体内容
（1）纳税义务发生时间	契税的纳税义务发生时间，为纳税人签订土地、房屋权属转移合同的当天，或者纳税人取得其他具有土地、房屋权属转移合同性质凭证的当天
（2）纳税期限	纳税人应当自纳税义务发生之日起**10日内**，向土地、房屋所在地的契税征收机关办理纳税申报，并在契税征收机关核定的期限内缴纳税款
（3）纳税地点	契税的纳税地点为**土地、房屋所在地**
（4）纳税申报	纳税人办理纳税事宜后，征收机关应向纳税人开具契税完税凭证。纳税人持契税完税凭证和其他规定的文件材料，依法向土地管理部门、房产管理部门办理有关土地、房屋的权属变更登记手续

【单选题】按照契税的有关规定，契税纳税义务发生的时间是（　　）

A. 纳税人签订土地、房屋权属转移合同的当天

B. 纳税人办妥土地、房屋权属变更登记手续的当天

C. 纳税人签订土地、房屋权属变更登记手续的10日内

D. 房屋、土地移交的当天

【参考答案】A。契税纳税义务发生的时间是纳税人签订土地房屋权属转移合同的当天，或者纳税人取得其他具有土地、房屋权属转移合同性质凭证的当天。

第四节　耕地占用税

一、耕地占用税的概念

耕地占用税是对在中华人民共和国境内占用耕地建设建筑物、构筑物或者从事非农业建设的单位和个人，就其实际占用耕地面积征收的一种税。

二、耕地占用税的纳税人

耕地占用税的纳税人，是指在中华人民共和国境内占用耕地建设建筑物、构筑物

或者从事非农业建设的单位和个人。

【单选题】根据耕地占用税有关规定，下列各项关于纳税义务人的说法不正确的是（　　）。

A. 经批准占用耕地的纳税人为农用地转用审批文件中标明的建设用地人

B. 农用地转用审批文件中未标明建设用地人的，纳税人为用地申请人

C. 经批准占用耕地的纳税人为实际用地人

D. 未经批准占用耕地的纳税人为实际用地人

【参考答案】C。经批准占用耕地的，纳税人为农用地转用审批文件中标明的建设用地人。

三、耕地占用税的征税范围

耕地占用税的征税范围是占用耕地建设建筑物、构筑物或者从事非农业建设的行为。

所谓耕地，是指用于种植农作物的土地。需要注意的是，占用耕地**建设农田水利设施**的，**不缴纳**耕地占用税。

占用园地、林地、草地、农田水利用地、养殖水面、渔业水域滩涂以及其他农用地建设建筑物、构筑物或者从事非农业建设的，比照占用耕地缴纳耕地占用税。

四、耕地占用税的税率、计税依据和计税方法

税制要素	具体内容
（1）税率	耕地占用税实行地区差别税率 （1）人均耕地不超过一亩的地区（以县、自治县、不设区的市、市辖区为单位，下同），每平方米为10—50元 （2）人均耕地超过一亩但不超过二亩的地区，每平方米为8—40元 （3）人均耕地超过二亩但不超过三亩的地区，每平方米为6—30元 （4）人均耕地超过三亩的地区，每平方米为5—25元 【提示】人均耕地面积越少，耕地占用税单位税额越高
（2）计税依据	（1）耕地占用税以纳税人实际占用的耕地面积为计税依据，按照规定的适用税额一次性征收 （2）耕地占用税计税面积核定的主要依据是农用地转用审批文件，必要时应实地勘测 （3）纳税人实际占地面积（含受托代占地面积）大于批准占地面积的，按实际占地面积计税；实际占地面积小于批准占地面积的，按批准占地面积计税
（3）计税方法	应纳税额＝纳税人实际占用的耕地面积（平方米）×适用定额税率

【提示】耕地的概念比基本农田的概念要大，基本农田只是耕地的其中一部分，而且主要是高产优质的那部分耕地，并不是所有的耕地都是基本农田。一般而言，只有那些划入基本农田保护区内的耕地，才被视为基本农田。

【判断题】耕地占用税以实际占用耕地面积为计税依据。（　　）

【参考答案】√。本题考查耕地占用税的计税依据。耕地占用税以实际占用耕地面积为计税依据。

五、耕地占用税的税收优惠

（一）免征

1. 军事设施、学校、幼儿园、社会福利机构、医疗机构占用耕地，免征耕地占用税。

2. 农村烈士遗属、因公牺牲军人遗属、残疾军人以及符合农村最低生活保障条件的农村居民，在规定用地标准以内新建自用住宅，免征耕地占用税。

（二）减征

铁路线路、公路线路、飞机场跑道、停机坪、港口、航道、水利工程占用耕地，**减按每平方米二元**的税额征收耕地占用税。

农村居民在规定用地标准以内占用耕地新建自用住宅，按照当地适用税额**减半征收**耕地占用税；其中农村居民经批准搬迁，新建自用住宅占用耕地**不超过**原宅基地面积的部分，免征耕地占用税。

增值税小规模纳税人已依法享受资源税、城市维护建设税、房产税、土地使用税、印花税、耕地占用税和教育费附加、地方教育费附加其他优惠政策的，可叠加享受本省小规模纳税人减按50%征收耕地占用税的政策。

免征或者减征耕地占用税后，纳税人改变原占地用途，不再属于免征或者减征耕地占用税情形的，应当按照当地适用税额补缴耕地占用税。

【单选题】下列耕地占用的情形中，属于免征耕地占用税的是（　　）。

A. 医院占用耕地　　B. 建厂房占用鱼塘

C. 高尔夫球场占用耕地　　D. 商品房建设占用林地

【参考答案】A。选项BCD，属于占用耕地从事非农业建设，需要缴纳耕地占用税。

六、耕地占用税的征收管理

征收管理	具体内容
（1）纳税义务发生时间	耕地占用税的纳税义务发生时间为纳税人收到自然资源主管部门办理占用耕地手续的**书面通知的当日**
（2）纳税期限	纳税人应当自纳税义务发生之日起**30日内**申报缴纳耕地占用税

【判断题】未经批准占用耕地的，耕地占用税的纳税义务发生时间为纳税人实际占用耕地的当天。（　　）

【参考答案】√

第五节　印花税

一、印花税的概念

印花税是对经济活动和经济交往中**书立、领受、使用**的应税凭证所征收的一种税。

二、印花税的纳税人

纳税人	具体内容
（1）一般规定	印花税的纳税人是在中华人民共和国**境内**书立、领受、使用《印花税暂行条例》所**列举**的凭证，并应依法履行纳税义务的单位和个人。根据书立、领受应税凭证的不同，纳税人可以分为**立合同人、立据人、立账簿人、领受人、使用人**
（2）特殊事项解释	（1）同一凭证，凡由两方或者两方以上当事人签订并各执一份的，其当事人各方都是印花税的纳税人，应当由各方就所执的一份各自全额贴花。所谓当事人，是指对凭证有直接权利义务关系的单位和个人，**不包括保人、证人、鉴定人** （2）如果应税凭证是由当事人的代理人代为书立的，则由代理人代为承担纳税义务

【提示】印花税的纳税人是签订合同的当事人双方，也就说当事人双方都有缴纳印花税，印花税双向征收指的就是签订合同的双方都要按照合同的性质缴纳印花税。

【多选题】下列各项中，属于印花税的纳税义务人的有（　　）。

A. 营业账簿的立账簿人　　B. 销售合同的立合同人

C. 权利许可证照的发放人　　D. 不动产转移书据的立据人

【参考答案】ABD。选项C，权利许可证照的领受人是印花税的纳税人。

三、印花税的征税范围

印花税的征税范围，是指《印花税暂行条例》列举征税的各种凭证。

印花税共有**13个税目**，只对税目税率表中**列举**的凭证和经财政部确定征税的其他凭证征税。

税目	具体内容
（1）购销合同	包括供应、预购、采购、购销结合及协作、调剂、补偿、易货等合同，还包括**出版单位与发行单位**之间订立的图书、报纸、期刊以及音像制品的征订凭证（包括订购单、订数单等），**发电厂与电网之间、电网与电网之间**（国家电网公司系统、南方电网公司系统内部各级电网互供电量除外）签订的购售电合同 【注】电网与用户之间签订的供用电合同不属于印花税列举征税的凭证，不征收印花税
（2）加工承揽合同	包括加工、定做、修缮、修理、印刷、广告、测绘、测试等合同
（3）建设工程勘察设计合同	包括勘察、设计合同

续表

税目	具体内容
(4) 建筑安装工程承包合同	包括建筑、安装工程承包合同，具体包括总包合同、分包合同和**转包合同**
(5) 财产租赁合同	包括租赁房屋、船舶、飞机、机动车辆、机械、器具、设备等合同，还包括企业、个人出租门店、柜台等签订的合同
(6) 货物运输合同	包括民用航空运输、铁路运输、海上运输、内河运输、公路运输和联运合同，以及作为合同使用的单据
(7) 仓储保管合同	包括仓储、保管合同，以及**作为合同使用的仓单或栈单**
(8) 借款合同	包括银行及其他金融组织和借款人（不包括银行同业拆借）所签订的借款合同，以及作为合同使用的单据，**融资租赁**合同（含融资性售后回租）也按此税目征税
(9) 财产保险合同	包括财产、责任、保证、信用等保险合同，以及作为合同使用的单据
(10) 技术合同	包括技术开发、转让、咨询、服务等合同，其中技术转让合同包括**专利申请权转让、非专利技术转让**所书立的合同
(11) 产权转移书据	产权转移书据，是指单位和个人**产权**的买卖、继承、赠与、交换、分割等所立的书据，包括财产所有权和版权、商标专用权、专利权、专有技术使用权等转移书据。土地使用权出让合同、土地使用权转让合同、商品房销售合同也按此税目征税
(12) 营业账簿	(1) 营业账簿，是指单位或者个人记载生产经营活动的财务会计核算账簿 (2) 包括记载资金的账簿和其他账簿。记载资金的账簿，是指载有固定资产原值和自有流动资金的总分类账簿，或者专门设置的记载固定资产原值和自有流动资金的账簿。其他账簿，是指除上述账簿以外的账簿，包括日记账簿和各明细分类账簿
(13) 权利、许可证照	包括政府部门发给的**房屋产权证、工商营业执照、商标注册证、专利证、土地使用证**

【多选题】下列合同或凭证中，应计算缴纳印花税的有（　　）。

A. 融资租赁合同　　B. 贴息贷款合同

C. 企业出租门店合同　　D. 公司签订的审计咨询合同

【参考答案】AC。本题涉及的知识点是印花税的征税范围。选项 D 不属于印花税的征税范围，不缴纳印花税；选项 B，免征印花税。

四、印花税的税率、计税依据和计税方法

（一）印花税的税率

税率类型	具体内容
(1) 比例税率	对各类合同、产权转移书据、营业账簿中记载资金的账簿，适用比例税率。印花税的比例税率分为四个档次，分别是 **0.05‰、0.3‰、0.5‰和 1‰**
(2) 定额税率	对权利、许可证照和营业账簿中的其他账簿，适用定额税率，均按件贴花，单位税额均为每件 5 元

【多选题】下列选项中，属于印花税税率形式的有（　　）。

A. 比例税率　　B. 比率税率　　C. 定额税率　　D. 定量税率

【参考答案】AC。印花税的税率有两种形式：比例税率和定额税率。

（二）印花税的计税依据

计税方法	计税依据
（1）实行从价计征的凭证	以凭证所载**金额**为计税依据
（2）实行从量计征的其他账簿和权利、许可证照	以应税**件数**为计税依据

印花税的计税依据具体规定

印花税计税依据，根据应税凭证的性质可以归纳为三类：

第一类，合同或者具有合同性质的凭证，以凭证所载金额作为计税依据。

税目	计税依据
（1）购销合同	计税依据为合同记载的购销金额。采用**以货换货**方式进行商品交易签订的合同，是反映既购又销双重经济行为的合同，计税依据为合同所载的**购、销**合计金额
（2）加工承揽合同	计税依据为加工或承揽收入的金额，分为以下两种情况： （1）对于由受托方提供原材料的加工、定作合同。凡在合同中**分别**记载加工费金额与原材料金额的，应分别按加工承揽合同（0.5‰）、购销合同计税（0.3‰），两项税额相加数，即为合同应贴印花。合同中**未分别**记载的，应就全部金额依照**加工承揽合同**（0.5‰）计税
	（2）对于由委托方提供主要材料或原料，受托方只提供辅助材料的加工合同。无论加工费和辅助材料金额是否分别记载，均以**辅助材料与加工费**的合计数，依照加工承揽合同计税。对委托方提供的主要材料或原料不计税
（3）建设工程勘察设计合同	计税依据为勘察、设计收入
（4）建筑安装工程承包合同	计税依据为承包金额，不得剔除任何费用。施工单位将自己承包的建设项目，分包或者转包给其他施工单位的，**分包或转包合同，仍应按所载金额另行计税**
（5）财产租赁合同	计税依据为**租金收入**
（6）货物运输合同	计税依据为取得的**运费收入**，**不包括**所运货物的金额、装卸费和保险费等
（7）仓储保管合同	计税依据为**保管费收入**
（8）借款合同	计税依据为**借款金额**
（9）财产保险合同	计税依据为保险费金额，**不包括所保财产的金额**
（10）技术合同	计税依据为合同所载的价款、报酬或使用费。为鼓励技术研究开发，对技术开发合同，只就合同所载的报酬金额计税，**研究开发经费不作为**计税依据，但对合同约定按研究开发经费一定比例作为报酬的，应按一定比例的报酬金额计税贴花

第二类：营业账簿中记载资金的账簿，以实收资本和资本公积总额作为计税依据。

税目	计税依据
资金账簿	记载资金的营业账簿，以**实收资本和资本公积**的两项合计金额为计税依据，其他账簿的计税依据为应税凭证件数

第三类：不记载金额的权利许可证照：营业执照、专利证、房屋产权证等，以及企业的日记账簿和各种明细分类账簿等辅助性账簿，按凭证或账簿的件数纳税。

税目	计税依据
权利许可证照	计税依据为应税凭证件数

记忆口诀：千一租赁证双保，万三购建技术找；其他万五全包含，借款一万贴五毛；房工商专土地证，金额未定五元缴。（证：证券交易；双保：保管、保险）

（三）印花税的计税方法

1. 一般规定

（1）按比例税率计算应纳税额的方法

应纳税额 = 应税凭证计税金额 × 适用税率

（2）按定额税率计算应纳税额的方法

应纳税额 = 应税凭证件数 × 单位税额

2. 特殊事项解释

（1）同一凭证，因载有两个或者两个以上经济事项而适用不同税目税率。如分别记载金额的，应分别计算应纳税额，相加后按合计应纳税额纳税。如未分别记载金额的，按税率高的税目计税。

（2）已贴花的凭证，修改后所载金额增加的，其**增加部分应当补贴**印花税票。

（3）凡多贴印花税票者，不得申请退税或者抵用。

五、印花税的税收优惠

（一）免税

1. 已缴纳印花税的凭证**副本或者抄本**

是指凭证的正式签署本已按规定缴纳了印花税，其副本或者抄本对外不发生权利义务关系，仅备存查的免贴印花。以**副本或者抄本视同正本使用的，应另贴印花**。

2. 财产所有人将财产赠给政府、社会福利单位、学校所立的书据。

3. 国家指定的收购部门与村民委员会、农民个人订立的农副产品收购合同。

4. 无息、贴息贷款合同。

5. 外国政府或者国际金融组织向我国政府及国家金融机构提供优惠贷款所订立的

合同。

6. 为支持农村保险事业的发展，减轻农牧业生产的负担，对农林作物、牧业畜类保险合同暂不贴花。

7. 各类发行单位之间，以及发行单位与订阅单位或个人之间书立的征订凭证，暂免征印花税。

8. 房地产管理部门与个人订立的租房合同，凡用于生活居住的，暂免贴花。

9. 个人出租、承租住房签订的租赁合同，免征印花税。

10. 自2008年11月1日起，**个人销售或购买住房暂免**征收印花税。

11. 对**廉租住房、经济适用住房经营管理单位与廉租住房、经济适用住房相关的印花税以及廉租住房承租人、经济适用住房购买人涉及的印花税予以免征**。

12. 自2018年1月1日至2020年12月31日，对**金融机构与小型企业、微型企业签订**的借款合同免征印花税。

13. 自2018年5月1日起，对按万分之五税率贴花的**资金账簿减半**征收印花税，对按件贴花5元的**其他账簿免征**印花税。

14. 从2003年1月1日起，继续对投资者（包括个人和机构）买卖**封闭式证券投资基金**免征印花税。

15. 经财政部批准免税的其他凭证。

16. 企业因改制签订的产权转移书据免予贴花。

17. 个人销售或购买住房暂免征收印花税。

18. 社保基金会及养老基金投资管理机构管理的养老基金转让非上市公司股权，免征社保基金会及养老基金投资管理机构应缴纳的印花税。

（二）减税

19. 社保基金会及养老基金投资管理机构运用养老基金买卖证券应缴纳的印花税实行先征后返。

20. 由省、自治区、直辖市人民政府根据本地区实际情况，以及宏观调控需要确定，对增值税小规模纳税人可以在50%的税额幅度内减征印花税（不含证券交易印花税）。

【多选题】根据印花税相关规定，下列说法正确的有（　　）。

A. 自2018年5月1日起，对按万分之五税率贴花的资金账簿减半征收印花税

B. 印刷合同按加工承揽合同征收印花税

C. 纳税人以电子形式签订的合同应征收印花税

D. 在中国境外签订的，适用于中国境内并在境内有法律效力的合同应征收印花税

【参考答案】ABCD

六、印花税的违章处理

纳税人在应纳税凭证上未贴或少贴印花税票的或者已粘贴在应税凭证上的印花税票未注销或者未划销的，由税务机关追缴其不缴或者少缴的税款、滞纳金，并处不缴或者少缴的税款50%以上5倍以下的罚款。

第六节　车船税

一、车船税的概念

车船税是依照法律法规规定，对在我国境内属于《车船税法》所附《车船税税目税额表》的车辆、船舶（以下简称车船），按照规定的税目、计税单位和年税额标准计算征收的一种税。

二、车船税的纳税人和扣缴义务人

1. 车船税纳税人

在中华人民共和国境内属于车船税法所附“车船税税目税额表”规定的车船的**所有人或者管理人。**

2. 扣缴义务人

从事机动车交通事故责任强制保险业务的保险机构为机动车车船税的扣缴义务人，应当在收取保险费时按照规定的税目税额代收车船税。

【判断题】车船税的纳税义务人，是指在中华人民共和国境内，车辆、船舶的所有人和使用人。(　　)

【参考答案】×。本题涉及的知识点是车船税的纳税人。车船税的纳税义务人，是指在中华人民共和国境内，车辆、船舶的所有人和管理人。

三、车船税的征税范围

车船税的征税范围是《车船税法所附“车船税税目税额表”规定的车辆、船舶》。

1. 车船的范围

(1) 依法应当在**车船登记管理部门登记**的机动车辆和船舶。

(2) 依法**不需要在车船登记管理**部门登记的在单位内部场所行驶或者作业的机动车辆和船舶。

2. 车船的含义

(1) 机动车辆包括乘用车、商用车（包括客车、货车）**、挂车、专用作业车、轮式**

专用机械车、摩托车。拖拉机不需要缴纳车船税。

（2）船舶，是指各类机动、非机动船舶以及其他水上移动装置，船舶上装备的救生艇筏和长度小于5米的艇筏除外。

四、车船税的税目、税率

1. 车船税采用定额税率。车船税计税标准适用范围分类表

计税单位	适用税目
（1）辆	乘用车、客车、摩托车
（2）整备质量（自重吨位）	货车、挂车、专用作业车、轮式专用机械车
（3）净吨位	船舶
（4）艇身长度	游艇

【多选题】根据车船税法的规定，车船税的计税单位形式不包括（　　）。

A. 辆　　B. 马力　　C. 净吨位　　D. 载重吨位

【参考答案】BD。车船税的计税单位包括辆、净吨位、整备质量，不包括马力和载重吨位。

五、车船税的计税方法

1. 一般规定

（1）纳税人购置的新车船，购置当年的应纳税额自取得车船所有权或管理权的**当月**起按月计算。应纳税额为年应纳税额除以12再乘以应纳税月份数。

应纳税额＝（**年应纳税额÷12**）×应纳税月份数

（2）车辆年应纳税额＝应纳税车辆数量或者整备质量×年基准税额

（3）船舶年应纳税额＝应纳税船舶净吨位或者艇身长度×年基准税额

2. 具体规定

（1）《车船税法及其实施条例》所涉及的排气量、整备质量、核定载客人数、净吨位、千瓦、艇身长度，**以车船登记管理部门核发的车船登记证书或者行驶证所载数据**为准。

（2）不能提供核发的车船登记证书或者行驶证所载数据的。**依法不需要**办理登记的车船和依法**应当登记而未办理登记或者不能提供车船登记**证书、行驶证的车船，以车船**出厂合格证明或者进口凭证标注**的技术参数、数据为准不能提供车船出厂合格证明或者进口凭证的，由主管税务机关参照国家相关标准核定，没有国家相关标准的参

照同类车船核定。

（3）在一个纳税年度内，已完税的车船被盗抢、报废、灭失的，纳税人可以凭有关管理机关出具的证明和完税凭证，向纳税所在地的主管税务机关申请退还自被盗抢、报废、**灭失月份起至该纳税年度终了**期间的税款。

（4）已办理退税的被盗抢车船失而复得的，纳税人应当从公安机关出具相关证明的当月起计算缴纳车船税。

（5）已缴纳车船税的车船在同一纳税年度内办理转让过户的，不另纳税，也不退税。

（6）已经缴纳车船税的车船，因质量原因，车船被退回生产企业或者经销商的，纳税人可以向纳税所在地的主管税务机关申请退还自退货月份起至该纳税年度终了期间的税款。退货月份以退货发票所载日期的当月为准。

（7）不征税项目。境内单位和个人租入外国籍船舶的，不征收车船税。

【单选题】某运输企业 2017 年年初拥有小轿车 5 辆，2017 年 3 月外购货车 12 辆（整备质量为 10 吨），并于当月办理登记手续，假设货车年税额为整备质量每吨 50 元，小轿车年税额为每辆 500 元，该企业 2017 年应缴纳车船税（　　）元。

A. 2 500　　B. 8 500　　C. 7 500　　D. 7 000

【参考答案】C。应缴纳车船税 $=500\times5+10\times50\times12\times10/12=7\ 500$（元）。

六、车船税的税收优惠

（一）《车船税法》规定的法定免税车船如下：

法定免税	具体内容
（1）**捕捞、养殖渔船**	是指在渔业船舶登记管理部门登记为捕捞船或者养殖船的船舶
（2）军队、武装警察部队专用的车船	是指按照规定在军队、武装警察部队车船登记管理部门登记，并领取军队、武警牌照的车船
（3）警用车船	是指公安机关、国家安全机关、监狱、劳动教养管理机关和人民法院、人民检察院领取警用牌照的车辆和执行警务的专用船舶
（4）悬挂应急救援专用号牌的国家综合性消防救援车辆和国家综合性消防救援专用船舶	—
（5）其他情况	依照法律规定应当予以免税的外国驻华使领馆、国际组织驻华代表机构及其有关人员的车船

（二）《车船税法实施条例》规定的减免税项目如下

1. **节约能源、使用新能源的车船**可以免征或者减半征收车船税。

2. 按照规定缴纳船舶吨税的机动船舶，自《车船税法》实施之日起5年内免征车船税。

3. 依法不需要在车船登记管理部门登记的机场、港口、铁路站场内部行驶或者作业的车船，自《车船税法》实施之日起**5年内**免征车船税。

（三）授权省、自治区、直辖市人民政府规定的减免项目

1. 省、自治区、直辖市人民政府根据当地实际情况，可以对公共交通车船，农村居民拥有并主要在农村地区使用的摩托车、三轮汽车和低速载货汽车定期减征或者免征车船税。

2. 对受地震、洪涝等严重自然灾害影响纳税困难以及其他特殊原因确需减免税的车船，可以在一定期限内减征或者免征车船税。

3. 对**纯电动乘用车、燃料电池乘用车、非机动车船**（不包括非机动驳船）、临时入境的外国车船和香港特别行政区、澳门特别行政区、台湾地区的车船，**不征收车船税**。

（四）财政部规定的减免税项目

1. 非营利性医疗机构自用的车船，免征车船使用税。登记之日起3年内，营利性医疗机构自用的车船免征车船使用税。

2. 对政府部门和企事业单位、社会团体以及个人等社会力量投资兴办的福利性、非营利性的老年服务机构，暂免自用车船的车船使用税。

3. 国家综合性消防救援车辆由部队号牌改挂应急救援专用号牌的，一次性免征改挂当年车船税。

【多选题】根据车船税税收优惠相关规定，下列说法正确的有（　　）。

A. 机场、港口内部行驶或作业车船，自《车船税法》实施之日起3年内免征车船税

B. 纯电动商用车免征车船税

C. 按规定缴纳船舶吨税的机动船舶，自《车船税法》实施之日起5年内免征车船税

D. 省、自治区、直辖市人民政府可根据当地情况，对公共交通车船定期减征或免征车船税

【参考答案】BCD。

七、车船税的征收管理

征收管理	具体内容
(1) 纳税义务发生时间	为取得车船所有权或者管理权的**当月**，应当以购买车船的发票或者其他证明文件所载日期的当月为准
(2) 纳税期限	车船税**按年申报，分月计算**，一次性缴纳。纳税年度为公历1月1日至12月31日。车船税具体申报纳税期限由各省、自治区、直辖市人民政府规定
(3) 纳税地点	车船税的纳税地点为**车船的登记地或者车船税**扣缴义务人所在地。依法不需要办理登记的车船，车船税的纳税地点为**车船的所有人或者管理人**所在地。保险机构代收代缴车船税的，应在**保险机构所在地**缴纳车船税

【单选题】下列各项中，符合车船税有关征收管理规定的是（　　）。

A. 车船税按月申报、按年计算，一次性缴纳

B. 依法不需要办理登记的车船，车船税的纳税地点为扣缴义务人所在地

C. 临时入境的香港特别行政区的车船属于车船税的征税范围，可以减半征收车船税

D. 符合条件的使用新能源的车船免征车船税

【参考答案】D。选项A，车船税按年申报，分月计算，一次性缴纳；选项B，依法不需要办理登记的车船，车船税的纳税地点为车船的所有人或者管理人所在地；选项C，临时入境的外国车船和香港特别行政区、澳门特别行政区、台湾地区的车船，不征收车船税。

第七节　车辆购置税

一、车辆购置税的概念

车辆购置税，是指在中华人民共和国**境内**购置汽车、有轨电车、汽车挂车、排气量超过150毫升的摩托车（以下统称应税车辆）的单位和个人，就应税车辆按照适用税率计算并缴纳的一种税。

二、车辆购置税的纳税人

车辆购置税的纳税人是指在我国境内购置应税车辆的单位和个人。

其中购置是指购买、进口、自产、受赠、获奖或者以其他方式取得并自用应税车辆的行为。

【选择题】进口一辆小汽车，用于下列途径，需要缴纳车辆购置税的是（　　）。

A. 进口小汽车用于捐赠　　B. 进口小汽车用于投资

C. 进口小汽车自用　　D. 进口小汽车用于抵债

【参考答案】C。进口小汽车自用行为属于车辆购置税的征税范围，要缴纳车辆购置税。进口小汽车用于捐赠、投资、抵债的行为，不属于车辆购置税的征税范围，不征收车辆购置税。

三、车辆购置税的征税范围

车辆购置税以列举的车辆作为征税对象。

其征税范围包括汽车、有轨电车、汽车挂车、**排气量超过150毫升**的摩托车。

【提示】地铁、轻轨等城市轨道交通车辆，装载机、平地机、挖掘机、推土机等轮式专用机械车，以及起重机（吊车）、叉车、电动摩托车，不属于应税车辆。

【多选题】下列行为需要缴纳车辆购置税的有（ ）。(2019年)

A. 某医院接受某汽车厂捐赠小客车用于医疗服务

B. 某汽车厂将自产小轿车用于日常办公

C. 某幼儿园租赁客车用于校车服务

D. 某物流企业接受汽车生产商投资的运输车辆自用

【参考答案】ABD。选项C，车辆购置税的应税行为是在境内“购买”并自用应税车辆，租入车辆不属于车辆购置税的应税行为。

四、车辆购置税的税率、计税依据和计税方法

（一）车辆购置税的税率

车辆购置税实行单一比例税率，税率为10%

（二）车辆购置税的计税依据

车辆购置税以应税车辆的计税价格为计税依据。

事项情形	计税价格
（1）纳税人购买自用应税车辆	为纳税人实际支付给销售者的全部价款，不包括增值税税款
（2）纳税人进口自用应税车辆	纳税人进口自用应税车辆的计税价格＝关税完税价格＋关税＋消费税
（3）纳税人自产自用应税车辆	（1）按照同类应税车辆（即车辆配置序列号相同的车辆）的销售价格确定，不包括增值税税款 （2）没有同类应税车辆销售价格的，按照组成计税价格确定。组成计税价格＝成本×(1＋成本利润率) 属于应征消费税的应税车辆，其组成计税价格中应加计消费税税额 成本利润率，由各省、自治区、直辖市和计划单列市税务局确定
（4）纳税人以受赠、获奖或者其他方式取得自用应税车辆	按照购置应税车辆时相关凭证载明的价格确定，不包括增值税税款

【单选题】关于车辆购置税计税依据的说法，错误的有（　　）。

A. 纳税人购买自用应税车辆的计税价格为不含增值税的计税价格

B. 纳税人进口自用应税车辆以关税完税价格为计税依据

C. 纳税人自产自用的应税车辆参照同类型新车的价格核定

D. 受赠使用的车辆按同类最低计税价格的70%为计税依据

【参考答案】BCD。车辆购置税的计税价格根据不同情况，按照下列规定确定：(1) 纳税人购买自用应税车辆的计税价格，为纳税人实际支付给销售者的全部价款，不包括增值税税款；(2) 纳税人进口自用应税车辆的计税价格为关税完税价格加上关税和消费税；(3) 纳税人自产自用应税车辆的计税价格，按照同类应税车辆（即车辆配置序列号相同的车辆）的销售价格确定，不包括增值税税款，没有同类应税车辆销售价格的，按照组成计税价格确定，组成计税价格 = 成本 ×(1 + 成本利润率)；(4) 纳税人以受赠、获奖或者其他方式取得自用应税车辆的计税价格，按照购置应税车辆时相关凭证载明的价格确定，不包括增值税税款。

（三）车辆购置税的计税方法

计税方法	具体内容
(1) 一般规定	(1) 车辆购置税实行**一次性征收** (2) 车辆购置税实行从价定率的办法计算应纳税额。**应纳税额 = 计税价格 ×10%**
(2) 具体规定	(1) 免税、减税车辆因转让、改变用途等原因不再属于免税、减税范围的，纳税人应当在办理车辆转移登记或者变更登记前缴纳车辆购置税。计税价格以免税、减税车辆初次办理纳税申报时确定的计税价格为基准，每满一年扣减百分之十 (2) 纳税人申报的应税车辆计税价格**明显偏低，又无正当理由**的，由税务机关依照《税收征管法》的规定**核定**其应纳税额

【判断题】车辆购置税实行一次性征收。购置已征车辆购置税的车辆，不再征收车辆购置税。(　　)

【参考答案】√。本题涉及的知识点是车辆购置税的计税方法。车辆购置税实行一次性征收。购置已征车辆购置税的车辆，不再征收车辆购置税。

五、车辆购置税的税收优惠

下列车辆**免征**车辆购置税：

1. 依照法律规定应当予以免税的**外国驻华使馆、领事馆和国际组织驻华机构及其有关人员自用**的车辆；

2. 中国人民解放军和中国人民武装警察部队列入装备订货计划的车辆；

3. 悬挂**应急救援专用号牌**的国家综合性消防救援车辆；

4. 设有**固定装置的非运输专用作业车辆**；

5. 城市公交企业购置的**公共汽电车辆**。

6. 回国服务的在外留学人员用现汇购买 1 辆个人自用国产小汽车和长期来华定居专家进口 1 辆自用小汽车免征车辆购置税。

7. 自 2021 年 1 月 1 日至 2022 年 12 月 31 日，对购置的新能源汽车免征车辆购置税。免征车辆购置税的新能源汽车是指纯电动汽车、插电式混合动力（含增程式）汽车、燃料电池汽车。

8. 自 2004 年 10 月 1 日起对农用三轮车免征车辆购置税。

9. 中国妇女发展基金会“母亲健康快车”项目的流动医疗车免征车辆购置税。

10. 北京 2022 年冬奥会和冬残奥会组织委员会新购置车辆免征车辆购置税。

11. 原公安现役部队和原武警黄金、森林、水电部队改制后换发地方机动车牌证的车辆（公安消防、武警森林部队执行灭火救援任务的车辆除外），一次性免征车辆购置税。

12. 防汛部门和森林消防部门用于指挥、检查、调度、报汛（警）、联络的由指定厂家生产的设有固定装置的指定型号的车辆免征车辆购置税。

下列车辆**减半征收**车辆购置税：

13. 自 2018 年 7 月 1 日至 2021 年 6 月 30 日，对购置挂车减半征收车辆购置税。

【多选题】下列车辆中，可以享受车辆购置税减免税政策的有（　　）。

A. 林业部门购买的森林消防专用车

B. 城市公交企业购置的公共汽电车辆

C. 国际组织驻华机构自用车辆

D. 回国服务的留学人员用现汇购买 1 辆自用进口小汽车

【参考答案】ABC。选项 D：回国服务的留学人员用现汇购买 1 辆自用国产小汽车享受免征车辆购置税优惠政

六、车辆购置税的征收管理

征收管理	具体内容
（1）纳税义务发生时间	为纳税人**购置**应税车辆的**当日**，以纳税人购置应税车辆所取得的车辆相关**凭证上注明的时间为准**
（2）纳税期限	纳税人应当自纳税义务发生之日起 **60 日内**申报缴纳车辆购置税
（3）纳税地点	纳税人购置应税车辆，应当向车辆登记地的主管税务机关申报缴纳车辆购置税。购置不需要办理车辆登记的应税车辆的，应当向纳税人所在地的主管税务机关申报缴纳车辆购置税
（4）纳税申报	纳税人应当在向公安机关交通管理部门办理**车辆注册登记前**，缴纳车辆购置税。免税、减税车辆因转让、改变用途等原因不再属于免税、减税范围的，纳税人应当在办理车辆转移登记或者变更登记**前**缴纳车辆购置税
（5）退税规定	纳税人将已征车辆购置税的车辆退回车辆生产企业或者销售企业的，可以向主管税务机关申请退还车辆购置税。退税额以已缴税款为基准，自缴纳税款之日至申请退税之日，每满一年扣减百分之十

【单选题】需要办理车辆登记注册手续的应税车辆，车辆购置税的纳税地点是(　　)。

A. 纳税人所在地　　B. 车辆登记注册地

C. 车辆使用所在地　　D. 车辆经销企业所在地

【参考答案】B。需要办理车辆登记注册手续的应税车辆，应当向车辆登记注册地的主管税务机关申报纳税。

第八节　城市维护建设税

一、城市维护建设税的概念

城市维护建设税是为加强城市的维护建设，扩大和稳定城市维护建设资金的来源，对缴纳增值税、消费税的单位和个人，以其实际缴纳的增值税、消费税税额为计税依据征收的一种税。

二、城市维护建设税的纳税人

凡缴纳增值税、消费税的单位和个人，都是城市维护建设税的纳税人。

增值税、消费税的扣缴义务人也是城市维护建设税的扣缴义务人。

【判断题】凡缴纳增值税、消费税的企业和个人，都是城市维护建设税的纳税人。

【参考答案】×。这里的单位包括国有企业，集体企业，私有企业、股份制企业、外商投资企业，外国企业，事业单位、社会团体、民办非企业单位、除上述所述公司、企业、事业单位、社会团体、民办非企业单位以外，从事经营活动的其他组织。

三、城市维护建设税的征税范围

城市维护建设税的征税范围同增值税、消费税的征税范围相同，无论纳税人所在地在县城、建制镇还是其他地区，由于都直接或间接享受了公共设施的利益，所以都应按规定缴纳城市维护建设税。

四、城市维护建设税的税率、计税依据和计税方法

税制要素	具体内容
(1) 税率	(1) 城市维护建设税实行三档差别比例税率： ①纳税人所在地在**市区**的，税率为**7%**

续表

税制要素	具体内容
（1）税率	②纳税人所在地在**县城、镇**的，税率为**5%** ③纳税人所在地**不在**市区、县城或镇的，税率为**1%** （2）城市维护建设税的适用税率，应当**按纳税人所在地**的规定税率执行，但是对下列两种情况，可按**缴纳增值税和消费税的所在地**的规定税率就地缴纳城市维护建设税： ①由受托方代征代扣增值税、消费税的单位和个人 ②流动经营等无固定纳税地点的单位和个人
（2）计税依据	城市维护建设税的计税依据，是纳税人实际缴纳的增值税、消费税税额。纳税人在被查补增值税、消费税和被处以罚款时，应同时查补城市维护建设税并处以罚款。异地预缴时，以预缴增值税税额为计税依据，并按异地城市维护建设税税率计算。生产企业出口货物，经税务局审核批准的当期免抵增值税税额纳入计征范围。（批准的次月申报），外贸企业出口货物，免征增值税、消费税
（3）计税方法	城市维护建设税以纳税人**实际缴纳的增值税、消费税税额为计税依据**，采用分区域的差别比例税率： 应纳税额＝纳税人实际缴纳的增值税、消费税税额×适用税率

【单选题】城市维护建设税采用的税率形式是（　　）。

A. 产品比例税率　　　　B. 行业比例税率

C. 地区差别比例税率　　D. 有幅度的比率税率

【参考答案】C。城市维护建设税实行地区差别比例税率。

五、城市维护建设税的税收优惠

1. 一般规定

城市维护建设税是以实际缴纳的增值税、消费税税额为计税依据，税法规定对纳税人减免增值税和消费税时，相应也减免了城市维护建设税。因此，城市维护建设税原则上不单独规定减免税。

2. 特殊规定

海关对进口产品代征增值税、消费税	不征收城市维护建设税（**进口不征**）
对出口产品退还增值税、消费税的	不退还已缴纳的城市维护建设税（**出口不退**）
由于增值税、消费税减免而发生的退税	**退还**已纳的城市维护建设税
增值税、消费税补罚	城市维护建设税也要补罚
增值税、消费税的滞纳金和罚款	**不作**城市维护建设税的计税依据
增值税、消费税减免	**城市维护建设税也减免**
增值税、消费税实行先征后返、先征后退、即征即退办法	**除另有规定外，对随“两税”征收的城市维护建设税和教育费附加一律不予退（返）还**
国家重大水利工程建设基金	**免**城市维护建设税

续表

海关对进口产品代征增值税、消费税	不征收城市维护建设税（进口不征）
增值税小规模纳税人（2019.1.1—2021.12.31）（2020年新增）	省、自治区、直辖市人民政府可以在**50%**的税额幅度内减征城市维护建设税
对实行增值税期末留抵退税的纳税人	允许其从城市维护建设税计税依据中扣除退还的增值税税额
单位和个体工商户将自产、委托加工或购买的货物，通过公益性社会组织和县级以上人民政府及其部门等国家机关，或者直接向承担疫情防治任务的医院，无偿捐赠用于应对新型冠状病毒感染的肺炎疫情的	免征增值税、消费税、城市维护建设税
纳税人运输疫情防控重点保障物资、提供公共交通运输服务、生活服务，以及为居民提供必需生活物资、快递收派服务取得的收入，享受免征增值税优惠的收入	免征城市维护建设税

【提示】理解上述规定把握如下原则：

1. 进口不征，出口不退。进口的商品尽管征收了增值税等，但是这部分商品没有享受中国境内城市建设的好处，所以进口是不征城市维护建设税的。同样，出口的商品如果存在退税的情况，城市维护建设税是不退的，因为出口的这部分商品在生产过程中享受了城市建设的好处，所以不退。

2. 由于增值税、消费税属于城市维护建设税的计税依据，因此上述税种享受免税后，城市维护建设税就丧失了计税依据，自动享受免征。

3. 先征后返、先征后退、即征即退是按照政策先缴纳了再退（返）还，而城市维护建设税在其缴纳的时候按照缴纳的增值税计算，之后退（返）还的时候城市维护建设税没有相应的优惠，不能退（返）还。

【单选题】下列关于城市维护建设税的说法中，正确的是（　　）。

A. 增值税实行即征即退办法的，随增值税附征的城市维护建设税予以退还

B. 城市维护建设税的适用税率，一般按纳税人所在地适用税率确定

C. 城市维护建设税的计税依据是纳税人应缴纳的增值税和消费税

D. 海关对进口产品代征消费税和增值税的，征收城市维护建设税

【参考答案】B。选项A，对增值税实行先征后返、先征后退、即征即退办法的，除另有规定外，对随增值税附征的城市维护建设税和教育费附加，一律不予退（返）还；选项C，城市维护建设税的计税依据，是纳税人实际缴纳的增值税和消费税；选项D，对出口产品不退还已缴纳的城市维护建设税，对进口货物不征收城建税（进口不征，出口不退）。

六、城市维护建设税的征收管理

征收管理	具体内容
（1）纳税环节	城市维护建设税的纳税环节，是纳税人缴纳增值税、消费税的环节。城市维护建设税的纳税人应当于缴纳增值税、消费税的同时，向所在地的主管税务机关缴纳城市维护建设税
（2）纳税期限	由于城市维护建设税是由纳税人在缴纳增值税、消费税的同时缴纳的，所以其纳税期限分别与增值税、消费税的纳税期限一致
（3）纳税地点	纳税人缴纳增值税、消费税的地点，就是纳税人缴纳城市维护建设税的地点 下列特殊情况，纳税地点的规定为： （1）代征代扣增值税、消费税的单位和个人，同时也要代征代扣城市维护建设税，其城市维护建设税的纳税地点为**代征代扣地** （2）对流动经营等**无固定纳税地点**的单位和个人，其**纳税地点为缴纳增值税、消费税所在地** （3）纳税人跨地区提供建筑服务、销售和出租不动产的，应在建筑服务发生地、不动产所在地预缴增值税时，以预缴增值税税额为计税依据，并按预缴增值税所在地的城市维护建设税适用税率就地计算缴纳城市维护建设税

【单选题】下列各项描述中，符合城市维护建设税相关规定的是（　　）。

A. 无固定纳税地点的个人，城市维护建设税纳税地点为户籍所在地

B. 纳税人销售不动产应按机构所在地税率缴纳城市维护建设税

C. 纳税人跨地区提供建筑服务，应在建筑服务发生地预缴城市维护建设税

D. 代扣代缴的城市维护建设税应按照被扣缴纳税人所在地适用税率缴纳城市维护建设税

【参考答案】C。选项 A，无固定纳税地点的纳税人在经营地缴纳增值税、消费税，同时缴纳城市维护建设税；选项 B，纳税人销售不动产，在不动产所在地缴纳城市维护建设税；选项 D，代扣代缴、代收代缴的城市维护建设税在受托方（扣缴方）所在地缴纳城市维护建设税。

第九节　烟叶税

一、烟叶税的概念

烟叶税是以烟叶为征税对象，对在中华人民共和国境内依照《中华人民共和国烟草专卖法》的规定收购烟叶的单位征收的一种税。

二、烟叶税的纳税人和征收范围

1. 纳税人

在中华人民共和国境内**收购烟叶的单位**为烟叶税的纳税人。“收购烟叶的单位”，是指依照《烟草专卖法》的规定收购烟叶的单位。

2. 征收范围

烟叶税的征税范围**包括晾晒烟叶、烤烟叶**。

【单选题】烟叶税的征税范围包括（　　）

A. 烤烟叶　　B. 晾晒烟叶　　C. 雪茄烟　　D. 卷烟

【参考答案】AB。烟叶税所指的“烟叶”，包括晾晒烟叶、烤烟叶。

三、烟叶税的税率、计税依据和计税方法

税制要素	具体内容
（1）税率	烟叶税实行比例税率，税率为**20%**
（2）计税依据	烟叶税的计税依据为纳税人收购烟叶实际支付的价款总额。价款总额包括纳税人支付给烟叶生产销售单位和个人的烟叶收购价款和价外补贴。**价外补贴统一按烟叶收购价款的10%计算：实际支付的价款总额＝烟叶收购价款×（1＋10%）**
（3）计税方法	烟叶税的应纳税额按照纳税人收购烟叶实际支付的价款总额乘以税率计算：应纳税额＝实际支付的价款总额×20%

【单选题】某烟厂为增值税一般纳税人，2019年1月收购烟叶2 000千克，实际支付的价款总额为30万元，已开具烟叶收购发票。下列表述正确的是（　　）。

A. 烟厂应该代扣代缴烟叶税6万元

B. 烟厂应该代扣代缴烟叶税6.6万元

C. 烟厂应该自行缴纳烟叶税6万元

D. 烟厂应该自行缴纳烟叶税6.6万元

【参考答案】C。烟叶税的纳税人是收购烟叶的单位，应缴纳烟叶税＝实际支付的价款总额×税率＝30×20%＝6（万元）。

四、烟叶税的征收管理

征收管理	具体内容
纳税义务发生时间	纳税人**收购烟叶的当天**
纳税期限	**按月计征**，纳税人应当于纳税义务发生月终了之日起**15日内**申报并缴纳税款
纳税地点	纳税人收购烟叶，应当向**烟叶收购地的主管税务机关**申报纳税

第十节　环境保护税

一、环境保护税概述

环境保护税，是指在中华人民共和国领域和中华人民共和国管辖的其他海域内，

对**直接**向环境排放应税污染物的企业事业单位和其他生产经营者征收的一种税。

征收环境保护税的主要目的是保护和改善环境、减少污染物排放、推进生态文明建设。

二、环境保护税的纳税人

环境保护税的纳税人是指在中华人民共和国领域和中华人民共和国管辖的其他海域，直接向环境排放应税污染物的企业事业单位和其他生产经营者。

三、环境保护税的征税对象

环境保护税的征税对象为应税污染物。

是《环境保护税法》所附“环境保护税税目税额表”应税污染物和当量值表规定的**大气污染物、水污染物、固体废物和噪声**。

不征税项目包括：

1. 企业事业单位和其他生产经营者向依法设立的污水集中处理、生活垃圾集中处理场所排放应税污染物的。【征收污水处理费】

2. 企业事业单位和其他生产经营者在符合国家和地方环境保护标准的设施、场所贮存或者处置固体废物的。【固体废物包括医疗危险废弃物】

3. 达标规模养殖场不征税。

【单选题】下列各项中，属于环境保护税征税范围的有（　　）。

A. 纳税人综合利用的固体废物，符合国家和地方环境保护标准的

B. 依法设立的城乡污水集中处理、生活垃圾集中处理场所超过国家和地方规定的排放标准向环境排放应税污染物的

C. 企业贮存固体废物不符合国家和地方环境保护标准的

D. 事业单位向依法设立的污水集中处理、生活垃圾集中处理场所排放应税污染物的

【参考答案】BC。本题涉及的知识点是环境保护税的征税范围。选项 A，纳税人综合利用的固体废物，符合国家和地方环境保护标准的，暂免征环境保护税；选项 D，企业事业单位和其他生产经营者向依法设立的污水集中处理、生活垃圾集中处理场所排放应税污染物的，不属于直接向环境排放污染物，不缴纳相应污染物的环境保护税。

四、环境保护税的税率

环境保护税应税污染物适用定额税率。

定额税率	具体内容
（1）全国统一定额税	对于固体废物和噪声实行全国统一的**定额税**。固体废物按不同种类，税额标准为每吨5—1 000元；噪声按超标分贝数，税额标准为每月350—11 200元
（2）浮动定额税	（1）对于大气污染物和水污染物实行各省**浮动定额税**，税额上限为最低税额标准的**10倍** （2）应税大气污染物和水污染物的具体适用税额的确定和调整由省、自治区、直辖市人民政府统筹考虑本地区环境承载能力、污染物排放现状和经济社会生态发展目标要求，在规定的税额幅度内提出，报同级人民代表大会常务委员会决定，并报全国人民代表大会常务委员会和国务院备案

【单选题】以下关于环境保护税税率的规定正确的是（　　）。

A. 环境保护税采用定额税率

B. 环境保护税全部应税污染物适用税额的确定和调整由省、自治区、直辖市人民政府统筹考虑，在规定的税额幅度内提出

C. 环境保护税全部应税污染物适用税额的确定和调整均由国家税务总局决定

D. 环境保护税全部应税污染物适用税额的确定和调整均需报国务院备案

【参考答案】A。本题涉及的知识点是环境保护税的税率。环境保护税四大税目中的两个——应税大气污染物和水污染物的具体适用税额的确定和调整，由省、自治区、直辖市人民政府统筹考虑本地区环境承载能力、污染物排放现状和经济社会生态发展目标要求，在“环境保护税税目税额表”规定的税额幅度内提出，报同级人民代表大会常务委员会决定，并报全国人民代表大会常务委员会和国务院备案。

五、环境保护税的计税依据

应税污染物的计税依据根据污染物的类别确定。

类别	计税依据
（1）应税大气污染物、水污染物	为污染物排放量折合的污染当量数
（2）应税固体废物	为固体废物的排放量
（3）应税噪声	为超过国家规定标准的分贝数

六、环境保护税应纳税额计算

（一）大气污染物、水污染物

计算方法	应纳税额的计算
（1）基本计算方法	大气污染物、水污染物应纳税额 = 污染当量数 × 适用税额 应税大气污染物、水污染物的污染当量数 = 该污染物的排放量 ÷ 该污染物的污染当量值 《环境保护税法》所附“pH值、色度、大肠菌群数、余氯量水污染物污染当量值”中“色度”的污染当量数，以污水排放量**乘以色度超标倍数再除以污染当量值**计算

续表

计算方法	应纳税额的计算
（2）以排放口为单位计算应税污染物排放量	（1）每一排放口或者没有排放口的应税大气污染物按照污染当量数从大到小排序，对前三项污染物征收环境保护税 （2）每一排放口的应税水污染物按照“应税污染物和当量值表”，区分第一类水污染物和其他类水污染物。按照污染当量数从大到小排序，对第一类水污染物按照前五项征收环境保护税，对其他类水污染物按照前三项征收环境保护税

（二）固体废物

计算方法	应纳税额的计算
（1）基本计算方法	应税固体废物的排放量 = 当期应税固体废物的产生量 - 当期应税固体废物的贮存量、处置量、综合利用量 （1）固体废物的贮存量、处置量，是指在符合国家和地方环境保护标准的设施、场所贮存或者处置的固体废物数量 （2）固体废物的综合利用量，是指按照国务院发展改革、工业和信息化主管部门关于资源综合利用要求以及国家和地方环境保护标准进行综合利用的固体废物数量
（2）计算注意事项	（1）纳税人应当准确计量应税固体废物的贮存量、处置量和综合利用量，未准确计量的，不得从其应税固体废物的产生量中减去 （2）纳税人依法将应税固体废物转移至其他单位和个人进行贮存、处置或者综合利用的，固体废物的转移量相应计入其当期应税固体废物的贮存量、处置量或者综合利用量；纳税人接收的应税固体废物转移量，不计入其当期应税固体废物的产生量 （3）纳税人对应税固体废物进行综合利用的，应当符合工业和信息化部制定的工业固体废物综合利用评价管理规范

（三）应税噪声

计算方法	应纳税额的计算
（1）基本计算方法	应税噪声的应纳税额为超过国家规定标准的分贝数对应的具体适用税额
（2）计算注意事项	（1）一个单位边界上有多处噪声超标，根据**最高一处**超标声级计算应纳税额；当沿边界长度超过 100 米有两处以上噪声超标，按照两个单位计算应纳税额 （2）一个单位有不同地点作业场所的，应当**分别计算**应纳税额，合并计征 （3）昼、夜均超标的环境噪声，昼、夜**分别计算**应纳税额，累计计征 （4）声源一个月内超标不足 15 天的，**减半**计算应纳税额 （5）夜间频繁突发和夜间偶然突发厂界超标噪声，按等效声级和峰值噪声两种指标中超标分贝值高的一项计算应纳税额

七、环境保护税的税收优惠

（一）环境保护税的免税政策

1. 农业生产（不包括规模化养殖）排放应税污染物的。

2. 机动车、铁路机车、非道路移动机械、船舶和航空器等流动污染源排放应税污染物的。

3. 依法设立的城乡污水集中处理、生活垃圾集中处理场所排放相应应税污染物，不超过国家和地方规定的排放标准的。

4. 纳税人综合利用的固体废物，符合国家和地方环境保护标准的。

5. 国务院批准免税的其他情形。

（二）环境保护税的减税政策

纳税人排放应税大气污染物或者水污染物的浓度值低于国家和地方规定的污染物排放标准30%的，减按75%征收环境保护税。纳税人排放应税大气污染物或者水污染物的浓度值低于国家和地方规定的污染物排放标准50%的，减按50%征收环境保护税。【仅适用于自动检测和机构检测】

【判断题】纳税人排放应税大气污染物或者水污染物的浓度值低于国家和地方规定的污染物排放标准30%的，减按50%征收环境保护税。（　　）

【参考答案】×。本题涉及的知识点是环境保护税的税收优惠。纳税人排放应税大气污染物或者水污染物的浓度值低于国家和地方规定的污染物排放标准30%的，减按75%征收环境保护税。

八、环境保护税的征收管理

征收管理	具体内容
（1）纳税义务发生时间	为纳税人排放应税污染物的**当日**
（2）征收地点	纳税人应当向应税污染物**排放地的税务机关**申报缴纳环境保护税
（3）纳税期限	（1）纳税期限。环境保护税**按月计算，按季申报**缴纳；不能按固定期限计算缴纳的，可以按次申报缴纳 （2）申报期限。纳税人按季申报缴纳的，应当自季度终了之日起**15日**内，向税务机关办理纳税申报并缴纳税款；纳税人按次申报缴纳的，应当自纳税义务发生之日起**15日**内，向税务机关办理纳税申报并缴纳税款

【单选题】纳税人应当向（　　）的主管税务机关申报缴纳环境保护税。

A. 生产经营所在地　　B. 机构所在地

C. 应税污染物排放地　　D. 注册所在地

【参考答案】C。根据环境保护税法规定，纳税人应当向应税污染物排放地的税务机关申报缴纳环境保护税。

第十一章　税收征收管理

第一节　税收征收管理概述

一、税收征收管理的基本内涵

税收征收管理是税务机关依据有关法律法规和规章，对税款征收**全过程**进行的税务管理、税款征收、税务稽查和纳税服务等一系列**行政执法和管理活动**。

二、税收征收管理的基本原则

（1）坚持依法协同稳妥

（2）坚持为民便民利民

（3）坚持优化高效统一

三、税收风险管理

风险应对，是指风险应对部门采取具体的应对策略和措施消除税收风险点的活动，组织风险应对部门按纳税人区域、规模和特定事项等要素，合理确定风险应对层级和承办部门。

（1）**高风险**应对任务主要采取**税务稽查**应对方式；

（2）**中风险**应对任务主要采取**纳税评估、税务审计、反避税调查**等应对方式；

（3）**低风险**应对任务主要采取**提示提醒、纳税辅导**等应对方式。

【提示】按照影响目标的程度，也就是发生的后果严重程度，采取不同层级的处理方式。

【单选题】风险应对是指风险应对部门采取具体的应对策略和措施消除税收风险点的活动。下列高风险应对方式正确的有（　　）。

A. 税务稽查　　B. 纳税评估　　C. 提示提醒　　D. 纳税辅导

【参考答案】A。高风险应对任务主要采取税务稽查应对方式；中风险应对任务主要采取纳税评估、税务审计、反避税调查等应对方式；低风险应对任务主要采取提示提醒、纳税辅导等应对方式。

第二节　纳税服务

一、纳税服务主要职责

纳税服务	具体内容
(1) 税法宣传	广泛、及时、准确、有针对性地向纳税人宣传税收法律、法规和政策，**普及纳税知识**，增强全社会依法诚信纳税意识，提高纳税人税法遵从度
(2) 纳税咨询	应当广泛宣传税收法律、行政法规，普及纳税知识，**无偿地为纳税人**提供纳税咨询服务
(3) 办税服务	**办税服务质量和效率是检验纳税人满意度的重要标准，完善服务功能、推行多元办税、优化办税流程、精简涉税资料**，可以帮助纳税人更便捷高效地行使权利和履行义务
(4) 权益保护	(1) 纳税人14项权利分别是**知情权、保密权**、税收监督权、**纳税申报方式选择权**、申请延期申报权、申请延期缴纳税款权、申请退还多缴税款权、依法享受税收优惠权、委托税务代理权、**陈述与申辩权**、对未出示税务检查证和税务检查通知书的拒绝检查权、税收法律救济权、**依法要求听证的权利、索取有关税收凭证的权利** (2) 纳税人10项义务分别是依法进行**税务登记**的义务，依法**设置保管账簿和有关资料**以及依法开具、使用、取得和保管发票的义务，**财务会计制度和会计核算软件备案**的义务，按照规定安装、使用税控装置的义务，按时、如实申报的义务，按时缴纳税款的义务，**代扣、代收税款**的义务，**接受依法检查**的义务，及时提供信息的义务，报告其他涉税信息的义务
(5) 信用管理	纳税信用管理内容涉及纳税人遵从税法情况和接受税务机关管理情况，税务机关可以根据纳税人不同的纳税信用级别，区分不同风险级别，合理调配资源，**实施分类动态管理**
(6) 社会协作	社会协作是指税务机关进一步**延伸服务范围、发挥社会主体服务优势**的重要举措
(7) 小微企业服务	小微企业服务主要通过**拟订小微企业纳税和缴费服务制度并组织实施**，协调有关部门**落实小微企业纳税服务事宜**，收集整理小微企业涉税诉求和意见，**便利小微企业享受各项减税降费政策**

【多选题】《税收征管法》赋予纳税人的权利有（　　）。

A. 知情权　　B. 保密权　　C. 申报选择权　　D. 索取凭证权

【参考答案】AB。14项权利是：知情权、保密权、税收监督权、纳税申报方式选择权、申请延期申报权、申请延期缴纳税款权、申请退还多缴税款权、依法享受税收优惠权、委托税务代理权、陈述与申辩权、对未出示税务检查证和税务检查通知书的拒绝检查权、税收法律救济权、依法要求听证的权利、索取有关税收凭证的权利。

二、税务登记管理

（一）执行统一纳税人识别号

已办理“多证合一”“两证整合”的纳税人，凭加载统一社会信用代码的营业执照或登记证件原件及复印件，经办人身份证明原件及复印件（已实名认证可免报送复印件)，可通过办税服务厅（场所）、电子税务局对税务机关获取的市场监督管理等登记部门共享的登记信息作为统一纳税人识别号。

持回乡证、通行证、护照办理税务登记的纳税人，其纳税人识别号由**身份证件号码+2位顺序码**组成。

（二）税务登记

1. 税务登记和临时税务登记

税务登记	具体内容
（1）信息报告税务登记	从事生产、经营的纳税人应当自取得登记证书或经有关部门批准**设立的之日起30日内**，外国企业常驻代表机构应当自取得登记证书或经有关部门**批准之日起30日内**，**在其所在地税务机关**办理“多证合一”“两证整合”纳税人信息报告，税务机关补充信息进行税务登记
（2）申报办理临时税务登记	**不适用**“多证合一”“两证整合”的纳税人**需要**申报办理临时税务登记
（3）无需办理税务登记	国家机关、个人（不含个体工商户）和无固定生产、经营场所的流动性农村小商贩

【多选题】根据《税收征管法》及《税务登记管理办法》的规定，下列单位中应承担税务登记义务的有（　　）。

A. 企业在上海设立分支机构

B. 企业在合肥设立非独立核算的内设机构

C. 广州某律师事务所支付外聘律师代理费

D. 某市税务局出售二手车辆

【参考答案】ACD。选项B为设在当地的非独立核算的内设机构，是不需要进行税务登记的。

2. 变更、注销税务登记

税务登记	具体内容
（1）变更登记	纳税人税务登记内容发生变化的，应当自工商行政管理机关变更登记之日或者税务登记内容**实际发生变化之日起30日内**，或者自有关机关批准或者宣布变更之日起30日内，到**原税务登记机关**申报办理变更税务登记
（2）迁移登记	纳税人因**住所、经营地点变动**，涉及改变税务登记机关的，应当在向工商行政管理机关或者其他机关申请办理变更、注销登记前，或者住所、经营地点变动前向原税务登记机关申报办理注销税务登记，并**自注销税务登记之日起30日内**向迁达地税务机关申报办理税务登记
（3）注销登记	（1）需要办理注销登记的情形。纳税人发生**解散、破产、撤销**以及其他情形，**依法终止纳税义务的**纳税人被工商行政管理机关吊销营业执照或者被其他机关予以撤销登记的；**境外企业在中国境内**承包建筑、安装、装配、勘探工程和提供劳务的，在**项目完工、离开中国**的 （2）纳税人**办理注销税务登记前**，需要办理的税务事项：向税务机关提交相关证明文件和资料；结清应纳税款、多退（免）税款、滞纳金和罚款；缴销发票、税务登记证件和其他税务证件；经税务机关核准后，办理注销税务登记手续

【多选题】注销税务登记前，纳税人应当向税务机关办理的税务事项有（　　）。

A. 结清应纳税款、滞纳金、罚款

B. 缴销发票、税务登记证件和其他税务证件

C. 缴销工商营业执照

D. 注销统一社会信用代码

【参考答案】AB。纳税人在办理注销税务登记之前，应先向税务机关结清应纳税款、滞纳金、罚款，缴销发票、税务登记证件和其他税务证件。

3. 停业、复业登记

实行**定期定额征收方式的个体工商户**需要停业的，应当**在停业前**向税务机关申报办理停业登记。

纳税人的停业期限**不得超过一年**。

纳税人应当于**恢复生产、经营之前**，向税务机关申报办理复业登记。

【单选题】停业登记和复业登记是对税务登记管理的有益补充，下列选项中（　　）根据自身经营情况需要临时停业的，可以向税务机关申请。

A. 核定征收的企业　　B. 查账征收的企业

C. 定期定额征收方式的个体工商户　　D. 已办理了税务登记的纳税人

【参考答案】C。停业登记和复业登记是对税务登记管理的有益补充。实行定期定额征收方式的个体工商户根据自身经营情况需要临时停业的，可以向税务机关申请。

（三）税务登记证管理

税务登记证	具体内容
（1）按规定使用税务登记证件	（1）纳税人按照国务院税务主管部门的规定使用税务登记证件，**不得转借、涂改、损毁、买卖或者伪造** （2）除按照规定不需要发给税务登记证件的外，纳税人**办理开立银行账户和领购发票事项必须持税务登记证件** （3）纳税人办理其他税务事项时，应当出示税务登记证件，经税务机关核准相关信息后办理手续
（2）定期验证换证	税务机关对税务登记证件**实行定期验证和换证制度**，税务机关应当加强税务登记证件的管理，采取**实地调查、上门验证**等方法进行税务登记证件的管理

【单选题】纳税人办理涉税事项必须持税务登记证件的是（　　）。

A. 不动产登记　　B. 缴纳社会保险费

C. 开立银行账户　　D. 签订合同协议

【参考答案】C。纳税人办理开立银行账户和领购发票事项必须持税务登记证件，纳税人办理其他税务事项时，应当出示税务登记证件，经税务机关核准相关信息后办理手续。

（四）非正常户处理

1. 已办理税务登记的纳税人未按照规定的期限申报纳税，在税务机关**责令其限期改正后，逾期不改正的，税务机关应当派员实地检查**，查无下落**并且无法强制其履行纳税义务的**，由检查人员**制作非正常户认定书**，存入纳税人档案，税务机关暂停其税务登记证件、发票领购簿和发票的使用。

2. 纳税人被列入非正常户**超过3个月的**，税务机关可以宣布其税务登记证件失效，**其应纳税款的追征仍按《税收征管法及其实施细则》的规定执行**。

（五）简易注销

1. 实行清税证明免办服务

符合下列情形之一的，可免予到税务机关办理清税证明，直接向市场监管部门申请办理注销登记。

（一）未办理过涉税事宜的纳税人，主动到税务机关办理清税的，税务机关可根据纳税人提供的营业执照即时出具清税文书。

（二）办理过涉税事宜但未领用发票、无欠税（滞纳金）及罚款的纳税人，主动到税务机关办理清税，资料齐全的，税务机关即时出具清税文书；资料不齐的，可采取“承诺制”容缺办理，在其作出承诺后，即时出具清税文书。

（三）经人民法院裁定宣告破产的纳税人，持人民法院终结破产程序裁定书向税务机关申请税务注销的，税务机关即时出具清税文书，按照有关规定核销“死欠”。

2. 优化税务注销即办服务

对向市场监管部门申请一般注销的纳税人，税务机关在为其办理税务注销时，进一步落实限时办结规定。对未处于税务检查状态、无欠税（滞纳金）及罚款、已缴销增值税专用发票及税控专用设备，且符合下列情形之一的纳税人，优化即时办结服务，采取“承诺制”容缺办理，即纳税人在办理税务注销时，若资料不齐，可在其作出承诺后，税务机关即时出具清税文书。

（一）纳税信用级别为A级和B级的纳税人；

（二）控股母公司纳税信用级别为A级的M级纳税人；

（三）省级人民政府引进人才或经省级以上行业协会等机构认定的行业领军人才等创办的企业；

（四）未纳入纳税信用级别评价的定期定额个体工商户；

（五）未达到增值税纳税起征点的纳税人。

三、账簿凭证管理

（一）账簿、凭证设置

纳税人情况	账簿、凭证设置管理
（1）有建账能力的纳税人	从事生产、经营的纳税人应当自领取营业执照或者发生纳税义务之日起**15日内**设置账簿。**扣缴义务人**应当自税收法律、行政法规规定的扣缴义务发生之日起**10日内**，按照所代扣、代收的税种，分别设置代扣代缴、代收代缴税款账簿
（2）无建账能力的纳税人	生产、经营规模小又确无建账能力的纳税人，**可以**聘请经批准从事会计代理记账业务的专业机构代为建账和办理账务。聘请中介机构或者人员有实际困难的，**经县以上税务机关批准**，可以按照税务机关的规定，**建立收支凭证粘贴簿、进货销货登记簿或者使用税控装置**

【判断题】纳税人和扣缴义务人应按照有关法律、行政法规和国务院财政、税务主管部门的规定设置账簿。（　　）

【参考答案】×。从事生产、经营的纳税人应当自领取营业执照或者发生纳税义务之日起15日内设置账簿，这里强调的是从事生产经营的纳税人。

（一）账簿、凭证保管

从事生产经营的纳税人、扣缴义务人必须按照国务院财政、税务主管部门规定的保管期限保管账簿、记账凭证、完税凭证及其他有关资料。

账簿、记账凭证、报表、完税凭证、发票、出口凭证以及其他有关涉税资料的保管期限，除另有规定外，**应当保存10年**。

【单选题】2020年，某有限公司财务人员在法定代表人刘某的要求下，实施了在账簿上隐瞒收入的行为。当年刘某将该公司股份转让给了张某并离开了公司；2021年税务机关实施税务检查，该公司法定代表人张某指示公司财务谎称账簿、记账凭证、报表等因换法人而没有保存。《税收征管法》规定的账簿、记账凭证、报表、完税凭证、发票、出口凭证以及其他有关涉税资料的保存时间是（　　）年。

A. 3　　B. 5　　C. 10　　D. 15

【参考答案】C。本题的考核点是税收违法行为及其法律责任，属于基础型知识点。账簿、记账凭证、报表、完税凭证、发票、出口凭证以及其他有关涉税资料应当合法、真实、完整且保存10年，法律、行政法规另有规定的除外。

（三）财务会计制度备案

从事生产、经营的纳税人应当**自领取税务登记证件之日起15日内**，将其财务、会计制度或者财务、会计处理办法报送主管税务机关备案。

纳税人、扣缴义务人采用计算机记账的，应当在**使用前**将其记账软件、程序和使用说明书及有关资料**报送主管税务机关备案**。

【单选题】某纳税人从2020年1月1日起使用计算机记账，下列有关说法不正确的是（　　）。

A. 2020年2月1日前将纳税人的会计核算软件、使用说明书及相关资料报送主管税务机关备案

B. 纳税人会计制度不健全，不能通过计算机正确完整计算其收入和所得，应当建立总账及与纳税有关的其他账簿

C. 纳税人会计制度健全，能通过计算机正确完整计算其收入和所得的，其计算机输出完整的书面会计记录，可视同会计账簿

D. 纳税人应当自领取税务登记证件之日起15日内，将其财务、会计制度或财务、会计处理办法和会计核算软件报送税务机关备案

【参考答案】A。从事生产、经营的纳税人应当自领取税务登记证件之日起15日内，将其财务、会计制度或者财务、会计处理办法报送主管税务机关备案。纳税人、扣缴义务人采用计算机记账的，应当在使用前将其记账软件、程序和使用说明书及有关资料报送主管税务机关备案。

四、发票管理

（一）发票基础知识

1. 发票的分类

发票类型	具体内容
（1）增值税专用发票	增值税专用发票不仅是购销双方收付款的凭证，而且可以用作购买方抵扣增值税额的凭证。2020年1月21日在全国开展增值税专用电子发票试点
（2）增值税普通发票	增值税普通发票除农产品销售发票（收购发票）、通行费电子发票、机动车销售统一发票、旅客运输电子发票、**注明旅客身份信息的客票**等按法定税率（征收率）抵扣进项税额外，其他普通发票一般不能抵扣进项税额。全国首张区块链电子发票于**2018年8月10日在深圳开出**。区块链电子发票**每个环节都可追溯、信息不可篡改、数据不会丢失**

2. 发票的基本内容

发票的基本联次包括存根联、发票联、记账联。

存根联	收款方或者开票方留存备查
发票联	付款方或受票方作为付款原始凭证
记账联	收款方或者开票方记账原始凭证

3. 发票的基本内容

发票基本内容包括：发票的名称、发票代码和号码、联次及用途、客户名称、开户银行及账号、商品名称或经营项目、计量单位、数量、单价、大小写金额、开票人、开票日期、开票单位（个人）名称（章）等。

【判断题】发票的基本内容包括发票的名称、发票代码和号码、联次及用途、客户名称、开户银行及账号、商品名称或经营项目、计量单位、数量、单价等。因此，行政单位取得普通发票不填写纳税人识别号属于合规发票，可以报销。（　）

【参考答案】√。自2017年7月1日起，购买方为企业的，索取增值税普通发票时，应向销售方提供纳税人识别号或统一社会信用代码；销售方为其开具增值税普通发票时，应在“购买方纳税人识别号”栏填写购买方的纳税人识别号或统一社会信用代码。不符合规定的发票，不得作为税收凭证。

（二）发票的印制

全国统一的发票防伪措施由国家税务总局确定，省税务局可以根据需要增加本地区的发票防伪措施，并向国家税务总局备案。

增值税专用发票由国务院税务主管部门确定的企业印制；其他发票，按照国务院税务主管部门的规定，分别由省、自治区、

（三）发票的领购

发票领购	具体内容
（1）发票领购手续	领购发票的单位和个人持税务登记证件或者其他有关证明、经办人身份证明、发票专用章印模向主管税务机关办理发票领购手续
（2）发票领用分类分级管理	（1）税务机关根据纳税人**税收风险程度、纳税信用级别和实际经营情况**，合理满足纳税人发票使用需求 （2）积极推进发票领用**分类分级管理**，税收**风险程度较低**的纳税人，**按需供应发票**；税收**风险程度中等**的纳税人，**正常供应发票**，**加强事中事后监管**；税收**风险程度较高**的纳税人，**严格控制其发票领用数量和最高开票限额**，并加强事中事后监管
（3）发票领用量与纳税信用级别的关系	对纳税信用**A**级的纳税人，按需供应发票，**可以一次领取不超过3个月的发票用量**；纳税信用**B**级的纳税人可以**一次领取不超过2个月的发票用量**

（四）发票的开具和保管

开具保管	具体内容
（1）发票开具要求	（1）填开发票的单位和个人**必须在发生经营业务确认营业收入时**开具发票。未发生经营业务一律不准开具发票 （2）单位和个人在开具发票的具体要求：**必须做到按照号码顺序填开**，填写项目齐全，内容真实，字迹清楚，**全部联次一次打印**，内容完全一致，并在发票联和抵扣联加盖发票专用章。开具发票应当使用中文，**民族自治地方可以同时使用当地通用的一种民族文字**。发票仅限于领购单位和个人在本省、自治区、直辖市内开具
（2）发票的取得	所有单位和从事生产、经营活动的个人在购买商品、提供服务以及从事其他经营活动支付款项，应当向收款方取得发票。（卖方开票） 特殊情况下，由付款方向收款方开具发票。（买方开票）
（3）发票的保管	发票的保管是指对**未使用的发票以及已经填用发票的存根联和专用发票抵扣联**的保存管理。开具发票的单位和个人应当按照税务机关的规定存放和保管发票，**不得擅自损毁**。已经开具的发票存根联和发票登记簿，**应当保存5年**。使用发票的单位和个人应当妥善保管发票。**发生发票丢失**情形时，应当于**发现丢失当日书面报告税务机关**

五、纳税申报管理

（一）纳税申报主体

1. 负有纳税义务的单位和个人，在发生纳税义务之后，按税法规定或税务机关依照法律、行政法规的规定确定的纳税申报期限，如实向主管税务机关办理纳税申报；纳税人办理纳税**申报后发现需要修正的，可以修正申报**。

2. 纳税人在纳税期内**没有应纳税款**的，**也应当按照规定办理纳税申报**。

3. 纳税人享受减税、免税待遇的，在**减税、免税期间应当按照规定办理纳税申报**。

4. 扣缴义务人**必须**在法律、行政法规规定或者税务机关依照法律、行政法规的规定确定的**申报期限内办理扣缴申报**。

【单选题】以下有关纳税申报的说法，错误的有（　　）。

A. 纳税人办理纳税申报后发现错误可以汇算清缴申报

B. 纳税人在纳税期内没有应纳税款的也应当按照规定办理纳税申报

C. 纳税人在减税免税期间应当按照规定办理纳税申报

D. 扣缴义务人必须在法律、行政法规规定确定的申报期限内办理扣缴申报

【参考答案】A。负有纳税义务的单位和个人，在发生纳税义务之后，按税法规定或税务机关依照法律、行政法规的规定确定的纳税申报期限，如实向主管税务机关办理纳税申报；纳税人办理纳税申报后发现需要修正的，可以修正申报。

（二）纳税申报期限顺延和延期

顺延延期	具体内容
（1）申报期限顺延	申报规定期限的**最后一日是法定休假日的**，以**休假日期满的次日为期限的最后一日**。在期限内有**连续3日以上**法定休假日的，**按休假日天数顺延**
（2）延期纳税申报	纳税人、扣缴义务人**不能**按期办理纳税申报或者报送代扣代缴、代收代缴税款报告表的，**经税务机关核准，可以延期申报**。经核准延期办理规定的申报、报送事项的，应当在纳税期内按照**上期实际缴纳的税额或者税务机关核定的税额预缴税款**，并在**核准的延期内**办理税款结算。延期应当在规定的期限内向税务机关**提出书面延期申请**。**因不可抗力**延期办理纳税申报或者报送代扣代缴、代收代缴税款报告表的，应当**在不可抗力情形消除后立即向税务机关报告**

【提示】注意延期纳税申报和延期缴纳税款的区别。延期申报，是先缴纳税款，推迟纳税申报时间，延期纳税，就是先正常纳税，推迟缴纳税款。

【单选题】纳税人按照规定的期限办理纳税申报确有困难，需要延期的，应当在规定的申报期限内向税务机关提出（　　）。

A. 书面延期申请　　B. 口头延期申请

C. 纳税担保申请　　D. 代理纳税申请

【参考答案】A。纳税人、扣缴义务人按照规定的期限办理纳税申报或者报送代扣代缴、代收代缴税款报告表确有困难，需要延期的，应当在规定的申报期限内向税务机关提出书面延期申请。

（三）纳税申报方式

申报方式	具体内容
（1）直接申报	也称上门申报，是指纳税人、扣缴义务人直接到税务机关报送办理纳税申报或者报送代扣代缴、代收代缴税款报告表以及财务会计报告
（2）邮寄申报	是指纳税人、扣缴义务人使用统一纳税申报专用信封将纳税申报资料以邮寄的方式送达税务机关，以邮政部门收据作为申报凭据，以**寄出的邮戳日期为实际申报日期**
（3）数据电文申报	也称电子申报，是指纳税人（扣缴义务人）通过**电话语音、电子数据交换和网络传输**等形式办理的纳税申报，电子申报以税务机关**收到申报数据的时间为实际申报日期**，申报的电子数据应当与书面材料保持一致
（4）其他方式	是指纳税人采用直接申报、邮寄申报、数据电文申报以外的方式向税务机关报送纳税申报资料。如纳税人委托他人向税务机关办理纳税申报或者报送代扣代缴、代收代缴报告表等
（5）简易申报、简并征期	实行定期定额缴纳税款的纳税人可以实行简易申报、简并征期等申报纳税方式

六、税款征收管理

（一）税款征收的方式

征收方式	具体内容
（1）自行缴纳	自行缴纳是指由纳税人自行根据经营情况和税法规定，依照适用税率计算，将税款缴纳入库的方式，这是与**纳税人自行申报确定应纳税额的方式相对应的税款征收方式**。自行缴纳的前提是纳税人账簿、凭证、会计核算制度等比较健全，能够据以如实核算生产经营情况，正确计算应纳税款。纳税人的自行缴纳是**最为普遍的税款征收方式**
（2）代扣代缴和代收代缴	代扣代缴是指代扣代缴义务人依法从所支付的纳税人**收入中扣缴其应纳税款**并向税务机关解缴的行为。代收代缴是指代收代缴义务人借助经济往来或管理关系依法向纳税人**收取其应纳税款**并向税务机关解缴的行为。代扣代缴与代收代缴税款征收方式，适用于**税源零星分散、不易控管的纳税人**，是目前除自行缴纳以外最主要的税款征收方式
（3）委托代征	税务机关根据有利于税收控管和方便纳税的原则，**可以按照国家有关规定委托有关单位和人员代征零星分散和异地缴纳的税收，并发给委托代征证书**。受托单位和人员按照代征证书的要求，以税务机关的名义依法征收税款，纳税人不得拒绝；**纳税人拒绝的**，受托代征单位和人员**应当及时报告税务机关**
（4）核定征收	（1）依照法律、行政法规的规定**可以不设置账簿的** （2）依照法律、行政法规的规定**应当设置但未设置账簿**的 （3）擅自销毁账簿或者**拒不提供纳税资料**的 （4）**虽设置账簿**，但账目混乱或者成本资料、收入凭证、费用凭证残缺**不全，难以查账的** （5）发生纳税义务，**未按照规定的期限办理纳税申报**，经税务机关**责令限期申报，逾期仍不申报的** （6）纳税人申报的计税依据**明显偏低，又无正当理由的**

（二）税款征收的特殊情形

1. 延期缴纳税款

（1）纳税人因有特殊困难，不能按期缴纳税款的，**经省、自治区、直辖市税务机关（计划单列市税务机关）批准**，可以延期缴纳税款，但是**最长不得超过3个月**。

（2）特殊困难分为两种情况：

一是**受不可抗力影响**，纳税人发生较大损失，正常生产经营活动受到较大影响；

二是当期货币资金在**扣除应付职工工资、法定劳动社会保险费用**后，不足以缴纳税款。

【多选题】纳税人因有特殊困难不能按期缴纳税款，在办理延期缴纳税款时需要经批准的税务机关有（　　）。

A. 省税务局　　B. 自治区税务局

C. 直辖市税务局　　D. 县级以上税务局

【参考答案】ABC。纳税人、扣缴义务人按照法律、行政法规规定或者税务机关依照法律、行政法规的规定确定的期限，缴纳或者解缴税款。纳税人因有特殊困难，不能按期缴纳税款的，经省、自治区、直辖市税务局批准，可以延期缴纳税款，但是最长不得超过3个月。

2. 税款的追征

追征原因	追征时效及税务处理
（1）因**税务机关的责任**（具体是指税务机关适用税收法律、行政法规不当或者执法行为违法），致使纳税人、扣缴义务人未缴或者少缴税款的	追征期为**3年**，但**不得加收滞纳金**
（2）因**纳税人、扣缴义务人计算错误等失误**，未缴或者少缴税款的	追征期为**3年**，且同时**加收滞纳金**，有**特殊情况**的，追征期**可以延长到5年** 【注】有特殊情况的是指纳税人或者扣缴义务人因计算错误等失误，未缴或者少缴、未扣或者少扣、未收或者少收税款，**累计数额在10万元以上**的情形
（3）纳税人**偷税、抗税、骗税**的	追征期是**无限期**，同时**追征滞纳金**

【提示】对这累计数额在10万元以上的情形规定追征期延长到五年，主要是考虑如果一律以三年为限，可能会出现有的纳税人采取各种手段千方百计避开躲过这三年的现象，因此对一些特殊情况有必要将追征期延长到五年。

【单选题】因税务机关的责任，致使纳税人、扣缴义务人未缴或者少缴税款的，追征期为（　　）。

A. 2年　　B. 3年　　C. 5年　　D. 无限期

【参考答案】B。根据《税收征管法》第五十二条规定，因税务机关的责任，致使纳税人、扣缴义务人未缴或者少缴税款的，税务机关在3年内可以要求纳税人、扣缴义务人补缴税款，但是不得加收滞纳金。

3. 税款退还

纳税人超过应纳税额缴纳的税款，**税务机关发现后应当立即退还**。

纳税人**自结算缴纳税款之日起3年内**发现的，可以向税务机关要求退还多缴的税款**并加算银行同期存款利息**，税务机关及时查实后应当立即退还。

【提示】由纳税人超过了三年时效期限提出的退税申请，税务机关将不再受理。

【多选题】《税收征管法》规定的加算银行同期存款利息的多缴税款退税，包括（　　）。

A. 依法预缴税款形成的结算退税　　B. 出口退税

C. 各种减免退税　　D. 留抵税额退税

【参考答案】D。加算银行同期存款利息的多缴税款退税，不包括依法预缴税款形成的结算退税、出口退税和各种减免退税。留抵税额退税不属于多缴税款退税。

（三）税款征收措施

1. 一般税收保全措施

税收保全是税务机关**为防范**因纳税人的行为或者其他可能原因，**造成的应征税款不能及时足额入库情况的发生**，所采取的**限制**纳税人**特定财产权的一种行政强制措施**。

（1）税收保全的前置程序

类型	具体内容
限期缴纳税款	税务机关有根据认为从事生产、经营的纳税人**有逃避纳税义务行为**的，可以**在规定的纳税期之前**，向纳税人发出“税务事项通知书”，**责令限期缴纳应纳税款**
提供纳税担保	纳税人有下列情形之一的，适用纳税担保： （1）税务机关有根据认为从事生产、经营的纳税人有逃避纳税义务行为，在规定的纳税期之前经责令其限期缴纳应纳税款，**在限期内发现纳税人有明显的转移、隐匿其应纳税的商品、货物以及其他财产或者应纳税收入的迹象**，责成纳税人提供纳税担保的 （2）**欠缴税款、滞纳金**的纳税人或者其法定代表人**需要出境**的 （3）纳税人同税务机关在纳税上发生争议而未缴清税款，**需要申请行政复议的** （4）税收法律、行政法规规定可以提供纳税担保的其他情形

【多选题】税务机关有根据认为从事生产、经营的纳税人有逃避纳税义务行为的，可以（　　）。

A. 在规定的纳税期前责令纳税人限期缴纳应纳税额

B. 责令纳税人提供纳税担保

C. 采取税收保全措施

D. 采取税收强制执行措施

【参考答案】A。本题涉及的知识点是税务管理。税务机关有根据认为从事生产、经营的纳税人有逃避纳税义务行为，可以在规定的纳税期前责令纳税人限期缴纳应纳税额，在限期内发现纳税人有转移、隐匿应税商品、货物、其他财产等迹象的，税务机关可以责成纳税人提供纳税担保。

（2）税收保全的实施程序。纳税人不能提供纳税担保的，经县以上税务局（分局）局长批准，税务机关可以采取下列税收保全措施。

①书面通知纳税人开户银行或者其他金融机构冻结纳税人的金额相当于应纳税款的存款；

②扣押、查封纳税人的价值相当于应纳税款的商品、货物或者其他财产。

【单选题】下列关于税务机关实施查封、扣押的行为，符合行政强制法规定的有（　　）。

A. 甲税务机关执法人员未出示执法身份证件

B. 乙税务机关执法人员未当场制作查封清单

C. 丙税务机关执法人员制作了现场笔录

D. 丁税务机关执法人员将延长查封、扣押的决定书及时送达当事人，并说明理由

【参考答案】CD。根据行政强制法规定：行政机关实施行政强制措施应当出示执法身份证件、制作现场笔录。A 选项甲税务机关执法人员未出示执法身份证件不符合规定；根据二十四条规定：行政机关决定实施查封、扣押的，应当履行本法第十八条规定的程序，制作并当场交付查封、扣押决定书和清单，B 选项乙税务机关执法人员未当场制作查封清单不符合规定。故正确答案为 CD。

3. 税收强制执行

税收强制执行是指税务行政管理相对人在规定的**纳税期限届满仍不履行**税务机关根据法律、法规所作出的**已经生效的具体行政行为所确定的义务时**，税务机关或税务机关**申请人民法院依法强制其履行义务的行为**。

税务机关采取强制执行措施时，对纳税人、扣缴义务人、纳税担保人**未缴纳的滞纳金同时强制执行**。

【单选题】下列关于税款征收措施表述正确的是（　　）。

A. 税务机关因扣缴义务人不履行扣缴义务可采取税收保全措施

B. 经县以上税务局局长批准可对不能提供纳税担保的纳税人采取税收保全措施

C. 强制执行措施包括书面通知纳税人开户银行冻结纳税人的金额相当于应纳税款的存款

D. 强制执行措施对纳税担保人未缴纳的滞纳金同时强制执行

【参考答案】D。税务机关有根据认为从事生产、经营的纳税人有逃避纳税义务，且纳税人不能提供纳税担保的，经县以上税务局局长批准，税务机关可以采取税收保全措施；税收保全措施包括书面通知纳税人开户银行冻结纳税人的金额相当于应纳税款的存款；纳税担保人未按照规定的期限缴纳所担保的税款，由税务机关责令限期缴纳，逾期仍未缴纳的，经县以上税务局（分局）局长批准，税务机关可以采取强制执行措施，税务机关采取强制执行措施时，对前款所列纳税人、扣缴义务人、纳税担保人未缴纳的滞纳金同时强制执行。

（四）欠税管理制度

欠税管理	具体内容
（1）欠税催缴	申报期结束后，税务机关应根据**逾期未纳税**情况，由税务机关发出“税务事项通知书”，**责令纳税人限期缴纳**
（2）加收滞纳金	纳税人未按照规定期限缴纳税款的，扣缴义务人未按照规定期限解缴税款的，税务机关除责令限期缴纳外，**从滞纳税款之日起，按日加收滞纳税款万分之五的滞纳金**

续表

欠税管理	具体内容
（3）欠税公告	税务机关应当按期在**办税场所**或者通过**广播、电视、报纸、期刊、网络等新闻媒体**公告纳税人的欠缴税款情况
（4）阻止出境	欠缴税款的纳税人或者其法定代表人需要出境的，应当在**出境前结清**应纳税款、滞纳金或者提供担保。未结清税款、滞纳金，又不提供担保的，税务机关**可以通知出入境管理机关阻止其出境**
（5）重要事项报告	欠缴税款数额较大（数额较大指欠缴税款**5万元以上**）的纳税人在**处理其不动产或者大额资产之前**，应当向税务机关报告。凡纳税人**没有缴清欠税**的，应**定期向主管税务机关报告**其生产经营、资金往来、债权债务、投资和欠税**原因**、清欠计划等情况，报告间隔期依据欠税程度确定，但**最长不得超过3个月**。欠税人有**合并、分立、撤销、破产和处置大额资产**行为的，应随时向主管税务机关报告
（6）强制执行	税务机关对于欠缴税款的纳税人、扣缴义务人可以采取强制执行措施
（7）税务机关追缴欠税享有优先权、代位权和撤销权	税务机关征收税款，税收**优先于无担保债权**，纳税人欠缴的税款发生在纳税人以其财产设定抵押、质押或者纳税人的财产被**留置之前**的，**税收应当先于抵押权、质权、留置权执行**。纳税人欠缴税款，**同时**又被行政机关决定处以罚款、没收违法所得的，**税收优先于罚款、没收违法所得**。欠缴税款的纳税人因怠于行使到期债权，或者放弃到期债权，或者无偿转让财产，或者以明显不合理的低价转让财产而受让人知道该情形，对国家税收造成损害的，税务机关可以**行使代位权、撤销权**
（8）欠税抵顶退税	当纳税人既有应退税款又有欠缴税款的，税务机关可以将**应退税款和利息先抵扣欠缴税款**。抵扣后**有余额的，退还纳税人**

【多选题】税务机关征收税款时，税收优先于（　　）。

A. 发生在应征税款前的留置权

B. 发生在应征税款后的抵押权

C. 无担保债权，但法律另有规定的除外

D. 有担保债权罚款和没收违法所得

【参考答案】BC。税务机关征收税款，税收优先于无担保债权，纳税人欠缴的税款发生在纳税人以其财产设定抵押、质押或者纳税人的财产被留置之前的，税收应当先于抵押权、质权、留置权执行；纳税人欠缴税款，同时又被行政机关决定处以罚款、没收违法所得的，税收优先于罚款、没收违法所得。

第三节　税务检查

一、税务检查的要求

税务人员进行税务检查时，应当出示税务检查证和税务检查通知书；无税务检查证和税务检查通知书的，纳税人、扣缴义务人及其他当事人**有权拒绝**检查。

税务机关对集贸市场及集中经营业户进行检查时，可以使用统一的税务检查通知书。

【判断题】税务人员进行税务检查时，应当出示税务检查证，无税务检查证的，纳税人、扣缴义务人及其他当事人有权拒绝检查。税务机关对集贸市场及集中经营业户进行检查时，可以使用税务检查证。（　　）

【参考答案】×。税务人员进行税务检查时，应当出示税务检查证和税务检查通知书；无税务检查证和税务检查通知书的，纳税人、扣缴义务人及其他当事人有权拒绝检查。税务机关对集贸市场及集中经营业户进行检查时，可以使用统一的税务检查通知书。

二、税务检查的内容

税务检查	具体内容
（1）检查账簿凭证报表资料	有权检查纳税人的账簿、记账凭证、报表和有关资料，检查扣缴义务人代扣代缴、代收代缴税款账簿、记账凭证和有关资料 （1）行使以上职权时，可以在纳税人、扣缴义务人的业务场所进行 （2）必要时，经**县以上税务局（分局）局长**批准，可以将纳税人、扣缴义务人**以前会计年度**的账簿、记账凭证、报表和其他有关资料调回税务机关检查，但是税务机关必须向纳税人、扣缴义务人开付清单，并在**3个月内**完整退还 （3）有特殊情况的，经**设区的市、自治州以上税务局局长**批准，税务机关可以将纳税人、扣缴义务人**当年的账簿**、记账凭证、报表和其他有关资料调回检查，但是税务机关必须在**30日内**退还 （4）依法行使检查职权遇到阻挠、妨碍或对税务违法案件检查需临时中断时，可以对纳税人的账簿、发票、凭证、报表以及其他有关资料予以封存
（2）检查商品、货物、其他财产及经营状况	有权到纳税人的生产、经营场所和货物存放地检查纳税人应纳税的商品、货物或者其他财产，检查扣缴义务人与代扣代缴、代收代缴税款有关的经营情况
（3）责成提供文件、证明材料和有关资料	有权责成纳税人、扣缴义务人提供与纳税或者代扣代缴、代收代缴税款有关的文件、证明材料和有关资料
（4）询问、调查和取证税款情况	（1）有权询问纳税人、扣缴义务人以及其他涉税当事人与纳税或者代扣代缴、代收代缴税款有关的问题和情况 （2）有权向有关单位和个人调查纳税人、扣缴义务人和其他当事人与纳税或者代扣代缴、代收代缴税款有关的情况 （3）调查税务违法案件时，对与案件有关的情况和资料进行记录、录音、录像、照相和复制
（5）检查托运邮寄情况	税务机关有权到**车站、码头、机场、邮政企业及其分支机构**检查纳税人托运、邮寄应纳税商品、货物或者其他财产的**有关单据、凭证和有关资料**
（6）检查存款汇款证券交易结算资金账户	（1）**经县以上税务局（分局）局长批准**，凭全国统一格式的检查存款、汇款账户许可证明，有权查询纳税人、扣缴义务人在银行或者其他金融机构的存款、汇款及证券交易结算资金账户 （2）在调查税收违法案件时，经**设区的市、自治州以上税务局（分局）局长批准**，可以查询案件涉嫌人员的存款、汇款及证券交易结算资金账户 （3）查询所获得的资料**不得用于税收以外的用途** （4）税务机关应当指定专人负责，凭全国统一格式的"检查存款账户许可证明"进行，并有保守秘密义务

【单选题】税务机关有权检查纳税人的账簿、记账凭证、报表和有关资料，税务机关行使查账权时，下列规定正确的是（　　）。

A. 在纳税人的业务场所内进行

B. 将以前会计年度账簿调回税务机关检查

C. 将当年的账簿调回检查

D. 对纳税人的账簿予以封存

【参考答案】A。税务机关行使查账权时，一般可以在纳税人、扣缴义务人的业务场所进行；税务机关依法行使检查职权遇到阻挠、妨碍或对税务违法案件检查需临时中断时，可以对纳税人的账簿、发票、凭证、报表以及其他有关资料予以封存。

第四节　税收违法行为及其法律责任

一、纳税主体的税收违法行为和税收法律责任

（一）纳税主体违法应承担的法律责任分类

1. 行政责任

纳税主体的税收行政责任，是指纳税主体因实施一般税收违法行为而承担的法律责任，与实施税收犯罪行为而应承担的税收刑事责任相对应。

（1）补救性税收行政责任

项目	具体内容
（1）补救性税收行政责任的含义	（1）补救性税收行政责任意在恢复遭受破坏的税收法律秩序，**不以惩罚为目的，具有事后救济性** （2）**责令改正、补缴税款**是典型的补救性行政责任
（2）补救性税收行政责任的类型	（1）责令改正 ①是指税务机关依职权责令税务行政相对人停止、纠正其违法行为，是对税务违法行为的后果及其行为本身的纠正，属于行政命令的一种形式，不具惩罚性 ②目的在于**恢复原状，维持法定的税收秩序或者状态** （2）补缴税款 ①是指纳税主体在发生偷税、逃避追缴欠税、骗税、抗税等违法行为后，按照税务机关的要求补缴其未缴、少缴或骗取的税款 ②目的在于保全国家的税收利益

（2）惩罚性税收行政责任

1）行政处罚

项目	具体内容
行政处罚的含义	行政处罚，是指行政机关或其他行政主体依法定职权和程序对违反行政法规，尚未构成犯罪的相对人给予行政制裁的具体行政行为

续表

项目	具体内容
行政处罚的类型	①**罚款**，是指税务机关强制违法纳税主体在一定期限内缴纳一定数量货币的处罚方式，属于财产罚 ②**没收财物**，是指税务机关对纳税主体取得的违法所得、非法财物的所有权进行强制性剥夺的处罚方式，也属于财产罚 ③**停止出口退税权**，是针对纳税主体骗税行为的行政处罚方式，属于行为罚 ④**吊销税务行政许可证件**，是指限制或剥夺被处罚人已经取得的税务行政许可权利或资格，使其丧失继续从事税务行政许可行为的资格

2）惩罚性行政管理措施

除行政处罚外，税务机关还有权对纳税主体的一般违法行为采取一些具有惩罚意味的行政管理措施，即惩罚性行政管理措施。

主要有**加收滞纳金、违法行为公告、收缴发票或停止发售发票**等。

【判断题】违反税收法律、行政法规应当给予行政处罚的行为，在2年内未被发现的不再给予行政处罚。（　　）

【参考答案】×。根据《税收征管法》第八十六规定，违反税收法律、行政法规应当给予行政处罚的行为，在5年内未被发现的不再给予行政处罚。

2. 刑事责任

刑事责任	具体内容
（1）危害税收征管类犯罪	包括**逃税罪、抗税罪、逃避追缴欠税罪、骗取出口退税罪**，《刑法》对其定罪量刑分别作了规定
（2）危害发票管理类犯罪	包括**虚开增值税专用发票**、用于**骗取出口退税**、抵扣税款发票罪，虚开发票罪，伪造、出售伪造的增值税专用发票罪，非法制造、出售非法制造的用于骗取出口退税、抵扣税款发票罪，非法制造、出售非法制造的发票罪，非法出售增值税专用发票罪，非法出售用于骗取出口退税、抵扣税款发票罪，非法出售发票罪，非法购买增值税专用发票、购买伪造的增值税专用发票罪，持有伪造的发票罪

（二）纳税主体的税收违法行为及其法律责任

1. 纳税主体违反税收日常管理制度行为及其法律责任

违法行为	法律责任
（1）违反税务登记管理制度	（1）对纳税人不办理税务登记的 ①由税务机关责令限期改正 ②逾期不改正的，经税务机关提请，由工商行政管理机关吊销其营业执照 （2）纳税人未按照规定使用税务登记证件，或者转借、涂改、损毁、买卖、伪造税务登记证件的，处**2 000元以上1万元以下**的罚款；情节严重的，处**1万元以上5万元以下**的罚款

续表

违法行为	法律责任
（2）违反账簿、凭证管理制度	（1）扣缴义务人未按照规定设置、保管代扣代缴、代收代缴税款账簿或者保管代扣代缴、代收代缴税款记账凭证及有关资料的，由税务机关责令限期改正，可以处2 000元以下的罚款；情节严重的，处2 000元以上5 000元以下的罚款 （2）**未按照规定设置、保管账簿或者保管记账凭证和有关资料**、未按照规定将财务、会计制度或者财务、会计处理办法和会计核算软件报送税务机关备查的，由税务机关责令限期改正，可以处2 000元以下的罚款；情节严重的，处2 000元以上1万元以下的罚款 （3）纳税人**未按照规定安装、使用税控装置，或者损毁或者擅自改动税控装置的**，由税务机关责令限期改正，可以处2 000元以下的罚款；情节严重的，处2 000元以上1万元以下的罚款
（3）违反纳税申报管理制度	纳税人未按照规定的期限办理纳税申报和报送纳税资料的，或者扣缴义务人未按照规定的期限向税务机关报送代扣代缴、代收代缴税款报告表和有关资料的 （1）由税务机关责令限期改正，可以处2 000元以下的罚款 （2）情节严重的，可以处2 000元以上1万元以下的罚款
（4）违反税务检查制度	纳税人、扣缴义务人逃避、拒绝或者以其他方式阻挠税务机关检查的 （1）由税务机关责令改正，可以处1万元以下的罚款 （2）情节严重的，处1万元以上5万元以下的罚款

【单选题】纳税人未按照规定的期限办理纳税申报和报送纳税资料，情节严重的，税务机关除责令改正外，可以处罚款（　　）。

A. 2 000元以下

B. 2 000元以上5 000元以下

C. 2 000元以上1万元以下

D. 1万元以上

【参考答案】C。纳税人未按照规定的期限办理纳税申报和报送纳税资料的，由税务机关责令限期改正，可以处2 000元以下的罚款；情节严重的，可以处2 000元以上10 000元以下的罚款。

2. 纳税主体违反税款征收制度行为及其法律责任

违法行为	法律责任
（1）未按规定缴纳税款	（1）纳税人未按照规定期限缴纳税款的，扣缴义务人未按照规定期限解缴税款的，税务机关除责令限期缴纳外，从滞纳税款之日起，按日加收滞纳税款**万分之五的滞纳金** （2）纳税人、扣缴义务人在规定期限内不缴或者少缴应纳或者应解缴的税款，经税务机关责令限期缴纳，逾期仍未缴纳的，税务机关除依照规定采取强制执行措施追缴其不缴或者少缴的税款外，可以处不缴或者少缴的税款50%以上5倍以下的罚款 （3）扣缴义务人应扣未扣、应收而不收税款的，由税务机关向纳税人追缴税款，对扣缴义务人处应扣未扣、应收未收税款50%以上3倍以下的罚款

续表

违法行为	法律责任
（2）偷税	（1）纳税人伪造、变造、隐匿、擅自销毁账簿、记账凭证，或者在账簿上多列支出或者不列、少列收入，或者经税务机关通知申报而拒不申报或者进行虚假的纳税申报，不缴或者少缴应纳税款的，是偷税 （2）对纳税人偷税的、扣缴义务人采取上述所列手段，不缴或者少缴已扣、已收税款的，由税务机关追缴其不缴或者少缴的税款、滞纳金，并处不缴或者少缴的税款50%以上5倍以下的罚款；构成犯罪的，依法追究刑事责任
（3）逃避追缴欠税	（1）逃避追缴欠税行为是指纳税人在欠缴应纳税款的情况下，采取转移或者隐匿财产的方式，妨碍税务机关追缴欠缴税款的行为 （2）上述情形，由税务机关追缴欠缴的税款、滞纳金，并处欠缴税款50%以上5倍以下的罚款；构成犯罪的，依法追究刑事责任
（4）骗取出口退税	（1）骗取出口退税行为是指纳税人以假报出口或者其他欺骗手段，骗取国家出口退税款的行为 （2）上述情形，由税务机关追缴其骗取的退税款，并处**骗取税款1倍以上5倍以下**的罚款；构成犯罪的，依法追究刑事责任。对骗取国家出口退税款的，税务机关可以在规定期间内停止为其办理出口退税
（5）抗税	（1）抗税行为是指以暴力、威胁方法拒不缴纳税款的行为 （2）抗税行为为**主体是自然人纳税人和自然人扣缴义务人**，单位不能成为抗税罪的主体 （3）对抗税行为，除由税务机关追缴其拒缴的税款、滞纳金外，依法追究刑事责任。情节轻微，未构成犯罪的，由税务机关追缴其拒缴的税款、滞纳金，并处拒缴税款1倍以上5倍以下的罚款

3. 纳税主体违反发票管理制度行为

具有下列行为之一的，**属于“虚开增值税专用发票”**：

（1）没有货物购销或者没有提供或接受应税劳务而为他人、为自己、让他人为自己、介绍他人开具增值税专用发票；

（2）有货物购销或者提供或接受了应税劳务但为他人、为自己、让他人为自己、介绍他人开具数量或者金额不实的增值税专用发票；

（3）进行了实际经营活动，但让他人为自己代开增值税专用发票。虚开税款数额1万元以上的或者虚开增值税专用发票致使国家税款被骗取5 000元以上的，应当依法定罪处罚。

【单选题】纳税人开具增值税专用发票金额为35万元，下列属于“虚开增值税专用发票”行为的是（　　）。

A. 接受服务而为他人开具增值税专用发票

B. 开具了服务名称不一致的增值税专用发票

C. 实际经营但让他人为自己代开增值税专用发票

D. 介绍他人开具增值税专用发票

【参考答案】C。具有下列行为之一的，属于“虚开增值税专用发票”：（1）没有货物购销或者没有提供或接受应税劳务而为他人、为自己、让他人为自己、介绍他人开具增值税专用发票；（2）有货物购销或者提供或接受了应税劳务但为他人、为自己、让他人为自己、介绍他人开具数量或者金额不实的增值税专用发票；（3）进行了实际经营活动，但让他人为自己代开增值税专用发票。虚开税款数额1万元以上的或者虚开增值税专用发票致使国家税款被骗取5 000元以上的，应当依法定罪处罚。

二、征税主体的税收违法行为和税收法律责任

（一）征税主体违法应承担的法律责任分类

1. 行政责任

（1）撤销税务行政行为；（2）确认税务行政行为违法或者无效；（3）重新作出税务行政行为；（4）变更税务行政行为；（5）责令在一定期限内履行；（6）责令改正；（7）对直接负责的主管人员和其他直接责任人员给予行政处分；（8）税务行政赔偿。

2. 刑事责任

刑事责任	具体内容
（1）税务人员一般性职务犯罪	如贪污罪、受贿罪、挪用公款罪、玩忽职守罪、滥用职权罪、报复陷害罪、徇私舞弊不移交刑事案件罪等。属于广义的税务职务犯罪
（2）税收领域特殊职务犯罪	徇私舞弊不征、少征税款罪、徇私舞弊发售发票、抵扣税款、出口退税罪

【多选题】税务机关工作人员在税收工作中严重不负责任，不征或者少征税款，致使国家税收遭受重大损失，一般不按以下罪名追究刑事责任的有（　　）。

A. 徇私舞弊不征或少征税款罪　　B. 玩忽职守罪

C. 危害税收征管罪　　D. 滥用职权罪

【参考答案】ACD。玩忽职守罪是指国家机关工作人员严重不负责任，不履行或不认真履行自己的工作职责，致使公共财产、国家和人民利益遭受重大损失的行为。

（二）征税主体的税收违法行为及其法律责任

1. 税务机关违法行政行为

（1）税务机关违反规定擅自改变税收征收管理范围和税款入库预算级次。

（2）税务机关、税务人员查封、扣押纳税人个人及其所扶养家属**维持生活必需的住房和用品**。

（3）违反法律、行政法规的规定**提前征收、延缓征收**或者摊派税款。

（4）违反法律、行政法规的规定，**擅自作出税收的开征、停征或者减税、免税、退税、补税**以及其他同税收法律、行政法规相抵触的决定。

2. 税务人员违法行为及其法律责任

（1）税务人员徇私舞弊，对依法应当移交司法机关追究刑事责任的不移交，情节严重的，依法追究刑事责任。

（2）税务人员与纳税人、扣缴义务人勾结，唆使或者协助纳税人、扣缴义务人逃税、逃避追缴欠税、骗税行为的，构成犯罪依法追究刑事责任；尚不构成犯罪的，依法给予行政处分。

（3）税务人员利用职务上的便利，收受或者索取纳税人、扣缴义务人财物或者谋取其他不正当利益，构成犯罪的，依法追究刑事责任；尚不构成犯罪的，依法给予行政处分。

（4）税务人员徇私舞弊或者玩忽职守，不征或者少征应征税款，致使国家税收遭受重大损失，构成犯罪的，依法追究刑事责任；尚不构成犯罪的，依法给予行政处分。

（5）税务人员滥用职权，故意刁难纳税人、扣缴义务人的，调离税收工作岗位，并依法给予行政处分。

（6）税务人员对控告、检举税收违法违纪行为的纳税人、扣缴义务人以及其他检举人进行打击报复的，依法给予行政处分；构成犯罪的，依法追究刑事责任。

（7）税务人员在征收税款或者查处税收违法案件时，未按照《税收征管法》规定进行回避的，对直接负责的主管人员和其他直接责任人员，依法给予行政处分。

税务人员在核定应纳税额、调整税收定额、进行税务检查、实施税务行政处罚、办理税务行政复议时，**凡是与纳税人、扣缴义务人或者法定代表人、直接责任人有夫妻关系、直系血亲关系、三代以内旁系血亲关系、近姻亲关系以及其他可能影响公正执法的利害关系的**，应当遵守回避规定。

（8）税务人员私分扣押、查封的商品、货物或者其他财产，情节严重，构成犯罪的，依法追究刑事责任；尚不构成犯罪的，依法给予行政处分。

（9）未按规定为纳税人、扣缴义务人、检举人保密的，对直接负责的主管人员和其他直接责任人员，由所在单位或者有关单位依法给予行政处分。

（10）税务人员利用职权之便，故意刁难印制、使用发票的单位和个人，或者有违反发票管理法规行为的，依照国家有关规定给予处分；构成犯罪的，依法追究刑事责任。

本章习题

一、单项选择题

1. 开具发票的单位和个人应当按照税务机关的规定存放和保管发票，不得擅自损毁。已经开具的发票存根联和发票登记簿，应当保存的期限为（　　）。

A. 3 年　　B. 5 年　　C. 10 年　　D. 无限期

2. 下列职权不属于税务机关职权的是（　　）。

A. 税务违法处理权　　B. 税收行政立法权

C. 代位权和撤销权　　D. 税收法律立法权

3. 欠缴税款数额较大的纳税人在处理其不动产或者大额资产之前，应当向税务机关报告。根据《税收征管法实施细则》的规定，数额较大指欠缴税款（　　）万元以上。

A. 3　　B. 5　　C. 10　　D. 15

二、多项选择题

1. 增值税发票领用涉税风险防控措施正确的有（　　）。

A. 对税收风险程度中等的纳税人风险疑点消除后正常供应发票

B. 纳税信用 A 级的纳税人可以一次领取不超过 3 个月的发票用量

C. 提示提醒纳税人发票使用风险和发票违法违规需要承担的法律责任

D. 已经实现办税人员实名信息采集和验证的纳税人使用网上申领方式领用发票

2. 税务人员在核定应纳税额、调整税收定额、进行税务检查、实施税务行政处罚、办理税务行政复议时，纳税人、扣缴义务人或者其法定代表人、直接责任人应当回避的关系有（　　）。

A. 夫妻关系　　B. 直系血亲关系

C. 旁系血亲关系　　D. 校友同事关系

三、判断题

1. 税务人员与纳税人内外勾结，唆使或者协助纳税人逃避缴纳税款的，对税务人员应定性为逃避缴纳税款罪。（　　）

2.《税收征管法规定的加收滞纳金的起止时间，为法律、行政法规规定或者税务机关依照法律、行政法规的规定确定的税款缴纳期限届满之日起至纳税人、扣缴义务人实际缴纳或者解缴税款之日止。（　　）

3. 欠缴税款的纳税人或者其财务负责人在出境前未按照规定结清应纳税款、滞纳金或者提供纳税担保的，税务机关可以通知出入境管理机关阻止其出境。（　　）

参考答案

一、单项选择题

1.【参考答案】B。开具发票的单位和个人应当按照税务机关的规定存放和保管发票，不得擅自损毁。已经开具的发票存根联和发票登记簿，应当保存 5 年。

2.【参考答案】D。根据《税收征管法》的规定，税务机关的职权包括税务管理权、税收征收权、税收检查权、税务违法处理权、税收行政规章制定权、代位权和撤销权，税务机关无税收法律立法权。

3.【参考答案】B。欠缴税款数额较大的纳税人在处理其不动产或者大额资产之前，应当向税务机关报告。根据《税收征管法实施细则》的规定，数额较大指欠缴税款5万元以上。

二、多项选择题

1.【参考答案】BC。积极推进发票领用分类分级管理，对于税收风险程度较低的纳税人，按需供应发票；对于税收风险程度中等的纳税人，正常供应发票，加强事中事后监管；对于税收风险程度较高的纳税人，严格控制其发票领用数量和最高开票限额，并加强事中事后监管。对于纳税信用A级的纳税人，按需供应发票，可以一次领取不超过3个月的发票用量。纳税信用B级的纳税人可以一次领取不超过2个月的发票用量。

纳税人在办理实名认证时，主管税务机关应及时对其法定代表人（业主、负责人）进行税法宣传，提示发票使用中存在的涉税风险，提醒发票违法违规需要承担的法律责任。进一步扩大发票网上申领适用范围，已经实现办税人员实名信息采集和验证的纳税人，可以自愿选择使用网上申领方式领用发票。

2.【参考答案】AB。税务人员在核定应纳税额、调整税收定额、进行税务检查、实施税务行政处罚、办理税务行政复议时，与纳税人、扣缴义务人或者其法定代表人、直接责任人有下列关系之一的，应当回避：夫妻关系；直系血亲关系；三代以内旁系血亲关系；近姻亲关系；可能影响公正执法的其他利益关系。

三、判断题

1.【参考答案】×。税务人员与纳税人、扣缴义务人勾结，唆使或者协助纳税人、扣缴义务人逃避缴纳税款的行为，构成犯罪的，依法追究刑事责任；尚不构成犯罪的，依法给予行政处分。

2.【参考答案】×。《税收征管法规定的加收滞纳金的起止时间，为法律、行政法规规定或者税务机关依照法律、行政法规的规定确定的税款缴纳期限届满次日起至纳税人、扣缴义务人实际缴纳或者解缴税款之日止。

3.【参考答案】×。本题涉及的知识点是税款征收的相关内容。欠缴税款的纳税人或者其法定代表人在出境前未按照规定结清应纳税款、滞纳金或者提供纳税担保的，税务机关可以通知出入境管理机关阻止其出境。

第十二章　国际税收概论

第一节　国际税收概论

一、国际税收概念

国际税收是国家税收的国际方面，是指两个或两个以上国家，对纳税人跨境交易产生的所得行使各自征税权力而形成的税收分配关系。

（一）国际税收涉及的是国涉及的是国家与国家之间的税收分配关系。

（二）国际税收涉及的纳税人具有跨国性。

国际税收与国家税收的关系

联系区别	具体内容
联系	（1）国家税收是国际税收的基础 （2）国家在制定本国的税收制度时要考虑国际税收关系
区别	（1）体现的关系（即本质）不同： ①国家税收反映的是**国家与纳税人**之间的利益分配关系 ②国际税收反映的是**国家与国家**之间的税收分配关系和税收协调关系 （2）是否存在独立的税种： ①国家税收按课税对象不同可分为不同的税种 ②国际税收没有自己单独的税种

【判断题】国家税收反映的是国家与个人之间的利益分配关系。(　　)

【参考答案】×。国家税收反映的是**国家与纳税人**之间的利益分配关系。

二、国际税收的产生与发展

国际税收	国际税收是经济发展到一定历史阶段的产物
（1）产生条件	（1）收入的国际化 （2）所得税制的普遍推行
（2）发展特征	（1）国与国之间税收竞争更加激烈，国际社会税收协调与合作逐步加强 （2）区域经济一体化不断发展，**区域性国际税收协调**前景更加广阔 （3）各国之间**加强税收征管合作**，共同应对国际避税和偷税行为 （4）数字经济的发展带来国际税收新课题

【单选题】国际税收的形成不但取决于跨国所得的产生，而且取决于世界各国普遍征收的（　　）。

A. 消费税　　B. 增值税　　C. 所得税　　D. 关税

【参考答案】C。国际税收的产生需要两个客观条件：一是收入的国际化；二是所得税制的普遍推行。

第二节　税收管辖权

一、税收管辖权的含义及分类

税收管辖权，是指主权国家根据其法律所拥有和行使的征税权力，是国际法公认的国家基本权利，属于国家主权在税收领域中的体现。

税收管辖权划分原则主要有属人原则和属地原则。

税收管辖权的分类

类型	具体内容
（1）居民管辖权	居民管辖权，是指一个国家对凡是属于**本国的居民**取得的来自世界范围的**全部所得**行使的征税权力，这里的居民包括自然人和法人
（2）公民管辖权	公民管辖权，是指一个国家对凡是属于本国的公民取得的来自世界范围的全部所得行使的征税权力。国际税收中所使用的公民概念不仅包括个人，也包括团体、企业或公司，是一个广义的公民概念
（3）地域管辖权	地域管辖权，是指一个国家对来源于本国领土范围内的全部收益、所得和财产征税。在地域管辖权下，通过确认所得的地域标志来确定该项所得的来源地，从而纳入所在地域的国家税收管辖范围

【提示】居民管辖权、公民管辖权可以合称为居民（公民）管辖权，遵循的是属人原则；地域管辖权遵循的是属地原则。

二、税收管辖权的行使

类型	具体内容
（1）仅行使地域管辖权	征税权针对本国境内所得（地域管辖权）行使，包括本国居民境内所得和外国居民境内所得
（2）同时行使地域管辖权和居民管辖权	征税权针对本国居民的境内所得、境外所得，以及外国居民的境内所得这三类所得都行使征税权。对本国居民境外所得征税所依据的是居民管辖权，对外国居民在本国境内所得征税所依据的是地域管辖权。目前我国采用的是这种方法
（3）同时行使地域管辖权、居民管辖权和公民管辖权	主要发生在个别强调本国征税范围的国家，其个人所得税除了行使地域管辖权和居民管辖权之外，还坚持行使公民管辖权

【提示】本国境内所得（地域管辖权）包括本国居民境内所得及外国居民境内所得。境外所得（居民管辖权）指本国居民境外所得。

【单选题】多数国家为了维护本国的税收利益，在税收管辖权方面（ ）。

A. 只实行所得来源地管辖权

B. 只实行居民（公民）管辖权

C. 同时实行所得来源地管辖权和居民（公民）管辖权

D. 只实行地域管辖权

【参考答案】C。目前大多数国家都采取这种地域管辖权和居民（公民）管辖权并行的方法。

三、居民的判定标准

（一）跨国自然人的居民身份判定标准

国际上对跨国自然人居民身份的判定标准

判定标准	具体内容
（1）国籍标准	国籍标准是以**国籍**为衡量依据的，主权国家只限于对本国宪法规定的公民个人行使居民（公民）管辖权，不包括非公民。
（2）户籍标准	户籍标准是以居住状况为衡量依据的。主权国家对跨国自然人行使居民（公民）管辖权，应限于在本国境内有住所或居所，或者无居所但在本国境内实际停留的时间较长，超过规定天数的居民个人的范围以内。（【提示】判定标准由住所标准、居所标准、停留时间标准） **我国个人所得税居民纳税人是指在中国境内有住所，或者无住所而一个纳税年度内在中国境内居住累计满 183 天的个人**

（二）跨国法人的居民身份判定标准

国际上对跨国法人居民身份的判定标准

判定标准	具体内容
（1）注册地标准（法律标准或组建地标准）	以是否在本国依法注册成立来确定跨国纳税人是否为本国法人居民
（2）管理机构所在地标准	以法人的管理机构是否设在本国境内，来确认跨国纳税人是否具有法人居民身份
（3）总机构所在地标准	以总机构是否设在本国境内，来确认跨国纳税人是否具有法人居民身份。凡是总机构设在本国的法人均为本国的法人居民
（4）选举权标准	以拥有公司控股权或控制公司选举权的股东是否为本国居民来判断该跨国纳税人的法人居民身份

【提示】我国企业所得税居民企业采用登记注册地和实际管理机构所在地两个标准确定（两者满足其一即可）。

（三）双重税收居民的加比规则

税收协定中居民条款规定了有关双重税收居民的加比规则。

对于同时为双方居民的自然人，协定一般规定应该按照下列顺序确定其仅为一方居民。

确定顺序

确定标准	具体内容
永久性住所	首先应认定跨国自然人属于其有永久性住所所在国的居民
重要利益中心	如果跨国自然人在两个国家同时都有永久性居住意愿的住所，那么应认定他是属于其中与其本人经济关系更为密切的重要利益中心所在国的居民个人
习惯性住所	如果跨国自然人的重要利益中心所在国也无法判定，或者在其中任何一国都没有永久性住所，应认定他是属于其中有习惯性住所的国家的居民个人
国籍标准	如果跨国自然人在双方国家都有或者都没有习惯性住所，那么应认定他是属于自己国籍国的居民个人
协商	如果跨国自然人在双方国家都有或者都没有国籍，那么最后应由主管当局双方国家通过相互协商解决

【提示】“加比规则”，是按照“永久性住所—重要利益中心—习惯性住所—国际标准”顺序来协调双重居民身份矛盾的一种规则，当采用上述顺序进行判断后仍无法确定单一居民身份的，再由双方税务主管当局协商解决。

【单选题】对于同时具有两个国家居民身份的跨国自然人的判断，税收协定中所规定的顺序标准，首位标准是（　　）。

A. 重要利益中心　　B. 习惯性住所

C. 永久性住所　　D. 国籍标准

【参考答案】C。对于同时成为两个国家居民的跨国自然人的特殊情况，应该按照下列顺序的国际规范来行使居民税收管辖权：（1）永久性住所；（2）重要利益中心；（3）习惯性住所；（4）国籍标准；（5）协商

四、所得来源地的判定标准

（一）经营所得来源地的判定标准

1. 常设机构标准

常设机构	具体内容
（1）常设机构的含义	大多数签订税收协定的国家认为，常设机构是指企业进行全部或部分营业的固定营业场所。主要包括管理场所、分支机构、办事处、工厂、作业场所、矿场、油井或气井、采石场或者任何其他开采自然资源的场所以及达到一定时间标准的工程或劳务项目

续表

常设机构	具体内容
（2）非居民企业不通过其常设机构取得的经营所得是否征税	目前各国奉行两个原则： （1）一是实际所得原则。是指一国只对非居民企业通过常设机构实际取得的经营所得征税 （2）二是引力原则。是指非居民企业从事的一些经营活动没有通过常设机构，但只要这些经营活动与这个常设机构所从事的业务活动相同或相似，那么这些没有通过该常设机构的经营所得也要归入常设机构所得一并纳税

【提示】为了明确所得来源地、避免重复征税，各国相继在各自税法和避免双重征税的协定中采纳了 OECD 范本里所提出的“常设机构”概念。

【单选题】下列不属于国际税收中常设机构的是（　　）。

A. 分支机构　　B. 办事处　　C. 作业场所　　D. 子公司

【参考答案】D。常设机构是指企业进行全部或部分营业的固定营业场所，主要包括管理场所、分支机构、办事处、工厂、作业场所、矿场、油井或气井、采石场或者任何其他开采自然资源的场所以及达到一定时间标准的工程或劳务项目。

2. 交易地点标准（英美法系国家比较侧重）

贸易活动以合同订立地点为标准；制造业以发生地为标准。

（二）劳务所得来源地的判定标准

判定标准	具体内容
（1）劳务**提供地**标准	跨国纳税人提供劳务的国家、所工作的国家，其获得的劳务报酬即为来源于该国家的所得
（2）劳务**所得支付地**标准	以支付劳务所得的居民或固定基地、常设机构的所在国为劳务所得的来源国
（3）劳务**合同签订地**标准	以劳务合同签订的地点来判定受雇劳务所得（工资、薪金）的来源地

【提示】目前多数国家采用劳务提供地标准，即按行为发生地判断其劳务所得的来源地。我国的《个人所得税法》也基本上体现了这一标准。

【多选题】判断劳务所得来源地的标准有（　　）。

A. 劳务提供地标准　　B. 劳务所得支付地标准

C. 劳务合同签订地标准　　D. 劳务提供者国籍标准

【参考答案】ABC。劳务所得来源地的标准包括劳务提供地标准、劳务所得支付地标准、劳务合同签订地标准。

（三）投资所得

投资所得是指因拥有一定的产权而取得的收益。具体包括股息、利息、特许权使用费、租金所得。

【多选题】下列所得属于国际税收中投资所得的有（　　）。

A. 股息　　B. 转让财产的价值

C. 转让不动产的价值　　D. 利息

【参考答案】AD。投资所得是指因拥有一定的产权而取得的收益。

（四）财产所得

财产所得是指纳税人因拥有、使用、转让手中的财产而取得的所得或收益（资本利得）。

不动产所得一般以**不动产实际所在地**为判断标准。

动产的所得一般以**销售或转让地、转让者居住地、被转让动产实际所在地**为判断标准。

第三节　国际重复征税及其消除

一、国际重复征税的产生

国际重复征税是指两个或两个以上税收管辖区对同一纳税人的同一征税对象分别课税所形成的交叉重叠征税，又称为国际双重课税。

各国**行使税收管辖权的重叠**是国际重复征税的根本原因。

一、国际重复征税的消除方法

国际重复征税的消除方法主要有扣除法、低税法、免税法和抵免法。

各国的涉外税法和国际税收协定中，处理国际重复征税通常采用**免税法和抵免法**两种，其中普遍采用抵免法。

【多选题】下列避免国际重复征税的消除方法中，使用得最多的方法主要有两种，这两种方法包括（　　）。

A. 扣除法　　B. 免税法　　C. 抵免法　　D. 低税法

【参考答案】BC。避免国际重复征税的方法中，使用得最多的方法包括免税法和抵免法。

（一）免税法

免税法，全称为“外国税收豁免”，是指实行居民管辖权的国家对本国居民的境外所得免予征税，完全放弃征税权，而仅对其来源于国内的所得征税。免税法可以有效消除国际重复征税。

免税法的具体做法

免税做法	具体内容
（1）全额免税法	指居住国政府对其居民来自国外的所得**全部免予征税**，只对其居民的国内所得征税，而且在决定对其居民的国内所得所适用的税率时，不考虑其居民已被免予征税的国外所得
（2）累进免税法	指居住国政府对其居民来自国外的所得全部给予免税，只对其居民的国内所得征税，但在决定对其居民的国内所得征税所适用的税率时，有权将这笔**免于征税的国外所得**与**国内所得汇总**一并加以考虑，按国内、国外所得总额计征税款。计算公式为：居住国应征所得税额 = 居民的总所得 × 适用税率 × 国内所得 ÷ 总所得

【提示】累进免税法与全额免税法之间的主要区别在于：累进免税法是按照居民纳税人的境内境外的所得总额来确定适用税率，其结果是仅对居民纳税人的境外所得免除了国际双重征税，而不会使其国内所得因扣除国外所得后落入较低的税率档次。

【单选题】假定 A 国居民公司在某纳税年度中总所得为 20 万元，其中，来自 A 国的所得 12 万元，来自 B 国的所得 8 万元。A. B 两国的所得税税率分别为 30%、25%，若 A 国采用全额免税法，则 A 国应征税额为（　　）万元。

A. 6　　　B. 5.6　　　C. 5　　　D. 3.6

【参考答案】D。全额免税法下，居住国政府对其居民来源于非居民国的所得额，单方面放弃征税权，从而使国际重复征税得以彻底免除。因此，该居民公司来自 B 国的所得不征税，A 国仅对来自本国的所得征税。A 国应征税额 = 12 × 30% = 3.6（万元）。

（二）抵免法

抵免法，是指行使居民税收管辖权的国家，对纳税人国内、国外的全部所得征税时，允许纳税人将其在**国外已缴纳**的所得税额**从应向本国缴纳**的税额中**抵扣**。

抵免法既可有效消除国际重复征税，又不要求居住国完全放弃对本国居民国外所得的征税权，目前我国实行抵免法。

【提示】因为免税法是居住国单方面放弃行使居民税收管辖权，而使来源地国的地域征税权处于独享地位，这必将使居住国的财政利益受到一定的影响，特别是当居住国税率高于来源地国税率的条件下，采用免税法使实际免除的税额大于应免除的国内纳税税额，因此不是解决国际双重征税的主流方法。

在实际应用中，直接抵免和间接抵免是抵免法的两种具体运作形式。

1. 直接抵免法

（1）直接抵免法的含义。直接抵免法，是指企业直接作为纳税人就其**境外所得在境外缴纳的所得税额在本国应纳税额中抵免**。抵免的是本国居民**直接**缴纳或**实际负担**的国外税收。

（2）直接抵免法的适用范围。直接抵免主要**适用于**自然人境外缴纳的个人所得税、企业就来源于境外的营业利润所得在境外缴纳的企业所得税，以及就来源于或发生于境外的股息、红利等权益性投资所得、利息、租金、特许权使用费、财产转让等所得在境外被源泉扣缴的预提所得税。

（3）直接抵免法的分类

直接抵免	具体内容
（1）全额抵免法	全额抵免法，是指居住国政府对跨国纳税人征税时，允许纳税人将其在收入来源国缴纳的所得税从向本国缴纳的税额中全额扣除。**居住国应征所得税额＝居民国内、国外总所得×居住国税率－国外已纳全部税额**
（2）限额抵免法	（1）限额抵免法，也叫普通抵免，是指居住国政府对跨国纳税人在国外直接缴纳的所得税款给予抵免时，不能超过最高抵免限额的方法 （2）居住国应征所得税额＝居民国内、国外总所得×居住国税率－允许抵免的已缴来源国税额。允许抵免的已缴来源国税额（简称允许抵免额）由抵免限额和纳税人已缴收入来源国所得税额两个指标的比较来确定 **抵免限额＝收入来源国的所得×居住国税率** 抵免限额根据限额的范围和计算方法不同，可以分为分国限额法与综合限额法、分项限额法与不分项限额法 （3）我国主要采用**限额抵免法**

【提示】全额抵免法是对跨国纳税人的国外所得在外国所实缴的税款，不加任何限制条件地全部从本国应纳税额中扣除。限额抵免法是居住国对其居民向外国缴纳的所得税额可以从本国税额中的扣除规定了限额，即以外国所得乘以本国税率计算出的扣除额为限，低于此数可以全部抵扣，如果超过，其超过部分则不能在当年给予抵扣。限额抵免法比照全额抵免法更利于维护居住国的利益。

2. 间接抵免法

间接抵免一般适用于**母、子公司**之间的税收抵免。它是指母公司所在的居住国政府，允许母公司将其子公司已缴东道国的所得税中应由母公司分得股息承担的那部分税额，来冲抵母公司应纳税额的办法。

【单选题】税收抵免方法中的间接抵免适用于（　　）。

A. 母子公司之间　　B. 总分公司之间

C. 子公司之间　　D. 独立公司之间

【参考答案】A。间接抵免一般适用于母、子公司之间的税收抵免。它是指母公司所在的居住国政府，允许母公司将其子公司已缴东道国的所得税中应由母公司分得股息承担的那部分税额，来冲抵母公司应纳税额的办法。

3. 税收饶让

税收饶让是配合抵免方法的一种特殊方式，是税收抵免内容的附加，是在抵免方法的规定基础上为贯彻某种经济政策而采取的优惠措施。

第四节 国际税收协定

一、国际税收协定概述

（一）国际税收协定及其法律地位

国际税收协定	具体内容
（1）含义	国际税收协定，又称国际税收条约，是指两个或两个以上主权国家或税收管辖区，为了协调相互之间处理跨境纳税人征税事务方面的税收关系，本着对等原则，经由政府谈判所签订的一种书面协议或条约
（2）分类	国际税收协定，按参加国数量可分为： **（1）双边国际税收协定**，是由两个国家参加缔结的税收协定 **（2）多边国际税收协定**，是由两个以上国家参加缔结的税收协定
（3）处理国际税收协定与国内法地位关系的模式	第一种模式为国际税收协定优于国内法 第二种模式是国际税收协定与国内法具有同等的法律效力 【注】在我国，当协定与国内法发生冲突时，**协定优先**，但国内法规定的待遇优于协定时，则适用**国内法**

【多选题】国际税收协定按涉及的缔约国数量可分为（　　）。

A. 双边税收协定　　B. 多边税收协定

C. 一般税收协定　　D. 特定税收协定

【参考答案】AB。国际税收协定按涉及的缔约国数量可分为双边和多边税收协定。

（二）国际税收协定的两个范本

协定范本	具体内容
（1）经合组织范本	1961 年 9 月，经济合作组织更改为经济合作与发展组织（简称为经合组织或 OECD）。经合组织范本起草之初旨在通过限制来源国依据国内法征税的权利，为跨境纳税人减轻税收负担，消除重复征税。经合组织范本比较强调**居民税收管辖权**，对地域税收管辖权有所限制
（2）联合国范本	联合国范本旨在为发展中国家对外谈签税收协定提供可遵循的原则，因而比经合组织范本更加注重维护**来源国征税权**，联合国范本由联合国经济及社会理事会下属的国际税收专家委员会拟订，委员会委员来自不同国家和地区，反映不同国家的税制背景和不同区域之间的平衡

二、国际税收协定的主要内容

（一）税收管辖权的划分

业务事项	税收管辖权的划分
（1）对经营所得（营业利润）的征税	对缔约国一方企业的经营所得，一般应由居民国独占征税 对常设机构的营业利润，一般规定适用来源地国优先征税的原则
（2）对投资所得的征税	一般适用来源地国与居民国分享收入的原则
（3）对劳务所得的征税	区分不同情况，对居民国、来源地国的征税权实施不同的规范和限制
（4）对财产所得的征税	主要指对不动产所得和转让或出售财产所取得的收益的征税，其中**不动产所得一般在不动产所在国征税**

【判断题】在判断纳税人财产所得来源地时，不动产所得一般以不动产转让地为标准。（　　）

【参考答案】×。不动产所得一般以不动产实际所在地为判断标准。

（二）税收无差别待遇原则

原则	具体内容
（1）国籍无差别待遇	缔约国一方国民在缔约国另一方负担的税收或者有关条件，不应与缔约国另一方国民在相同情况下，特别是在居民身份相同的情况下，负担或可能负担的税收或有关条件不同或者比其更重，禁止缔约国基于国籍原因实行税收歧视（理解：不能因为纳税人的国籍不同，而在税收负担上有差别。）
（2）常设机构无差别待遇	缔约国一方企业设在缔约国另一方的常设机构的税收负担，不应高于缔约国另一方进行同样业务活动的企业
（3）支付无差别待遇	缔约国一方企业支付给缔约国另一方居民的利息、特许权使用费和其他款项，应与在同样情况下支付给本国居民一样，准予列为支出（理解：在相同条件下支付给本国居民一样看待，不因支付对象居民身份不同而给予差别待遇。）
（4）资本无差别待遇	缔约国一方企业的资本无论是全部还是部分、直接或间接为缔约国另一方一个或一个以上的居民所拥有或控制，该企业税负或有关条件，不应与该缔约国其他同类企业不同或比其更重。（理解：不能因本国某个企业的资本为对方国家的企业或个人所拥有或控制，而给予比本国其他企业不同或更重的税收负担或有关条件。）

【提示】上述核心原则就是一国政府给予本国境内的外国人要和本国人的同等的税收待遇，要“一碗水端平”，不能有歧视。

【多选题】税收无差别待遇反对任何形式的税收歧视，主要包含的内容有（　　）。

A. 国籍无差别待遇　　B. 常设机构无差别待遇

C. 支付无差别待遇　　D. 资本无差别待遇

E. 税负无差别待遇

【参考答案】ABCD。本题涉及的知识点是国际税收协定中的税收无差别待遇原则，属于基础型知识点。选项 A、B、C、D 为该原则所包含的内容。

三、国际税收情报交换与征管互助

（一）国际税收情报交换概述

1. 含义

国际税收情报交换也称为税收情报交换，是指中国与相关税收协定缔约国家的主管当局为了正确执行税收协定及其所涉及税种的国内法而相互交换所需信息的行为。

2. 税收情报交换的目的

避免国家之间可能存在的重复征税，防止跨境逃避税。

3. 国际税收情报交换的类型

交换类型	具体内容
（1）专项情报交换	是指缔约国一方主管当局就国内某一税务案件提出具体问题，并依据税收协定请求缔约国另一方主管当局提供相关情报、协助查证的行为
（2）自动情报交换	是指缔约国双方主管当局之间根据约定，以**批量形式**自动提供有关纳税人取得专项收入的税收情报的行为
（3）自发情报交换	是指缔约国一方主管当局将在税收执法过程中获取的其认为有助于缔约国另一方主管当局执行税收协定及其所涉及税种的国内法的信息，**主动提供**给缔约国另一方主管当局的行为
（4）同期税务检查	是指缔约国主管当局之间根据同期检查协议，独立地在各自有效行使税收管辖权的区域内，对有共同或相关利益的纳税人的涉税事项同时进行检查，并互相交流或交换检查中获取的税收情报的行为
（5）授权代表访问	是指缔约国双方主管当局根据授权代表的访问协议，经双方主管当局同意，相互间到对方有效行使税收管辖权的区域进行实地访问，以获取、查证税收情报的行为
（6）行业范围情报交换	是指缔约国双方主管当局共同对某一行业的运营方式、资金运作模式、价格决定方式及偷税方法等进行调查、研究和分析，并相互交换有关税收情报的行为

【判断题】自发情报交换，是指缔约国双方主管当局之间根据约定，以批量形式自动提供有关纳税人取得专项收入的税收情报的行为。(　　)

【参考答案】×。自发情报交换，是指缔约国一方主管当局将在税收执法过程中获取的其认为有助于缔约国另一方主管当局执行税收协定及其所涉及税种的国内法的信息，主动提供给缔约国另一方主管当局的行为。

（三）《多边税收征管互助公约》

中国政府于 2013 年 8 月 27 日正式签署《多边税收征管互助公约》。

《多边税收征管互助公约》作为一项旨**在通过开展国际税收征管协作，打击跨境逃、避税行为**，维护公平税收秩序的多边条约，其影响力不断上升，正日益成为开展国际税收征管协作的新标准。

【单选题】一项旨在通过开展国际税收征管协作，打击跨境逃、避税行为，维护公平税收秩序的多边条约，其影响力不断上升，正日益成为开展国际税收征管协作的新标准。这个条约是（　　）。

A. 《多边税收征管互助公约》

B. 金融账户涉税信息自动交换标准

C. 非居民金融账户涉税信息尽职调查管理办法

D. 税基侵蚀和利润转移（BEPS）项目

【参考答案】A。《多边税收征管互助公约》是一项旨在通过开展国际税收征管协作，打击跨境逃、避税行为，维护公平税收秩序的多边条约，其影响力不断上升，正日益成为开展国际税收征管协作的新标准。

（四）金融账户涉税信息自动交换标准

金融账户涉税信息自动交换标准（以下简称 CRS）由 OECD 会同 G20 成员国共同制定，于 2014 年 11 月经 G20 布里斯班峰会核准。

CRS 旨在通过**加强各税收管辖区之间有关金融账户信息的自动情报交换，提高全球税收透明度，打击跨境逃避税**。

我国于 2018 年 9 月完成首次交换信息，香港和澳门地区都在 2018 年 9 月同其他 CRS 参与国完成第一次信息交换。

【判断题】金融账户涉税信息自动交换标准（CRS）旨在通过加强各税收管辖区之间有关金融账户信息的自动情报交换，提高全球税收透明度，打击跨境逃避税。经国务院批准，我国于 2018 年 9 月首次完成了交换信息（　　）。

【参考答案】√。

第五节　国际避税与反避税

一、国际避税的基本方法

避税方法	具体内容
（1）采取人员流动避税	（1）转移住所。将个人住所或公司的管理机构真正迁出高税国。利用有关国家国内法关于公司或个人的居民身份界限的不同规定，以实现虚假迁出，即仅仅在法律上不再成为高税国的居民。通过短暂迁出和成为别的国家临时居民，寻求对方国家的特殊税收优惠

续表

避税方法	具体内容
(1) 采取人员流动避税	(2) 税收流亡。在实行居民管辖权的国家里，对个人居民身份的确立，除采用上述标准外，不少国家还采用时间标准。对于居住时间的规定，各个国家规定不尽相同，这就给跨国纳税人避税提供了可利用的机会。他们可以**自由地流动于各国之间**，确保自己不成为任何一个国家的居民，既能从这些国家取得收入，又可避免承担其中任何一个国家的居民纳税义务
(2) 通过资金、货物或劳务流动避税	纳税人（主要是法人）把资金、货物或劳务等转移出高税国，通常是利用常设机构和子公司以及所在国其他税法规定等进行流动
(3) 利用企业组织形式避税	当一国企业决定对外投资时，是选择建立常设机构还是分支机构抑或设立子公司，往往经过反复经济测算，权衡各种利弊，最后才作出跨国纳税人认为最有利的选择
(4) 利用税收优惠避税	一般来说，世界各国都有各种税收优惠政策规定，例如关于加速折旧、投资抵免、差别税率、亏损结转、延期纳税等。跨国公司和跨国企业往往可以利用税收优惠从事国际避税活动。还有一些跨国公司和跨国企业设法钻税法对新办企业等缺乏严密界定的漏洞，利用新办企业的免税、减税等规定进行国际避税
(5) 资本弱化	资本弱化又称为资本隐藏、股份隐藏或收益抽取，是基于在一般情况下利息支出可以在税前扣除而股息红利不能扣除的事实，企业所有者在投资于企业的资本中降低股本的比重，**提高贷款比重**，以贷款方式替代募股方式进行投资或融资的活动。资本弱化的特征就是债权和股权比例明显高于正常比例。根据 OECD 解释，企业权益资本与债务资本的比例应为 1 : 1，当比值小于 1 时，即为资本弱化
(6) 利用转让定价避税	(1) 转让定价，是指关联企业之间在销售货物、提供劳务、转让无形资产等时制定的价格 (2) 其一般做法是：高税国企业向其低税国关联企业销售货物、提供劳务、转让无形资产时制定低价；低税国企业向其高税国关联企业销售货物、提供劳务、转让无形资产时制定高价
(7) 利用“避税地”避税	(1) 世界上有些国家和地区实行不征直接税或低直接税税率，或者实行特别的税收优惠，所以，在那里可以拥有财产而无须纳税或仅须纳很少的税，这样的地方被称为“避税地”(tax haven)，亦被称为“避税港”“避税天堂” (2) 通过在“避税地”设立诸如控股公司、投资公司、信托公司、贸易公司、咨询公司、金融公司、保险公司、海运公司和其他经营机构等所谓“海外公司”，方便以这些海外公司为基地的国际避税活动，这些海外公司也被称作国际避税活动的“基地公司” 【注】**导管公司**是指通常以逃避或减少税收、转移或累积利润等为目的而设立的公司。这类公司仅在所在国登记注册，以满足法律所要求的组织形式，而不从事制造、经销、管理等实质性经营活动

【单选题】如果某个跨国纳税人不断地变换其居住地点，在任何一国的停留时间均不超过该国规定的对非居民征税的起点时间，从而逃避有关国家的来源地管辖权。这在国际税收领域称为（　　）。

A. 非居民　　B. 税收难民　　C. 临时移民　　D. 税收流亡

【参考答案】D。在实行居民管辖权的国家里，对个人居民身份的确立，不少国家采用时间标准。对于居住时间的规定，各个国家规定不尽相同，有的规定为半年（183天），有的则规定为 1 年（365 天），这就给跨国纳税人避税提供了可利用的机会。他们可以自由地游离于各国之间，确保自己不成为任何一个国家的居民，既能从这些国家取得收入，又可避免承担其中任何一个国家的居民纳税义务。

二、反避税管理

（一）反避税的方法

反避税	具体内容
（1）对付“避税地”的法规	（1）受控外国公司 ①受控外国公司税制实现下列政策目标：一是防止把所得转移和积累到“避税港”外国公司；二是预防国际偷避税，确保财政收入，防止国家税基的侵蚀；三是确保税收体系的公平。 ②我国的受控外国公司税制包括下列四种情况：一是**直接或间接持有10%**以上表决权股份的中国居民企业**单独或共同持有50%以上**表决权股份的外国公司；二是直接或间接持有10%以上表决权股份的中国居民企业与直接或间接持有10%以上表决权股份的中国居民个人共同持有**50%以上表决权**股份的外国公司；三是中国居民企业单独或共同在股份、资金、经营、购销等方面**拥有事实控制权的外国公司**；四是中国居民企业与中国居民个人共同在股份、资金、经营、购销等方面**拥有事实控制权**的外国公司

【多选题】下列选项中，构成符合我国企业所得税法规定的受控外国公司的有（　　）。

A. 中国居民企业直接持有60%表决权股份的外国公司

B. 中国居民企业共同持有40%表决权股份的外国公司

C. 中国居民企业在购销方面拥有实质控制权的外国公司

D. 中国居民个人在资金方面拥有实质控制权的外国公司

【参考答案】ACD。根据《企业所得税法实施条例》第一百一十七条规定，《企业所得税法》第四十五条所称控制，包括：（1）居民企业或者中国居民直接或者间接单一持有外国企业10%以上有表决权股份，且由其共同持有该外国企业50%以上股份；（2）居民企业，或者居民企业和中国居民持股比例没有达到上述规定的标准，但在股份、资金、经营、购销等方面对该外国企业构成实质控制。

反避税	具体内容
（1）对付“避税地”的法规	（2）应税的外国公司保留利润，即受控外国公司应分配给股东且不再享受股东居住国推迟课税规定的某些类型的所得。这种所得虽没有支付给居住国股东，但仍要归属到居住国股东应税所得之中并申报纳税。 （3）对付“避税地”法规适用的纳税人。从各国的情况来看，对付“避税地”法规所适用的纳税人一般既包括法人，也包括自然人
（2）防止滥用税收协定	为防范第三国居民滥用税收协定避税，可以在协定中纳入一定的防止协定滥用条款、主要目的测试条款、利益限制条款等

续表

反避税	具体内容
（3）限制资本弱化的法规	我国规定，企业从其关联方接受的债权性投资与权益性投资的比例超过规定标准而发生的利息支出，不得在计算应纳税所得额时扣除 标准比例为**金融企业5∶1；其他企业2∶1**

【多选题】世界各国在长期的反避税斗争中逐渐形成了一整套对付避税行为的法律和措施。我国企业所得税法明确反避税方法包括下列（　　）。

A. 受控外国公司　　B. 防止滥用税收协定

C. 限制资本弱化的法规　　D. 限制利用改变公司组织形式

【参考答案】AC。我国的企业所得税法明确的反避税方法有受控外国公司和限制资本弱化。

反避税	具体内容
（4）限制避税性移居	目前大多数发达国家都同时采用注册地标准和管理机构所在地标准来判定法人的居民身份
（5）限制利用改变公司组织形式避税	适时地改变国外附属机构的组织形式是跨国公司国际避税的方式之一。当国外分公司开始盈利时，即将其重组为子公司。为防止跨国公司利用这种方式避税，一些国家在法律上也采取了一些防范性措施

（二）国际税收合作

1. 税基侵蚀和利润转移

BEPS	具体内容
（1）税基侵蚀和利润转移的含义	税基侵蚀和利润转移是指利用不同税收管辖区的税制差异和规则错配进行税收筹划的策略。其目的是人为造成应税利润"消失"或将利润转移到没有或几乎没有实质经营活动的低税负国家（地区），从而最大限度地避税，甚至达到双重不征税的效果，造成对各国税基的侵蚀
（2）税基侵蚀和利润转移（BEPS）项目	是由G20委托OECD实施的国际税改项目，旨在修改原有国际税收规则，遏制国际逃避税行为。BEPS项目**15项行动**已全部完成，并于2015年10月和11月相继由G20财长与央行行长会议和G20领导人峰会审议通过
（3）2015年10月，OECD发布了15项行动计划	该行动计划以"税收要与实质经济活动和价值创造相匹配"为原则，重新界定国际税收规则，尤其要避免跨国企业利用国际税收规则的不足，以及各国税制差异和征管漏洞，造成对主权国家税基的侵蚀 【提示】OECD在常设机构这一项中**扩大了代理型常设机构的范围**

【判断题】2015年，OECD发布了应对税基侵蚀和利润转移的15项行动计划，修订了常设机构的定义，缩小了代理型常设机构的范围。（　　）

【参考答案】×。本题的考核点是 BEPS 15 项行动计划，属于提高型知识点。OECD 在常设机构这一项中扩大了代理型常设机构的范围。

第六节 服务“一带一路”建设

一、“一带一路”倡议内涵

2013 年 9 月，中国国家主席习近平出访哈萨克斯坦，在纳扎尔巴耶夫大学提出共同建设**“丝绸之路经济带”**。

同年 10 月，习近平出访东盟，在印度尼西亚提出共同建设**“21 世纪海上丝绸之路”**。

自此，“一带一路”倡议逐步走进世界视野。

【多选题】“一带一路”指的是（　　）。

A. 丝绸之路经济带　　B. 21 世纪海上丝绸之路

C. 海上丝绸之路经济带　　D. 陆上丝绸之路

【参考答案】AB。

二、“一带一路”税收征管合作论坛

2019 年 4 月，第一届“一带一路”税收征管合作论坛在中国乌镇召开，合作论坛发布了《乌镇声明》以及《乌镇行动计划（2019—2021）》，为共同推动“一带一路”税收征管合作，更好地发挥税收促进世界经济持续、稳定、健康发展起到重要作用。

合作论坛有四个标志性成果：

（1）构建了“一带一路”税收征管合作机制；

（2）成立了“一带一路”税收征管能力促进联盟；

（3）深化了“一带一路”税收征管合作共识；

（4）制订了“一带一路”税收征管合作行动计划。

三、税收服务“一带一路”建设的主要内容

税收作为全球治理的重要组成部分，有助于优化生产要素配置、消除跨境投资障碍、推动国际经济合作，对推动“一带一路”建设发挥着重要作用。

【判断题】税收作为全球治理的重要组成部分，有助于优化生产要素配置、消除跨境投资障碍、推动国际经济合作，对推动“一带一路”建设发挥着重要作用。（　　）

【正确答案】√。

本章习题

一、单项选择题

1. 国际避税地较集中的地区是（　　）。

A. 西欧地区　　B. 太平洋沿岸
C. 大西洋沿岸　　D. 亚洲地区

2. 我国采用户籍标准确定跨国自然人居民身份时规定的居住期限是（　　）。

A. 90 天　　B. 183 天　　C. 365 天　　D. 6 年

二、多项选择题

1. 当前，国际税收的发展表现出来的特征包括（　　）。

A. 国与国之间税收竞争更加激烈，国际社会加强税收协调与合作更加重要
B. 区域经济一体化不断发展，区域性国际税收协调前景更加广阔
C. 各国之间加强税收征管国际合作，共同应对国际避税和偷税行为
D. 数字经济的发展带来国际税收新课题

2. 下列关于我国企业所得税法中限制资本弱化规定的说法，正确的有（　　）。

A. 权益性投资，是指企业直接或者间接从关联方获得的，需要偿还本金和支付利息或者需要以其他具有支付利息性质的方式予以补偿的融资
B. 债权性投资，是指企业接受的不需要偿还本金和支付利息，投资人对企业净资产拥有所有权的投资
C. 金融企业法定债权性投资和权益性投资的比例标准为 5∶1
D. 其他企业法定债权性投资和权益性投资的比例标准为 2∶1

3. 在国际经济活动中，跨国纳税人利用各国税收的差异进行避税的手法多种多样，常采用的避税方法有（　　）。

A. 人员流动　　B. 资金流动　　C. 资本弱化　　D. 转让定价

4. 国际上对跨国自然人居民身份的判定，通常采用的标准有（　　）。

A. 永久性住所　　B. 习惯性住所
C. 国籍标准　　D. 户籍标准

三、判断题

1. 建立直接导管公司是滥用税收协定的常见方法之一。直接导管公司是指介于两个公司之间，能得到有关税收协定优惠的两个或两个以上的中介公司。（　　）

参考答案与解析

1.【参考答案】C。避税地大多是岛屿或港口，也有少数沿海和内陆小国，例如：巴哈

马、百慕大、开曼群岛、马恩岛、荷属安的列斯、英属维尔京群岛、直布罗陀、瑞士、利比里亚和巴拿马等，多数集中于大西洋沿岸。

2. 【参考答案】B。我国新修订的《个人所得税法》借鉴国际惯例，将在中国境内居住的时间这一判定居民个人和非居民个人的标准，由是否满 1 年调整为是否满 183 天，以更好地行使税收管辖权，维护国家税收权益。

二、多项选择题

1. 【参考答案】ABCD。选项 A、B、C、D 均为当前国际税收发展的新特征。
2. 【参考答案】CD。本题涉及的知识点是限制资本弱化的法规。
3. 【参考答案】ABCD。在国际经济活动中，跨国纳税人利用各国税收的差异进行避税的手法多种多样，常采用的避税方法有：采取人员流动避税，通过资金、货物或劳务流动避税，利用企业组织形式避税，用税收优惠避税，资本弱化，利用转让定价避税，利用避税地避税。
4. 【参考答案】CD。国际上对跨国自然人居民身份的判定，通常有国籍标准和户籍标准。

三、判断题

1. 【参考答案】×。直接导管公司是指介于两个公司之间能得到有关税收协定优惠的一个中介公司。

第十三章　非税收入

第一节　社会保险费

在我国，社会保险由基本养老保险、基本医疗保险、失业保险、工伤保险和生育保险组成。

【多选题】下列属于社会保险的包括（　　）。

A. 基本养老保险　　B. 基本医疗保险

C. 生育保险　　D. 职业年金

【参考答案】ABC。

一、基本养老保险费

基本养老保险费包括**企业职工**基本养老保险费、**城乡居民**基本养老保险费和**机关事业单位工作人员**基本养老保险费。

（一）企业职工基本养老保险费

1. 概念

企业职工基本养老保险费，是指按照企业职工基本养老保险制度规定，由**用人单位及其职工**缴纳的社会保险费用。

企业职工基本养老保险费是企业职工基本养老保险基金的主要来源。用于保障企业职工享受企业职工基本养老保险待遇的资金需要。

2. 企业职工基本养老保险的征收范围

征收范围	具体内容
（1）一般规定	企业职工基本养老保险费由**用人单位及其职工共同缴纳，无雇工的个体工商户**、**未在用人单位参加**基本养老保险的非全日制从业人员及**其他灵活就业人员**可以参加基本养老保险，由**个人缴纳**基本养老保险费
（2）具体包括	（1）城镇各类企业及其职工，包括国有企业、城镇集体企业、外商投资企业、城镇私营企业、其他城镇企业及其职工 （2）民办非企业单位及其职工 （3）按照公务员法管理的单位、参照公务员法管理的机关（单位）事业单位**编制外的签订劳动合同聘用人员**

续表

征收范围	具体内容
（2）具体包括	（4）无雇工的个体工商户、未在用人单位参加基本养老保险的非全日制从业人员以及其他灵活就业人员，包括临时工、季节工、劳务派遣工、自雇型就业人员、自主就业人员等 （5）其他属于企业职工基本养老保险的征收范围的用人单位及其职工

【单选题】企业职工基本养老保险费的征收范围包括（　　）。

A. 属于企业性质的用人单位

B. 个人

C. 属于企业性质的用人单位及其职工个人

D. 政府补贴

【参考答案】C

3. 缴费基数

缴费基数	具体内容
（1）用人单位的缴费基数	用人单位的缴费基数为国家规定的本单位企业职工工资总额
（2）企业职工个人缴费基数	（1）企业职工个人基本养老保险的缴费基数为**本人工资收入**，原则上**以本人上年度月平均工资为基础**。在**本省全口径城镇**单位就业人员平均工资的**60%—300%**范围内进行核定 ①如果企业职工个人上年月平均工资**低于**本省全口径城镇单位就业人员平均工资的60%的，**按照**本省全口径城镇单位就业人员**平均工资的60%缴费** ②**超过**本省全口径城镇单位就业人员平均工资**300%的**，按本省全口径城镇单位就业人员平均工资的300%缴费，**超过部分不计入缴费工资基数** ③企业职工个人上年月平均工资**介于**本省全口径城镇单位就业人员**平均工资的60%—300%的**，要以**实际数额**作为缴费基数 （2）本省全口径城镇单位就业人员的平均工资为**城镇非私营单位**就业人员平均工资和**城镇私营单位**就业人员平均工资**加权**计算的全口径城镇单位就业人员平均工资 【注】改革后，全口径城镇单位就业人员平均工资低于非私营城镇企业在岗职工的平均工资，从而起到降费作用
（3）其他人员缴费基数	无雇工的个体工商户、未在用人单位参加基本养老保险的非全日制从业人员以及其他灵活就业人员参加企业基本养老保险，可以在本省全口径城镇单位就业人员平均工资的**60%—300%范围内**进行**自愿选择**

【单选题】企业职工基本养老保险费缴费基数的上下限规定的比例是（　　）。

A. 60%、300%　　B. 50%、200%

C. 80%、120%　　D. 70%、150%

【参考答案】A。在本省全口径城镇单位就业人员平均工资的60%—300%范围内进行核定。

4. 缴费比例

缴费比例	具体内容
（1）用人单位缴费比例	用人单位缴纳基本养老保险金比例一般不得超过企业工资总额的20%，具体比例由省、自治区、直辖市人民政府确定。从**2019年5月1日起**，各地企业职工基本养老保险用人单位的缴费比例可以**降到16%**
（2）职工个人缴费比例	为本人工资收入的**8%**
（3）无雇工的个体工商户、未在用人单位参加基本养老保险的非全日制从业人员以及其他灵活就业人员缴费比例	为其缴费基数的20%，其中**8%计入个人账户，12%计入统筹**基金账户。退休后按企业职工基本养老金计发办法计发基本养老金

5. 应缴保费的计算

用人单位应缴纳的职工基本养老保险费 = 用人单位缴费基数 × 缴费比例

用人单位职工个人应缴纳的基本养老保险费 = 职工个人缴费基数 × 缴费比例

6. 保费延缓缴纳

对中小微企业企业基本养老保险、失业保险、工伤保险（以下称三项社会保险）单位缴费部分**免征的政策，延长执行到2020年12月底**。

各省（除湖北省外）对大型企业等其他参保单位（不含机关事业单位，下同）三项社会保险单位缴费部分减半征收的政策，延长执行到2020年6月底。湖北省对大型企业等其他参保单位三项社会保险单位缴费部分免征的政策，继续执行到2020年6月底。

受疫情影响生产经营出现严重困难的企业，**可继续缓缴社会保险费至2020年12月底，缓缴期间免收滞纳金**。

有雇工的个体工商户以单位方式参加三项社会保险的，继续参照企业办法享受单位缴费减免和缓缴政策。

以个人身份参加企业职工基本养老保险的个体工商户和各类灵活就业人员，2020年缴纳基本养老保险费确有困难的，可自愿暂缓缴费。2021年可继续缴费，缴费年限累计计算；对2020年年未缴费月度，可于2021年年底前进行补缴，缴费基数在2021年当地个人缴费基数上下限范围内自主选择。

（二）城乡居民基本养老保险费

城乡居民	具体内容
（1）概念	城乡居民基本养老保险费，是指**按照城乡居民基本养老保险制度规定**，由城乡居民参加城乡居民基本养老保险而缴纳的保险费用。城乡居民养老金由政府财政提供的基础养老金和来自个人账户的养老金组成

续表

城乡居民	具体内容
(2) 征收范围	年满16周岁(**不含在校学生**),**非国家机关和事业单位工作人员**以及**不属于职工基本养老保险制度覆盖范围的**城乡居民,可以在户籍地参加城乡居民养老保险
(3) 缴费标准	城乡居民缴纳养老保险费采取**自愿原则**。由于参保人个人收入的差异,城乡居民社会养老保险费**划分多个缴费档次**,供城乡居民选择,城乡居民**按年以固定费额来收费**。城乡居民缴费标准目前设为**12个档次,最高标准原则上不超过当地灵活就业人员参加职工基本养老保险的年缴费额,并报人力资源和社会保障部备案。参保人自主选择**档次缴费,"长缴多得""多缴多得"

【多选题】属于城乡居民基本养老保险的征收范围有( )。

A. 年满16周岁(不含在校学生)城乡居民

B. 年满16周岁(不含在校学生)的城镇非从业居民

C. 所有非就业的城乡居民

D. 年满16周岁(不含在校学生)农村非从业居民

【参考答案】BD。

(三)机关事业单位工作人员基本养老保险费

机关事业	具体内容
(1) 概念	(1) 机关事业单位工作人员基本养老保险费,是指按照机关事业单位工作人员基本养老保险制度相关规定,由机关事业单位及其编制内的工作人员共同缴纳的社会保险费 (2) 机关事业单位编制内的工作人员除了建立基本养老保险制度以外,还建立了职业年金制度。**职业年金**制度是机关事业单位工作人员**基本养老保险制度的补充** (3) 机关事业单位工作人员基本养老保险和职业年金**实行强制征收**
(2) 征收范围	机关事业单位工作人员基本养老保险的征收范围包括**按照**公务员法管理的单位及其编制内工作人员、**参照**公务员法管理的机关(单位)及其编制内工作人员、**事业单位及其编制内**工作人员
(3) 缴费基数	(1) 用人单位缴费基数。机关事业单位的用人单位缴纳基本养老保险费、职业年金的基数都是本单位的职工工资总额 (2) 编制内的工作人员个人的缴费基数。机关事业单位编制内工作人员的个人基本养老保险、职业年金的**缴费基数都是本人工资**,一般以**上年度本人月平均工资**为个人缴费工资基数 ①本人上年月平均工资**低于本省全口径城镇单位就业人员平均工资(以下简称本省平均工资)**60%的,按本省全口径城镇单位就业人员平均工资的60%缴费 ②**超过本省平均工资**300%的,按平均工资300%缴费,超过部分不计入缴费工资基数 ③职工个人工资收入介于本省平均工资的60%—300%的,按照实际数额作为缴费基数
(4) 缴费比例	(1) 用人单位缴费比例。为本单位职工工资总额的20%,从2019年5月1日起降为16%,**职业年金**缴费比例为本单位职工工资总额的**8%** (2) 机关事业单位编制内工作人员个人缴费比例,为本人缴费基数**的8%**,个人职业年金缴费比例为本人缴费基数的**4%**

续表

机关事业	具体内容
（5）应缴保费的计算	机关事业单位应缴纳的基本养老金数额 = 单位缴费基数 ×16% 机关事业单位应缴纳的职业年金数额 = 单位缴费基数 ×8% 机关事业单位的职工个人应缴纳的基本养老金数额 = 个人缴费基数 ×8% 机关事业单位的职工个人应缴纳的职业年金数额 = 个人缴费基数 ×4%

【多选题】机关事业单位基本养老保险的征收范围包括（　　）。

A. 按照《公务员法》管理的单位及其编制内的工作人员

B. 参照《公务员法》管理的机关单位及其编制内工作人员

C. 事业单位及其编制内的工作人员

D. 实行企业化管理的事业单位及其人员

【参考答案】ABC。

二、基本医疗保险费

在我国，基本医疗保险，是指由国家、单位和个人缴纳，用于保障人们享受基本医疗保险待遇的社会保险费。

我国基本医疗保险包括**职工基本医疗保险费**和**城乡居民医疗保险费**。

（一）职工基本医疗保险费

1. 概念

职工基本医疗保险费，是指按照基本医疗保险制度规定，由**用人单位及其职工共同缴纳**的社会保险费用。

职工参加基本医疗保险，依法享受基本医疗保险待遇。

2. 征收范围

（1）职工基本医疗保险征收范围包括城镇所有用人单位及其职工，具体包括企业（国有企业、集体企业、外商投资企业、私营企业等）、机关、事业单位、社会团体、民办非企业单位及其职工。

（2）没有雇工的个体工商户、未在用人单位参加职工基本医疗保险的非全日制从业人员以及其他灵活就业人员**可以参加职工基本医疗保险**。

（3）部队所属用人单位及其**无军籍的从业人员**。

【多选题】职工基本医疗保险的征收范围包括（　　）。

A. 城镇各类企业及其职工

B. 实行企业化管理的事业单位及其职工

C. 灵活就业人员

D. 社会团体、组织及其职工

E. 在中国境内就业的外籍人员

F. 机关事业单位及其职工

【参考答案】ABCDEF

3. 缴费基数

缴费基数	具体内容
（1）用人单位的缴费基数	用人单位基本医疗保险费的缴费基数为**本单位职工工资总额**
（2）职工个人缴费基数	职工个人缴纳基本医疗保险的缴费基数为**本人工资**。为了便于管理，在实践中，许多地方企业职工基本医疗保险、失业保险、工伤保险和生育保险的单位和个人的缴费基数，要**按照职工基本养老保险的单位和个人的缴费基数来确定**，从而使企业缴纳各项社会保险费的基数统一
（3）无雇工的个体工商户、未在用人单位参加基本医疗保险的非全日制从业人员以及其他灵活就业人员参加基本医疗保险	其缴费基数按照所在统筹地的规定执行

【单选题】职工医疗保险费用人单位的缴费基数为（　　）。

A. 职工个人工资

B. 本单位职工工资总额

C. 在岗职工的平均工资

D. 全口径城镇单位就业人员的平均工资

【参考答案】B。

4. 缴费比例

缴费比例	具体内容
（1）用人单位缴费比例	用人单位缴纳基本医疗保险金比例为**本单位职工工资总额的6%左右**，具体比例按照统筹地规定为准
（2）职工个人缴费比例	职工个人缴纳比例一般为个人缴费基数的**2%**
（3）无雇工的个体工商户、未在用人单位参加基本医疗保险的非全日制从业人员以及其他灵活就业人员缴费比例	全国不统一，实际按统筹地具体规定执行

【单选题】职工个人基本医疗保险费的缴费比例是（　　）。

A. 2%　　B. 8%　　C. 6%　　D. 7%

【参考答案】A。

5. 应缴保费的计算

用人单位应缴纳职工基本医疗保险费数额＝单位缴费基数×缴费比例

用人单位职工个人应缴纳职工基本医疗保险费数额＝职工个人缴费基数×缴费比例

（二）城乡居民基本医疗保险费

城乡居民	具体内容
（1）概念	城乡居民基本医疗保险费，是指按照城乡居民基本医疗保险制度规定，城乡居民**自愿参加**城乡居民基本医疗保险而缴纳的保险费用
（2）征收范围	城乡居民基本医疗保险覆盖范围包括**除了职工基本医疗保险征收范围以外的其他所有城乡居民**。具体包括： （1）不属于城镇职工基本医疗保险制度覆盖范围的少年儿童、中小学阶段的学生（包括职业高中、中专、技校学生）和其他非从业居民 （2）**灵活就业人员和拥有农村户籍的进城务工人员**可以参加职工基本医疗保险，参加职工基本医疗保险**有困难**的，**允许**其参加城乡居民基本医疗保险 【注】自愿参加城乡居民基本医疗保险的城乡居民，纳入城乡居民基本医疗保险费的征收范围
（3）缴费标准	（1）城乡居民基本医疗保险**以年为单位**，采取**定额缴费方式**进行缴费 （2）2020年，国家规定城乡居民医疗保险人均个人缴费标准**每人每年280元**。各地可根据具体情况增加缴费标准；政府也给予资金补助，2020年财政对城乡居民财政补助资金每人每年补助不低于550元，用于分担城乡居民个人的医疗费用 （3）由于城乡居民基本医疗保险费用按固定费额缴费，不存在计算的问题

【多选题】城乡居民基本医疗保险的征收范围包括（　　）。

A. 城乡非从业居民　　B. 未成年人

C. 大学生　　D. 企业在职职工

【参考答案】ABC。

三、失业保险费

失业保险	具体内容
（1）概念	失业保险费，是指按照社会保险相关制度规定，由**用人单位及其职工共同缴纳**的社会保险费用，用于解决失业人员依法享受的失业待遇资金需要。失业保险待遇**包括**领取失业保险金、接受职业培训、职业介绍的补贴以及其他待遇等
（2）征收范围	包括城镇企业、事业单位及其职工。城镇企业包括国有企业、城镇集体企业、外商投资企业、城镇私营企业。社会团体及其专职人员、民办非企业单位及其职工、城镇中有雇工的个体工商户及其雇工是否参加失业保险由**各省级政府**确定
（3）缴费基数	（1）用人单位的缴费基数，为国家规定的**本单位职工工资总额** （2）职工个人缴费基数，为**本人工资**
（4）缴费比例	2017年1月1日起，失业保险费率为1.5%的地方，失业保险总费率**可以降为1%**，执行期限为**两年**，到**2019年4月30日**。从2019年5月1日起，2017年的阶段性降低失业保险费率期限**再延长一年**，至**2020年4月30日**
（5）应缴保费的计算	用人单位应缴纳的失业保险费数额＝用人单位缴费基数×缴费比例 用人单位职工个人应缴纳的失业保险费数额＝职工个人缴费基数×缴费比例

【多选题】失业保险的征收范围有（　　）。

A. 国有企业及其职工

B. 外商投资企业及其职工

C. 民办非企业单位及其职工

D. 城镇有雇工的个体工商户及其职工

【参考答案】AB。

四、工伤保险费

工伤保险	具体内容
（1）概念	工伤保险费，是指按照社会保险相关制度规定，由**用人单位缴纳**的社会保险费用，用以解决遭受工伤伤害的职工依法享受的工伤保险待遇的需要。职工参加工伤保险，工伤保险费由用人单位缴纳，个人不缴纳工伤保险费用
（2）征收范围	包括我国境内的各类企业、事业单位、社会团体、民办非企业单位、基金会、律师事务所、会计事务所等组织和有雇工的个体工商户
（3）缴费基数	用人单位缴纳工伤保险费的缴费基数为**本单位职工工资总额**
（4）缴费比例	（1）工伤保险由于各用人单位的所处的行业风险程度不同，以及用人单位的风险管理水平不同，我国工伤保险实行**行业基准费率和浮动费率相结合**的方式确定用人单位的工伤保险实际费率 （2）工伤保险在实行行业差别比率费率的基础上，根据用人单位工伤保险出现情况、工伤保险费的使用情况、工伤发生率等因素**实行浮动费率**。通过**费率浮动的办法确定**每个行业内的费率档次：**一类行业**分为三个档次，即在基准费率的基础上，**可向上浮动至120%、150%**；**二类至八类行业**分为五个档次，即在基准费率的基础上，**可分别向上浮动至120%、150%或向下浮动至80%、50%** （3）为了减轻企业的负担，国家规定从2018年5月1日起，在保持八类费率总体稳定的基础上，工伤保险基金累计结余可支付**月数在18（含）至23个月的**统筹地区，可以以**现行费率为基础下调20%**，累计结余可支付月数在**24个月（含）**以上的统筹地区，可以**以现行费率为基础下调50%**。 降低费率的期限执行至2019年4月30日。2019年继续执行2018年的降费政策，期限为一年，即从**2019年5月1日至2020年4月30日**
（5）应缴保费的计算	用人单位应缴工伤保险费数额 = 用人单位缴费基数 × 缴费比例

【单选题】工伤保险费的缴费人为（　　）。

A. 纳入工伤保险征收范围的用人单位

B. 纳入工伤保险征收范围的用人单位和个人

C. 个人

D. 政府补贴

【参考答案】A。

五、生育保险费

生育保险	具体内容
(1) 概念	生育保险费，是指按照生育保险相关制度规定，由用人单位缴纳的**用于保障女职工**享受生育保险待遇的社会保险费。职工参加生育保险，依法享受生育保险待遇。生育保险费**采取强制缴纳原则，由用人单位缴纳**，个人不用缴费
(2) 征收范围	生育保险的征收范围就是城镇各类企业，包括国有企业、城镇集体企业、外商投资企业、城镇私营企业和其他城镇企业
(3) 缴费基数	用人单位缴纳生育保险费的**缴费基数为本单位职工工资总额**
(4) 缴费比例	生育保险费的缴费比例由**当地人民政府**根据计划内生育人数和生育津贴、生育医疗费等项费用确定，并**可根据费用支出情况适时调整**，但**最高不得超过工资总额的1%**
(5) 应缴保费的计算	用人单位应缴生育保险费数额 = 用人单位缴费基数 × 缴费比例

【提示】男性职工在一定条件下也可以享受生育保险，如果男性职工配偶没有参保生育保险，那么男方可以在生产费用上报销一定的比例。

【单选题】生育保险费的缴费人是（　　）。

A. 纳入生育保险征收范围的用人单位

B. 纳入生育保险征收范围的用人单位和职工个人

C. 职工个人

D. 政府补贴

【参考答案】A。

六、社会保险费的申报与缴纳

（一）用人单位及其职工的社会保险费的申报与缴纳

申报缴纳	具体内容
(1) 申报	用人单位及其职工应当向社会保险费的征收部门**按月申报**应缴的各项社会保险费数额，申报的**具体时间按相应的统筹地区具体规定**执行。用人单位**未按照规定申报**应缴纳基本养老保险费的，按照该单位**上月缴费数额的110%**确定应当缴纳数额；缴费单位补办申报手续后，由社会保险费征收机构按照规定结算。用人单位的职工个人社会保险费**由用人单位代为申报**
(2) 缴纳	用人单位及其职工个人必须依法按时足额缴纳社会保险费，用人单位**非因不可抗力**等法定事由不得缓缴、不得减免
(3) 用人单位未按时足额缴纳社会保险费的处理	用人单位未按时足额缴纳社会保险费的，由社会保险费征收机构责令限期缴纳或者补足，并**自欠缴之日起，按日加收万分之五**的滞纳金；逾期仍不缴纳的，由有关行政部门处**欠缴数额一倍以上三倍以下**的罚款

【提示】社会保险费移交各地税务机关征收，缴纳金额由各地社会保险基金管理局核定。

【单选题】用人单位未按规定申报应缴纳社会保险费数额的，由社会保险经办机构确定该单位缴费基数，为该单位上月缴费数额的（　　）。

A. 100%　　B. 110%　　C. 120%　　D. 130%

【参考答案】B。

（二）灵活就业人员以及城乡居民社会保险费申报与缴纳

灵活就业人员和城乡居民的社会保险费**采取自愿缴纳的原则**，由其自行决定是否缴纳社会保险费。

灵活就业人员和城乡居民**采取自行申报，可以按月、按季或按年申报**缴纳社会保险费。

第二节　非税收入

一、非税收入的概念

非税收入	具体内容
（1）定义	非税收入，是指**除税收以外**，由各级国家机关、事业单位、代行政府职能的社会团体及其他组织**依法利用国家权力、政府信誉、国家资源（资产）所有者权益**等取得各项收入
（2）取得形式	非税收入可以以收费、类似税收（如**政府性基金收入**）、利润收入、**租金收入**、**捐款收入**、罚没收入等形式取得
（3）内容	狭义的非税收入是指除去税收收入、政府债务收入、社保基金收入、**不以政府名义接受的捐赠收入之外的财政收入**

【单选题】下列不属于非税收入的是（　　）。

A. 住房公积金　　B. 彩票公益金

C. 政府性基金　　D. 行政事业性收费

【参考答案】A。

二、非税收入的特征

特征	具体内容
（1）灵活性	（1）非税收入灵活性表现为**形式多样性、取得的方式多样性**和**征收依据的多样性**，非税收入分为12类，其中，有的一类中又有多项收入。非税收入取得的形式多种多样，可以是收费，也可以是按照类似税收的方式（如政府性基金），还可以是利润方式、租金方式以及罚没款方式取得收入。非税收入取得的依据可以是**凭借政权**，也可以是**资源（资产）所有权、政府信誉**等 （2）非税收入存续的时间有长期性的，也有的存续时间较短，如行政事业性收费项目，**罚没收入会一直存在**。为了某个特定的事项筹集资金，满足特定活动需要，在特定的条件下采取的过渡性组织收入，其存续时间相对较短。同一种的非税收入由于**各地经济状况不同，征收标准会有不同**

续表

特征	具体内容
（2）非确定性、非普遍性	（1）非确定性 ①非税收入由于是对特定的行为和对**特定管理对象**征收，特定行为本身就具有不确定性 ②特定行为和特定管理对象一旦消失或剧减，某项非税收入也会随之消失或剧减 （2）非普遍性。非税收入与政府社会管理职能结合在一起，有特定的管理对象和收取对象，往往**不具有普遍性**
（3）资金使用上的特定性	（1）非税收入项目都是基于特定的事项而设立的，如行政事业性收费经常应用于补偿政府提供的公共服务的成本 （2）每一项政府性基金都具有专门用途，如教育费附加**只能用于**中小学教育上

【多选题】非税收入的灵活性表现在（　　）。

A. 形式灵活性　　B. 征收依据多样性

C. 取得的方式多样性　　D. 资金用途特定性

【参考答案】ABC。

三、非税收入的职能与作用

（一）非税收入的职能

职能	具体内容
（1）组织财政收入职能	如通过政府性基金取得收入满足基础设施建设资金需要、用于准公共产品的配置等，**筹集财政资金是非税收入的一项重要职责**
（2）经济管理职能	对于经济负外部效应，市场自身不能改变这种状态，需要政府出面解决。政府一方面可以**用法律加以约束**，同时也**可以实行经济处罚**。这是非税收入中罚没收入的主要功能，也是非税收入对资源的有效管理经济的体现
（3）稳定经济职能	（1）政府调控经济需要一系列政策工具，非税收入便是重要的工具之一 （2）非税收入**具有灵活性的特点**，利于经济状态的改变比如宏观经济出现低迷时，政府可以取消某些非税收入或者降低征收标准，减轻单位和个人的缴费负担，从而有利于经济健康发展

【多选题】下列属于非税收入的职能有（　　）。

A. 组织财政收入职能　　B. 经济管理职能

C. 稳定经济职能　　D. 监督职能

【参考答案】ABC。

（二）非税收入的作用

作用	具体内容
（1）对构建公共财政体系的作用	非税收入管理制度建设作为公共财政体系的重要组成部分，**对公共财政体系构建起到重要作用**
（2）对于宏观经济健康发展的作用	非税收入是**宏观调控**的一种工具，有利于增强政府的宏观调控能力
（3）对优化营商环境的作用	规范的非税收入管理制度能够防止腐败，减轻社会组织、企业和民众不必要的经济负担，对构建良好的营商环境起到重要作用

【多选题】下列属于非税收入的作用有（　　）。

A. 有利于完善公共财政体系　　B. 有利于宏观经济的稳定

C. 对优化营商环境起到作用　　D. 有利于节约资金

【参考答案】ABC。

四、非税收入的组成

（一）根据2016年《政府非税收入管理办法》中的分类

分类	定义	具体内容
（1）行政事业性收费	行政事业性收费，是指国家机关、事业单位、代行政府职能的社会团体以及其他组织依据法律、行政法规、地方性法规等相关规定，向公民、法人及其他组织实施管理或者提供特定服务而取得的财政收入	行政事业收费**具有强制性、无偿性、服务工本费补偿性**等特点
（2）政府性基金收入	政府性基金，是指政府及其所属部门根据法律、行政法规和中共中央、国务院文件规定，为支持特定公共基础设施建设和公共事业发展，向公民、法人和其他组织无偿征收的具有专项用途的财政资金	政府性基金依据政府权力征收，除了具有**强制性**、**无偿性**、**固定性**之外，还具有**专款专用性**、**时效性**等特点
（3）罚没收入	罚没收入，是指**特定的国家机关**依据法律、法规对于**违反规定的行为**处以罚款、没收非法所得收入，以及赃物的变价收入等，它是政府实施管理的重要方法	罚没收入具有**强制性**、**无偿性**，**偶然性**的特点，罚没收入缺乏收入的稳定性
（4）国有资源（资产）有偿使用收入	（1）国有资源有偿使用收入。指使用国家资源向国家缴纳有偿使用费用收入	**土地出让金收入**、**新增建设用地土地有偿使用费**、**海域使用金**、探矿权和采矿权使用费和价款收入、场地和矿区使用费收入、出租汽车经营权收入、公共交通线路经营权收入、汽车号牌使用权有偿转让收入、政府举办的广播电视机构占用国家无线电频率资源取得的广告收入，以及利用其他国有资源取得的其他收入

续表

分类	定义	具体内容
(4) 国有资源(资产)有偿使用收入	(2) **国有资产**有偿使用收入	国家机关、实行公务员管理的事业单位、代行政职能的社会团体以及其他组织的固定资产和无形资产**出租、出售、出让、转让**等取得的收入，世界文化遗产保护范围内实行特许经营项目的有偿使用收入，**世界文化遗产的门票收入，利用政府投资建设的城市道路**和公共场地设置停车泊位取得的收入，以及利用国有资产取得的其他收入
(5) 国有资本收益	国有资本收益，是指国家**以所有者身份取得的**国有资本投资收益	**国有独资企业的应缴利润**，国有股红利、股息，国有产权转让收入，国有独资企业清算收入，国有控股企业分得的清算收入，以及利用国有资本取得的其他收入
(6) 彩票公益金收入	彩票公益金收入，是指政府发行和销售彩票后**扣除彩票发行费**和**彩票奖金后的资金**	我国目前发行彩票的品种有福利彩票和体育彩票，进而形成福利彩票公益金和体育彩票公益金。彩票公益金按照规定比例从彩票发行销售收入中提取的，**专门用于**福利事业、体育事业等公共事业，**逾期未兑**奖的奖金**并入**彩票公益金
(7) 特许经营收入	特许经营收入，是指国家依法特许企业、组织或个人垄断经营某种产品或服务而获得的收入	烟草专卖收入、酒类产品专卖收入、免税商品专营收入、货币发行收入、印钞造币收入、纪念邮票（纪念币）发行收入、食盐批发专营收入等
(8) 中央银行收入	包括**中央银行的利息收入**、**业务收入**和**其他收入**	利息收入包括中央银行对商业银行以及经特殊批准的其他金融机构的再贷款利息收入、再贴现利息收入，等等。业务收入包括证券买卖收入、外汇买卖收入、金银买卖收入、手续费收入以及其他业务收入
(9) 以政府名义接受的捐赠收入	以**政府名义**接受的捐赠收入，是指政府、国家机关、事业单位代行政府职能的社会团体，以及其他组织接受的非定向捐赠的货币收入	它将定向捐赠、民间组织接受的捐赠、没有代行政府职能的团体接受的捐赠，以及捐给企业、个人的资金排除在外。以政府名义接受的捐赠收入必须是**采取自愿的原则**获取的收入
(10) 主管部门集中收入	主管部门集中收入主要指国家机关、实行公务员管理的事业单位、代行政府职能的社会团体及其他组织集中所属事业单位收入	这部分收入必须经同级财政部门批准，要包括油价调控风险准备金、石油特别收益金、重大水利工程建设基金
(11) 政府收入的利息收入	—	
(12) 其他非税收入	—	

【提示】政府性基金的特点是专款专用，专门支持某项事业发展，如价格调节基金，教育费附加等。行政事业性收费一般为机关履行职能时提供了一定的服务而收取

的款用，如签证费等。

【多选题】政府性基金用途有（　　）。

A. 筹集公共事业建设费用　　B. 筹集公共基础设施建设费

C. 用于行政事业费支付　　D. 用于社会保险费的筹集

【参考答案】AB。

【判断题】国有企业上缴财政的利润属于国有资源有偿使用收入。（　　）

【参考答案】×。国有企业上缴财政的利润属于国有资本收益。

（二）按取得依据划分

取得收入依据	具体内容
凭借政权	行政事业性收费、罚没收入、政府性基金
凭借国有产权	国有资源资产有偿使用收入、国有资本收益
凭借政府信誉	彩票公益金收入、以政府名义接受的捐赠收入
凭借政府提供特定服务	凭借政府提供特定服务取得的非税收入有行政事业性收费

【多选题】政府性基金征收的依据是（　　）。

A. 特许经营权

B. 国有资源（资产）所有者权益

C. 国家权力

D. 政府信誉

【参考答案】C。

（三）按隶属关系划分

按照隶属关系划分，非税收入划分为：

（1）**中央非税**收入，是**中央财政收入**的组成部分；

（2）**地方非税**收入，是**地方政府的财政收入**组成部分；

（3）中央与地方共享非税收入，**按照一定的比例**在中央和地方进行分成，分成的比例**由中央政府决定**。

如彩票公益金收入，按中央和地方各自50%进行分配，50%属于中央，50%属于地方。

【多选题】按照隶属关系非税收入的分类有（　　）。

A. 中央非税收入　　B. 地方非税收入

C. 中央与地方共享非税收入　　D. 省级非税收入

【参考答案】ABC。

五、已经纳入税务部门征收范围的非税收入

纳入时间	具体内容
（1）2018 年年底之前	教育费附加、地方教育附加、残疾人就业保障金、文化事业建设费、废弃电器电子产品处理基金
（2）2019 年 1 月 1 日起（共 11 项）	国家**重大水利工程建设基金**、水利建设基金、**农网还贷资金**、可再生能源发展基金、中央水库移民扶持基金（含大中型水库移民后期扶持基金、三峡水库库区基金、省际大中型水库库区基金）、三峡电站水资源费、核电站乏燃料处理处置基金、免税商品特许经营费、油价调控风险准备金、核事故应急准备专项收入、国家留成油收入、石油特别收益金
（2）2021 年 1 月起	水土保持补偿费、地方水库移民扶持基金、排污权出让收入、防空地下室易地建设费

【多选题】已经纳入税务部门征收范围的非税收入有（　　）。

A. 农网还贷资金　　B. 文化事业建设费

C. 罚没收入　　D. 废弃电器电子产品处理基金

【参考答案】ABD。

本章习题

一、单项选择题

1. 彩票公益金收入取得的依据是（　　）。

A. 国家权力　　B. 国有资源（资产）所有者权益

C. 凭借特许经营权　　D. 政府信誉

2. 下列属于凭借政权取得的非税收入项目为（　　）。

A. 国有企业利润收入　　B. 以政府名义接受的捐赠收入

C. 彩票公益金　　D. 罚没收入

二、多项选择题

3. 下列属于非税收入的特征有（　　）。

A. 灵活性　　B. 非确定性

C. 非普遍性　　D. 资金用途特定性

4. 凭借国家权力取得的非税收入有（　　）。

A. 彩票收入　　B. 政府性基金收入

C. 行政事业性收入　　D. 特许权收入

5. 下列属于企业职工基本养老保险的征收范围的有（　　）。

A. 外资企业

B. 灵活就业人员

C. 国有企业

D. 符合国家规定的在中国境内就业的外国人

三、判断题

6. 职业年金属于基本养老保险。　　（　　）
7. 政府性基金属于凭借政府政权取得的非税收入项目。　　（　　）
8. 非税收入不包括住房公积金和社会保险费。　　（　　）

参考答案与解析

1. D。
2. D。
3. ABCD。
4. BC。
5. ABCD。
6. ×。
7. √。
8. √。

第三篇　法律基础知识

第十四章　法理基础

第一节　法的基本范畴

一、法的概念

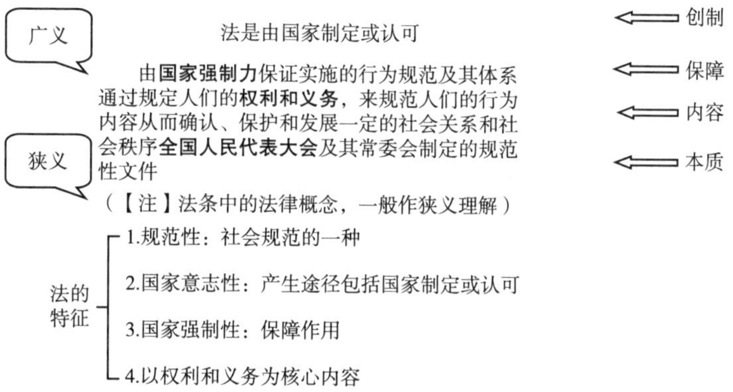

【判断题】一部法的核心内容是法律原则。(　　)

【参考答案】×。任何一部法律都是以规定人们的权利和义务为核心内容。

二、法的本质

法是国家意志的体现。

法的本质是掌握政权的**统治阶级共同意志**的体现；统治阶级的意志受当时**物质生活**的制约。

【单选题】下列关于法的本质与特征的表述中，不正确的是（　　）。

A. 法是由国家制定或认可的规范

B. 法是全社会成员共同意志的体现

C. 法由统治阶级的物质生活条件所决定

D. 法凭借国家强制力的保障获得普遍遵行的效力

【参考答案】B。法是“统治阶级的国家意志”的体现。

三、法的作用

法的作用分为**规范作用**和**社会作用**

1. 规范作用包括**指引、评价、预测、教育、强制**等；

2. 社会作用包括**维护统治阶级统治和执行社会公共事务**。

【单选题】A公司欲从B公司购进一批机械设备，在签订协议前，A公司负责人了解到B公司因为欠缴税款被税务机关公告，遂决定取消购买计划。这体现了税法的（　　）作用。

A. 指引作用　　B. 评价作用　　C. 预测作用　　D. 教育作用

【参考答案】B。法能够对人们的行为是否合法进行评价。B公司因为欠缴税款被税务机关公告，体现了税法的评价作用。

四、法律关系

法律关系是基于一定的**法律事实和法的调整作用**而在人们之间形成的特定的权利和义务关系。

（一）法律关系种类

宪法法律关系、行政法律关系、民事法律关系、刑事法律关系。

（二）法律关系要素

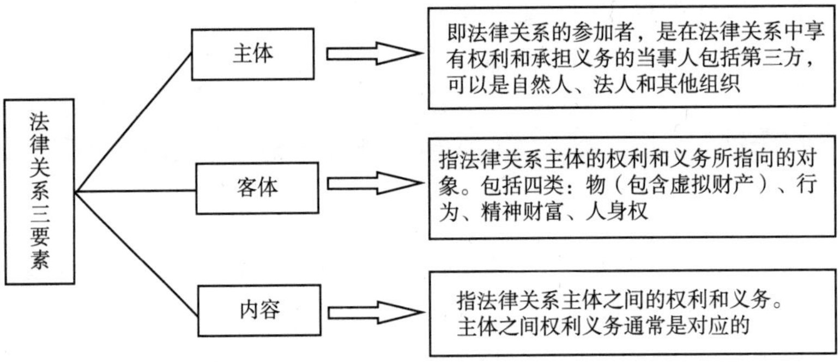

【多选题】下列各项中，属于法律关系客体的有（　　）。

A. 思想　　B. 税款　　C. 执法行为　　D. 扣押货物

【参考答案】BCD。本题考查的是法律关系的客体。法律关系的客体可以分为四个大类：一是物，即能够成为人们所控制和支配的物质财富，这是最常见的法律关系的客体；二是行为，包括作为和不作为，作为指积极地去从事某项活动，不作为指消极地不去从事某项活动；三是精神财富，精神财富是从事智力活动所取得的成果，是一种无形财产权，包括知识产权，商誉也属于无形财产；四是人身权，包括生命权、健康权、人格权、人身自由权等。

（三）法律事实

指在法律规定既定的前提下，能够引起法律关系产生、变更和消灭的各种事件和行为。法律事实分为**法律事件和法律行为**。

1. 法律事件

不以当事人的**意志**为转移。

自然现象（绝对事件）	如：地震、台风、森林大火、生老病死、意外事故等。
社会现象（相对事件）	如：社会革命、战争、重大决策的改变等。

2. 法律行为

以当事人的**意志**为转移。

标准	分类	示例
（1）行为是否合法	合法行为	如：签订合同
	违法行为	如：虚开发票
（2）行为的表现形式	积极行为（作为）	如：虚开发票
	消极行为（不作为）	如：迟延履约行为
（3）行为是否有意识作出	自觉行为	如：缴纳税款
	不自觉行为	如：忘记缴纳税款

第二节　法的体系

法的体系：指一国现行的全部法律规范所形成的法的有机整体。

一、法的体系的基本单位

（一）法律规范的结构（三要素说）

构成	概念	示例
假定	适用该规范的条件和情况	适用于企业、企业在外地设立的分支机构和从事生产经营的场所、个体工商户和从事生产经营的事业单位，并且领取了营业执照的情形
处理	所规定的行为规则	要求这些纳税人自领取营业执照之日起 30 日内，持有关证件，向税务机关申报办理税务登记
制裁	不按规范行为时应承担的法律后果	未按规定的期限办理税务登记，由税务机关责令限期改正，可以处 2 000 元以下的罚款；情节严重的，处 2 000 元以上 1 万元以下的罚款。

（二）法律规范的分类

分类1	分类2	一般表述	主要法律领域
任意性规范	授权性规范	可以、有权	民商法领域
强制性规范	命令性规范	应当、应该	行政法领域
	禁止性规范	不得、禁止	刑法领域

【判断题】授权性规范都属于任意性规范。（　　）

【参考答案】×。授权性规范分为两类：一是授予公民、法人或其他组织的权利性规范，这种规范一般属于任意性规范；二是授予国家机关的权利性规范，这种规范一般只能行使不能放弃，不属于任意性规范。

二、法的部门体系

1. 划分标准：**调整对象和调整方法。**

2. 我国现行的8个主要法律部门：（1）宪法及宪法相关法；（2）行政法；（3）民商；（4）经济法；（5）社会法；（6）刑法；（7）诉讼与非诉讼程序法；（8）军事法。

【单选题】以下选项中，（　　）属于我国法律体系的基本法律部门。

A. 行政法规　　B. 行政法　　C. 仲裁法　　D. 民事诉讼法

【参考答案】B。根据全部法律规范的调整对象和调整方法可分为若干法律门类，称为法律部门。我国的社会主义法律体系包括宪法及宪法相关法、刑法、行政法、民商法、经济法、社会法、诉讼与非诉讼程序法，军事法等法律部门。

三、法的效力体系

（一）概念

法的效力体系是指由不同国家机关制定或认可的、以不同形式表现的、具有不同法律效力的规范性文件所构成的等级体系。

（二）我国现行法的效力体系划分

划分		制定机关
宪法		全国人民代表大会
法律	基本法律	全国人民代表大会
	一般法律	全国人大常委会
法规	行政法规	国务院
	地方性法规	省、自治区和直辖市，以及设区的市、自治州的地方人民代表大会及其常务委员会

续表

划分		制定机关
规章	部门规章	国务院各部、委员会、中国人民银行、审计署和具有行政管理职能的直属机构
	地方政府规章	省、自治区和直辖市人民政府、设区的市、自治州的人民政府
司法解释		最高人民法院、最高人民检察院
国际条约或协定		国家或地区缔结的双边、多边协议

【提示】依据《立法法》（2015 年修正），享有立法权的较大的市的范围扩大到**设区的市**，设区的市、自治州的地方人民代表大会及其常务委员会可以对**城乡建设与管理、环境保护、历史文化保护**等方面的事项制定地方性法规，设区的市、自治州的人民政府以对城乡建设与管理、环境保护、历史文化保护等方面的事项制定地方政府规章。

（三）效力等级

（1）宪法 > 法律 > 行政法规 { > 地方性法规 > 地方政府规章（同级和下级）; > 部门规章 }

（2）国际法优于国内法，国内法声明保留的条款除外。

【单选题】地方性法规与部门规章之间对同一事项的规定不一致，不能确定如何适用时，提出意见的机关是（　　）。

A. 全国人大　　B. 全国人大常委会

C. 省级人大常委会　　D. 国务院

【参考答案】D。根据《立法法》的规定，地方性法规与部门规章之间对同一事项的规定不一致、不能确定如何适用时，由国务院提出意见。

四、法的历史体系

1. 大陆法系

（1）以**成文法**为其主要渊源，一般不承认判例；

（2）倾向观念理性、采用演绎推理。

2. 英美法系

（1）主要以**判例**为其渊源，承认上级法院的判例对下级法院的法律约束力，法官有创制法的权力；

（2）在法的适用过程中，实行遵循先例原则；

（3）倾向经验理性，采用类比推理。

【多选题】大陆法系和英美法系的区别包括（　　）。

A. 大陆法系以成文法为其主要渊源，英美法系以判例为其主要渊源

B. 大陆法系倾向于观念理性，而英美法系倾向于经验理性

C. 大陆法系重视判例法，英美法系重视成文法

D. 在逻辑方面，大陆法系采用演绎推理，而英美法系采用类比推理

【参考答案】ABD。大陆法系以成文法为其主要渊源，一般不承认判例；而英美法系则主要以判例为其渊源，承认上级法院的判例对下级法院的法律约束力，法官有创制法的权力。

五、其他分类形式

1. 依据法律规范的内容为标准分为实体法和程序法。

2. 大陆法系一种常用分类方法：公法（运用国家权力管理国家和公共事务，从而形成管理者与被管理者之间不平等关系的法律制度）、私法（调整当事人之间各自以其独立的地位，自主、自愿所发生的平等社会关系的法律制度）。

第三节　法的创制

法的创制是国家机关在其法定职权范围内，依法定程序，制定、修改和废止规范性法律文件以及认可法律规范的活动。

一、立法权限

（一）全国人民代表大会及其常务委员会的立法权限

1. 全国人民代表大会的立法权限是制定和修改国家的基本法律。

2. 全国人民代表大会常务委员会是全国人民代表大会的常设机关，在大会闭会期间行使部分国家最高立法权，制定和修改一般法律，对基本法律进行部分补充和修改。

【提示】法律保留原则：依法只能由全国人民代表大会及其常务委员会制定法律的事项分为绝对保留和相对保留。

绝对保留事项	指在任何时候都只能制定法律，而不能由其他国家机关代为行使立法权，除宪法外，还包括有关犯罪和刑罚的事项、对公民政治权利的剥夺和限制人身自由的强制措施及处罚事项、有关司法制度的事项
相对保留事项	经全国人民代表大会及其常务委员会授权，可以由国务院制定行政法规。《税收征管法》规定税收的开征、停征以及减税、免税、退税、补税，依照法律的规定执行；法律授权国务院规定的

【提示】《立法法》（2015 年修订）明确规定**税种的设立、税率的确定和税收征收管理**等税收基本制度，属于法律保留事项。

【提示】目前，全国人大及其常委会制定的法律包括九部法律和一个决定，分别是

《税收征管法》《个人所得税法》《企业所得税法》《车船税法》《环境保护税法》《烟叶税法》《船舶吨税法》《车辆购置税法》《耕地占用税法》和《全国人大常委会关于外商投资企业和外国企业适用增值税、消费税、营业税等税收暂行条例》的决定。

【提示】税收法定原则是税法基本原则，该原则主要包含三个方面的内容：**税收要素法定、税收要素确定和税收依法征稽**。税收基本制度立法，需要回归到法律绝对保留状态。

（二）国家最高行政机关的立法权限

国务院是我国的最高行政机关。国务院根据宪法和法律制定行政法规。

（三）地方人民代表大会及其常务委员会的立法权限

省、自治区、直辖市以及设区的市、自治州。

（四）国务院职能部门的立法权限

国务院各部、委员会、中国人民银行、审计署和具有行政管理职能的直属机构可以制定部门规章。

【提示】税务部门规章的立法权，主要由**财政部和国家税务总局**行使。

（五）地方人民政府的立法权限

省、自治区、直辖市以及设区的市、自治州。

【单选题】根据我国宪法规定，国务院有权制定（　　）。

A. 行政法规　　　　B. 地方性法规

C. 单行条例　　　　D. 行政规章

【参考答案】A。行政法规由国家最高行政机关国务院制定颁布。行政法规文件通常采用条例作为名称，也可以采用实施细则、规定、办法等作为名称。行政法规的法律效力在宪法和法律之下，但高于地方立法机关制定的地方性法规、民族区域自治地方制定的自治条例和单行条例、国务院部委和直属机构制定的部门规章、地方政府制定的政府规章。

二、立法程序

立法程序指享有立法权的国家机关在**制定、修改、补充和废止**各种规范性文件以及认可法律规范过程中的工作方法、步骤和次序。

1. 全国人大及其常委会的立法程序分为四个阶段：

①法律案的提出。《立法法》规定范围内的机关或人员可以向全国人大或向其常委

会提出法律案。

②法律案的审议。全国人大审议的法律案，可以由大会一次审议通过，但有重大问题要进一步研究时，可授权常委会进一步审议，提出修改方案后提请下次大会审议，而全国人大常委会审议法律案，一般需要经过三次审议后再交表决，即通常所说的“三读”。

③法律案的表决和通过。

全国人民代表大会表决的法律	以全体代表的过半数通过
	宪法的修改需要全体代表三分之二以上的多数通过
常务委员会表决的法律	以常务委员会全体组成人员过半数通过

④法律案的公布。法律经过立法机关通过后，须经公布才能生效，法律的公布须由国家主席签署主席令予以公布，并在全国人大常委会公报、中国人大网和在全国范围内发行的报纸上公布。

2. 国务院制定行政法规和国务院职能部门制定部门规章的程序，分为**立项、起草、审查、决定和公布**五个阶段。

【判断题】行政法规和部门规章的通过，实行表决制。(　　)

【参考答案】×。行政法规和部门规章的通过，不实行表决制而实行决定制。

【提示】行政法规的通过由国务院常务会议审议，由总理签署**国务院令**公布，在国务院公报和中国政府法制信息网以及在全国范围内发行的报纸上刊载，并在公布后**30**日内报**全国人民代表大会常务委员会**备案。

【提示】部门规章由部务会、委员会、局务会等部门会议决定，由部门首长签署**命令**予以公布，在国务院公报或部门公报和中国政府法制信息网以及在全国范围内发行的报纸上刊载，并报**国务院**备案。

3. 地方性法规的立法程序分为**提案、审议、表决或报批、公布**四个阶段。

4. 地方政府规章的立法程序，参照行政法规立法程序的规定。

三、税收规范性文件的制定和管理

（一）概念

指县以上税务机关依照**法定职权和规定程序**制定并发布的，影响税务行政相对人权利、义务，在本辖区内具有**普遍约束力并反复适用**的文件。

【提示】针对特定税务行政相对人的特定事项作出的批复、决定等，不属于税收规范性文件。

【提示】税收规范性文件具有**规范性**，在其效力范围内要求税务机关和税务行政相对人普遍遵守。

【提示】税收规范性文件是为执行税收法律、法规和规章而制定的规范性文件，具有**执行性**而不具有创设性。

（二）税收规范性文件的制定

1. 制定主体：**县以上**各级税务机关。

【提示】税务所、稽查局和其他税务行政机构不是制定主体。

【提示】县税务机关的制定权应受到严格控制，应当依据法律、法规、规章或者省以上税务机关税收规范性文件的**明确授权**制定；没有授权又确需制定税收规范性文件的，应当提请上一级税务机关制定。

2. 制定原则：应当坚持**科学、民主、公开**（包括过程公开和结果公开）、**统一**的原则。

3. 制定程序

（1）起草：税收规范性文件由制定机关**业务主管部门**负责起草；内容涉及两个或者两个以上部门的，由制定机关负责人指定牵头起草部门。

（2）审查：从事政策法规工作的部门负责对税收规范性文件进行审查，包括**合法性审核和世界贸易组织规则合规性评估**。

（3）签发：按公文处理程序报制定机关**负责人**签发。

（4）发布：税收规范性文件应当以**公告**形式发布。

（5）生效：税收规范性文件应当自发布之日起**30**日后施行；发布后不立即施行将有碍执行的，可以自发布之日起施行。

【判断题】从事政策法规工作的部门仅负责对税收规范性文件进行合法性审查。

【参考答案】×。从事政策法规工作的部门负责对税收规范性文件进行审查，包括合法性审核和世界贸易组织规则合规性评估。

（三）税收规范性文件的备案审查和清理

1. 备案审查

（1）省以下税务机关的税收规范性文件应当自发布之日起30日内向上一级税务机关报送备案。

（2）省税务机关应当于每年3月1日前向国家税务总局报送上一年度本辖区内税务机关发布的税收规范性文件目录。

（3）制定机关应当按期纠正或者补正，并于规定时限届满之日起30日内，将处理情况报告上一级税务机关。

【单选题】省以下税务机关的税收规范性文件应当自发布之日起（　　）日内向上一级税务机关报送备案。

A. 5 日　　　B. 10 日　　　C. 20 日　　　D. 30 日

【参考答案】D。省以下税务机关的税收规范性文件应当自发布之日起 30 日内向上一级税务机关报送备案。

2. 文件清理

（1）清理采取**日常清理和集中清理**相结合的方法。

（2）日常清理由**业务主管部门**负责；集中清理由政策法规部门负责牵头组织，业务主管部门分工负责。

第四节　法的适用

一、法的适用的概念和原则

（一）概念

指各种国家机关和国家授权单位按照法律规定运用国家权力，将法律规范运用于具体人或者组织，用来解决具体问题的专门活动。

（二）原则

1. 以事实为根据，以法律为准绳原则。
2. 法律面前人人平等原则。
3. 实事求是、有错必纠原则。

二、法的适用的模式

1. 调查、分析事实。
2. 选择适用的法律规范。
3. 对事实的认定和法律规范的选择作出确切的解释。
4. 作出法律决定，产生适用的法律文书。
5. 将适用的法律文书送达给有关人员或单位。
6. 执行法律文书。
7. 检查监督。

三、法的适用的具体规则

（一）新法与旧法的适用规则

1. 法的生效时间需要在法律规范性文件中予以明确，通常有三种方式：

（1）自公布之日起生效。

（2）明文规定生效时间。

（3）生效条件成就后生效。

2. 法的终止分为明示终止和默示终止。

《立法法》的要求，法的效力终止要求采用**明示终止**方式。

3. 法的溯及力问题：法一般不应当被赋予溯及力，因为当人们实施某种行为时，不能要求其遵守还没有制定生效的法律规范，人们只能按照当时的有效法律规范开展活动，遵循**“实体从旧”**规则。

【提示】溯及力例外情形：在刑法领域，实行“从旧兼从轻”规则，即定罪量刑按行为实施时的法律规范来判断，但如果适用法律时新的法律规范不认为是犯罪或处罚较轻时，按新的法律规范处理；在行政法领域，也存在一些具有溯及力的法律规范。

【判断题】法一般不溯及既往，但也存在例外情形。（　　）

【参考答案】√。法一般不应当被赋予溯及力，但存在例外情形，如实行“从旧兼从轻”规则，即定罪量刑按行为实施时的法律规范来判断，但如果适用法律时新的法律规范不认为是犯罪或处罚较轻时，按新的法律规范处理。

（二）上位法与下位法的适用规则

上位法优于下位法，具有更高效力等级的法是上位法，更低效力等级的法是下位法。

上位法与下位法存在矛盾的情形：
1. 上位法本身授权或允许下位法对同一问题作出不同规定；
2. 下位法先于上位法制定；
3. 下位法制定时考虑不周，没有注意到与上位法的矛盾；
4. 下位法的制定机关违反规定制定下位法。

【注】在上述4种情形中，仅第一种情形是合法有效的，相关事项适用下位法；其他三种情况，应按上位法优于下位法的原则，适用上位法。

（三）一般法与特别法的适用规则

“特别法优于一般法”规则是有条件的，只有当特别法与一般法属于同一效力等级的时候，以及上位法授权或允许下位法作出特别规定的时候，才执行这一规则。

第五节　依法治国　建设社会主义法治国家

一、法治的由来

亚里士多德认为，法治有两方面的基本属性：一是法得到全社会的普遍遵守；二是社会所遵守的法是制定良好的法，即良法之治。

1997年党的十五大报告指出："依法治国，是党领导人民治理国家的基本方略。"

1999年宪法修正案将"中华人民共和国实行依法治国，建设社会主义法治国家"列入《宪法》第五条。

2014年，党的十八届四中全会通过了《中共中央关于全面推进依法治国若干重大问题的决定》。党的全会专题讨论依法治国问题，这在党的历史上是第一次，反映了中国共产党对依法治国的高度重视，预示着我国法治建设进入一个全面深化、攻坚克难的新阶段。

2017年，党的十九大作出了"中国特色社会主义进入新时代"的重大判断，全面依法治国是国家治理的一场深刻革命，是中国特色社会主义的本质要求和重要保障。我国社会主义法治也进入新时代，踏上新征程。

二、我国社会主义法治的总目标和实现法治应当坚持的基本原则

（一）我国社会主义法治的总目标

我国社会主义法治的总目标是：**建设中国特色社会主义法治体系，建设社会主义法治国家**。这就是，在中国共产党领导下，坚持中国特色社会主义制度，贯彻中国特色社会主义法治理论，形成完备的法律规范体系、高效的法治实施体系、严密的法治监督体系、有力的法治保障体系，形成完善的党内法规体系，坚持依法治国、依法执政、依法行政共同推进，坚持法治国家、法治政府、法治社会一体建设，实现科学立法、严格执法、公正司法、全民守法，促进国家治理体系和治理能力现代化。

（二）实现社会主义法治必须坚持的基本原则

1. 坚持中国共产党的领导
2. 坚持人民主体地位
3. 坚持法律面前人人平等
4. 坚持依法治国和以德治国相结合
5. 坚持从中国实际出发

三、全面推进法治的若干问题

1. 完善以宪法为核心的中国特色社会主义法律体系，加强宪法实施
2. 深入推进依法行政，加快建设法治政府

3. 保证公正司法，提高司法公信力

4. 增强全民法治观念，推进法治社会建设

5. 加强法治工作队伍建设

6. 加强和改进党对全面推进依法治国的领导

【判断题】国家宪法日是每年的（　　）。

A. 2月4日　　B. 8月7日　　C. 12月4日　　D. 12月8日

【参考答案】C。

本章习题

一、单项选择题

1. 2015年《立法法》修订后，享有立法权的较大的市的范围扩大到（　　）。

A. 较大的市　　B. 经济特区市　　C. 设区的市　　D. 县级市

2. 纳税人、扣缴义务人必须依照法律、行政法规的规定缴纳税款，代扣代缴、代收代缴税款。该法律规范属于（　　）。

A. 授权性规范　　B. 禁止性规范

C. 任意性规范　　D. 义务性规范

3. 孙某是甲县税务局干部，他向检察院举报了县税务局领导季某在干部竞争上岗过程中收受钱物的行为。孙某的这一行为属于（　　）。

A. 法的适用　　B. 法的遵守　　C. 法的执行　　D. 法的解释

4.《税收征管法》规定，扣缴义务人应代扣代收而未代扣代收税款的，由税务机关对扣缴义务人实施处罚，向纳税人追缴税款；而有的地方的税务机关制定了文件，规定这种情况下仍应向扣缴义务人直接追缴税款。这两者之间相互矛盾，解决此类冲突适用的原则是（　　）。

A. 新法优于旧法　　B. 特别法优于一般法

C. 上位法优于下位法　　D. 需要共同的上级税务机关裁决

5. 税收规范性文件不得溯及既往，但也有特别规定除外的事项，这种特别规定的目的在于更好地（　　）。

A. 维护税收管理秩序

B. 保护税务行政相对人的权利和利益

C. 保证税款入库

D. 体现区别对待

6. 能引起法律关系产生、变更和消灭的人们的某种活动，属于（　　）。

A. 法律行为　　B. 法律事件　　C. 客观现象　　D. 不可抗力

7. 法的核心内容是（　　）。

A. 权力　B. 义务　C. 权利和义务　D. 强制

8. 根据《税收规范性文件制定管理办法》的规定，税收规范性文件的制定主体是（　　）。

A. 县级以上各级税务机关　B. 税务所

C. 稽查局　D. 税务局办公室

9. 法律事实中的事件和行为的划分标准是（　　）。

A. 是否以当事人的意志为转移　B. 是否合法

C. 法律是否予以调整　D. 是否具有社会性

10. 国家税务总局制定的部门规章，使用的文种是（　　）。

A. 总局公告　B. 总局通知　C. 总局令　D. 总局公报

二、多项选择题

1. 法律关系的基本要素有（　　）。

A. 法律关系的主体　B. 法律关系的主观方面

C. 法律关系的客体　D. 法律关系的内容

2. 下列各项税收法律中，属于基本法律的有（　　）。

A.《个人所得税法》　B.《企业所得税法》

C.《税收征管法》　D.《税收征管法实施细则》

3. 根据《税收规范性文件制定管理办法》的规定，税收规范性文件不得（　　）。

A. 设定行政许可　B. 经授权制定实施办法

C. 设定行政处罚　D. 设定行政收费

4. 在我国，创制法的方式有（　　）。

A. 制定　B. 判例　C. 裁决　D. 认可

5. 国家最高行政机关的立法权有（　　）。

A. 为贯彻法律而制定行政法规的事项

B. 国务院行政管理职权的事项

C. 授权立法事项

D. 剥夺公民政治权利的事项

6. 根据我国《立法法》的规定，全国人民代表大会及其常务委员会可以授权国务院根据实际需要，对本来属于其制定法律的事项制定行政法规，但有些事项不能授权。这些事项包括（　　）。

A. 犯罪和刑罚　B. 限制人身自由的强制措施

C. 司法制度　D. 减免税

7. 法律规范的逻辑结构，包括（　　）。

A. 假定　　B. 处理　　C. 制定　　D. 制裁

8. 法的生效时间需要在法律规范性文件中予以明确，通常的方式有（　　）。

A. 自发布之日起生效　　B. 明文规定生效时间

C. 生效条件成就后生效　　D. 自动生效

三、判断题

1.《行政诉讼法》属于程序性法律文件。（　　）

2. 法的终止必须为明示终止。（　　）

3. 税收规范性文件一般应当自公布之日起 20 日后施行。（　　）

4. 在各种法条中出现的“法律”，都应当作狭义的理解。（　　）

5. 国际条约不能成为当代中国法的渊源。（　　）

6. 税种的设立、税率的确定和税收征收管理等税收基本制度都可以授权国务院制定行政法规。（　　）

参考答案与解析

一、单项选择题

1.【参考答案】C。本题考查的是《立法法》修订后立法权的范围扩大。2015 年《立法法》修订后，享有立法权的较大的市的范围扩大到设区的市。

2.【参考答案】D。本题考查的是法律规范的分类。规范的划分可以看六个词。用“可以”“有权”的一般属于授权性规范。用“应当”“必须”的一般属于命令性规范或义务性规范。用“不得”“禁止”的一般属于禁止性规范。所以这个条款属于义务性规范，规定了纳税人、扣缴义务人的缴纳税款义务。

3.【参考答案】B。本题考查的是法的实施。法的实施一般包括法的适用、法的遵守和法的执行。法的执行和适用的主体一般是指国家机关，法的遵守也称守法，是指组织和个人依法行使法定权利、履行法定义务。其主体包括一切国家机关、政党和个人。故本题答案为 B。

4.【参考答案】C。本题考查的是上位法与下位法的适用规则。《税收征管法》的规定是一般规范，而地方税务机关的规定是特别规范，但这时不能适用“特别法优于一般法”的规则，因为《税收征管法》并未授权或允许地方税务机关制定不同规定，该不同的规定是违背《税收征管法》的，不能适用。所以应该是上位法优先。

5.【参考答案】B。本题考查的是新法与旧法的适用规则。法律一般不溯及既往，只对生效以后的事件和行为有效。但是对于相对人利益有利而作的特别规定除外，这是一个国际惯例。在行政法律关系中，这也体现了保护弱者利益的精神。所以答案是 B。

6. 【参考答案】A。本题考查的是法律事实的分类。法律事实分为法律事件和法律行为。法律事件是指能直接引起法律关系产生、变更和消灭的，不以当事人的意志为转移的客观现象。法律行为是指能引起法律关系产生、变更和消灭的人们的某种活动。因此答案是A。
7. 【参考答案】C。本题考查的是法律关系的内容。法律关系都是以权利和义务为主要内容，而法律规范也是根据其内容分为权利规范和义务规范。所以最贴合题意的答案是C。
8. 【参考答案】A。本题考查的是规范性文件的制定主体。县以下（不含本级）税务机关及各级税务机关的内设机构、派出机构、直属机构和临时性机构，不得以自己的名义制定税收规范性文件。
9. 【参考答案】A。本题考查的是法律事实的分类。事件，指的是与当事人意志无关的，能够引起法律关系形成、变更或消灭的事实。行为则是当事人的有意识的活动，可以根据当事人的意志形成、变更，或者消灭法律关系。
10. 【参考答案】C。本题考查的是部门规章的文种。《立法法》施行后，在国家税务总局颁布的众多文件中，只有使用国家税务总局令文种的规范性文件，才是国家税务总局制定的部门规章。

二、多项选择题

1. 【参考答案】ACD。本题考查的是法律关系的三个基本要素。任何一个法律关系必须由三个要素组成，分别是主体、客体和内容。
2. 【参考答案】AB。本题考查的是立法权限。狭义上的法律由全国人民代表大会及其常务委员会制定，可划分为基本法律和一般法律。全国人民代表大会制定的法律是国家的基本法律，而《税收征管法》是全国人民代表大会常务委员会制定的，属于一般法律。基本法律和一般法律不存在级别问题，《立法法》也没有规定两者之间的效力等级，所以从法理上分析效力等级是同等的。《税收征管法实施细则》是国务院制定的，属于行政法规。
3. 【参考答案】ACD。本题考查的是税收规范性文件的制定要求。《税收规范性文件制定管理办法》规定税收规范性文件不得设定税收开征、停征、减税、免税、退税、补税事项，行政许可，行政处罚，行政强制，行政事业性收费以及其他不得由税收规范性文件设定的事项。经国务院批准的设定减税、免税等事项除外。另外，上级税务机关需要下级税务机关对规章和税收规范性文件细化具体操作规定的，可以授权下级税务机关制定具体的实施办法。
4. 【参考答案】AD。本题考查的是我国创制法的两种方式。制定是指有相应权限的国家机关在其权限范围内，依一定程序制定规范性文件的活动；认可是指有相应权限的国家机关，通过一定的程序，赋予社会上某些已经存在的习惯以法的效力的活动。

5.【参考答案】ABC。本题考查的是国务院的立法权限。国务院根据宪法和法律，制定行政法规。行政法规可以就下列事项作出规定：为执行法律的规定需要制定行政法规的事项；《宪法》第八十九条规定的国务院行政管理职权的事项；授权立法事项。

6.【参考答案】ABC。本题考查的是法律绝对保留的事项。《立法法》第九条规定："本法第八条规定的事项尚未制定法律的，全国人民代表大会及其常务委员会有权作出决定，授权国务院可以根据实际需要，对其中的部分事项先制定行政法规，但是有关犯罪和刑罚、对公民政治权利的剥夺和限制人身自由的强制措施和处罚、司法制度等事项除外。"

7.【参考答案】ABD。"三要素说"认为法律规范是由假定、处理、制裁三个要素构成。假定指该规范适用的条件和情形；处理指该规范要求人们如何去行为；制裁指如果不按该规范行为时所应承担的法律后果。

8.【参考答案】ABC。本题考查的是法的生效时间。法应当有明确的生效时间，法生效后发生的事项适用该法。法的生效时间需要在法律规范性文件中予以明确，通常有三种方式：(1) 自发布之日起生效。(2) 明文规定生效时间。(3) 生效条件成就后生效。

三、判断题

1.【参考答案】√。程序法规定保证法律关系主体权利义务得以实现或职权和职责得以履行所需程序或手续，比如诉讼法、复议法、处罚法等。

2.【参考答案】×。法的效力可能发生终止，法的效力终止后发生的事项不能适用该法。法的终止分为明示终止和默示终止。

3.【参考答案】×。税收规范性文件自发布之日起30日后施行。对公布后不立即施行有碍执行的税收规范性文件，可以自公布之日起施行。经授权对规章或上级税收规范性文件作出补充规定的税收规范性文件，施行时间可与规章或上级税收规范性文件的施行时间相同。

4.【参考答案】√。在平时，人们使用"法律"一词时，有狭义和广义之分，但出现在法条中的"法律"一词，一般作狭义理解，就是指全国人民代表大会及其常务委员会制定的法律。

5.【参考答案】×。国际法作为法的渊源，包括我国加入的国际条约和其他国际规范性法律文件，也包括我国未加入的国际条约和其他国际规范性法律文件。

6.【参考答案】×。2015年修订后的《立法法》明确规定税种的设立、税率的确定和税收征收管理等税收基本制度，属于法律保留事项，只能制定法律。尚未制定法律的，全国人民代表大会及其常务委员会有权作出决定，授权国务院可以根据实际需要，对其中的部分事项先制定行政法规。

第十五章　行政法基础

第一节　行政法概述

一、行政

（一）概念

行政是国家行政主体依法对**国家和社会公共事务**进行管理的活动。

（二）理解

1. 行政的主体是**特定的**国家行政机关或者行政机构。即行政的主体是特定的，只有从事行政管理活动的组织才是行政主体。而行政主体的管理活动才叫行政。而其他机关和组织的公务活动则不是行政。

2. 只有行政主体对国家和社会公共事务进行管理的活动才是行政，行政主体肩负公共事务的管理职责。

二、行政法的概念及其特征

概念	为规范行政主体及其行政权、行政行为、行政程序等事项，以实现公共行政的目的而建立的相关法律制度	
基本内涵	（1）行政法是设定行政主体以及赋予其行政职权的法律规范	
	（2）行政法是规范行政权如何行使的法律规范	
	（3）行政法是规范行政权如何行使的法律规范	
特征	（1）内容上的特征	研究对象的确定性；内容的广泛性；内容的相对易变动性；包含实体与程序两种规范
	（2）形式上的特征	没有统一、完整的法典；数量多（级次多、涉及领域多、法律部门多）

三、我国行政法的基本原则

基本原则	概念	违反后果	基本内容	具体含义
行政合法性原则（首要原则）	行政主体的设立，行政职权的赋予和行使必须依据法律，符合法律规定，不得与法律相抵触	行政违法	（1）行政主体依法设立	先决条件，要求行政主体依法设立并取得行政主体资格
			（2）行政职权依法授予	行政主体获得职权必须有法律依据，“法无明文规定即禁止”，超越法定职权范围的行政行为应当认定为无效
			（3）行政职权依法行使	行政主体要依据法律规定的条件、种类、幅度范围等作出行政行为
行政合理性原则（对行政合法性原则的补充）	系行使行政裁量权的原则性要求，指行政主体在行政执法时必须适度，符合理性	行政不当	（1）行政行为应符合法律目的，具有正当性	应考虑法律规定的相关因素，不能考虑与行政目的无关的其他因素
			（2）行政行为应遵循比例原则，具有平衡性	（1）行政主体在实施行政行为前，特别是该行政行为不利于行政相对人时，只有认定该行政行为对于实现行政目标是必需的，才能实施该行为
				（2）行政主体在实施行政行为前，必须先进行利益衡量，当实施该行政行为可能取得的公益大于可能损害的私益时，才能实施该行为
				（3）行政主体在实施行政行为前，必须在多种方案中进行选择，选择成本最小、收益最大、对行政相对人权益损害最小的方案实施
			（3）行政行为应遵循信赖保护原则，讲究诚信	（1）行政行为一经作出，非因法定事由不得随意变更、撤销
				（2）行政主体作出授益性行政行为后，事后即使发现存在违法情形，只要这种违法情形非因行政相对人的过错，行政主体不得变更或撤销该行政行为，除非不变更或撤销会严重损害国家、社会公众利益
				（3）行政主体据以作出行政行为的法律规范修改或废止，或客观情况发生重大变化，为保护社会公共利益，行政主体可以变更、撤销已作出的行政行为
				（4）非因行政相对人的过错，行政主体变更、撤销已生效行政行为的，要对行政相对人因此受到的损失予以赔偿
			（4）行政行为应符合客观实际，具有情理性	不能要求行政相对人承担无法履行或者违背情理的义务

【提示】行政主体据以**作出行政行为的法律规范修改或废止，或客观情况发生重大变化，为保护社会公共利益**，行政主体可以变更、撤销已作出的行政行为。但前提是经过利益衡量，所获得的公共利益确实**大于**对行政相对人可能造成的利益损失。

【单选题】下列关于行政法基本原则的内容，正确的是（　　）。

A. 行政合法性原则只要求遵循宪法、法律

B. 行政合理性原则要求行政权力的存在有法律依据

C. 行政合理性原则要求行政行为应建立在考虑相关因素的基础上

D. 行政应急权力在任何时候都可以行使

【参考答案】C。本题考查的是行政法的基本原则。合法性原则要求行政机关实施行政管理不仅应遵循宪法、法律，还要遵循行政法规、地方性法规、行政规章、自治条例和单行条例等规范性文件，所以选项 A 错误。要求行政权力的存在有法律依据是行政合法性原则的要求，不是合理性原则的要求，所以选项 B 错误。行政应急权力必须在满足特定条件的前提下才能行使，所以选项 D 错误。故参考答案是 C。

四、依法行政的基本要求

（一）合法行政

行政机关实施行政管理，应当依照法律、法规、规章进行。行政机关要坚持法定职责必须为、法无授权不可为。

（二）合理行政

行政机关实施行政管理，应当遵循公平、公正的原则。要平等对待行政相对人，不偏私、不歧视。

（三）程序正当

行政机关实施行政管理，坚持以公开为常态、不公开为例外原则。推进决策公开、执行公开、管理公开、服务公开、结果公开。

（四）高效便民

行政机关实施行政管理，应当遵守法定时限，积极履行法定职责，提高办事效率，提供优质服务，方便公民、法人和其他组织。

（五）诚实守信

坚持信赖保护原则，非因法定事由并经法定程序，行政机关不得撤销、变更已经

生效的行政决定。

（六）权责统一

行政机关应建立权责清单，依法履行经济、社会和文化事务管理职责，要由法律、法规赋予其相应的执法手段。行政机关违法或者不当行使职权，应当依法承担法律责任，实现权力和责任的统一。

【判断题】行政机关公布的信息应当全面、准确、真实。坚持信赖保护原则，非因法定事由并经法定程序，行政机关不得撤销、变更已经生效的行政决定；因国家利益、公共利益或者其他法定事由需要撤回或者变更行政决定的，应当依照法定权限和程序进行，并对行政相对人因此而受到的财产损失依法予以赔偿。（　　）

【参考答案】×。行政机关公布的信息应当全面、准确、真实。坚持信赖保护原则，非因法定事由并经法定程序，行政机关不得撤销、变更已经生效的行政决定；因国家利益、公共利益或者其他法定事由需要撤回或者变更行政决定的，应当依照法定权限和程序进行，并对行政相对人因此而受到的财产损失依法予以**补偿**。

五、全面推行行政执法“三项制度”

（一）全面推行行政执法公示制度

1. 行政执法公示是保障行政相对人和社会公众**知情权、参与权、表达权、监督权**的重要措施。

2. 行政执法机关要按照“谁执法谁公示”的原则，明确公示内容的采集、传递、审核、发布职责，规范信息公示内容的标准、格式。

【判断题】行政执法公示制度要求，涉及国家秘密、商业秘密、个人隐私等不宜公开的信息，依法确需公开的，要作适当处理后公开。（　　）

【参考答案】√。

（二）全面推行执法全过程记录制度

1. 行政执法全过程记录是行政执法活动合法有效的**重要保证**。

2. 行政执法机关要通过**文字、音像**等记录形式，对行政执法的启动、调查取证、审核决定、送达执行等全部过程进行记录，并全面系统归档保存，做到**执法全过程留痕和可回溯管理**。

（三）全面推行重大执法决定法制审核制度

1. 重大执法决定法制审核是确保行政执法机关作出的重大执法决定合法有效的**关键环节**。

2. 行政执法机关作出重大执法决定前，要严格进行法制审核，未经法制审核或者审核未通过的，不得作出决定。主要包括：

（1）明确审核机构。各级行政执法机关要明确具体负责本单位重大执法决定法制审核的工作机构。

（2）明确审核范围。凡涉及重大公共利益，可能引发社会风险；经过听证程序作出行政执法决定，以及疑难复杂案件，都要进行法制审核。

（3）明确审核内容。审核主体、程序是否合法，事实是否清楚，证据是否充分，适用依据是否准确等。

（4）明确审核责任。行政执法机关**主要负责人**对本机关作出的行政执法决定负责。

第二节　税务行政法律关系

一、税务行政法律关系的含义

1. 税务行政法律关系是指由税法设立并受税法规范和调整的税务机关与其行政相对人之间权利与义务的关系。

2. 特征：

（1）一方当事人必须是税务机关；

（2）税务行政机关与其行政相对人之间的权利义务具有不对等性；

（3）税务行政机关与其行政相对人之间的权利义务是法定的，税务行政机关与其行政相对人不能随意商定、选择和改变。

【多选题】下列活动形成的法律关系中，属于税务行政法律关系的有（　　）。

A. 某县税务局依 A 公司申请向其发放发票

B. 某县税务局责令 B 公司提供纳税担保

C. 某市税务局稽查局对 D 公司作出处罚决定

D. 某县税务局与 C 公司签订购买办公用品合同

【参考答案】ABC。本题考查的是税务行政法律关系。税务行政法律关系具有以下特征：（1）税务行政法律关系中，有一方当事人必须是税务机关。（2）税务行政法律关系中，税务行政机关与其行政相对人之间的权利义务具有不对等性。（3）税务行政法律关系中，税务行政机关与其行政相对人之间的权利义务是法定的。符合以上特征的只有选项 A、B、C，选项 D 属于民事法律关系，不属于行政法律关系。

二、税务行政法律关系的构成要素

<table>
<tr><th>要素</th><th>概念</th><th>表现</th><th>特征</th><th>种类</th></tr>
<tr><td rowspan="2">税务行政法律关系的主体</td><td rowspan="2">指在具体的税务行政法律关系中享有税务行政权力、承担税收义务的当事人</td><td>税务行政主体（指依法享有国家征税权，能够以自己的名义进行税务行政管理活动，并独立承担由此产生法律责任的税务行政组织）</td><td>（1）税务行政主体必须是一个组织，而不是个人
（2）税务行政主体必须是享有国家征税权力，能够实施税务行政管理活动的组织
（3）税务行政主体必须是能以自己的名义实施税务行政管理活动的组织
（4）税务行政主体是一个能够独立承担法律责任的组织</td><td>（1）各级税务局
（2）税务分局
（3）税务所
（4）省以下税务局的稽查局</td></tr>
<tr><td>税务行政相对人（指在税务行政法律关系中被税务行政主体管理的一方当事人）</td><td>（1）在税务行政法律关系中处于被管理地位
（2）税务行政相对人的身份具有相对性
（3）税务行政相对人范围广泛</td><td>（1）具有双重身份的国家机关
（2）社会组织：包括企业单位、事业单位、社会团体
（3）自然人
（4）外国组织：包括国家组织和社会组织
（5）外国人：包括外国公民和无国籍人</td></tr>
<tr><td rowspan="4">税务行政法律关系的内容</td><td rowspan="4">指税务行政法律关系主体在税务行政法律关系所享有的权利和所承担的义务</td><td rowspan="3">税务行政主体的权力与义务（一般又称为职权与职责）</td><td>税务行政职权显著特点：
（1）不能放弃的权力
（2）以法律为基础的权力
（3）不以税务行政相对人意志为转移的权力
（4）相互制约的权力</td><td>税务行政职权主要表现：行政立法权、行政决策权、行政决定权、行政命令权、行政制裁权、行政强制权、行政司法权等</td></tr>
<tr><td colspan="2">税务行政主体职责：按照依法行政的基本要求，做到合法行政、合理行政、程序正当、高效便民、诚实守信、权责统一</td></tr>
<tr><td>税务行政相对人的权利</td><td>参与权、知情权、监督权、请求权、受益权</td></tr>
<tr><td>税务行政相对人的权利与义务</td><td>税务行政相对人的义务</td><td>（1）遵守税务行政法律、法规，服从行政管理、命令
（2）接受税务检查、监督
（3）协助公务的义务</td></tr>
<tr><td>税务行政法律关系的客体</td><td colspan="3">税务行政法律关系的客体是指税务行政法律关系主体的权利和义务所指向的标的、目标或对象，也是权利和义务的媒介或者载体</td><td>行政法律关系的客体包括人身、行为和财物。但税务行政法律关系的客体主要是行为和财物</td></tr>
</table>

【单选题】下列职权中，不属于税务机关职权的是（　　）。

A. 税收法律立法权　　　　B. 税收行政强制权

C. 税收代位权和税收撤销权　　　D. 税收检查权

【参考答案】A。本题考查的是税务机关的职权。宪法规定全国人民代表大会和全国人民代表大会常务委员会行使国家立法权，因此税收法律立法权由全国人民代表大会和全国人民代表大会常务委员会行使，它不属于税务机关职权。故参考答案是A。

第三节　税务行政行为

一、税务行政行为的概念

税务行政行为是指税务行政主体为实现国家税务行政管理的目的所实施的具有**法律意义**并产生**法律效果**的活动。内涵主要有：（1）税务行政行为的主体是税务行政主体。（2）税务行政行为的目的是履行国家税务行政管理的职责，实现国家税务行政管理的目标。（3）税务行政行为虽然是由税务机关作出，但体现国家税务行政权力。（4）税务行政行为是具有法律意义的行为。

二、税务行政行为的特征

（1）法律的执行性	税务行政行为的作出，必须具有法律依据，是对法律的执行
（2）单方意志性	税务机关在执法时，只要在法律、法规、规章授权的范围内，不需要征得行政相对人的同意或与其协商，可以直接作出税务行政行为
（3）效力先定性	税务行政行为一经作出且生效之后，就推定其符合法律规定，具有法律效力
（4）一定的行政裁量性	法律在创制的过程中，尽可能考虑其稳定性，不能修改过于频繁。因此，法律就必须给予税务机关在执法过程中一定幅度的行政裁量权，以保障税务行政行为的效力
（5）强制性	指行政行为一经作出即具有法律效力，相对人必须执行，否则就要承担相应的法律责任和不利的法律后果

三、税务行政行为的种类

（一）抽象行政行为和具体行政行为

1. 区分标准：依照行政行为是否可以反复适用。

【提示】凡是针对不特定的对象实施的行政行为就属于抽象行政行为。凡是针对特定对象实施的行为，一般为具体行政行为。

【提示】以税务机关为例，国家税务总局制定税务行政复议规则、税务稽查工作规程等都属于抽象行政行为。

【提示】具体行政行为包括行政许可、行政确认、行政处罚、行政裁决、行政奖励、行政复议、行政征收等。

【多选题】具体行政行为包括（　　）。

A. 行政许可　　B. 行政确认　　C. 行政处罚　　D. 行政裁决

【参考答案】ABCD。具体行政行为包括行政许可、行政确认、行政处罚、行政裁决、行政奖励、行政复议、行政征收等。

2. 具体行政行为与抽象行政行为的区别

区别	抽象行政行为	具体行政行为
功能上不同	是设定行政法律规范的活动，是为行政法律关系的产生、变更和消灭提供法律前提和可能性	是执行行政法律规范的活动，使行政法律关系的产生、变更和消灭成为现实
创制时间不同	是创制具体行政行为法律依据的立法性活动，它先于具体行政行为而形成	是执行性活动，它是晚于抽象行政行为的活动
程序不同	要按照规定的行政立法程序进行	按行政执法程序进行
适用不同	所创制的行政法规、规章和规范性文件一般可以反复适用于不同的对象	只针对某一具体行政相对人的某一具体事项，只是一次性有效
拘束力方面	创制的行政法规、规章和规范性文件对在其后发生的事项具有拘束力	—
救济不同	一般不具有可诉性	一般具有可诉性

【提示】对于国务院部门和地方人民政府及其部门制定的规范性文件，行政复议申请人或诉讼原告可提起附带审查请求，但不能单独针对规范性文件申请行政复议或提起行政诉讼。

（二）内部行政行为与外部行政行为

1. 区分标准

适用范围不同。

2. 内部行政行为

行政主体对其自身内部的管理行为，例如内设机构的设立和撤销、人员的奖惩、职务的任免等，具有不可诉性。

3. 外部行政行为

行政主体依法对公共事务的管理活动，既包括具体行政行为，也包括抽象行政行为。当外部行政行为是具体行政行为时，行政行为相对人对之不服，可以提出诉讼请求。

（三）羁束行政行为与自由裁量行政行为

1. 区分标准：受法律规范拘束的不同程度。

2. 羁束行政行为：法律明确规定了行政行为的范围、条件、程度、方法等，行政机关没有自由选择的余地，只能严格按照法律作出的行政行为。

3. 自由裁量行政行为：法律规范仅对行为目的、行为范围等作原则性规定，而将行为的具体内容、条件、标准、幅度、方式等留给行政机关自行选择、决定而实施的行政行为。自由裁量行政行为便于行政机关在行政执法活动中贯彻过罚相当的原则。

（四）依职权的行政行为与依申请的行政行为

1. 区分标准：是否可以主动作出行政行为。

2. 依职权的行政行为：行政主体依照法律授予的职权，无需行政相对人申请就可以主动作出的行政行为。

3. 依申请的行政行为：指必须有行政相对人的申请，行政主体才能够作出的行政行为。

4. 行政主体的大多数行为都是依职权的行政行为，但行政许可行为是典型的依申请的行政行为。

（五）要式行政行为与非要式行政行为

1. 区分标准：是否应当具备一定的法定形式。

2. 要式行政行为：必须具备某种法定形式才被认为合法的行政行为。

3. 非要式行政行为：法律对行政行为的形式不作要求。

（六）有利行政行为与不利行政行为

1. 区分标准：内容对行政相对人是否有利。

2. 授益行政行为：行政主体给行政相对人赋予权益或免除义务的行政行为。

3. 损益行政行为：行政主体给行政相对人设定义务或限制、剥夺其权益的行政行为。

【判断题】要式行政行为只能以书面文字形式作出。

【参考答案】×。行政行为的形式因法律规定不同而有所差别。有的可能是要求以书面文字形式作出，有的可能要求其遵守一定法律程序等。

三、税务行政行为的内容与效力

（一）税务行政行为的内容

1. 概念：税务行政行为对税务行政相对人的权利、义务作出某种**处置**，**剥夺或限制**其权利、课以义务的一种活动。

2. 根据税务行政行为对行政相对人的权利、义务引起的后果不同，将税务行政行为的内容分为：**设定权利和义务**；**实现权利和义务**；**剥夺、限制权利和减、免义务**；

确认和恢复权利和义务。

（二）税务行政行为的效力

1. 税务行政行为成立并生效之后，就会对税务机关和行政相对人产生**法律上的效力**，就会影响双方当事人的权利与义务。

2. 行政行为一旦生效，无论其是否合法，只要没有被依法撤销，就**推定为合法**，与行政行为有关的相对人必须遵守或服从。

3. **没有法定事由，非经法定程序**，税务机关或行政相对人都不能要求变更。

4. 税务行政行为生效后，对税务机关和相对人都会产生**约束和限制**，要求他们严格实现行政行为所确定的内容。

四、税务行政行为的要件

（一）税务行政行为的成立要件

（1）资格要件	税务行政行为的主体必须是依法或依法授权享有**行政职权**的税务机关。
（2）权力要件	税务行政行为是行使税收行政职权的行为。
（3）形式要件	税务行政行为以一定的**形式**表现出来。
（4）功能要件	税务行政行为能够直接或间接地影响行政相对人的权益，即能够产生**法律效果**。

（二）税务行政行为的生效要件（为行政相对人所知）

1. 即时生效：即时生效指税务行政行为一经作出就立即生效。在这种情况下，税务行政行为的成立时间就是生效时间。

2. 送达生效

送达方式	签收人	送达日期
（1）直接送达	受送达人是公民的，应当由本人直接签收；本人不在的，交其同住成年家属签收。受送达人是法人或者其他组织的，应当由法人的法定代表人、其他组织的主要负责人或者该法人、组织的财务负责人、负责收件的人签收	签收人在送达回证上签收的收件日期为送达日期
（2）留置送达	受送达人拒绝签收的，送达人应当在送达回证上记明拒收理由和日期，并由送达人和见证人签名或者盖章，将税务文书留在受送达人处，即视为送达	见证人在送达回证上注明的收件日期为送达日期

续表

送达方式	签收人	送达日期
(3) 委托送达	直接送达税务文书有困难的，税务机关可以委托其他有关机关或者其他单位代为送达	签收人在送达回证上签收的收件日期为送达日期
(4) 邮寄送达	直接送达税务文书有困难的，税务机关还可以通过邮寄的方式送达税务文书	以挂号函件回执上注明的收件日期为送达日期，并视为已送达
(5) 公告送达	—	法律另有规定外，一般自公告之日起满30日，即视为送达

【提示】公告送达必须符合以下条件：**同一送达事项的受送达人众多的，或者采用其他四种送达方式无法送达的**。

3. 附期限或附条件生效：有的税务行政行为的生效附有一定期限或条件，当期限来到或条件满足时，税务行政行为才能够生效。

【单选题】“税务处理决定书”生效的时间是（　　）。

A. 决定书中写明的时间　　B. 税务机关作出决定的时间

C. 决定书依法送达的时间　　D. 税务机关负责人签发之日

【参考答案】C。本题考查的是行政行为的生效时间。税务机关作出的行政行为并不一定立即生效，只有在行政相对人知晓该行政行为后，才能正式产生法律效力。因此，税务行政行为的生效要件就是为行政相对人所知。“税务处理决定书”只有依法送达给行政相对人时才表明行政相对人知道，才会生效。故参考答案是C。

（三）税务行政行为的合法要件

(1) 主体合法	即作出行政行为的主体必须是税务机关
(2) 权限合法	即税务机关必须在法律规定的权限范围之内行使职权
(3) 内容合法	即要求税务行政行为所处理的内容必须符合法律的规定以及公共利益的需要
(4) 程序合法	即作出税务行政行为的过程必须依照法定的程序进行
(5) 形式合法	即对于要式行政行为而言，必须符合法律规定的形式

本章习题

一、单项选择题

1. 下列各项中，能够使具体行政行为发生效力的做法是（　　）。

A. 税务机关电话通知个体工商户甲到税务局来接受询问

B. 税务机关将“税务处理决定书”送达乙公司，在乙公司无人在场时将文书留置于乙公司

C. 税务机关对个体工商户丙作出了“税务行政处罚决定书”，但无法送达其本人，由其妻子签收

D. 税务机关在给个体工商户丁送达“税务行政处罚决定书”时，将文书放在丁家里并交代丁 10 周岁的孩子收好文书

2. 合理性原则是行政法的基本原则之一，合理行政对行政机关的要求体现在（　　）。

A. 行政机关作出吊销执照的处罚决定前，应当告知当事人有要求举行听证的权利

B. 行政机关行使行政裁量权作出的行政决定应充分考虑相关因素，排除不相关因素干扰

C. 行政机关作出不予行政许可决定，应当说明理由

D. 行政机关作出行政处罚决定应当有法律依据，且遵守法定程序

3. 税务行政主体的职权是税务机关实施国家税务行政管理活动的资格及其权能，下列不属于税务行政职权特点的是（　　）。

A. 不能放弃的权力

B. 可以随意转移、协商、选择和改变的权力

C. 以税务行政主体意志为转移的权力

D. 相互制约的权力

4. 下列行政行为中，不属于依职权的行政行为是（　　）。

A. 税务行政处罚　　　　B. 征税行为

C. 税务行政许可　　　　D. 税务行政强制

5. 下列关于行政行为合法要件的说法，不正确的是（　　）。

A. 行政行为的内容必须合法

B. 行政行为的主体必须合法

C. 只要行政行为的主体、内容合法即可

D. 行政行为必须在行政主体的权限范围内实施

6. 行政主体实施行政行为，只要是法律、法规的授权范围内即可自行决定和直接实施，而无须与行政相对人协商或征得其同意，这体现了行政行为具有（　　）。

A. 从属法律性　　　　B. 效力先定性

C. 单方意志性　　　　D. 强制性

7. 下列可以作为税务行政执法主体的是（　　）。

A. 县税务局法制股

B. 市税务局稽查局

C. 受县税务局委托代征税款的乡政府

D. 县税务局办税服务大厅

8. 下列有关行政裁量权的说法中，正确的是（　　）。

A. 行政裁量权与过罚相当原则相抵触

B. 行政裁量权的行使受过罚相当原则的约束

C. 行政裁量权是一种不受法定程序规范，由行政机关自由裁量处理行政事务的权力

D. 行政裁量权是一种不受法律规定约束的权力

9. 税务机关对违法行为人进行罚款的行为，就内容上看属于（　　）。

A. 设定义务的行为　　B. 剥夺权益的行为

C. 变更法律地位的行为　　D. 确认某种法律事实的行为

10. 下列选项中，不属于税务行政法律关系客体的是（　　）。

A. 销售收入　　B. 房产

C. 税务行政处罚权　　D. 文艺创作成果

二、多项选择题

1. 下列行政行为中，属于税务机关行使行政裁量权的有（　　）。

A. 税务机关对纳税人的偷税行为在 50% 与 5 倍之间选择具体处罚比例

B. 税务机关按照规定对纳税人核定税额、确定应税所得率

C. 税务机关对纳税人实施税收保全采取具体措施的选择

D. 税务机关对纳税人减免税额的确定

2. 下列各项中，属于税务行政主体的是（　　）。

A. 市税务局　　B. 市稽查局

C. 税务所　　D. 受托代征单位

3. 下列各项行政行为中，属于授益行政行为的有（　　）。

A. 行政指导　　B. 行政奖励　　C. 行政许可　　D. 行政征收

4. 税务行政行为合法的要件有（　　）。

A. 主体合法　　B. 权利义务对等

C. 程序合法　　D. 在权限范围内作出

5. 税务机关的下列行政行为，属于具体行政行为的有（　　）。

A. 国家税务总局制定并发布 2019 年第 11 号公告

B. 税务机关对某纳税人作出“税务行政处罚决定书”

C. 税务机关公告《2016 年春节期间纳税申报延期通知》

D. 稽查局对某举报人兑现奖励 1 000 元

6. 税务机关依法实施税务检查的行为，属于（　　）。

A. 具体行政行为　　B. 外部行政行为

C. 有利的行政行为　　D. 依职权的行政行为

7. 下列行为中，不属于税务行政行为的是（　　）。

A. 税务机关购买一批办公设备

B. 税务机关举办职工运动会

C. 人民法院审理税务行政诉讼案件

D. 税务机关受理行政复议

8. 省级人民政府可以制定具有普遍约束力的规章。这一行为在行政法理论上属于（　　）。

A. 行政立法行为　　B. 不可诉行政行为

C. 行政执法行为　　D. 抽象行政行为

三、判断题

1.《税收征管法》规定，纳税人、扣缴义务人有权要求税务机关为纳税人、扣缴义务人的情况保密。这体现了税务行政相对人的请求权。（　　）

2. 税务机关委托有关单位和人员代征，这种受托单位也可以成为税务行政主体。（　　）

3. 税务行政法律关系主体简称为税务行政主体。（　　）

4. 诚实守信是一种道德要求，而非依法行政的基本要求。（　　）

5. 行政裁量权就是行政机关行使行政权无须受法律约束的权力。（　　）

6. 税务行政相对人仅指根据法律、行政法规规定承担纳税义务的单位和个人。（　　）

参考答案与解析

一、单项选择题

1.【参考答案】C。选项 A 是一种要式行政行为，必须以书面形式通过送达“询问通知书”才被认为是合法有效的行政行为。选项 B 不属于留置送达：受送达人拒绝签收的，送达人应当在送达回证上记明拒收理由和日期，并由送达人和见证人签名或者盖章，将税务文书留在受送达人处，即视为送达，这是留置送达。按照《税收征管法实施细则》的规定，选项 D 中执法文书的签收对象错误。

2.【参考答案】B。选项 ACD 都属于合法性原则，都体现了“程序合法”的要求。

3.【参考答案】B。税务行政职权的特点包括：（1）不能放弃的权力；（2）以法律为基础的权力；（3）以税务行政主体意志为转移的权力；（4）相互制约的权力。税务行政职权的行使必须依法行使，不能随意协商、选择和改变。选项 B 不具有税务行政职权的特点。

4.【参考答案】C。依职权的行政行为，是指行政主体依照法律授予的职权，无需行政相对人申请就可以主动作出的行政行为。行政处罚、征税行为、税务行政强制属于税务机关依职权作出的行政行为。这里只有税务行政许可是依申请的行政行为。

5. 【参考答案】C。行政行为的合法要件有：（1）行政行为的主体必须合法；（2）行政行为必须在行政主体的权限范围内实施；（3）行政行为的内容必须合法；（4）行政行为必须符合法定程序；（5）行政行为必须符合法定形式。选项 C 忽略了其他合法要件，因此该选项是不正确的。

6. 【参考答案】C。行政主体实施行政行为，只要是法律、法规的授权范围内即可自行决定和直接实施，而无须与行政相对人协商或征得其同意，这体现了行政行为的单方意志性。

7. 【参考答案】B。本题考查的是行政主体。县税务局法制股、县税务局办税服务大厅是税务机关的内部机构，不具有税务行政执法主体资格。受县税务局委托代征税款的乡政府是受委托单位，是以税务机关的名义代征税款的，不具有税务行政执法主体资格。市税务局稽查局是市税务局的直属机构，根据《税收征管法》第十四条、《税收征管法实施细则》第九条的规定，具有行政主体资格。

8. 【参考答案】B。行政裁量权是指行政主体在法律规定的幅度和范围内，依据法定职权和法定条件，在各种可能采取的措施中进行选择的权力。它与过罚相当原则并不抵触，受过罚相当原则的约束。因此选项 A、C、D 说法不正确。

9. 【参考答案】B。税务机关对违法行为人进行罚款，是对违反税收法律规范、不履行法定义务的当事人的一种经济上的处罚，是对当事人合法财产的剥夺。

10. 【参考答案】C。税务行政法律关系的客体是指税务行政法律关系主体的权利和义务所指向的标的、目标或对象，主要是行为和财物。本题中的选项 A、B、D 都属于税务行政法律关系客体的范围，而税务行政处罚权属于税务行政主体的职权，不属于税务行政法律关系客体的范围。

二、多项选择题

1. 【参考答案】ABC。选项 A、B、C 属于行政裁量的行政行为，是指法律规范仅对行为目的、行为范围等作原则性规定，而将行为的具体内容、条件、标准、幅度、方式等留给行政机关自行选择、决定实施的行政行为。选项 D 属于羁束行政行为，是指法律明确规定了行政行为的范围、条件、程度、方法等，行政机关没有自由选择的余地，只能严格依照法律作出的行政行为。

2. 【参考答案】ABC。税务行政主体具体包括各级税务局、税务分局、税务所和省以下税务局的稽查局。

3. 【参考答案】BC。选项 A，行政指导是行政事实行为，不会导致行政权利义务的产生，不是授益行政行为。选项 D，行政征收是损益行政行为。

4. 【参考答案】ACD。行政行为的合法要件包括：（1）主体合法；（2）权限合法；

（3）内容合法；（4）程序合法；（5）形式合法。

5.【参考答案】BD。具体行政行为是针对特定对象实施的行为，选项 A 属于规范性文件的制定，并不针对某一特定对象作出，属于抽象行政行为。选项 C 也并不针对某一特定对象作出，属于抽象行政行为。选项 B、D 是针对具体特定的对象作出的行为，是具体行政行为。

6.【参考答案】ABD。一种行政行为可以有不同的行为种类特征。税务机关依法实施税务检查的行为，是税务机关以国家的法律、法规政策和税收征收管理制度为依据，对纳税人履行纳税义务情况及其偷逃税行为的审核和查处，对相对人而言并非是受益行为。

7.【参考答案】ABC。选项 A 的行为不是税务机关履行税务行政管理活动发生的，不属于行政行为。选项 B 的行为是税务机关的职工活动，也不体现税务行政管理活动，不属于行政行为。选项 C 的行为属于司法活动，不是行政行为。选项 D 属于税务具体行政行为。

8.【参考答案】ABD。省级人民政府制定具有普遍约束力的规章的行为是行政立法行为，是抽象行政行为。作为抽象行政行为，即使行政相对人认为此规章是错误的，侵犯了自己的合法权益，也不能直接提起行政诉讼。既然是行政立法行为，就不是行政执法行为。

三、判断题

1.【参考答案】√。

2.【参考答案】×。受委托的单位和人员只能按照代征证书的要求，以税务机关的名义依法征收税款，这种受托单位和人员就是税务机关的代理人，受托人在征收税款的过程中导致损害纳税人权益的情形，由委托的税务机关对纳税人承担赔偿责任。因此，这种受托单位不能成为税务行政主体。

3.【参考答案】×。税务行政法律关系的主体，不仅包括税务行政主体，还包括税务行政相对人。

4.【参考答案】×。诚实守信是一种道德要求，同时也是依法行政六项基本要求之一。

5.【参考答案】×。行政裁量权是行政主体依据法律、法规赋予的职责权限，基于法律、法规及行政的目的和精神，针对具体的行政法律关系，自由选择而作出的公正、合理的行政决定的权力。因此其行使应受法律的约束。

6.【参考答案】×。税务行政相对人是指在税务行政法律关系中被税务行政主体管理的一方当事人。只要受到税务行政权的影响和约束，都可成为税务行政相对人。除法律、行政法规规定承担纳税义务的单位和个人外，扣缴义务人、金融机构等都可成为税务行政相对人。

第十六章　税务行政许可

第一节　行政许可概述

一、行政许可概念和特征

1. 概念：行政许可是行政机关在管理经济和社会事务中的一种**事先控制手段**，行政机关对相对人是否符合法律、法规规定的权利资格和行使权利的条件进行**审查核实**，符合法定资格或者条件的，就批准从事某种特定活动。

行政许可特征主要表现是：

（1）行政许可是**依申请**的行政行为；

（2）行政许可是**要式**行政行为；

（3）行政许可是**授益性**行政行为；

（4）行政许可有特定的**审查批准程序**。

二、行政许可与行政确认区别

具体行政行为	共同点	行为对象不同	法律效果不同	方式	审查依据	示例
行政许可	行政相对人提出申请，经行政机关审查后，颁发证书或其他文件	行政许可的行为对象是许可行政相对人获得某种行为的权利或资格，主要是作为性的行为	行政许可是准许行政相对人今后可以为某种（对一般人禁止的）行为，其法律效果具有后及性，属于授予新的权利	行政许可是依申请的行政行为，不能依职权	行政许可法（形式、实质）	（1）企业印制发票 （2）增值税防伪税控系统最高开票限额的审批
行政确认	行政相对人提出申请，经行政机关审查后，颁发证书或其他文件	行政确认则是指对行政相对人既有法律地位和权利义务的确定和认可，主要是指身份、能力和事实的确认等	行政确认则是对既有的身份、能力、事实的确定和认可，其法律效果具有前溯性，对今后仅是一种预决作用，属于对已有权利的认定	行政确认可以是依职权进行的，也可以是依申请进行的	相关规定（主要是形式）	（1）一般纳税人资格认定 （2）道路交通事故责任认定

三、行政许可法的基本原则

1. 法定原则

设定和实施行政许可，应当依照法定的权限、范围、条件和程序。

2. 效率原则

3. 救济原则

公民、法人或者其他组织对行政机关实施行政许可，享有陈述权、申辩权；有权依法申请行政复议或者提起行政诉讼；其合法权益因行政机关违法实施行政许可受到损害的，有权依法要求**赔偿**。

4. 行政许可不得转让原则

5. 监督原则

（1）内部层级监督：**县级以上人民政府**必须建立健全对行政机关实施行政许可的监督制度，上级行政机关应当加强对下级行政机关实施行政许可的监督检查，及时纠正行政许可实施中的违法行为。

（2）对行政相对人监督：行政机关要对公民、法人或者其他组织从事行政许可事项的活动实施有效监督，发现违法行为应当依法查处。

6. 公开、公正、公平原则

（1）设定和实施行政许可，应当公开进行。有关行政许可的规定应当公布，未经公布不得作为实施行政许可的依据；行政许可的实施和结果，除**涉及国家秘密、商业秘密或者个人隐私**的外，应当公开。符合法定条件、标准的，申请人有依法取得行政许可的平等权利，行政机关不得歧视任何人。行政机关应当将行政许可事项、依据、数量、条件、程序、期限以及需要提交的全部材料的目录和申请书示范文本等在办公场所公布，有条件的还可以在网站公布。

（2）设定和实施行政许可，应当公正。公正主要是就行政机关与行政相对人的权利义务关系而言的，《行政许可法》赋予了行政机关实施行政许可的权力，同时为行政机关及其工作人员规定了许多义务和责任，规定了行政相对人的许多权利，其目的就在于保障行政许可活动在**程序上和实体上的正当性**。

（3）设定和实施行政许可，应当公平。公平主要是就行政相对人之间的平等问题而言的，“法律面前人人平等”，在行政许可活动中，不得存在偏私或歧视，行政机关有义务保障行政相对人平等权利的实现。

7. 便民原则

是服务行政理念在行政许可领域的体现，要求行政机关将为人民服务的宗旨体现在具体的便民措施上，为申请人提供便捷的服务。《行政许可法》规定了一系列便民措施：

（1）申请的提出方面（可自行申请，也可以委托代理人提出申请；可以通过书面、信函、电传、电报、传真、电子数据交换、电子邮件等方式提出）。

（2）在信息披露方面（行政机关应公开披露行政许可事项，公示行政许可的条件和程序等，对申请人提出的疑问应提供准确、可靠和充分的答复）。

（3）在申请受理方面（符合条件的应立即受理，需要补正的应予一次性告知并允许当场更正，对不属于自己职责范围内的事项也应告知相关情况）。

（4）许可审查方面（涉及内部多个机构的，应“一个窗口”对外；涉及多个部门的，可统一办理、联合办理或集中办理；需上级机关审核的，无需申请人另行申请）。

（5）许可决定方面（能够当场决定的，可以当场作出许可决定；不能当场决定的，也规定了许可的期限）。

8. 信赖保护原则

行政相对人依法取得的行政许可受法律保护，行政机关不得擅自改变已经生效的行政许可；因法律、法规、规章修改或者废止，或者准予行政许可所依据的客观情况发生重大变化的，为了公共利益的需要，行政机关可以依法变更或撤回已生效的行政许可的，由此给相对人造成财产损失，应当依法应予补偿。

四、行政许可的设定

行政许可指有行政许可设定权的国家机关，依照法定权限和程序，以特定形式的规范性文件创设行政许可的行为。

（一）行政许可的设定事项

《行政许可法》对行政许可事项给予了双重控制。一方面，以正列举的方式明确规定了可以设定行政许可的事项，不得超越规定的事项设定行政许可；另一方面，在可以设定行政许可的事项范围内，又以反列举的方式规定了可以不设定行政许可的事项。

（1）可设定行政许可的事项	（1）直接涉及国家安全、公共安全、经济宏观调控、生态环境保护以及直接关系人身健康、生命财产安全等特定活动，需要按照法定条件予以批准的事项——普通类许可 （2）有限自然资源开发利用、公共资源配置以及直接关系公共利益的特定行业的市场准入等，需要赋予特定权利的事项——特许类许可（一般有数量限制） （3）直接提供公众服务并且直接关系公共利益的职业、行业，需要确定具有特殊信誉、特殊条件或者特殊技能等资格、资质的事项——资格、资质类认可 （4）直接关系公共安全、人身健康、生命财产安全的重要设备、设施、产品、物品，需要按照技术标准、技术规范，通过检验、检测、检疫等方式进行审定的事项——核准类许可 （5）企业或者其他组织的设立等，需要确定主体资格的事项——登记 （6）法律、行政法规规定可以设定行政许可的其他事项
（2）可以不设定行政许可的事项	（1）相对人能够自主决定的 （2）市场竞争机制有效调节的 （3）行业组织中介机构自律管理的 （4）行政机关事后监督能够解决的

（二）行政许可的设定权限

主体	设定权限	设定形式	特殊规定
全国人民代表大会及其常务委员会	各种行政许可	法律	—
国务院	行政许可	行政法规	对可以设定行政许可的事项，尚未制定法律的；不得违背《宪法》和《立法法》所明确的法律保留的要求
	行政许可	决定	必要时设定，实施后，应当及时提请全国人民代表大会及其常务委员会制定法律，或者自行制定行政法规
	临时性许可		—
地方人民代表大会及其常务委员会	行政许可	地方性法规	对可以设定行政许可的事项，尚未制定法律、行政法规的
省、自治区、直辖市人民政府	临时性许可	规章	对可以设定行政许可的事项，尚未制定法律、行政法规、地方性法规的，因行政管理的需要，确需立即实施行政许可的；实施期满1年需要继续实施的，应当提请本级人民代表大会及其常务委员会制定地方性法规

【提示】上位法有设定的，下位法不可以设定，上位法没有设定的下位法可以设定。

【提示】地方性法规、省级规章设定行政许可的限制条件：

（1）不得设定应当由国家统一确定的有关公民、法人或者其他组织的资质的行政许可；

（2）不得设定企业等组织的设立登记及前置性许可；

（3）不得限制其他地区的企业个人到本地区经营；

（4）不得限制其他地区的商品进入本地市场。

【提示】除上述**法律、行政法规、国务院决定、地方性法规、省级政府规章**外，不得以其他文件形式（包括国务院部门规章）设定行政许可。除上述行政许可的设定主体外，包括国务院部委及直属机构在内的其他任何机关不得设定行政许可。

【提示】负责实施法定的行政许可的下级机关可以指定相应的规范性文件，对如何实施法定的行政许可作出具体规定。作出的具体规定不得违背或逾越设定文件所作的规定，只能是**实施性**的不能是创设性的，不得剥夺或限制行政相对人依法享有的权利，不得增加其义务。

【单选题】《行政许可法》第12条所列事项，尚未制定法律、行政法规和地方性法规的，因行政管理的需要，确需立即实施行政许可的，（　　）可以设定临时性的行政许可。

A. 最高人民法院司法解释

B. 省、自治区、直辖市人民政府规章

C. 国务院部门规章

D. 县级以上人民政府决定

【参考答案】B。尚未制定法律、行政法规和地方性法规的，因行政管理的需要，确需立即实施行政许可的，省、自治区、直辖市人民政府规章可以设定临时性的行政许可。

第二节　税务行政许可的实施

现行税务行政许可项目（六项）

项目名称	法律依据	实施机关
企业印制发票审批	《税收征收管理法》第二十二条规定：增值税专用发票由国务院税务主管部门指定的企业印刷；其他发票，按照国务院税务主管部门的规定，分别由省、自治区、直辖市国家税务局、地方税务局指定企业印刷。未经前款规定的税务机关指定，不得印制发票	增值税专用发票印制企业由国家税务总局指定；其他发票印制企业由省级税务局指定
增值税专用发票（增值税税控系统）最高开票限额审批	《增值税专用发票使用规定：最高开票限额由一般纳税人申请，税务机关依法审批。《国务院对确需保留的行政审批项目设定行政许可的决定》（国务院令第412号）附件第236项：增值税防伪税控系统最高开票限额审批，实施机关：区县税务机关	区县税务机关
对纳税人延期缴纳税款的核准	《中华人民共和国税收征收管理法》第31条第2款："纳税人因有特殊困难，不能按期缴纳税款的，经省、自治区、直辖市国家税务局、地方税务局批准，可以延期缴纳税款，但是最长不得超过三个月。"	省级税务机关
对纳税人延期申报的核准	《中华人民共和国税收征收管理法》第27条："纳税人、扣缴义务人不能按期办理纳税申报或者报送代扣代缴、代收代缴税款报告表的，经税务机关核准，可以延期申报。"第37条："纳税人、扣缴义务人按照规定的期限办理纳税申报或者报送代扣代缴、代收代缴税款报告表确有困难，需要延期的，应当在规定的期限内向税务机关提出书面延期申请，经税务机关核准，在核准的期限内办理。纳税人、扣缴义务人因不可抗力，不能按期办理纳税申报或者报送代扣代缴、代收代缴税款报告表的，可以延期办理；但是，应当在不可抗力情形消除后立即向税务机关报告。税务机关应当查明事实，予以核准。"	区县税务机关

续表

项目名称	法律依据	实施机关
对纳税人变更纳税定额的核准	《中华人民共和国税收征收管理法》《中华人民共和国税收征收管理法实施细则》第 47 条："纳税人对税务机关采取本条规定的方法核定的应纳税额有异议的，应当提供相关证据，经税务机关认定后，调整应纳税额。"	主管税务机关
对采取实际利润额预缴以外的其他企业所得税预缴方式的核定	《中华人民共和国企业所得税法实施条例》第 128 条："企业所得税分月或分季预缴，由税务机关具体核定。企业根据企业所得税法第五十四条规定分月或者分季预缴企业所得税时，应当按照月度或者季度的实际利润额预缴；按照月度或者季度的实际利润额预缴有困难的，可以按照上一纳税年度应纳税所得额的月度或者季度平均额预缴，或者按照经税务机关认可的其他方法预缴。"	区县税务机关

一、税务行政许可的实施机关

行政许可实施机关	税务行政许可实施机关
具有行政许可权的行政机关在其法定权限内实施	具有行政许可权的税务机关在其法定权限内实施
法律、法规授权的具有管理公共事务职能的组织，在法定授权范围内，以自己的名义实施行政许可	各级税务机关下属的事业单位、内部办事机构一律不得以自己的名义实施行政许可
受委托主体只限于行政机关，委托必须有"法律、法规、规章"为依据；"内容"要公告	没有法律、法规、规章的规定，税务机关不得委托其他行政机关实施税务行政许可

【提示】税务所（派出机构、授权行政主体）是税务行政机关的派出机构，罚款额在**2 000 元**以下的，可以由税务所决定。

【提示】稽查局（内部机构、授权行政主体）是省以下税务局设立的，负责**偷税、逃避追缴欠税、骗税、抗税案件**的查处。

【单选题】根据行政许可法律制度的规定，行政机关委托实施行政许可，受委托主体（　　）。

A. 只能是行政机关

B. 只能是行政机关或者符合条件的事业单位

C. 只能是行政机关或者符合条件的社会团体

D. 可以是行政机关、企事业单位、社会团体或者公民

【参考答案】A。本题考核行政许可的实施主体。行政机关在其法定职权范围内，依照法律、法规、规章的规定，可以委托"其他行政机关"（只能是行政机关，不包括企事业单位、社会团体或者公民）实施行政许可。

二、税务行政许可的实施程序

税务行政许可的具体实施程序，按照法律、法规、规章和国家税务总局关于实施税务行政许可的规定执行。省、自治区、直辖市、计划单列市税务局可以在本机关管理权限内作出补充规定，但不得再向下级税务机关下放规定权。

（一）一般程序

1. 税务行政许可事项的公示、申请与受理

公示	（1）八项公示：①事项②依据③条件④数量⑤程序⑥期限⑦需提交全部材料目录⑧申请书示范文本 （2）公示场所：在办税服务厅或者其他办公场所以及网站予以公示
申请	（1）可以自行或委托代理人申请 （2）有条件的地方，税务机关可以告知申请人可以通过信函、电报、电传、传真、电子数据交换和电子邮件等方式提出申请
受理	（1）不受理：属于管辖范围，但依法不需要取得税务行政许可→即时告知不受理，同时告知解决途径 （2）不予受理：不属于本行政机关职权范围的→即时书面决定不受理，告知申请向有关机关申请 （3）要求补正材料：材料存在可以当场更正的错误，允许当场更正；申请材料不齐全或者不符合法定形式的，应当当场或5日内一次性告知补正内容，逾期不告知的，自收到申请材料之日起即为受理 （4）受理：申请事项属于本行政机关职权范围，申请材料齐全、符合法定形式，或者申请人按照本行政机关的要求提交全部补正申请材料的

【提示】行政机关提供行政许可申请书格式文本，不得收费。

【提示】税务行政机关受理或者不予受理行政许可申请，应当出具加盖本行政机关专用印章和注明日期的书面凭证。

【提示】根据《国家税务总局关于简化税务行政许可事项办理程序的公告》规定，税务机关要简化受理文书，对能够当即办理的税务行政许可事项，直接出具和送达“准予税务行政许可决定书”，不再出具“税务行政许可受理通知书”。

【提示】申请人隐瞒有关情况或者提供虚假材料申请行政许可的，行政机关不予受理或许可并给予警告；属于直接关系公共安全、人身健康、生命财产安全的，**一年内**不得再次申请。

2. 税务行政许可申请的审查与决定

审查	（1）书面审查（原则）：材料齐全、符合形式，能够当场决定的当场决定 （2）实地核查：需要对申请材料的实质内容进行实地核实的，应当指派**2**名以上税务机关工作人员进行核查 （3）听取意见：税务机关审查过程中发现许可事项直接关系他人重大利益的，应当告知利害关系人。申请人、利害关系人有权进行陈述和申辩，税务机关应当认真听取申请人、利害关系人的意见

续表

决定	(1) 能够当场作出决定的，当场作出书面的税务行政许可决定 (2) 法定期限：应当自受理行政许可申请之日起**20**日内作出行政许可决定，20日内不能作出决定的，经本机关负责人批准，可以延长**10**日，并应当将延长期限的理由告知申请人；但是，法律、法规另有规定的除外 (3) 特殊期限：涉及与其他部门统一办理或者联合办理、集中办理的，期限为**45**日经本级人民政府负责人批准，可延长**15**日 (4) 准予许可：应当出具加盖本机关印章（或许可专用印章）的“准予税务行政许可决定书”，需要颁发税务行政许可证件的，应当颁发加盖本机关印章（或许可专用印章）的税务行政许可证件。准予税务行政许可的决定应自作出准予税务行政许可决定之日起**7**日内公开，公众有权查阅 (5) 不予许可：应当出具加盖本机关印章（或许可专用印章）的“不予税务行政许可决定书”，并应当说明理由，告知复议或行政诉讼的权利

【提示】实施税务行政许可的期限以工作日计算，不含法定节假日。

【单选题】下列关于行政许可申请和审查的说法错误的是（　　）。

A. 申请人提交的申请材料齐全、符合法定形式，能够当场决定的，行政机关应当当场作出书面的行政许可决定

B. 行政机关发现行政许可事项直接关系他人重大利益的，不必告知该利害关系人

C. 依法应当先经下级行政机关审查后报上级行政机关决定的行政许可，下级行政机关应当在法定期限内将初步审查意见和全部申请材料直接报送上级行政机关

D. 根据法定条件和程序，需要对申请材料的实质内容进行核实的，行政机关应当指派两名以上工作人员进行核查

【参考答案】B。本题考查的是行政许可的申请和审查。根据《行政许可法》第三十六条的规定，行政机关对行政许可申请进行审查时，发现行政许可事项直接关系他人重大利益的，应当告知该利害关系人。

（二）特殊规定

1. 听证制度

（1）启动方式：

主动举行	(1) 法律、法规规定实施税务许可应当听证的事项 (2) 税务行政机关认为需要听证的涉及公共利益的重大行政许可事项
申请举行	直接涉及申请人与他人之间重大利益关系的

（2）期限

申请期限	申请人、利害关系人在被告知听证权利之日起**5**日内提出申请
告知期限	税务行政机关在举行听证**7**日前公告通知申请人或利害关系人听证时间、地点，必要时予以公告

（3）程序

形式	应当公开举行
回避	税务机关应当指定审查该税务许可申请的税务人员以外的人员为听证主持人，申请人、利害关系人认为主持人与该税务许可事项有直接利害关系的，有权申请回避
质证	审查该税务行政许可申请的工作人员应当提供审查意见的证据、理由，申请人、利害关系人可以提出证据，并进行申辩和质证
收费	免费
笔录	听证应当制作笔录，听证笔录应当交听证参加人确认无误后签字或盖章。税务行政机关应当根据听证笔录，作出税务行政许可决定

【多选题】关于税务行政许可实施程序听证规定的说法，正确的有（　　）。

A. 税务行政机关一般可视具体情况自由裁量决定是否公开举行听证

B. 组织听证的税务行政机关应当根据听证笔录作出行政许可决定

C. 申请人、利害关系人可以依照规定提出听证主持人回避的申请

D. 税务行政机关必须在举行听证 5 日前将时间、地点通知申请人、利害关系人

【参考答案】BC。（1）听证应当公开举行；A 错误。（2）行政机关应当于举行听证的 7 日前将举行听证的时间、地点通知申请人、利害关系人，必要时予以公告；D 错误。

2. 税务行政许可的变更与延续

（1）变更税务行政许可	被许可人中途要求变更税务行政许可事项的，应当向作出税务行政许可决定的税务机关提出申请，税务机关应当自收到申请之日起 **20 日**内作出是否准予变更的书面决定
（2）延续	在有效期届满 **30 日**前提出申请，法律、法规另有规定除外
（3）默示批准	税务行政机关应当在有效期届满前作出准予延续的书面决定，逾期未作决定的，**视为准予延续**

三、便民措施

（一）相对集中行政许可权

经国务院批准，省、自治区、直辖市人民政府根据**精简、统一、效能**的原则，可以决定一个行政机关行使有关行政机关的行政许可权。

（二）一个窗口对外

行政许可需要行政机关内设的多个机构办理的，该行政机关应当确定一个机构统一受理行政许可申请，统一送达行政许可决定。

税务机关应当按照**“窗口受理、内部流转、限时办结、窗口出件”**的要求，由办税服务厅或者在政府服务大厅设立的窗口集中受理行政许可申请、送达行政许可决定。没有设立办税服务厅的税务机关指定一个内设机构作为窗口，集中受理直接向本级税务机关提出的行政许可申请、送达行政许可决定。

（三）统一办理、联合办理、集中办理

行政许可依法由地方人民政府两个以上部门分别实施的，本级人民政府可以确定一个部门受理行政许可申请并转告有关部门分别提出意见后统一办理，或者组织有关部门**联合办理、集中办理**。

【单选题】下列举措不能体现行政许可便民原则的是（　　）。

A. 需要补正材料的税务机关应“一次性告知”

B. 税务行政许可申请既可当面提交，亦可采用信函、传真、电子数据交换等方式提交

C. 税务行政许可申请只能由当事人自行提出

D. 许可事项涉及多个部门的，联合办理或集中办理

【参考答案】C。根据《行政许可法》规定，税务行政许可申请既可以由当事人自行提出，也可以委托代理人提出。该规定为程序性要求，不能体现便民原则。

四、税务行政许可监督检查

（一）概念

行政许可的监督检查，是指行政机关通过检查、监控等手段，发现行政机关、行政相对人有关行政许可行为违法或者不当，并及时予以纠正或调整的行为。

（二）监督检查方式

书面检查，抽样检查、检验、检测与实地检查，督促被许可人自检等方式。

（三）涉及开发利用自然资源，利用公共资源，直接关系公共利益的市场准入，直接关系公共安全、人身健康、生命财产安全等行政许可项目，行政机关发现被许可人不依法开展行政许可活动的，可以责令其改正

（四）撤销行政许可

	情形	责任
可以撤销	有下列情况之一的，作出行政许可决定的行政机关或其上级行政机关，根据利害关系人的请求或者依据职权，可以撤销行政许可： （1）滥用职权、玩忽职守 （2）超越法定职权 （3）违反法定程序 （4）对不具备申请资格或不符合法定条件的申请人准予许可 （5）依法可以撤销的其他情形	被许可人的合法权益受到损害的，行政机关应当依照国家赔偿法的规定给予赔偿
应当撤销	被许可人以欺骗、贿赂等手段取得许可	被许可人以欺骗、贿赂等不正当手段取得行政许可，给予行政处罚；属于直接关系公共安全、人身健康、生命财产安全的，三年内不得再次申请；构成犯罪的，依法追究刑事责任
不予撤销	撤销可能对公共利益造成重大损害	

（五）税务行政许可的特别规定

税务机关应当充分运用大数据先进理念、技术和资源，利用国家统一的信用信息共享交换平台，建立健全失信联合惩戒机制，推动将申请良好的信用状况作为税务行政许可的必备条件，加强对被许可人的服务和监管。

本章习题

一、单项选择题

1. 2020 年 8 月 23 日，甲县个体工商户刘某向甲县税务局提出变更纳税定额核准的申请。同年 8 月 28 日，甲县税务局通知刘某因为申请材料不齐全，申请不予受理。对此，下列说法不正确的是（　　）。

   A. 刘某的申请材料不齐全，甲县税务局应当一次性告知刘某补正

   B. 甲县税务局告知刘某补正时，可以分几次告知需要补正的内容

   C. 甲县税务局决定不予受理是错误的

   D. 刘某的申请材料不齐全时，如果不能当场作出受理决定，甲县税务局可以在 5 日内一次性告知刘某需要补正的全部内容

2. 下列关于税务行政许可听证的规定，说法不正确的是（　　）。

A. 听证是税务行政许可的必经程序

B. 税务机关认为需要听证的其他涉及公共利益的许可项目应当举行听证

C. 税务行政许可直接涉及申请人与他人之间重大利益的，应当举行听证

D. 法律法规规定的税务行政许可应当听证的，必须举行听证

3. 下列选项中不属于行政许可特征的是（　　）。

A. 行政许可是要式行政行为

B. 行政许可是具体行政行为

C. 行政许可是依职权的行政行为

D. 行政许可是依申请的行政行为

4.《行政许可法》第 7 条规定："公民、法人或者其他组织对行政机关实施行政许可，享有陈述权、申辩权；有权依法申请行政复议或者提起行政诉讼；其合法权益因行政机关违法实施行政许可受到损害的，有权依法要求赔偿。"这一规定体现了（　　）。

A. 法定原则　　B. 公开、公平、公正原则

C. 信赖保护原则　　D. 救济原则

5. 申请人隐瞒有关情况或者提供虚假材料申请行政许可的，行政机关不予受理或不予行政许可，并给予的处罚是（　　）。

A. 罚款　　B. 行政拘留

C. 警告　　D. 罚金

6. 下列关于行政许可实施的说法，错误的是（　　）。

A. 违反法定程序，作出行政许可决定的，一律予以撤销

B. 国务院实施行政许可的程序，适用有关法律、行政法规的规定

C. 公民、法人或者其他组织从事特定活动，依法需要取得行政许可的，应当向行政机关提出申请

D. 行政机关受理或者不予受理行政许可申请，应当出具加盖本行政机关专用印章和注明日期的书面凭证

7. 关于行政许可变更和延续，下列说法错误的是（　　）。

A. 行政机关未经被许可人要求可以主动变更行政许可事项

B. 变更行政许可事项，应当符合法定条件、标准

C. 行政机关应当在行政许可有效期届满前作出是否准予延续的决定

D. 行政机关逾期未作延续行政许可决定的，视为准予延续

8. 行政许可所依据的法律、法规、规章修改或者废止，或者准予行政许可所依据的客观情况发生重大变化，为了公共利益的需要，行政机关可以依法对已经生效的行政许可作出的处理决定是（　　）。

A. 撤回　　B. 撤销　　C. 注销　　D. 吊销

9. 依照我国《行政许可法》的规定，可以不设定行政许可事项的是（　　）。

A. 市场竞争机制可以有效调节的　　B. 直接涉及公共安全的

C. 企业的设立　　D. 有限自然资源的开发利用

10. 下列选项中，属于行政许可区别于其他大多数行政行为的一个显著特征是（　　）。

A. 强制性　　B. 授益性

C. 效力公定性　　D. 一定的自由裁量性

二、多项选择题

1. 行政许可的监督检查方式包括（　　）。

A. 定期审查　　B. 抽样检查、检验、检测

C. 督促被许可人自检　　D. 实地检查

2.《行政许可法》确立了行政许可的基本原则，包括（　　）。

A. 救济原则　　B. 便民和效率原则

C. 及时性原则　　D. 公开、公正、公平原则

3. 下列税务机关中，有权实施税务行政许可的有（　　）。

A. 各级税务局　　B. 各级税务机关下属的事业单位

C. 税务所　　D. 国家税务总局稽查局

4. 下列关于行政许可实施程序的说法中，正确的有（　　）。

A. 申请人要求行政机关对公示内容予以说明、解释的，行政机关可以根据具体情况决定是否作出说明解释

B. 申请人申请行政许可，应当对其申请材料实质内容的真实性负责，行政机关无需对此进行核查或者履行义务

C. 申请材料不齐全或者不符合法定形式的，应当当场或者 5 日内一次性告知申请人需要补全的全部内容

D. 行政机关提供行政许可申请书格式文本，不得收费，申请人对此无需缴纳费用

5. 下列关于行政许可的说法中正确的是（　　）。

A. 行政许可是要式行政行为

B. 行政机关作出准予行政许可决定的结果是赋予行政相对人以权利

C. 行政许可是依申请的行政行为

D. 行政许可的直接表现形式是宣告某项法律事实或法律关系是否存在

6. 我国《行政许可法》首次确立了信赖保护原则，信赖保护原则的内涵有（　　）。

A. 符合法定条件、标准的，申请人有依法取得行政许可的平等权利，行政机关不

得歧视

B. 公民、法人或者其他组织的合法权益因行政机关违法实施行政许可受到损害的，有权依法要求赔偿

C. 公民、法人或者其他组织依法取得的行政许可受法律保护，行政机关不得擅自改变已经生效的行政许可

D. 行政机关依法变更或者撤回已经生效的行政许可的，对公民、法人或者其他组织造成损失的，应当予以补偿

7. 根据《行政许可法》的规定，设定行政许可应当明确规定行政许可的（　　）。

A. 条件　　B. 数量限制　　C. 收费标准　　D. 实施机关

8. 下列选项中属于税务行政许可的有（　　）。

A. 企业印制发票审批　　B. 对纳税人变更纳税定额的核准

C. 出口退税资格认定　　D. 增值税专用发票最高限额审批

三、判断题

1. 行政许可申请可以通过信函、电报、电传、传真、电子数据交换和电子邮件等方式提出。（　　）

2. 有关行政机关对其他行政机关或者对其直接管理的事业单位的人事、财务、外事等事项的审批，亦适用《行政许可法》。（　　）

3. 法律、行政法规设定的行政许可，其适用范围没有地域限制的，申请人取得的行政许可在全国范围内有效。（　　）

4. 行政许可一经授权，就不得撤回。（　　）

5. 行政机关在其法定职权范围内，依照法律、法规或者规章的规定，委托其他行政机关实施行政许可，委托行政机关对受委托行政机关实施的行政许可行为的后果承担法律责任。（　　）

6. 行政许可的申请人提交的材料齐全、符合法定形式的，行政机关必须当场作出决定，并作出书面或口头的行政许可决定。（　　）

参考答案与解析

一、单项选择题

1.【参考答案】B。本题考查的是税务行政许可受理中税务机关的“一次性告知义务”。对纳税人变更纳税定额的核准属于税务行政许可。根据规定，申请材料不齐全或者不符合法定形式的，应当当场或者在5日内一次性告知申请人需要补正的全部内容，逾期不告知的，自收到申请材料之日起即为受理。

2.【参考答案】D。选项A，法定原则的主要内涵在于设定和实施行政许可，应当依照法定的权限、范围、条件和程序。选项B，公开、公平、公正非歧视原则的主要内

涵在于有关行政许可的规定应当公布，未经公布，不得作为实施行政许可的依据；行政许可的实施和结果，除涉及国家秘密、商业秘密或者个人隐私的外，应当公开。信赖保护原则的主要内涵在于行政机关不得擅自改变已经生效的行政许可，确需改变的，由此给相对人造成的损失应当予以补偿。

3. 【参考答案】C。本题考查的是行政许可的特征。行政许可的特征包括：（1）依申请的行政行为；（2）要式行政行为；（3）授益行政行为；（4）有特定的审查审批程序。

4. 【参考答案】D。本题考查的是行政许可的申请。按照《行政许可法》的规定，行政机关应当将法律、法规、规章规定的有关行政许可的事项、依据、条件、数量、程序、期限以及需要提交的全部材料的目录和申请书示范文本等在办公场所公示。故选项 A 错误。申请人要求行政机关对公示内容予以说明、解释的，行政机关应当说明、解释，提供准确、可靠的信息，而不是“可以”。故选项 B 错误。申请人申请行政许可，应当如实向行政机关提交有关材料和反映真实情况，并对其申请材料实质内容的真实性负责。

5. 【参考答案】C。本题考查的是行政许可的处罚。行政许可申请人隐瞒有关情况或者提供虚假材料申请行政许可的，行政机关不予受理或者不予行政许可，并给予警告。

6. 【参考答案】A。本题考查的是行政许可的实施。行政机关违反法定程序作出准予行政许可决定的，根据利害关系人的请求或者依据职权，可以撤销行政许可。依法可以或者应当撤销的行政许可如果可能对公共利益造成重大损害，不予撤销。

7. 【参考答案】A。本题考查的是行政许可的变更和延续。《行政许可法》第 8 条规定，公民、法人或者其他组织依法取得的行政许可受法律保护，行政机关不得擅自改变已经生效的行政许可。

8. 【参考答案】A。本题考查的是行政许可的撤回和信赖保护原则。《行政许可法》规定，行政许可所依据的法律、法规、规章修改或者废止，或者准予行政许可所依据的客观情况发生重大变化的，为了公共利益的需要，行政机关可以依法变更或者撤回已经生效的行政许可，由此给公民、法人或者其他组织造成财产损失的，行政机关应当依法给予补偿。

9. 【参考答案】A。本题考查的是可以不设定行政许可的事项。根据《行政许可法》规定，可以不设定行政许可的事项包括：公民、法人和其他组织能够自主决定的；市场竞争机制能够有效调节的；行业组织或者中介机构能够自律管理的；行政机关采用事后监督等其他行政管理方式能够解决的。

10. 【参考答案】B。本题考查的是行政许可的特征。授益性是行政许可区别于其他大多数行政行为的一个显著特征。所谓授益性，是指行政许可的实施是一项对行政相对人有益的行为，是通过行政许可而使行政相对人取得某种资格的行为。

二、多项选择题

1.【参考答案】BCD。本题考查的是行政许可监督检查的方式。《行政许可法》第62条规定，行政机关可以对被许可人生产经营的产品依法进行抽样检查、检验、检测，对其生产经营场所依法进行实地检查。行政机关根据法律、行政法规的规定，对直接关系公共安全、人身健康、生命财产安全的重要设备、设施进行定期检验。《行政许可法》第68条规定，对直接关系公共安全、人身健康、生命财产安全的重要设备、设施，行政机关应当督促设计、建造、安装和使用单位建立相应的自检制度。

2.【参考答案】ABD。本题考查的是行政许可的原则。行政许可的基本原则包括：法定原则，公开、公正、公平原则，便民和效率原则，救济原则，信赖保护原则，行政许可不得转让原则和监督原则。

3.【参考答案】AC。本题考查的是税务行政许可的实施。税务行政许可由具有行政许可权的“税务机关”在法定权限内实施，各级税务机关下属的事业单位一律不得实施行政许可。税务机关是指各级税务局、税务分局、税务所以及省以下税务局的稽查局。国家税务总局稽查局是内设机构，不具有行政主体资格。税务机关是否具有行政许可权，由设定许可的文件确定。

4.【参考答案】CD。本题考查的是行政许可实施程序。申请人要求行政机关对公示内容予以说明、解释的，行政机关应当说明、解释，提供准确可靠的信息，所以选项A错误，行政机关应当对申请人提交的申请材料进行审查。审查包括形式审查和实质审查，所以选项B错误。

5.【参考答案】ABC。本期考查的是行政许可的概念和特征。行政许可是依申请的行政行为；要式行政行为；授益行政行为；特定的审查批准程序的行为。选项D是行政确认的特征。

6.【参考答案】CD。选项A，符合法定条件、标准的，申请人有依法取得行政许可的平等权利，行政机关不得歧视，这是公开、公平、公正原则的内容。选项B，公民、法人或者其他组织的合法权益因行政机关违法实施行政许可受到损害的，有权依法要求赔偿，这是救济原则的内容。选项CD，信赖保护原则的基本含义是，行政相对人基于行政机关的行为或承诺所形成的正当期待所产生的信赖利益，应当予以法律保护，行政机关不得擅自改变已经生效的行政行为，确需改变的，由此给相对人造成的损失应当予以补偿。

7.【参考答案】AD。设定行政许可应当规定行政许可的实施机关、条件、程序、期限。

8.【参考答案】ABD。本题考查的是税务行政许可事项。《国家税务总局关于税务行政许可若干问题的公告》（国家税务总局公告2016年第11号）规定，税务行政许可事项包括以下几种：（1）企业印制发票审批；（2）对纳税人延期缴纳税款的核准；

（3）对纳税人延期申报的核准；（4）对纳税人变更纳税定额的核准；（5）增值税专用发票（增值税税控系统）最高开票限额审批；（6）对采取实际利润额预缴以外的其他企业所得税预缴方式的核定。

三、判断题

1.【参考答案】√

2.【参考答案】×。《行政许可法》第三条规定，有关行政机关对其他机关或者对其直接管理的事业单位的人事、财务、外事等事项的审批，不适用本法。

3.【参考答案】√。法律由全国人民代表大会及其常务委员会制定、行政法规由国务院制定，其法律效力在全国范围内有效。

4.【参考答案】×。《行政许可法》第八条第二款规定，行政许可所依据的法律、法规、规章修改或者废止，或者准予行政许可所依据的客观情况发生重大变化的，为了公共利益的需要，行政机关可以依法变更或者撤回已经生效的行政许可。

5.【参考答案】√。《行政许可法》第二十四条规定，行政机关在其法定职权范围内，依照法律、法规、规章的规定，可以委托其他行政机关实施行政许可。委托机关应当将受委托行政机关和受委托实施行政许可的内容予以公告。委托行政机关对受委托行政机关实施行政许可的行为应当负责监督，并对该行为的后果承担法律责任。

6.【参考答案】×。根据《行政许可法》的规定，申请人提交的申请材料齐全、符合法定形式，行政机关能够当场作出决定的，应当当场作出书面的行政许可决定。

第十七章　税务行政处罚

第一节　税务行政处罚的概念和种类

一、税务行政处罚的概念

行政处罚指具有行政处罚权的行政主体对违反行政法律规范的相对人，依法给予法律制裁的具体行政行为。税务行政处罚是指税务行政处罚主体对相对人**违反税收征管秩序行为**所实施的处罚。

二、税务行政处罚的原则

（一）处罚法定原则

1. 税务行政处罚必须由法律、法规和规章设定

设定形式	设定内容
法律	各种行政处罚
行政法规	除**限制人身自由**以外的行政处罚
地方性法规	除**限制人身自由、吊销企业营业执照**以外的行政处罚
规章	对违反行政管理秩序的行为，可以设定**警告**或者一定数量**罚款**的行政处罚

【提示】除以上规定外，其他机关和组织不得以任何形式设定行政处罚。

【提示】税务行政处罚必须由法律、法规和规章设定，国家税务总局和各级税务机关可以通过制定税收规范性文件，对如何实施法律、法规和规章设定的行政处罚，作出具体的、细化的规定。

2. 税务行政处罚必须由税务行政主体在其职权范围内实施

（1）主体法定。行政处罚是一种对行政管理相对人权益影响较大的执法行为，必须由具有行政处罚权的行政机关和法律法规授权的组织来行使。根据我国税法规定，税务行政处罚一般由各级税务局（分局）、税务所、省以下稽查局来行使，税务所的处罚权限仅限于罚款额在 2 000 元以下的处罚。

（2）职权法定。具有行政处罚主体资格的行政机关或者组织必须在**法定的职权范围**内行使行政处罚权，不得超越职权和滥用职权。

3. 实施税务行政处罚必须有法定依据

行政处罚依据法定是指没有法律的明文规定，任何税务行政处罚主体都无权对当事人实施行政处罚。在有**法定依据**的情况下，税务机关实施税务行政处罚还应当严格遵循法的规定来实施，不能逾越法的规定实施处罚。

4. 税务行政处罚必须按照法定程序实施

行政机关适用行政处罚时，必须依照法定的行政处罚程序进行。

【提示】没有法定依据或者不遵守法定程序的，行政处罚无效。

（二）处罚公正、公开原则

1. 税务行政处罚必须以**事实**为依据，对违法行为给予的处罚应当与违法行为的事实、性质、情节以及社会危害程度相当，做到公平公正。

2. 处罚公开包括税务行政处罚的**依据**、处罚的**过程**、处罚的**结果**等以一定的方式公开。

（三）过罚相当原则

行政处罚主体对违法行为当事人适用行政处罚，**处罚种类和处罚幅度**要与当事人的**违法过错、违法性质、违法程度、情节**等相当。

（四）处罚与教育相结合原则

（五）监督、制约原则

1. 税务机关内部的监督制约。
2. 其他国家机关的监督。
3. 司法监督。
4. 社会监督。

【单选题】"法无明文规定不得处罚"，该表述体现的行政处罚原则是（　　）。

A. 处罚公正、公开原则　　B. 过罚相当原则

C. 处罚与教育相结合原则　　D. 处罚法定原则

【参考答案】D。本题考查税务行政处罚的法定原则。（1）根据《行政处罚法》第三条的规定，公民、法人或者其他组织违反行政管理秩序的行为，应当给予行政处罚的，依照《行政处罚法》由法律、法规或者规章规定，并由行政机关依照《行政处罚法》规定的程序实施。没有法定依据的行政处罚无效。（2）行政机关能否对一个行为实施处罚，首要的一点是看该行为是否由法律规定应受处罚。如果一个行为有一定的社会危害性，但当前法律并未规定其应受处罚，行政机关就不得对其实施处罚，即

“法无明文规定不得处罚”，它体现了处罚法定原则。

三、税务行政处罚的种类和设定

（一）税务行政处罚的种类

<table>
<tr><th>法定分类（《行政处罚法》）</th><th>理论分类</th></tr>
<tr><td>（1）警告</td><td>申诫罚</td></tr>
<tr><td>（2）罚款</td><td rowspan="2">财产罚</td></tr>
<tr><td>（3）没收违法所得、没收非法财物</td></tr>
<tr><td>（4）责令停产停业</td><td rowspan="2">行为罚</td></tr>
<tr><td>（5）暂扣或者吊销许可证，暂扣或者吊销执照</td></tr>
<tr><td>（6）行政拘留</td><td>人身自由罚</td></tr>
<tr><td>（7）法律、行政法规规定的其他行政处罚</td><td></td></tr>
</table>

【提示】税务行政处罚的种类比较少，依据《税务行政处罚裁量权行使规则》，包括以下几类：

（1）罚款；

（2）没收违法所得和没收非法财物；

（3）停止出口退税权；

（4）法律、法规和规章规定的其他行政处罚。

（二）税务行政处罚的设定

1. 目前，设定税务行政处罚的规范性文件主要有：全国人民代表大会常务委员会制定的《税收征管法》，这是税务行政处罚最主要的设定文件；国务院制定的《税收征管法实施细则》对税务行政处罚作出了很多具体规定，并设定了一些新的税务行政处罚；《中华人民共和国发票管理办法及其实施细则》、《税务登记管理办法》等也设定了部分税务行政处罚。

2. 在税务行政处罚的设定中，国家税务总局作为国务院的直属机构，可以通过制定规章的形式设定**警告和罚款**的行政处罚。

（1）税务行政规章对非经营活动中的违法行为设定罚款不得超过**1 000 元**；

（2）对经营活动中的违法行为：

有违法所得的	设定罚款不得超过违法所得的 3 倍，同时最高不得超过 **3 万元**
没有违法所得的	设定罚款不得超过 **1 万元**；超过限额的，应当报国务院批准

3. 国家税务总局，省、自治区、直辖市和计划单列市税务局及其以下各级税务机

关制定的其他税收规范性文件，不得设定税务行政处罚，但可以在税收法律、法规、规章规定给予行政处罚的行为、种类和幅度的范围内作出具体规定。

第二节　税务行政处罚的实施

一、税务处罚的主体和处罚相对人

（一）行政处罚主体

1. 法定。行政处罚由具有行政处罚权的行政机关在法定职权范围内实施。国务院或者经国务院授权的省级人民政府可以决定一个行政机关行使有关行政机关的行政处罚权，但**限制人身自由**的行政处罚权只能由**公安机关**行使。

2. 授权。法律、法规授权的具有管理公共事务职能的组织可以在**法定授权范围**内实施行政处罚。

3. 委托。行政机关依照法律、法规或者规章的规定，可以在其法定权限内委托符合以下条件的组织实施行政处罚：

（1）依法成立的**管理公共事务的事业组织**；

（2）具有熟悉有关法律、法规、规章和业务的工作人员；

（3）对违法行为需要进行技术检查或者技术鉴定的，应当有条件组织进行相应的技术检查或者技术鉴定。

（二）税务行政处罚主体

目前，税务行政处罚主体包括**各级税务局、税务分局、税务所和省以下税务局的稽查局**。其中税务所和省以下税务局的稽查局是由《税收征管法》及其实施细则特别授权的税务行政处罚主体。稽查局专司偷税、逃避追缴欠税、骗税、抗税案件的查处。根据《税收征管法》规定，罚款额在2 000元以下的，可以由税务所决定。

（三）税务行政处罚相对人及其权利

1. 税务行政处罚的对象包括纳税人、扣缴义务人、纳税担保人和其他税务行政相对人。

2. 税务行政处罚相对人的权利

（1）知情权：一项最基本的权利，应体现在整个处罚过程中。

（2）陈述权和申辩权：陈述权是指处罚相对人对税务机关给予行政处罚所认定的事实及适用法律是否准确、适当，陈述自己的看法、意见，同时也可以提出自己的主张和要求的权利；申辩权则是指当事人对税务机关的指控、证据提出不同的意见和质疑，以正当手段反驳税务机关的指控以及反驳税务机关提出的不利证据的权利。行政机关不得因处罚相对人申辩而加重处罚。

（3）申请听证权：如果税务机关对处罚相对人的罚款金额，个人（含个体工商户）达到2 000元以上，法人或其他组织达到1万元以上，处罚相对人都可以要求税务机关举行听证。

（4）拒绝不正当的检查和处罚权：根据《征管法》规定，税务机关派出的人员进行税务检查时，未出示税务检查证和税务检查通知书的，被检查人有权拒绝检查；根据《行政处罚法》规定，在实施税务行政处罚时，如果不给被处罚人出具合法的罚款收据，被处罚人有权拒绝接受处罚。

（5）依法申请行政复议和行政诉讼的权利。

（6）其他法定权利，如回避申请权、提供证据的权利、控告检举权，以及依法申请赔偿权等。

二、税务行政处罚的管辖

（一）地域管辖和级别管辖

1. 地域管辖：行政处罚原则上由**违法行为发生地**的行政机关管辖，法律、行政法规则另作特别规定除外。税务行政处罚的地域管辖通常是由本辖区的主管税务机关管辖。税收法律、行政法规和国家税务总局对管辖另有规定的，从其规定。

2. 级别管辖：原则上由县级以上行政机关管辖，法律、行政法规另有规定的除外。

【提示】根据《税收征管法》第七十四条规定，税务行政处罚罚款额在2 000元以下的，可以由税务所决定。该规定属于《行政处罚法》允许的例外规定。

（二）共同管辖与指定管辖

1. 共同管辖：对共同管辖的处理一般由相关的行政机关协商或按惯例解决，或按“谁先查处谁处罚”的原则处理。

2. 指定管辖：如果两个以上的行政机关对行政处罚的管辖问题发生争议或者因特殊情况无法行使管辖权时，由共同的上级机关指定某个税务机关行使管辖权，称为指定管辖。

（三）移送管辖

税务机关在实施税务行政处罚过程中，发现自己对查处的案件没有管辖权时，应当及时将案件移送有管辖权的税务机关实施查处。在发生管辖争议时，经协商或指定应由其他税务机关管辖的，也应及时将案件移送有管辖权的税务机关。

【多选题】行政处罚由违法行为发生地的县级以上地方人民政府具有行政处罚权的行政机关管辖，这一规定体现的处罚管辖有（　　）。

A. 共同管辖　　B. 级别管辖　　C. 地域管辖　　D. 移送管辖

【参考答案】BC。本题考查行政处罚的管辖。违法行为发生在哪个地方，就由该地方的行政机关实施管辖，这体现了处罚的地域管辖；违法行为由县级以上地方人民政府具有行政处罚权的行政机关管辖，体现了处罚的级别管辖。

三、税务行政处罚实施中的几个问题

（一）避免重复处罚的问题

根据《行政处罚法》规定，税务行政处罚的适用要遵循“一事不再罚”：对当事人的同一个税收违法行为不得给予两次以上罚款的行政处罚。

（二）从轻、减轻处罚和不予行政处罚问题

（1）不予处罚	（2）从轻、减轻处罚
①不满14周岁的人有违法行为的 ②精神病人在不能辨认或者不能控制自己行为时有违法行为的 ③违法行为轻微并及时纠正，没有造成危害后果的 ④当事人首次违反且情节轻微，并在税务机关发现前主动改正的或在税务机关责令限期改正的期限内改正的	①主动消除或者减轻违法行为危害后果的 ②受他人胁迫有违法行为的 ③配合税务机关查处违法行为有立功表现的 ④已满14周岁不满18周岁的人有违法行为的 ⑤其他依法从轻或者减轻行政处罚的

【提示】从轻处罚是指行政主体在法定的处罚方式和处罚幅度内，对行政违法行为人选择适用较轻的方式和幅度较低的处罚；减轻处罚是指行政主体对违法相对方在法定的处罚幅度最低限以下适用行政处罚。如：税务机关责令限期改正，处2 000元以上2万元以下的罚款，从轻处罚2 000元，减轻处罚1 000元。

【单选题】根据《税务行政处罚裁量权行使规则》规定，关于行政处罚适用的规定正确的是（　　）。

A. 已满16周岁不满18周岁的人初次违法的，不予处罚

B. 不满14周岁的人有违法行为的，不予处罚

C. 被行政处罚后在1年内又实施同一违法行为的，从重处罚

D. 对当事人的同一违法行为，可以给予两次以上罚款的行政处罚

【参考答案】B。A、C选项没有法律依据；选项D违反了一事不二罚原则。

（三）税务行政处罚时效问题

1. 追究时效的起点

从违法行为发生之日起计算；违法行为有连续或者继续状态的，从行为终了之日起计算。

2. 追究时效的长度

《行政处罚法》	在“违法行为”发生后**2 年内**未被行政机关发现的，不再给予行政处罚；“法律”另有规定的除外
《税收征管法》	在**5 年内**未被发现的，不再给予行政处罚
《治安管理处罚法》	违反治安管理行为在**6 个月**内没有被公安机关发现的，不再处罚

（四）税务行政处罚中的行政裁量权问题

1. 规范税务行政处罚裁量权的基本要求

（1）合法	在法律、法规、规章规定的种类和幅度内，依照法定权限，遵守法定程序，保障当事人合法权益
（2）合理	（1）符合立法目的和法律原则 （2）考虑相关事实因素和法律因素 （3）在具体实施处罚时应当选择对纳税人权益损害最小的方式，对纳税人造成的损害不得与所保护的法定利益显失均衡
（3）公平公正	税务机关行使行政裁量权应当平等对待纳税人，同样情形同等处理
（4）公开原则	按规定公开行政处罚依据和行政处罚信息
（5）程序正当	依法保障当事人的知情权、参与权和救济权的法定权利
（6）信赖保护	非因法定事由并经法定程序，不得随意改变已经生效的行政行为
（7）处罚与教育相结合	预防和纠正涉税违法行为，引导当事人自觉守法

2. 健全税务行政处罚裁量权行使程序制度

实施税务行政处罚应当完善告知制度、回避制度、陈述申辩和听证制度、说明理由制度、重大处罚事项合议制度以及重大处罚事项备案制度。

3. 建立税务行政处罚裁量基准制度

（1）全国各省（自治区、直辖市）税务机关根据本地区税务行政处罚实际，现已基本建立本地区统一适用的规范各项税务行政裁量权的裁量基准。

（2）裁量基准是税务机关行使税务行政处罚裁量权时的重要参照指标，税务机关一般应当在裁量基准范围内实施行政处罚；确有特殊情况不执行基准时，应当说明理由。

四、税务行政处罚的基本程序

（一）税务行政处罚程序的概念和意义

1. 概念：行政处罚主体在作出行政处罚决定过程中所要遵循的**步骤、顺序、方式和时限**等规则。

2. 意义：行政处罚程序是实现行政实体内容的保障，是实现实体内容的有效手段。

（二）行政处罚的简易程序

1. 简易程序：指税务行政主体对符合法定条件的处罚事项，当场作出处罚决定的程序。

适用条件	（1）违法事实确凿 （2）有法定依据 （3）数额较小的罚款或警告：数额较小指对公民处50元以下，对法人或其他组织处1 000元以下的罚款
程序内容	表明身份，出示税务检查证→告知违法事实，说明处罚理由和依据（可以格式文书告知，也可以口头告知说明，但应记录在卷），告知当事人权利→听取当事人陈述、申辩→填写具有预定格式、编有号码的税务行政处罚决定书→当场送达给行政相对人，由行政相对人签收→将税务行政处罚决定书报所属税务机关备案
执法文书增加栏目	（1）陈述申辩情况栏：用于执法人员记录纳税人的陈述申辩情况，无需另行制作陈述申辩笔录 （2）签收情况栏：用于执法人员记录被处罚人签收处罚决定书情况，无需另行制作税务文书送达回证

【多选题】税务机关适用简易程序处罚，必须具备的条件有（　　）。

A. 有法定依据

B. 违法事实清楚、确凿

C. 对自然人处以50元以下的罚款

D. 对法人或其他组织处以2 000元以下的罚款

【参考答案】ABC。本题考查简易程序的法定条件。依据《行政处罚法》第三十三条的规定，违法事实确凿并有法定依据，对公民处以50元以下、对法人或者其他组织处以1 000元以下罚款或者警告的行政处罚的，可以当场作出行政处罚决定。

（三）税务行政处罚的一般程序

1. 立案

《行政处罚法》并没有要求所有的行政处罚案件都要办理正式的立案手续。但税务案件的查处，特别是税务稽查案件查处，执行一般程序时，通常要求经过选案、立案程序，准确确定调查对象。

2. 调查

税务行政主体查处税务行政违法行为时，应当在表明身份之后，进行广泛调查取证工作，在调查过程中采取的各种措施要严格遵守我国税法和相关法律规定的程序要求。如调查中证据保全程序、调账程序、税收保全与强制程序等，做到事实清楚、证据确实充分。

3. 告知

税务行政处罚告知书内容主要包括：

（1）当事人违法行为事实及其相应的证据；

（2）当事人违法行为所触犯的法律规范；

（3）拟给当事人行政处罚的种类、幅度范围和标准；

（4）当事人应当享有的各项权利，如陈述权、申辩权、听证权等。

4. 当事人陈述申辩和税务机关的复核

（1）税务机关在作出行政处罚决定之前必须充分听取当事人的意见，对当事人提出的事实、理由和证据，应当进行复核。如果当事人提出的**事实、理由或者证据**成立的，税务机关应当采纳。

（2）不得因当事人陈述申辩而加重对当事人的处罚。

5. 审理

（1）税务机关调查机构调查终结后，应当将案卷全部资料移交审理机构审理。

（2）按照查审分开原则，税务机关调查人员不得参与案件的审理。

（3）涉及重大案件审理的，应遵循重大案件审理规定。

6. 作出决定

（1）调查终结，行政机关负责人应当对调查结果进行审查，根据不同情况，分别作出行政处罚、不予行政处罚、不得给予行政处罚和移送司法机关处理等决定。

（2）对情节复杂或者重大违法行为给予较重的行政处罚，行政机关的负责人应当组织集体讨论决定。

【单选题】税务机关决定对纳税人偷税行为处以罚款 2 万元，下列关于程序的说法错误的是（　　）。

A. 税务机关作出处罚前对纳税人违法行为进行立案调查

B. 税务机关作出处罚决定前依法给纳税人送达了处罚事项告知书

C. 听取纳税人的陈述，并进行复核

D. 因事实清楚，驳回纳税人提出要求举行听证的申请

【参考答案】D。本题考查行政处罚一般程序的规定。《行政处罚法》规定，除适

用简易程序的违法案件外，行政机关作出处罚决定适用一般程序。一般程序通常包括立案、调查、告知、陈述申辩、复核、审理、作出处罚决定、送达等环节。同时规定，对公民作出 2 000 元以上或者对法人或其他组织作出 1 万元以上罚款的，当事人可以提出听证申请，对于当事人提出听证申请的，行政机关应当组织听证。

五、税务行政处罚听证程序

<table>
<tr><td>适用情形</td><td colspan="2">（1）对公民作出 2 000 元以上（含本数）罚款；（2）对法人或者其他组织作出 10 000 元以上（含本数）罚款。（依据《税务行政处罚听证程序实施办法》相关规定）</td></tr>
<tr><td>方式</td><td colspan="2">书面或口头</td></tr>
<tr><td>启动</td><td colspan="2">依申请
【对比】行政许可的听证可以依申请或依职权</td></tr>
<tr><td>形式</td><td colspan="2">公开，涉及国家秘密、商业秘密或者个人隐私除外。对于公开听证的案件，应当先期公告案情和听证的时间、地点，并允许公众旁听
【对比】行政许可的听证必须是公开的</td></tr>
<tr><td>回避</td><td colspan="2">听证应由行政机关指定非本案调查人员主持。当事人如认为主持人与本案有利害关系，有权申请回避</td></tr>
<tr><td rowspan="3">期限</td><td>申请时间</td><td>当事人要求听证的，应在行政机关告知后 3 日内提出
【对比】行政许可的听证申请是在被告知听证权利之日起 5 日内提出</td></tr>
<tr><td>组织时间</td><td>当事人要求听证符合条件的，税务机关应当在收到当事人听证要求后 15 日内举行听证
【对比】行政机关应当在收到申请后 20 日内组织行政许可的听证</td></tr>
<tr><td>告知时间</td><td>在举行听证的 7 日前将相关事项通知当事人</td></tr>
<tr><td>程序</td><td colspan="2">当事人对违法事实和证据可提出申辩并质证。双方可以进行辩论</td></tr>
<tr><td>案卷</td><td colspan="2">听证应制作听证笔录，由当事人核阅、签章。听证结束后，主持人应当制作听证报告并连同听证笔录附卷移交审理机构
【对比】行政机关应当根据听证笔录，作出行政许可决定</td></tr>
<tr><td>费用</td><td colspan="2">免费</td></tr>
</table>

【提示】听证程序是行政处罚一般程序的一个特殊环节。

【提示】《行政处罚法》规定听证程序的适用范围：（1）责令停产停业；（2）吊销许可证或者执照；（3）较大数额的罚款等行政处罚决定。

【多选题】下列关于税务行政处罚听证的表述中，正确的有（　　）。

A. 当事人不承担举行听证的费用

B. 符合税务行政处罚听证条件的，当事人要求听证时，组织听证是税务机关的法定义务

C. 当事人要求听证应在“税务行政处罚事项告知书”送达后 3 日内提出

D. 当事人应当亲自参加听证

【参考答案】ABC。本题考查行政处罚听证相关规定。（1）听证费用由组织听证的

税务机关支付，不得由要求听证的当事人承担或者变相承担。(2) 听证是纳税人的一项权利，只要纳税人符合条件，就有权向税务机关书面提出听证申请，税务机关就有义务为其举行听证会。(3) 当事人要求听证应在“税务行政处罚事项告知书”送达后3日内向税务机关书面提出。(4) 当事人可以亲自参加听证，也可以委托1—2人代理。

六、重大税务案件审理

1. 需由各级税务机关重大税务案件审理委员会审理的重大税务案件包括：

(1) 重大税务行政处罚案件，具体标准由各省、自治区、直辖市和计划单列市税务局根据本地情况自行制定，报国家税务总局备案；(2) 根据重大税收违法案件督办管理暂行办法督办的案件；(3) 应司法、监察机关要求出具认定意见的案件；(4) 拟移送公安机关处理的案件；(5) 审理委员会成员单位认为案情重大、复杂，需要审理的案件；(6) 其他需要审理委员会审理的案件。

2. 省以下各级税务局设立重大税务案件审理委员会

(1) 审理委员会由主任、副主任和成员单位组成，实行主任负责制。

(2) 审理委员会主任由税务局局长担任，副主任由税务局其他领导担任。

3. 稽查局应当在内部审理程序终结后5日内，将重大税务案件提请审理委员会审理。审理委员会办公室收到稽查局提请审理的案件材料后，应当在5日内进行审核。

4. 审理程序一般规定

受理决定	自批准受理之日起30日内作出审理决定，不能在规定期限内作出审理决定的，经主任或授权的副主任批准，可以适当延长，但延长最多不超过15日
重点审查	(1) 案件事实是否清楚 (2) 证据是否充分、确凿 (3) 执法程序是否合法 (4) 适用法律是否正确 (5) 案件定性是否准确 (6) 拟处理意见是否合法适当

【提示】补充调查、请示上级机关或征求有权机关意见的时间不计入审理期限。

5. 重大税务案件审理采取**书面审理和会议审理**相结合的方式。

【单选题】下列不属于《重大税务案件审理办法规定》的重大税务案件的是(　　)。

A. 据重大税收违法案件督办管理暂行办法督办的案件

B. 应司法、监察机关要求出具认定意见的案件

C. 重大税务行政处罚案件

D. 拟追征税额较大的案件

【参考答案】D。本题考查重大税务案件审理受理范围。《重大税务案件审理办法》规定，需由各级税务机关重大税务案件审理委员会审理的重大税务案件包括：（1）重大税务行政处罚案件，具体标准由各省、自治区、直辖市和计划单列市税务局根据本地情况自行制定，报国家税务总局备案；（2）根据重大税收违法案件督办管理暂行办法督办的案件；（3）应司法、监察机关要求出具认定意见的案件；（4）拟移送公安机关处理的案件；（5）审理委员会成员单位认为案情重大、复杂，需要审理的案件；（6）其他需要审理委员会审理的案件。

七、税务行政处罚决定的执行

税务行政处罚的执行是指通过一定方式，使依法作出的行政处罚决定得以履行或达到与履行相同状态的行政执法活动。主要有如下方式：

1. 当事人通过银行和其他金融机构自动缴纳罚款。

当事人应当自收到行政处罚决定书之日起**15**日内，到指定的银行或其他金融机构缴纳罚款。银行应当收受罚款，并将罚款直接上缴国库。

2. 当场收缴罚款

行政处罚法	治安管理处罚法
（1）依法给予20元以下的罚款的 （2）不当场收缴事后难以执行的 （3）在边远、水上、交通不便地区，行政机关及其执法人员依照规定作出罚款决定后，当事人向指定的银行缴纳罚款确有困难的，经当事人提出，行政机关及其执法人员可以当场收缴罚款	（1）被处50元以下罚款，被处罚人对罚款无异议的 （2）被处罚人在当地没有固定住所，不当场收缴事后难以执行的，人民警察可以当场收缴罚款 （3）在边远、水上、交通不便地区，公安机关及其人民警察依照规定作出罚款决定后，被处罚人向指定的银行缴纳罚款确有困难，经被处罚人提出的，可以当场收缴罚款

【提示】税务机关行政执法人员当场收缴罚款的，必须向当事人出具省、自治区、直辖市财政部门统一制发的罚款收据，并应当自收缴之日起2日内将罚款交至税务机关。税务机关应在2日内将罚款缴付指定的银行或者其他金融机构。

3. 强制执行

（1）由作出处罚决定的税务机关采取强制措施，自行强制执行，主要适用于处罚相对人到期不履行处罚决定，又不申请复议，也不提起行政诉讼的案件；

（2）申请人民法院强制执行。

【提示】在法定的复议和诉讼期内，税务机关不得对处罚决定实施强制执行。

【多选题】行政执法人员当场作出行政处罚决定并收缴罚款的，依照法律规定（　　）。

A. 必须向当事人出具省、自治区、直辖市财政部门统一制发的罚款收据

B. 应当当场将行政处罚决定书交付当事人

C. 一般应当自收缴罚款之日起 2 日内，将罚款交至行政机关

D. 一般应当自收缴罚款之日起 15 日内，将罚款交至指定银行

【参考答案】ABC。(1) 行政机关及其执法人员当场收缴罚款的，必须向当事人出具省、自治区、直辖市财政部门统一制发的罚款收据。A 正确；(2) 执法人员当场作出行政处罚的，应当将行政处罚决定书当场交付当事人。B 正确；(3) 执法人员当场收缴的罚款，应当自收缴之日起 2 日内，交至行政机关；在水上当场收缴的罚款，应当自抵岸之日起 2 日内交至行政机关；行政机关应当在 2 日内将罚款缴付指定的银行。

第三节　税收违法行为及其法律责任

一、税收违法行为概述

从广义上讲，税收违法行为指各种违反税法规定的行为，包括违反税法应受行政处罚的行为，也包括违反税法，但情节轻微不予行政处罚的行为，还包括构成危害税收征管犯罪的行为。

从狭义上讲，税收违法行为特指税务行政相对人违反税法，依据税法应受行政处罚，尚不构成犯罪的行为。

以下讨论的税收违法行为，是狭义上的税收违法行为。

(一) 税收违法行为的主要特征

1. 税收违法行为是**违反税法的行为**。

2. 税收违法行为具有**税收危害性**。

3. 税收违法行为是依据税法应受行政处罚的行为。

(二) 税收违法行为的认定

1. 是否是税收违法行为责任主体：一是准确认定违法者；二是审查违法者的行政法律责任能力。

2. 税收违法行为人是否存在**主观过错**：任何税收违法责任的追究都以行政相对人存在过错为前提。过错包括故意和过失。税务行政处罚中应当坚持过错责任原则，不能实行“客观归责”，不能仅因行政相对人的行为损害了国家税收利益就对其给予行政处罚，而应考虑其是否存在过错。

3. 是否存在违反税法规定，给国家造成损害的情形。

4. 是否属于税法中规定的应予行政处罚的情形。

二、主要的税收违法行为及法律责任

违法行为	处罚内容
违反纳税申报、账簿管理、财务制度及账号的报送、税控装置、税务登记管理制度等日常规定	处2 000 元以下罚款；情节严重的，处 2 000—10 000元罚款
非法印制发票	处10 000—50 000 元罚款
（1）虚开、伪造、变造、转让发票 （2）知道或者应当知道私自印制、伪造、变造、非法取得受让、开具、存放、携带、邮寄、运输，介绍假发票转让信息	《发票管理办法》处1万—5万元罚款； 情节严重的，处5万—50万元罚款
违反发票管理规定“2次以上”或者情节严重的单位和个人	向社会公告
（1）偷税（税款未定，通过改资料少交）； （2）逃避追缴欠税（税款已定，通过转移、隐匿财产手段少交）	追缴税款和滞纳金，并处偷税（欠税）款额的50%以上5倍以下的罚款；构成犯罪追究刑事责任
（1）骗税（以假报出口等骗取出口退税） （2）抗税（以暴力、威胁方法拒不缴纳）	追缴税款，并处骗取（拒缴）款额的1倍以上5倍以下的罚款；构成犯罪追究刑事责任（抗税，需追缴滞纳金）

【注】以上违法行为的行政处罚主体均为税务机关。

本章习题

一、单项选择题

1. 下列有关税务行政处罚目的的说法中，正确的是（　　）。

A. 税务行政处罚的目的在于惩罚，教育只是手段

B. 税务行政处罚的目的在于惩罚，因此惩罚时不用进行教育

C. 税务行政处罚的目的在于教育，惩罚只是手段

D. 税务行政处罚的目的在于教育，因此经教育后改正的就没必要再进行处罚

2. 行政机关实施的下列行政处罚中，属于行为罚的是（　　）。

A. 警告　　B. 罚款

C. 责令停产停业　　D. 没收违法所得

3. 有权设定限制人身自由的行政处罚是（　　）。

A. 法律　　B. 行政法规

C. 地方法规　　D. 部门规章

4. 下列不可以作为税务行政处罚主体的是（　　）。

A. 各级税务局　　B. 税务所
C. 省以下税务局的稽查局　　D. 县税务局征管科

5. 违法行为轻微并及时纠正，没有造成危害后果的，税务机关依法应当作出的决定是（　　）。
A. 从重予以行政处罚　　B. 从轻予以行政处罚
C. 减轻行政处罚　　D. 不予行政处罚

6. 按照我国法律规定，限制人身自由的行政处罚只能由特定主体实施，该特定主体是（　　）。
A. 税务机关　　B. 公安机关　　C. 人民法院　　D. 人民检察院

7. 税务机关对公民处以一定数额以下的罚款时适用简易程序，该数额是（　　）。
A. 10 元　　B. 20 元　　C. 50 元　　D. 100 元

8. 纳税人违反税收法律、行政法规应当给予行政处罚的行为，在一定期限内未被发现的，不再给予行政处罚，这一期限是（　　）。
A. 2 年　　B. 5 年　　C. 10 年　　D. 无限期

9. 税务机关作出特定的行政处罚决定前，应当告知纳税人有要求举行听证的权利。该特定的行政处罚决定是（　　）。
A. 没收违法所得
B. 停止办理出口退税
C. 对某有限公司处以 5 000 元罚款
D. 对某个体工商户处以罚款 3 000 元

10. 根据行政处罚法律制度的规定，符合一定条件的组织可以在法定授权范围内实施行政处罚。关于被授权的组织实施行政处罚的说法中，不正确的是（　　）。
A. 被授权的组织以自己的名义实施行政处罚
B. 被授权的组织必须具有管理公共事务的职能
C. 需要有法律、法规、规章的授权
D. 被授权组织独立承担法律责任

二、多项选择题

1. 下列原则中，属于税务行政处罚必须坚持的原则有（　　）。
A. 处罚法定原则　　B. 处罚公正、公开原则
C. 过罚相当原则　　D. 双方协商原则

2. 处罚法定原则是行政处罚的首要原则，它包括（　　）。
A. 处罚的依据法定　　B. 处罚的对象法定
C. 处罚的权限法定　　D. 处罚的程序法定

3. 行政处罚公正原则要求处罚的设定和实施必须以事实为依据，并要适当考虑的因素是（　　）。

A. 违法行为的事实　　B. 违法行为的性质

C. 违法行为与后果的因果关系　　D. 违法行为的社会危害程度

4. 根据《行政处罚法》的规定，纳税人在面临税务机关处罚时享有的权利有（　　）。

A. 对执法者身份、违法事实、处罚依据等事项的知情权

B. 在税务机关处罚之前陈述、申辩权利

C. 对行政处罚决定不服而提起行政复议、行政诉讼的权利

D. 提出撤回处罚的申请权

5. 依据《行政处罚法》相关规定，下列属于行政处罚主体的有（　　）。

A. 所有行政机关　　B. 有法定处罚权的行政机关

C. 法律、法规、规章授权的组织　　D. 法律、法规授权的组织

6. 税务机关在作出行政处罚决定前，应制作“税务行政处罚事项告知书”，告知纳税人的事项包括（　　）。

A. 当事人违法行为事实、其相应的证据及所触犯的法律规范

B. 拟作出的行政处罚种类、幅度范围和标准

C. 当事人应当享有的各项权利

D. 申请行政复议和提起行政诉讼的途径和期限

7. 税务行政处罚的执行是指通过一定方式，使依法作出的行政处罚决定得以履行或达到与履行相同状态的行政执法活动。下列属于税务行政处罚决定的执行方式的是（　　）。

A. 没收违法所得

B. 当事人通过银行和其他金融机构自动履行缴纳罚款

C. 当场收缴罚款

D. 强制执行

8. 根据行政处罚法律制度的规定，下列关于行政处罚设定的说法中，不符合法律规定的有（　　）。

A. 法律可以设定各种行政处罚，限制人身自由的行政处罚除外

B. 行政法规可以设定除限制人身自由以外的行政处罚

C. 地方性法规可以设定吊销企业营业执照的行政处罚

D. 部门规章可以设定警告或者一定数量罚款的行政处罚

三、判断题

1. 当事人未按照税务处罚决定的期限履行的，作出处罚决定的税务机关即可采取强制

措施或强制执行。（　）

2. 当事人对行政处罚决定不服申请行政复议或者提起行政诉讼的，行政处罚不停止执行，法律另有规定的除外。（　）

3. 没有法定依据或不遵守法定程序作出的税务行政处罚无效。（　）

4. 某县税务局在查处某起发票违法案件时，对非法印制发票的行政相对人，同时处以收缴发票、没收非法所得和罚款的处罚。这种做法违背了“一事不再罚”原则。（　）

5. 依据申辩不加重处罚原则，行政机关不得因为行政相对人的陈述申辩而改变对其处罚幅度。（　）

6. 税务行政处罚中，当事人未要求听证的，税务机关可以依职权决定是否举行听证会。（　）

参考答案与解析

一、单项选择题

1.【参考答案】C。《行政处罚法》第五条规定，实施行政处罚，纠正违法行为，应当坚持处罚与教育相结合，教育公民、法人或者其他组织自觉守法。这是关于处罚目的的表述。行政处罚只是一种手段，通过处罚达到教育相对方改正违法行为、提高守法遵从度才是根本目的。

2.【参考答案】C。行政处罚种类分为申诫罚、财产罚、行为罚和人身自由罚四类。申诫罚的主要形式是警告等；财产罚包括罚款、没收违法所得、没收非法财物等；行为罚的主要形式是责令停产停业、暂扣或吊销许可证照等；人身自由罚的主要形式是行政拘留。

3.【参考答案】A。《行政处罚法》第九条规定，法律可以设定各种行政处罚。限制人身自由的行政处罚，只能由法律设定。这是法律对行政处罚的专设权。

4.【参考答案】D。税务行政处罚的主体包括各级税务局、税务分局、税务所和省以下税务局的稽查局。其中，税务所和省以下税务局的稽查局是由《税收征管法》和《税收征管法实施细则》特别授权的税务行政处罚主体。县税务局征管科属于内设机构，不能以自己的名义实施行政行为。

5.【参考答案】D。依据《行政处罚法》第二十七条第二款的规定，违法行为轻微并及时纠正，没有造成危害后果的，不予行政处罚。

6.【参考答案】B。根据《行政处罚法》第十六条的规定，国务院或者经国务院授权的省、自治区、直辖市人民政府可以决定一个行政机关行使有关行政机关的行政处罚权，但限制人身自由的行政处罚权只能由公安机关行使。

7.【参考答案】C。《行政处罚法》第三十三条规定，违法事实确凿并有法定依据，对公民处以 50 元以下、对法人或者其他组织处以 1 000 元以下罚款或者警告的行政处罚的，可以当场作出行政处罚决定。

8. 【参考答案】B。(1)《行政处罚法》规定，违法行为在 2 年内未被发现的，不再给予行政处罚。法律另有规定的除外。(2)《税收征管法》规定，违反税收法律、行政法规应当给予行政处罚的行为，在 5 年内未被发现的，不再给予行政处罚。(3)根据特别法优于一般法的原则，当《行政处罚法》与《税收征管法》对处罚时效规定不一致，不再适用《行政处罚法》规定的 2 年时效，而是适用《税收征管法》规定的 5 年时效。

9. 【参考答案】D。《行政处罚法》第四十二条规定，行政机关作出责令停产停业、吊销许可证或者执照、较大数额罚款等行政处罚决定之前，应当告知当事人有要求举行听证的权利。《税务行政处罚听证程序实施办法（试行）》第三条规定，本规则所称听证，是指税务机关拟对公民处以 2 000 元以上（含本数）罚款，或者对法人或其他组织处以 1 万元以上（含本数）罚款的税务行政处罚决定之前，应当向当事人送达“税务行政处罚事项告知书”，告知当事人已经查明的违法事实、证据、行政处罚的法律依据和拟将给予的行政处罚，并告知有要求举行听证的权利。结合这两项规定来看，税务机关对公民纳税人罚款 2 000 元以上就要告知其听证权利。

10. 【参考答案】C。只有法律、法规可以授权具有管理公共事务职能的组织，在法定授权范围内实施行政处罚，规章没有这个权限。

二、多项选择题

1. 【参考答案】ABC。(1)《行政处罚法》第三条规定，公民、法人或者其他组织违反行政管理秩序的行为，应当给予行政处罚的，依照该法由法律、法规或者规章规定，并由行政机关依照该法规定的程序实施。这体现处罚法定原则。一种行为即使有一定的社会危害性，但没有法律、法规或者规章规定其应受到处罚，行政机关对该行为就不能处罚。应受处罚的行为还应由法定的主体依照法定程序实施处罚。这都是处罚法定原则的要求。(2)《行政处罚法》第四条规定，行政处罚遵循公正、公开的原则。设定和实施行政处罚必须以事实为依据，与违法行为的事实、性质、情节以及社会危害程度相当，这体现过罚相当原则。故处罚法定原则、处罚公正、公开原则及过罚相当原则都是税务行政处罚必须坚持的原则。(3)税务行政处罚是税务机关依法对违法的相对方作出的制裁行为，一般不允许双方协商。

2. 【参考答案】ACD。《行政处罚法》第三条规定，公民、法人或者其他组织违反行政管理秩序的行为，应当给予行政处罚的，依照该法由法律、法规或者规章规定，并由行政机关依照该法规定的程序实施。没有法定依据或者不遵守法定程序的，行政处罚无效。这一规定确立了行政处罚的法定原则。这也是行政机关在实施处罚时首先要遵守的基本原则。处罚法定原则包含依据法定、程序法定，也包含实施处罚的主体法定和权限法定。

3.【参考答案】ABD。此题体现了行政处罚公正原则，是指行政处罚的设定与实施要公平公正、不能偏私，是行政处罚实体公正的体现。《行政处罚法》第四条第二款规定，设定和实施行政处罚必须以事实为依据，与违法行为的事实、性质、情节以及社会危害程度相当。

4.【参考答案】ABC。在行政处罚中，相对方的权利主要由三大部分构成：一是处罚之前的知情权，包括对执法人员身份的知情，对自己违法行为的知情，对处罚的依据和将面临何种处罚的知情。二是在处罚实施过程中的参与权利，主要是陈述、申辩权。三是对处罚决定不服的救济权利，包括申请复议权、提起行政诉讼权和申请国家赔偿权。

5.【参考答案】BD。《行政处罚法》第十五条规定，行政处罚由具有行政处罚权的行政机关在法定职权范围内实施。《行政处罚法》第十七条规定，法律、法规授权的具有管理公共事务职能的组织可以在法定授权范围内实施行政处罚。由此可见，并非所有行政机关均拥有处罚权，只有拥有法定处罚权的行政机关才可实施处罚。另外，具有管理公共事务职能的组织在法律、法规授权的情形下也可在授权范围内实施处罚。

6.【参考答案】ABC。《行政处罚法》第三十一条规定，行政机关在作出行政处罚决定之前，应当告知当事人作出行政处罚决定的事实、理由及依据，并告知当事人依法享有的权利。《行政处罚法》第三十二条规定，当事人有权进行陈述和申辩。行政机关必须充分听取当事人的意见，对当事人提出的事实、理由和证据，应当进行复核；当事人提出的事实、理由或者证据成立的，行政机关应当采纳。《行政处罚法》第三十九条规定，行政机关依照该法第三十八条的规定给予行政处罚，应当制作行政处罚决定书。

行政处罚决定书应当载明下列事项：（1）当事人的姓名或者名称、地址；（2）违反法律、法规或者规章的事实和证据；（3）行政处罚的种类和依据；（4）行政处罚的履行方式和期限；（5）不服行政处罚决定，申请行政复议或者提起行政诉讼的途径和期限；（6）作出行政处罚决定的行政机关名称和作出决定的日期。因此，“税务行政处罚事项告知书”中不包含告知申请行政复议和提起行政诉讼的途径和期限，应在“税务行政处罚决定书”中告知此权利，因此选项 D 不对。

7.【参考答案】BCD。《行政处罚法》第四十四条规定，行政处罚决定依法作出后，当事人应当在行政处罚决定的期限内，予以履行。《行政处罚法》第四十六条规定，作出罚款决定的行政机关应当与收缴罚款的机构分离。除依照《行政处罚法》第四十七条、第四十八条的规定当场收缴的罚款外，作出行政处罚决定的行政机关及其执法人员不得自行收缴罚款。当事人应当自收到行政处罚决定书之日起15日内，到指定的银行缴纳罚款。银行应当收受罚款，并将罚款直接上缴国库。

《行政处罚法》第五十一条规定，当事人逾期不履行行政处罚决定的，作出行政处罚决定的行政机关可以采取下列措施：(1) 到期不缴纳罚款的，每日按罚款数额的3%加处罚款；(2) 根据法律规定，将查封、扣押的财物拍卖或者将冻结的存款划拨抵缴罚款；(3) 申请人民法院强制执行。选项A没收违法所得属于行政处罚种类，不属于执行方式，因此错误。

8.【参考答案】AC。选项A，法律可以设定各种行政处罚，限制人身自由的行政处罚只能由法律设定；选项C，地方性法规可以设定除限制人身自由、吊销企业营业执照以外的行政处罚。

三、判断题

1.【参考答案】×。《税收征管法》第八十八条第三款规定，当事人对税务机关的处罚决定逾期不申请行政复议也不向人民法院起诉、又不履行的，作出处罚决定的税务机关可以采取该法第四十条规定的强制执行措施，或者申请人民法院强制执行。

2.【参考答案】√。《行政处罚法》第四十五条规定，当事人对行政处罚决定不服申请行政复议或者提起行政诉讼的，行政处罚不停止执行，法律另有规定的除外。

3.【参考答案】√。《行政处罚法》第三条规定，公民、法人或者其他组织违反行政管理秩序的行为，应当给予行政处罚的，依照该法由法律、法规或者规章规定，并由行政机关依照该法规定的程序实施。没有法定依据或者不遵守法定程序的，行政处罚无效。

4.【参考答案】×。"一事不再罚"原则强调的是"对当事人的同一个违法行为，不得给予两次以上罚款的行政处罚"，这一原则并不排斥对于当事人的同一个违法行为，行政机关依法给予两个种类以上的处罚。而本题中税务机关对非法印制发票的违法行为，处以没收非法所得和罚款的处罚，这是两个不同种类的行政处罚，并不是两次以上罚款的行政处罚。故不违反"一事不再罚"原则。

5.【参考答案】×。《行政处罚法》第三十二条第二款规定，行政机关不得因当事人申辩而加重处罚。其规定的重点在于强调，基于同一事实下，行政机关不能因为当事人的陈述申辩而加重处罚。但这并不排除行政机关在听取当事人的陈述申辩后，而减轻对其处罚的情形。《行政处罚法》第三十二条第一款也有类似规定，行政机关必须充分听取当事人的意见，对当事人提出的事实、理由和证据，应当进行复核；当事人提出的事实、理由或者证据成立的，行政机关应当采纳。

6.【参考答案】×。税务行政处罚听证是一种依申请的行政活动，没有当事人的听证要求，税务机关不能举行听证会。

第十八章　税务行政强制和相关税收保障措施

第一节　行政强制概述

一、行政强制的概念和特征

1. 概念：行政强制是指法定的行政强制主体为维持公共秩序或为履行已经生效的行政决定，而对行政相对人的人身、财产或行为采取**强制性措施**的具体行政行为。分为行政强制措施和行政强制执行。

2. 行政强制具有以下基本特征：（1）行政强制具有**行政性**；

（2）行政强制具有**服从性**；

（3）行政强制具有**物理性**；

（4）行政强制具有**依附性**。

【单选题】行政强制是典型的行政机关单方行为，由行政机关依法单方面决定实施，无须征得当事人的同意或认可。这体现了行政强制的基本特征是（　　）。

A. 行政性　　B. 协商性　　C. 依附性　　D. 服从性

【参考答案】D。本题考查行政强制的基本特征知识点。行政强制是典型的行政机关单方行为，当事人必须服从决定，没有自由选择的余地，这是行政强制服从性特点的显著体现。

二、行政强制的原则

（一）合法性原则

行政强制直接作用于当事人的人身和财产，是一种比较容易产生人身、财产损害的执法活动。行政强制的设定和实施，应当严格依照法定的**权限、范围、条件和程序**，才能确保行政强制不对当事人的合法权益造成侵害。

行政强制原则上由法律设定，尚未制定法律或者法律规定特定事项由行政法规规定的，才能由行政法规设定。没有制定法律、行政法规且属于地方性事务的，才可由地方性法规设定。行政法规和地方性法规设定行政强制的种类有明确的限制。

行政强制由行政机关实施，特殊情况下可由法律、行政法规授权的具有管理公共事务职能的组织实施；行政强制不得委托实施。

（二）合理性原则

行政强制的设定和实施，应当适当。采用非强制手段可以达到行政管理目的的，不得设定和实施行政强制。设定和实施行政强制应当**合理、适当**。

1. 设定适当：在**保障行政效率和保护公民权利**之间寻求平衡。

2. 实施适当

<table>
<tr><td>情节轻微、能不实施就不实施</td><td colspan="2">（1）违法行为情节显著轻微或没有明显社会危害的，可不采取行政强制措施
（2）对没有明显社会危害，当事人确无能力履行，中止执行满 3 年未恢复执行的，行政机关不再执行</td></tr>
<tr><td>查封、扣押、冻结的财物价值适当</td><td colspan="2">（1）场所适当：限于涉案的场所、设施或者财物，不得查封、扣押与违法行为无关的场所、设施或者财物
（2）用品适当：不得查封、扣押公民个人及其所扶养家属的生活必需品
（3）金额适当：冻结存款、汇款的数额应当与违法行为涉及的金额相当</td></tr>
<tr><td rowspan="3">强制手段适当</td><td>非强制手段 > 强制手段</td><td>当事人不依法履行行政决定时，应当优先使用非强制手段；强制执行前，应当先行催告，促使当事人自动履行义务</td></tr>
<tr><td>间接强制手段 > 直接强制手段</td><td>行政机关应当优先使用滞纳金、执行罚等间接强制手段，无法实现行政目的时，才适用直接强制执行</td></tr>
<tr><td>损害小的手段 > 损害大的手段</td><td>多种强制手段都可以实现行政目的，应当选择对当事人损害最小的方式，即符合比例原则的要求</td></tr>
</table>

（三）权利保障原则

1. 决定前：陈述权、申辩权

2. 执行后

（1）申请行政复议、提起行政诉讼的权利。

（2）因行政机关或人民法院违法实施行政强制受到损害的，申请司法赔偿的权利。

三、行政强制措施

（一）行政强制措施的概念及种类

1. 概念：是指行政机关在行政管理过程中，为**制止违法行为、防止证据损毁、避免危害发生、控制危险扩大**等情形，依法对公民的人身自由实施**暂时性限制**，或者对公民、法人或者其他组织的财物实施暂时性控制的行为。

2. 种类（对比行政强制执行）

分类	具体种类
行政强制措施	（1）限制公民人身自由 （2）查封场所、设施或者财物 （3）扣押财物 （4）冻结存款、汇款 （5）其他行政强制措施
行政强制执行	（1）加处罚款或者滞纳金 （2）划拨存款、汇款 （3）拍卖或者依法处理查封、扣押的场所、设施或者财物 （4）排除妨碍、恢复原状 （5）代履行 （6）其他强制执行方式

【提示】其他行政强制措施主要是指：证据先行登记保存，交通管制，强制进入场所，通信管制等。

【提示】其他行政强制执行方式主要是指：强制履行兵役义务、强制戒毒、强制收购、强制教育等。

【多选题】下列选项中，属于《行政强制法》规定的行政强制措施有（　　）。

A. 扣押财物　　B. 限制公民人身自由

C. 冻结存款、汇款　　D. 排除妨碍、恢复原状

【参考答案】ABC。本题考查的是行政强制措施。根据《行政强制法》第九条的规定，行政强制措施的种类包括：（1）限制公民人身自由；（2）查封场所、设施或者财物；（3）扣押财物；（4）冻结存款、汇款；（5）其他行政强制措施。而排除妨碍、恢复原状属于行政强制执行方式。

（二）行政强制措施的设定

1. 行政强制措施原则上由法律设定。

2. 行政法规和地方性法规在特定条件下可以设定行政强制措施。尚未制定法律且属于国务院行政管理职权事项的，行政法规可以设定除限制公民人身自由和冻结存款、汇款外的行政强制措施；法律中未设定行政强制措施的，行政法规、地方性法规不得设定行政强制措施。

3. 法律规定特定事项由行政法规规定具体管理措施的，行政法规可以设定除限制公民人身自由、冻结存款、汇款和应当由法律规定的行政强制措施以外的其他行政强制措施。

4. 地方性法规只有在尚未制定法律、行政法规，且属于地方性事务的，才可以设定查封场所、设施或财物以及扣押财物。

【单选题】根据《行政强制法》第10条规定，尚未制定法律、行政法规，且属于

地方性事务的，（　　）可以设定查封场所、设施或者财物以及扣押财物的行政强制措施。

A. 最高人民法院司法解释

B. 国务院部门规章

C. 地方性法规

D. 省、自治区、直辖市人民政府规章

【参考答案】C。尚未制定法律、行政法规，且属于地方性事务的，地方性法规可以设定查封场所、设施或者财物以及扣押财物的行政强制措施。法律、法规以外的其他规范性文件不得设定行政强制措施。

（三）行政强制措施实施程序

1. 实施主体

（1）行政强制措施的实施主体是行政机关，以及法律、行政法规授权的具有管理公共事务职能的组织。

（2）行政强制措施**不得委托**实施；行使相对集中行政处罚权的行政机关，可以实施法律、法规规定的与行政处罚权有关的行政强制措施。

2. 行政强制措施的基本程序

一般程序	内部程序	实施前须向行政机关负责人报告并经批准
	外部程序	（1）由两名以上行政执法人员实施，出示执法身份证件 （2）通知当事人到场，当场告知强制的理由、依据以及当事人依法享有的权利、救济途径，听取陈述申辩 （3）制作现场笔录，由当事人和行政执法人员签名或者盖章
特别程序		紧急情况下当场实施，执法人员应当在**24 小时**内向负责人报告，并补办批准手续

【提示】当事人拒绝的，在笔录中予以注明；当事人不到场的，邀请见证人到场，由见证人和行政执法人员在现场笔录上签名或者盖章。

3. 行政强制措施决定书

（1）实施查封、扣押时，必须制作并当场交付查封、扣押决定书和清单。

（2）冻结存款、汇款时，必须向金融机构交付冻结通知书，并在 3 日内向当事人交付冻结决定书。

4. 行政强制措施的期限

（1）查封、扣押时限

①查封、扣押的期限不得超过 30 日；情况复杂的，经行政机关负责人批准，可以延长，但是延长期限不得超过 30 日；法律、行政法规另有规定的除外。

【提示】税务机关采取税收保全措施的期限一般不得超过 6 个月；重大案件需要延

长的，应当报国家税务总局批准。

②对物品需要进行检测、检验、检疫或者技术鉴定的，查封、扣押的期间不包括检测、检验、检疫或者技术鉴定的期间。检测、检验、检疫或者技术鉴定的期间应当明确，并书面告知当事人。

【提示】检测、检验、检疫或者技术鉴定的费用由行政机关承担。

（2）冻结存款、汇款时限：自冻结存款、汇款之日起 30 日内，行政机关应当作出处理决定或者作出解除冻结决定；情况复杂的，经行政机关负责人批准，可以延长，但是延长的期限不得超过 30 日；法律另有规定的除外。

【提示】延长查封、扣押、冻结的决定应当及时**书面**告知当事人，并说明理由。

5. 行政强制措施的解除

符合以下情形之一的，应当解除行政强制措施：

（1）当事人没有违法行为；

（2）标的物与违法行为无关；

（3）已经作出处理决定不再需要采取行政强制措施；

（4）查封、扣押期限或冻结期限已经届满；

（5）其他不再需要采取行政强制措施的。

四、行政强制执行

（一）行政强制执行的概念及种类

1. 概念：是指行政机关或者行政机关申请人民法院，对不履行行政决定的公民、法人或者其他组织，依法强制履行义务的行为。

2. 方式包括：加处罚款或者滞纳金，划拨存款、汇款，拍卖或者依法处理查封、扣押的场所、设施或者财物，排除妨碍、恢复原状，代履行，其他强制执行方式等。

（二）行政强制执行的设定

1. 行政强制执行只能由法律设定。法律没有规定行政机关强制执行的，作出行政决定的行政机关应当申请人民法院强制执行。

2. 起草法律草案、法规草案，拟设定行政强制的，起草单位应当采取听证会、论证会等形式听取意见，并向制定机关作出说明设定该行政强制的必要性、可能产生的影响，以及听取和采纳意见的情况。

【对比】设定权限

	行政处罚	行政许可	行政强制措施	强制执行
法律	√	√	√	√
行政法规	除限制人身自由外	√	除限制人身自由、冻结存款汇款外	×
地方性法规	除限制人身自由、吊销企业营业执照外	√	查封场所、设施、财物以及扣押财物	×
地方规章	警告和一定数量的罚款	省规章可以	×	×
部门规章	警告和一定数量的罚款	×	×	×

（三）行政强制执行程序

1. 行政强制执行的主体

（1）具有行政强制执行权的行政机关，以及法律、行政法规授权的具有管理公共事务职能的组织。具有行政强制执行权的主体，必须在法律授予的职权范围内实施行政强制执行。

（2）没有行政强制执行权的行政机关应当申请人民法院强制执行。但是，当事人在法定期限内不申请行政复议或者提起行政诉讼，经催告仍不履行的，在实施行政管理过程中已经采取查封、扣押措施的行政机关，可以将查封、扣押的财物依法拍卖抵缴罚款。

（3）行政强制执行不得委托实施。

【对比】实施主体

行政行为	行政机关	被授权组织	受委托
行政处罚	√	法律、法规授权	其他组织
行政许可	√	法律、法规授权	其他行政机关
行政强制措施	法律、法规授权	法律、行政法规授权	×
行政强制执行	有权限	法律、行政法规授权	×

2. 催告程序和行政强制执行决定书

行政机关作出强制执行决定前，应当事先以书面形式催告当事人履行义务。当事人收到催告书后有权进行陈述和申辩。行政机关应当充分听取当事人的意见，对当事人提出的事实、理由和证据，应当进行记录、复核。当事人提出的事实、理由或者证据成立的，行政机关应当采纳。

经催告，当事人逾期仍不履行行政决定，且无正当理由的，行政机关可以作出强制执行决定书，实施强制执行。

【多选题】行政机关作出强制执行决定前，应当事先催告当事人履行义务。催告应当以书面方式作出，载明的事项包括（　　）。

A. 履行义务的期限

B. 履行义务的方式

C. 当事人依法享有的陈述权和申辩权

D. 当事人依法享有的行政复议权和行政诉讼权

【参考答案】ABC。本题考查的是行政强制执行。根据《行政强制法》第三十五条的规定，行政机关作出强制执行决定前，应当事先催告当事人履行义务。催告应当以书面方式作出，并载明下列事项：（1）履行义务的方式；（2）履行义务的期限；（3）涉及金钱给付的，应当有明确的金额和支付方式；（4）当事人依法享有的陈述权和申辩权。

3. 滞纳金和加处罚款的适用

一般情形	行政机关依法作出金钱给付义务的行政决定，当事人逾期不履行的，行政机关可以依法加处罚款或者滞纳金。加处数额不得超出金钱给付义务的数额
直接强制	超过30日，经催告当事人仍不履行的，有行政强制执行权的行政机关可以强制执行；无权机关申请法院强制执行

【提示】《行政处罚法》的规定，行政处罚决定依法作出后，当事人到期不缴纳罚款的，每日按罚款数额的**3%**加处罚款。

【提示】《税收征收管理法》的规定，纳税人未按照规定期限缴纳税款的，扣缴义务人未按照规定期限解缴税款的，税务机关除责令限期缴纳外，从滞纳税款之日起，按日加收滞纳税款**0.5‰**的滞纳金。

4. 执行中止

（1）当事人履行行政决定确有困难或者暂无履行能力的；

（2）第三人对执行标的主张权利，确有理由的；

（3）执行可能造成难以弥补的损失，且中止执行不损害公共利益的；

（4）行政机关认为需要中止执行的其他情形。

【提示】中止执行的情形消失后，行政机关应当恢复执行。

【提示】对没有明显社会危害，当事人确无能力履行，中止执行满**3年**未恢复执行的，行政机关不再执行。

【多选题】下列关于行政强制执行应当中止执行的情形，符合规定的有（　　）。

A. 当事人履行行政决定确有困难或者暂无履行能力的

B. 执行可能造成难以弥补的损失，且中止执行不损害公共利益的

C. 第三人对执行标的主张权利确有理由的

D. 当事人向行政机关提出中止执行申请的

【参考答案】ABC。本题考查的是行政强制执行中止执行。

根据《行政强制法》第三十九条的规定，有下列情形之一的，中止执行：(1) 当事人履行行政决定确有困难或者暂无履行能力的；(2) 第三人对执行标的主张权利，确有理由的；(3) 执行可能造成难以弥补的损失，且中止执行不损害公共利益的；(4) 行政机关认为需要中止执行的其他情形。

5. 执行终结

(1) 公民死亡，无遗产可供执行，又无义务承受人的；

(2) 法人或者其他组织终止，无财产可供执行，又无义务承受人的；

(3) 执行标的灭失的；

(4) 据以执行的行政决定被撤销的；

(5) 行政机关认为需要终结执行的其他情形。

6. 执行协议

(1) 条件：行政机关可以在**不损害公共利益和他人合法权益**的情况下，与当事人达成执行协议。

(2) 实施：

时间	可以约定分阶段履行
金额	当事人采取补救措施的，可以减免加处的罚款或者滞纳金
程序	当事人不履行执行协议的，行政机关应当恢复强制执行

【提示】减免的仅限于加处的罚款或滞纳金，不包括罚款、税款、行政收费的本金。

7. 其他重要规定

(1) 具有行政强制执行权的行政机关在强制执行金钱给付义务的决定前，需要采取查封、扣押、冻结措施的，可以直接依据《行政强制法》规定实施查封、扣押、冻结措施。

(2) 行政机关不得在**夜间或者法定节假日**实施行政强制执行，但情况紧急的除外；不得对居民生活采取**停止供水、供电、供热、供燃气**等方式迫使当事人履行相关行政决定。

(3) 在执行中或者执行完毕后，据以执行的行政决定被撤销、变更，或者执行错误的，应当恢复原状或者退还财物；不能恢复原状或者退还财物的，依法给予赔偿。

(4) 行政强制执行所得的款项应当上缴国库或者划入财政专户，任何行政机关或者个人不得以任何形式**截留、私分或者变相私分**。金融机构根据行政机关的要求将款项划转国库或者划入财政专户之外的账户的，也应承担法律责任。

（四）申请人民法院强制执行

1. 当事人在法定期限内不申请行政复议或者提起行政诉讼，又不履行行政决定的，没有行政强制执行权的行政机关可以自期限届满之日起**3个月**内，申请法院强制执行。

2. 行政机关申请法院强制执行前，应当催告当事人履行义务。

3. 执行管辖：催告书送达**10日**后当事人仍未履行义务的，行政机关可以向所在地有管辖权的法院申请强制执行；执行对象是**不动产**的，向不动产所在地有管辖权的法院申请强制执行。

4. 执行费用

（1）行政机关申请法院强制执行，不缴纳申请费。

（2）强制执行的费用由**被执行人**承担；人民法院以划拨、拍卖方式强制执行的，可以在划拨、拍卖后将强制执行的费用扣除。

【对比】费用问题

<table>
<tr><td>信息公开</td><td colspan="2">依申请提供政府信息，除收取检索、复制、邮寄等成本外，不得收取其他费用</td></tr>
<tr><td>行政许可</td><td colspan="2">（1）行政许可听证：免费
（2）提供格式文本，不得收费
（3）实施行政许可和监督检查，不得收取任何费用。法律、行政法规另有规定除外</td></tr>
<tr><td>行政处罚</td><td colspan="2">行政处罚听证：免费</td></tr>
<tr><td rowspan="2">行政强制</td><td>行政强制措施</td><td>（1）查封、扣押的标的物的检测、检验、检疫或者技术鉴定的费用由行政机关承担
（2）因查封、扣押发生的保管费用由行政机关承担</td></tr>
<tr><td>行政强制执行</td><td>（1）代履行的费用由当事人承担，法律另有规定除外
（2）行政机关申请人民法院强制执行，不缴纳申请费；强制执行的费用由被执行人承担</td></tr>
</table>

【多选题】关于行政机关申请人民法院强制执行的规定，下列说法正确的有（ ）。

A. 当事人在法定期限内不申请行政复议或者提起行政诉讼，又不履行行政决定的，没有行政强制执行权的行政机关可申请人民法院强制执行

B. 没有行政强制执行权的行政机关可以自行政诉讼期限届满之日起3个月内申请人民法院强制执行

C. 行政机关申请人民法院强制执行可不催告当事人履行义务

D. 行政机关可以向当事人所在地的人民法院申请强制执行

【参考答案】AB。本题考查的是申请人民法院强制执行的规定。《行政强制法》第53条规定，当事人在法定期限内不申请行政复议或者提起行政诉讼，又不履行行政决定的，没有行政强制执行权的行政机关可以自期限届满之日起3个月内，依照《行政强制法》第五章规定申请人民法院强制执行。《行政强制法》第54条规定，行政机关

申请人民法院强制执行前，应当催告当事人履行义务。催告书送达10日后当事人仍未履行义务的，行政机关可以向所在地有管辖权的人民法院申请强制执行；执行对象是不动产的，向不动产所在地有管辖权的人民法院申请强制执行。

第二节　税收保全和税务行政强制执行

一、税收保全

（一）税收保全的概念

税收保全是指税务机关为保障税款征收，依法对从事生产、经营纳税人的**财物**实施暂时性控制的行为。税收保全属于行政强制措施的范畴。

（二）税收保全的具体措施和方式

1. 查封

（1）概念：查封是指税务机关对纳税人、扣缴义务人或纳税担保人的财产通过加贴封条或其他方法，限制行政相对人和第三人对财产**转移和处分**的行为。

（2）对于被查封的场所、设施及财物，行政机关有保管责任并承担保管费用。

（3）实施查封时，不得损害第三人的合法权益。

2. 扣押

（1）概念：扣押是指税务机关将行政相对人价值相当于应纳税款的商品、货物或者其他财产进行扣留，由税务机关或税务机关委托的第三人保管，限制相对人**占有、使用和处分**该财产的行为。

（2）扣押的财物，通常是动产，不动产无法实施扣押。

【提示】有价证券属于其他财产，依法属于可以扣押的范围。

（3）对查封、扣押的场所、设施或者财物，行政机关应当妥善保管，不得使用或者损毁；因未尽妥善保管义务造成损失的，应当承担赔偿责任。

【提示】因第三人的原因造成的损失，行政机关先行赔付后，有权向第三人**追偿**。

（4）因查封、扣押发生的保管费用由行政机关承担。

（5）扣押的财物，由税务机关占有，但其所有权并不发生转移，财产的所有权仍归行政相对人所有。

【多选题】关于税务机关扣押程序，下列说法正确的有（　　）。

A. 扣押时应当通知当事人到场

B. 扣押清单一式二份，由当事人和行政机关分别保存

C. 对扣押物品发生的合理保管费用，由当事人承担

D. 行政机关应当妥善保管扣押的物品

【参考答案】ABD。本题考查的是扣押程序。《行政强制法》第18条规定，行政机关实施行政强制措施应当通知当事人到场。《行政强制法》第24条规定，行政机关决定实施查封、扣押的，应当履行该法第十八条规定的程序，制作并当场交付查封、扣押决定书和清单。查封、扣押决定书应当载明下列事项：（1）当事人的姓名或者名称、地址；（2）查封、扣押的理由、依据和期限；（3）查封、扣押场所、设施或者财物的名称、数量等；（4）申请行政复议或者提起行政诉讼的途径和期限；（5）行政机关的名称、印章和日期。查封、扣押清单一式二份，由当事人和行政机关分别保存。《行政强制法》第26条规定，对查封、扣押的场所、设施或者财物，行政机关应当妥善保管，不得使用或者损毁；造成损失的，应当承担赔偿责任。对查封的场所、设施或者财物，行政机关可以委托第三人保管，第三人不得损毁或者擅自转移、处置。因第三人的原因造成的损失，行政机关先行赔付后，有权向第三人追偿。

3. 冻结

（1）概念：冻结是指税务机关向开户银行和其他金融机构发出通知，暂时停止行政相对人对一定数额存款支付权利的行为。

（2）冻结不改变存款的所有权关系，存款和相应的利益仍归**行政相对人**所有。

（3）税务机关也不能将行政相对人账户中的存款划转其他账户实施冻结，只能在原账户中予以冻结。

【提示】《税收征管法实施细则》规定，实施扣押、查封时，对有产权证件的动产或者不动产，税务机关可以责令当事人将产权证件交税务机关保管，同时可以向有关机关发出协助执行通知书，有关机关在扣押、查封期间不再办理该动产或者不动产的过户手续。

4. 税收保全的适用

（1）依据《税收征管法》第37条实施的税收保全

（1）行政相对人	未按照规定办理税务登记的从事生产、经营的纳税人，以及临时从事经营的纳税人
（2）保全标的	纳税人开始生产、经营以来至税务机关检查前的所有应纳税款、滞纳金
（3）财产范围	价值相当于应纳税款的商品、货物
（4）保全的手段	主要是扣押，其中对有产权证的商品、货物，可以责令当事人将产权证件交税务机关保管，同时可以向有关机关发出协助执行通知书，暂停办理过户手续
（5）保全的程序	税务机关应先行核定应纳税款，并责令纳税人缴纳。纳税人拒不缴纳的才能实施保全
	经实施扣押的税务机关负责人批准，并履行税务机关内部管理制度规定的审批要求
	保全后的处理，如果纳税人缴纳了税款，税务机关应立即解除扣押，退还财产；如果扣押后仍不缴纳税款的，转而依法实施强制执行

（2）依据《税收征管法》第 38 条实施的税收保全

（1）行政相对人	已办理税务登记的从事生产、经营的纳税人，不能适用于其他纳税人、扣缴义务人或纳税担保人
（2）保全标的	是纳税人当期的应纳税款、滞纳金
（3）财产范围	是纳税人存款、商品、货物和其他财产
（4）保全的手段	包括冻结、扣押、查封，其中对有产权证的不动产或动产，可以责令当事人将产权证件交税务机关保管，同时可以向有关机关发出协助执行通知书，暂停办理过户手续
（5）期前保全	适用于法定的纳税期到期以前
（6）前置性条件	应有根据认为纳税人有逃避纳税义务行为；应先行责令限期缴纳应纳税款；在限期内发现纳税人有明显的转移、隐匿其应纳税的商品、货物以及其他财产或者应纳税的收入的迹象的，并经责成纳税人提供纳税担保。需满足前述所有前置性条件，才能实施税收保全
（7）特别审批要求	须经县以上税务局（分局）局长批准

（2）依据《税收征管法》第 55 条实施的税收保全。税务机关对纳税人以前纳税期进行纳税检查的过程中，发现纳税人有逃避纳税义务行为，并有明显的转移、隐匿其应纳税的商品、货物以及其他财产或者应纳税的收入的迹象的，可以实施税收保全。实施税收保全的批准权限、保全标的、财产范围和具体手段等，与依据《税收征管法》第 38 条实施的税收保全基本相同。

二、税务行政强制执行

（一）税务行政强制执行的概念

是指税务机关对逾期不履行行政决定的行政相对人，依法强制其履行义务或实现与履行义务相同状态的具体行政行为。

（二）税务行政强制执行的具体措施和方式

1. 扣缴

扣缴，是指税务机关向开户银行和其他金融机构发出通知，由金融机构根据税款、滞纳金、罚款等确定的金额，从行政相对人的存款中扣除对应金额的款项划转至税务机关指定的账号，缴入国库的行为。税务机关不能从行政相对人账户提取现金。

2. 拍卖、变卖抵缴

拍卖抵缴，是指税务机关将查封、扣押行政相对人的财产，委托依法设立的拍卖机构拍卖，税务机关将拍卖所得支付**相关费用并抵缴税款、滞纳金、罚款**的行为。

变卖抵缴，是指税务机关将查封、扣押行政相对人的财产，交法定机构收购、委托商业机构代为销售，或直接变卖处理，以所得款项支付相关费用并抵缴税款、滞纳金、罚款的行为。

法律规定禁止流通或限制流通，只能由法定单位收购的财产，应交法定单位收购。其他财产，原则上通过拍卖方式处理；无法委托拍卖或不适合于通过拍卖方式处理的，才能交商业机构代为公开销售；由税务机关直接处理变现的财产，必须严格控制，严格按照国家税务总局的规定执行。

（三）税务行政强制执行的适用

1. 依据《税收征管法》第三十七条实施的

税务机关对未办理税务登记的从事生产、经营的纳税人以及临时从事经营的纳税人实施税收保全后，纳税人仍不缴纳应纳税款的，税务机关可以进一步实施强制执行。具体做法是，经县以上税务局（分局）局长批准，由税务机关依法拍卖或者变卖所扣押的商品、货物，以拍卖或者变卖所得抵缴税款。

2. 依据《税收征管法》第三十八条实施的

税务机关对办理了税务登记的从事生产、经营的纳税人，在法定纳税期前实施了税收保全后，纳税人在限期期满仍未缴纳税款的，税务机关可以进一步实施强制执行。具体做法是，经县以上税务局（分局）局长批准，由税务机关书面通知纳税人开户银行或者其他金融机构从其冻结的存款中扣缴税款，或者依法拍卖或者变卖所扣押、查封的商品、货物或者其他财产，以拍卖或者变卖所得抵缴税款。

3. 依据《税收征管法》第四十条实施的

这是税务机关实施行政强制执行最主要的法律依据：

（1）其适用的行政相对人包括各种未按规定期限缴纳税款或解缴税款的从事生产经营的纳税人、扣缴义务人，以及未按规定期限履行担保义务的纳税担保人。

（2）强制执行的标的包括税款和滞纳金。

（3）强制执行的手段包括扣缴存款；扣押、查封、依法拍卖、变卖商品、货物或其他财产，以拍卖或变卖所得抵缴税款、滞纳金；其中对有产权证的不动产或动产，在执行过程中还可以责令当事人将产权证件交税务机关保管，同时可以向有关机关发出协助执行通知书，暂停办理过户手续。

（4）需要先行责令行政相对人限期缴纳，逾期未缴的才能实施强制执行。

（5）应当经过县以上税务局（分局）局长的批准。

4. 依据《税收征管法》第五十五条实施的

税务机关对从事生产、经营的纳税人进行纳税检查，发现纳税人有逃避纳税义务行为，并有明显的转移、隐匿其应纳税的商品、货物以及其他财产或者应纳税的收入的迹象的，税务机关可以实施强制执行。该项强制执行可以在税收保全后实施，也可以直接实施。在实施该项执行时，应同时适用《税收征管法》第四十条，遵循第四十条的要求。

5. 依据《税收征管法》第六十八条实施的

《税收征管法》第六十八条是一项法律责任条款，但其中也规定了强制执行的内容。据此实施的强制执行，执行对象不限于从事生产、经营的纳税人，而可以是其他纳税人。强制执行的具体实施，依据《税收征管法》第四十条规定办理。

6. 依据《税收征管法》第八十八条实施的

该项强制执行应当遵循以下要求：

（1）当事人是税务行政处罚对象，包括纳税人、扣缴义务人、纳税担保人。

（2）执行标的是行政处罚决定所确定的内容，包括罚款、没收违法所得、没收非法财物。

（3）符合法定的实施条件，只有当事人对税务机关的处罚决定逾期不申请行政复议也不向人民法院起诉、又不履行的情况下，才能据此实施强制执行。

（4）执行的主体是作出处罚决定的税务机关，具体强制手段的运用则依据《税收征管法》第四十条的规定。

（三）实施税收保全和税务行政强制执行的其他重要事项

1. 程序问题

适用法律时，遵循以下基本规则：

（1）《行政强制法》和《税收征管法》《税收征管法实施细则》的规定没有冲突时，两方面的规定均应执行。

（2）《行政强制法》和《税收征管法》《税收征管法实施细则》的规定相冲突时，原则上按照《行政强制法》的规定执行；

【提示】《行政强制法》允许其他法律、法规作出特别规定的事项，按照《税收征管法》《税收征管法实施细则》的规定执行。

2. 措施的解除问题

税务机关实施查封、扣押、冻结、保管行政相对人的产权证书、暂停办理过户手续等限制性措施后，在实施拍卖、变卖、扣缴等处分性措施前，如果行政相对人缴清了税款，税务机关应当自收到税款或者银行转回的完税凭证之日起1日内解除限制性措施。有使用时效的财产，应在到期前变价保存、执行完毕或解除措施。

3. 标的的确定问题

保全和执行的标的应包括税款、滞纳金、实施保全和执行需要支付的、依法应由当事人承担费用的数额。如果罚款也依法一同执行的，还要考虑罚款和加处罚款。对查封、扣押财产的价值判断，应参照评估价、市场价、出厂价等合理判断。查封、扣押的财产应相当于保全或执行标的，但如果是不可分割的财产且行政相对人没有其他可供执行的财产的，可以超过标的实施保全和执行，执行完毕后应将余款退还行政相对人。

4. 不得实施税收保全和强制执行

不得实施税收保全和强制执行：个人及其所扶养家属维持生活必需的住房和用品，单价在**5 000 元**以下的其他生活用品。

【提示】**机动车辆、金银饰品、古玩字画、豪华住宅或者一处以外的住房**不属于这里所说的个人及其所扶养家属**维持生活必需**的住房和用品。

5. 清偿顺序问题

在税务行政强制执行中，如果执行到位的款项，不足以支付各种应缴或应付的款项的，按以下顺序清偿：（1）实现执行目的而发生的费用，包括执行中发生的依法应由当事人承担的费用；（2）税款；（3）滞纳金；（4）依法一并执行的罚款、加处罚款。

第三节　其他税收保障措施

一、通知出境管理机关阻止出境

1. 离境清税制度：欠缴税款的纳税人或者其法定代表人需要出境的，应当在出境前向税务机关结清**应纳税款、滞纳金或者提供纳税担保**。

2. 未结清税款、滞纳金，又不提供纳税担保的，税务机关可以通知出境管理部门阻止其出境。

二、税收优先权

1. 税收优先于无担保普通债权；

2. 税收优先于特定的有担保债权，即欠缴税款发生在**设定担保的时间之前**的，税收优先于抵押权、质权、留置权等担保债权；

3. 纳税人欠缴税款，同时又被行政机关决定处以**罚款、没收违法**所得的，税收优先于罚款和没收违法所得。

【提示】税收没有优先权情形：对于行政相对人所欠的职工工资和劳动保护费用、行政机关的没收非法财物、为实现本案执行而发生的费用、行政相对人及其所扶养的家属的基本生存费用、在税收发生之前的担保债权、法定的专有权等。

【多选题】为了保障国家税收，税法规定了税收优先权，下列情形中不能对抗税收优先权的有（　　）。

A. 在欠税发生后才设定担保的民事债权

B. 在欠税发生之前已设定担保的民事债权

C. 税务机关处以的罚款

D. 税务机关处以的没收违法所得

【参考答案】ACD。本题考查的是税收优先权的适用。依据《税收征管法》第四十五条的规定，(1) 税收优先于欠税发生在先的担保债权，但在欠税发生前已设定了担保的债权，税收并没有优先权。(2) 纳税人欠缴税款，同时又被行政机关决定处以罚款、没收违法所得的，税收优先于罚款、没收违法所得。

三、纳税担保

(一) 纳税担保的概念及其设立范围

1. 概念：纳税担保是指纳税担保人依据税法和担保法、物权法的规定，向税务机关设定的，担保纳税人履行纳税义务的一种行政合同。纳税担保是税务机关、纳税担保人、纳税人**共同意思**的表示。

2. 适用纳税担保的情形

(1) 税务机关有根据认为从事生产、经营的纳税人有逃避纳税义务行为，在规定的纳税期限之前经责令其限期缴纳应纳税款，在限期内发现纳税人有**明显的转移、隐匿**其应纳税的商品、货物以及其他财产或者应纳税收入的迹象，责成纳税人提供纳税担保的。

(2) 欠缴税款、滞纳金的纳税人或者其法定代表人需要出境的。

(3) 纳税人同税务机关在纳税上发生争议而未缴清税款，需要申请行政复议的。

(4) 税收法律、行政法规规定可以设立纳税担保的其他情形。

3. 纳税担保的范围：税款；滞纳金；实现税款、滞纳金的费用。费用包括抵押、质押登记费用，质押保管费用以及保管、拍卖、变卖担保财产等相关费用支出。

4. 担保方式有：保证、抵押、质押。

(二) 纳税保证

1. 纳税保证：指由纳税人之外的具有**担保法定资格和能力**的自然人、法人或其他经济组织，向税务机关设立的，担保纳税人履行纳税义务的担保形式。

2. 下列单位和个人不能作为保证人

(1) 国家机关，学校、幼儿园、医院等事业单位、社会团体；

(2) 企业法人的职能部门；

【提示】企业法人的分支机构有法人书面授权的，可以在授权范围内提供纳税担保；

（3）有偷税、抗税、骗税、逃避追缴欠税行为被税务机关、司法机关追究过法律责任未满 2 年的；

（4）因有税收违法行为正在被税务机关立案处理或涉嫌刑事犯罪被司法机关立案侦查的；

（5）纳税信用等级被评为 C 级以下的；

（6）在主管税务机关所在地的市（地、州）没有住所的自然人或税务登记不在本市（地、州）的企业；

（7）无民事行为能力或限制民事行为能力的自然人；

（8）与纳税人存在担保关联关系的；

（9）有欠税行为的。

3. 保证有一般保证和连带责任保证之分，纳税保证是一种连带责任保证，纳税人和纳税保证人对所担保的税款及滞纳金承担连带责任。

4. 纳税保证的保证期间为纳税人应缴纳税款期限届满之日起 **60 日**，即税务机关自纳税人应缴纳税款的期限届满之日起 60 日内有权要求纳税保证人承担保证责任，缴纳税款、滞纳金。

5. 履行保证责任的期限为 **15 日**，即纳税保证人应当自收到税务机关的纳税通知书之日起 15 日内履行保证责任。如果纳税保证期间内税务机关未通知纳税保证人缴纳税款及滞纳金以承担担保责任的，纳税保证人免除担保责任。

【多选题】下列主体不能够作为纳税担保人的包括（　　）。

A. 金贝公立幼儿园

B. 宏原有限责任公司财务部

C. 纳税信用等级为 D 级的大洋公司

D. 个体工商户李某在公安机关工作的表哥

【参考答案】ABC。本题考查的是纳税担保人的资格。

根据《纳税担保试行办法》第九条的规定，国家机关、幼儿园、学校、医院等事业单位、社会团体不得作为纳税担保人；企业法人的职能部门不得作为纳税担保人；纳税信用等级被评为 C 级以下不得作为纳税担保人。

（三）纳税抵押

1. 概念：纳税抵押指纳税人或纳税担保人，在**不转移对财产占有**的情况下，向税务机关办理手续，以其财产担保税款及滞纳金义务履行的担保形式。

2. 抵押财产的范围

可以抵押的财产范围	禁止抵押财产
(1) 抵押人所有的房屋和其他地上定着物 (2) 抵押人所有的机器、交通运输工具和其他财产 (3) 抵押人依法有权处分的国有的房屋和其他地上定着物 (4) 抵押人依法有权处分的国有的机器、交通运输工具和其他财产 (5) 经设区的市、自治州以上税务机关确认的其他可以抵押的合法财产	(1) 土地所有权 (2) 土地使用权 [但以依法取得的国有土地上的房屋抵押的，该房屋占用范围内的国有土地使用权同时抵押；以乡（镇）、村企业的厂房等建筑物抵押的，其占用范围内的土地使用权同时抵押] (3) 学校、幼儿园、医院等以公益为目的的事业单位、社会团体、民办非企业单位的教育设施、医疗卫生设施和其他社会公益设施 (4) 所有权、使用权不明或者有争议的财产 (5) 依法被查封、扣押、监管的财产 (6) 依法定程序确认为违法、违章的建筑物 (7) 法律、行政法规规定禁止流通的财产或者不可转让的财产 (8) 经设区的市、自治州以上税务机关确认的其他不予抵押的财产

3. 在办理纳税抵押时，涉及的抵押财产属于办理了产权登记的公示财产时，税务机关还应会同纳税担保人，到产权登记部门办理抵押登记手续。

【多选题】根据相关的规定，债务人可以用于抵押担保的财产有（　　）。

A. 某学校校办工厂的货车　　B. 依法被查封的厂房

C. 某医院的医疗器械　　D. 某幼儿园小卖部的设备

【参考答案】BC。

（四）纳税质押

1. 纳税质押：指纳税人或纳税担保人，将其**财产或财产性权利凭证**的占有权转移给税务机关，并向税务机关办理手续，以该财产担保税款及滞纳金义务履行的担保形式。

2. 动产质押：是以各种动产设立的质押，如商品、货物、机动车等。

3. 权利质押：是以财产性权利设立的质押，如汇票、支票、本票、债券、存款单、股权、提单等。

【提示】以票据设立质押的，应作质押背书，票据提示付款期到期时，税务机关应及时办理提示付款，否则会影响票据上的权利；以股权设立权利质押时，通常需要办理股权质押登记。

【多选题】根据相关法律的规定，可以质押的权利包括（　　）。

A. 汇票、支票、本票、债券　　B. 依法可以转让的股份、股票

C. 房屋　　D. 物权、抗辩权

【参考答案】AB。本题考核权利质押。CD 不动产物权不适用质押，适用抵押。

四、代位权

1. 概念：代位权是民法上的一项制度，指债权人因债务人怠于行使到期债权，而直接向次债务人即债务人的债务人提起民事诉讼，要求次债务人直接向原告履行义务

的制度。

2. 提起代位权诉讼的条件

（1）债权人对债务人的债权合法；

（2）债务人怠于行使其到期债权，对债权人造成损害；

【提示】怠于体现为**不以诉讼方式或仲裁方式**向其债务人主张；

【提示】怠于行使的是具有**金钱给付内容**的到期债权；

（3）债务人的债权**已到期**；

（4）债务人的债权**不是专属于债务人自身**的债权。

【提示】专属于债务人自身的债权是指基于扶养关系、抚养关系、赡养关系、继承关系产生的给付请求权和劳动报酬、退休金、养老金、抚恤金、安置费、人寿保险、人身伤害赔偿请求权等权利。

3. 税收代位权：指欠缴税款的纳税人**怠于**行使到期债权而对国家税收造成损害时，由税务机关以自己的名义代替纳税人行使其债权的权利。

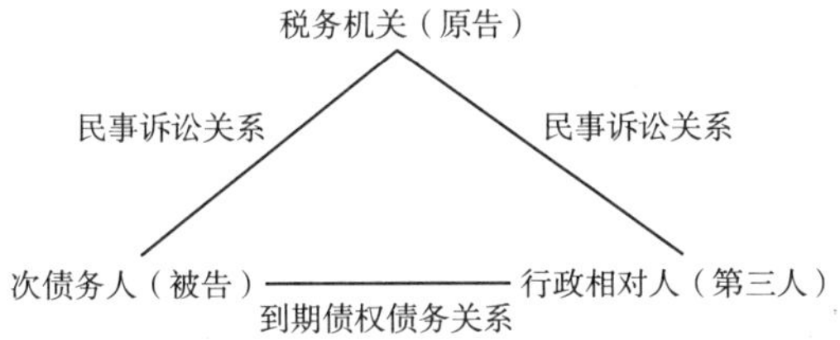

4. 税务机关行使代位权时，要求行政相对人欠缴税款的事实已经成立并有生效的文书依据；应当查明次债务人与行政相对人之间的债权债务关系，并已到期；应当查明行政相对人怠于行使到期债权的事实，是否有债权到期未到法院起诉或申请仲裁的情形。税务机关行使代位权时，应向法院提交民事起诉状，以次债务人为被告，以行政相对人为诉讼第三人。税务机关对前面所述的事实承担举证责任。

【单选题】根据相关法律规定，债权人行使代位权（　　）。

A. 可以采取私力救济方式　　　　B. 必须通过诉讼方式

C. 可以通过申请支付令方式　　　D. 可以通过仲裁方式

【参考答案】B。本题考核代位权的行使方式。

因债务人怠于行使其到期债权，对债权人造成损害的，债权人可以向人民法院请求以自己的名义代位行使债务人的债权，但该债权专属于债务人自身的除外。

五、撤销权

1. 概念：撤销权指债权人因债务人**放弃到期债权、无偿转让财产或以明显不合理**的价格转让财产且受让人知道该情形的，债权人提起民事诉讼，请求法院撤销债务人放弃、转让行为的制度。

2. 撤销权行使条件

（1）放弃债权：放弃到期、未到期债权；放弃债权担保；恶意延长到期债权的履行期。

（2）无偿转让财产，即将财产赠送他人。

（3）债务人以明显不合理的低价转让财产，对债权人造成损害，并且受让人（第三人）知道该情形

3. 债权人的撤销权由债权人以自己的名义通过诉讼行使。撤销权的行使有期限的要求，通常为**1年**。

【提示】债权人为原告，债务人为被告，受益人或者受让人为诉讼上的第三人。

4. 税收撤销权：是指税务机关对欠缴税款的纳税人**滥用财产处分权**而对国家税收造成损害时，请求人民法院予以撤销其行为有效的权利。

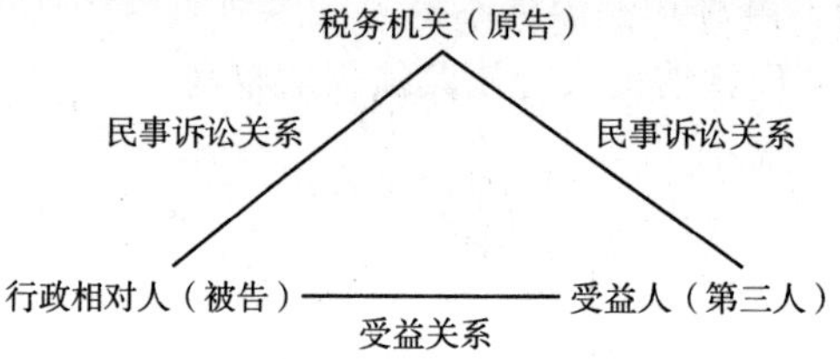

【代位权 VS 撤销权】

区分	代位权	撤销权
适用	消极行为	积极行为
被告	次债务人	债务人
是否是金钱之债	√	未规定
对次债务人的债权是否到期	√	未规定
债权人是否有权优先受偿	√	×

六、税收黑名单和联合惩戒制度

1. 税收黑名单制度：对达到一定涉案金额的偷税和逃避追缴欠税、骗取出口退税、抗税、虚开增值税专用发票以及普通发票等8类税收违法案件向社会公布的制度。

2. 联合惩戒制度：对被列入黑名单的当事人在特定的领域和事项上进行更严格的管理和限制的制度。

3. 税收黑名单和联合惩戒制度，能够极大地促进税收遵从，保障国家的税收权益。

本章习题

一、单项选择题

1. 行政强制执行是指行政机关或者行政机关申请人民法院，对不履行行政决定的公民、法人或其他组织，依法强制履行义务的行为。下列选项中，不属于行政强制执行的方式是（　　）。

A. 代履行　　B. 排除妨碍

C. 限制公民人身自由　　D. 恢复原状

2. 行政执法人员实施行政强制措施前，必须向行政机关负责人报告并经批准，但遇到情况紧急时，可以当场实施行政强制措施，但应当在规定的时间内向行政机关负责人报告，并补办手续。该规定的时间为（　　）。

A. 8 小时　　B. 12 小时　　C. 24 小时　　D. 48 小时

3. 《行政强制法》规定的行政强制实施主体不包括（　　）。

A. 法律规定的行政机关

B. 行政法规规定的行政机关

C. 法律、行政法规授权的具有管理公共事务职能的组织

D. 受行政机关委托的组织

4. 根据行政强制法律制度的规定，下列费用中，可由当事人负担的是（　　）。

A. 因查封、扣押发生的保管费用

B. 查封、扣押的物品需要检测的，检测的费用

C. 代履行的费用

D. 查封、扣押的物品需要进行技术鉴定的，技术鉴定的费用

5. 当事人对行政机关实施的行政强制，享有陈述权、申辩权；有权依法申请行政复议或者提起行政诉讼；因行政机关或人民法院实施行政强制受到损害的，有权依法要求赔偿。这体现了行政强制的原则是（　　）。

A. 权利保障原则　　B. 合法性原则

C. 合理性原则　　D. 公平性原则

6. 除法律、行政法规另有规定的外，行政机关实施查封扣押措施，查封、扣押的期限不得超过 30 日；情况复杂的，经行政机关负责人批准，可以延长，但是延长期限不得超过的时间是（　　）。

A. 10 日　　B. 30 日　　C. 45 日　　D. 60 日

7. 行政强制措施原则上由法律设定，且限制人身自由的行政强制措施的设定权只能为（　　）。

A. 法律　　B. 行政法规　　C. 地方法规　　D. 部门规章

8. 为保障行政相对人及其所扶养家属的基本生存需要，税务机关对行政相对人一定金额以下的生活用品不能实施税收保全和强制执行。该“一定金额”为（　　）。

A. 1 000 元　　B. 30 00 元　　C. 5 000 元　　D. 1 万元

9. 税务机关对纳税人实施的下列行为中，属于行政强制的是（　　）。

A. 征收税款　　B. 罚款　　C. 注销税务登记　D. 加处罚款

10. 某省纳税人甲需要出境，出境前因欠缴税款被主管税务机关责令提供纳税担保。甲拒不接受税务机关处理，没有提供担保，主管税务机关遂通知该省出境管理机关阻止其出境。以下说法正确的是（　　）。

A. 阻止甲出境属于行政处罚

B. 阻止甲出境属于税收保障措施

C. 主管税务机关无权要求甲提供纳税担保

D. 主管税务机关无权通知某省出境管理机关阻止甲出境

二、多项选择题

1. 行政强制法是行政法的一个重要领域，应遵循行政法的基本原则。行政强制的基本原则，包括（　　）。

A. 便民原则　　B. 合法性原则

C. 合理性原则　　D. 依附性原则

2. 关于行政强制执行应当终结执行的情形，下列说法正确的包括（　　）。

A. 第三人对执行标的主张权利，确有理由的

B. 法人或者其他组织终止，无财产可供执行，又无义务承受人的

C. 执行可能造成难以弥补的损失，且中止执行不损害公共利益的

D. 公民死亡，无遗产可供执行，又无义务承受人的

3. 依照《行政强制法》的规定，下列关于行政强制期限的说法正确的有（　　）。

A. 查封、扣押的期限不得超过 30 日，情况复杂的，经行政机关负责人批准，可以延长 30 日

B. 延长查封、扣押的决定应当及时书面告知当事人，并说明理由

C. 查封、扣押的期间不包括检测、检验、检疫或者技术鉴定的期间

D. 行政法规规定冻结期限的，可以执行相关规定

4. 税务机关采取行政强制执行措施，以拍卖或者变卖所得抵缴纳税人应缴或者应付的款项，包括（　　）。

A. 税务机关工作人员因实施强制执行措施所发生的差旅费

B. 执行中发生的拍卖费用

C. 税款和滞纳金

D. 罚款

5. 根据《税收征管法》的规定，经县以上税务局（分局）局长批准，税务机关可以对符合税法规定情形的纳税人采取税收保全措施。下列各项中，不属于税收保全措施的有（　　）。

A. 责令纳税人限期缴纳应纳税款

B. 书面通知纳税人开户银行从其存款中扣缴应纳税款

C. 书面通知纳税人开户银行冻结纳税人的金额相当于应纳税款的存款

D. 依法拍卖纳税人的价值相当于应纳税款的商品，以拍卖所得抵缴税款

6. 税务机关对行政相对人及其所扶养家属维持生活必需的住房和用品，不得实施税收保全和强制执行，下列不属于生活必需的包括（　　）。

A. 机动车辆　　B. 金银饰品

C. 古玩字画　　D. 唯一普通住宅

7. 根据《行政强制法》的规定，行政机关作出的冻结决定书应当载明的事项有（　　）。

A. 提出陈述和申辩意见的权利、途径和期限

B. 冻结决定书交付的期限

C. 冻结的账号和数额

D. 冻结的理由和依据

8. 下列关于税务机关实施查封、扣押的行为，符合《行政强制法》规定的有（　　）。

A. 甲税务机关执法人员未出示执法身份证件

B. 乙税务机关执法人员未当场制作查封清单

C. 丙税务机关执法人员制作了现场笔录

D. 丁税务机关执法人员将延长查封、扣押的决定书及时送达当事人，并说明理由

三、判断题

1. 尚未制定法律且属于国务院管理职权事项的，行政法规可以设定所有行政强制措施。（　　）

2. 行政强制是典型的行政机关单方行为，由行政机关依法单方面决定实施，无须征得当事人的同意或认可。（　　）

3. 除情况紧急外，行政机关不得在夜间或法定节假日实施行政强制执行。（　　）

4. 情况紧急时，行政机关可以对居民生活采取停止供水、供电、供热、供燃气等方式迫使当事人履行相关行政决定。（　　）

5. 《行政强制法》规定的中止执行的情形消失后，行政机关应当恢复执行。对没有明

显社会危害，当事人确无能力履行，中止执行满 3 年未恢复执行的，行政机关不再执行。（　　）

6. 行政机关对当事人加处罚款或者滞纳金的数额不得超出金钱给付义务的数额。

（　　）

参考答案与解析

一、单项选择题

1. 【参考答案】C。本题考查行政强制执行的方式。根据《行政强制法》第十二条的规定，行政强制执行的方式为：（1）加处罚款或者滞纳金；（2）划拨存款、汇款；（3）拍卖或者依法处理查封、扣押的场所、设施或者财物；（4）排除妨碍、恢复原状；（5）代履行；（6）其他强制执行方式。选项 C 不属于行政强制执行的方式。
2. 【参考答案】C。本题考查紧急情况下实施行政强制措施的批准程序。根据《行政强制法》第十九条的规定，情况紧急时，可以当场实施行政强制措施，但应当在 24 小时内向行政机关负责人报告，并补办手续。
3. 【参考答案】D。本题是考查行政强制实施主体。根据《行政强制法》第七十条的规定，行政强制措施由法律、行政法规规定的行政机关在法定职权范围内实施。因此，行政强制措施的实施主体是行政机关，以及法律、行政法规授权的具有管理公共事务职能的组织。
4. 【参考答案】C。选项 ABD 的费用由行政机关负担；选项 C，代履行费用按照成本合理确定，由当事人承担，但法律另有规定的除外。
5. 【参考答案】A。本题考查行政强制的基本原则。陈述权、申辩权是一项基本程序权利。在作出对当事人不利的决定前，应当听取当事人的意见，这样做有利于保证行政决定的公正、客观；申请复议、提起诉讼、申请损害赔偿等法律救济手段是事后监督的重要方式，也是当事人的一项重要权利，故此项规定体现了尊重当事人主体地位，保障其合法权利的原则。
6. 【参考答案】B。本题考查行政强制措施的期限。根据《行政强制法》规定，实施查封扣押措施，查封扣押的期限不得超过 30 日；情况复杂的，经行政机关负责人批准，可以延长，但是延长期限不得超过 30 日。法律、行政法规另有规定的除外。
7. 【参考答案】A。本题考查行政强制措施的设定。根据《行政强制法》第十条规定，行政强制措施由法律设定。对尚未制定法律且属于国务院行政管理职权事项的，行政法规可以设定限制公民人身自由、冻结存款、汇款和应当由法律规定的行政措施以外其他行政强制措施。尚未制定法律、行政法规且属于地方性事务的，地方法规可以设定查封场所、设施或者财物和扣押财物的行政强制措施。限制人身自由的行政强制措施，只能由法律设定。

8.【参考答案】C。本题考查的是实施税收保全措施时的人权保障问题。根据《税收征管法实施细则》第五十九条第三款的规定，税务机关对单价 5 000 元以下的生活用品，不采取税收保全措施和强制执行措施。

9.【参考答案】D。本题考查的是税务行政强制执行方式。行政强制，是指法定的行政强制主体为维护公共秩序，或为履行已经生效的行政决定，而对行政相对人的人身、财产或行为采取强制性措施的具体行政行为。选项 A 是指纳税依法应该向国家缴纳的税款及时足额征收入库的活动；选项 B 是对行为人违法税收法律行为的一种惩罚；选项 C 是指终止纳税人纳税义务的一道环节；选项 D 是对逾期缴纳罚款纳税人给予经济制裁的一种措施，符合行政强制的特征。

10.【参考答案】B。本题考查纳税担保的实施。《税收征管法》第四十四条规定，欠缴税款的纳税人或者他的法定代表人需要出境的，应当在出境前向税务机关结清应纳税款、滞纳金或者提供担保。未结清税款、滞纳金，又不提供担保的税务机关可以通知出境管理机关阻止其出境。阻止出境从性质上讲属于税收保障措施，不属于行政处罚。

二、多项选择题

1.【参考答案】BC。本题考查的是行政强制的基本原则。(1) 根据《行政强制法》第三条、第四条的规定，对行政强制的设定作了严格的限制，对行政强制的实施，规定了严格的程序，没有法定依据的行政强制措施和不符合法定程序行政强制措施无效，体现了行政强制的合法性，因此选项 B 正确。(2) 根据《行政强制法》第五条规定，对行政强制的设定和实施应当适当。采用非强制手段可以达到行政管理目的的，不得设定和实施行政强制。根据这一规定，在实施行政强制过程中，即使法律、法规设定了行政强制，实施时也要遵循必要的要求，不能动辄实施行政强制，因此选项 C 正确。(3) 行政强制主体在实施行政强制具体行为时，除了要考虑合法性和合理性，还要考虑对行政相对人合法权利的保障，但无须考虑是否便民，因为这是行政机关的单方行为，由行政机关单方面实施。故选项 A 不正确。依附性是行政强制的特征，而非应遵循的原则，故选项 D 错误。

2.【参考答案】BD。本题考查的是行政强制终止执行与终结执行。根据《行政强制法》第四十条的规定，有下列情形之一的，终结执行：(1) 公民死亡，无遗产可供执行，又无义务承受人的；(2) 法人或者其他组织终止，无财产可供执行，又无义务承受人的；(3) 执行标的灭失的；(4) 据以执行的行政决定被撤销的；(5) 行政机关认为需要终结执行的其他情形。

3.【参考答案】ABC。本题考查的是行政强制期限。《行政强制法》第二十五条规定，查封、扣押的期限不得超过 30 日；情况复杂的，经行政机关负责人批准，可以延长，但是延长期限不得超过30日。法律、行政法规另有规定的除外。延长查封、扣押的决定应当及时书面告知当事人，并说明理由。对物品需要进行检测、检验、检疫或者技术鉴定的，查封、扣押的期间不包括检测、检验、检疫或者技术鉴定的期间。检测、检验、检疫或者技术鉴定的期间应当明确，并书面告知当事人。检测、检验、检疫或者技术鉴定的费用由行政机关承担。《行政强制法》第三十二条规定，自冻结存款、汇款之日起30日内，行政机关应当作出处理决定或者作出解除冻结决定；情况复杂的，经行政机关负责人批准，可以延长，但是延长期限不得超过30日。法律另有规定的除外。延长冻结的决定应当及时书面告知当事人，并说明理由。对于冻结的期限，只有法律另有规定的，才可遵照执行，因此选项D错误。

4.【参考答案】BCD。本题考查的是清偿范围。根据《税收征管法》第三十八条第三款的规定，纳税人在前款规定的限期内缴纳税款的，税务机关必须立即解除税收保全措施；限期期满仍未缴纳税款的，经县以上税务局（分局）局长批准，税务机关可以书面通知纳税人开户银行或者其他金融机构从其冻结的存款中扣缴税款，或者依法拍卖或者变卖所扣押、查封的商品、货物或者其他财产，以拍卖或者变卖所得抵缴税款。根据《税收征管法实施细则》第六十四条的规定，税务机关按规定扣押、查封价值相当于应纳税款的商品、货物或者其他财产时，参照同类商品的市场价、出厂价或者评估价估算确定应扣押、查封的商品、货物或者其他财产的价值时，还应当包括滞纳金和拍卖、变卖所发生的费用。《税收征管法》第八十八条第三款规定，当事人对税务机关的处罚决定逾期不申请行政复议也不向人民法院起诉又不履行的，作出处罚决定的税务机关可以采取《税收征管法》第四十条规定的强制执行措施，或者申请人民法院强制执行。

5.【参考答案】ABD。本题考查的是税收保全措施的规定。《税收征管法》第三十八条规定，税务机关有根据认为从事生产、经营的纳税人有逃避纳税义务行为的，可以在规定的纳税期之前，责令限期缴纳应纳税款；在限期内发现纳税人有明显的转移、隐匿其应纳税的商品、货物以及其他财产或者应纳税的收入的迹象的，税务机关可以责成纳税人提供纳税担保。如果纳税人不能提供纳税担保，经县以上税务局（分局）局长批准，税务机关可以采取下列税收保全措施：（1）书面通知纳税人开户银行或者其他金融机构冻结纳税人的金额相当于应纳税款的存款；（2）扣押、查封纳税人的价值相当于应纳税款的商品、货物或者其他财产。选项B与选项D属于强制执行措施，不属于税收保全措施。选项A是按照规定采取的一种催告。

6.【参考答案】ABC。本题考查的是行政强制人权保障的规定。《税收征管法实施细则》第五十九条规定，《税收征管法》第三十八条、第四十条所称其他财产，包括纳税人的房地产、现金、有价证券等不动产和动产。机动车辆、金银饰品、古玩字画、豪华住宅或者一处以外的住房不属于《税收征管法》第三十八条、第四十条、

第四十二条所称个人及其所扶养家属维持生活必需的住房和用品。税务机关对单价 5 000 元以下的其他生活用品，不采取税收保全措施和强制执行措施。

7. 【参考答案】CD。冻结决定书应当载明下列事项：（1）当事人的姓名或者名称、地址；（2）冻结的理由、依据和期限；（3）冻结的账号和数额；（4）申请行政复议或者提起行政诉讼的途径和期限；（5）行政机关的名称、印章和日期。

8. 【参考答案】CD。本题考查的是行政强制措施和行政强制执行程序。根据《行政强制法》第二十四条的规定，行政机关实施行政强制措施应当出示执法身份证件、制作现场笔录，选项 A 甲税务机关执法人员未出示执法身份证件不符合规定；该法第二十四条规定，行政机关决定实施查封、扣押的，应当履行该法第十八条规定的程序，制作并当场交付查封、扣押决定书和清单，选项 B 乙税务机关执法人员未当场制作查封清单不符合规定。

三、判断题

1. 【参考答案】×。根据《行政强制法》第十条的规定，行政强制措施由法律设定。尚未制定法律且属于国务院管理职权事项的，行政法规可以设定除该法第九条第一项（限制人身自由）、第四项（冻结存款、汇款）和应当由法律规定的行政强制措施以外的其他行政强制措施。

2. 【参考答案】√。本题考查行政强制的服从性。行政强制通常在违背当事人意志的情形下实施，当事人有服从的义务而无选择的权利。因此是行政机关单方行为，无须征得当事人的同意或认可。

3. 【参考答案】√。根据《行政强制法》第四十三条的规定，行政机关不得在夜间或者法定节假日实施行政强制执行。但是情况紧急的除外。

4. 【参考答案】×。根据《行政强制法》第四十三条的规定，行政机关不得对居民生活采取停止供水、供电、供热、供燃气等方式迫使当事人履行相关行政决定。因此，行政机关不得对居民生活采取停止供水、供电、供热、供燃气等方式迫使当事人履行相关行政决定，并没有例外规定。

5. 【参考答案】√。根据《行政强制法》第三十九条的规定，中止执行的情形消失后，行政机关应当恢复执行。对没有明显社会危害，当事人确无能力履行，中止执行满 3 年未恢复执行的，行政机关不再执行。

6. 【参考答案】√。根据《行政强制法》第四十五条的规定，行政机关依法作出金钱给付义务的行政决定，当事人逾期不履行的，行政机关可以依法加处罚款或者滞纳金。加处罚款或者滞纳金的标准应当告知当事人。加处罚款或者滞纳金的数额不得超出金钱给付义务的数额。

第十九章　税务行政执法证据

第一节　证据概述

一、概念

证据，是指一切能够用来证明案件事实的材料。

二、特性（真实性、关联性、合法性）

1. 真实性

证据所反映的内容是客观存在事实，而不是虚构、猜测或伪造的。

2. 关联性

证据与案件的待证实事实之间有客观的联系。

3. 合法性

证据必须是按照法律的要求和法定程序取得的。

合法性 = 取证主体合法 + 取证手段合法 + 取证程序合法 + 证据形式合法。

【提示】证据的真实性、关联性和合法性必须同时具备、缺一不可。不具有“三性”的证据材料不能作为认定事实的证据，不具有证明效力或证明效力不足。

三、分类

1. 法定种类

包括书证、物证、视听资料、电子数据、当事人陈述、证人证言、鉴定意见及笔录勘验、现场笔录 8 种。

1	书证	以文字、符号、图画等所表达和记载的**思想内容**证明案件待证事实的书面文件或其他物品
2	物证	以其**存在形式、外部特征、内在属性**证明案件待证事实的实体物和痕迹
3	视听资料	运用现代技术手段，以录音、录像反映的**声音、形象**来证明案件真实情况的证据
4	电子数据	以电子形式存在的，用作证据使用的一切材料及其派生物，即借助电子技术或**电子**设备而形成的一切**数据**资料
5	证人证言	当事人之外的第三人就其感知的案件事实情况向调查机关所作的陈述

续表

6	当事人陈述	当事人对案件事实的描述，包括**承认、反驳及辩解**
7	鉴定意见	调查机关**依法委托或者指定的鉴定人**，运用其专门知识对案件中的某些专门性问题进行的分析、鉴别和判断所作出的结论性意见
8	勘验笔录、现场笔录	勘验笔录是在行政执法程序和诉讼过程中由行政机关执法人员或人民法院司法审判人员对案件有关场所、物品进行现场勘查、检测、测量、拍照、绘图后制作的笔录。现场笔录，是行政主体工作人员在**执行职务**过程中**当场**进行调查、处理、处罚而制作的文字记载材料

【提示】以上证据经法庭审查属实，才能作为认定案件事实的根据。

2. 学理分类

原始证据：直接来源于案件事实或出自于证据形成的原始出处的证据，如纳税人的各种原始账簿、凭证、合同、申报表等。

证明力高低

传来证据：又称派生证据，是指非直接来源于案件事实或原始出处，而是间接地从原始材料派生而获得的证据。对原始证据进行复印、复制、传抄、影印、拍照、录像等形成的证据都是传来证据。

实物证据：直接来源于案件事实或出自于证据形成的原始出处的证据，如纳税人的各种原始账簿、凭证、合同、申报表等。

证明力高低

言词证据：以人的陈述为表现形式的证据，又称人证。言词证据主要包括当事人陈述、证人证言、鉴定意见。其中，鉴定意见是一种特定的言词证据，是专门机构的专家所作的证言，具有比普通言词证据更高的效力。

直接证据：直接说明案件事实的证据，如直接说明案件事实的当事人陈述、证人证言、视听资料等。

证明力高低

间接证据：不能直接说明案件事实，需要与其他证据相结合，通过综合分析判断才能证明案件事实的证据，如需要其他证据印证的物证、鉴定意见、现场笔录、视听资料、证人证言等。

本证：又称证实证据，是能够用以证明待证事实成立的证据。

反证：又称证伪证据，是能够用来证明待证事实不成立的证据。

【提示】税务行政执法的目的是查明案件事实，而不是一味地要证明行政相对人违法，所以对于发现行政相对人涉嫌违法时，既要注意收集本证，也要注意收集反证，这样才能客观全面地反映案件事实。

3. 几个相关概念

（1）证据资格：又称证据能力，是指某个材料是否具备证据的基本特性，从而作为案件证据的资格。具备真实性、关联性、合法性的材料，可以成为案件的证据，即具备了证据资格。

（2）证明能力：是指具备证据资格的材料，在用以证明相关事实时的说服力。

【提示】具备证据资格的材料，证明能力会有差异。有的证据能够独立地、比较充分地证明特定事实；而有的证据虽然有一定的说服力，但说服力不够，难以使人确信地得出事实结论。

(3) 举证责任：是指当事人对自己提出的主张收集、提供证据，运用证据证明事实，并承担不能证明时的不利后果的责任。

- 行为意义上的举证责任：对于待证事实，由谁提出证据加以证明的责任。
- 结果意义上的举证责任：当待证事实真伪不明状态时，应当由谁承担因此而产生的不利法律后果的责任。

【提示】在行政复议和行政诉讼中，原则上应当由**行政机关**对其作出行政行为所依据的事实承担举证责任。

(4) 证据制度：对证据的形式、证据的收集、证据的提供、质证、证据的审查判断等规则的总称。

- 神示证据制度：是依靠神的示意来判断案件事实，如神誓，即以对神宣誓方式来证明案件事实；神明裁判，即以当事人接受神的考验来证明他们陈述的真伪。
- 法定证据制度：是在法律中机械规定各种证据的证明力的证据制度。如据供定罪，强制规定以口供定罪，没有口供就不能定罪。
- 自由心证证据制度：是近现代西方国家采用的证据制度，是由事实的裁判者基于良心，遵循理性，形成内心确信来评判证据，认定事实的制度。(我国通常不用)

一般将我国的证据制度称为**实事求是**的证据制度。

【单选题】乙公司租赁甲公司房屋，并签有租赁合同，但乙公司未按合同约定交付租金已有半年，甲公司遂向人民法院起诉要求乙公司交纳租金。乙公司在诉讼中提出，因出租人长期不维修出租房屋，致使乙公司财产遭受损失，并提供房屋损坏及财产损失情况的公证书（原件）及鉴定意见（原件）。上述证据在证据法理论上不属于（　　）。

A. 反证　　B. 本证　　C. 直接证据　　D. 原始证据

【参考答案】A。按证据与当事人主张的关系，可以将证据分为本证和反证。本证又称证实证据，是能够用以证明待证事实成立的证据。反证又称证伪证据，是能够用以证明待证事实不成立的证据。乙公司主张出租人长期不维修出租房屋，致使其财产遭受损失，而提供房屋损坏及财产损失情况的公证书及鉴定意见，属于负有举证责任的当事人为支持其主张所提供的证据，是本证。直接证据是能够单独、直接证明待证事实的证据，本题中的证据可直接证明财产遭受损失的事实，是直接证据。来源于案件事实本身的证据为原始证据，非直接来源于案件事实或原始出处，而是间接地从原始材料派生而获得的证据是传来证据。本题证据均为原件，为原始证据。故本题的正确答案为A。

第二节　取证的方法、措施和证据管理

一、书证取证

1. 种类划分

从查处税务案件实际需要的角度，可将书证作以下划分：

种类：
- 证明税务案件当事人主体身份、资格的书证；
- 证明税务案件当事人违法事实的书证；
- 证明税务机关行政执法行为合法的书证。

2. 书证调取的一般要求

形式要求	（1）提取书证的原件。（原本、正本和副本均属于书证的原件。首先要取得**原件**。提取的原件依法可以不退还的，应将原件入卷作为定案证据，如虚开的增值税专用发票、各种假发票、凭证以及其他依法可以没收、扣缴的资料。） （2）提取复制件、影印件或者抄录件。提供原件确有困难的，可以提供与原件核对无误的复印件、照片、节录本。（在复制有关书证材料时，通常应当在复制件中记载下列事项：提取时间、提取地点、提取人员、与原件**核对无误**的表述、其他说明，并经原件持有人的签章或签字，两名以上的执法人员作为提取人的签字。）
形式要求	（3）附说明材料。提取报表、图纸、会计账册、专业技术资料、科技文献等书证的，应当附有**说明**材料。（外文书证或者外国语视听资料的，作为诉讼证据提交人民法院时，应当附有由具有翻译资质的机构翻译的或者其他翻译准确的中文译本，由翻译机构盖章或者翻译人员签名。）
保管要求	提供由有关部门保管的书证原件的复制件、影印件或者抄录件的，应当**注明出处**，经该部门核对无异后加盖其（保管部门）**印章**。

【提示】被诉行政行为所依据的询问、陈述、谈话类笔录，应当有行政执法人员、被询问人、陈述人、谈话人**签名或者盖章**。法律、法规、司法解释和规章对形式另有规定的除外。

3. 执法实践中的常见问题

（1）**书证不宜采用抽样**取证方式。不同的书证其所证明案件事实也各不相同，只有**完整**地加以收集才能反映出案件的全貌，故对书证不宜采用抽样取证方式。

（2）税务稽查底稿、稽查签证的证据效力得到认可。税务稽查底稿和稽查签证在日常税务稽查工作中是最常用的税务文书类型。通过经由当事人对税务机关查明的违法事实进行承认、辩解、否认等过程，既可以证明相关案件事实，同时也充分证明了税务机关在调查过程中充分听取当事人陈述、申辩的事实。因此，税务**稽查底稿和稽查签证**完全符合有关书证的特征要素，故其属于书证的一种形式。

目前司法实践中也认可税务稽查底稿和稽查签证作为一种有效的书证形式。税务人员应严格依照《税务稽查工作规程》的要求制作税务稽查底稿和稽查签证，以期客

观、全面、准确地反映案件事实。

【单选题】从查处税务案件实际需要的角度出发，诸如“税务检查通知书”“询问通知书”等书证，属于可（　　）。

A. 证明税务案件当事人主体身份、资格的书证

B. 证明税务案件当事人存在违法事实的书证

C. 证明税务机关具体行政执法行为合法的书证

D. 证明税务机关内部行政行为合法的书证

【参考答案】C。从查处税务案件实际需要的角度出发，将书证分为：（1）证明税务案件当事人主体身份、资格的书证；（2）证明税务案件当事人违法事实的书证；（3）证明税务机关具体行政执法行为合法的书证。“税务检查通知书”“询问通知书”等书证是证明税务机关严格依照法定权限和程序进行执法的证据，故正确答案是 C。

【多选题】税务行政诉讼中，税务机关向人民法院提交的下列证据中通常需要附有说明材料的有（　　）。

A. 报表、图纸　　　　B. 会计账簿

C. 专业技术资料　　　　D. 国内货物买卖合同正本

【参考答案】ABC。本题考查的是行政诉讼证据中书证的调取要求。根据《最高人民法院关于行政诉讼证据若干问题的规定》第十条，提供报表、图纸、会计账册、专业技术资料、科技文献等书证的，应当附有说明材料。由于这些书证复杂且较为专业，应对其作必要说明，以阐明证据与所要证明的有关事实的关系，也便于日后案件审理员及人民法院进行梳理、审查。选项 D 国内货物买卖合同正本，由于其内容明确清楚，所以没必要加以文字说明。故正确答案是 ABC。

二、物证取证

提取要求如下：

提取原物	税务机关在提取物证时，可以同时制作现场笔录等加以佐证。现场笔录中应记载提取物证的机关、人员、提取时间和地点、提取手段（过程）、物证所有人（持有人）及物证的基本情况，并由 **2** 名以上执法人员和在场人员签字。提取原物确有困难的，可以提取与原物核对无误的复制件或者证明该物证的照片、录像等其他证据
抽样取证	原物为数量较多的种类物的，提供其中的一部分，也就是**抽样**取证。但抽样取证必须与现场笔录、统计表格、照片、录像资料或其他证据相印证
摄制有关照片、录像	对于不宜、不易提取的原物，可以采用摄制有关照片、录像等方式加以复制和固定。在此过程中，应注意以下几方面要求：一是摄制有关照片、录像时，既要摄制显示原物外观形态及有关如物品品名、规格型号、厂名地址等细节信息的局部照片，也要摄制显示原物存放地点的背景照片，从而真实、全面地反映物证所证明的案件事实全貌。二是制作的静态影像可直接成像于 **A4** 卷宗纸上，也可制作成照片粘贴于 **A4** 卷宗纸上，同时在右侧边缘骑缝处加盖原物持有人印章。同时，在卷宗纸上**签注**该照片摄制时间、地点、摄制人员以及原物持有人核对情况，并注明该照片所要证明的案件事实简要内容

【提示】1. 物证在一定情况下，可以抽样取证，不同于书证。

2. 有的物证同时也是书证，例如假发票。

三、视听资料取证

提取制作的要求如下：

提取有关资料的原始载体	提取视听资料应提取原始载体，提取原始载体确有困难的，可以提取复制件
复制视听资料	复制视听资料，应制作现场笔录，注明复制时间、地点、复制来源、复制方法、复制形式、复制成果、证明对象等；调取录音、录像磁带时，还应载明磁带长度
制作提供文字记录	声音资料应当附有该声音内容的文字记录。由于录音等声音资料往往因有较为嘈杂的背景声或当事人使用地方（民族）语言致使办案人员在判读上存在一定的困难，因此需要附有相应的文字记录便于案件的审查。记录中应载明声音录取的时间、地点、人员、录取所使用的设备，声音的文字内容等

【提示】有关法律规定，行政执法机关以偷拍、偷录方式获取的证据材料如果违反了法律的禁止性规定或损害他人合法权益的，视为非法证据。但以非公开方式获取的证据材料的行为**没有违反法律的禁止性规定或侵害到他人合法权益的，仍可以作为定案证据使用**。当前许多执法部门对于现场执法的普遍采用执法记录仪方式采集相关影音证据，非现场执法的通过设置专门的安装有高清录音录像设备的询问室来全程记录调查询问过程。

【多选题】税务机关对某纳税人法定代表人进行询问调查时，对谈话过程进行了全程录音，有关该录音证据制作要求表述正确的有（　　）。

A. 必须首先取得该法定代表人同意，否则擅自录取的资料不得作为证据

B. 必要时可以进行剪辑、拼接等技术处理

C. 应当附有该声音资料的文字说明

D. 参与谈话调查过程的税务人员不得少于 2 人

【参考答案】CD 。本题考查的是视听资料的制作要求。税务机关检查时，可以采取录音、录像等方式，所以无须首先取得该法定代表人同意。A 的说法不正确。视听资料只能提取原始载体或复制，不能进行剪辑、拼接等技术处理，否则该证据不能单独或不能作为定案依据的证据。因此选项 B 的说法也是不正确的。声音资料应当附有文字说明，C 正确。询问调查是税务机关执法行为，因此执法人员应是 2 人或 2 人以上。选项 D 的说法也是正确的。故正确答案是 CD。

【多选题】税务机关对某纳税人法定代表人进行询问调查时，对谈话过程进行了全程录音，有关该录音证据制作要求表述正确的有（　　）。

A. 必须首先取得该法定代表人同意，否则擅自录取的资料不得作为证据

B. 必要时可以进行剪辑、拼接等技术处理

C. 应当附有该声音资料的文字说明

D. 参与谈话调查过程的税务人员不得少于 2 人

【参考答案】CD 。本题考查的是视听资料的制作要求。税务机关检查时，可以采取录音、录像等方式，所以无须首先取得该法定代表人同意。A 的说法不正确。视听资料只能提取原始载体或复制，不能进行剪辑、拼接等技术处理，否则该证据不能单独或不能作为定案依据的证据。因此选项 B 的说法也是不正确的。声音资料应当附有文字说明，C 正确。询问调查是税务机关执法行为，因此执法人员应是 2 人或 2 人以上。选项 D 的说法也是正确的。故正确答案是 CD。

四、电子数据证据取证

常用的提取方法如下

打印涉税电子数据信息	税务人员应要求当事人通过正在使用的财务、业务等应用管理系统，把所有电子账套中的关键信息打印成纸质载体，注明出处，并让其在纸质载体上签（盖）上必要的证据证明印章，以便日后作为直接证据使用
拷贝、备份涉税电子数据信息	对涉税电子数据信息拷贝、备份在有形存储介质中。存储在有形存储介质中的电子数据来源路径必须标明信息所属部门、计算机（或计算机使用人）、盘符、文件夹，方便当事人确认。但不得对提取的涉税电子数据信息进行转换、加密和压缩（保持证据“与原件一致性”），并保证其计算机设备和系统正常运行和安全
固定电子数据证据	在涉税检查现场，税务人员要把所有采集到的电子数据集中并拷贝、备份到两个（如需由公证机关公证签封的则需要三个）以上有足够存储容量的有形存储介质中，当事人对其中一个有形存储介质中涉税电子数据信息的制作情况和一致性进行确认，并由其对有形存储介质进行**签封**

【提示】1. 复制数据时，最好复制**两份**或以上，并及时将其转换为书证。

2. 税务机关可以通过正规协查手续，要求电子邮箱、**QQ** 软件、微信、支付宝等这些电子数据的运营商提供有关电子数据资料。

【多选题】下列证据属于电子数据证据的有（　　）。

A. 复制的纳税人存储在计算机里的电子账册

B. 纳税人网上申报的资料

C. 执法记录仪里的录音录像资料

D. 纳税人发往办案税务人员手机中的短信

【参考答案】ABD 。本题考查的是电子数据证据的范畴。电子数据是指基于计算机应用、通信和现代管理技术等电子化技术手段形成的包括文字、图形符号、数字、字母等的客观资料，包括电子邮件、电子数据交换、网上聊天记录、博客、微博客、手机短信、电子签名、域名等。选项 ABD 属于电子数据的范畴，选项 C 是视听资料的范畴。

【判断题】以有形载体固定或者显示的电子数据交换、电子邮件以及其他数据资料，其制作情况和真实性经对方当事人确认，或者以公证等其他有效方式予以证明的，与原件具有同等的证明效力。(　　)

【参考答案】√。根据《最高人民法院关于行政诉讼证据若干问题的规定》第六十四条，以有形载体固定或者显示的电子数据交换、电子邮件以及其他数据资料，其制作情况和真实性经对方当事人确认，或者以公证等其他有效方式予以证明的，与原件具有同等的证明效力。

五、证人证言和当事人陈述取证

1. 概念辨别：

	概念	税务案件调查取证中
证人证言	当事人之外的**第三人**就其感知的案件事实情况向调查机关所作的陈述	同一案件中对其他人员如财务会计、出纳人员、仓库保管人员、业务员、运输人员等进行询问调查所制作的笔录属于证人证言
当事人陈述	是**当事人**对案件事实的描述，包括承认、反驳及辩解	对作为纳税人自然人、企业、其他组织的法定代表人、其他组织的负责人所作的询问笔录、纳税人所作的自书材料，属于当事人陈述

2. 证人证言和当事人陈述都可以由证人和当事人自书，也可以通过调查机关制作**询问笔录**的形式加以记录。

【提示】询问必须由**2**名以上具有执法资格的税务干部实施。

3. 询问笔录的制作要求

1	写明基本情况	询问笔录应当写明证人的姓名、年龄、性别、职业、职务、住址等基本情况，并应附有居民身份证复印件或其他证人、当事人身份证明。应记载询问实施的时间、地点、询问人，记录人等询问过程的基本情况
2	告知权利义务	询问**开始**时，应当先告知执法人员的身份、出示执法证件，告知询问事由和如实反映案件事实的义务，不如实作证的后果
3	正文采用问答形式记录	做问答式记录时应注意以下问题：一是应当核对询问对象的身份，其与行政相对人的关系，与待证事实的有关的工作经历。如果是对当事人的询问，还应了解更详细的基本情况。二是对于某些案件事实的固定应采用辨认、核对方式记录
4	内容全面、详细、具体	询问笔录中应当全面记录当事人对案件事实的描述，不仅要记录其对违法事实的承认的部分，也要记录其**否认及辩解的部分，不得随意取舍**。对于询问对象的虚构、编造，通常也要加以记录，要以其中的矛盾漏洞，或以其他证据否认其真实性，而不是简单地不予记录。对于某些模棱两可、似是而非的陈述应进一步问清真实意图、确定其真实的含义，这既有利于确保询问笔录的证明力，也有利于防止当事人事后翻供
5	双方确认	调查结束后，询问笔录应交询问对象签名确认，不能签名的，应当以盖章、捺手印等方式证明。询问笔录应用钢笔或毛笔书写，也可以电脑记录并打印，经询问对象核对无误后**签字、盖章或捺手印确认**。如有遗漏或者差错，应允许其补充或改正。询问人和记录人也应在询问笔录上签字

【多选题】税务机关为查办税收违法案件时收集的以下证据中，属于言词证据的有（　　）。

A. 法定代表人的陈述

B. 对纳税人财务人员的询问笔录

C. 从纳税人计算机中复制的电子数据

D. 鉴定意见

【参考答案】ABD。言词证据是以人的陈述为表现形式的证据，又称人证。选项A、B、D符合言词证据的特点。其中，鉴定意见是一种特定的言词证据，是专门机构的专家所作的证言，选项C属于电子数据。故正确答案是A、B、D。

六、鉴定意见取证

我国的鉴定体系：以司法鉴定为主要手段。

启动要求	（1）由当事人提供；（2）由法院依职权指定或委托法定鉴定部门
内容要求	委托人和委托鉴定的事项；材料；技术手段；资格；鉴定人的签名和鉴定部门的盖章；说明分析过程。除由司法鉴定人签名或者盖章外，还应当加盖司法鉴定机构的司法鉴定专用章，并附有司法鉴定机构资质证明和司法鉴定人资格证明
税务部门鉴定意见	（1）**仅对发票真伪**进行鉴别，出具鉴定意见； （2）对其他事项，如偷税金额、公安机关、其他单位或个人要求税务机关对某些与税收有关的事项作出“鉴定”等，**只能算是证明，属于证人证言**，不能采用“鉴定意见”字样，不能出具“鉴定文书”

【判断题】公安机关查处涉嫌逃税犯罪案件时，对税务机关已经作出的税务处理决定书和税务行政处罚决定书，可以作为鉴定意见使用。（　　）

【参考答案】×。税务机关只有对发票真伪的鉴别权，公安机关查处涉嫌逃税犯罪案件时，对税务机关已经作出的税务处理决定书和税务行政处罚决定书只作为一种证明资料，不能作为鉴定意见使用。

七、现场笔录和勘验笔录取证

1. 概念辨别：

	概念	区别
现场笔录	行政主体工作人员在执行职务过程中当场进行调查、处理、处罚而制作的文字记载材料	行政执法机关在执法现场对正在进行的过程进行记录，其反映的是一个**动态**的过程
勘验笔录	在行政执法程序和诉讼过程中由行政机关执法人员或人民法院司法审判人员对案件有关场所、物品进行现场勘查、检测、测量、拍照、绘图后制作的笔录	行政机关或人民法院在案件事实发生后对现场情况的一种事后固定，其反映的是一个**静态**的结果

2. 适用情形：

现场笔录（强调过程）	对当事人的生产经营场所进行现场检查、收集物证材料、提取电子数据证据、听取当事人陈述申辩、进行保全、强制执行等过程中应同时制作现场笔录
勘验笔录（强调结果）	对当事人有关生产经营设施进行检测、用电用水数据采集、经营场所绘图，以及对仓库原材料、成品进行盘点等过程中应以勘验笔录方式对有关事实加以固定

3. 制作要求：

（1）**及时**性。现场笔录必须是在进行税务行政执法行为的过程中即时制作的，其具有即时性和不可再现性，因此不能采取事后补记或追记。

（2）现场笔录和勘验笔录应当**载明**时间、地点、参加执法的人员和事件过程、事实结果等内容，不同的现场笔录和勘验笔录，其制作方法各有不同。

（3）笔录应由执法人员和当事人**签名**。当事人拒绝签名或者不能签名的，应当注明原因，可由其他在场人签名证明。

八、域外证据取证

1. 概念

形成、来源于中华人民共和国领域外的，能够证明案件事实的有关书证、物证、电子数据等证据材料，包括在我国**香港、澳门、台湾地区**形成的证据材料。

2. 取得途径

①办案人员为证明案件事实，依照职权主动向域外有关单位或个人发出调查要求，由域外有关单位或个人协助提供有关证据材料，或就有关事实作出证明

②案件当事人为支持自己的主张，主动提供或者应办案人员的要求提供其在域外形成的有关证据。

3. 收集要求

按照**国际公约**或**司法协定**收集	按照国际公约或司法协定收集：域外证据必须说明来源，经所在国公证机关证明，并经我国驻该国使领馆认证，或者履行我国与该国签订的有关条约中规定的证明手续
按照**规定**办理证明手续	调取在中华人民共和国香港特别行政区、澳门特别行政区和台湾地区内形成的证据，应当具有按照有关规定办理的证明手续。证明主要有四种方式：（1）我驻港、澳机构的工作人员提交的证据，由其所在的机构出具证明；（2）香港港九工会联合会、澳门工会联合会等团体的成员提交的证据，由其所在的团体出具证明；（3）司法部委托的港澳律师办理的证明；（4）台湾地区不冠以“中华民国”名义的公证机构或民间组织出具的证明

九、证据先行登记保存措施

1. 概念

税务机关在依法调查或检查过程中，为查明案件事实，在证据可能灭失或者以后

难以取得的情况下，依据《行政处罚法》的规定，对有关证据采取清点、登记并封存的措施。

2. 适用条件

税务机关在依法进行税务调查或检查过程中，发现有下列情形之一的：

（1）被调查或检查单位或个人可能**隐匿、转移、销毁、篡改或变卖**证据的；

（2）因受到自然条件或其他因素的限制，证据可能**自然毁损或灭失**的；

（3）证据可能灭失或以后难以取得的其他情形。

3. 要求和手段

批准	税务机关采取证据先行登记保存措施的，应当经过**批准**。批准人：**本单位负责人**
取得	“证据先行登记保存清单”应当由2名以上税务执法人员和被调查（检查）人核对后签字或盖章。被调查（检查）人拒绝签字或盖章的，应**注明情况**
保存	“证据先行登记保存清单”一式两份，由税务机关和被调查（检查）人各持一份

4. 保存

原则上：对已经登记保存的证据应当加封后交由当事人**就地**负责保管。

特殊情况：确需移至他处保存的，可以决定**异地保存**，并**指定专门机构或专人予以保管**。

【提示】1. 证据先行登记保存仅仅是对有可能灭失或日后难以取得的证据采取的临时性保全措施，依照法律规定，税务机关应当在采取证据先行登记保存措施后**7日内**采取进一步措施来收集、固定有关证据。

2. 若将已经先行登记的证据调回税务机关进行保存，税务机关应出具“提取证据专用收据”。

【判断题】“证据先行登记保存清单”应当由2名以上税务执法人员和被调查（检查）人核对后签字或盖章。当事人拒绝签字或盖章的，税务机关不得采取证据先行登记保存措施。（　　）

【参考答案】×。“证据先行登记保存清单”应当由2名以上税务执法人员和被调查（检查）人核对后签字或盖章。当事人拒绝签字或盖章的，应注明情况。

十、资料调回检查措施

1. 概念：税务机关在税务检查过程中，依法将纳税人、扣缴义务人的账簿、记账凭证、报表和其他有关资料调回税务机关检查的行为。

2. 实施要求：

1. 实施时机	应当在确有必要时实施	
2. 履行严格的程序	审批手续	调回**以往年度**资料的，须经**县以上税务局（分局）局长**的批准
		调回**当年度**资料的，须经**设区的市、自治州以上税务局局长**的批准
	执行程序	调回资料时，由**2名以上**具有**执法资格**的人员实施，应与纳税人、扣缴义务人一同对资料进行清点，出具详细的清单，并由**执法人员、纳税人、扣缴义务人**签字或盖章
	资料退回	调回资料检查后，如果是往年的资料，应在**3个月内完整**退回
		如果是当年的，应当在**30日完整**退回 【提示】退回资料时，应由纳税人、扣缴义务人出具收据

3. 对象和范围：

对象	纳税人和扣缴义务人
范围	纳税人、扣缴义务人的账簿、记账凭证（含原始凭证）、报表和合同、协议等证明纳税人发生过与其税收违法行为有关的其他材料

【提示】纳税人、扣缴义务人的资格性和财产性权利证书，虽然有时也与税收案件事实有关，但不宜依此调回。

【多选题】下列对税务机关调回资料检查表述正确的有（　　）。

A. 调回纳税人当年度的资料的，须经县以上税务局（分局）局长的批准

B. 应当出具清单

C. 必要时可将纳税人或扣缴义务人以外的其他单位或个人的资料调回检查

D. 调回当年资料的，应当在30天内退回

【参考答案】BD。本题考查的是税务机关调回资料检查的规定。根据《税收征管法实施细则》的规定，必要时，经县以上税务局（分局）局长批准，可以将纳税人、扣缴义务人以前会计年度的账簿、记账凭证、报表和其他有关资料调回税务机关检查，但是税务机关必须向纳税人、扣缴义务人开付清单，并在3个月内完整退还；有特殊情况的，经设区的市、自治州以上税务局局长批准，税务机关可以将纳税人、扣缴义务人当年的账簿、记账凭证、报表和其他有关资料调回检查，但是税务机关必须在30日内退还。选项BD的表述是正确的。

十一、税务行政执法证据的管理

1. 建立证据管理制度

目前，税务行政执法中并无统一的证据管理规定，应逐步建立。

2. 遵循保密原则

对于涉及**国家秘密、商业秘密和个人隐私**或者法律规定的其他应当保密的证据，

依照规定是不得在开庭时公开质证。

3. 妥善保管有关证据材料

4. 将证据卷单独立卷

【判断题】税务机关对当事人有关的证据材料采取先行登记保存措施后，为防止证据灭失必须将证据材料调回税务机关保存，不得交由当事人保管。(　　)

【参考答案】×。税务机关原则上对已经登记保存的证据应当加封后交由当事人就地负责保管。

第三节　证据的审查和事实认定

一、对证据审查的基本要求

1. 税务机关收集证据的原则——**全面、客观、公正合法**。

全面	对当事人有利、不利的证据都要收集
客观	如实还原案件的本来面目
公正合法	不偏不倚，程序合法，证据的形式要件合法

2. 对证据审查的基本要求

1	取证的主体合法	
2	取证的程序、形式、权限合法	严重违反法定程序收集的证据材料，不得作为定案依据
		以违反法律强制性规定的手段获取且侵害他人合法权益的证据材料，不得作为定案依据
		以利诱、欺诈、胁迫、暴力等手段获取的证据材料，应当主动作为非法证据排除
3	证据是否符合法定形式和要求	—
4	不能单独作为定案依据的证据	(1) 未成年人所作的与其年龄和智力状况**不相适应的证言**
		(2) 与被查对象有亲属关系、利益关系或其他密切关系的证人所作的对该被查对象有利的证言，或者与被查对象有不利关系的证人所作的对该被查对象不利的证言
		(3) 难以识别是否经过修改的视听材料
		(4) 证据被改动，当事人不予认可的
		(5) 其他不能单独作为定案依据的证据

二、不同证据种类的证明效力

1	法定机关证据优先	（1）国家机关以及其他职能部门依职权制作的**公文文书优于其他书证**
		（2）**鉴定意见、现场笔录、勘验笔录、档案材料、公证或登记**的书证优于其他书证、视听资料和证人证言
		（3）法定鉴定部门的鉴定意见优于其他鉴定部门的鉴定意见
2	法庭证据优先	法庭主持勘验制作的勘验笔录优于其他部门主持勘验制作的勘验笔录
		出庭作证的证人证言优于未出庭作证的证人证言
3	原件优先	原件、原物优于复制件、复制品
		原始证据优于传来证据
4	无利害关系优先	**其他证人证言**优于与当事人**有亲属或密切关系**的证人提供的对该当事人**有利**的证言
5	证据链优先	数个种类不同、内容一致的证据优于一个孤立的证据

三、税务行政执法案件中证明标准的把握

1. 概念

证明标准：认定案件事实或者形成一定的法律关系对证明所要求达到的程度或标准。

2. 税务行政执法人员在审查证据，认定案件事实时，要求做到：

（1）认真审查证据，全面、深入地把握证据；

（2）在对单一证据审查的基础上，要综合全案证据，重视证据与证据之间的关系；

（3）本着公正公平之心，体现国家工作人员应有的职业道德来判断事实；

（4）利用自己所掌握的知识、常识、生活和工作经验，讲究理性，遵循通常的道理来作判断；

（5）对事实达到自我确信，则认定相应的事实。

【多选题】下列关于证据的效力说法正确的有（　　）。

A. 原件、原物优于复制件、复制品

B. 法定鉴定部门的鉴定意见优于其他鉴定部门意见

C. 一个孤立的证据优于数个种类不同、内容一致的证据

D. 出庭作证的证人证言优于未出庭作证的证人证言

【参考答案】ABD。本题考查的是证据的证明效力。根据《最高人民法院关于行政诉讼证据若干问题的规定》，选项 ABD 的说法是正确，选项 C 错误，应该是数个种类不同、内容一致的证据优于一个孤立的证据。

本章习题

一、单项选择题

1. 在税收违法案件检查过程中，调取的证据必须是客观存在的事实。这体现了证据的（　　）特征。

A. 关联性　　B. 合法性　　C. 真实性　　D. 准确性

2. 某市税务局稽查局为查处甲公司的税收违法行为所取得的下列证据中，属于以其存在形式、外部特征、内在属性证明案件待证事实的物证是（　　）。

A. 甲公司的当年账簿资料

B. 甲公司伪造的高新技术企业证书

C. 甲公司与乙公司签订的销售合同

D. 甲公司的法定代表人身份证复印件

3. 税务稽查中调取被查对象以前年度账簿及有关资料时应经一定级别局长的批准，并在规定期限内完整退还被查对象，以下选项正确的是（　　）。

A. 县以上税务局（分局）局长；3 个月

B. 县以上税务局（分局）局长或地州市以上税务局稽查局长；3 个月

C. 县以上税务局（分局）局长；3 个月，特殊情况可以延长至 6 个月

D. 县以上税务局（分局）局长或地州市以上税务局稽查局长；3 个，特殊情况可以延长至 6 个月

4. 下列证据材料中，属于税务案件原始证据的是（　　）。

A. 伪造的发票　　B. 稽查工作底稿

C. 复印的会计资料　　D. 复制的电子资料

二、多项选择题

1. 税务稽查人员调查税收违法案件时，要取得与案件有关的情况和资料，下面可以依法采用的具体方式有（　　）。

A. 记录当事人生产经营的情况

B. 在询问当事人过程中进行录音

C. 收集实物证据时采取拍照方式

D. 偷拍与税收违法案件有关但侵害当事人隐私权的录像

2. 税务机关在依法进行检查过程中，可以对当事人进行证据先行登记保存的情形有（　　）。

A. 被调查或检查单位或个人可能隐匿、转移、销毁、篡改或变卖证据的

B. 因证据资料数量众多无法及时提供固定的

C. 当事人拒不提供有关证据材料的

D. 因受到自然条件或其他因素的限制，证据可能自然毁损或灭失的

3. 当事人陈述属于（　　）。

A. 原始证据　　B. 间接证据　　C. 实物证据　　D. 言词证据

4. 税务机关在办案过程中，对于取得的证据材料应当予以审查，其中属于证据合法性审查的内容有（　　）。

A. 取证的主体和权限是否合法　　B. 取证的程序和手段是否合法

C. 是否是直接证据　　D. 证据的形式是否符合法定的要求

三、判断题

1. 税务机关在税收违法案件检查中，以偷拍、偷录、窃听等手段获取的证据材料不能作为定案依据。（　　）

2. 询问笔录应用钢笔或毛笔书写，也可以计算机记录并打印。（　　）

3. 鉴定意见错误、不明确或者内容不完整不能作为定案依据。（　　）

参考答案与解析

一、单项选择题

1.【参考答案】C。证据所反映的内容是客观存在的事实，这是证据的真实性要求。故正确答案是 C。

2.【参考答案】B。物证是指以其存在形式、外部特征、内在属性证明案件待证事实的实体物和痕迹。书证是指以文字、符号、图画等所表达和记载的思想内容证明案件待证事实的书面文件或其他物品。选项 B 甲公司伪造的高新技术企业证书需要以其物理特征来证明事实，具有物证的属性。其余选项 A、C、D 证据则属于书证。故正确答案是 B。

3.【参考答案】A。根据《税收征管法实施细则》的规定，经县以上税务局（分局）局长批准，可以将纳税人、扣缴义务人以前会计年度的账簿、记账凭证、报表和其他有关资料调回税务机关检查，但是税务机关必须向纳税人、扣缴义务人开付清单，并在 3 个月内完整退还。故正确答案是 A。

4.【参考答案】A。原始证据是指直接来源于案件事实或出自原始出处的证据材料，而不直接来源于案件事实，经过转手复制等，则为传来证据。选项 C、D 是典型的传来证据。本题要特别注意区别的是选项 B 稽查工作底稿是否属于原始证据，从稽查工作底稿记载的内容上看，稽查工作底稿是对当事人各类书证原件进行归类、节录的基础上形成的资料，因此它也属于传来证据。税务机关在证明纳税人的税收违法事实时，取得的纳税人伪造的发票是“第一手材料”，属于是原始证据。故正确答

案是A。

二、多项选择题

1.【参考答案】ABC。根据《税收征管法》第五十八条的规定，税务机关调查税收违法案件时，对与案件有关的情况和资料，可以记录、录音、录像、照相和复制。根据《最高人民法院关于行政诉讼证据若干问题的规定》，以偷拍手段获取侵害他人合法权益的证据材料不能作为定案依据，选项D的情形属于此类证据材料，属于非法证据，不能作为定案依据。故正确答案是A、B、C。

2.【参考答案】AD。税务机关在依法进行税务调查或检查过程中，发现有下列情形之一的，可以决定采取证据先行登记保存：（1）被调查或检查单位或个人可能隐匿、转移、销毁、篡改或变卖证据的；（2）因受到自然条件或其他因素的限制，证据可能自然毁损或灭失的；（3）证据可能灭失或以后难以取得的其他情形。选项A、D属于其中的两种情形，故正确答案是A、D。

3.【参考答案】AD。当事人陈述，是当事人对案件事实的描述，包括承认、反驳及辩解。原始证据是直接来源于案件事实或出自证据形成的原始出处的证据。当事人陈述是以人的陈述为表现形式的证据，因此它属于言词证据，并且又是直接来源于案件事实的证据，所以其也属于原始证据。故正确答案是A、D。

4.【参考答案】ABD。是否是直接证据不属于证据合法性审查的内容。取证的合法性应该考虑取证的主体和权限是否合法、取证的程序和手段是否合法、证据的形式是否符合法定的要求。选项A、B、D属于证据合法性审查的内容。故正确答案是A、B、D。

三、判断题

1.【参考答案】×。只要以偷拍、偷录、窃听等手段获取的证据材料没有违反法律的禁止性规定或侵害他人合法权益的，仍可作为定案证据使用。

2.【参考答案】√。这是询问笔录制作的一般要求。

3.【参考答案】√。根据《最高人民法院关于行政诉讼证据若干问题的规定》第六十二条，鉴定意见错误、不明确或者内容不完整的，不予采纳。

第二十章　税收的刑法保障

第一节　相关刑法知识概述

一、刑法概念

刑法就是规定犯罪、刑事责任与刑罚的法律规范的总称。

二、刑法的基本原则

原则	内涵	内容与要求
罪刑法定原则	它的确立，既是刑事立法现代化的标志，也是国家实行法治的重要标志	（1）罪刑**法定**化
		（2）罪刑**实定**化
		（3）罪刑**明确**化
平等适用刑法原则	法律面前人人平等的宪法原则在《刑法》上的体现	（1）平等保护
		（2）定罪平等
		（3）量刑平等
		（4）行刑平等
罪责刑相当原则	是公平、公正的法律思想在《刑法》上的体现	（1）制定刑罚时，应侧重考虑犯罪性质，制定协调合理的刑罚体系
		（2）量刑时，应侧重考虑犯罪情节，做到**重罪重判，轻罪轻判**
		（3）行刑时，应侧重考虑人身危险性，合理运用**减刑、假释**等

【多选题】我国《刑法》规定的基本原则主要有（　　）。

A. 罪刑法定原则　　　　B. 不告不理原则

C. 罪刑相适应原则　　　　D. 平等适用刑法原则

【参考答案】ACD。本题考核《刑法》的基本原则。《刑法》的基本原则是：（1）罪刑法定原则；（2）平等适用刑法原则；（3）罪刑相当原则。

三、犯罪和犯罪构成

1. 概念

犯罪，是指严重危害社会，违反《刑法》、依法应受刑罚、处罚的行为。

2. 犯罪的特征

（1）严重的**社会危害性**（本质特征）；

（2）特征刑事**违法性**；

（3）应受刑事**惩罚性**。

【提示】情节**显著轻微危害不大**的，不认为是犯罪。

3. 犯罪构成（犯罪主体、犯罪客体、主观方面、客观方面）

（1）犯罪主体：是指实施犯罪行为，且依法应当承担刑事责任的人，包括**自然人和单位**两类。

自然人犯罪：

刑事责任年龄或能力	刑事责任
不满（**小于**）12 周岁	不负刑事责任
已满（**大于等于**）14 周岁不满（**小于**）16 周岁的人	只对“**犯故意杀人、故意伤害致人重伤或者死亡、强奸、抢劫、贩卖毒品、放火、爆炸、投放危险物质罪**”（共 8 种犯罪）负刑事责任
已满（**大于等于**）16 周岁的人犯罪	应当负刑事责任
精神健康状况因素，如不能辨认和控制自己行为的精神病人	不承担刑事责任

单位犯罪：

特征：
- 主体：单位犯罪就是指单位所实施的犯罪
- 单位：公司、企业、事业单位、机关、团体等
- 追责：刑法明文规定为单位犯罪的才追究

【提示】两罚制——对**单位**判处罚金，并对其**直接负责的主管人员和其他直接责任人员**判处刑罚。

（2）犯罪客体：是指刑法所保护的被犯罪活动侵犯的社会关系。

（3）犯罪主观方面：是指犯罪主体对自己所实施的犯罪行为及其危害结果所持的心理态度。包括故意或过失两种状态。

犯罪故意	直接故意	明知危害	希望结果发生
	间接故意	明知可能危害	放任结果发生
犯罪过失	疏忽大意的过失	应当预见，但没有预见到	不想发生
	过于自信的过失	已经预见	不想发生，轻信能避免却未避免

【提示】危害税收征管犯罪均为故意犯罪。

（4）犯罪客观方面：是指刑法所规定的构成犯罪在客观上需要具备的诸多要件的

总称。主要包括危害行为、危害结果、危害行为与危害结果之间的因果关系以及犯罪的时间、地点和方法等因素。

四、刑罚的种类

	种类	适用
主刑	**（1）管制** **（2）拘役** **（3）有期徒刑** **（4）无期徒刑** **（5）死刑**	（1）主刑只能独立适用，不能附加适用 （2）一个犯罪只能适用一个主刑，不能同时适用两个或两个以上的主刑
附加刑	**（1）罚金** **（2）剥夺政治权利** **（3）没收财产** **（4）驱逐出境**	附加刑既可以独立适用，也可以附加适用

（一）主刑

1. 管制

性质	不予关押，但“限制”其一定人身自由，依法由社区进行矫正的刑罚方法
禁令	禁止在执行期间从事特定活动，进入特定区域、场所，接触特定的人
刑期	管制的期限为3个月以上2年以下；数罪并罚不超过3年（**“323”**）
羁押折抵	管制的刑期，从判决执行之日起计算；判决执行前先行羁押的，羁押1日折抵刑期2日

2. 拘役

性质	拘役是短期“剥夺”其人身自由、就近实行教育改造刑罚方法
刑期	拘役的期限为1个月以上6个月以下，数罪并罚时不能超过1年（**“161”**）
羁押折抵	拘役的刑期，从判决执行之日起计算；判决执行前先行羁押的，羁押1日折抵刑期1日

3. 有期徒刑

刑期	6个月以上15年以下，数罪并罚时有期徒刑总和刑期**不满35年的，最高不能超过20年，总和刑期在35年以上的，最高不能超过25年**
羁押折抵	有期徒刑的刑期，从判决执行之日起计算；判决执行以前先行羁押的，**羁押1日折抵刑期1日**
执行场所	在监狱或其他执行场所执行

4. 无期徒刑

剥夺犯罪人终身自由，实行强迫劳动改造。

5. 死刑

剥夺犯罪人生命。

不适用死刑：
- 《刑法》没有规定死刑的犯罪
- “犯罪时”不满18周岁的人
- “审判时”怀孕的妇女
- “审判时”已满75周岁的人，但以特别残忍手段致人死亡的除外

【提示】除一般审判程序外，还要遵守**死刑复核**程序。对判处死刑但不是必须立即执行的，宣告死缓。

（二）附加刑

一般附加于主刑适用，但也可以独立适用；包括**罚金、剥夺政治权利、没收财产和驱逐出境**。

1. 罚金

是人民法院判处犯罪人向国家缴纳一定数额金钱的刑罚方法。罚金属于财产刑，适用范围主要是经济犯罪及贪利性犯罪。

- 罚金：属于刑罚中的附加刑
- 罚款：属于行政责任
- 违约金：属于民事责任

2. 剥夺政治权利

（1）剥夺政治权利：是指剥夺犯罪人参加管理国家和政治活动的权利的刑罚方法。

（2）被剥夺的政治权利包括：

- 选举权与被选举权
- 言论、出版、集会、结社、游行、示威自由的权利
- 担任国家机关职务的权利
- 担任国有公司、企业、事业单位和人民团体领导职务的权利

3. 没收财产

（1）概念：没收财产是将犯罪人所有财产的一部分或者全部强制无偿地收归国有的刑罚方法。

（2）适用范围：主要是危害国家安全罪、经济犯罪及贪利性犯罪。

【提示】判处没收全部财产的，应当对犯罪分子个人及其扶养的家属保留必要的生

活费用。

【单选题】果农张三为防止水果被盗，在果园周围架了很多电网，一天晚上，王四来偷水果，不幸触电身亡，张三对该结果所持的主观态度属于（　　）。

A. 直接故意　　　　　　　　　　　B. 间接故意

C. 过于自信的过失　　　　　　　　D. 疏忽大意的过失

【参考答案】B。本题考点是犯罪的主观方面。张三为防水果被盗在果园周围私拉电网，其主观上是明知自己的行为可能会发生致人触电死亡的后果，但为防盗却放任这种结果的发生。其主观心态不是过失；同时，其私拉电网是为了防止水果被盗，主观上并不积极追求致使偷盗人死亡，所以其主观心态也不是直接故意，实际上他对于偷水果的人的死亡后果采取了听之任之的态度，其主观心态是间接故意。

第二节　危害税收征管罪

一、概述

与**税款**有关的罪名（4个）		（1）逃税罪； （2）抗税罪； （3）逃避追缴欠税罪； （4）骗取出口退税罪
与**发票**有关的罪名（11个）	"增值税专用发票"有关罪名	（1）**虚开**增值税专用发票罪 （2）伪造、出售伪造的增值税专用发票罪 （3）非法出售增值税专用发票罪 （4）非法购买增值税专用发票、购买伪造的增值税专用发票罪
	"出口退税、抵扣税款发票"有关罪名	（1）**虚开**用于骗取出口退税、抵扣税款发票罪 （2）伪造、擅自制造或者出售伪造、擅自制造的可以用于骗取出口退税、抵扣税款发票罪。 （3）非法出售可以用于骗取出口退税、抵扣税款发票罪
	"普通发票"有关罪名	（1）非法制造、出售非法制造的发票罪 （2）非法出售发票罪 （3）**虚开**发票罪 （4）持有伪造的发票罪

1. 犯罪主体：大多可以是单位犯罪，只有抗税罪以自然人为主体。

2. 犯罪主观方面：均为故意犯罪，且大多是直接故意。

3.《刑法》对危害税收征管犯罪普遍规定了罚金刑或者没收财产刑。

4.《刑法》对危害税收征管犯罪规定了税务机关追缴税款优先的原则。

二、具体罪名

（一）逃税罪

1. 犯罪构成

犯罪主体	自然人、单位；包括纳税人和扣缴义务人	税务机关委托的代征人，不能成为本罪主体。因为委托代征人不同于扣缴义务人，委托代征人的代征义务不是法律直接规定的义务，是税务机关通过行政合同委托而产生的
犯罪客体	（1）侵害了纳税申报制度或扣缴税款报告制度 （2）侵害了国家的税收债权	—
犯罪主观方面	故意	如果行为人只是因工作马虎、疏忽大意，或者因业务不熟悉以及其他非故意的原因，造成漏缴税款的，不构成本罪
犯罪客观方面	欺骗、隐瞒	（1）**伪造、变造、隐匿、擅自销毁**账簿或记账凭证，在账簿上多列支出或者不列少列收入；（2）虚假的纳税申报、扣缴税款报告，或者不申报；（3）造成了不缴少缴税款的实际后果，损害了国家税收债权

2. 定罪量刑

《刑法》第201条（修正案七）：纳税人采取欺骗、隐瞒手段进行虚假纳税申报或者不申报，逃避缴纳税款数额较大并且占应纳税额百分之十以上的，处三年以下有期徒刑或者拘役，并处罚金；数额巨大并且占应纳税额百分之三十以上的，处三年以上七年以下有期徒刑，并处罚金。

扣缴义务人采取前款所列手段，不缴或者少缴已扣、已收税款，数额较大的，依照前款的规定处罚。

对多次实施前两款行为，未经处理的，按照**累计数额**计算。

【提示】有第一款行为，经税务机关依法下达追缴通知后，补缴应纳税款，缴纳滞纳金，已受行政处罚的，不予追究刑事责任；但是，五年内因逃避缴纳税款受过刑事处罚或者被税务机关给予**二次以上**行政处罚的除外。

【多选题】根据刑法及司法解释规定，下列关于逃避缴纳税款罪的说法中，正确的有（　　）。

A. 本罪主观方面必须出于故意

B. 本罪犯罪主体只能是纳税人

C. 本罪侵犯的客体是税收征管秩序

D. 从逃税额来看，逃避缴纳税款数额较大并且占应纳税额百分之十以上的，才能构成本罪

【参考答案】ACD。本题考核逃税罪。本罪的犯罪主体包括纳税人和扣缴义务人。

（二）抗税罪

1. 犯罪构成

犯罪主体	纳税人或者扣缴义务人	（1）本罪只能由自然人实施，**单位不能成为本罪的主体（唯一）** （2）纳税人或者扣缴义务人以外的其他人不能独立成为本罪的主体，但可以成为本罪的共犯 （3）单独实施以暴力威胁方法阻碍税务人员依法执行公务的行为，应当按妨碍公务罪定罪处罚
犯罪客体	（1）侵害了国家的税收债权 （2）危害了税务人员的人身安全	唯一涉及侵犯人身权利的犯罪
犯罪主观方面	故意	—
犯罪客观方面	为以暴力、威胁方法拒不缴纳税款的行为	（1）对税务机关或税务人员使用**暴力、威胁**的方法（手段）；（2）拒不缴纳税款的行为，即纳税人应当缴纳而**公然拒不缴纳**税款（目的）；（3）因暴力方法而故意造成税务人员伤害或者死亡的，其暴力方法已超出了抗税罪的范围，应当按照故意伤害罪、故意杀人罪定罪处罚

【提示】1. 行为人没有采取暴力、威胁方法抗拒缴纳税款，而是寻**找借口、软磨硬泡、拖欠税款**的，不能以抗税罪论处。

2. 构成抗税罪的关键，在于对税务人员实施了暴力、威胁的抗拒手段，而没有数额和比例的规定。

2. 刑事责任

（1）处**3**年以下有期徒刑或者拘役，并处拒缴税款**1**倍以上**5**倍以下罚金；

（2）情节严重的，处**3**年以上**7**年以下有期徒刑，并处拒缴税款**1**倍以上**5**倍以下罚金。

【提示】情节严重情指：

（1）聚众抗税的**首要分子**；

（2）抗税数额在**10万元**以上的；

（3）**多次**抗税的；

（4）故意伤害**致人轻伤**的；

（5）具有其他严重情节。

（三）逃避追缴欠税罪

1. 犯罪构成

犯罪主体	特殊主体，即欠缴应纳税款的纳税人，包括自然人和单位	—
犯罪客体	国家税收征管秩序	—
犯罪主观方面	故意	—
犯罪客观方面	纳税人欠缴应纳税款，采取转移或者隐匿财产的手段，致使税务机关无法追缴到欠缴的税款，数额较大的行为	（1）必须有违反税收法规、欠缴应纳税款的事实 （2）必须有采取转移或隐匿财产的手段以逃避追缴的行为 （3）必须致使税务机关无法追缴欠缴的税款 （4）无法追缴的税款数额需达法定的量刑标准，即**1万元**以上

2. 刑事责任

数额在1万元以上不满10万元的，处3年以下有期徒刑或者拘役，并处或者单处欠缴税款1倍以上5倍以下罚金；

数额在10万元以上的，处3年以上7年以下有期徒刑，并处欠缴税款1倍以上5倍以下罚金。

单位犯本罪的，实行**双罚制**，即对单位判处罚金，对其直接负责的主管人员和其他直接责任人员依照自然人犯本罪处罚。

（四）骗取出口退税罪

1. 犯罪构成

犯罪主体	一般主体，包括自然人和单位	通常应当是出口退税的申请人
犯罪客体	国家出口退税管理制度和公共财产所有权	—
犯罪主观方面	直接故意	以骗取国家出口退税为目的
犯罪客观方面	以假报出口等欺骗手段，骗取国家出口退税款，数额较大的行为	（1）**假报出口**，是指行为人根本没有相应的出口行为，但为了骗取国家的出口退税款，采取伪造、骗取有关单据、凭证的手段，谎报虚报产品出口，从而骗取出口退税 （2）除谎报虚报出口外，采取其他手段骗取国家退税款，也可构成本罪，如**骗取货物出口退税资格、使用虚开的增值税专用发票退税**等

【提示】纳税人缴纳税款后，采取上述欺骗方法，骗取所缴税款的，按逃税罪处罚；骗取税款超过所缴纳的税款部分，对**超过的部分以骗取出口退税罪论处**。

2. 刑事责任

数额较大（5万元）的，处五年以下有期徒刑或者拘役，并处骗取税款一倍以上五倍以下罚金；数额巨大（50 万元）或者有其他严重情节的，处五年以上十年以下有期徒刑，并处骗取税款一倍以上五倍以下罚金；数额特别巨大（250 万元）或者有其他特别严重情节的，处十年以上有期徒刑或者无期徒刑，并处骗取税款一倍以上五倍以下罚金或者没收财产。

【提示】其他特别严重情节包括：造成国家税款损失 150 万元以上并且在第一审判决宣告前无法追回的；因骗取国家出口退税行为受过处罚，两年内又骗取国家出口退税款数额在 150 万元以上的；情节特别严重的其他情形。

【提示】单位犯本罪的，对**单位**判处罚金，对**其直接负责的主管人员和其他直接责任人员**也要追究刑事责任。

【单选题】骗取出口退税罪的追诉标准为，国家税款被骗数额达（　　）。

A. 1 万元　　B. 10 万元　　C. 5 万元　　D. 5 000 元

【参考答案】C。本题考查骗取出口退税罪的追诉标准。《最高人民法院关于审理骗取出口退税刑事案件具体应用法律若干问题的解释》将数额较大定位为骗取国家出口退税款 5 万元以上。

（五）虚开增值税专用发票、用于骗取出口退税、抵扣税款发票罪

1. 犯罪构成

犯罪主体	一般主体，包括自然人和单位	—
犯罪客体	国家对增值税专用发票和其他发票的监督管理制度，国家对税收的征管制度	—
犯罪主观方面	故意	一般都具有**牟利**的目的
犯罪客观方面	实施了虚开增值税专用发票或者虚开用于骗取出口退税、抵扣税款的其他发票的行为	(1) 没有货物购销或者没有提供或接受应税劳务而**为他人、为自己、让他人为自己、介绍他人**开具增值税专用发票； (2) 有货物购销或者提供或接受了应税劳务但为他人、为自己、让他人为自己、介绍他人开具数量或者金额不实的增值税专用发票； (3) 进行了实际经营活动，但让他人为自己代开增值税专用发票。

【提示】《刑法》第二百零五条（现共三款）："虚开增值税专用发票或者虚开用于骗取出口退税、抵扣税款的其他发票的，处三年以下有期徒刑或者拘役，并处二万元以上二十万元以下罚金；虚开的税款数额较大或者有其他严重情节的，处三年以上十年以下有期徒刑，并处五万元以上五十万元以下罚金；虚开的税款数额巨大或者有其他特别严重情节的，处十年以上有期徒刑或者无期徒刑，并处五万元以上五十万元以下罚金或者没收财产。"

《刑法修正案（八）》删去原第二款。

虚开增值税专用发票或者虚开用于骗取出口退税、抵扣税款的其他发票，是指有为他人虚开、为自己虚开、让他人为自己虚开、介绍他人虚开行为之一的。

【提示】“用于骗取出口退税、抵扣税款的其他发票”，如机动车销售统一发票、农业产品收购发票、海关完税凭证等。

2. 刑事责任

虚开发票达到刑事责任起点标准的，处3年以下有期徒刑或者拘役，并处2万元以上20万元以下罚金。虚开的税款数额较大，即虚开的税款数额在50万元以上的，处3年以上10年以下有期徒刑，并处5万元以上50万元以下罚金。虚开的税款数额巨大，即虚开的税款数额在250万元以上的，处10年以上有期徒刑或者无期徒刑，并处5万元以上50万元以下罚金或者没收财产。

【提示】刑事责任起点标准：虚开的税款数额在**5万元**以上的，**应当**追究刑事责任。

【判断题】虚开增值税专用发票的手段主要有为他人虚开、为自己虚开、让他人为自己虚开和介绍他人虚开，行为人实施其中一种行为即可涉嫌构成本罪。(　　)

【参考答案】√。虚开增值税专用发票的行为主要表现为为他人虚开、为自己虚开、让他人为自己虚开和介绍他人虚开，行为人只要实施其中一种行为即可涉嫌构成本罪。

【多选题】关于危害税收征管罪，下列说法正确的有（　　）。

A. 盗窃增值税专用发票或者可以用于骗取出口退税、抵扣税款的其他发票，按盗窃罪处罚

B. 使用欺骗的手段骗取增值税专用发票或者可以用于骗取出口退税、抵扣税款的其他发票的，按诈骗罪定罪处罚

C. 虚开增值税专用发票或者虚开用于骗取出口退税、抵扣税款发票罪中的虚开行为包括为他人虚开、为自己虚开、让他人为自己虚开三种

D. 非法出售增值税专用发票罪主观方面可以是间接故意

【参考答案】AB。本题考核危害税收征管罪相关规定。根据《刑法》规定，盗窃增值税专用发票或者可以用于骗取出口退税、抵扣税款的其他发票，按盗窃罪处罚；使用欺骗的手段骗取增值税专用发票或者可以用于骗取出口退税、抵扣税款的其他发票的，按诈骗罪定罪处罚，故选项A、B正确。虚开行为包括为他人虚开、为自己虚开、让他人为自己虚开、介绍他人虚开四种，故选项C错误。非法出售增值税专用发票罪主观方面是直接故意，故选项D错误。

（六）虚开发票罪

《刑法修正案（八）》规定：“虚开本法第二百零五条规定以外的其他发票，情节

严重的，处二年以下有期徒刑、拘役或者管制，并处罚金；情节特别严重的，处二年以上七年以下有期徒刑，并处罚金。单位犯前款罪的，对**单位**判处罚金，并对**其直接负责的主管人员和其他直接责任人员**，依照前款的规定处罚。”

1. 客体：国家普通发票管理制度。

2. 客观方面：

（1）虚开发票认定：①没有商品购销或者没有提供、接受劳务、服务而开具普通发票；②虽有商品购销或者提供、接受了劳务、服务，但开具数量或金额不实的普通发票。

（2）追诉标准（罪与非罪区分）：①虚开发票 100 份以上或者虚开金额累计在 40 万元以上；②虽未达到上述数额标准，但 5 年内因虚开发票行为受过行政处罚 **2 次**以上，又虚开发票的。

（七）伪造、出售伪造的增值税专用发票罪（“假”票）

1. 客体：国家对增值税专用发票的管理规定和国家税收征管秩序。犯罪对象为伪造的增值税专用发票。

2. 客观方面：行为人违反增值税专用发票管理规定，伪造增值税专用发票，或者明知自己所持有的是伪造的增值税专用发票，而仍然出售，数量在 25 份以上或者票面额累计在 10 万元以上的行为。

【提示】变造增值税专用发票的，按照伪造增值税专用发票行为处理。

（八）非法出售增值税专用发票罪（“真”票）

1. 客体：国家对增值税专用发票的管理制度和国家税收征管秩序。

2. 客观方面：行为人违反增值税专用发票管理规定，无权出售增值税专用发票而非法出售，或者有权出售增值税专用发票的税务人员，违法出售增值税专用发票，数量在 25 份以上或者票面额累计在 10 万元以上的行为。

【提示】出售的专用发票，必须是真发票，否则构成出售伪造的增值税专用发票罪。出售的专用发票，必须是**空白发票**，如果出售填好的专用发票，则应按虚开增值税专用发票罪论处。

3. 主体：持有增值税专用发票的单位或者个人。出售增值税专用发票的**税务机关工作人员，也可以成为本罪主体**。

（九）非法购买增值税专用发票（“真”票）、购买伪造的增值税专用发票罪（“假”票）

1. 客体：国家对增值税专用发票的管理制度和国家税收征管秩序。犯罪对象必须是增值税专用发票。

2. 客观方面表现：

（1）行为人违反增值税专用发票管理规定，从合法或者非法拥有真增值税专用发票的单位或者个人手中购买增值税专用发票；

（2）购买明知是伪造的增值税专用发票，数量在**25份**以上或者票面额累计在**10万元**以上的行为。

3. 处罚

（1）对非法购买增值税专用发票“虚开”的，应以“虚开增值税专用发票罪”定罪处罚。

（2）对非法购买增值税专用发票或者购买伪造的增值税专用发票“出售”的，应分别按“出售伪造的增值税专用发票罪”“非法出售增值税专用发票罪”定罪处罚。

（十）非法制造、出售非法制造的用于骗取出口退税、抵扣税款发票罪（“假”票）

1. 客体：国家发票管理制度和国家税收征管秩序。

2. 客观方面：行为人伪造、擅自制造或者出售伪造、擅自制造的可以用于骗取出口退税、抵扣税款的除增值税专用发票外的其他发票**50份**以上或者票面额累计在**20万元**以上的行为。

（十一）非法制造、出售非法制造的发票罪（假“票”）

1. 客体：国家发票管理制度和国家税收征管秩序。

【提示】犯罪对象必须是**普通发票**，如建安发票、货物销售发票。

2. 客观方面：行为人为达到营利目的，非法制造或出售非法制造一般的假普通发票，数量在**100份**以上或票面额累计在**40万**元以上的行为。

（十二）非法出售用于骗取出口退税、抵扣税款发票罪（“真”票）

1. 客体：国家发票管理制度和国家税收征管秩序。

2. 客观方面表现：行为人为达到营利目的，非法出售用于骗取出口退税、抵扣税款的非增值税专用发票**50份**以上或者票面额累计在**20万元**以上的行为。

【提示】**除税务机关外，任何单位或者个人出售自己使用的真发票**的行为都是**非法**的。

（十三）非法出售发票罪（“真”票）

1. 客体：国家发票管理制度和国家税收征管秩序。

2. 客观方面表现：行为人为达到营利目的，非法出售普通发票**100份**以上或者票

面额累计在 **40 万元**以上的行为。

【单选题】关于伪造、出售伪造的增值税专用发票罪，下列说法错误的是（　　）。

A. 客体是国家对增值税专用发票的管理规定和国家税收征管秩序

B. 伪造、出售伪造的增值税专用发票数量在 25 份以上或者票面额累计在 10 万元以上

C. 主体是纳税人、扣缴义务人

D. 主观方面必须是直接故意，且具有营利目的

【参考答案】C。本题考查伪造、出售伪造的增值税专用发票罪。伪造、出售伪造的增值税专用发票罪主体是一般主体，任何单位和个人均可构成。故应选 C。

（十四）持有伪造的发票罪（“假”票）

1. 客体（复杂客体）：国家发票管理和税收征管制度。

2. 客观方面：明知是伪造的发票而故意持有，“数量较大”的行为。

【提示】1. “持有”：指行为人对伪造的发票处于**占有、支配、控制**的一种状态（持有伪造的发票罪属于继续犯），既可以随身携带、放置或藏匿在某一个地点，也可以委托他人保管，只要在行为人的控制之下即可。

3. “数量较大”：明知是伪造的发票而持有，具有下列情形之一的，应予立案追诉：

（1）持有伪造的增值税专用发票 **50 份**以上或者票面额累计在 **20 万元**以上的；

（2）持有伪造的可以用于骗取出口退税、抵扣税款的其他发票 **100 份**以上或者票面额累计在 **40 万元**以上的；

（3）持有伪造的其他发票 **200 份**以上或者票面额累计在 **80 万**元以上的。

【多选题】对涉及增值税专用发票的犯罪案件，下列处理正确的有（　　）。

A. 非法购买增值税专用发票的，按非法购买增值税专用发票罪定罪处罚

B. 非法购买增值税专用发票后又虚开的，按非法购买增值税专用发票罪和虚开增值税专用发票罪并罚

C. 非法购买增值税专用发票后又出售的，按非法出售增值税专用发票罪定罪处罚

D. 非法购买伪造的增值税专用发票后又出售的，按出售伪造的增值税专用发票罪定罪处罚

【参考答案】ACD。本题考查涉及增值税专用发票的犯罪。如果行为人非法购买增值税专用发票又虚开的，则不再定前罪，而应当按照虚开增值税专用发票罪定罪处罚。所以选项 B 错误。

罪名	量刑起点、比例	主体	主观方面
逃税罪	“数额较大”“10%”	一般主体	均为故意
抗税罪	无起点要求	**特殊主体**	
逃避追缴欠税罪	“1万以上”	**特殊主体**	
骗取出口退税罪	“5万以上”	一般主体	
虚开增值税专用发票罪，虚开用于骗取出口退税、抵扣税款发票罪	“虚开5万以上”	一般主体	
伪造、出售伪造的“增值税”专用发票罪	“25份”“票面金额10万以上”	一般主体	
非法出售增值税专用发票罪	“25份”“票面金额累计10万以上”	一般主体	
非法购买增值税专用发票、购买伪造的增值税专用发票罪	“25份”“票面金额累计10万以上”	一般主体	
伪造、擅自制造或者出售伪造、擅自制造的可以用于骗取出口退税、抵扣税款发票罪	“50份”“票面金额累计20万以上”	一般主体	
伪造、擅自制造或者出售伪造、擅自制造的发票罪	“100份”“票面金额累计40万以上”	一般主体	
非法出售用于骗取出口退税、抵扣税款发票罪	“50份”“票面金额累计20万以上”	一般主体	
非法出售发票罪	“100份”“票面金额累计40万以上”	一般主体	
虚开发票罪	“100份”“票面金额累计40万以上”	一般主体	
持有伪造的“（普通）发票”罪	“200份”“票面金额累计80万以上”	一般主体	

【单选题】在下列涉税犯罪行为中，不能由单位构成犯罪主体的是（　　）。

A. 虚开增值税专用发票罪　　B. 非法出售发票罪

C. 逃避追缴欠税罪　　D. 抗税罪

【参考答案】D。本题考查危害税收征管罪的犯罪主体。在危害税收征管罪各项罪名中，唯有抗税罪只能由自然人实施，而不可能由单位构成。因为抗税罪的犯罪特征之一就是行为人以暴力、威胁方法拒不缴纳税款。暴力、威胁的行为只能由自然人实施，故抗税罪的犯罪主体必须是自然人，单位不构成本罪主体。

【单选题】某公司财务主管人员张某在向税务机关缴纳10万元税款后，采取伪造报关单等手段，骗取国家出口退税15万元，按照我国《刑法》规定，王某构成（　　）。

A. 逃避追缴欠税罪　　B. 骗取出口退税罪

C. 逃税罪　　D. 骗取出口退税和逃税罪

【参考答案】D。本题考查骗取出口退税罪与逃税罪的认定。对纳税人实施假报出口或者其他欺骗手段骗取出口退税的应当分情况定罪处罚。纳税人缴纳税款后，采取上述欺骗方法，骗取所缴税款的，按逃税罪定罪处罚；骗取税款超过所缴纳的税款部分，对超过部分以骗取出口退税罪论处。

【多选题】在下列罪名中，必须以增值税专用发票或者伪造的增值税专用发票为犯罪对象的有（　　）。

A. 伪造、出售伪造的增值税专用发票罪

B. 非法出售用于骗取出口退税、抵扣税款发票罪

C. 非法购买增值税专用发票或者购买伪造的增值税专用发票罪

D. 非法制造、出售非法制造的发票罪

【参考答案】AC。本题考核危害税收征管罪相关规定。非法出售用于骗取出口退税、抵扣税款发票罪犯罪对象为非增值税专用发票。非法制造、出售非法制造的发票罪犯罪对象为普通发票，故选项 B、D 错误。

本章习题

一、单项选择题

1.《刑法》规定："法律明文规定为犯罪行为的，依照法律定罪处刑；法律没有明文规定为犯罪行为的，不得定罪处刑。"该表述体现的刑法基本原则是（　　）。

A. 平等适用刑法原则　　B. 罪责刑相当原则

C. 罪刑法定原则　　D. 过罚相当原则

2. 某个体工商户李某为达到不缴纳税款的目的，用尖刀威胁前来催缴税款的税务干部张某、王某，混乱中将张某刺成重伤。对于李某的行为，按照（　　）定罪处罚。

A. 抗税罪　　B. 逃税罪

C. 故意杀人罪　　D. 故意伤害罪

3. 税收违法行为涉嫌犯罪的，稽查局依法移送公安机关之前需经（　　）局长批准。

A. 稽查局　　B. 所属税务局

C. 省级税务局　　D. 基层税务分局

4. 虚开增值税专用发票罪的追诉标准为，虚开的税款数额达（　　）。

A. 1 万元　　B. 10 万元　　C. 5 万元　　D. 5 000 元

二、多项选择题

1. 下列危害税收征管罪中，根据《〈刑法〉修正案（八）》相关规定取消死刑的有（　　）。

A. 虚开增值税专用发票、用于骗取出口退税、抵扣税款发票罪

B. 伪造、出售伪造的增值税专用发票罪

C. 逃税罪

D. 抗税罪

2. 逃税罪在客观方面的表现包括（　　）。

A. 不履行纳税申报义务

B. 利用税收的漏洞，规避纳税义务

C. 过失未缴纳税款

D. 进行虚假的纳税申报

3. 下列关于逃税罪的说法中，正确的有（　　）。

A. 因不了解税法和有关税收政策造成未缴或少缴应纳税款的，构成逃税罪

B. 对多次有逃税行为未经处理的，按照累计的数额计算

C. 只要符合逃税罪构成的，就要追究刑事责任

D. 扣缴义务人可以成为逃税罪的主体

4. 下列犯罪中，可以由单位构成犯罪主体的有（　　）。

A. 逃税罪　　B. 虚开增值税专用发票罪

C. 骗取出口退税罪　　D. 抗税罪

三、判断题

1. 对于某公司法定代表人张某用暴力方法拒不缴纳税款致使税务人员轻伤的行为，人民法院应判令张某 1 年有期徒刑，并处 6 个月拘役。（　　）

2. 逃税案，纳税人在公安机关立案后再补缴应纳税款、缴纳滞纳金并接受行政处罚的，也可以不予追究其刑事责任。（　　）

3. 没收财产是既包括没收犯罪分子的个人所有财产的一部分或全部，也包括没收犯罪分子家属所有或者应有的财产。（　　）

参考答案与解析

一、单项选择题

1.【参考答案】C。本题考查罪刑法定原则。该原则包含三个方面的基本内容：一是罪刑法定化，即犯罪和刑罚必须事先由法律作出明文规定；二是罪刑实定化，即对于什么行为是犯罪以及犯罪所产生的具体法律后果，都必须作出实体规定；三是罪刑明确化，即刑法条文必须用清晰的文字明确表达。所以，参考答案应该是选项 C。

2.【参考答案】D。本题考查抗税罪与其他犯罪的界限。抗税的行为人使用暴力方法拒不缴纳税款，因暴力方法而故意造成税务人员重伤，同时构成了抗税罪和故意伤害罪，属于一个行为触犯数个罪名，符合想象竞合犯的行为特征应按照刑罚较重的罪名定罪处罚。

3.【参考答案】B。本题考查涉嫌犯罪案件移送的审批权。（1）税收违法行为涉嫌犯罪的，经所属税务局局长批准后，依法移送公安机关。（2）首先明确的是，在案件

移送过程中，基层税务分局局长和稽查局局长无权行使审批权限。这里的所属税务局局长，根据稽查局级别的不同，可能是县级税务局，也可能是地市级税务局，还有可能是省级税务局。所以参考答案是选项 B。

4.【参考答案】C。本题考查虚开增值税专用发票罪的追诉标准。根据《最高人民法院关于虚开增值税专用发票定罪量刑标准有关问题的通知》，虚开增值税专用发票定罪量刑的数额标准为虚开的税款数额 5 万元以上。

二、多项选择题

1.【参考答案】AB。本题考查危害税收征管罪中取消死刑的罪名。《〈刑法〉修正案（八）取消的 13 个死刑罪名中，虚开增值税专用发票、用于骗取出口退税、抵扣税款发票罪和伪造、出售伪造的增值税专用发票罪属于危害税收征管罪。所以，选项 A、B 正确。而逃税罪与抗税罪原本就没有死刑的刑罚。

2.【参考答案】AD。本题考查逃税罪。本题中，选项 B 属于避税行为，选项 C 属于漏税行为。

3.【参考答案】BD。本题考核逃税罪。因不了解税法和有关税收政策规定，或者业务不熟、使用公式错误等原因造成未缴或少缴应纳税款的，由于其主观上没有逃避缴纳应纳税款获取非法利益的故意，因此不能构成逃税罪。所以选项 A 错误。有逃税行为，经税务机关依法下达追缴通知后，补缴应纳税款，缴纳滞纳金，已受行政处罚的，不予追究刑事责任；但是，5 年内因逃避缴纳税款受过刑事处罚或者被税务机关给予 2 次以上行政处罚的除外。所以选项 C 错误。

4.【参考答案】ABC。本题考查危害税收征管罪的主体构成。危害税收征管罪的犯罪主体，既有特殊主体又有一般主体，既包括自然人也包括单位。依据《刑法》规定，除抗税罪外，单位均可以构成其他所有危害税收征管罪的犯罪主体。抗税罪是危害税收征管罪中唯一只能由自然人构成的罪名。

三、判断题

1.【参考答案】×。有期徒刑与拘役都是刑罚中的主刑，主刑只能独立适用，不可附加适用。一个罪只能适用一个主刑，不能同时适用两个以上的主刑。

2.【参考答案】×。纳税人在公安机关立案后再补缴应纳税款、缴纳滞纳金或者接受行政处罚的，不影响刑事责任的追究。

3.【参考答案】×。没收财产属于刑罚的一种，没收的只能是属于犯罪分子本人所有的财产，包括犯罪分子本人所有的财物及其在与他人共有财产中依法应有的份额，但不包括没收犯罪分子家属所有或者应有的财产。

第二十一章　税务行政法律救济

第一节　行政法律救济概述

一、概念

行政法律救济概念：国家行政机关或者司法机关通过解决行政争议，制止和纠正违法或不当的行政行为，从而使行政相对人的合法权益获得补救的一种法律制度。

二、行政复议制度和行政诉讼制度的共性和差异

1. 相同点

（1）**立法目的**相同	通过解决行政争议，来保护行政相对人的合法权益，监督行政机关依法行使职权
（2）**审查对象**相同	主要对行政机关的行政行为实施审查，监督行政机关依法行使国家行政权力
（3）**附带审查**相同	两者都可以对规章以下（不包括规章）的规范性文件提出附带审查请求
（4）遵循原则相同	如合法、公开、平等、公正等原则

2. 不同点

	行政复议	行政诉讼
法律属性不同	行政范畴，是国家行政机关行使行政权力的行为，是上级行政机关对下级行政机关的**内部行政监督**	司法救济的范畴，是国家司法机关行使审判权力的行为，是司法权对行政权的**外部监督**
实施机关不同	依法享有行政复议权的**行政机关**	有管辖权的**人民法院**
具体做法和规则	实行一级复议、书面审理和听证方式审理相结合、行政首长负责制。既具有行政程序的特征，又具有司法程序的特征，属于“准司法”程序，较为简便易行	两审终审、开庭审理和合议制度。属于司法程序，较行政复议程序严格、复杂

3. 联系

行政复议**前置**	公民、法人、其他组织对税务机关的“**征税行为**”不服的，应当先依法申请复议；对复议决定不服的，可以依法提起行政诉讼

续表

行政复议或行政诉讼	除上述"征税行为"外，一般情况下，行政相对人**可选择**复议或诉讼。 (1) 如果选择行政复议，对行政复议决定不服的，仍可以向人民法院提起行政诉讼；但**在法定复议期限内不得**向人民法院提起**行政诉讼** (2) 如果直接选择了行政诉讼，人民法院**已经依法受理的，则不得再申请行政复议**
行政复议终局	根据国务院或者省、自治区、直辖市人民政府对行政区划的**勘定**、**调整**或者**征收土地**的决定，省、自治区、直辖市人民政府**确认土地**、**矿藏**、**水流**、**森林**、**山岭**、**草原**、**荒地**、**滩涂**、**海域**等自然资源的所有权或者使用权的行政复议决定为**最终裁决**

【多选题】纳税人不服税务机关作出的行政处罚决定，可以采取的救济手段包括(　　)。

A. 直接提起行政诉讼

B. 申请行政复议，不服复议决定再提起行政诉讼

C. 提起行政诉讼，不服判决结果再申请行政复议

D. 必须先申请复议，对复议决定不服再向人民法院提起行政诉讼

【参考答案】AB。《税收征管法》规定，当事人对税务机关的处罚决定、强制执行措施或者税收保全措施不服的，可以依法申请行政复议，也可以依法向人民法院起诉。故选项 A、B 符合题意。

第二节　税务行政复议

一、概念

税务行政复议，指公民、法人和其他组织认为税务机关的**具体行政行为**侵犯其**合法权益**，依法向税务行政复议机关提出审查该具体行政行为的申请，由复议机关对该具体行政行为的**合法性和适当性**进行审查并作出决定的活动。

【提示】相对人申请→上级行政机关对下级行政机关→具体行政行为的合法性、合理性进行审查。

二、原则和制度

1. 原则
   - 共有原则：
     - 合法、公正、公开、及时和便民原则
     - 复议期间具体行政行为不停止执行原则
   - 特有原则：禁止不利变更原则

2. 制度
   - (1) 一级复议制度
   - (2) 书面审查与听证方式审查相结合的审查制度：原则上实行书面审查；对重大、复杂的案件，申请人提出要求或者复议机构认为必要时，可以采取听证的方式审理。

【提示】禁止不利变更基本要求：行政复议机关在申请人的行政复议请求范围内，不得作出对申请人更为不利的行政复议决定。

3. “不停止执行”的例外

诉讼不停止执行的例外	复议不停止执行的例外
（1）**被告**认为需要停止执行的	（1）**被申请人**认为需要停止执行的
（2）**原告或者利害关系人**申请停止执行，**人民法院**认为该行政行为的执行会造成难以弥补的损失，并且停止执行不损害国家利益、社会公共利益的	（2）**申请人**申请停止执行，行政复议机关认为其要求合理，决定停止执行的
（3）**人民法院**认为该行政行为的执行会给国家利益、社会公共利益造成重大损害的	（3）**复议机关**认为需要停止执行的
（4）**法律、法规**规定停止执行的	（4）**法律**规定停止执行的

三、税务行政复议受案范围

1. 具体行政行为

【提示】（1）纳税人对税务机关作出的**征税行为**不服时，必须先依照税务机关根据法律、法规确定的税额、期限，**先行缴纳或者解缴税款和滞纳金**，或者**提供相应的担保**，才能提出行政复议申请；

（2）对税务机关作出逾期不缴纳罚款加处罚款决定不服的，也应先缴纳罚款和加处罚款，然后再申请行政复议。

（3）对其他具体行政行为不服以及要求税务机关依法履行法定职责未按规定履行的，可直接申请行政复议。

2. 部分抽象行政行为（与具体行政行为一并提出审查申请）

申请人认为税务机关的具体行政行为所依据的下列规定不合法，在对具体行政行为申请行政复议时，可一并向复议机关提出对该有关规定的审查申请：

（1）国家税务总局和国务院其他部门的规定；

（2）其他各级税务机关的规定；

（3）地方各级人民政府的规定；

（4）地方人民政府工作部门的规定。

复议前置	**征税行为**： （1）确认纳税主体、对象、范围、减免税、退税、抵扣税款、税率、计税依据、纳税环节、纳税期限、纳税地点和征收方式等具体行政行为 （2）征收税款、加收滞纳金 （3）代扣代缴、代收代缴、代征行为

续表

复议或直接诉讼	（1）行政许可、行政审批行为 （2）发票管理行为：发售、收缴、代开发票等 （3）税收保全措施、强制执行措施 （4）行政处罚行为：罚款、没收财物和违法所得、停止出口退税权 （5）不依法履行下列职责：颁发税务登记证，开具、出具完税凭证、行政赔偿，行政奖励等 （6）资格认定行为 （7）不依法确认纳税担保行为 （8）政府信息公开工作中的具体行政行为。 （9）纳税信用等级评定行为。 （10）通知出入境管理机关阻止出境行为

【提示】上述规定不包括规章。

【多选题】根据税务行政复议法律制度的规定，纳税人对税务机关（　　）的行为不服，可以不经复议直接向法院提起行政诉讼。

A. 评定纳税信用等级

B. 采取税收强制执行措施

C. 不依法确认纳税担保是否有效

D. 确认税款征收方式

【参考答案】ABC。本题考核税务行政复议范围。评定纳税信用等级、采取税收强制执行措施、不依法确认纳税担保是否有效均不属于“征税行为”，不适用复议前置。所以选项 ABC 当选。

四、税务行政复议的管辖

1. 基本规定

上级复议	（1）对各级税务局的具体行政行为不服的，向其**上一级**税务局申请行政复议
	（2）对计划单列市税务局的具体行政行为不服的，向国家税务**总局**申请行政复议
	（3）对税务所（分局）、各级税务局的稽查局的具体行政行为不服的，向其**所属税务局**申请行政复议
本级复议	对国家税务总局作出的具体行政行为不服的，向国家税务**总局**申请行政复议

【提示】对行政复议决定不服，申请人可以向人民法院提起行政诉讼，也可以向国务院申请裁决。国务院的裁决为最终裁决。

2. 特殊规定

具体行政行为实施机关	复议机关
（1）两个以上税务机关共同作出	**共同上一级**税务机关
（2）税务机关与其他行政机关共同作出	**共同上一级**行政机关

续表

具体行政行为实施机关	复议机关
(3) 被撤销的税务机关在撤销以前所作出	继续行使其职权的税务机关的**上一级**税务机关
(4) 对税务机关作出逾期不缴纳罚款加处罚款的决定不服的	作出行政处罚决定的税务机关（**本级**复议）
(5) 对已处罚款和加处罚款都不服的	一并向作出行政处罚决定的税务机关的**上一级**税务机关申请行政复议

五、税务行政复议的参加人

1. 申请人

相对人：纳税义务人、扣缴义务人、纳税担保人等。

相关人：与具体行政行为有利害关系的其他个人、法人或组织，有时也可作为复议申请人。

申请人资格	税务行政**相对人或者利害关系人**。处于被管理地位的自然人、法人或其他组织。主要是指纳税人、扣缴义务人、纳税担保人等行政相对人，也包括申请政府信息公开的申请人、举报人等。非具体行政行为的行政管理相对人，但其权利直接被该具体行政行为所剥夺、限制或者被赋予义务的公民、法人或其他组织，在行政管理相对人没有申请行政复议时，可以单独申请行政复议
有利害关系	申请人与被申请税务行政复议的具体行政行为**有利害关系**
申请方式	书面或**口头**
时限	(1) 公民、法人或者其他组织认为税务机关的具体行政行为侵犯其合法权益的，可以在知道税务机关**作出具体行政行为**之日起**60日**内申请行政复议 (2) 纳税争议的行政相对人，可以在缴清税款和滞纳金以后或者所提供的担保得到**作出具体行政行为**的税务机关确认之日起**60日**内申请行政复议

【提示】特殊情况下，行政复议申请人按以下规则确定：

(1) **合伙企业**申请行政复议的，应当以核准登记的企业为申请人，由执行合伙事务的合伙人代表该企业参加行政复议；其他合伙组织申请行政复议的，由合伙人共同申请行政复议。前款规定以外的不具备法人资格的其他组织申请行政复议的，由该组织的**主要负责人**代表该组织参加行政复议；没有主要负责人的，由共同推选的其他成员代表该组织参加行政复议。

(2) **股份制企业**的股东大会、股东代表大会、董事会认为税务具体行政行为侵犯企业合法权益的，可以**以企业的名义**申请行政复议。

(3) 有权申请行政复议的**公民死亡**的，其**近亲属**可以申请行政复议；有权申请行政复议的公民为无行为能力人或者限制行为能力人，其**法定代理人**可以代理申请行政复议。

（4）有权申请行政复议的法人或者其他组织发生合并、分立或终止的，**承受其权利义务的法人或者其他组织**可以申请行政复议。

（5）行政复议期间，行政复议机关认为申请人以外的公民、法人或者其他组织与被审查的具体行政行为有利害关系的，**可以**通知其作为第三人参加行政复议。

（6）非具体行政行为的行政管理相对人，但其权利直接被该具体行政行为所剥夺、限制或者被赋予义务的公民、法人或其他组织，在行政管理相对人没有申请行政复议时，**可以单独申请**行政复议。

（7）同一行政复议案件申请人超过**5人的，应当推选1至5名代表**参加行政复议。

【提示】申请人、第三人可以委托1至2名代理人参加行政复议。

2. 被申请人（必须具有行政主体资格）

在税务行政复议中，公民、法人或者其他组织对税务机关的具体行政行为不服申请税务行政复议的，**作出具体行政行为的税务机关**是被申请人。

实施主体	被申请人
（1）扣缴义务人的扣缴税款行为	主管该扣缴义务人的税务机关
（2）税务机关委托的单位和个人的代征行为	**委托税务机关**
（3）税务机关与法律、法规授权的组织以共同的名义作出	税务机关和法律、法规**授权的组织**
（4）税务机关与其他组织	税务机关
（5）经上级税务机关批准作出具体行政行为	批准机关
（6）经重大税务案件审理程序作出	审理委员会所在税务机关
（7）派出机构、内设机构未经法律、法规授权，以自己名义作出（种类越权）	税务机关

【提示】被申请人不得委托本机关以外人员参加行政复议。

3. 第三人

税务行政复议中的第三人，是指因与被申请行政复议的具体行政行为有利害关系而参加到行政复议中去的公民、法人或其他组织。

（1）参与方式：行政复议机关可以通知利害关系人作为第三人参加行政复议；利害关系人第三人也**可以**申请参加行政复议。

（2）可委托：第三人也可以委托**1—2名代理人**参加行政复议。

（3）不参与的后果：第三人不参加行政复议，**不影响**行政复议案件的审理。

【多选题】行政复议机构中止、恢复行政复议案件的审理，应当告知的当事人包括（　　）。

A. 申请人　　　　B. 被申请人

C. 第三人　　　　D. 上一级税务机关

【参考答案】ABC。《税务行政复议规则》规定，行政复议机构中止、恢复行政复议案件的审理，应当告知申请人、被申请人、第三人。故选项 A、B、C 符合题意。

六、税务行政复议申请与受理

（一）申请时限

1. 一般规定

公民、法人或其他组织自**知道**该具体行政行为之日起 **60 日内**提出复议申请；但是法律规定的申请期限超过 60 日的除外。

【提示】申请人对专利局**驳回**申请的决定不服的，可以在收到通知之日起 3 个月内，向专利复审委员会请求复审。

2. 期限计算

（1）当场作出，自具体行政行为**"作出之日"**起计算；

（2）法律文书直接送达的，自受送达人**"签收之日"**起计算；

（3）法律文书邮寄送达的，自受送达人在**"邮件签收单上签收之日"**起计算；

【提示】没有邮件签收单的，自受送达人在"送达回执上签名之日"起计算；

（4）通过公告形式告知受送达人的，自**"公告规定的期限届满之日"**起计算；

（5）未告知公民、法人或者其他组织，事后补充告知的，自该公民、法人或者其他组织收到**"行政机关补充告知的通知之日"**起计算；

（6）被申请人能够证明公民、法人或者其他组织知道具体行政行为的，自证据材料证明其知道具体行政行为之日起计算。

【提示】行政机关作出具体行政行为，依法应当向有关公民、法人或者其他组织送达法律文书而未送达的，视为该公民、法人或者其他组织不知道该具体行政行为。

3. 特殊规定

对征税行为不服提起行政复议的，申请人必须依照税务机关根据法律、法规确定的税额、期限，先行缴纳或者解缴税款和滞纳金，或者提供相应的担保，才可以在缴清税款和滞纳金之日起或者所提供的担保得到**作出具体行政行为的税务机关确认之日**起 60 日内提出行政复议申请。

申请人依照行政复议法的规定申请税务机关履行法定职责，税务机关未履行的，有履行期限规定的，自履行期限届满之日起计算，没有履行期限规定的，**自税务机关收到申请满 60 日**起计算。

（二）申请方式

1. 书面申请：可以采取**当面递交、邮寄或者传真**等方式提出行政复议申请。

行政复议申请书中载明下列事项：

（1）申请人的基本情况（包括公民的姓名、性别、出生年月、身份证件号码、工作单位、住所、邮政编码、联系电话；法人或者其他组织的名称、住所、邮政编码、联系电话和法定代表人或者主要负责人的姓名、职务）；

（2）被申请人的名称；

（3）行政复议请求、申请行政复议的主要事实和理由；

（4）申请人的签名或者盖章；

（5）申请行政复议的日期。

2. 口头申请：行政复议机构应当当场制作行政复议申请笔录，交申请人核对或者向申请人宣读，并由申请人确认。

（三）受理

1. 税务行政复议是依申请的行政行为。

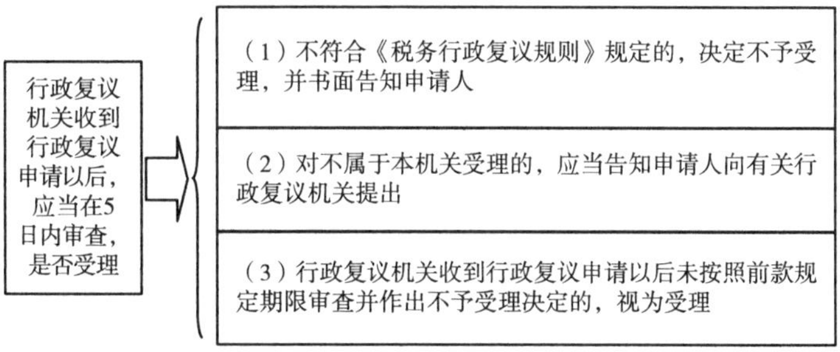

2. 不得申请：（1）对复议机关**已经处理过**的行政复议案件，或者正在审理的行政复议案件，申请人不能再就同一事实和同一理由向复议机关另行申请复议。

（2）公民、法人或其他组织已经向人民法院起诉的，**不得**再向行政机关申请复议。

3. 应当受理的情形：

（1）有明确的申请人和符合规定的被申请人；

（2）申请人与具体行政行为有利害关系；

（3）有具体的行政复议请求和理由；

（4）在法定申请期限内提出；

（5）属于行政复议法规定的行政复议范围；

（6）属于收到行政复议申请的行政复议机构的职责范围；

（7）其他行政复议机关尚未受理同一行政复议申请，人民法院尚未受理同一主体就同一事实提起的行政诉讼。

4. 审查的内容主要有：

（1）是否符合法定复议**范围**；

（2）申请人是否在法定**期限**内提出复议申请；

（3）是否有**明确的**申请人和符合规定的被申请人；

（4）申请人是否具备提出申请的主体**资格**；

（5）本机关是否具有**管辖权**；

（6）当事人是否已向其他法定复议机关或人民法院提起行政复议或诉讼且被受理；

（7）申请人就纳税发生争议，是否按规定缴清税款、滞纳金或提供了有效担保等。

【多选题】下列行为属于税务行政复议前置范围的有（　　）。

A. 税务机关征收税款　　　　B. 罚款

C. 停止出口退税权　　　　D. 税务机关不予抵扣税款

【参考答案】AD。《税务行政复议规则》规定，申请人对征税行为不服的，应当先向行政复议机关申请行政复议；对行政复议决定不服的，可以向人民法院提起行政诉讼。征税行为，包括确认纳税主体、征税对象、征税范围、减税、免税、退税、抵扣税款、适用税率、计税依据、纳税环节、纳税期限、纳税地点和税款征收方式等具体行政行为，征收税款、加收滞纳金，扣缴义务人、受税务机关委托的单位和个人作出的代扣代缴、代收代缴、代征行为等。故选项A、D符合题意。

（四）审查

1. 审查准备

税务机关中初次从事行政复议的人员，应当通过国家统一法律职业资格考试取得**法律职业资格**。

行政复议机构应当自受理行政复议申请之日起**7日内**将复议申请书副本或者行政复议申请笔录复印件发送被申请人。被申请人应当自收到复议申请书副本或行政复议申请笔录复印件之日起10日内提出书面答复，并提交当初作出具体行政行为的证据、依据和其他有关材料。

【提示】在行政复议过程中，被申请人**不得自行**向申请人和其他有关组织或个人收集证据。

对国家税务总局的具体行政行为不服申请行政复议的案件，由原承办具体行政行为的相关机构向行政复议机构提出书面答复，并提交当初作出具体行政行为的证据、依据和其他有关材料。

【单选题】在行政复议过程中，被申请人未按照规定提交当初作出具体行政行为的证据、依据和有关资料的，则该具体行政行为（　　）。

A. 应由复议机关决定变更　　　　B. 应由复议机关决定撤销

C. 应由复议机关责令重做　　　　D. 不影响其法律效力

【参考答案】B。《行政复议法》规定，被申请人不按照规定提出书面答复、提交当初作出具体行政行为的证据、依据和其他有关材料的，视为该具体行政行为没有证据、依据，决定撤销该具体行政行为。故选项 B 符合题意。

【判断题】行政复议过程中第三人无权查阅被申请人提出的书面答复以及作出具体行政行为的证据材料。(　　)

【参考答案】×。依据《行政复议法》，申请人、第三人可以查阅被申请人提出的书面答复、作出具体行政行为的证据、依据和其他材料，除涉及国家秘密、商业秘密或者个人隐私外，行政复议机关不得拒绝。由此可见，行政复议过程中申请人和第三人依法都享有查阅资料权。

2. 审查形式（书面、听证）

行政复议原则上采用书面审查的办法，但申请人提出要求或者行政复议机构认为有必要时，**应当听取申请人、被申请人和第三人**的意见，并可以向有关组织和人员调查了解情况。

对重大、复杂的案件，申请人提出要求或者行政复议机构认为必要时，**可以采取听证**的方式审查。

3. 审查的具体内容包括

（1）对事实的审查；

（2）对主体的审查；

（3）对依据的审查；

（4）对权限的审查；

（5）对程序的审查；

（6）适当性审查。

4. 行政复议中止和终止

中止	（1）作为申请人的自然人死亡，其近亲属尚未确定是否参加 （2）作为申请人的自然人丧失复议的能力，尚未确定法定代理人是否参加 （3）作为申请人的法人或组织终止，尚未确定承受人	满 60 日中止的原因仍未消除→**终止**
	（4）作为申请人的自然人下落不明或被宣告失踪 （5）申请人、被申请人因不可抗力，不能参加复议 （6）行政复议机关因不可抗力原因暂时不能履行工作职责的 （7）案件涉及法律适用，需要有权机关作出解释或确认 （8）案件审理需要以其他案件的审理结果为依据，而其他案件尚未审结	**中止原因消除后恢复审理**
终止	（1）申请人要求撤回行政复议申请，行政复议机构准予撤回的 （2）作为申请人的自然人死亡，没有近亲属或其近亲属放弃复议权利 （3）作为申请人的法人或组织终止，承受人放弃复议权利 （4）经行政复议机构准许达成和解 （5）行政复议申请受理以后，发现其他行政复议机关已经先于本机关受理，或者人民法院已经受理的 （6）依照行政复议中止情形（1）、（2）、（3）项中止行政复议，满 **60** 日行政复议中止的原因未消除的，行政复议终止	**结束复议**

（五）决定

行政复议机关受理复议申请的，应当**自受理申请之日起 60 日内**作出行政复议决定；但是法律规定的行政复议期限少于 60 日的除外。

<table>
<tr><td>维持</td><td colspan="2">事实清楚、证据确凿，适用依据正确，程序合法，内容适当</td></tr>
<tr><td>限期履行</td><td colspan="2">被申请人应当履行自己的职责而未履行法定职责，责令其在一定期限内履行</td></tr>
<tr><td>变更决定</td><td>（1）事实清楚、证据确凿，程序合法，但是明显不当或适用依据错误
（2）事实不清，证据不足，经复议查明事实清楚、证据确凿</td><td rowspan="2">【提示】先考虑能否变更，不能变更考虑撤销，若不能撤销确认违法
【提示】撤销、确认违法时，责令被申请人重新作出行为，被申请人不得以同一事实和理由作出与原行为相同或基本相同的行政行为</td></tr>
<tr><td>撤销决定</td><td>（1）主要事实不清，证据不足
（2）适用依据错误
（3）违反法定程序
（4）超越或者滥用职权
（5）具体行政行为明显不当
（6）被申请人不按规定提出书面答复、提交当初作出具体行政行为的证据、依据和其他有关材料的，视为该具体行政行为没有证据、依据</td></tr>
<tr><td>确认违法</td><td>（1）限期履行已无实际意义
（2）不具有可撤销的内容
（3）撤销会给公共利益带来重大损害</td><td>【提示】先考虑能否变更，不能变更考虑撤销，若不能撤销确认违法
【提示】撤销、确认违法时，责令被申请人重新作出行为，被申请人不得以同一事实和理由作出与原行为相同或基本相同的行政行为</td></tr>
</table>

【单选题】某县税务局对某公司未按规定进行纳税申报行为罚款 3 000 元，该公司不服欲提出税务行政复议，申请期限是（　　）。

A. 自接到行政处罚决定书之日起 30 日内

B. 自接到行政处罚决定书之日起 60 日内

C. 自接到行政处罚决定书之日起 1 年内

D. 自接到行政处罚决定书之日起 2 年内

【参考答案】B。《行政复议法》规定，公民、法人或者其他组织认为具体行政行为侵犯其合法权益的，可以自知道该具体行政行为之日起 60 日内提出行政复议申请；但是法律规定的申请期限超过 60 日的除外。故选项 B 符合题意。

【单选题】申请人认为税务机关具体行政行为的依据不合法，在对具体行政行为申请行政复议时，可一并向复议机关提出对该规定的审查申请。下列可同时提出审查申请的法律文件是（　　）。

A. 国家税务总局制定的规范性文件

B. 国务院制定的行政法规

C. 财政部制定的行政规章

D. 地方人民代表大会制定的地方性法规

【参考答案】A。《税务行政复议规则》规定，申请人认为税务机关的具体行政行为所依据的下列规定不合法，对具体行政行为申请行政复议时，可以一并向行政复议机关提出对有关规定的审查申请；申请人对具体行政行为提出行政复议申请时不知道该具体行政行为所依据的规定的，可以在行政复议机关作出行政复议决定以前提出对该规定的审查申请：（1）国家税务总局和国务院其他部门的规定。（2）其他各级税务机关的规定。（3）地方各级人民政府的规定。（4）地方人民政府工作部门的规定。上述的规定不包括规章，更不能包含行政法规和地方性法规。故选项A符合题意。

第三节　税务行政诉讼

一、概念

税务行政诉讼是指公民、法人和其他组织认为税务机关和税务机关工作人员的行政行为侵犯其合法权益，依行政诉讼法向人民法院提起诉讼，人民法院依法受理并作出裁决的活动。

【提示】“企业告税务机关”的案件**不一定**都是税务行政诉讼。如建筑公司为税务机关建盖一栋楼房，楼盖好后，税务机关没有按约定付款，建筑公司将税务机关告上了法庭。这也是“企业告税务机关”，但却不是税务行政诉讼，而是民事诉讼。

二、基本原则

1. 合法性审查原则

在行政诉讼中，人民法院主要审查行政行为的合法性；原告请求对行政行为所依据的规章以下的**规范性文件**进行审查的，审查其合法性。

对行政处罚明显不当，或者其他行政行为涉及对款额的确定、认定确有错误的，**人民法院可以判决变更**。

2. 被告负举证责任原则

行政诉讼主要审查被告作出的行政行为是否合法，被告应当就其行政行为合法有效承担举证责任。

3. 诉讼期间一般不停止行政行为的执行

原告不能以起诉为由停止履行原行政行为所确定的义务和责任，被告有权在行政诉讼期间开展执行工作。

【提示】有些情况下可以停止执行：

（1）被告认为需要停止执行的；

（2）原告或者利害关系人申请停止执行，人民法院认为该行政行为的执行会造成难以弥补的损失，并且停止执行不损害国家利益、社会公共利益的；

（3）人民法院认为该行政行为的执行会给国家利益、社会公共利益造成重大损害的；

（4）法律、法规规定停止执行的。

【提示】当事人对停止执行或者不停止执行的裁定不服的，可以申请复议一次。

4. 行政诉讼一般不适用调解

人民法院审理行政案件，一般不适用调解。

【提示】**行政赔偿、补偿以及行政机关行使法律、法规规定的自由裁量权的案件可以调解**。

【判断题】人民法院审理行政诉讼案件不适用调解，但行政赔偿、补偿等事项除外。（　　）

【参考答案】√。《行政诉讼法》规定，人民法院审理行政案件，不适用调解。但是，行政赔偿、补偿以及行政机关行使法律、法规规定的自由裁量权的案件可以调解。

【多选题】对下列涉税争议事项，税务行政复议机关可以适用调解的有（　　）。

A. 甲企业对税务机关作出的 2 倍罚款不服申请复议

B. 乙企业对税务机关核定的税额不服申请复议

C. 丙企业对税务机关作出的不予减免税决定不服申请复议

D. 丁举报人对税务机关给予的行政奖励不服申请复议

【参考答案】ABD。《税务行政复议规则》规定，对下列行政复议事项，按照自愿、合法的原则，申请人和被申请人在行政复议机关作出行政复议决定以前可以达成和解，行政复议机关也可以调解：（1）行使自由裁量权作出的具体行政行为，如行政处罚、核定税额、确定应税所得率等；（2）行政赔偿；（3）行政奖励；（4）存在其他合理性问题的具体行政行为。税务机关减税、免税决定必须严格依法作出，不允许自由裁量。对税务机关作出的不予减免税决定，在行政复议过程中不适用调解。故选项 A、B、D 符合题意。

三、受案范围

1. 对暂扣或者吊销**许可证和执照**、责令停产停业、没收违法所得、没收非法财物、罚款、警告等行政处罚不服的；

2. 对限制**人身自由**或者对**财产**的查封、扣押、冻结等行政强制措施和行政强制执行不服的；

3. 申请行政**许可**，行政机关拒绝或者在法定期限内不予答复，或者对行政机关作出的有关行政许可的其他决定不服的；

4. 对**征收、征用**决定及其补偿决定不服的；

5. 申请行政机关履行保护**人身权、财产权**等合法权益的法定职责，行政机关拒绝履行或者不予答复的；

6. 认为行政机关**违法集资、摊派费用**或者违法要求履行其他义务的；

7. 认为行政机关侵犯其他人身权、财产权等合法权益的。

【提示】1. 公民、法人或者其他组织认为行政行为所依据的国务院部门和地方人民政府及其部门制定的规章以下的规范性文件不合法，在对行政行为提起诉讼时，可以一并请求对该**规范性文件**进行审查。

2. 人民法院在审理行政案件中，发现上述规范性文件不合法的，不作为认定行政行为合法的依据，并应当**转送**有权机关依法处理。

3. 税务机关**内部的**行政行为、**终局**行政裁决行为等，不属于税务行政诉讼受案范围。

【单选题】根据行政诉讼法及司法解释，下列行为不属于税务行政诉讼受案范围的是（　　）。

A. 税务机关不予减税、免税、退税或者不予抵扣税款

B. 税务机关拒绝当事人查阅税务行政许可决定及有关档案材料

C. 上级税务机关对下级税务机关执行税收政策的请示作出答复

D. 税务机关拒绝当事人查阅税务行政许可监督检查记录

【参考答案】C。选项 C 属于税务机关内部行为，不属于行政诉讼的受案范围，符合题意。选项 A 是征税行为。选项 B 和选项 D 属于税务机关在办理税务行政许可中的行为，符合《行政诉讼法》的规定，属于行政诉讼的受案范围。

四、管辖

1. 级别管辖

（1）**基层**法院：一般案件。

（2）**中级**人民法院：对国务院部门或者县级以上地方人民政府所作的行政行为提起诉讼的案件；海关处理的案件；本辖区内重大、复杂的案件；其他法律规定由中级人民法院管辖的案件。

（3）**高级**人民法院：本辖区内重大、复杂的第一审行政案件。

（4）**最高**人民法院：全国范围内重大、复杂的第一审行政案件。

2. 地域管辖

一般：由最初作出行政行为的行政机关所在地人民法院管辖。

特殊：

（1）经复议的案件，可以由原行为机关所在地法院管辖，也可以由复议机关所在

地人民法院管辖。

（2）对限制人身自由的行政强制措施不服而提起诉讼的，由被告所在地或原告所在地人民法院管辖。原告所在地包括原告户籍所在地、经常居住地和被限制人身自由地。

（3）因不动产提起行政诉讼的，由不动产所在地人民法院专属管辖。

【判断题】行政案件由最初作出行政行为的行政机关所在地人民法院管辖。经复议的案件，也可以由复议机关所在地人民法院管辖。（　　）

【参考答案】√。《行政诉讼法》规定，行政案件由最初作出行政行为的行政机关所在地人民法院管辖。经复议的案件，也可以由复议机关所在地人民法院管辖。

3. 裁定管辖

移送管辖、指定管辖和管辖权的转移。

（1）**移送**管辖：人民法院发现受理的案件不属于本院管辖的，**应当移送**有管辖权的人民法院，受移送的人民法院应当受理。受移送的人民法院认为受移送的案件按照规定不属于本院管辖的，**应当报请上级人民法院指定管辖，不得再自行移送。**

裁定管辖
- 移送管辖（无权）：无管辖权法院　有管辖权
- 管辖转移（有权）：上级法院审下级法院案件或下转上
- 制定管辖（确权）：上级法院指定下级法院审理

【判断题】人民法院发现受理的案件不属于本院管辖的，应当移送有管辖权的人民法院，受移送的人民法院应当受理。受移送的人民法院认为受移送的案件按照规定不属于本院管辖的，应当移送有管辖权的人民法院。（　　）

【参考答案】×。《行政诉讼法》规定，人民法院发现受理的案件不属于本院管辖的，应当移送有管辖权的人民法院，受移送的人民法院应当受理。受移送的人民法院认为受移送的案件按照规定不属于本院管辖的，应当报请上级人民法院指定管辖，不得再自行移送。

（2）**指定**管辖：有管辖权的人民法院由于特殊原因不能行使管辖权的，由上级人民法院指定管辖；人民法院对管辖权发生争议，由争议双方协商解决。**协商不成的，报它们的共同上级人民法院指定管辖**。

（3）管辖权的**转移**：上级人民法院有权审理下级人民法院管辖的第一审行政案件。下级人民法院对其管辖的第一审行政案件，认为需要由上级人民法院审理或者指定管辖的，**可以报请上级人民法院决定**。

【单选题】甲市乙县税务局对某运输公司作出补税20万元的处理决定。该公司不服，向甲市税务局申请复议，复议机关维持原处理决定。该运输公司对复议决定不服，欲向人民法院提起行政诉讼，管辖法院是（　　）。

A. 乙县人民法院

B. 甲市税务局所在地人民法院

C. 既可以是甲市税务局所在地人民法院，也可以是乙县税务局所在地人民法院

D. 省税务局所在地人民法院

【参考答案】C。本题考查税务行政诉讼的管辖。《行政诉讼法》第十八条规定，行政案件由最初作出行政行为的行政机关所在地人民法院管辖。经复议的案件，也可以由复议机关所在地人民法院管辖。故选项 C 符合题意。

五、诉讼参加人

1. 原告：行政行为的相对人以及其他与行政行为有利害关系的公民、法人或者其他组织，有权作为原告提起行政诉讼。有权提起诉讼的公民死亡，其近亲属可以作为原告提起行政诉讼。有权提起诉讼的法人或者其他组织终止，承受其权利的法人或者其他组织可以作为原告提起行政诉讼。

2. 被告：

一般情况下，作出争议行政行为的行政机关是被告。

实施主体	被告
（1）**两个以上**行政机关作出同一行政行为	**共同**作出行政行为的行政机关
（2）行政机关**委托**的组织	**委托**的行政机关
（3）被**撤销**的行政机关	**继续**行使其职权的行政机关

特殊：

（1）**维持**原行政行为	作出原行政行为行政机关和复议机关为**共同被告**	
（2）**改变**原行政行为	**复议机关**为被告	
（3）复议机关**不作为**	对复议机关不作为不服	**复议机关**为被告
	对原行政行为不服	**作出原行政行为的行政机关**为被告

【单选题】下列关于税务行政诉讼被告的表述，不正确的是（　　）。

A. 公民、法人或者其他组织直接向人民法院提起诉讼的，作出行政行为的行政机关是被告

B. 经复议的案件，复议机关维持原行政行为的，作出原行政行为的行政机关和复议机关是共同被告；复议机关改变原行政行为的，复议机关是被告

C. 法律、法规授权的组织所作的行政行为，该组织是被告；行政机关委托的组织

所作的行政行为，受委托的组织是被告

D. 作出行政行为的行政机关被撤销的，继续行使其职权的行政机关是被告

【参考答案】C。《行政诉讼法》规定，公民、法人或者其他组织直接向人民法院提起诉讼的，作出行政行为的行政机关是被告；经复议的案件，复议机关决定维持原行政行为的，作出原行政行为的行政机关和复议机关是共同被告；复议机关改变原行政行为的，复议机关是被告；两个以上行政机关作出同一行政行为的，共同作出行政行为的行政机关是共同被告；由行政机关委托的组织所作的行政行为，委托的行政机关是被告；行政机关被撤销的，继续行使其职权的行政机关是被告。故选项 C 符合题意。

3. 第三人：公民、法人或者其他组织同被诉行政行为有利害关系但没有提起诉讼，或者同案件处理结果有利害关系的，可以作为第三人申请参加诉讼，或者由人民法院通知参加诉讼。

【提示】当同一行政行为涉及两个以上利害关系人，其中一部分利害关系人不服提起诉讼时，法院应当通知没有起诉的其他利害关系人作为第三人参加诉讼。

4. 诉讼代表人：当事人一方或者双方为二人以上，因同一行政行为发生的行政案件，或者因同类行政行为发生的行政案件、人民法院认为可以合并审理并经当事人同意的，为共同诉讼。当事人一方人数众多的共同诉讼，可以由当事人推选代表人进行诉讼。

【提示】当事人一方人数众多的共同诉讼（**10 人以上**）：则由推选产生 2—5 名当事人作为诉讼代表人参加诉讼。

【提示】代表人可以**委托 1—2 人**作为诉讼代理人。

5. 诉讼代理人：作为被告的行政机关，不能只让律师出庭应诉，**被诉行政机关负责人应当出庭应诉**。不能出庭的，应当**委托行政机关相应的工作人员**出庭。

六、税务行政诉讼证据

1. 被告的举证责任：由作为被告的税务机关对作出的行政行为负有举证责任，应当提供作出该行政行为的证据和所依据的规范性文件。被告**不提供或者无正当理由逾期提供证据，视为没有相应证据**。

【提示】在诉讼过程中，被告及其诉讼代理人不得自行向原告、第三人和证人收集证据。

2. 原告的举证责任：可以提供证明被诉行政行为违法的证据。

【提示】原告提供的证据不成立的，不免除被告对被诉行政行为合法性的举证责任。

【提示】原告确有证据证明被告持有的证据对原告有利，被告无正当事由拒不提供的，可以推定原告的主张成立。

3. 举证内容

被告	1. 被告对被诉行政行为为**合法性**负有举证责任 2. 被告认为原告起诉**超过起诉期**，负有举证责任 3. **因被告的原因**导致**原告无法举证**的，由被告承担举证责任
原告	1. 起诉时应当提供其符合法定起诉条件的相应的证据材料 2. 在起诉被告不作为的案件中，原告应当提供其在行政程序中曾经提出申请的证据材料，但有下列情形的除外：（1）**被告应当依职权主动履行法定职责的**；（2）**原告因正当理由不能提供证据**的 3. 在行政赔偿、补偿诉讼中，原告应当对被诉行政行为造成损害的事实提供证据

4. 人民法院调取证据

法院**主动**调取	（1）涉及国家利益、公共利益或者他人合法权益的事实认定的 （2）涉及依职权追加当事人、中止诉讼、终结诉讼、回避等程序性事项的
申请法院调取	原告或者第三人不能自行收集的，可以申请人民法院调取： （1）由**国家机关保存**而须由人民法院调取的证据材料 （2）涉及**国家秘密、商业秘密或者个人隐私**的证据材料 （3）确因**客观原因**不能自行收集的其他证据材料

【提示】人民法院在调取证据时，不得为证明被诉行政行为的合法性而调取被告在作出行政行为时未收集的证据。

5. 证据的出示、质证和采纳

（1）证据应当在法庭上出示，并由当事人**互相质证**。

（2）对涉及国家秘密、商业秘密和个人隐私的证据，不得在公开开庭时出示。

（3）人民法院应当按照法定程序，**全面、客观地**审查核实证据。

（4）对**未采纳**的证据应当在**裁判文书**中说明理由。

（5）以**非法手段**取得的证据，不得作为认定案件事实的根据。

七、税务行政诉讼起诉与立案

（一）起诉

1. 起诉的条件

（1）原告必须是行政行为的相对人以及其他与行政行为有**利害关系**的公民、法人或者其他组织。

（2）有**明确**的被告。

（3）有**具体**的诉讼请求和事实根据。

（4）属于人民法院受案范围和受诉人民法院**管辖**。

2. 起诉的程序要求

（1）依照法定的**程序**起诉。当法律、法规规定应当先向行政机关申请复议的，必须先经过行政复议。

（2）在法定**期限**内提起诉讼。

（3）应当向人民法院递交**起诉状**，并按照被告人数提出副本。

3. 起诉的时间条件

先复议后诉讼	收到复议决定书之日或复议机关逾期不作决定，**复议期满之日起 15 日内**，法律另有规定除外	
直接诉讼	自知道或者应当知道**作出行政行为之日起 6 个月内**，法律另有规定除外	
最长期限	涉及不动产的行政行为——从**作出之日起 20 年**	
	其他行政行为——从**作出之日起 5 年**	

【单选题】行政复议机关逾期不作决定的，申请人可以在一定期限内向人民法院提起诉讼，这个期限是（　　）。

A. 复议期满之日起 2 个月内　　B. 复议期满之日起 10 日内

C. 复议期满之日起 15 日内　　D. 复议期满之日起 1 个月内

【参考答案】C。《行政诉讼法》规定，公民、法人或者其他组织不服复议决定的，可以在收到复议决定书之日起 15 日内向人民法院提起诉讼，复议机关逾期不作决定的，申请人可以在复议期满之日起 15 日内向人民法院提起诉讼。法律另有规定的除外。故选项 C 符合题意。

（二）立案

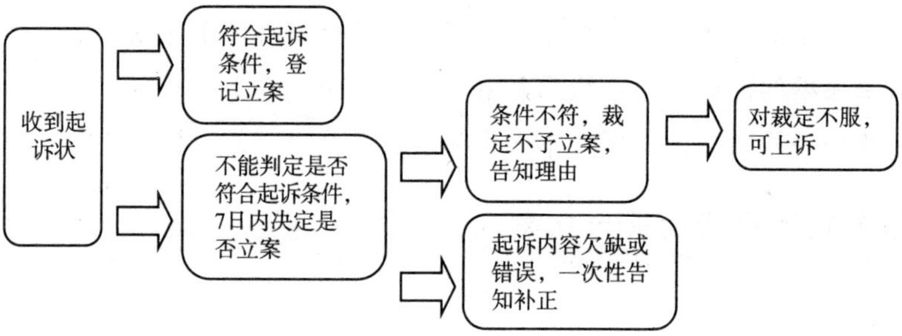

【提示】人民法院既不立案，又不作出不予立案裁定的，当事人可以向上一级人民法院起诉。上一级人民法院认为符合起诉条件的，应当**立案、审理**，也可以**指定**其他下级人民法院立案、审理。

八、税务行政诉讼的第一审程序

1. 普通程序

驳回诉讼请求判决	（1）证据确凿，适用法律、法规正确，符合法定程序的 （2）原告申请被告履行法定职责或者给付义务理由不成立的
撤销判决：并可以判决被告重新作出行政行为	（1）主要证据不足；（2）适用法律、法规错误；（3）违反法定程序；（4）超越职权；（5）滥用职权；（6）明显不当
履行判决	被告**无正当理由拒不履行**或**拖延履行**，从而责令其在一定期限内履行的判决
（可以）**变更**判决	认定被告行政处罚**明显不当**，或者其他行政行为涉及款额确定、认定确**有错误**，运用国家审判权直接予以改变的判决 【提示1】不得加重对原告的处罚，包括加重处罚幅度或增加处罚内容 【提示2】对行政机关未处罚的相对人，法院不得判决直接给予处罚
确认违法判决	**不需要撤销或者判决履行的，人民法院判决确认违法：** （1）行政行为违法，但不具有可撤销内容的 （2）被告改变原违法行政行为，原告仍要求确认原行政行为违法的（原行政行为合法：判决驳回） （3）被告不履行或者拖延履行法定职责，判决履行没有意义的 **判决确认违法，但不撤销行政行为：** （1）行政行为依法应当撤销，但撤销会给国家利益、社会公共利益造成重大损害的 （2）行政行为程序轻微违法，但对原告权利不产生实际影响的
确认无效判决	（1）行政行为实施主体不具有行政主体资格 （2）减损权利或者增加义务的行政行为没有法律规范依据 （3）行政行为的内容客观上不可能实施 （4）其他重大且明显违法的情形

审理期限：6个月

判决公开：公开审理和不公开审理的案件，**一律公开宣告判决**。

法院裁定：适用于程序性事项。（书面或口头）

【判断题】只要税务机关撤销原行政行为，必然导致原告撤诉的结果。（　　）

【参考答案】×。行政诉讼中，作为被告的税务机关发现作出的行政行为确有错误，可以在法院宣布判决或裁定前进行改变。被告改变其所作出的行政行为，原告仍然可能对原行政行为不服而拒绝申请撤诉，这时，人民法院有义务继续审查原行政行为的合法性。所以，税务机关撤销原具体行政行为，并不必然导致原告撤诉的结果。

2. 简易程序

适用简易程序审理的行政案件，由审判员一人独任审理，并应当在**立案之日起45日内**审结。

符合下列条件的第一审行政案件，事实清楚、权利义务关系明确、争议不大的，**可以适用**简易程序：

（1）被诉行政行为是依法**当场作出**的；

（2）案件涉及款额**2 000元**以下的；

（3）属于**政府信息公开**案件的；

（4）其他案件，当事人**各方同意适用简易程序**的，也可以适用简易程序。

【提示】（1）人民法院在审理过程中，发现案件**不宜适用简易程序的，裁定转为普**

通程序。

（2）**发回重审、按照审判监督程序**再审的案件**不适用简易程序**。

九、税务行政诉讼的第二审程序

1. 概念

指税务行政诉讼当事人对**第一审**法院尚未生效的判决或裁定不服，在法定期限内向**上一级**法院提起上诉，上一级法院依法进行审理并作出裁判的程序。

2. 有关规定

（1）上诉必须针对未生效的第一审判决、裁定，其中裁定只限于**不予立案、驳回起诉和管辖异议**的裁定。

（2）上诉人和被上诉人必须是一审程序中的当事人。

（3）必须在法定**上诉期内**提出上诉。根据规定，不服判决的上诉期限为 15 天，不服裁定的上诉期限为 10 天。

（4）二审法院审理上诉案件，应当自收到上诉状之日起**"3 个月内"**作出终审判决，有特殊情况需延长的，由**高级人民法院批准**，高级人民法院审理上诉案件需延长的，由最高人民法院批准。

3. 审理方式

（1）全面审查：人民法院审理上诉案件，应当对原审人民法院的判决、裁定和被诉行政行为进行全面审查。

（2）**开庭为主**：人民法院对上诉案件，一般应当组成**合议庭**，开庭审理。经过阅卷、调查和询问当事人，对没有提出新的事实、证据或者理由，合议庭认为不需要开庭审理的，也可以不开庭审理。

4. 判决

（1）**维持**：原判决、裁定认定事实清楚，适用法律、法规正确的，判决或者裁定驳回上诉，维持原判决、裁定；

（2）**撤销或者变更**：原判决、裁定认定事实错误或者适用法律、法规错误的，依法改判、撤销或者变更；

（3）**发回重审或改判**：原判决认定基本事实不清、证据不足的，发回原审人民法院重审，或者查清事实后改判；

（4）**裁定撤销并发回重审**：原判决遗漏当事人或者违法缺席判决等严重违反法定程序的，裁定撤销原判决，发回原审人民法院重审。

十、税务行政诉讼审判监督程序

1. 概念

又称**再审**程序，是指人民法院对**已经发生法律效力**的判决、裁定，发现违反法律、法规的规定，依法再次审理的程序。

2. 有权提起再审的主体

（1）申请再审的**当事人**（在判决、裁定发生法律效力后**6个月内**提出）；

（2）原审人民法院**院长**、上级人民**法院**和人民**检察院**。

【提示】再审程序不是必经的审判程序，当事人申请再审的，是否再审由人民法院审查后决定。

3. 应当再审的情形

当事人的申请符合下列情形之一的，人民法院**应当再审**：

（1）**不予立案**或者**驳回起诉**确有错误的；

（2）有**新的证据**，足以推翻原判决、裁定的；

（3）原判决、裁定认定事实的主要**证据不足、未经质证或者系伪造**的；

（4）原判决、裁定适用法律、法规确有**错误**的；

（5）违反法律规定的诉讼程序，可能**影响公正**审判的；

（6）原判决、裁定**遗漏诉讼请求**的；

（7）据以作出原判决、裁定的法律文书**被撤销或者变更**的；

（8）审判人员在审理该案件时有**贪污受贿、徇私舞弊、枉法裁判**行为的；

（9）**原审人民法院的院长、上级人民法院、最高人民法院和人民检察院**发现调解违反自愿原则或者调解书内容违法，认为需要再审的。

十一、税务行政诉讼执行程序

1. 概念

行政诉讼的执行是指行政案件当事人逾**期拒不履行**人民法院发生法律效力的法律文书，人民法院和有关行政机关运用国家强制力量，依法采取**强制措施**，促使当事人履行义务，从而使生效的法律文书的内容得以实现的一种法律制度。

【提示】由人民法院强制执行的，需要由当事人向法院提出强制执行申请。

	申请人	执行人	执行措施
行政机关不履行	公民、法人或其他组织	第一审人民法院	（1）应当归还的罚款或赔偿金，通知银行划拨 （2）期限内不履行，期满之日起按日处50元至100元的罚款 （3）将行政机关拒绝履行的情况予以公告 （4）向监察机关或者该行政机关的上一级行政机关提出司法建议。接受司法建议的机关，根据有关规定进行处理，并将处理情况告知人民法院 （5）拒不履行判决、裁定、调解书，社会影响恶劣的，可以对该行政机关直接负责的主管人员和其他直接责任人员予以拘留；情节严重，构成犯罪的，依法追究刑事责任

续表

	申请人	执行人	执行措施
公民、法人或其他组织不履行	**行政机关或第三人**	第一审人民法院**或有权行政机关**	法院强制执行，或有权行政机关依法强制执行

十二、税务机关应诉的若干问题

（一）诉前准备工作

1. 成立应诉工作（领导）**小组**（法制工作机构应当在收到应诉通知书和起诉状副本之日起2日内牵头组建）

2. 向应诉工作小组提交全部**证据和依据**（收到起诉状副本之日起5日内）

3. 审查起诉状（管辖异议、提请人民法院裁定驳回原告的起诉等）

4. 对行政行为进行审查

5. 及时提交答辩状、证据和有关材料（收到应诉通知书和起诉状副本之日起15日内）（全部证据、所依据的规范性文件、答辩状、证据清单、法律依据、授权委托书、法定代表人身份证明、其他诉讼材料，一并递交人民法院）

6. 召开庭前准备会议

（二）出庭应诉

1. 出庭应诉人员（负责人和委托代理人）

2. 依法行使权利（申请延期开庭、申请回避等）

3. 协助法庭查明案件事实

4. 积极进行法庭辩论

5. 做好最后陈述

6. 审核庭审笔录

（三）上诉与申诉

1. 税务机关决定上诉的，应当在**收到人民法院判决书之日起15日**内或者**收到裁定书之日起10日内**向上一级人民法院提起上诉。

2. 税务机关决定申请再审的，应当在法定期限（判决、裁定发生法律效力后6个月内）向上一级人民法院提出。

（四）充分行使诉讼权利并履行诉讼义务

（五）尊重司法，履行法院生效判决或裁定

【多选题】在税务行政诉讼中，作为被告的税务机关享有的权利包括（　　）。

A. 申请回避权　　　　B. 答辩权

C. 反诉权　　　　D. 抗诉权

【参考答案】AB。《行政诉讼法》规定，当事人认为审判人员与本案有利害关系或者有其他关系可能影响公正审判，有权申请审判人员回避。第六十七条规定，人民法院应当在立案之日起 5 日内，将起诉状副本发送被告。被告应当在收到起诉状副本之日起 15 日内向人民法院提交作出行政行为的证据和所依据的规范性文件，并提出答辩状。税务行政诉讼是行政相对人对税务机关提起的诉讼，作为被告的税务机关无权反诉，反诉是民事诉讼程序中被告的权利。而抗诉权是检察机关的权利。故选项 A、B 符合题意。

第四节　税务行政赔偿

一、概念与特点

1. 国家赔偿：是指国家机关及其工作人员**违法**行使职权侵犯公民、法人或其他组织的合法权益造成损害，**国家**依法承担赔偿责任的制度。

2. 国家赔偿包括**行政赔偿**和**司法赔偿**。

3. 税务行政赔偿：是指在税收执法过程中，因违法行使职权侵犯公民、法人或其他组织的合法权益造成损害，依法给予赔偿的制度。税务行政赔偿属于行政赔偿。

4. 税务行政赔偿的特点

（1）国家承担赔偿责任；

（2）赔偿义务机关是**税务机关**；

（3）赔偿范围是法定的，赔偿方式和标准是既定的；

（4）提出赔偿请求程序灵活多样。

【单选题】根据《国家赔偿法》规定，税务行政赔偿的义务主体是（　　）。

A. 国家

B. 拨付赔偿金的财政机关

C. 违法行使职权的税务机关工作人员

D. 违法行使职权的工作人员所在的税务机关

【参考答案】D。在国家赔偿中，责任主体永远是国家，赔偿义务主体则是各个代表国家履行职权的机关和组织。税务行政赔偿的义务主体也不可能是行使职权的税务机关工作人员，个人行使职权也是代表有关国家机关的行为，税务人员违法行使职权所产生的赔偿义务理应归属于税务机关。故选项D符合题意。

二、税务行政赔偿与近似概念的区别

1. 税务行政赔偿与民事赔偿

方面	具体内容
（1）产生的原因不同	税务行政赔偿因税务机关及其工作人员在行使行政职权过程中的行政侵权行为而引起
	民事赔偿是因公民、法人或其他组织在民事活动中的民事侵权行为而发生的
（2）承担责任的主体不同	税务行政赔偿责任由国家承担，按照**“谁侵权谁代表国家进行赔偿”**的原则
	民事赔偿责任由民事责任主体自己承担
（3）赔偿的原则不同	行政赔偿：采取的是违法归责原则
	民事赔偿：有过错的要承担民事责任，虽无过错但法律规定应当承担民事责任的也应承担民事责任
（4）赔偿的方式不同	行政赔偿：以支付赔偿金为主要方式，能够返还财产或者恢复原状的，予以返还财产或者恢复原状
	民事赔偿：有停止侵害、返还原物、恢复原状、赔偿损失、支付违约金、修理、重做、更换等

2. 税务行政赔偿与税务行政补偿

（1）产生原因不同	行政赔偿：由行政**违法**行为引起的
	行政补偿：由行政**合法**行为引起
（2）承担责任不同	行政赔偿：是一种法律责任，具有一定的**惩戒性**
	行政补偿：对合法行政行为引起损害的合理补偿，**并不具有对国家行政行为的责难**

【单选题】我国法律规定税务行政赔偿的责任主体是（　　）。

A. 国家　　B. 各级政府财政　C. 行政机关　　D. 执法人员

【参考答案】A。本题考查税务行政赔偿的责任主体。税务行政赔偿是由国家负责对税务机关及其工作人员行使职权的活动所造成的损害予以赔偿的一项行政法律制度。税务机关及其工作人员代表国家行使征税权，其围绕征税权所作出的行政管理活动，本质上是国家所为，由此产生的损害，国家要承担赔偿责任。所以，我国法律规定税务行政赔偿的责任主体是国家。故选项A符合题意。

三、税务行政赔偿的归责原则和构成要件

1. 税务行政赔偿的归责原则

违法归责原则。即以是否存在职务违法行为来归责。只要税务机关及其工作人员

违法行使职权造成公民、法人和其他组织合法权益损害的，就应当承担赔偿责任。

主要包括：

（1）违法是指税务机关及其工作人员的职务行为违反法律规定；

（2）违法既包括违反实体法规范也包括违反程序法规范；

（3）违法包括行政职权的行使明显不当或裁量权的滥用。

2. 税务行政赔偿的要件

（1）侵权主体是行使国家税收征管职权的组织或个人；

（2）侵权主体实施的职务行为**违法**；

（3）发生了客观的损害后果（不是想象的、可能发生或将要发生的）；

（4）违法行为与损害后果之间具有因果关系。

3. 税务行政赔偿的范围

（1）侵犯**人身权**的职务行为	（1）非法拘禁或者以其他方法非法剥夺公民人身自由的 （2）以殴打、虐待等行为或者唆使、放纵他人以殴打、虐待等行为造成公民身体伤害或者死亡的 （3）以其他违法行为造成公民身体伤害或者死亡的
（2）侵犯**财产权**的职务行为	（1）违法征收税款及滞纳金、违法征收基金和收取费用的 （2）违法实施罚款、吊销行政许可证件、没收财物、暂时停止办理出口退税等行政处罚的 （3）违法对财产采取查封、扣押、冻结等行政强制措施的，违法对财产进行变卖、拍卖、划拨等行政强制执行的 （4）造成财产损害的其他违法行为
（3）不承担赔偿责任的情形	（1）税务机关工作人员与行使行政管理职权无关的个人行为 （2）因公民、法人或者其他组织自己的行为致使损害发生的 （3）法律规定的其他情形

【多选题】根据《国家赔偿法》规定，下列情形中税务机关不承担赔偿责任的有（　　）。

A. 税务机关工作人员与行使职权无关的个人行为

B. 税务机关工作人员因过失违法行使职权的行为

C. 因纳税人自己行为造成的损害

D. 税务机关工作人员行使职权时与纳税人共同造成的损害

【参考答案】AC。本题考查不予赔偿的法定情形。《国家赔偿法》规定了国家不承担赔偿责任的三种法定情形：一是行政机关工作人员与行使职权无关的个人行为；二是因公民、法人和其他组织自己的行为致使损害发生的；三是法律规定的其他情形。因此，税务机关工作人员与行使职权无关的个人行为，以及因纳税人自己行为造成的损害，国家不应承担赔偿责任。而税务机关工作人员因过失违法行使职权造成的损害，国家应当为此承担责任。税务机关工作人员行使职权时与纳税人共同造成的损害，国家也应为其工作人员的过错部分承担赔偿责任。所以，本题选项 A、C 符合题意。

4. 税务行政赔偿的请求人（合法权益受到损害的公民、法人和其他组织）

（1）受害的公民死亡，其继承人和其他有扶养关系的亲属有权要求赔偿；

（2）受害的法人或者其他组织终止的，其权利承受人有权要求赔偿。

【提示】有第一顺序继承人时，第二顺序继承人不享有继承权。

5. 税务行政赔偿义务机关

情形	赔偿义务机关
（1）税务机关及其工作人员侵犯合法权益造成损害	该税务机关
（2）两个以上税务机关及其工作人员**共同**侵犯合法权益造成损害	共同行使职权的税务机关
（3）法律、法规授权的组织，行使被授予的税务行政职权时，侵犯合法权益	该法律、法规授权的组织
（4）受税务机关委托的组织或个人行使职权行为侵犯合法权益	该委托的税务机关
（5）原税务机关被撤销或变更职权的	继续行使其职权的税务机关；没有继续行使职权的行政机关，由撤销该赔偿义务机关的税务机关
（6）经过行政复议**维持**原具体行政行为的	最初造成侵权行为的税务机关为赔偿机关，复议决定加重损害的，由复议机关对加重部分履行赔偿义务

6. 税务行政赔偿的程序

赔偿请求人提出赔偿请求、赔偿义务机关受理、赔偿请求人不服提起行政赔偿诉讼、国家进行赔偿。

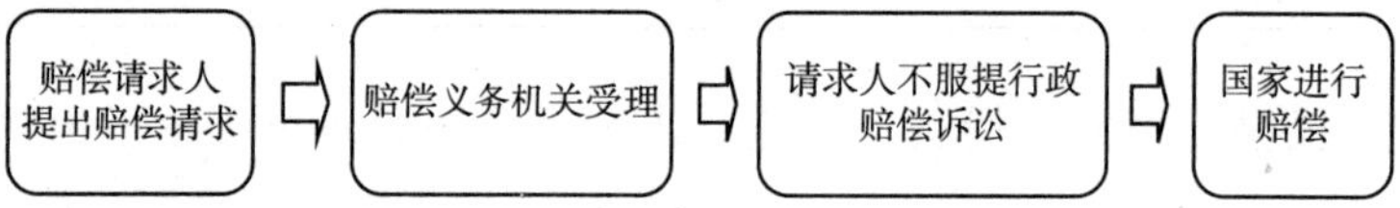

（1）提出税务行政赔偿请求

①一般应当先向税务行政赔偿义务机关**单独提出**，也可以在申请行政复议或者提起行政诉讼时**一并提出**；

②如果向共同赔偿义务机关提起赔偿请求的，可以向共同赔偿义务机关中的任何一个赔偿义务机关要求赔偿。

（2）税务行政赔偿义务机关对赔偿请求的审查处理

①赔偿请求人应当递交申请书，赔偿请求人书写申请书确有困难的，可以委托他人代书；也可以口头申请，由赔偿义务机关记入笔录。

【提示】申请材料不齐全的，赔偿义务机关应当**当场或者在5日内**一次性告知赔偿请求人需要补正的全部内容。

②赔偿义务机关应当自收到申请之日起两个月内，作出是否赔偿的决定。

③赔偿义务机关决定赔偿的，应当制作赔偿决定书，并自作出决定之日起 10 日内送达赔偿请求人。

④赔偿义务机关决定不予赔偿的，应当自作出决定之日起 10 日内书面通知赔偿请求人，并说明不予赔偿的理由。

（3）税务行政赔偿复议和诉讼

①赔偿义务机关在规定期限内未作出是否赔偿的决定，赔偿请求人可以自**期限届满之日起 3 个月内**，向人民法院提起诉讼。

【提示】赔偿请求人对赔偿的方式、项目、数额有异议的，或者赔偿义务机关作出不予赔偿决定的，赔偿请求人可以自赔偿义务机关**作出赔偿或者不予赔偿决定之日起 3 个月内，向人民法院提起诉讼。**

②人民法院审理行政赔偿案件，赔偿请求人和赔偿义务机关对自己提出的主张，应当提供证据。

【提示】赔偿义务机关采取行政拘留或者限制人身自由的强制措施期间，被限制人身自由的人死亡或者丧失行为能力的，赔偿义务机关的行为与被限制人身自由的人的死亡或者丧失行为能力**是否存在因果关系，赔偿义务机关应当提供证据。**

7. 税务行政赔偿请求时效

①**两年**。自知道或者应当知道税务机关及其工作人员行使职权行为侵犯其人身权、财产权之日起计算。

【提示】但被羁押等限制人身自由期间不计算在内。

②赔偿请求人在赔偿请求时效的最后 **6** 个月内，因**不可抗力**或者其他障碍不能行使请求权的，时效计算**中止**。

【判断题】税务行政赔偿请求人请求赔偿的时效为 2 年，自知道或者应当知道税务机关及其工作人员行使职权行为侵犯其人身权、财产权之日起计算，但被羁押等限制人身自由期间不计算在内。（　　）

【参考答案】√。《国家赔偿法》规定，赔偿请求人请求国家赔偿的时效为 2 年，自其知道或者应当知道国家机关及其工作人员行使职权时的行为侵犯其人身权、财产权之日起计算，但被羁押等限制人身自由期间不计算在内。在申请行政复议或者提起行政诉讼时一并提出赔偿请求的，适用《行政复议法》《行政诉讼法》有关时效的规定。

8. 税务行政赔偿的方式

（1）主要方式：**支付赔偿金**。赔偿金是以货币形式进行赔偿。

（2）能够返还财产或者恢复原状的，予以返还财产或者恢复原状。

（3）税务机关行使行政职权时侵犯人身权致人精神损害的，还应当赔偿精神损害。

【单选题】某县税务局对纳税人违法实施罚款，复议机关维持原处罚决定，纳税人请求国家赔偿的赔偿义务机关是（　　）。

A. 该县税务局　　B. 复议机关

C. 该县税务局和复议机关　　D. 该县税务局或复议机关

【参考答案】A。《国家赔偿法》规定，经复议机关复议的，最初造成侵权行为的行政机关为赔偿义务机关，但复议机关的复议决定加重损害的，复议机关对加重的部分履行赔偿义务。本题中，复议机关决定维持原处罚决定，因此，承担赔偿责任的是某县税务局，纳税人应向该县税务局请求国家赔偿。故选项A符合题意。

9. 赔偿金的计算标准

（1）侵犯公民人身自由	每日赔偿金按照国家**上年度职工日平均工资**计算
（2）侵犯公民生命健康权的	赔偿金包含医疗费、护理费、误工费、残疾生活辅助具费、康复费、残疾赔偿金、死亡赔偿金、丧葬费等项目
（3）侵犯财产权的损害赔偿	标准一般按照直接损失计算

【多选题】税务行政赔偿的方式，主要包括（　　）。

A. 返还财产　　B. 恢复原状　　C. 支付赔偿金　　D. 支付违约金

【参考答案】ABC。本题考查税务行政赔偿的方式。《国家赔偿法》规定，国家赔偿以支付赔偿金为主要方式，能够返还财产或者恢复原状的，予以返还财产或者恢复原状。故税务行政赔偿的方式包括支付赔偿金、返还财产、恢复原状等。支付违约金是民事责任的承担方式。故选项D错误。

10. 税务行政追偿

（1）概念：指国家在支付了行政赔偿费用后责令有故意或重大过失的工作人员、受托的组织或个人承担部分或全部赔偿费用的制度。

（2）前提条件：
- 税务机关**已经承担赔偿**责任
- 税务机关工作人员有**故意或重大过失**的情形

（3）税务行政追偿的程序

①查明被追偿人的过错。

②提出追偿金额方案、听取被追偿人的陈述和申辩。

③作出追偿决定。

④执行追偿决定（可**强制执行**，如**扣工资**等）。

【提示】被追偿人对追偿决定不服的，可以向上级税务机关进行申诉。

【多选题】下列属于税务行政赔偿的范围的有（　　）。

A. 县税务局违规要求企业提前缴纳税款

B. 县税务局违法要求企业多缴纳税款

C. 县税务局未及时解除税收保全措施

D. 某税务干部甲向纳税人私自借款5万元，到期不还

【参考答案】ABC。税务行政赔偿的范围应是税务机关及其工作人员履行职权的行为，税务人员的个人行为不属于税务行政赔偿的范围。本案中某税务干部向企业私自借款5万元，到期不还，由此产生的纠纷属于平等民事主体之间发生的经济纠纷，国家不会也不应为那些与行使职权无关的个人行为造成的损害承担责任。故选项A、B、C符合题意。

本章习题

一、单项选择题

1. 对税务机关与其他行政机关共同作出的具体行政行为不服的，复议机关是（　　）。

A. 上一级税务机关　　B. 共同上一级行政机关

C. 国家税务总局　　D. 人民法院

2. 根据《税务行政复议规则》的管辖原则，下列表述不正确的是（　　）。

A. 对各级税务局的具体行政行为不服申请行政复议，由其上一级税务局管辖

B. 对税务所（分局）、各级税务局的稽查局的具体行政行为不服的，向其所属税务局申请行政复议

C. 对计划单列市税务局的具体行政行为不服的，向省税务局申请行政复议

D. 对被撤销的税务机关，在其被撤销以前作出的具体行政行为不服申请的复议，由继续行使其职权的税务机关的上一级税务机关管辖

3. 税务机关发现某企业在经营期间偷逃增值税5万元，税务机关对其作出追缴税款、加收滞纳金并处以2.5万元罚款的决定，并依法送达处理决定及处罚决定。该企业对征税行为不服向上一级税务机关申请复议，其可在结清税款、滞纳金并收到税务机关填发的缴款凭证之日起（　　）日内提起复议申请。

A. 10　　B. 15　　C. 30　　D. 60

4. 根据行政复议相关规定，下列说法错误的是（　　）。

A. 行政复议期间，行政复议机关认为申请人以外的公民、法人或者其他组织与被审查的具体行政行为有利害关系的，可以通知其作为第三人参加行政复议

B. 申请人、第三人可以委托1—2名代理人参加行政复议

C. 申请人、第三人委托代理人的，一般应当向行政复议机构提交授权委托书

D. 第三人不参加行政复议，影响行政复议案件的审理

5. 甲税务局下属的乙税务所被撤销，纳税人对乙税务所被撤销之前作出的征税行为不服，复议机关为（　　）。

A. 甲税务局

B. 甲税务局的上一级税务机关

C. 甲税务局和乙税务所的共同上级税务机关

D. 国家税务总局

6. 在税务行政复议过程中，可以向申请人和其他有关组织或个人收集证据的有（　　）。

A. 复议机构　　B. 县以上税务局稽查局

C. 被申请人　　D. 被申请人委托的代理人

7. 税务行政复议案件的审查，原则上采取的方式是（　　）。

A. 书面审查方式　　B. 实地调查方式

C. 听证会　　D. 秘密审查方式

二、多项选择题

1. 公民、法人或者其他组织认为税务行政机关的具体行政行为的依据不合法，在对具体行政行为申请行政复议时，可以一并向行政复议机关提出审查申请的有（　　）。

A. 国家税务总局制定的规章以外的其他规定

B. 各级税务机关的规定

C. 法律

D. 行政法规

2. 纳税人对 A 省某计划单列市税务局作出的行政处罚决定不服，可以在法定期限内采取的救济手段包括（　　）。

A. 直接向 A 省某计划单列市税务局所在的有管辖权的人民法院起诉

B. 向 A 省税务局申请复议

C. 必须先向国家税务总局申请复议，对复议决定不服时再向 A 省某计划单列市税务局所在的有管辖权的人民法院起诉

D. 向国家税务总局申请行政复议

3. 税务行政复议机关在审理纳税人对税务行政处罚决定不服的复议案件时，下列说法正确的有（　　）。

A. 不适用调解　　B. 适用调解

C. 合理性审查　　D. 合法性审查

4. 第三人参加税务行政复议的方式包括（　　）。

A. 自行申请参加　　B. 只能自行申请参加

C. 复议机关通知参加　　D. 只能由复议机关通知参加

5. 复议机构审理行政复议案件时可以根据需要实地调查核实证据，行政复议人员向有关组织和人员取证时可依法采取的方式有（　　）。

A. 查阅　　B. 复制

C. 调取有关文件和资料　　　　　　D. 向有关人员进行讯问

三、判断题

1. 对省、自治区、直辖市人民政府确认土地、矿藏、水流、森林、山岭、草原、荒地、滩涂、海域等自然资源的所有权或者使用权的行政复议决定不服，可以向人民法院提起行政诉讼。（　）
2. 税务行政复议机关在申请人的行政复议请求范围内，可以作出对申请人更为不利的行政复议决定。（　）
3. 复议机关不可以向有关组织和人员调查取证，查阅文件和资料。（　）
4. 对计划单列市税务局的具体行政行为不服的，可以选择向省税务局或者省级人民政府申请行政复议。（　）
5. 在税务行政复议中，具体行政行为违反法定程序的，复议机关一般应当作出撤销该具体行政行为，责令重新作出具体行政行为的决定。（　）
6. 纳税人对被申请人重新作出的税务具体行政行为不服的，不得依法申请行政复议，或者提起行政诉讼。（　）
7. 对国家税务总局作出的具体行政行为不服的，向国家税务总局申请行政复议。对行政复议决定不服，申请人可以向人民法院提起行政诉讼，也可以向国务院申请裁决。其中对国务院的裁决仍然不服的，可以向人民法院提起行政诉讼。（　）
8. 申请人对复议机关作出的行政复议决定仍然不服的，可以在接到行政复议决定书之日起 60 日内向人民法院提起行政诉讼。（　）

参考答案与解析

一、单项选择题

1.【参考答案】B。《税务行政复议规则》规定，对税务机关与其他行政机关以共同的名义作出的具体行政行为不服的，向其共同上一级行政机关申请行政复议。故选项 B 符合题意。
2. 【参考答案】C。依据《税务行政复议规则》，对计划单列市税务局的具体行政行为不服的，向国家税务总局申请行政复议。
3. 【参考答案】D。《税务行政复议规则》规定，申请人对征税行为不服的，应当先向行政复议机关申请行政复议；对行政复议决定不服的，可以向人民法院提起行政诉讼。申请人按照规定申请行政复议的，必须依照税务机关根据法律、法规确定的税额、期限，先行缴纳或者解缴税款和滞纳金，或者提供相应的担保，才可以在缴清税款和滞纳金以后或者所提供的担保得到作出具体行政行为的税务机关确认之日起 60 日内提出行政复议申请。故选项 D 符合题意。
4. 【参考答案】D。《行政复议法实施条例》规定，第三人不参加行政复议，不影响行政复议案件的审理。故选项 D 符合题意。

5. 【参考答案】B。《税务行政复议规则》规定，对被撤销的税务机关在撤销以前所作出的具体行政行为不服的，向继续行使其职权的税务机关的上一级税务机关申请行政复议。甲税务局下属的乙税务所撤销，意味着乙税务所的职权和职责一并归入甲税务局，甲税务局在承继乙税务所职权的同时，也承担了其相应的职责。因此，纳税人对乙税务所撤销之前作出的征税行为不服，被申请人应是甲税务局，复议机关则是甲税务局的上一级税务机关。故选项 B 符合题意。

6. 【参考答案】A。《税务行政复议规则》规定，在行政复议过程中，被申请人不得自行向申请人和其他有关组织或者个人收集证据。《税务行政复议规则》规定，行政复议机构认为必要时，可以调查取证。故选项 A 符合题意。

7. 【参考答案】A。《行政复议法》规定，行政复议原则上采用书面审查的办法，但是申请人提出要求或者行政复议机关负责法制工作的机构认为有必要时，可以向有关组织和人员调查情况，听取申请人、被申请人和第三人的意见。故选项 A 符合题意。

二、多项选择题

1. 【参考答案】AB。《税务行政复议规则》规定，申请人认为税务机关的具体行政行为所依据的下列规定不合法，对具体行政行为申请行政复议时，可以一并向行政复议机关提出对有关规定的审查申请；申请人对具体行政行为提出行政复议申请时不知道该具体行政行为所依据的规定的，可以在行政复议机关作出行政复议决定以前提出对该规定的审查申请：（1）国家税务总局和国务院其他部门的规定。（2）其他各级税务机关的规定。（3）地方各级人民政府的规定。（4）地方人民政府工作部门的规定。前款中的规定不包括规章。对法律、法规和规章不服，只能依照《立法法》规定的权限和程序进行审查，不能在行政复议过程中申请审查。故选项 A、B 符合题意。

2. 【参考答案】AD。税务机关作出的行政处罚决定，不属于纳税争议范畴，不适用复议前置。对此不服可以申请行政复议，也可直接向人民法院起诉。依据《税务行政复议规则》第十六条规定，对计划单列市税务局的具体行政行为不服的，向国家税务总局申请行政复议。故选项 A、D 符合题意。

3. 【参考答案】BCD。行政复议坚持全面审查原则，即对具体行政行为进行合法性和合理性审查。税务行政复议过程中一般不适用调解，但对于税务机关行使自由裁量权、行政赔偿、行政奖励等行为，可以适用调解。税务行政处罚属于行使自由裁量权的行为，审理纳税人对税务行政处罚决定不服的行政复议案件可以适用调解。故选项 B、C、D 符合题意。

4. 【参考答案】AC。依据《税务行政复议规则》规定，行政复议期间，行政复议机关认为申请人以外的公民、法人或者其他组织与被审查的具体行政行为有利害关系的，可以通知其作为第三人参加行政复议。行政复议期间，申请人以外的公民、法人或者其他组织与被审查的税务具体行政行为有利害关系的，可以向行政复议机关申请作为第三人参加行政复议。可见，第三人参加税务行政复议的方式有两种：一是复议机关通知参加，二是自行申请参加。故选项 A、C 符合题意。

5.【参考答案】ABC。依据《行政复议法实施条例》第三十四条的规定，行政复议人员向有关组织和人员调查取证时，可以查阅、复制、调取有关文件和资料，向有关人员进行询问，而不是讯问。故选项 D 不能选。

三、判断题

1.【参考答案】×。《行政复议法》规定，根据国务院或者省、自治区、直辖市人民政府对行政区划的勘定、调整或者征收土地的决定，省、自治区、直辖市人民政府确认土地、矿藏、水流、森林、山岭、草原、荒地、滩涂、海域等自然资源的所有权或者使用权的行政复议决定为最终裁决。申请人对行政复议决定不服不能再向人民法院提起行政诉讼。

2.【参考答案】×。《行政复议法实施条例》规定，行政复议机关在申请人的行政复议请求范围内，不得作出对申请人更为不利的行政复议决定。

3.【参考答案】×。《税务行政复议规则》规定，各级行政复议机关负责法制工作的机构依法办理行政复议事项，可以向有关组织和人员调查取证，查阅文件和资料。

4.【参考答案】×。《税务行政复议规则》规定，对计划单列市税务局的具体行政行为不服的，向国家税务总局申请行政复议。

5.【参考答案】√。《税务行政复议规则》规定，税务具体行政行为违反法定程序的，复议机关一般应当撤销该具体行政行为，并责令被申请人在一定期限内重新作出具体行政行为。《税务行政复议规则》规定，行政复议机关责令被申请人重新作出具体行政行为的，被申请人不得以同一事实和理由作出与原具体行政行为相同或者基本相同的具体行政行为；但是行政复议机关以原具体行政行为违反法定程序决定撤销的，被申请人重新作出具体行政行为的除外。

6.【参考答案】×。《行政复议法实施条例》第四十九条规定，公民、法人或者其他组织对被申请人重新作出的具体行政行为不服，可以依法申请行政复议或者提起行政诉讼。

7.【参考答案】×。依据《行政复议法》规定，对国务院部门或者省、自治区、直辖市人民政府的具体行政行为不服的，向作出该具体行政行为的国务院部门或者省、自治区、直辖市人民政府申请行政复议。对行政复议决定不服的，可以向人民法院提起行政诉讼；也可以向国务院申请行政裁决，国务院依照《行政复议法》的规定作出最终裁决。由此，对国家税务总局作出的具体行政行为不服的，向国家税务总局申请行政复议。对行政复议决定不服，申请人可以向人民法院提起行政诉讼，也可以向国务院申请裁决，但是国务院的裁决为最终裁决，即使不服也不能再向人民法院起诉。

8.【参考答案】×。申请人对复议机关作出的行政复议决定不服的，有权向人民法院提起行政诉讼，但是向人民法院提起诉讼的期限是自收到行政复议决定书之日起15日内，而不是60日。

第二十二章　税收执法者及其责任

第一节　公务员基本权利义务及其责任

一、公务员的基本权利

1. 获得履行职责应当具有的工作条件；
2. 非因法定事由、非经法定程序，不被免职、降职、辞退或者处分；
3. 获得工资报酬，享受福利、保险待遇；
4. 参加培训；
5. 对机关工作和领导人员提出批评和建议；
6. 提出申诉和控告；
7. 申请辞职；
8. 法律规定的其他权利。

二、公务员的基本义务

1. 忠于宪法，模范遵守、自觉维护宪法和法律，自觉接受中国共产党领导；
2. 忠于国家，维护国家的安全、荣誉和利益；
3. 忠于人民，全心全意为人民服务，接受人民监督；
4. 忠于职守，勤勉尽责，服从和执行上级依法作出的决定和命令，按照规定的权限和程序履行职责，努力提高工作质量和效率；
5. 保守国家秘密和工作秘密；
6. 带头践行社会主义核心价值观，坚守法治，遵守纪律，恪守职业道德，模范遵守社会公德、家庭美德；
7. 清正廉洁，公道正派；
8. 法律规定的其他义务。

三、公务员的责任

1. 内部行政纪律责任：批评教育、责令作出书面检查、通报批评、取消评选先进的资格、责令待岗、调离执法岗位、取消执法资格等惩戒措施。

2. 行政法律责任（源自《公务员法》《国家赔偿法》等）：党纪处分：**警告、严重警告、撤销党内职务、留党察看、开除党籍；**

政纪处分：**警告、记过、记大过、降级、撤职、开除。**

3. 刑事法律责任（源自《刑法等）：玩忽职守、滥用职权、徇私舞弊等

【判断题】《公务员法》规定的公务员行政法律责任种类有警告、记过、记大过、降级、撤职、开除。(　　)

【参考答案】√。《公务员法》规定，处分分为：警告、记过、记大过、降级、撤职、开除。

第二节　税收执法责任制和税收执法过错责任追究

一、税收执法责任制

（一）基本含义

税收执法责任制是由税收执法岗位职责、工作规程、执法质量考核、执法过错责任追究等制度组成的税务机关内部的一种执法监督机制。

（二）税收执法责任制的主要内容

1. 内容

岗位职责	**“谁去做”“做什么”**
工作规程	**“怎么做”**
评议考核	**“做得怎么样”**。包括内部考核和外部评议，是关键环节
过错责任追究	执法人员**“做得不好怎么办”**，是税收执法责任制的保障

二、税收执法过错责任追究

（一）税收执法过错责任的形式

(1) 批评教育	由过错责任人主管领导实施，留存谈话记录，并由过错责任人签名确认
(2) 责令作出书面检查	留存手写书面检查原件，并由过错责任人签名确认
(3) 通报批评	由税收执法责任制工作领导小组办公室以本机关名义行文
(4) 取消评选先进资格	由税收执法责任制工作领导小组办公室告知有关部门，记录相关情况
(5) 责令待岗	暂扣执法证件，期间不得从事税收执法活动

续表

（6）调离执法岗位	应当收回保管执法证件，一年内不得重返执法岗位，重返执法岗位前应当接受适当形式培训
（7）取消执法资格	应当吊销执法证件，调离执法岗位，两年内不得重返执法岗位，重返执法岗位前应当重新取得执法资格

（二）税收执法过错责任追究机制

1. 税收执法过错责任追究的实施主体

税收执法过错责任追究由具有人事管理权的税务机关组织实施。

2. 规则原则

归责原则	实行过错责任原则，即谁的过错，谁承担责任
过错涉及**两名以上**税收执法人员	应当根据税收执法过错的具体情形确定税收执法过错责任人，并**区分**主要责任、次要责任或者同等责任、全部责任
不予追究其责任	（1）税务执法人员因执行上级税务机关的书面答复、决定、命令，导致执法过错的
	（2）行为人因所适用的法律、法规、规章、税收规范性文件不明确或者有争议的，导致执法过错的
	（3）因不可抗力或者意外事件导致执法过错的
	（4）因业务流程或者税收业务相关软件存在疏漏或者发生改变，导致执法过错的
	（5）因税务行政相对人提供虚假材料、隐瞒涉税信息等其他不依法诚信履行纳税义务，导致执法过错的
	（6）以及有证据证明税收执法人员不存在故意或者过失的
可以从轻或者免予追究	（1）税收执法过错情节显著轻微，执法过错责任人主动发现并及时纠正，未造成危害后果的 （2）在国务院，省、自治区、直辖市和计划单列市人民政府，以及国家税务总局批准的探索性、试验性工作中发生税收执法过错并及时纠正、有效避免损失的

3. 追责程序

（1）执法考核	各级税务机关税收执法责任制工作领导小组办公室应当在收到相关部门结论性文书之日起 5 个工作日内将上述问题纳入税收执法考核
（2）听取陈述意见	税收执法过错责任追究决定作出前，应当听取过错责任人的陈述意见
（3）异议处理	（1）有异议的，应当自追究结果告知之日起 5 个工作日内，提出申诉 （2）税收执法责任制工作领导小组办公室应当自收到申诉材料之日起 15 个工作日内组织调查核实，形成调查结论，并作出答复
（4）复核申请	（1）对答复有异议的，有关税务机关或者税收执法人员可以自收到答复之日起 5 个工作日内向上一级税务机关税收执法责任制工作领导小组办公室提出书面复核申请
（5）完成时限	（2）税收执法过错责任追究应当**自确认执法过错之日起 30 日**内完成

【单选题】税务机关及税务人员违反规定发售、保管、代开增值税专用发票以及其他发票，致使国家税收遭受损失或者造成其他不良影响的（非情节较重或情节严重），

对有关责任人，要给予的处分是（　　）。

A. 警告或者记过　　B. 记过或者记大过

C. 降级或者撤职　　D. 开除

【参考答案】B。本题考查对于违反规定发售、保管、代开增值税专用发票等行为的处分规定。《税收违法违纪行为处分规定》第四条规定，税务机关及税务人员违反规定发售、保管、代开增值税专用发票以及其他发票，致使国家税收遭受损失或者造成其他不良影响的，对有关责任人员，给予记过或者记大过处分。该条同时规定情节较重的，给予降级或者撤职处分；情节严重的，给予开除处分。选项B符合题意。

第三节　税收违法违纪及其法律责任

一、概述

（1）主体：**税务机关和税务人员**。

税务机关有税收违法违纪行为的，其责任承担主体是税务机关负有责任的领导人员和直接责任人员。

（2）依据：《税收征管法》《公务员法》《行政监察法》及《税收违法违纪行为处分规定》等有关规定。

二、行政处分的种类

（1）警告	警告期间不得晋升职务和级别，但可以晋升工资档次。适用于轻微违纪行为，违纪后果影响较小的情形
	处分时间为**6个月**
（2）记过	记过是一种将公务员过错记录在案，使其承担一定的不利后果的处分形式。期间不得晋升职务和级别，不得晋升工资档次
	处分时间为**12个月**
（3）记大过	记大过是一种比记过更严重的行政处分。期间不得晋升职务和级别，不得晋升工资档次
	处分时间为**18个月**
（4）降级	降级是降低公务员现任行政级别，期间内不得晋升职务和级别，不得晋升工资档次
	处分时间为**24个月**
（5）撤职	撤职即撤销公务员所担任行政领导职务的行政处分，不再担任行政领导职务，也不再享有相应的行政级别，期间内不得晋升职务和级别，不得晋升工资档次，还要按照规定降低其级别。适用于违纪情节严重、社会危害较大、造成了严重后果的公务员
	处分时间为**24个月**
（6）开除	开除即解除被处分公务员与机关的人事关系的行政处分，是最为严厉的行政法律责任。被开除后，被处分人不再具有公务员的身份
	被处以开除处分的公务员，不能再被录用为公务员

三、税收违法违纪法律责任追究

（一）责任追究的制度规定

1. 依权限实施责任追究制度：处分的实施主体分别是**任免机关和监察机关**。

2. 申请复核或者申诉制度：

（1）向处分机关申请复核；

（2）向上级税务机关申诉；

（3）向有管辖权的监察机关申请复核。

3. 税收违法违纪案件移送制度：

（1）税收执法部门在查处纳税人税收违法案件中，发现税务机关或税务人员涉嫌违法违纪行为的事实或线索，应将有关证据和材料转交有管辖权的**监察部门**；

（2）监察部门查处税收违法违纪案件，认为应当由税务行政主管部门予以处理的，应及时将有关案件材料移送**税务行政主管部门**；

（3）对于涉嫌犯罪的，除依据相关规定给予党纪、政纪处分外，还应当移送**司法机关**依法追究刑事责任。

（二）责任追究的处分规定

1. 下列情形，对有关责任人员给予警告或者记过处分；情节较重的，给予记大过或者降级处分；情节严重的，给予撤职处分：

（1）税务机关及税务人员违反法定权限、条件和程序办理开业、变更或者注销税务登记的；

（2）违反规定发放、收缴税控专用设备的；

（3）违反规定开具完税凭证、罚没凭证的；

（4）违反法定程序为纳税人办理减税、免税、退税手续的；

（5）违反规定采取税收保全、强制执行措施的，查封、扣押纳税人个人及其所扶养家属维持生活必需的住房和用品的；

（6）违反规定作出涉及税收优惠的资格认定、审批的；

（7）未按规定要求当事人出示税收完税凭证或者免税凭证而为其办理行政登记、许可、审批等事项的；

（8）违反规定办理纳税担保的等。

2. 下列情形，对有关责任人员给予记过或者记大过处分；情节较重的，给予降级或者撤职处分；情节严重的，给予开除处分：

（1）税务机关及税务人员违反规定发售、保管、代开增值税专用发票以及其他发票，致使国家税收遭受损失或者造成其他不良影响的；

（2）违反规定核定应纳税额、调整税收定额，导致纳税人税负水平明显不合理的；

（3）对管辖范围内的税收违法行为，发现后不予处理或者故意拖延查处；

（4）徇私舞弊或者玩忽职守，不征或者少征应征税款，致使国家税收遭受损失的；

（5）违反规定要求纳税人、扣缴义务人委托税务代理，或者为其指定税务代理机构的；

（6）违反规定要求纳税人购买、使用指定的税控装置的；

（7）隐匿、毁损、伪造、变造税收违法案件证据的；

（8）提供虚假税务协查函件的；

（9）出具虚假涉税证明等。

3. 下列情形，对有关责任人员给予记大过处分；情节较重的，给予降级或者撤职处分；情节严重的，给予开除处分：

（1）税务机关私分、挪用、截留、非法占有税款、滞纳金、罚款或者查封、扣押的财物以及纳税担保财物的；

（2）税务机关及税务人员违反规定为纳税人、扣缴义务人提供银行账户、发票、证明或者便利条件，导致未缴、少缴税款或者骗取国家出口退税款的；

（3）向纳税人、扣缴义务人通风报信、提供便利或者以其他形式帮助其逃避税务行政处罚的；

（4）逃避缴纳税款、抗税、逃避追缴欠税、骗取出口退税的；

（5）伪造、变造、非法买卖发票的；

（6）故意使用伪造、变造、非法买卖的发票，造成不良后果的。

【单选题】税收执法违法违纪行为的一般特征不包括（　　）。

A. 触犯刑法　　B. 损害税务人员廉洁性

C. 造成危害后果　　D. 利用职务之便

【参考答案】A。本题考查税收执法违法违纪的一般特征，并非所有的税收执法违法违纪行为都触犯刑法。故选项 A 符合题意。

第四节　税收职务犯罪及其刑事法律责任

一、税收职务犯罪的一般特征

1. 职务犯罪，犯罪主体是**国家工作人员**，主要是在国家机关任职的公务员；一些**虽然不具有公务员身份**，但在国家机关任职，或者在其他单位任职而代表国家履行公务，在其履行公务的过程中犯罪，**也可以作为职务犯罪的主体**，构成职务犯罪。

【提示】如果国家工作人员实施与其职务**和身份无关的犯罪，则不属于职务犯罪**。

2. 徇私舞弊不征、少征税款罪和徇私舞弊发售发票、抵扣税款、出口退税罪，是以税务机关工作人员为特殊主体，即只有**税务机关工作人员**才能构成本罪。

【多选题】通常所称的职务犯罪，犯罪主体包括（　　）。

A. 国家机关任职的公务员

B. 虽然不具有公务员身份，但在国家机关任职从事公务的人员

C. 在其他单位任职而代表国家履行公务的人员

D. 临时聘用人员

【参考答案】ABC。本题考查职务犯罪主体。通常所称的职务犯罪，犯罪主体是国家工作人员，主要是在国家机关任职的公务员；一些虽然不具有公务员身份，但在国家机关任职，或者在其他单位任职而代表国家履行公务，在其履行公务的过程中犯罪，也可以作为职务犯罪的主体，构成职务犯罪。故选项 A、B、C 符合题意。

二、常见的税收职务犯罪及其刑事法律责任

（一）玩忽职守罪

1. 主观方面：**过失**。

2. 客观方面表现：为严重不负责任，不履行或者不认真履行职责，致使公共财产、国家和人民利益遭受重大损失。

3. 是一种结果犯罪，即只有出现法定的危害后果，才追究刑事责任。

4. 玩忽职守罪的构成标准（公共财产、国家和人民利益遭受重大损失）包括：

（1）造成死亡 1 人以上，或者重伤 3 人以上，或者轻伤 9 人以上，或者重伤 2 人、轻伤 3 人以上，或者重伤 1 人、轻伤 6 人以上的；

（2）造成经济损失 **30 万元**以上的；

（3）造成**恶劣**社会影响的；

（4）其他致使公共财产、国家和人民利益遭受**重大损失**的情形。

5. 税务机关工作人员犯玩忽职守罪，处 **3** 年以下有期徒刑或者拘役；情节特别严重的，处 **3** 年以上 **7** 年以下有期徒刑。

【单选题】税务机关工作人员在税收工作中严重不负责任，不征或少征税款，致使国家税收遭受重大损失，应按（　　）追究刑事责任。

A. 徇私舞弊不征或少征税款罪　　B. 玩忽职守罪

C. 危害税收征管罪　　D. 滥用职权罪

【参考答案】B。本题考核徇私舞弊不征、少征税款罪和玩忽职守罪的区别。因税

务工作人员“严重不负责任”，所以，构成玩忽职守罪。

【判断题】玩忽职守罪的主体为特殊主体，即国家机关工作人员和代表国家机关从事公务的人员。(　　)

【参考答案】√。玩忽职守罪，是指国家机关工作人员严重不负责任，不履行或者不认真履行职责，致使公共财产、国家和人民利益遭受重大损失。因此，玩忽职守罪的犯罪主体只可以是国家机关工作人员，是特殊的犯罪主体。

(二) 滥用职权罪

1. 主观方面：**间接故意**。

2. 客观方面表现：超越职权，违法决定、处理其无权决定、处理的事项，或者违反规定处理公务，致使公共财产、国家和人民利益遭受重大损失的行为。

【提示】滥用职权罪也是结果犯罪，只有存在公共财产、国家和人民利益遭受重大损失的特定危害后果才追究刑事责任。

3. 立案标准：

(1) 造成死亡 1 人以上，或者重伤 3 人以上，或者轻伤 9 人以上，或者重伤 2 人、轻伤 3 人以上，或者重伤 1 人、轻伤 6 人以上的；

(2) 造成经济损失 30 万元以上的；

(3) 造成恶劣社会影响的；

(4) 其他致使公共财产、国家和人民利益遭受重大损失的情形。

4. 刑事处罚：税务机关工作人员犯滥用职权罪，处 3 年以下有期徒刑或者拘役；情节特别严重的，处 3 年以上 7 年以下有期徒刑。

【判断题】滥用职权罪的主观方面要件通常表现为过失。(　　)

【参考答案】×。滥用职权罪的主观方面要件通常表现为间接故意，即明知或应当知道其行为可能发生危害后果，而放任其危害后果的发

(三) 徇私舞弊发售发票、抵扣税款、出口退税罪

1. 主体：税务机关的工作人员。

2. 主观方面：**故意**。

3. 客体：税务机关的税收征管秩序。

4. 客观方面：违反法律、行政法规的规定，在办理发售发票、抵扣税款、出口退税工作中徇私舞弊，致使国家利益遭受重大损失的行为。

5. 立案标准：

(1) 徇私舞弊，致使国家税收损失累计达 10 万元以上的；

(2) 徇私舞弊，致使国家税收损失累计不满 10 万元，但发售增值税**专用发票 25**

份以上或者其他发票 50 份以上或者增值税专用发票与其他发票**合计 50 份**以上，或者具有索取、收受贿赂或者其他恶劣情节的；

（3）其他致使国家利益遭受重大损失的情形。

6. 刑事处罚：税务机关工作人员犯徇私舞弊发售发票、抵扣税款、出口退税罪，处 5 年以下有期徒刑或者拘役；致使国家利益遭受特别重大损失的，处 5 年以上有期徒刑。

【单选题】下列关于徇私舞弊发售发票罪的说法，错误的是（　　）。

A. 主体是税务机关工作人员

B. 客观方面表现为违反法律、行政法规的规定，在办理发售发票工作中徇私舞弊，致使国家利益遭受重大损失的行为

C. 后果为致使国家利益遭受重大损失

D. 主观方面表现为过失

【参考答案】D。本题考查徇私舞弊发售发票罪的犯罪构成。徇私舞弊，致使国家税收损失累计达 10 万元以上，被认为属于致使国家利益遭受重大损失。本罪的主观方面表现为故意，过失不构成本罪。选项 D 符合题意。

（四）徇私舞弊不征、少征税款罪

1. 主观方面：表现为**主观故意**。

2. 客体：国家税务机关正常的税收征管秩序。

3. 客观方面表现：为徇私舞弊，为了私情私利，弄虚作假，对应当征收的税款不征或者少征，致使国家税收遭受重大损失行为。

4. 立案标准：

（1）徇私舞弊不征、少征应征税款，致使国家税收损失累计达 10 万元以上的；

（2）上级主管部门工作人员指使税务机关工作人员徇私舞弊不征、少征应征税款，致使国家税收损失累计达 10 万元以上的；

（3）徇私舞弊不征、少征应征税款不满 10 万元，但具有索取或者收受贿赂或者其他恶劣情节的；

（4）其他致使国家税收遭受重大损失的情形。

5. 刑事处罚：税务机关工作人员犯徇私舞弊不征、少征税款罪，处 5 年以下有期徒刑或者拘役；造成特别重大损失的，处 5 年以上有期徒刑。

（五）徇私舞弊不移交刑事案件罪

1. 主观方面：表现为**故意**。

2. 客观方面：行政执法人员利用职务之便，徇私情私利、伪造材料、隐瞒情况、

弄虚作假，对依法应当移交司法机关追究刑事责任的案件不移交，情节严重的行为。

3. 立案标准。**“情节严重”**的判定是指涉嫌下列情形之一：

（1）对依法可能判处3年以上有期徒刑、无期徒刑、死刑的犯罪案件不移交的；

（2）不移交刑事案件涉及3人次以上的；

（3）司法机关提出意见后，无正当理由仍然不予移交的；

（4）以罚代刑，放纵犯罪嫌疑人，致使犯罪嫌疑人继续进行违法犯罪活动的；

（5）行政执法部门主管领导阻止移交的；

（6）隐瞒、毁灭证据，伪造材料，改变刑事案件性质的；

（7）直接负责的主管人员和其他直接责任人员为牟取本单位私利而不移交刑事案件，情节严重的。

4. 刑事处罚

税务机关工作人员犯徇私舞弊不移交刑事案件罪，处3年以下有期徒刑或者拘役；造成严重后果的，处3年以上7年以下有期徒刑。

（六）帮助犯罪分子逃避处罚罪

1. 主观方面：表现为**故意**。

2. 客观方面表现：为向犯罪分子通风报信、提供便利，帮助犯罪分子逃避处罚，主要包括以下行为：

（1）向犯罪分子**泄漏**有关部门查禁犯罪活动的部署、人员、措施、时间、地点等情况的；

（2）向犯罪分子**提供**钱物、交通工具、通信设备、隐藏处所等便利条件的；

（3）向犯罪分子泄漏案情的；

（4）**帮助、示意**犯罪分子隐匿、毁灭、伪造证据，或者串供、翻供的；

（5）其他帮助犯罪分子逃避处罚应予追究刑事责任的情形。

3. 刑事处罚

税务机关工作人员犯帮助犯罪分子逃避处罚罪，处3年以下有期徒刑或者拘役；情节严重的，处3年以上10年以下有期徒刑。

（七）受贿罪

1. 主观方面：表现为**直接故意**。

2. 客观方面：受贿有两种形式：

（1）利用职务上的便利，**索取**他人财物，即主动的索贿行为；

（2）利用职务上的便利，**非法收受**他人财物，为他人谋取利益。税收执法者在行贿者主动行贿的情况。

3. 立案标准

（1）受贿数额在 3 万元以上的。

（2）受贿数额在 1 万元以上不满 3 万元，但具有下列情形之一的：曾因贪污、受贿、挪用公款受过党纪、行政处分的；曾因故意犯罪受过刑事追究的；赃款赃物用于非法活动的；拒不交代赃款赃物去向或者拒不配合追缴工作，致使无法追缴的；造成恶劣影响或者其他严重后果的；多次索贿的；为他人谋取不正当利益，致使公共财产、国家和人民利益遭受损失的；为他人谋取职务提拔、调整的。

4. 刑事处罚

（1）受贿数额较大依法判处 3 年以下有期徒刑或者拘役，并处罚金。

（2）受贿数额巨大，依法判处 3 年以上 10 年以下有期徒刑，并处罚金或者没收财产。

（3）受贿数额特别巨大，处 10 年以上有期徒刑或者无期徒刑，应当并处 50 万元以上犯罪数额 2 倍以下的罚金或者没收财产；数额特别巨大，并使国家和人民利益遭受特别重大损失的，处无期徒刑或者死刑，并处没收财产。

【提示】

（1）数额较大：是指受贿数额**3 万元以上但不满 20 万元**的，或者受贿数额在 1 万元以上不满 3 万元但有其他较重情节的。

（2）数额巨大：是指受贿数额在**20 万元以上不满 300 万元**的，或者受贿数额在 10 万元以上不满 20 万元，但有法定的其他严重情节的。

（3）数额特别巨大：是指受贿数额在**300 万元以上**的，或者受贿数额在 150 万元以上不满 300 万元，但具有其他特别严重情节的。

（4）对多次受贿未经处理的，按照累计受贿数额处罚。索贿的从重处罚。

（八）贪污罪

1. 主观方面：表现为直接故意，并具有非法占有目的。

2. 客观方面：

以利用职务上的便利为前提，是在职务活动过程中实施的侵吞行为；在手段上表现为侵吞、窃取、骗取或者以其他手段非法将公共财物据为己有的行为。

3. 立案标准：

（1）贪污数额在 3 万元以上的。

（2）贪污数额在 1 万元以上不满 3 万元，但具有下列情形之一的：贪污救灾、抢险、防汛、优抚、扶贫、移民、救济、防疫、社会捐助等特定款物的；曾因贪污、受贿、挪用公款受过党纪、行政处分的；曾因故意犯罪受过刑事追究的；赃款赃物用于非法活动的；拒不交代赃款赃物去向或者拒不配合追缴工作，致使无法追缴的；造成恶劣影响或者其他严重后果的。

（九）挪用公款罪

1. 主观方面：**故意**。

2. 客观方面表现为三种形式：

（1）**利用职务上的便利**，挪用公款归个人使用，进行非法活动。它不受挪用时间的限制。

（2）**利用职务上的便利**，挪用公款数额较大，进行经商、办企业等营利活动。它不受挪用时间的限制。

（3）**利用职务上的便利**，挪用公款数额较大，超过3个月，在被司法机关、主管部门或有关单位发现前未退还的行为。

3. 立案标准：

（1）挪用公款归个人使用，进行非法活动，数额在3万元以上；

（2）挪用公款归个人使用，进行营利活动或超过3个月未归还，数额在5万元以上的。

4. 刑事处罚

（1）犯挪用公款罪，处5年以下有期徒刑或者拘役；情节严重的，处5年以上有期徒刑。

（2）挪用公款数额巨大不退还的，处10年以上有期徒刑或者无期徒刑。

【提示】挪用用于救灾、抢险、防汛、优抚、扶贫、移民、救济款物归个人使用的，从重处罚。

（十）私分罚没财务罪

1. 主观方面：**故意**。

2. 客观方面：是将应当上缴国家的罚没财物，以单位名义集体私分给个人的行为。

3. 立案标准：涉嫌私分罚没财物，累计数额在10万元以上。

【提示】（1）在同一单位中，虽然受益于私分罚没财物，但为被动接受，没有明显的主动要求私分故意的人员，不以犯罪论处。

（2）私分罚没财物行为系以单位名义实施，如果不是以单位名义实施，而是个人私分，则构成贪污罪而不是私分罚没财物罪。

4. 刑事处罚：税务机关工作人员犯私分罚没财物罪，数额较大的，对其直接负责的主管人员和其他直接责任人员，处3年以下有期徒刑或者拘役，并处或者单处罚金；数额巨大的，处3年以上7年以下有期徒刑，并处罚金。

【多选题】根据《刑法》相关规定，下列关于渎职罪的说法错误的有（　　）。

A. 涉税渎职犯罪分为徇私舞弊型渎职罪、滥用职权型渎职罪、玩忽职守型渎职罪

B. 徇私舞弊不征、少征税款罪与违法提供出口退税凭证罪的犯罪主体都是税务机关工作人员

C. 渎职罪的犯罪主体都是一般主体，任何自然人或单位都能成为渎职罪的犯罪主体

D. 徇私舞弊不移交刑事案件罪与徇私舞弊不征、少征税款罪在主观方面都表现为故意

【参考答案】BC。本题考查渎职罪各罪的构成要件。违法提供出口退税凭证罪的犯罪主体是海关、外汇管理等国家工作人员而不是税务机关工作人员。所以选项 B 错误。渎职罪的犯罪主体为特殊主体，即只能是国家机关工作人员，但法律另有规定除外，所以选项 C 错误。

本章习题

一、单项选择题

1. 下列关于徇私舞弊不移交刑事案件罪的说法，正确的是（　　）。

A. 本罪侵犯的客体是国家税务机关正常的税收征管秩序

B. 本罪的主体必须是税务机关工作人员

C. 本罪的行为人主观方面必须是故意，如果不是出于故意，则不构成本罪

D. 本罪的客观方面表现为行为人利用职务之便收受贿赂，对依法应当移交司法机关追究刑事责任的案件不移交的行为

2. 下列不属于受贿罪法定客观方面表现的是（　　）。

A. 国家工作人员利用职务上的便利，索取他人财物

B. 国家工作人员非法收受他人财物，为他人谋取利益

C. 国家工作人员在经济往来中，违反国家规定，收受各种名义的回扣、手续费，归个人所有

D. 国家工作人员利用职务上的便利，侵吞公共财物

3. 下列情况不能录用为税务系统公务员的是（　　）。

A. 曾被记过行政处分的　　　　B. 受过行政拘留的

C. 曾被开除公职的　　　　　　D. 大专学历

4. 责令待岗属于（　　）。

A. 内部行政纪律责任　　　　　B. 行政处分

C. 刑事责任　　　　　　　　　D. 经济责任

二、多项选择题

1. 税收执法过错责任追究形式包括（　　）。

   A. 责令作出书面检查　　B. 调离执法岗位

   C. 取消评选先进的资格　　D. 取消执法资格

2. 下列关于玩忽职守罪的说法正确的包括（　　）。

   A. 玩忽职守罪的主观方面表现为故意

   B. 玩忽职守罪是结果犯罪

   C. 玩忽职守罪在客观方面表现为严重不负责任，不履行或者不认真履行职责，致使公共财产、国家和人民利益遭受重大损失

   D. 玩忽职守罪一般只有领导才能构成此类犯罪

3. 税务人员在受一定的行政处分期间不得晋升工资档次，这些行政处分包括（　　）。

   A. 警告　　B. 记过　　C. 降级　　D. 撤职

4. 下列因素中，属于受贿罪构成要件的有（　　）。

   A. 主观方面故意　　B. 收受财物

   C. 利用职务便利　　D. 为行贿人谋取利益

三、判断题

1. 公务员认为机关及其领导人员侵犯其合法权益的，可以依法向上级机关或者监察机关提出控告。受理控告的机关应当按照规定及时处理。（　　）

2. 在年度考核中，连续两年被确定为不称职的公务员应该引咎辞职。（　　）

3. 国家工作人员利用职务上的便利，挪用公款归个人使用，用于非法活动、营利活动以外的活动，数额较大，超过6个月未还的，是挪用公款罪。（　　）

参考答案与解析

一、单项选择题

1. 【参考答案】C。本题考查徇私舞弊不移交刑事案件罪的构成要件。区分本罪的一个标准，即行为人的主观方面是否为故意。客观方面表现为徇私舞弊，对依法应当移交司法机关追究刑事责任的案件不移交，并且情节严重的行为。故选项C符合题意。

2. 【参考答案】D。本题考查受贿罪的构成要件。《刑法》规定，国家工作人员利用职务上的便利，索取他人财物的，或者非法收受他人财物，为他人谋取利益的，是受贿罪。国家工作人员在经济往来中，违反国家规定，收受各种名义的回扣、手续费，归个人所有的，以受贿论处。选项D符合题意。

3. 【参考答案】C。本题考查禁止录用为公务员的情形。《公务员法》规定，不得录用为公务员的情形有：曾因犯罪受过刑事处罚的；曾被开除公职的；有法律规定不得

录用为公务员的其他情形的。选项 C 符合题意。

4.【参考答案】A。本题考查行政纪律责任的形式。一般而言，内部行政纪律责任的形式主要包括批评教育、责令作出书面检查、通报批评、取消评选先进的资格、责令待岗、调离执法岗位、取消执法资格等。

二、多项选择题

1.【参考答案】ABCD。本题考查税收执法过错追究的形式。选项 A、B、C、D 符合题意。

2.【参考答案】BC。本题考查玩忽职守罪的犯罪构成。根据《刑法》的相关规定，玩忽职守罪是一种国家机关工作人员严重的渎职犯罪，是指国家机关工作人员严重不负责任，不履行或不认真履行职责，致使公共财产、国家和人民利益遭受重大损失的行为。玩忽职守罪在主观方面表现为过失，在客观方面表现为工作中严重不负责任，不履行或者不认真履行职责，且必须具备致使公共财产、国家和人民利益遭受重大损失的结果才构成此罪。故选项 B、C 符合题意。

3.【参考答案】BCD。本题考查不得晋升工资档次的行政处分。我国《公务员法》规定，公务员在受处分期间不得晋升职务、职级和级别，其中受记过、记大过、降级、撤职处分的，不得晋升工资档次。因此参考答案为 B、C、D。

4.【参考答案】ABC。本题考查受贿罪构成要件。根据《刑法》关于受贿罪的规定，受贿罪主观方面必须是故意，客观上利用职务便利，并收受财物。至于是否为行贿人谋利不是该罪的构成要件。故选项 A、B、C 符合题意。

三、判断题

1.【参考答案】√。《公务员法》规定，公务员认为机关及其领导人员侵犯其合法权益的，可以依法向上级机关或者监察机关提出控告。受理控告的机关应当按照规定及时处理。

2.【参考答案】×。《公务员法》的规定，公务员在年度考核中，连续两年被确定为不称职的，予以辞退。

3.【参考答案】×。《刑法》规定，国家工作人员利用职务上的便利，挪用公款归个人使用，进行非法活动的，或者挪用公款数额较大、进行营利活动的，或者挪用公款数额较大、超过 3 个月未还的，是挪用公款罪，处 5 年以下有期徒刑或者拘役；情节严重的，处 5 年以上有期徒刑。挪用公款数额巨大不退还的，处 10 年以上有期徒刑或者无期徒刑。挪用用于救灾、抢险、防汛、优抚、扶贫、移民、救济款物归个人使用的，从重处罚。

第四篇 时事政治热点

第二十三章 国际国内时事政治（不含税收）

时事政治		
2019 年	国内	国际
7 月 1 日	3 000 吨级海洋渔业综合科学调查船“蓝海 101 号”在上海正式交付。这是农业农村部迄今投资最多、吨位最大、设施最先进的科学调查船，也是我国海洋科学研究的“国之重器”和“农业现代化标志性工程”之一	—
7 月 6 日	—	中国良渚古城遗址在阿塞拜疆巴库举行的世界遗产大会上获准列入世界遗产名录。至此，中国世界遗产总数已达 55 处，位居世界第一
7 月 13 日	习近平总书记在中央和国家机关党的建设工作会议上指出，带头做到“两个维护”，是加强中央和国家机关党的建设的首要任务	—
7 月 16 日	—	世界贸易组织发布上诉机构报告，裁决美国未完全履行 2014 年世贸组织裁决结果，其对中国进口商品实施的部分反补贴措施仍违反世贸组织相关规定
7 月 19 日	“天宫二号”空间实验室受控离轨并再入大气层，少量残骸落入南太平洋预定安全海域。这标志着中国载人航天工程空间实验室任务圆满完成，中国正式进入空间站时代	—
7 月 20 日	司法部决定全面加强基层基础工作，重点是一体推进法治乡村建设、司法所建设、县级司法行政工作建设三大基础工作	—
7 月 22 日	国家统计局发布新中国成立 70 周年经济社会发展成就报告。报告显示，新中国成立 70 年来，我国服务业规模日益壮大，已经由昔日处于辅助和从属地位跃升为中国经济第一大产业，成为中国经济稳定增长的重要基础	—

续表

时事政治		
2019 年	国内	国际
7 月 23 日	—	鲍里斯·约翰逊在保守党内选举中当选新的保守党领袖，并将成为下一任英国首相
7 月 24 日	世界最深的极深地下实验室——“中国锦屏地下实验室”正式启动国家重大科技基础设施项目的建设。该项目将为暗物质等基础前沿重大深地科学实验提供国际最好的平台支撑	—
8 月 6 日	国务院印发《中国（上海）自由贸易试验区临港新片区总体方案》，明确新片区参照经济特区管理，建立以投资贸易自由化为核心的制度体系，建立全面风险管理制度，建设具有国际市场竞争力的开放型产业体系	—
8 月 14 日	《中华人民共和国疫苗管理法》全文公布，该法于 2019 年 12 月 1 日起正式施行。这部对疫苗进行管理的专门立法，被称为“史上最严”：其执行“最严格”的管理制度，并对违法者施行严厉处罚	—
8 月 19 日	中共中央、国务院近日发布《关于支持深圳建设中国特色社会主义先行示范区的意见》。《意见》涉及深圳的战略定位、建设中国特色社会主义先行示范区的具体措施以及发展目标等	—
8 月 24 日	—	一年一度的七国集团峰会在法国南部滨海小城比亚里茨开幕。法国总统马克龙等领导人呼吁避免贸易战
8 月 25 日	贺一诚以 392 票高票当选澳门特区第五任行政长官人选	—
8 月 29 日	2019 世界人工智能大会在上海开幕，大会以“智联世界，无限可能”为主题	—
9 月 3 日	《中国的核安全白皮书》发表，这是中国政府发表的第一部核安全白皮书	—
9 月 5 日	我国第四个“中华慈善日”，主题是“慈善聚焦脱贫攻坚，携手共创美好生活”	—
9 月 9 日	中央宣传部在北京向全社会宣传发布陈立群的先进事迹，授予他“时代楷模”称号	—
9 月 10 日	2019 世界计算机大会在湖南长沙开幕。这是我国计算机产业领域规格最高、规模最大的专业性会议	—
9 月 20 日	2019 年世界制造业大会在安徽省合肥市开幕	—

续表

时事政治		
2019 年	国内	国际
9 月 25 日	（1）北京大兴国际机场正式通航 （2）位于温州南部的龙港市正式成立，这是全国首个“镇改市”	第二十届世界知识论坛在首尔开幕
9 月 26 日	国务院印发《实施更大规模减税降费后调整中央与地方收入划分改革推进方案》	—
9 月 28 日	中国女排取得女排世界杯——开赛以来的十连胜，提前一轮夺得本届女排世界杯冠军，这也是中国女排第五次夺得女排世界杯冠军，第十次夺得女排世界三大赛冠军（奥运会 3 次、世锦赛 2 次、世界杯 5 次），成为世界杯女子排球赛历史上第一支五次夺取冠军的队伍	—
10 月 1 日	庆祝中华人民共和国成立 70 周年大会在北京天安门广场隆重举行，20 余万军民以盛大的阅兵仪式和群众游行欢庆共和国 70 华诞	—
10 月 5 日	中国在太原卫星发射中心用长征四号丙运载火箭，成功将高分十号卫星发射升空，卫星顺利进入预定轨道，任务获得圆满成功	—
10 月 6 日	—	（1）中共中央总书记、国家主席习近平同朝鲜劳动党委员长、国务委员会委员长金正恩就中朝建交 70 周年互致贺电 （2）墨西哥城孔子学院第十三届秋季中国文化节暨孔子学院日在墨西哥城举办
10 月 9 日	—	习近平在钓鱼台国宾馆会见巴基斯坦总理伊姆兰·汗。习近平强调，中国和巴基斯坦是独一无二的全天候战略合作伙伴
10 月 18 日	第七届世界军人运动会于 2019 年 10 月 18 日至 27 日在中国武汉举行，是世界军人运动会历史上规模最大、参赛人员最多、影响力最广的一次运动会。这是中国第一次承办综合性国际军事体育赛事，也是继北京奥运会后中国举办的规模最大的国际体育盛会。中国人民解放军体育代表团共获得 133 枚金牌、64 枚银牌、42 枚铜牌，位居金牌榜和奖牌榜第一，实现中国队在世界军人运动会赛场比赛成绩的历史性突破	—
10 月 20 日	第六届世界互联网大会 10 月 20 日在浙江乌镇开幕。国家主席习近平致贺信。习近平指出，2019 年是互联网诞生 50 周年	—
10 月 26 日	十三届全国人大常委会第十四次会议通过《中华人民共和国密码法》，习近平主席签署主席令予以公布，将于 2020 年 1 月 1 日起正式施行	—

续表

时事政治		
2019 年	国内	国际
10 月 28 日	由我国自主研发的全海深载人潜水器万米级载人舱成功建造完成，可搭乘 3 人下潜。这是目前世界上空间最大、搭载人数最多的万米级载人舱	—
11 月 3 日	我国在太原卫星发射中心用长征四号乙运载火箭成功发射高分专项高分七号卫星，并搭载发射了 3 颗卫星。高分七号卫星作为我国首颗民用亚米级光学传输型立体测绘卫星，运行后将在国土测绘、城乡建设、统计调查等方面发挥重要作用，为城市群发展规划、农业农村建设提供有力保障	—
11 月 4 日	根据《教育部关于一流本科课程建设的实施意见》，教育部将实施一流本科课程“双万计划”，认定万门左右国家级一流本科课程和万门左右省级一流本科课程	美国政府宣布将开始正式退出《巴黎气候协定》
11 月 19 日	第二十八届中国金鸡百花电影节 19 日在厦门开幕	—
11 月 20 日	首届“世界 5G 大会”在亦庄举办	—
11 月 24 日	全国医保电子凭证发布仪式在山东省济南市举行。医保电子凭证是全国医保线上业务唯一身份凭证，意味着今后全国参保人可以“看病不带卡，刷刷医保码”	—
11 月 25 日	国务院办公厅印发《关于切实加强高标准农田建设提升国家粮食安全保障能力的意见》，提出到 2022 年全国建成 10 亿亩高标准农田，以此稳定保障 1 万亿斤以上粮食产能；到 2035 年全国高标准农田保有量进一步提高。	世界气象组织发布新一期《温室气体公报》，指出地球大气中温室气体浓度再次刷新纪录，温室气体水平持续增长已成长期趋势，未来将导致愈发严重的气候变化
12 月 1 日	中共中央、国务院印发了《长江三角洲区域一体化发展规划纲要》	—
12 月 4 日	（1）我国第六个国家宪法日 （2）最高人民法院在浙江发布《中国法院的互联网司法白皮书》，并举行“宪法 e 路行”主题公众开放日活动。《中国法院的互联网司法》是中国法院发布的首部互联网司法白皮书，也是世界范围内首部介绍互联网时代司法创新发展的白皮书	—
12 月 5 日	国务院印发《中国（黑龙江）自由贸易试验区总体方案》。这是我国首次在沿边地区设立自贸试验区	在东京开幕的第三届国际月球村研讨会上，中国嫦娥四号探月任务获得月球村协会颁发的“优秀探月任务奖”，成为该奖项首批获奖项目

续表

时事政治		
2019年	国内	国际
12月16日	我国在西昌卫星发射中心用长征三号乙运载火箭，以“一箭双星”方式成功发射第52、53颗北斗导航卫星。至此，所有24颗中圆地球轨道卫星全部发射完毕，标志着北斗三号全球系统核心星座部署完成	—
12月17日	我国第一艘国产航空母舰山东舰在海南三亚某军港交付海军。经中央军委批准，我国第一艘国产航母命名为“中国人民解放军海军山东舰”，舷号为“17”。首艘国产航母的入列，标志着中国正式进入“双航母时代”	—
12月18日	—	英国《自然》杂志发布2019年全球十大科学人物，中国北京大学的邓宏魁教授凭借在人类干细胞基因编辑领域取得的成果入选
12月21日	中国天文学家发现的首颗太阳系外行星及其母恒星命名公布，分别为“望舒”和“羲和”，寓意月神和太阳女神	—
12月31日	我国研制的全球首个可移动量子卫星地面站，在济南与“墨子号”卫星对接成功，标志着我国在量子领域的科技创新与应用取得了重要突破	—
2020年	国内	国际
1月1日	国家级地下水三维自动化监测网首次构建	美国2019年人口创一个世纪以来增长最慢纪录
1月2日	全国人大常委会办公厅表示网上信访将被打造成为人大信访工作的主渠道	—
1月5日	自2020年1月1日零时起，长江流域的332个自然保护区和水产种质资源保护区全面禁止生产性捕捞。	欧洲飞机制造商空中客车公司2019年共交863架客机，成为全球最大的飞机制造商
1月9日	—	国际奥委会将武术列入第四届青奥会，这是武术首次被列入奥运会系列运动会的正式比赛项目
1月11日	被誉为“中国天眼”的500米口径球面射电望远镜通过国家验收，正式开放运行，成为全球最大且最灵敏的射电望远镜	—
1月14日	海关统计显示，2019年民营企业进出口总额达13.48万亿元，增长11.4%，占我国外贸总值的42.7%，首次成为我国外贸第一大主体	英国首相约翰逊与欧盟达成的一项自由贸易协定计划，将创建一个“关税边界”，结束与英国的“无摩擦贸易”

续表

时事政治		
2020 年	国内	国际
1 月 15 日	中国首颗亚米级超大幅宽光学遥感卫星——“红旗一号—H9”在太原卫星发射中心发射成功	中美全面经济对话中方牵头人刘鹤与美国总统特朗普在白宫正式签署中美第一阶段经贸协议
1 月 20 日	—	联合国贸易和发展会议的报告显示，2019 年中国吸收外资达 1 400 亿美元，继续成为全球第二大外资流入国
1 月 23 日	国家统计局公布，2019 年年末，全国农村贫困人口 551 万人，比上年末减少 1 109 万人，下降 66.8%	—
1 月 30 日	—	欧盟理事会投票通过英国“脱欧”协议
2 月 5 日	（1）财政部官方网站消息，自 2020 年 5 月 1 日起，非现场交通违法罚款可在全国范围内实施跨省异地缴纳工作 （2）每日可检测万人份样本的新型冠状病毒应急检测实验室——“火眼”实验室今日在武汉正式启动试运行	—
2 月 10 日	—	联合国教科文组织在非盟总部举行颁奖仪式，授予中国科学家屠呦呦等三人联合国教科文组织—赤道几内亚国际生命科学研究奖
2 月 11 日	人社部发出通知，对考试报名及资格审核、评价结果查询、证书补（换）发、证书数据信息更正等服务事项，通过“网上办”“电话办”“邮寄办”等方式，推行“不见面”服务，方便群众足不出户办理业务	（1）欧盟委员会联合欧洲投资基金共同成立了总额 7500 万欧元的“蓝色投资基金”，旨在通过扶持创新型企业成长，推动欧盟海洋经济的可持续发展 （2）世界卫生组织总干事谭德塞在瑞士日内瓦宣布，将新型冠状病毒感染的肺炎命名为“COVID－19”
2 月 15 日	国新办首次在湖北武汉举行发布会。全国 19 省份采取“一省包一市”的方式对口支援湖北省	—
2 月 16 日	国务院联防联控机制召开新闻发布会，基层医疗卫生机构不承担新冠肺炎的诊治，按照“四集中”的原则，集中到定点医院去收治	—

续表

时事政治		
2020年	国内	国际
2月21日	“玉兔二号”月球车成为人类历史上在月面工作时间最长的月球车	—
2月23日	(1) 上交所将为近期上市的企业举办“网络上市仪式”。是上交所历史上首次以网络取代交易大厅现场形式举行上市仪式 (2) 国家发展改革委采取“两降低一下调”举措。一是降低企业用电成本。二是降低企业用气成本。三是下调国内成品油价格 (3) 教育部、科技部印发了《关于规范高等学校SCI论文相关指标使用，树立正确评价导向的若干意见》	—
2月24日	十三届全国人大常委会第十六次会议表决通过了《关于全面禁止非法野生动物交易、革除滥食野生动物陋习、切实保障人民群众生命健康安全的决定》	—
2月28日	国家统计局发布的《中华人民共和国2019年国民经济和社会发展统计公报》显示，2019年我国国内生产总值稳居世界第二位；人均国内生产总值按年平均汇率折算达到10276美元，首次突破1万美元，与高收入国家差距进一步缩小	—
3月1日	国务院联防联控机制召开新闻发布会，要求对所有出入境人员严格实施“三查、三排、一转运”的检疫措施	—
3月2日	习近平强调，当前防控新冠肺炎疫情斗争有两条战线，一条是疫情防控第一线，另一条就是科研和物资生产	—
3月3日	中共中央办公厅、国务院办公厅印发《关于构建现代环境治理体系的指导意见》	美国联邦储备委员会宣布将联邦基金利率目标区间下调50个基点到1%至1.25%的水平，这是美联储2020年以来首次降息
3月6日	国家发展改革委表示：“十三五”规划的易地扶贫搬迁建设任务已基本完成	—
3月8日	—	联合国贸易和发展会议8日发布的报告预测，受新冠肺炎疫情影响，2020年全球外国直接投资（FDI）总额相较2019年将减少5%至15%，或将触及2008年国际金融危机以来的最低点
3月9日	国务院联防联控机制举办新闻发布会，中央财政扶贫资金从2013年到2019年持续增长，年增幅达21%。目前各省市县2020年扶贫资金投入超两千亿元	—

续表

时事政治		
2020 年	国内	国际
3 月 10 日	北京航天飞行控制中心圆满完成我国首次火星探测任务无线联试	国际刑事法院日前决定对自 2003 年 5 月 1 日以来美军在阿富汗涉嫌犯罪行为展开全面调查。这是历史上美国首次面对国际刑事法院的正式调查
3 月 12 日	首都各界人士会聚北京中山公园中山堂，纪念孙中山先生逝世 95 周年	—
3 月 13 日	中国人民银行决定于 3 月 16 日实施普惠金融定向降准，共释放长期资金 5 500 亿元，以市场化改革疏通货币政策传导	—
3 月 18 日	住房和城乡建设部办公厅、国务院扶贫办综合司要求确保所有建档立卡贫困户需改造的危房 2020 年 6 月底前全部竣工	世界卫生组织表示，应避免将新冠病毒称为“中国病毒”。不应把新冠病毒同特定地域相联系
3 月 19 日	中央网信办、国家发展改革委、国务院扶贫办、工业和信息化部联合印发《2020 年网络扶贫工作要点》	—
3 月 21 日	全国绝大部分地区“健康码”已可实现“一码通行”	—
3 月 22 日	国务院联防联控机制新闻发布会宣布，农业农村部将在全国范围展开农资打假“春雷”行动	—
3 月 23 日	国务院新闻办在武汉举行的第九场发布会上介绍，中医药全面介入、深度参与新冠肺炎救治工作是这次抗击疫情中的一大亮点，超九成患者使用中医药治疗	—
3 月 24 日	—	国际奥委会与东京奥组委发表联合声明，东京第 32 届奥运会将改期至 2020 年后，但不迟于 2021 年夏天的日期举行
3 月 29 日	湖北省人民政府办公厅印发《关于应对新冠肺炎疫情影响全力以赴做好稳就业工作若干措施的通知》，其中，2020 年湖北省公务员招录计划增加 20%，选调生招录计划增加 50%，事业单位招聘计划 30 000 名以上	为应对新冠肺炎疫情造成的教育中断问题，联合国教科文组织发起成立了一个全球教育联盟，以支持各国推广应用最佳远程学习方案
4 月 2 日	国家邮政局、工业和信息化部印发《关于促进快递业与制造业深度融合发展的意见》，提出到 2025 年，快递业、服务制造业范围持续拓展	欧洲中央银行发布新闻公报说，受新冠肺炎疫情影响，欧洲央行决定将货币政策战略评估时间延长至 2021 年年中

续表

时事政治		
2020年	国内	国际
4月4日	为纪念香港基本法颁布30周年，香港特区政府将会举办一系列活动，向社会各界推广《中华人民共和国宪法》及《香港基本法》	—
4月6日	中国科学家近期在黑龙江省中部依兰县发现一个新的星球撞击遗迹陨石坑——依兰陨石坑。这是继辽宁的岫岩陨石坑之后，在中国发现的第二个陨石坑	—
4月7日	—	世界知识产权组织发布最新报告称，2019年中国通过世界知识产权组织提交58 990件申请，超越美国，成为提交国际专利申请最多的国家
4月8日	中国电信、中国移动、中国联通三大运营商联合宣布将推出5G消息服务	—
4月9日	国家发展改革委印发《2020年新型城镇化建设和城乡融合发展重点任务的通知》，督促城区常住人口300万以下城市全面取消落户限制	—
4月11日	国家邮政局日前印发《快递进村三年行动方案(2020—2022年)》明确，到2022年年底符合条件的建制村基本实现“村村通快递”	—
4月14日	国务院联防联控机制举行的新闻发布会上介绍我国已有三个疫苗获批进入临床试验，其中腺病毒载体疫苗是全球首个启动二期临床研究的新冠疫苗品种	(1) 李克强出席东盟与中日韩（10+3）抗击新冠肺炎疫情领导人特别会议。李克强就10+3抗击疫情合作提出倡议，一是全力加强防控合作，提升公共卫生水平；二是努力恢复经济发展，推进区域经济一体化；三是着力密切政策协调，抵御各类风险挑战 (2) 国际货币基金组织（IMF）发布最新一期《世界经济展望报告》称，受新冠肺炎疫情冲击，2020年全球经济预计将萎缩3%，为20世纪30年代大萧条以来最严重的经济衰退 (3) 美国宣布将暂停资助世界卫生组织。当前全球疫情形势严峻，美方这一决定将削弱世卫组织能力，损害全球抗疫合作

续表

时事政治		
2020 年	国内	国际
4 月 17 日	人力资源社会保障部、财政部印发《关于 2020 年调整退休人员基本养老金的通知》，明确从 2020 年 1 月 1 日起，为 2019 年年底前已按规定办理退休手续并按月领取基本养老金的企业和机关事业单位退休人员提高基本养老金水平	—
4 月 21 日	国务院安委会日前印发《全国安全生产专项整治三年行动计划》，在全国部署开展安全生产专项整治三年行动	—
4 月 23 日	（1）人社部、教育部、司法部等七部门印发通知，提出对教师资格、护士执业资格、渔业船员资格等职业资格实施“先上岗、再考证”阶段性措施，以进一步强化稳就业举措，促进高校毕业生就业 （2）国家知识产权局相关负责人表示，截至 2019 年年底，我国每万人口发明专利拥有量达到 13.3 件，国际专利申请量跃居世界第一	—
4 月 24 日	中国首次火星探测任务被命名为“天问一号”，后续行星任务依次编号	—
4 月 28 日	首个国产宫颈癌疫苗获批，将正式上市，2020 年 5 月起可预约接种。历经 18 年，我国成为继美国、英国之后世界上第三个实现 HPV 疫苗自主供应的国家	中外科学家绘制出目前最精确的银河系结构图，明确银河系是一个具有 4 条旋臂的棒旋星系
5 月 1 日	《保障农民工工资支付条例》于 5 月 1 日起施行，规定用人单位实行农民工劳动用工实名制管理，农民工工资应以货币形式按时足额支付 在珠穆朗玛峰 6 500 米前进营地，中国移动联合华为成功完成全球海拔最高 5G 基站的建设及开通工作，实现珠峰峰顶 5G 覆盖。同时，F5G 千兆光纤网络也实现了 6 500 米的同步开通	世界卫生组织表示，确定新冠病毒源自自然界
5 月 5 日	长征五号 B 运载火箭首飞成功，实现空间站阶段飞行任务首战告捷，拉开了我国载人航天工程“第三步”任务序幕。长征五号 B 运载火箭是近地轨道运载能力大于 22 吨，是目前我国近地轨道运载能力最大的火箭	—
5 月 6 日	国务院同意在雄安新区、大同市、满洲里市等 46 个城市和地区设立跨境电子商务综合试验区	—
5 月 16 日	我国唯一的特殊综合保税区——洋山特殊综合保税区举行揭牌仪式	—

续表

时事政治		
2020 年	国内	国际
5 月 26 日	“两会”期间，最高检发布报告显示，1999 年至 2019 年，“醉驾”取代盗窃成我国第一刑事犯罪	—
5 月 28 日	十三届全国人大三次会议表决通过了《中华人民共和国民法典》，自 2021 年 1 月 1 日起施行。这是新中国第一部以法典命名的法律，开启了我国法典编纂立法的先河	—
6 月 1 日	《中华人民共和国基本医疗卫生与健康促进法》开始施行。该法是我国卫生与健康领域第一部基础性、综合性的法律。首次用法律的形式将医疗机构定义为公共场所，规定任何组织或者个人不得扰乱其秩序	—
6 月 11 日	香港特区行政长官林郑月娥根据基本法第四十八条第三款签署经特区立法会通过的《国歌条例》，该条例将于 6 月 12 日正式刊宪实施	嫦娥四号任务团队优秀代表中国探月工程总设计师吴伟仁、中国探月工程副总设计师于登云、嫦娥四号任务探测器系统总设计师孙泽洲获得国际宇航联合会 2020 年度最高奖——“世界航天奖”。这也是该国际组织成立 70 年来首次把这一奖项授予中国航天科学家
6 月 14 日	—	新加坡成为国际海洋法法庭首个总部外审理地点
6 月 23 日	(1) 我国在西昌卫星发射中心用长征三号乙运载火箭，成功发射北斗系统第五十五颗导航卫星，暨北斗三号最后一颗全球组网卫星，至此北斗三号全球卫星导航系统星座部署比原计划提前半年全面完成 (2) 川藏铁路拉林段藏木雅鲁藏布江双线特大桥现浇主梁成功合龙，标志着拉林铁路全线 120 座桥梁主体工程全部完工。同时创造了世界同类型铁路桥梁海拔最高、钢管拱跨度最大（主拱跨径 430 米）、主拱钢管直径最大（钢管直径 1.8 米）、钢管拱单根管内混凝土顶升方量最多（单根管内混凝土顶升方量 1022 方）4 个“世界第一”	—
6 月 25 日	国家医保局公布《2019 年全国医疗保障事业发展统计公报》。公报显示，2019 年参加全国基本医疗保险人数达到 135407 万人，参保率稳定在 95% 以上。职工医保、城乡居民住院费用报销水平提高到 60% 以上	—

续表

时事政治		
2020 年	国内	国际
6 月 26 日	—	美国国会众议院表决通过一项由民主党人提出的草案，支持首都华盛顿哥伦比亚特区成为美国第 51 个州
6 月 30 日	—	欧盟 27 个成员国终于达成一致，将从当日起，准许包括中国在内的 15 个国家的公民进入欧盟国家
7 月 2 日	香港特区行政长官办公室主任陈国基于当日下午宣誓就任香港特别行政区维护国家安全委员会秘书长	克里姆林宫网站发表声明说，俄罗斯总统普京当天签署命令，俄宪法修正案将于 4 日起开始生效
7 月 7 日	—	联合国秘书长发言人迪雅里克证实，联合国秘书长古特雷斯已收到美国通知，美国将于 2021 年 7 月退出世界卫生组织
7 月 14 日	国务院总理李克强日前签署国务院令，公布《保障中小企业款项支付条例》，自 2020 年 9 月 1 日起施行。《条例》共 29 条，主要包括三个方面内容：一是规范合同订立及资金保障，加强账款支付源头治理；二是规范支付行为，防范账款拖欠；三是加强信用监督和服务保障	—
7 月 15 日	杭州互联网法院跨境贸易法庭正式成立，这是全国首个集中审理跨境数字贸易纠纷案件的人民法庭	—
8 月 3 日	国新办召开新闻发布会，相关专家介绍了北斗三号全球卫星导航系统建成开通的情况，指出我国攻克关键核心技术，实现自主可控，实现北斗三号卫星核心器部件国产化率 100%	—
8 月 11 日	国家主席习近平签署主席令，授予钟南山“共和国勋章”，授予张伯礼、张定宇、陈薇（女）“人民英雄”国家荣誉称号	—
8 月 14 日	商务部官网发布《关于印发全面深化服务贸易创新发展试点总体方案的通知》，其中公布了数字人民币试点地区。在全面深化服务贸易创新发展试点任务、具体举措及责任分工中，明确在京津冀、长三角、粤港澳大湾区及中西部具备条件的试点地区开展数字人民币试点	位于荷兰雷嫩市的欧维汉兹动物园举行大熊猫宝宝百日庆典暨命名仪式。根据网络票选结果，大熊猫宝宝正式取名为“梵星”

续表

时事政治		
2020 年	国内	国际
8 月 16 日	国家知识产权局发布消息，由军事科学院军事医学研究院陈薇院士团队及康希诺生物联合申报的新冠疫苗专利申请，近日已被授予专利权，这是我国首个新冠疫苗专利。在国家知识产权局的授予发明专利权通知书上，该项专利的名称是“一种以人复制缺陷腺病毒为载体的重组新型冠状病毒疫苗”	—
8 月 24 日	创业板注册制首批首发企业上市交易。改革后的创业板主要服务成长型创新创业企业，支持传统产业与新技术、新产业、新业态、新模式深度融合	—
9 月 1 日	—	纪念联合国成立 75 周年国际研讨会在北京举行。本次研讨会以“加强多边主义，共创美好未来”为主题
9 月 5 日	中国工业和信息化部都长肖亚庆在北京表示，当前中国 5G 用户已超过 6 000 万，2020 年将推动 5G 大规模商用	—
9 月 16 日	今天是第二十六个国际保护臭氧层日，也是《保护臭氧层维也纳公约》缔结 35 周年，生态环境部于 16 日召开 2020 年中国国际保护臭氧层日纪念大会。会上表示，我国累计淘汰消耗臭氧层物质超过 28 万吨，为臭氧层保护和温室气体减排作出积极贡献	《经济展望中期报告》发布，将全球 2020 年 GDP 变动预期从下滑 6% 上调至萎缩 4.5%，2021 年经济增长预期同步上调至 5%。此外，报告指出，按照目前的经济和疫情态势，中国将是 2020 年二十国集团中唯一实现正增长的国家
9 月 17 日	国务院总理李克强主持召开国务院常务会议指出，要坚持“两个毫不动摇”，支持国企和民企改革发展。要持续推进国企提质增效，提高核心竞争力，增强发展后劲，更好发挥在国民经济中的支撑作用：进一步为民营企业发展创造公平竞争环境，带动扩大就业	—
9 月 22 日	自然资源部办公厅、财政部办公厅、生态环境部办公厅联合印发《山水林田湖草生态保护修复工程指南（试行）》，明确实施“山水工程”要遵循 5 方面保护修复原则，包括生态优先、绿色发展，自然恢复为主、人工修复为辅，统筹规划、综合治理，问题导向、科学修复，经济合理、效益综合	—
9 月 26 日	—	因疫情影响延期的东京奥运会火炬接力，将定于 2021 年 3 月 25 日举行

续表

时事政治		
2020 年	国内	国际
9 月 27 日	日前，最高人民法院召开新闻发布会，发布《长江流域生态环境司法保护状况白皮书》，这是首部专项生态环境司法保护白皮书	—
9 月 29 日	《浙江省大运河世界文化遗产保护条例》审议通过，将于 2021 年 1 月 1 日起正式施行。《条例》共 36 条，是国内第一部关于大运河世界文化遗产保护的省级地方性立法	—
10 月 1 日	第 19 期《求是》杂志将重新发表国家主席习近平在出席庆祝中华人民共和国成立 70 周年系列活动时的 3 篇重要讲话：2019 年 10 月 1 日《在庆祝中华人民共和国成立 70 周年大会上的讲话》、2019 年 9 月 30 日《在庆祝中华人民共和国成立 70 周年招待会上的讲话》、2019 年 9 月 29 日《在国家勋章和国家荣誉称号颁授仪式上的讲话》。上述讲话指出，一切伟大成就都是接续奋斗的结果，一切伟大事业都需要在继往开来中推进。新时代必将是大有可为的时代	—
10 月 2 日	国家卫健委在官方网站发布《中华人民共和国传染病防治法》。该法拟重构传染病疫情信息公布制度，传染病暴发、流行时，由县级以上地方人民政府卫生健康主管部门公布本行政区域内疫情信息；传染病出现跨省暴发、流行时，由国务院卫生健康主管部门负责公布	—
10 月 12 日	中国广电网络股份有限公司在京召开成立大会，其将成为第四大电信运营商。这是推进全国有线电视网络整合和广电 5G 建设一体化发展迈出的重要一步	—
10 月 13 日	刑法修正案（十一）草案二审稿提请全国人大常委会会议审议，拟在特定情形下，经特别程序，对法定最低刑事责任年龄作个别下调。草案规定，已满 12 周岁不满 14 周岁的人，犯故意杀人、故意伤害罪，致人死亡，情节恶劣的，经最高人民检察院核准，应当负刑事责任	中国在第 75 届联合国大会上再次成功当选联合国人权理事会成员，任期为 2021 年至 2023 年
10 月 14 日	最高人民法院、最高人民检察院、公安部联合发布《关于依法办理“碰瓷”违法犯罪案件的指导意见》，首次明确了对“碰瓷”行为的法律界定，即行为人通过故意制造或者编造其被害假象，采取诈骗、敲诈勒索等方式非法索取财物的行为	美国食品药品管理局宣布批准了全球首个埃博拉病毒治疗方法：“银马泽伯”。“银马泽伯”是三种单克隆抗体混合物药物，由美国再生元制药公司生产，在遏制埃博拉死亡率、提高生存率方面实现了突破

续表

时事政治		
2020 年	国内	国际
10 月 22 日	公安部在京召开新闻发布会，会上指出，放宽小型汽车驾驶证申请年龄，取消申请小型汽车、小型自动挡汽车、轻便摩托车驾驶证 70 周岁的年龄上限调整为不作限制	—
10 月 29 日	中共十九届五中全会在京举行，全会提出了到二〇三五年基本实现社会主义现代化远景目标就是：基本实现新型工业化、信息化、城镇化、农业现代化，建成现代化经济体系；基本实现国家治理体系和治理能力现代化，人民平等参与、平等发展权利得到充分保障，基本建成法治国家、法治政府、法治社会等。全会提出了“十四五”时期经济社会发展主要目标就是：经济发展取得新成效，在质量效益明显提升的基础上实现经济持续健康发展，增长潜力充分发挥，国内市场更加强大，经济结构更加优化，创新能力显著提升，产业基础高级化、产业链现代化水平明显提高，农业基础更加稳固，城乡区域发展协调性明显增强，现代化经济体系建设取得重大进展等。会议提出，坚持创新在我国现代化建设全局中的核心地位，把科技自立自强作为国家发展的战略支撑；坚持把发展经济着力点放在实体经济上，坚定不移建设制造强国、质量强国、网络强国、数字中国	欧盟统计局日前发布数据显示，2020 年前 7 个月，欧盟 27 个成员国与中国进出口总额为 3 287 亿欧元，同比增长约 2.6%。中国首次成为欧盟第一大贸易伙伴
11 月 1 日	第七次全国人口普查正式开启现场登记	—
11 月 2 日	国家主席习近平近日对新时代推进农村土地制度改革、做好农村承包地管理工作作出重要指示强调，新时代推进农村土地制度改革，要坚持把依法维护农民权益作为出发点和落脚点，坚持农村土地农民集体所有制不动摇，坚持家庭承包经营基础性地位不动摇。要运用农村承包地确权登记颁证成果，扎实推进第二轮土地承包到期后再延长 30 年工作，保持农村土地承包关系稳定并长久不变	—
11 月 3 日	《中共中央关于制定国民经济和社会发展第十四个五年规划和二〇三五年远景目标的建议》发布。《建议》提出，坚持创新在我国现代化建设全局中的核心地位，把科技自立自强作为国家发展的战略支撑；坚持把发展经济着力点放在实体经济上，坚定不移建设制造强国、质量强国、网络强国、数字中国，推进产业基础高级化、产业链现代化，提高经济质量效益和核心竞争力；坚持扩大内需这个战略基点，加快培育完整内需体系，把实施扩大内需战略同深化供	—

续表

时事政治		
2020 年	国内	国际
	给侧结构性改革有机结合起来，以创新驱动、高质量供给引领和创造新需求；坚持和完善社会主义基本经济制度，充分发挥市场在资源配置中的决定性作用，更好发挥政府作用，推动有效市场和有为政府更好结合；坚持把解决好“三农”问题作为全党工作重中之重，走中国特色社会主义乡村振兴道路，全面实施乡村振兴战略	
11 月 5 日	—	美国盖洛普咨询公司公布了以法制和秩序指数为依据的全球最安全国家排行榜。中国排名第三，仅次于新加坡和土库曼斯坦
11 月 12 日	—	国际法院法官换届选举在联合国大会和安理会同时举行，中国籍候选人、国际法院现任副院长薛捍勤女士再次当选，成功连任国际法院法官。这是国际法院首位女性中国籍法官、首位女性副院长
11 月 15 日	高德地图在 2020 世界交通运输大会上发布了国内首个智慧交通物联网（IOT）平台。该平台通过全系列物联网硬件设施，包括智慧锥桶、事故车盒、执法一体化快速封路器等和智慧交通物联网软件平台，用数字化手段帮助道路交通从业者（交警、道路养护工、道路施工方）工作更安全更高效	—
11 月 17 日	国务院办公厅印发《关于防止耕地“非粮化”稳定粮食生产的意见》，提出要充分认识防止耕地“非粮化”稳定粮食生产的重要性紧迫性，坚持把确保国家粮食安全作为“三农”工作的首要任务；要坚持问题导向，坚决防止耕地“非粮化”倾向	—
11 月 21 日	截至目前，中国甘肃、广西、四川、云南、新疆、安徽、江西、青海、西藏、内蒙古等 21 个省区市的贫困县全部实现脱贫摘帽	—
11 月 25 日	生态环境部、商务部、国家发展改革委、海关总署联合发布《关于全面禁止进口固体废物有关事项的公告》。《公告》明确，禁止以任何方式进口固体废物；禁止我国境外的固体废物进境倾倒、堆放、处置。《公告》自 2021 年 1 月 1 日起施行	—

续表

时事政治		
2020年	国内	国际
11月30日	—	世卫组织发布最新一期《世界疟疾报告》。《报告》显示过去的20年中有21个国家消灭了疟疾，其中10个国家被世卫组织正式认证为无疟疾
12月1日	中共中央政治局常务委员会召开会议，听取脱贫攻坚总结评估汇报。中共中央总书记习近平主持会议并发表重要讲话，指出经过8年持续奋斗，现行标准下农村贫困人口全部脱贫，贫困县全部摘帽，消除了绝对贫困和区域性整体贫困，近1亿贫困人口实现脱贫。严格落实“四个不摘”要求，保持现有帮扶政策、资金支持、帮扶力量总体稳定	—
12月6日	《中华人民共和国民法典》将于2021年1月1日起实施，新规将实施“离婚冷静期”，自离婚冷静期届满后三十日内，双方未共同到婚姻登记机关申请发给离婚证的，视为撤回离婚登记申请。但“冷静期”只适用于夫妻双方自愿的协议离婚，对于有家暴情形的，当事人可以向法院提起诉讼，诉讼离婚并没有“冷静期”的规定	—
12月11日	我国自主设计建造，世界上首座高速铁路悬索桥，连镇高铁五峰山长江大桥建成通车。这是我国第一座铁路悬索桥，也是世界首座高速铁路悬索桥	—
12月16日	国家发展和改革委员会主任与非洲联盟委员会主席签署《中华人民共和国政府与非洲联盟关于共同推进“一带一路”建设的合作规划》。这是我国和区域性国际组织签署的第一个共建“一带一路”规划类合作文件。截至目前，我国已经与138个国家、31个国际组织签署了202份共建“一带一路”合作文件	亚奥理事会第39届全体代表大会通过网上投票的方式选出2030年亚运会主办城市。卡塔尔首都多哈得票数第一，将举办2030年亚运会。得票数排名第二的沙特首都利雅得自动顺延，成为2 034年亚运会的主办城市
12月17日	1时59分，嫦娥五号返回器安全着陆，探月工程嫦娥五号任务取得圆满成功。嫦娥五号任务创造了5项“中国首次”，一是在地外天体的采样与封装：二是地外天体上的点火起飞、精准入轨；三是月球轨道无人交会对接和样品转移；四是携带月球样品以近第二宇宙速度再入返回；五是建立我国月球样品的存储、分析和研究系统	—

续表

时事政治		
2020 年	国内	国际
12 月 26 日	十三届全国人大常委会第二十四次会议表决通过《刑法修正案（十一）》，将自 2021 年 3 月 1 日起施行。修正案对刑事责任年龄相关规定作出调整，规定已满 1 2 周岁不满 14 周岁的人，犯故意杀人、故意伤害罪，致人死亡或者以特别残忍手段致人重伤造成严重残疾，情节恶劣，经最高人民检察院核准追诉的，应当负刑事责任；会议表决通过修订后的预防未成年人犯罪法，将原来两部法律中规定的“收容教养”措施改为专门矫治教育；会议表决通过《长江保护法》。这部法律将从 2021 年 3 月 1 日起施行，将“共抓大保护、不搞大开发”写入其中	—
12 月 29 日	全国第三批高考综合改革的河北、辽宁、江苏、福建、湖北、湖南、广东、重庆八省市公布 2021 年普通高校招生考试安排和录取工作实施方案。八省市新高考将采用“3 + 1 + 2”模式。其中，语文、数学、外语 3 门使用全国卷；物理、历史、化学、地理、思想政治、生物 6 门由各省市组织命题	据《PR × 量子》最新报道，美国研究团队利用现有材料和最先进的量子装置，搭建了两个测试台，首次在 44 公里的远距离内实现了保真度大于 90% 的量子隐形传态
2021 年	国内	国际
1 月 2 日	中央军委主席习近平日前签署命令，发布新修订的《军队装备条例》，自 2021 年 1 月 1 日起施行	—
1 月 4 日	中共中央印发修订后的《中国共产党党员权利保障条例》。规定了党员的 13 项权利，包括党内知情权、接受党的教育培训权、党内参加讨论权、党内建议和倡议权、党内监督权、党内提出罢免撤换要求权、党内表决权、党内选举权和被选举权、党内申辩权、党内提出不同意见权、党内请求权、党内申诉权、党内控告权	—
1 月 7 日	—	美国国会联席会议确认，拜登赢得 306 张选举人票，当选下一任美国总统。现任总统特朗普随后发表声明，承诺政权交接将有序进行
1 月 10 日	第一个中国人民警察节	—
1 月 13 日	我国自主研发设计、自主制造的世界首台高温超导高速磁浮工程化样车在成都下线，设计时速 620 千米/小时	—

续表

时事政治		
2021 年	国内	国际
1 月 18 日	2020 年我国国内生产总值（GDP）首次突破 100 万亿元，达 1 015 986 亿元，按可比价格计算，比上年增长 2.3%	—
1 月 22 日	—	全面禁止拥有和使用核武器的《核武器禁止条约》生效，这是全球首个将拥有核武器视为非法化的国际条约
1 月 27 日	《2020 全球城市基础前沿研究监测指数报告》近日发布。报告显示，中国有北京、上海、南京和合肥 4 座城市入选 TOP20 城市，分别排名第三、第七、第九和第十六，占到五分之一席位	—

第二十四章　涉税时政

2019年涉税时政	
7月12日	为进一步优化税收营商环境、减轻纳税人负担，国家税务总局制订了《税务UKey技术规范》，予以印发，自印发之日起实施
7月23日	国家税务总局推出第一批10条便民办税缴费新举措：（1）推行税收优惠清单式管理。（2）扩大出口退税无纸化申报范围。（3）优化增值税发票查验平台功能。（4）提供应抵扣发票信息提醒服务。（5）推动办税事项容缺办理。（6）规范统一自助办税事项。（7）探索证明事项告知承诺试点。（8）推行纳税人网上解锁报税盘。（9）推行城镇土地使用税和房产税合并申报。（10）加大部门间信息共享力度
8月8日	国家税务总局、财政部、海关总署发布《在综合保税区推广增值税一般纳税人资格试点公告》
8月13日	国家税务总局发布《关于实施第二批便民办税缴费新举措通知》提出：（1）全面推行小规模纳税人自行开具增值税专用发票。（2）完善纳税信用修复管理机制。（3）推行电子发票公共服务平台。（4）大力推动房地产交易事项一窗办理。（5）实现开具红字增值税专用发票信息表网上撤销。（6）提升税收政策宣传推送精准度。（7）网上办理跨区域涉税事项。（8）推动一般退抵税全程网上办。（9）提供纳税申报提示提醒服务。（10）大力推广智能咨询
8月20日	国家发展改革委办公厅、国家税务总局办公厅发布《关于加强个人所得税纳税信用建设的通知》
8月28日	财政部、国家税务总局发布《继续执行边销茶增值税政策的公告》，决定自2019年1月1日起至2020年12月31日，对边销茶生产企业销售自产的边销茶及经销企业销售的边销茶免征增值税
8月29日	为贯彻落实《中华人民共和国耕地占用税法》，财政部、国家税务总局、自然资源部、农业农村部、生态环境部制定了《中华人民共和国耕地占用税法实施办法》，以发布，自2019年9月1日起施行
8月30日	国家税务总局发布了《关于耕地占用税征收管理有关事项的公告》
8月31日	为进一步推进制造业高质量发展，财政部、税务总局发布《关于明确部分先进制造业增值税期末留抵退税政策的公告》
9月23日	为减少纳税申报次数、便利纳税人办税、进一步优化营商环境，国家税务总局发布《关于修订城镇土地使用税和房产税申报表单的公告》
9月30日	国家税务总局办公厅发布《关于坚持组织收入原则 确保减税降费政策进一步落地见效的通知》提出：（1）严格依法依规征税收费；（2）严禁以各种形式提前征税收费；（3）努力营造良好组织收入环境；（4）配合地方政府合理调整预算《财政部 税务总局关于明确生活性服务业增值税加计抵减政策的公告》规定，2019年10月1日至2021年12月31日，允许生活性服务业纳税人按照当期可抵扣进项税额加计15%，抵减应纳税额

续表

2019 年涉税时政	
10 月 14 日	为深化"放管服"改革、进一步优化税收营商环境、提高非居民纳税人享受协定待遇的便捷性，国家税务总局制定并发布了《非居民纳税人享受协定待遇管理办法》，自 2020 年 1 月 1 日起施行。 国家税务总局发布《关于进一步简化税务行政许可事项办理程序的公告》规定：（1）压缩办理时间；（2）简并申请文书；（3）减少材料报送；（4）简化送达程序；（5）更新相关文书
10 月 18 日	财政部、国家税务总局发布《群众团体 2019 年度公益性捐赠税前扣除资格的公告》规定：1. 中国红十字会总会 2. 中华全国总工会 3. 中国宋庆龄基金会 4. 中国国际人才交流基金会
10 月 24 日	财政部、国家税务总局发布《关于资源综合利用增值税政策的公告》规定：自 2019 年 9 月 1 日起，纳税人销售自产磷石膏资源综合利用产品，可享受增值税即征即退政策，退税比例为 70%
11 月 1 日	国家税务总局、中国银行保险监督管理委员会发布《关于深化和规范"银税互动"工作的通知》规定：（1）深挖合作潜能，充分发挥"银税互动"的普惠效能；（2）严禁第三方乱收费，规范"银税互动"正常秩序；（3）加强安全管理，促进"银税互动"健康发展；（4）多方联动，共同营造"银税互动"良好氛围
11 月 7 日	为鼓励和引导纳税人增强依法诚信纳税意识、主动纠正纳税失信行为，国家税务总局发布《关于纳税信用修复有关事项的公告》，自 2020 年 1 月 1 日起施行
11 月 11 日	国家税务总局推出八条便利小微企业办税缴费新举措：（1）搭建线上诉求和意见直联互通渠道。（2）制发小微企业办税辅导产品。（3）优化跨区迁移服务。（4）扩围批量零申报服务。（5）优化涉税违法违规信息查询服务。（6）推行企业开办事项集成办理。（7）制发税收优惠事项清单。（8）提升"银税互动"普惠效能
11 月 27 日	国家税务总局发布《关于支持和服务长江三角洲区域一体化发展措施的通知》
12 月 3 日	为深入贯彻党的十九届四中全会精神、落实"放管服"改革要求、优化税务执法方式、进一步便利纳税人办税，国家税务总局制定了《税务文书电子送达规定（试行）》，予以发布，自 2020 年 4 月 1 日起施行
12 月 6 日	为深入贯彻党的十九届四中全会精神，持续推进税收领域"放管服"改革，积极回应市场主体需求，切实服务和便利纳税人，国家税务总局决定向纳税人提供无欠税证明开具服务
12 月 29 日	财政部、税务总局发布《关于远洋船员个人所得税政策的公告》规定：一个纳税年度内在船航行时间累计满 183 天的远洋船员，其取得的工资薪金收入减按 50% 计入应纳税所得额，依法缴纳个人所得税，自 2019 年 1 月 1 日起至 2023 年 12 月 31 日止执行
12 月 31 日	国家税务总局发布《关于办理 2019 年度个人所得税综合所得汇算清缴事项的公告》。为进一步优化纳税服务，提高货物运输业小规模纳税人使用增值税专用发票的便利性，国家税务总局决定在全国范围内开展网络平台道路货物运输企业代开增值税专用发票试点工作

2020 年上半年涉税时政	
1 月 8 日	财政部会同工业和信息化部、海关总署、国家税务总局、能源局制定了《重大技术装备进口税收政策管理办法》，予以印发，自印发之日起实施。国家税务总局将增值税发票选择确认平台升级为增值税发票综合服务平台，为纳税人提供发票用途确认、风险提示、信息下载等服务。纳税人通过增值税电子发票公共服务平台开具的增值税电子普通发票，属于税务机关监制的发票，采用电子签名代替发票专用章，其法律效力、基本用途、基本使用规定等与增值税普通发票相同

续表

2020年上半年涉税时政	
1月12日	国家税务总局表示，从2020年起，服务贸易等项目对外支付税务备案电子化在全国范围内启动，相关企业只要登录电子税务局，选择“服务贸易等项目对外支付税务备案”模块，填报生成的税务备案电子化信息，可在银行端即时上网校验，实现全程无纸化办理
1月19日	水利建设基金等非税收入项目划转至税务部门征收。自2020年起，地方政府及有关部门负责征收的国家重大水利工程建设基金，以及向企事业单位和个体经营者征收的水利建设基金，划转至税务部门征收。自2020年2月1日起施行
1月21日	（1）国家税务总局决定对开具机动车销售统一发票的应税车辆，自2020年2月1日起，在上海市、江苏省、浙江省、宁波市四个地区试点应用机动车销售统一发票电子信息办理车辆购置税业务；自2020年6月1日起，将应用发票电子信息办理车辆购置税业务的机制扩大到全国其他地区 （2）国家税务总局编制了2020A版出口退税率文库
2月1日	根据财政部、海关总署和国家税务总局联合发布的《慈善捐赠物资免征进口税收暂行办法》，境外捐赠人无偿向受赠人捐赠的用于防控新型冠状病毒感染的肺炎疫情进口物资可免征进口税收
2月6日	财政部、国家税务总局公告对参加疫情防治工作的医务人员和防疫工作者按照政府规定标准取得的临时性工作补助和奖金，免征个人所得税。单位发给个人用于预防新型冠状病毒感染的肺炎的药品、医疗用品和防护用品等实物（不包括现金），不计入工资、薪金收入，免征个人所得税。企业和个人通过公益性社会组织或者县级以上人民政府及其部门等国家机关，捐赠用于应对新型冠状病毒感染的肺炎疫情的现金和物品，允许在计算应纳税所得额时全额扣除。企业和个人直接向承担疫情防治任务的医院捐赠用于应对新型冠状病毒感染的肺炎疫情的物品，允许在计算应纳税所得额时全额扣除
2月18日	财政部、国家税务总局《关于支持货物期货市场对外开放增值税政策的公告》规定，自2018年11月30日至2023年11月29日，对经国务院批准对外开放的货物期货品种保税交割业务，暂免征收增值税
2月28日	《财政部 税务总局关于支持个体工商户复工复业增值税政策的公告》规定，《财政部 税务总局关于延长小规模纳税人减免增值税政策执行期限的公告》（财政部 税务总局公告2020年第24号）规定的税收优惠政策实施期限延长到2020年12月31日
2月29日	国家税务总局发布《关于支持个体工商户复工复业等税收征收管理事项的公告》规定，增值税小规模纳税人取得应税销售收入，纳税义务发生时间在2020年2月底以前，适用3%征收率征收增值税的，按照3%征收率开具增值税发票；纳税义务发生时间在2020年3月1日至5月31日，适用减按1%征收率征收增值税的，按照1%征收率开具增值税发票
3月11日	国家税务总局发布新版《应对新冠肺炎疫情税费优惠政策指引》，从支持防护救治、支持物资供应、鼓励公益捐赠、支持复工复产四个方面对17项政策逐一进行解读，更好帮助纳税人、缴费人准确掌握和及时享用各项新出台的税费优惠政策
3月13日	国家税务总局经商财政部，决定延长2019年度代扣代缴、代收代缴和委托代征税款手续费申报期限，由2020年3月30日延长至5月30日。 财政部、税务总局发布公告称，自2020年1月1日起至2022年12月31日止，对物流企业自有（包括自用和出租）或承租的大宗商品仓储设施用地，减按所属土地等级适用税额标准的50%计征城镇土地使用税

续表

2020年上半年涉税时政	
3月17日	国家税务总局编制发布了2020B版出口退税率文库。瓷制卫生器具等1 084项产品出口退税率提高至13%，植物生长调节剂等380项产品出口退税率提高至9%，自2020年3月20日起实施
4月8日	财政部、税务总局发布二手车经销有关增值税政策公告规定，自2020年5月1日至2023年12月31日，从事二手车经销的纳税人销售其收购的二手车，由原按照简易办法依3%征收率减按2%征收增值税，改为减按0.5%征收增值税
4月14日	财政部、海关总署、税务总局发布公告规定，自2020年4月15日起，将《财政部 海关总署 国家税务总局关于扩大内销选择性征收关税政策试点的通知》（财关税〔2016〕40号）规定的内销选择性征收关税政策试点，扩大到所有综合保税区
4月16日	《财政部 税务总局 工业和信息化部关于新能源汽车免征车辆购置税有关政策的公告》规定，自2021年1月1日至2022年12月31日，对购置的新能源汽车免征车辆购置税
4月20日	财政部、国家税务总局发布《关于延续实施普惠金融有关税收优惠政策的公告》
4月28日	《国家发展改革委 科技部 工业和信息化部 公安部 财政部 生态环境部 交通运输部 商务部 人民银行 税务总局 银保监会关于稳定和扩大汽车消费若干措施的通知》规定：（1）调整国六排放标准实施有关要求。（2）完善新能源汽车购置相关财税支持政策。（3）加快淘汰报废老旧柴油货车。（4）畅通二手车流通交易。（5）用好汽车消费金融
4月30日	财政部、国家税务总局发布税收政策公告规定，《财政部 税务总局关于支持个体工商户复工复业增值税政策的公告》（财政部 税务总局公告2020年第13号）规定的税收优惠政策实施期限延长到2020年12月31日
5月13日	《财政部 国家电影局关于暂免征收国家电影事业发展专项资金政策的公告》规定，对湖北省自2020年1月1日至2020年12月31日免征国家电影事业发展专项资金；对其他省、自治区、直辖市自2020年1月1日至2020年8月31日免征国家电影事业发展专项资金。自2020年1月1日至2020年12月31日，对纳税人提供电影放映服务取得的收入免征增值税。对电影行业企业2020年度发生的亏损，最长结转年限由5年延长至8年。自2020年1月1日至2020年12月31日，免征文化事业建设费
5月15日	财政部、国家税务总局对有关税费政策实施期限发布公告规定：《财政部 税务总局关于支持新型冠状病毒感染的肺炎疫情防控有关税收政策的公告》（财政部 税务总局公告2020年第8号）、《财政部 税务总局关于支持新型冠状病毒感染的肺炎疫情防控有关捐赠税收政策的公告》（财政部 税务总局公告2020年第9号）、《财政部 税务总局关于支持新型冠状病毒感染的肺炎疫情防控有关个人所得税政策的公告》（财政部 税务总局公告2020年第10号）、《财政部 国家发展改革委关于新型冠状病毒感染的肺炎疫情防控期间免征部分行政事业性收费和政府性基金的公告》（财政部 国家发展改革委公告2020年第11号）规定的税费优惠政策，执行至2020年12月31日
5月19日	国家税务总局就小型微利企业和个体工商户延缓缴纳2020年所得税有关事项发布公告规定：2020年5月1日至2020年12月31日，小型微利企业在2020年剩余申报期按规定办理预缴申报后，可以暂缓缴纳当期的企业所得税，延迟至2021年首个申报期内一并缴纳。2020年5月1日至2020年12月31日，个体工商户在2020年剩余申报期按规定办理个人所得税经营所得纳税申报后，可以暂缓缴纳当期的个人所得税，延迟至2021年首个申报期内一并缴纳
6月23日	对在海南自由贸易港工作的高端人才和紧缺人才，其个人所得税实际税负超过15%的部分，予以免征。对注册在海南自由贸易港并实质性运营的鼓励类产业企业，减按15%的税率征收企业所得税
6月24日	人社部、财政部、国家税务总局印发《关于延长阶段性减免企业社会保险费政策实施期限等问题的通知》，明确各省份免征中小微企业三项社会保险单位缴费部分的政策，延长执行到2020年12月底

续表

2020 年下半年涉税时政	
7 月 1 日	财政部、国家税务总局、工业和信息化部发布公告，对设有固定装置的非运输专用作业车辆免征车辆购置税
7 月 5 日	财政部、海关总署、国家税务总局发布公告规定，自 2020 年 7 月 1 日起，调整海南离岛旅客免税购物政策，对注册在海南自由贸易港并实质性运营的鼓励类产业企业，减按 15% 的税率征收企业所得税
7 月 31 日	为进一步支持和服务长江三角洲区域一体化发展，国家税务总局推出 10 项税收征管服务措施。其中，“五税合一”、电子发票应用、简化增值税即征即退事项办理流程等是亮点
8 月 11 日	第十三届全国人民代表大会常务委员会第二十一次会议通过了《中华人民共和国契税法》《中华人民共和国城市维护建设税法》两部新税法，均自 2021 年 9 月 1 日起施行
8 月 20 日	财政部、税务总局印发《关于确认中国红十字会总会等群众团体 2020 年度公益性捐赠税前扣除资格的公告》（财政部 税务总局公告 2020 年第 37 号），公告确认“ 中国红十字会总会”“中华全国总工会”“中国宋庆龄基金会”“中国国际人才交流基金会”四家群众团体 2020 年度符合公益性捐赠税前扣除资格
8 月 31 日	《中华人民共和国资源税法》将于 2020 年 9 月 1 日起施行，该法规定按月或按季申报缴纳，并将申报期限由 1 日、3 日、5 日、10 日、15 日或者 1 个月内统一改为 15 日内，与其他税种保持一致，降低了纳税人的申报频次，切实减轻办税负担
9 月 28 日	国家税务总局、发展改革委、公安部、司法部、财政部、人力资源社会保障部、住房城乡建设部、商务部、人民银行、海关总署、医保局、档案局、密码局等十三部门印发《关于推进纳税缴费便利化改革优化税收营商环境若干措施的通知》（税总发〔2020〕48 号），进一步推进纳税缴费便利化改革、持续提升为市场主体服务水平、加快打造市场化法治化国际化税收营商环境
9 月 30 日	财政部、海关总署、国家税务总局、药监局印发《关于发布第二批适用增值税政策的抗癌药品和罕见病药品清单的公告》（财政部 海关总署 税务总局 药监局公告 2020 年第 39 号）规定，自 2020 年 10 月 1 日起，新增 39 项制剂、6 项原料药、14 项罕见病药品制剂，按照《财政部药监局关于罕见病药品增值税政策的通知》（财税〔2019〕24 号）规定执行相关增值税政策
10 月 20 日	国家税务总局、上海市税务局、江苏省税务局、浙江省税务局、安徽省税务局、宁波市税务局印发《长三角“最多跑一次”税务事项清单》（沪税发〔2020〕89 号印发），对信息报告、发票办理、申报纳税、优惠办理、证明办理、社会保险费和非税业务、出口退（免）税、国际税收、信用评价、税务注销、涉税（费）咨询、涉税信息查询、纳税服务投诉、涉税专业服务等 14 个大类，199 项业务实现长三角地区“最多跑一次”
10 月 30 日	国家税务总局发布修订后《涉税专业服务机构信用积分指标体系及积分规则》（国家税务总局公告 2020 年第 17 号发布），深入贯彻落实国务院“放管服”改革要求，优化税收营商环境，促进涉税专业服务行业规范健康发展，自 2021 年 1 月 1 日起施行
12 月 2 日	国家税务总局发布《国际运输船舶增值税退税管理办法》（国家税务总局公告 2020 年第 18 号印发），《运输企业购进符合财税》〔2020〕41 号文件第一条或者财税〔2020〕52 号文件第一条规定条件的船舶，按照本办法退还增值税。应予退还的增值税额，为运输企业购进船舶取得的增值税专用发票上注明的税额

续表

2020年下半年涉税时政	
12月4日	《国家税务总局关于进一步简便优化部分纳税人个人所得税预扣预缴方法的公告》（国家税务总局公告2020年第19号）规定：自2021年1月1日起，在纳税人累计收入不超过6万元的月份，暂不预扣预缴个人所得税；在其累计收入超过6万元的当月及年内后续月份，再预扣预缴个人所得税
	《财政部关于水土保持补偿费等四项非税收入划转税务部门征收的通知》（财税〔2020〕58号）规定：自2021年1月1日起，将水土保持补偿费、地方水库移民扶持基金、排污权出让收入、防空地下室易地建设费划转至税务部门征收
12月11日	《财政部 税务总局 发展改革委工业和信息化部关于促进集成电路产业和软件产业高质量发展企业所得税政策的公告》（财政部 税务总局 发展改革委工业和信息化部公告2020年第45号）规定： 一、国家鼓励的集成电路线宽小于28纳米（含），且经营期在15年以上的集成电路生产企业或项目，第一年至第十年免征企业所得税；国家鼓励的集成电路线宽小于65纳米（含），且经营期在15年以上的集成电路生产企业或项目，第一年至第五年免征企业所得税，第六年至第十年按照25%的法定税率减半征收企业所得税；国家鼓励的集成电路线宽小于130纳米（含），且经营期在10年以上的集成电路生产企业或项目，第一年至第二年免征企业所得税，第三年至第五年按照25%的法定税率减半征收企业所得税。 对于按照集成电路生产企业享受税收优惠政策的，优惠期自获利年度起计算；对于按照集成电路生产项目享受税收优惠政策的，优惠期自项目取得第一笔生产经营收入所属纳税年度起计算，集成电路生产项目需单独进行会计核算、计算所得，并合理分摊期间费用。 二、国家鼓励的线宽小于130纳米（含）的集成电路生产企业，属于国家鼓励的集成电路生产企业清单年度之前5个纳税年度发生的尚未弥补完的亏损，准予向以后年度结转，总结转年限最长不得超过10年。 三、国家鼓励的集成电路设计、装备、材料、封装、测试企业和软件企业，自获利年度起，第一年至第二年免征企业所得税，第三年至第五年按照25%的法定税率减半征收企业所得税。 四、国家鼓励的重点集成电路设计企业和软件企业，自获利年度起，第一年至第五年免征企业所得税，接续年度减按10%的税率征收企业所得税。 五、符合原有政策条件且在2019年（含）之前已经进入优惠期的企业或项目，2020年（含）起可按原有政策规定继续享受至期满为止，如也符合本公告第一条至第四条规定，可按本公告规定享受相关优惠，其中定期减免税优惠，可按本公告规定计算优惠期，并就剩余期限享受优惠至期满为止。符合原有政策条件，2019年（含）之前尚未进入优惠期的企业或项目，2020年（含）起不再执行原有政策。 六、集成电路企业或项目、软件企业按照本公告规定同时符合多项定期减免税优惠政策条件的，由企业选择其中一项政策享受相关优惠。其中，已经进入优惠期的，可由企业在剩余期限内选择其中一项政策享受相关优惠
12月20日	《国家税务总局关于在新办纳税人中实行增值税专用发票电子化有关事项的公告》（国家税务总局公告2020年第22号）规定：自2020年12月21日起，在天津、河北、上海、江苏、浙江、安徽、广东、重庆、四川、宁波和深圳等11个地区的新办纳税人中实行专票电子化，受票方范围为全国。自2021年1月21日起，在北京、山西、内蒙古、辽宁、吉林、黑龙江、福建、江西、山东、河南、湖北、湖南、广西、海南、贵州、云南、西藏、陕西、甘肃、青海、宁夏、新疆、大连、厦门和青岛等25个地区的新办纳税人中实行专票电子化，受票方范围为全国
12月25日	财政部、海关总署、国家税务总局印发《关于海南自由贸易港交通工具及游艇“零关税”政策的通知》（财关税〔2020〕54号），明确海南自由贸易港交通工具及游艇“零关税”政策

续表

2021年1月涉税时政	
1月22日	新《行政处罚法》自2021年7月15日施行。2021年1月22日第十三届全国人民代表大会常务委员会第二十五次会议修订《行政处罚法》，此次修改的主要内容有：一是推动行政处罚制度进步。二是完善行政处罚设定权限。三是健全行政处罚规则。四是完善行政处罚程序。五是加强对行政机关的监督制约
1月30日	国务院令第734号发布《企业名称登记管理规定》，自2021年3月1日起施行。《规定》规定企业只能登记一个企业名称，企业名称受法律保护
2月24日	《财政部 海关总署 税务总局关于海南自由贸易港自用生产设备“零关税”政策的通知》（财关税〔2021〕7号）规定：全岛封关运作前，对海南自由贸易港注册登记并具有独立法人资格的企业进口自用的生产设备，除法律法规和相关规定明确不予免税、国家规定禁止进口的商品，以及本通知所附《海南自由贸易港“零关税”自用生产设备负面清单》所列设备外，免征关税、进口环节增值税和消费税
3月15日	《财政部 税务总局关于延长部分税收优惠政策执行期限的公告》（财政部 税务总局公告2021年第6号）规定：财税〔2018〕54号等16个文件执行期限延长至2023年12月31日。财税〔2019〕38号税收优惠执行期限延长至2023年供暖期结束。财税〔2018〕135号、财税〔2014〕24号规定的税收优惠政策，执行期限延长至2025年12月31日。财税〔2016〕114号等6个文件规定的准备金企业所得税税前扣除政策到期后继续执行
3月17日	《关于延续实施应对疫情部分税费优惠政策的公告》（财政部 税务总局公告2021年第7号）规定：财政部公告2020年第13号执行期限延长至2021年12月31日。自2021年4月1日至2021年12月31日，湖北省增值税小规模纳税人适用3%征收率的应税销售收入，减按1%征收率征收增值税；适用3%预征率的预缴增值税项目，减按1%预征率预缴增值税。第10号、第25号执行期限延长至2021年12月31日。第8号、第9号到期的，执行期限延长至2021年3月31日
3月22日	《关于延续宣传文化增值税优惠政策的公告》（财政部 税务总局公告2021年第10号）规定：一、自2021年1月1日起至2023年12月31日，对下列出版物在出版环节增值税100%、50%即征即退；对下列印刷、制作业务增值税100%先征后退。二、自2021年1月1日起至2023年12月31日，免征图书批发、零售环节增值税。三、自2021年1月1日起至2023年12月31日，对科普单位的门票收入，以及县级及以上党政部门和科协开展科普活动的门票收入免征增值税
3月24日	《关于进一步深化税收征管改革的意见》：到2023年，基本建成“无风险不打扰、有违法要追究、全过程强智控”的税务执法新体系，基本建成“线下服务无死角、线上服务不打烊、定制服务广覆盖”的服务新体系，基本建成以“双随机、一公开”监管和“互联网+监管”为基本手段、以重点监管为补充、以“信用+风险”监管为基础的税务监管新体系，实现从“以票管税”向“以数治税”转变。到2025年，基本建成功能强大的智慧税务
3月26日	《关于土地闲置费、城镇垃圾处理费划转税务部门征收的通知》（财税〔2021〕8号）规定：自2021年7月1日起，将自然资源部门负责征收的土地闲置费、住房城乡建设等部门负责征收的按行政事业性收费管理的城镇垃圾处理费划转至税务部门征收
3月29日	《关于2021－2030年抗艾滋病病毒药物进口税收政策的通知》（财关税〔2021〕13号）规定：自2021年1月1日至2030年12月31日，对卫生健康委委托进口的抗艾滋病病毒药物，免征进口关税和进口环节增值税

续表

2021年1月涉税时政	
3月31日	《国家税务总局关于小规模纳税人免征增值税征管问题的公告》(国家税务总局公告2021年第5号)规定：小规模纳税人发生增值税应税销售行为，合计月销售额未超过15万元（以1个季度为1个纳税期的，季度销售额未超过45万元，下同）的，免征增值税
	《国家税务总局关于发布〈税务行政处罚“首违不罚”事项清单〉的公告》(国家税务总局公告2021年第6号)规定：国家税务总局制定了《税务行政处罚“首违不罚”事项清单》。对于首次发生清单中所列事项且危害后果轻微，在税务机关发现前主动改正或者在税务机关责令限期改正的期限内改正的，不予行政处罚
	《财政部 税务总局关于进一步完善研发费用税前加计扣除政策的公告》(财政部 税务总局公告2021年第13号)规定：自2021年1月1日起，制造业企业研发费用100%加计扣除；按照无形资产成本的200%在税前摊销
4月2日	《财政部 税务总局关于实施小微企业和个体工商户所得税优惠政策的公告》(财政部 税务总局公告2021年第12号])规定：自2021年1月1日至2022年12月31日，对小型微利企业年应纳税所得额不超过100万元的部分，在《财政部 税务总局关于实施小微企业普惠性税收减免政策的通知》(财税〔2019〕13号)第二条规定的优惠政策基础上，再减半征收企业所得税；对个体工商户年应纳税所得额不超过100万元的部分，在现行优惠政策基础上，减半征收个人所得税
4月7日	《国家税务总局关于落实支持小型微利企业和个体工商户发展所得税优惠政策有关事项的公告》**(国家税务总局公告2021年第8号)** 规定：**一、关于小型微利企业所得税减半政策有关事项** (一)对小型微利企业年应纳税所得额不超过100万元的部分，减按12.5%计入应纳税所得额，按20%的税率缴纳企业所得税。 (二)小型微利企业享受上述政策时涉及的具体征管问题，按照《国家税务总局关于实施小型微利企业普惠性所得税减免政策有关问题的公告》(2019年第2号)相关规定执行。 **二、关于个体工商户个人所得税减半政策有关事项** (一)对个体工商户经营所得年应纳税所得额不超过100万元的部分，在现行优惠政策基础上，再减半征收个人所得税。个体工商户不区分征收方式，均可享受。 (二)个体工商户在预缴税款时即可享受，其年应纳税所得额暂按截至本期申报所属期末的情况进行判断，并在年度汇算清缴时按年计算、多退少补。若个体工商户从两处以上取得经营所得，需在办理年度汇总纳税申报时，合并个体工商户经营所得年应纳税所得额，重新计算减免税额，多退少补。 (三)个体工商户按照以下方法计算减免税额： 减免税额=(个体工商户经营所得应纳税所得额不超过100万元部分的应纳税额－其他政策减免税额×个体工商户经营所得应纳税所得额不超过100万元部分÷经营所得应纳税所得额)×(1－50%) (四)个体工商户需将按上述方法计算得出的减免税额填入对应经营所得纳税申报表“减免税额”栏次，并附报《个人所得税减免税事项报告表》。对于通过电子税务局申报的个体工商户，税务机关将提供该优惠政策减免税额和报告表的预填服务。实行简易申报的定期定额个体工商户，税务机关按照减免后的税额进行税款划缴。 **三、关于取消代开货物运输业发票预征个人所得税有关事项** 对个体工商户、个人独资企业、合伙企业和个人，代开货物运输业增值税发票时，不再预征个人所得税。个体工商户业主、个人独资企业投资者、合伙企业个人合伙人和其他从事货物运输经营活动的个人，应依法自行申报缴纳经营所得个人所得税。 **四、关于执行时间和其他事项** 本公告第一条和第二条自2021年1月1日起施行，2022年12月31日终止执行。2021年1月1日至本公告发布前，个体工商户已经缴纳经营所得个人所得税的，可自动抵减以后月份的税款，当年抵减不完的可在汇算清缴时办理退税；也可直接申请退还应减免的税款。本公告第三条自2021年4月1日起施行

第五篇　模拟测试

2021年税收综合能力检测试卷（一）

（满分100分，考试时间90分钟）

一、单项选择题（共25题，每小题1分，共25分。在每小题列出的选项中只有一个选项是最符合题意的，请将正确选项的标号填在答题框内。）

1. 习近平总书记在统筹推进新冠肺炎疫情防控和经济社会发展工作部署会议上强调，要落实（　　）精准复工复产。

　A. 分类分级　　B. 分区分级　　C. 分省分区　　D. 分类分区

2. 自2019年1月1日至2021年12月31日，对小型微利企业年应纳税所得额不超过100万元的部分，减按25%计入应纳税所得额，按20%的税率缴纳企业所得税；对年应纳税所得额超过100万元但不超过300万元的部分，减按50%计入应纳税所得额，按20%的税率缴纳企业所得税。这种税收优惠方式是（　　）。

　A. 税基式减免　　B. 税额式减免　　C. 税率式减免　　D. 税负式减免

3. 吴某购买“打包”债权实际支出为40万元，2017年3月处置该债权的40%，处置收入25万元，在债权处置过程中发生评估费用2万元。吴某处置“打包”债权应缴纳个人所得税（　　）。

　A. 1.20万元　　B. 1.40万元　　C. 1.56万元　　D. 1.80万元

4. 应税消费品价格明显偏低又无正当理由的，税务机关有权核定其计税价格。下列应税消费品应由国家税务总局核定计税价格的是（　　）。

　A. 鞭炮　　B. 实木地板　　C. 高档手表　　D. 粮食白酒

5. 对于增值税一般纳税人，下列业务不可以抵扣进项税额的是（　　）。

　A. 化工厂接受运输企业提供的交通运输服务

　B. 皮具厂接受其他纳税人提供的鉴证咨询服务

　C. 律师事务所购买自用的应征消费税的小汽车

　D. 广告公司购进餐饮服务

6. 依据消费税的有关规定，下列消费品中，准予扣除已纳消费税的是（　　）。

　A. 以委托加工的珠宝首饰为原料生产的金银镶嵌首饰

　B. 以委托加工的金银首饰为原料生产的贵重首饰

C. 以委托加工的已税石脑油为原料生产的应税消费品

D. 以委托加工的已税酒和酒精为原料生产的粮食白酒

7. 下列关于印花税的纳税人，表述正确的是（　　）。

A. 各类电子应税凭证的使用人为纳税人

B. 保人、证人为纳税人

C. 在国外使用应税凭证的单位和个人为纳税人

D. 立账簿人为纳税人

8. 根据行政处罚法律制度的规定，行政处罚中的警告属于（　　）。

A. 权利义务的处罚　　B. 限制权利的处罚

C. 剥夺权利的处罚　　D. 影响声誉的处罚

9. 根据新修改的《中华人民共和国个人所得税法》的实施时间，下列选项正确的是（　　）。

A. 自 2019 年 1 月 1 日起施行　　B. 自公布之日起施行

C. 自 2018 年 10 月 1 日起施行　　D. 自 2018 年 8 月 31 日起施行

10. 有关从纳税人处提取书证复印件作为证据，下列说法中正确的是（　　）。

A. 该复印件必须由纳税人进行确认

B. 应当以有效的方式证明复印件的来源及其与原件一致

C. 必须直接提取相应的原件作为证据

D. 由税务干部的复印件上注明情况并签字即可作为证据

11. 下列选项中，不属于税收法律关系消灭的原因的是（　　）。

A. 纳税人履行纳税义务

B. 纳税义务因超过期限而消灭

C. 纳税义务的免除

D. 税务机关组织结构或者管理方式的变化

12. 税务机关工作人员在税收工作中严重不负责任，不征或者少征税款，致使国家税收遭受重大损失，应按下列哪种罪名追究刑事责任（　　）。

A. 徇私舞弊不征或少征税款罪　　B. 玩忽职守罪

C. 危害税收征管罪　　D. 滥用职权罪

13. 根据资源税规定，纳税人既有对外销售应税产品，又有将应税产品自用于除连续生产应税产品以外的其他方面的，对自用应税产品，移送时应纳资源税的销售额是该产品的（　　）。

A. 成本价　　B. 最低价　　C. 最高价　　D. 平均价

14. 根据营改增相关规定，以下利息收入中，不属于免税范围的是（　　）。

A. 国债利息收入　　B. 地方政府债券利息收入

C. 金融同业往来利息收入　　D. 金融债券利息收入

15. 2019 年 4 月 1 日起，一般纳税人从事建筑业所适用的税率为（　　）。

A. 6%　　B. 13%　　C. 9%　　D. 10%

16. 计算一般纳税人年应税销售额的时间是连续不超过（　　）。

A. 6 个月　　B. 12 个月　　C. 1 年　　D. 18 个月

17. 按照契税的有关规定，契税纳税义务发生的时间是（　　）。

A. 纳税人签订土地、房屋权属转移合同的当天

B. 纳税人办妥土地、房屋权属变更登记手续的当天

C. 纳税人签订土地、房屋权属变更登记手续的 10 日内

D. 房屋、土地移交的当天

18. 2018 年 3 月张某取得好友赠送的房产，赠送合同注明房产价值 120 万元，张某缴纳了相关税费 5 万元并办理了产权证。张某取得该房产应缴纳个人所得税（　　）。

A. 9.5 万元　　B. 10 万元　　C. 23 万元　　D. 24 万元

19. 2019 年 3 月，某企业发生销售图书报纸行为，尚未开具增值税发票，在 4 月份如需补开发票，应按下列哪个税率补开（　　）

A. 16%　　B. 13%　　C. 10%　　D. 9%

20. 甲公司是一般纳税人，2019 年专门从事下列行业，不能享受增值税加计抵减政策的是（　　）

A. 邮政服务　　B. 现代服务　　C. 交通运输　　D. 生活服务

21. 甲公司为工业企业，采取查账征收，上一纳税年度为符合条件的小型微利企业。2019 年扩大产能，截至年底人员总数 300 人。2019 年度累计利润 280 万元，关于甲公司应缴的企业所得税，下列选项中正确的是（　　）。

A. 23 万元　　B. 28 万元　　C. 70 万元　　D. 20 万元

22. 某增值税一般纳税人总分支机构不在同一个市，总机构已申请办理了一般纳税认定手续，以下关于其分支机构税务处理正确的是（　　）。

A. 在总机构所在地申请办理一般纳税人认定手续

B. 不必申请，自动被视为一般纳税人

C. 在临时销售地申请办理一般纳税人认定手续

D. 在分支机构所在地申请办理一般纳税人认定手续

23. 甲企业于 2018 年 8 月 8 日办理工商执照，由陈某、王某、张某和李某共同认缴出资 3 000 万，实缴资本 0 元；启用营业账簿 6 本。甲企业就上述行为应缴纳印花税（　　）。

A. 0 元　　B. 15 000 元　　C. 15 030 元　　D. 7 500 元

24. 某建筑企业是增值税一般纳税人，2018 年 7 月租入建筑设备一批，取得增值税专

用发票注明税款5万元，已通过认证，该批设备既用于一般计税方法计税项目，又用于简易计税方法计税项目，无其他销售和进项。该企业7月可抵扣的进项税额是（　　）。

A. 0万元　　B. 2.92万元　　C. 3万元　　D. 5万元

25. 甲公司2013年成立，当年亏损100万元，2014年至2017年度分别亏损200万元、700万元、150万元、200万元。自2018年5月10日获取高新技术企业证书，假定2018年度又形成亏损400万元。下列有关甲公司弥补亏损的说法正确的是（　　）。

A. 甲公司每个年度形成的亏损，只能结转以后5个年度内弥补

B. 2013年度至2018年度形成的亏损，均可以结转以后10个年度内弥补

C. 2013年度至2017年度形成的亏损，只能结转以后5个年度内弥补，2018年形成的亏损，可以结转以后10个年度内弥补

D. 假定2018年度具备高新技术企业资格，2020年不具备高新技术企业资格，则2010年形成的亏损只能结转以后5个年度内弥补

二、多项选择题（共20题，每题2分，共40分。每题的备选项中，至少有1个错项。错选、多选、少选均不得分；请将正确选项的标号填在答题框内。）

26. 加强党的政治建设，必须增强“四个意识”，坚定“四个自信”，做到“两个维护”。其中“两个维护”是指（　　）。

A. 坚决维护习近平总书记党中央的核心、全党的核心地位

B. 坚决维护党中央权威和集中统一领导

C. 坚决维护党的全面领导地位

D. 坚决维护全面从严治党政治局面

27. 关于消费税纳税人，下列说法正确的有（　　）。

A. 批发卷烟的纳税人是生产企业

B. 委托加工化妆品的纳税人是受托加工企业

C. 携带卷烟入境的纳税人是携带者

D. 邮寄入境的应税消费品纳税人是收件人

28. 下列房产属于免征房产税的有（　　）。

A. 按政府规定价格出租的公有住房

B. 宗教寺庙中宗教人员使用的生活用房屋

C. 纳税单位与免税单位共同使用的房屋，纳税单位使用的部分

D. 信托投资公司自用房产

29. 根据消费税相关规定，纳税人自产的应税消费品用于下列哪些情形的，应当按纳税

人同类应税消费品的最高销售价格作为计税依据（　　）。

A. 抵偿债务　　B. 投资入股

C. 发放职工福利　　D. 换取生产资料

30. 某煤矿企业（增值税一般纳税人），2018 年 6 月采用分期收款方式向某供热公司销售优质原煤 2 000 吨，每吨不含税单价 300 元，合同规定，本月收取 1/4 的价款，但是实际取得不含税价款 100 000 元。已知原煤适用的资源税税率 5%。下列说法正确的有（　　）。

A. 销项税额为 24 000 元　　B. 销项税额为 17 000 元

C. 资源税为 7 500 元　　D. 资源税为 1 333.33 元

31. 根据增值税现行规定，以下不需要办理一般纳税人资格登记的有（　　）。

A. 选择按照小规模纳税人纳税的非企业性单位

B. 选择按照小规模纳税人纳税的不经常发生应税行为的企业

C. 年应税销售额超过财政部、国家税务总局规定的小规模纳税人标准的公司

D. 个体工商户以外的其他个人

32. 下列关于车辆购置税的计税依据的说法中，正确的有（　　）。

A. 进口自用的应税小汽车的计税价格包括关税完税价格和关税，不包括消费税

B. 汽车销售公司使用保险公司发票代收的保险费应并入计税价格计征车辆购置税

C. 汽车销售公司使用本公司发票的代收款项并入计税价格计征车辆购置税

D. 主管税务机关采集摩托车价格信息时，对于同型号的国产车辆只采集最低的出厂价格，进口车辆只采集最低的计税价格

33. 下列关于原油和天然气税收优惠政策的表述，正确的有（　　）。

A. 我国油气田稠油资源税减征 40%

B. 三次采油资源税减征 30%

C. 深水油气田减征 20%

D. 高含硫天然气免征资源税

34. 下列对于税款征收采取税收保全措施的说法中，正确的有（　　）。

A. 税务机关责令纳税人提供纳税担保而纳税人拒绝提供纳税担保或无力提供纳税担保的，税务机关可以直接采取税收保全措施

B. 税务机关既可以对纳税人采取税收保全措施，也可以对扣缴义务人、纳税担保人采取税收保全措施

C. 个人唯一住房不在税收保全措施范围内

D. 税务机关可以对金银饰品、古玩字画采取税收保全措施

35. 甲公司排污致使周围鱼塘中的鱼苗大面积死亡，市环保局对甲公司处以罚款，甲公司不服该处罚决定，向人民法院提起行政诉讼。甲公司向法庭提交了其排放污水的

日常监测记录表，以证明符合国家规定的排污标准；市环保局向法庭提交了对周围鱼塘进行调查时拍摄的录音、录像资料。下列有关当事人提交证据的各项表述中，正确的有（　　）。

A. 甲公司提交的日常监测记录表属于书证

B. 市环保局提交的声音资料应当附有该声音内容的文字记录

C. 市环保局提交的录音录像资料属于视听资料

D. 市环保局提交的录音录像资料属于物证

36. 税目是课税对象的具体化，反映具体的征税范围。在我国现行税法中，列示税目税率（额）表的税种有（　　）。

A. 消费税　B. 印花税　C. 企业所得税　D. 资源税

37. 在税收执法过程中，对其适用性或法律效力的判断，一般掌握的原则有（　　）。

A. 程序优于实体原则　B. 特别法优于普通法的原则

C. 税收法定原则　D. 实体从旧、程序从新原则

38. 下列属于税收立法包含的内容有（　　）。

A. 制定有关税收法律、法规、规章　B. 公布有关税收法律、法规、规章

C. 修改有关税收法律、法规、规章　D. 解释有关税收法律、法规、规章

39. 以下对车船税法的说法正确的有（　　）。

A. 车船税由保险机构负责征收

B. 车船税按年申报，分月计算，一次性缴纳

C. 从事机动车交通事故责任强制保险业务的保险机构为机动车车船税的扣缴义务人，应当依法代收代缴车船税

D. 按照规定缴纳船舶吨税的机动船舶，自车船税法实施之日起5年内免征车船税

40. 按照增值税有关规定，2018年6月增值税一般纳税人销售下列货物可以选择按简易办法依照3%征收率计算缴纳增值税的是（　　）。

A. 建材批发公司销售购买的建筑用砂、土、石料

B. 大型药企零售抗癌药品

C. 自来水公司销售桶装纯水

D. 生物公司销售用动物组织制成的生物制品

41. 以下关于税法的描述，不正确的有（　　）。

A. 世界上只有少数国家单独制定税法通则，我国就是如此

B. 税收法律的效力高于税收行政法规的效力，这体现了税收效率原则

C. 税收征收管理法属于我国的税收普通法

D. 税收征管法中用“逃避缴纳税款”取代了“偷税”的概念

42. 根据行政强制法律制度的规定，下列选项中，不可以由行政法规设定的有（　　）。

A. 限制公民人身自由　　B. 划拨存款、汇款

C. 冻结存款、汇款　　D. 查封场所、设施或者财物

43. 2018 年 7 月，一般纳税人支付的道路、桥、闸通行费，可以按照规定抵扣进项税额的有（　　）。

A. 纳税人支付的高速公路通行费，可凭取得的通行费发票上注明的收费金额÷(1+3%)×3% 抵扣

B. 纳税人支付的一级、二级公路通行费，可凭取得的通行费发票上注明的收费金额÷(1+3%)×3% 抵扣

C. 纳税人支付的一级、二级公路通行费，可凭取得的通行费发票上注明的收费金额÷(1+5%)×5% 抵扣

D. 纳税人支付的桥、闸通行费，暂凭取得的通行费发票上注明的收费金额÷(1+5%)×5% 抵扣

44. 下列土地属于城镇土地使用税征税范围的有（　　）。

A. 城市中属于国有企业的土地

B. 农村中属于私营企业所有的土地

C. 建制镇中属于外资企业所有的土地

D. 城市郊区中属于股份制企业所有的土地

45. 关于新购进的固定资产企业所得税的处理，下列说法正确的有（　　）。

A. 在 2018 年 1 月 1 日至 2020 年 12 月 31 日期间新购进的设备，单位价值不超过 500 万元，允许一次性计入当期成本费用在计算应纳税所得额时扣除，不再分年度计算折旧

B. 在 2018 年 1 月 1 日至 2020 年 12 月 31 日期间新购进的设备，单位价值超过 500 万元，不允许一次性计入当期成本费用在计算应纳税所得额时扣除，但可以依据相关加速折旧的税收政策计算折旧在应纳税所得额中扣除

C. 在 2018 年 1 月 1 日至 2020 年 12 月 31 日期间新购进的房屋，价值超过 500 万元，必须按照企业所得税的相关规定分年度计算折旧，在企业所得税应按税所得额中扣除

D. 在 2018 年 1 月 1 日至 2020 年 12 月 31 日期间新购进的房屋，只要价值不超过 500 万元，允许一次性计入当期成本费用在计算应纳税所得额时扣除，不再分年度计算折旧

三、判断题（共 15 题，每题 1 分，共 15 分。正确的打“√”，错误的打“×”，请将正确答案填在答题框内。）

46. 法律规范是法律关系产生的前提，而法律关系是法律规范的实现形式。（　　）

47. 某税务局认定王某偷税，扣押了王某的一批货物，王某不服，提出复议申请，在复议过程中，张某向复议机关提出，税务局所扣押的货物并不是王某的，是自己的，复议机关应当追加张某为第三人，让张某以自己的名义参加复议。 （ ）

48. 在税收实体法中，课税对象是从量的方面对征税所作的规定，而计税依据则是从质的方面对征税所作的规定。 （ ）

49. 普遍征税是指国家在税法中制定什么样的标准征税对纳税人来说是实质公平的。 （ ）

50. 调节职能是税收最基本的职能。 （ ）

51. 纳税地点的设定应当考虑有利于税收控管、便利纳税等因素。 （ ）

52. 法律责任与纳税义务人、税率、纳税环节等项目一样，也是税制要素之一。 （ ）

53. 企业使用自产的药品对外捐赠，正常销售价格 1 万元/箱，取得捐赠票据中注明价格 1.2 万元/箱，则增值税和企业所得税的收入确认价格为 1 万元/箱。 （ ）

54. 比例税率是征税对象数额越大，税率越高。 （ ）

55. 经催告当事人仍不履行行政决定，已经或者将危害交通安全、造成环境污染或者破坏自然资源的，行政机关可以代履行或者委托没有利害关系的第三人代履行。 （ ）

56. 增值税一般纳税人企业购进货物用于生产免税产品的进项税额不能从销项税额中抵扣。 （ ）

57. 根据“营改增”相关规定，社会团体按照规定收取的会费，免征增值税。 （ ）

58. 某生产企业位于 B 市，2018 年度其在 A 市的工程项目被举报排放污水并已经调查核实，其应向 B 区主管税务机关申报缴纳环境保护税。 （ ）

59. 某工业企业 2017 年度签订购销合同 1 741 200 元，申报缴纳购销合同印花税 522.36 元。 （ ）

60. 某科技型中小企业在 2018 年 1 月通过研发形成无形资产，计税基础为 100 万元，摊销年限为 10 年。假设其计税基础所归集的研发费用均属于允许加计扣除的范围，则其在 2018、2019 年度每年均可税前摊销 17.5(10×175%) 万元。 （ ）

四、综合题（共 3 题 10 问，每一问 2 分，共 20 分。请将正确选项的标号填在括号内。）

（一）

居民个人张某名下有一套按照首套房贷款利率贷款购买的住房，2019 年张某取得收入和部分支出如下：

（1）全年扣除三险一金后工资薪金合计 150 000 元，累计已预扣预缴个人所得税款

5 280元。

（2）取得年终奖42 000元，选择单独计税。

（3）每周的周末去甲单位做一次技术培训，甲单位按照每月5 000元的标准给张某付酬。

（4）利用业余时间出版一部小说，取得稿酬30 000元。

（5）张某当年取得了CPA和TA两种职业资格证书。

（其他相关资料：住房贷款利息支出由张某全额扣除）

根据上述资料和税法规定，回答下列问题：

61. 张某取得的年终奖应缴纳的个人所得税额（　　）元。

A. 3 520　　B. 3 330　　C. 3 990　　D. 4 560

62. 计算张某取得的稿酬所得应预扣预缴的个人所得税额（支付单位已预扣预缴税款）（　　）元。

A. 3 120　　B. 3 160　　C. 3 240　　D. 3 360

63. 计算张某2019年取得的综合所得应纳的个人所得税额（　　）元。

A. 5 860　　B. －6 840　　C. －2 560　　D. 3 840

（二）

M市某机器设备制造公司为居民企业，2017年全年主营业务收入6 000万元，其他业务收入1 800万元，营业外收入200万元，主营业务成本3 500万元，其他业务成本500万元，可以扣除的相关税金及附加320万元。

当年发生的部分业务如下：

（1）销售费用900万元，其中：广告费和业务宣传费500万元。此外，以前年度累计结转至本年的广告费和业务宣传费扣除额为50万元。

（2）管理费用700万元，其中：与生产经营活动有关的业务招待费100万元。

（3）财务费用180万元，其中：①逾期归还银行贷款罚息10万元；②支付非金融企业借款利息20万元（借款金额200万元，年利率10%，期限1年；金融企业同期同类贷款年利率5%）。

（4）投资收益100万元，其中：国债投资利息收入50万元。

（5）营业外支出300万元，其中：①赞助M市人民政府农民歌会活动20万元；②通过M市人民政府向贫困地区的公益性捐款250万元。

（6）2017年第1至第4季度已经预缴企业所得税税款为400万元。

根据上述资料和税法规定，回答下列问题：

64. 该公司2017年度的会计利润为（　　）万元。

A. 1 700　　B. 1 400　　C. 1 300　　D. 1 000

65. 该公司2017年度的应纳税所得额为（　　）万元。

A. 1 787　　B. 1 747　　C. 1 737　　D. 1 687

66. 该公司2017年度汇算清缴应补缴的企业所得税为（　　）万元。（结果以万元为单位，保留小数点后两位）

A. 46.75　　B. 36.75　　C. 34.25　　D. 21.75

（三）

国家税务总局M市（设区的市）税务局稽查局接到举报，称甲家电制造公司上一年度存在收取价外费用未并入家电销售收入申报纳税的违法情况。稽查局决定对此立案查处，派出检查人员依法将甲公司检查期内的账簿、记账凭证和报表调回稽查局检查。经检查，查实甲公司上一年度价外收入未入账，造成少缴增值税和城市维护建设税32.1万元。稽查局据此依法向甲公司送达"税务处理决定书"和"税务行政处罚决定书"，责令甲公司限期缴纳少缴的税款、滞纳金，并按偷税对甲公司处以少缴税款1倍的罚款。甲公司不服稽查局的上述决定，准备依法寻求法律救济。

根据上述材料，回答下列问题：

67. 根据法律和有关规定，该案中稽查局将甲公司上一年度的账簿、记账凭证和报表调回税务机关检查，须经（　　）批准，并应在（　　）内完整退回。

A. M市税务局稽查局局长；30日

B. M市税务局局长；30日

C. M市税务局稽查局局长；3个月

D. M市税务局局长；3个月

68. 根据法律和有关规定，若甲公司仅对稽查局的税务处理决定不服，下列关于甲公司寻求法律救济途径的说法，不正确的有（　　）。

A. 甲公司可以先申请行政复议，对行政复议决定不服的，再向人民法院提起行政诉讼；也可以直接向人民法院提起行政诉讼

B. 甲公司可以申请行政复议，也可以直接向人民法院提起行政诉讼；如果选择申请行政复议，则行政复议决定为最终裁决，甲公司对行政复议决定不服的，不能再向人民法院提起行政诉讼

C. 甲公司必须先申请行政复议，对行政复议决定不服的，才可以向人民法院提起行政诉讼

D. 甲公司如果选择申请行政复议，必须先依照稽查局的税务处理决定在限期内缴清少缴的税款及滞纳金

69. 根据法律和有关规定，若甲公司对稽查局的税务处理决定和税务处罚决定不服，申请行政复议，行政复议机关是（　　）。

A. M市税务局稽查局　　B. M市税务局

C. M市人民政府　　D. 省税务局

70. 根据法律和有关规定，若甲公司对稽查局的税务处罚决定逾期不申请行政复议也不向人民法院提起行政诉讼、又不履行的，税务机关可以对甲公司采取强制执行措施或者申请人民法院强制执行的最早日期是（　　）。

A. 税务处罚决定的履行期限届满之日的次日

B. 甲公司有权申请行政复议的期限届满之日的次日

C. 甲公司有权提起行政诉讼的期限届满之日的次日

D. 自“税务行政处罚决定书”送达之日起满3个月之日的次日

2021年税收综合能力检测试卷（二）

（满分100分，考试时间90分钟）

一、单项选择题

1. 税种的设立、税率的确定和税收征收管理等税收基本制度，属于（　　）。

   A. 法律绝对保留事项

   B. 法律相对保留事项

   C. 不属于法律保留事项

   D. 可以由地方法规予以规定的事项

2. 行政主体实施行政行为，只要是法律、法规的授权范围内即可自行决定和直接实施，而无须与行政相对方协商或征得其同意，这体现了行政行为的（　　）。

   A. 从属法律性　　B. 效力先定性

   C. 单方意志性　　D. 强制性

3. 为保障行政相对人及其所抚养家属的基本生存需要，税务机关对行政相对人一定金额以下的生活用品不能实施税收保全和强制执行，该“一定金额”为（　　）。

   A. 1 000元　　B. 3 000元　　C. 5 000元　　D. 1万元

4. 行政许可所依据的法律、法规、规章修改或者废止，或者准予行政许可所依据的客观情况发生重大变化，为了公共利益的需要，行政机关可以依法（　　）已经生效的行政许可。

   A. 撤回　　B. 撤销　　C. 注销　　D. 吊销

5. 下列关于城市维护建设税的适用税率，表述不正确的是（　　）。

   A. 流动经营等无固定纳税地点的纳税人可按纳税人缴纳增值税、消费税所在地的规定税率就地缴纳城市维护建设税

   B. 由受托方代收代扣增值税、消费税的纳税人，按照委托方所在地适用税率征收城建税

   C. 纳税人在被查补增值税、消费税和被处以罚款时，同时应对其偷漏的城建税进行补税和罚款

   D. 城建税的税率是指纳税人应缴纳的城建税税额与纳税人实际缴纳的增值税、消费税税额之间的比例

6. 某公司财务主管人员张某在向税务机关缴纳10万元税款后，采取伪造报关单等手

段，骗取国家出口退税 15 万元，按照我国《刑法》规定，王某构成（　　）。

A. 逃避追缴欠税罪　　B. 骗取出口退税罪

C. 逃税罪　　D. 骗取出口退税和逃税罪

7. 在计算土地增值税时，不是按纳税人实际发生额进行扣除的是（　　）。

A. 取得土地使用权所支付的金额　　B. 房地产开发成本

C. 房地产开发费用　　D. 与转让房地产有关的税金

8. 下列关于税收规范性文件的表述正确的是（　　）。

A. 县以下（不含本级）税务机关不得以自己名义制定税收规范性文件

B. 税收规范性文件可设定行政许可、行政审批

C. 省以下税务机关的税收规范性文件应当自发布之日起 60 日内向上一级税务机关报送备案

D. 税收规范性文件可以称“条例”“实施细则”“通知”“批复”

9. 根据城市维护建设税的现行规定，下列属于城市维护建设税计税依据的是（　　）。

A. 企业缴纳的企业所得税

B. 企业拖欠消费税加收的滞纳金

C. 个体工商户偷税被处的增值税罚款

D. 外资商场偷逃的增值税税金

10. 下列各项中，需要缴纳房产税的是（　　）。

A. 位于农村的小卖部　　B. 位于市区的宾馆

C. 变电塔　　D. 室外游泳池

11. 下列关于行政许可听证的规定，说法正确的是（　　）。

A. 行政许可听证是行政许可的必经程序

B. 行政许可听证只能依申请人或利害关系人的申请举行

C. 行政机关认为需要听证的其他涉及公共利益的行政许可事项，行政机关应当向社会公告，并举行听证

D. 申请人、利害关系人提出听证申请的，由申请人、利害关系人承担适当的听证费用

12. 某县税务局对纳税人违法实施罚款，复议机关维持原处罚决定，纳税人请求国家赔偿的赔偿义务机关是（　　）。

A. 该县税务局　　B. 复议机关

C. 该县税务局和复议机关　　D. 该县税务局或复议机关

13. 下列企业所得税，应纳税所得额的计算公式中，正确的是（　　）。

A. 应纳税所得额 = 收入总额 − 免税收入 − 各项扣除 − 允许弥补以前年度亏损

B. 应纳税所得额 = 收入总额 − 不征税收入 − 免税收入 − 各项扣除

C. 应纳税所得额 = 收入总额 - 不征税收入 - 各项扣除

D. 应纳税所得额 = 收入总额 - 不征税收入 - 免税收入 - 各项扣除 - 允许弥补以前年度亏损

14. 下列属于企业所得税纳税人的是（　　）。

A. 个人独资企业　　B. 合伙企业

C. 一人有限责任公司　　D. 居民个人

15. 根据现行企业所得税相关规定，企业发生的在规定标准范围内准予扣除，超过部分，准予在以后纳税年度结转扣除的是（　　）。

A. 符合条件的广告费支出

B. 与生产经营活动有关的业务招待费支出

C. 职工福利费支出

D. 工会经费支出

16. 某从事咨询服务的小规模纳税人 2019 年 1 月取得咨询业务收入 25.75 万元（含增值税，下同）；当月转让一辆自用过 3 年的小汽车，转让收入 11.33 万元；当月签订合同出租一间办公室，预收 1 年租金 12.6 万元；当月该企业外购一批干果用于交际应酬，取得增值税专用发票注明金额 5 000 元。已知该小规模纳税人销售使用过的固定资产未放弃减税，该纳税人当月应纳增值税（　　）万元。

A. 1.32　　B. 1.45　　C. 1.52　　D. 1.57

17. 赵某拥有两处房产，一处原值 60 万元的房产供自己和家人居住，另一处原值 20 万元的房产于 2019 年 1 月 1 日出租给王某居住，按市场价每月取得租金收入 1 200 元。赵某当年应缴纳的房产税为（　　）。

A. 288 元　　B. 576 元　　C. 840 元　　D. 864 元

18. 根据《行政诉讼法》规定，下列被诉具体行政行为中，人民法院经审理可以判决变更的是（　　）。

A. 主要证据不足　　B. 显失公正的行政处罚

C. 违反法定程序　　D. 适用法律、法规错误

19. 下列选项中，契税计税依据可由征收机关核定的是（　　）。

A. 土地使用权出售　　B. 国有土地使用权出让

C. 土地使用权赠与　　D. 以划拨方式取得土地使用权

20. 甲县税务局对某运输公司作出补税 20 万元的处理决定，该公司不服向乙市税务局（甲县税务局的上一级主管机关）申请复议，复议机关维持原处理决定。运输公司对复议决定不服欲向人民法院提起行政诉讼，管辖法院是（　　）。

A. 甲县人民法院

B. 乙市税务局所在地人民法院

C. 既可以是甲县税务局，也可以是乙市税务局所在地人民法院

D. 省税务局所在地人民法院

21. 以下关于固定资产的计税基础，说法正确的是（　　）

A. 外购的固定资产，以购买价款为计税基础

B. 自行建造的固定资产，以竣工结算前发生的支出为计税基础

C. 通过捐赠、投资、非货币性资产交换、债务重组等方式取得的固定资产，以该资产的公允价值为计税基础

D. 融资租入的固定资产，以该资产的公允价值和承租人在签订租赁合同过程中发生的相关费用为计税基础

22. 关于我国个人所得税的特点，说法正确的是（　　）

A. 采用分类所得税制

B. 定额税率与比例税率并用

C. 费用扣除方法包括定额扣除和定率扣除

D. 采用自行申报方式

23. 关于烟叶税，下列说法正确的是（　　）

A. 在我国境内收购烟叶的单位和个人为烟叶税的纳税人

B. 烟叶税按月计征，纳税义务发生时间为纳税人收购烟叶的当月

C. 烟叶税实行比例税率，税率为 10%

D. 纳税人应于纳税义务发生月终了之日起 15 日内申报并缴纳税款

24. 关于耕地占用税，下列说法正确的是（　　）

A. 纳税人应当自纳税义务发生之日起 30 日内申报缴纳耕地占用税

B. 铁路线路、飞机场跑道、水利工程占用耕地，免征耕地占用税

C. 纳税人实际占地面积小于批准占地面积的，按实际占地面积计税

D. 耕地占用税的纳税人，是指在我国境内占用耕地建设建筑物、构筑物或者从事非农业建设的单位

25. 关于资源税的优惠政策，说法错误的是（　　）

A. 对深水油气田资源税减征 30%

B. 对充填开采置换出来的煤炭，资源税减征 30%

C. 对衰竭期煤矿开采的煤炭，资源税减征 30%

D. 对三次采油资源税减征 30%

二、多项选择题

26. 抗税行为是指以暴力、威胁方法拒不缴纳税款的行为，下列可成为抗税行为主体的有（　　）。

A. 自然人纳税人　　B. 自然人扣缴义务人

C. 单位纳税人的直接责任人员　　D. 单位本身

27. 根据税务行政处罚程序的规定，下列选项中的当事人有权要求举行听证的有（　　）。

A. 拟被处以 3 000 元罚款的李某

B. 拟被处以没收 1 万元违法所得的香香面粉厂

C. 拟被处以 2 万元罚款的宏达有限责任公司

D. 拟被处以没收 5 000 元违法所得的张某

28. 在税务行政复议过程中，不可以向申请人和其他有关组织或个人收集证据的有（　　）。

A. 县以上税务局稽查局　　B. 复议机构

C. 被申请人　　D. 被申请人委托的代理人

29. 税务机关依法实施税务检查的行为属于（　　）。

A. 行政确认行为　　B. 要式的行政行为

C. 行政强制执行行为　　D. 依职权的行政行为

E. 具体行政行为

30. 下列各项中，可以不设定行政许可的情形有（　　）。

A. 公民、法人或者其他组织能够自主决定的

B. 市场竞争机制能够有效调节的

C. 行业组织或者中介组织能够自律管理的

D. 企业或者其他组织的设定等需要确定主体资格的事项

31. 全面推行行政执法“三项制度”包括（　　）

A. 行政执法公示制度　　B. 重大决策合法性审查制度

C. 执法全过程记录制度　　D. 重大执法决定法制审核制度

32. 根据增值税税收优惠政策，下列各项免征增值税的有（　　）。

A. 农民销售自己种植的玉米　　B. 农民销售自己收购的花生

C. 向社会收购的古书　　D. 直接用于教学的设备

33. 下列产品在移送环节应缴纳消费税的有（　　）。

A. 小轿车厂将自产轿车赠送给某拉力赛组委会

B. 制药厂将一车间生产的酒精移送二车间生产药膏

C. 烟厂将自制卷烟发给职工

D. 酒厂将一车间生产的白酒移送二车间勾兑低度酒

34. 下列属于非税收入的有（　　）。

A. 住房公积金　　B. 彩票公益金

C. 政府性基金　　D. 行政事业性收费

35. 一般纳税人购进的下列货物可以抵扣进项税额的有（　　）。

A. 接送员工上下班专用的汽车

B. 生产用货车

C. 职工食堂专用的货车

D. 既用于职工食堂也用于生产的货车

36. 始终做到“三个代表”，是我们党的（　　）。

A. 立党之本　　B. 执政之基　　C. 发展之基　　D. 力量之源

37. 下列各项中，属于资源税计税依据的有（　　）。

A. 纳税人开采销售原油时的原油数量

B. 纳税人销售矿产品时向对方收取的价外费用

C. 纳税人加工固体盐时使用的自产液体盐的数量

D. 纳税人销售天然气时向购买方收取的销售额及其储备费

38. 在计算企业所得税时，下列支出不能享受加计扣除税优惠的是（　　）。

A. 企业支付的从事高危作业、有毒有害工种人员的工资

B. 企业安置残疾人员所支付的工资

C. 企业购置用于环境保护、节能节水、安全生产等专用设备的投资额

D. 创业投资企业从事国家需要重点扶持和鼓励的创业投资

39. 关于资源税税收政策的说法，正确的有（　　）。

A. 开采原油过程中用于加热、修井的原油免税

B. 纳税人进口应税资源不缴纳资源税

C. 资源税采用比例税率和累进税率

D. 纳税地点是应税产品的销售地

40. 某税务局拟对某企业的涉税违法行为处以 20 000 元的罚款，在“税务行政处罚事项告知书”中依法应当告知某企业享有的权利包括（　　）

A. 陈述申辩权　　B. 申请回避权　　C. 听证申请权　　D. 复议申请权

41. 以下关于行政强制执行表述正确的是（　　）。

A. 行政机关作出行政强制决定前，应当先以书面形式催告当事人履行义务

B. 当事人收到催告书后有权进行陈述和申辩

C. 行政强制执行在紧急情况下，可以委托实施

D. 行政强制执行一般不得在夜间或者法定节假日实施

42. 税务机关在依法进行检查过程中，可以对当事人进行证据先行登记保存的情形有（　　）。

A. 被调查或检查单位或个人可能隐匿、转移、销毁、篡改或变卖证据的

B. 证据可能灭失或以后难以取得的其他情形

C. 当事人拒不提供有关证据材料的

D. 因受到自然条件或其他因素的限制，证据可能自然毁损或灭失的

43. 纳税人不服税务机关的具体行政行为，应当先依法申请行政复议，不能直接向人民法院起诉的有（　　）。

A. 税务机关作出的罚款决定

B. 税务机关作出的征税决定

C. 税务机关作出的不予减免税决定

D. 税务机关作出的不予抵扣税款决定

44. 以下人员中，可以享受《财政部税务总局关于进一步支持和促进重点群体创业就业有关税收政策的通知（财税〔2019〕22 号）规定的税收优惠的有（　　）。

A. 纳入全国扶贫开发信息系统的建档立卡贫困人口

B. 在人力资源社会保障部门公共就业服务机构登记失业半年以上的人员

C. 零就业家庭、享受城市居民最低生活保障家庭劳动年龄内的登记失业人员

D. 毕业年度内高校毕业生

45. 为进一步做好新型冠状病毒感染的肺炎疫情防控工作，支持相关企业发展，近期出台了一系列税收优惠政策，下列说法正确的有（　　）

A. 对疫情防控重点保障物资生产企业为扩大产能新购置的相关设备，允许一次性计入当期成本费用在企业所得税税前扣除。

B. 疫情防控重点保障物资生产企业可以按月向主管税务机关申请全额退还增值税增量留抵税额。

C. 对纳税人运输疫情防控重点保障物资取得的收入，免征增值税。

D. 受疫情影响较大的困难行业企业 2020 年度发生的亏损，最长结转年限由 5 年延长至 8 年。

三、判断题

46. 根据税收优先权的规定，税收优先于其他行政机关作出的没收违法所得处罚决定的执行。（　　）

47. 某县税务局在查处某起发票违法案件时，对非法印制发票的行政相对人，同时处以收缴发票、没收非法所得和罚款的处罚。这种做法违背了一事不再罚原则。（　　）

48. 开采资源税应税产品销售的，应向销售行为所在地的主管税务机关缴纳资源税。（　　）

49. 依据申辩不加重处罚原则，税务机关不得因为行政相对人的陈述申辩而改变对其处罚的幅度。（　　）

50. 房产税在城市、县城、建制镇和工矿区征收。（　　）

51. 习近平总书记提出“四心”：各级干部特别是领导干部必须增强必胜之心、责任之心、仁爱之心、谨慎之心。（　　）

52.《中华人民共和国增值税暂行条例》所称会计核算健全，是指纳税人能够按会计制度和税务机关的要求准确核算销项税额、进项税额和应纳税额。（　　）

53. 从事机动车第三者责任强制保险业务的保险机构为机动车车船税的扣缴义务人，应当在收取保险费时依法代收与保险时间相同期限的车船税。

54. 申请人对税务机关作出逾期不缴纳罚款加处罚款的决定不服的，应当先缴纳罚款和加处罚款，再申请行政复议。（　　）

55. 企业从事海水养殖、内陆养殖项目所得，免征企业所得税。（　　）

56. 记载资金的营业账簿，以实收资本和资本公积的两项合计金额为印花税的计税依据，其他账簿的计税依据为应税凭证件数。（　　）

57. 以土地、房屋权属作价投资、入股，视同土地使用权转让、房屋买卖，征收契税。（　　）

58. 出租、出借房产，自交付出租、出借房产之当月起计征城镇土地使用税。（　　）

59. 机动车、铁路机车、非道路移动机械、船舶和航空器等流动污染源排放应税污染物，免征环境保护税。（　　）

60. 公务员定期考核的结果分为优秀、称职和不称职三个等次。（　　）

四、综合题

（一）

2019 年 8 月 6 日，甲市税务局稽查人员 A 来到辖区内的 B 服装公司，见到了平时比较熟悉的该公司经理 C，A 说局里正对服装行业开展税收专项检查，要看一下公司的账，C 开玩笑地对 A 说：“查账可以，但你得掏一下你的税务检查证啊。”A 听后非常不悦，于是扭头就走。

当天下午，A 一人穿便服持税务检查证来到 B 公司进行检查，并出具由市稽查局局长签发的“调取账簿通知书”，调走了纳税人 2018 年度会计账簿。经查，B 公司 2018 年度通过虚假申报少缴增值税 15 000 元。8 月 9 日，市稽查局向 B 公司下达了“税务行政处罚事项告知书”，拟对该公司处偷税数额 1 倍的罚款。当日，B 公司向稽查局进行了申辩，稽查局未予采纳。8 月 10 日市稽查局向 B 公司下达了补缴增值税 15 000元的“税务处理决定书”以及处偷税数额 2 倍罚款的“税务行政处罚决定书”，于当日送达 B 公司，要求 8 月 20 日前缴纳。B 公司对税务处理不服，于 8 月 15 日向市税务局口头申请行政复议，8 月 17 日，市税务局书面告知 B 公司对其复议申请不予受理，随后 B 公司向人民法院提起行政诉讼。

根据以上材料，回答下列问题（本题不考虑节假日因素）：

61. 本案税务机关在行政处罚过程中不符合规定的有（　　）。

A. 因该公司对处罚未提出听证，市局稽查局可以不组织听证

B. 实施检查时，只有一名检查人员

C. 市局稽查局于 8 月 10 日下发“税务行政处罚决定书”

D. 经申辩后，市局稽查局对该公司处偷税数额 2 倍罚款

62. 市稽查局下达的税务行政处罚决定书应当告知 B 公司（　　）。

A. 自 8 月 10 日起 20 日内到指定银行缴纳罚款

B. 自 8 月 10 日起 10 日内到指定银行缴纳罚款

C. 在 8 月 20 日前到指定银行缴纳罚款

D. 自收到税务行政处罚决定书之日起 15 日内到指定银行缴纳罚款

63. 市税务局未受理 B 公司的行政复议申请，下列属于正当理由的有（　　）。

A. 纳税人未按规定缴纳税款及滞纳金，也未提供相应的纳税担保

B. 纳税人不能口头申请行政复议

C. 纳税人未按规定缴纳 45 000 元的罚款

D. 纳税人无权申请行政复议

（二）

某家电零售企业为增值税一般纳税人，2019 年 4 月购销业务如下：

1. 本月购入彩色电视机一批，取得防伪税控系统开具的增值税专用发票上注明的价款 64 000 元，支付运输费用，取得增值税专用发票上注明价款 10 000 元。

2. 因企业洽谈业务需要，该企业业务员当月乘坐中巴，取得有旅客身份信息的票价为 515 元汽车客运发票一张。

3. 本月销售 ×Y－1 型彩色电视机 40 台，每台零售价 4 640 元；另外将 10 台 ×Y－1 型彩色电视机奖励给先进职工。

4. 采用以旧换新方式销售电冰箱 30 台，旧冰箱收购价 200 元/台，新冰箱零售价为 2 320 元/台。

5. 采用分期收款方式销售冰箱 10 台，每台零售价 9 280 元，合同规定当月收款 60%，余款 5 个月后收回。

6. 上月未抵扣的增值税进项税额 6 120 元。

当期获得的增值税专用发票已经通过认证并申报抵扣。根据上述资料和税法规定，回答下列问题：

64. 计算该家电零售企业本月发生的销项税额为（　　）元。

A. 40 412.73　　B. 41 103.01　　C. 45 383.8　　D. 44 683.18

65. 计算该家电零售企业本月发生的进项税额为（　　）元。

A. 9 235　　B. 9 735　　C. 9 335　　D. 9 265.52

66. 计算该家电零售企业当月应应缴纳的增值税额为（　　）元。

A. 35 417.66　　B. 36 048.8　　C. 31 147.21　　D. 25 748.01

（三）

某工业企业为增值税一般纳税人（非小微企业），2018年取得营业收入6 000万元，发生营业成本2 000万元，税金及附加100万元。其他业务情况如下：

（1）管理费用900万元，其中业务招待费100万元。

（2）销售费用1 500万元，其中广告费1 000万元。

（3）财务费用150万元，其中2018年1月1日向非关联企业借入资金300万元用于购买原材料，支付年利息22万元；已知银行同期同类贷款年利率为5%。

（4）国债投资利息收入20万元。

（5）营业外支出110万元，其中通过政府部门向贫困地区的公益性捐款70万元。

（6）2018年1至4季度已经预缴税款为284万元。

根据上述资料和税法规定，回答下列问题：

67. 计算该企业2018年的会计利润为（　　）万元。

A. 1 350　　B. 1 240　　C. 1 370　　D. 1 260

68. 计算该企业应纳税额所得额时，业务招待费及广告费应调整金额为（　　）万元

A. 140　　B. 130　　C. 170　　D. 160

69. 计算该企业2018年的应纳税所得额为（　　）万元。

A. 1 437　　B. 1 417　　C. 1 387　　D. 1 410

70. 计算该企业2018年汇算清缴应补缴的企业所得税额为（　　）万元。（结果以万元为单位，保留小数点后两位）

A. 70.25　　B. 62.75　　C. 71.25　　D. 68.50

2021 年税务综合能力检测试卷答案解析（一）

一、单项选择题（共 25 题，每小题 1 分，共 25 分。在每小题列出的选项中只有一个选项是最符合题意的，请将正确选项的标号填在答题框内。）

1. 【参考答案】B

习近平总书记在在统筹推进新冠肺炎疫情防控和经济社会发展工作部署会议上强调要落实分区分级精准复工复产。

2. 【参考答案】A

税基式减免即通过缩小计税依据的方式来实现的税收减免。减按 25% 计入应纳税所得额、减按 50% 计入应纳税所得额均属于缩小所得税计税依据的方式实现税收减免，属于税基式减免。

3. 【参考答案】B

处置债权成本费用 = 个人购置“打包”债权实际支出 × 当次处置债权账面价值（或拍卖机构公布价值）;“打包”债权账面价值（或拍卖机构公布价值）、个人购买和处置债权过程中发生的拍卖招标手续费、诉讼费、审计评估费以及缴纳的税金等合理税费，在计算个人所得税时允许扣除。

处置债权成本费用 = 40 × 40% = 16（万元）

应缴纳个人所得税 =（25 − 16 − 2）× 20% = 1.4（万元）

4. 【参考答案】D

卷烟、白酒和小汽车的计税价格由国家税务总局核定，其他应税消费品的计税价格由各省、自治区、直辖市税务机关核定。

5. 【参考答案】D

根据税法规定，购进的旅客运输服务、贷款服务、餐饮服务、居民日常服务和娱乐服务，进项税额不得从销项税额中抵扣。

6. 【参考答案】C

只有选项 C 符合税法规定可以抵扣已纳消费税的情况。

7. 【参考答案】D

各类电子应税凭证的签订人为印花税的纳税人；领取权利许可证照的，以领受人为纳税人，保人、证人不属于印花税的纳税人；在国外书立或领受，在国内使用应税凭证的单位和个人为印花税的纳税人，在国外使用应税凭证的单位和个人不是印花税的纳税人。

8. 【参考答案】D

警告是以损害被处罚人名誉权为内容的处罚形式。

9. 【参考答案】A

依据《中华人民共和国主席令》第九号的规定，自 2019 年 1 月 1 日起施行。

10.【参考答案】B

《税务行政复议规则》第五十八条：“下列证据材料不得作为定案依据：（一）违反法定程序收集的证据材料。（二）以偷拍、偷录和窃听等手段获取侵害他人合法权益的证据材料。（三）以利诱、欺诈、胁迫和暴力等不正当手段获取的证据材料。（四）无正当事由超出举证期限提供的证据材料。（五）无正当理由拒不提供原件、原物，又无其他证据印证，且对方不予认可的证据的复制件、复制品。（六）无法辨明真伪的证据材料。（七）不能正确表达意志的证人提供的证言。（八）不具备合法性、真实性的其他证据材料。行政复议机构依据本规则第十一条第（二）项规定的职责所取得的有关材料，不得作为支持被申请人具体行政行为的证据。”

11.【参考答案】D

税务机关组织结构或者管理方式的变化，属于税收法律关系变更的原因。

12.【参考答案】B

本题考核徇私舞弊不征或少征税款罪和玩忽职守罪的区别。主观上是故意或者过失是区别两罪的标志，所以选项 B 正确。

13.【参考答案】D

纳税人既有对外销售应税产品，又有将应税产品自用于除连续生产应税产品以外的其他方面的，则自用的这部分应税产品，按纳税人对外销售应税产品的平均价格计算销售额征收资源税。

14.【参考答案】D

国债、地方政府债的利息收入和金融同业往来利息收入都属于免税范围；金融债券利息收入不属于免税范围。

15.【参考答案】C

《财政部 税务总局 海关总署关于深化增值税改革有关政策的公告》（财政部 税务总局 海关总署公告 2019 年第 39 号）规定：“一、增值税一般纳税人（以下称纳税人）发生增值税应税销售行为或者进口货物，原适用 16% 税率的，税率调整为 13%；原适用 10% 税率的，税率调整为 9%。二、纳税人购进农产品，原适用 10% 扣除率的，扣除率调整为 9%。纳税人购进用于生产或者委托加工 13% 税率货物的农产品，按照 10% 的扣除率计算进项税额。”

16.【参考答案】B

《增值税一般纳税人资格认定管理办法》规定，应税销售额，是指纳税人在连续不超过 12 个月的经营期内累计应征增值税销售额，包括免税销售额。

17.【参考答案】A

契税纳税义务发生的时间是纳税人签订土地、房屋权属转移合同的当天，或者纳税人取得其他具有土地、房屋权属转移合同性质凭证的当天。

18. 【参考答案】C

应缴纳个人所得税 =（120 - 5）× 20% = 23（万元）

19. 【参考答案】C

《国家税务总局关于深化增值税改革有关事项的公告》（国家税务总局公告 2019 年第 14 号）规定："一、增值税一般纳税人（以下称纳税人）在增值税税率调整前已按原 16%、10% 适用税率开具的增值税发票，发生销售折让、中止或者退回等情形需要开具红字发票的，按照原适用税率开具红字发票；开票有误需要重新开具的，先按照原适用税率开具红字发票后，再重新开具正确的蓝字发票。"

20. 【参考答案】C

《财政部 税务总局 海关总署关于深化增值税改革有关政策的公告》（财政部 税务总局 海关总署公告 2019 年第 39 号）规定："七、自 2019 年 4 月 1 日至 2021 年 12 月 31 日，允许生产、生活性服务业纳税人按照当期可抵扣进项税额加计 10%，抵减应纳税额（以下称加计抵减政策）。（一）本公告所称生产、生活性服务业纳税人，是指提供邮政服务、电信服务、现代服务、生活服务（以下称四项服务）取得的销售额占全部销售额的比重超过 50% 的纳税人。四项服务的具体范围按照《销售服务、无形资产、不动产注释》（财税〔2016〕36 号印发）执行。"

21. 【参考答案】A

100 × 25% × 20% +（280 - 100）× 50% × 20% = 23 万元

22. 【参考答案】D

一般纳税人总分机构不在同一县市的，应分别向其机构所在地主管税务机关申请办理一般纳税人认定手续。

23. 【参考答案】A

财政部、税务总局印发（财税〔2018〕50 号）《关于对营业账簿减免印花税的通知》规定：自 2018 年 5 月 1 日起，对按万分之五税率贴花的资金账簿减半征收印花税，对按件贴花五元的其他账簿免征印花税。《国家税务总局关于资金账簿印花税问题的通知》（国税发〔1994〕25 号）规定：生产经营单位执行《企业财务通则》和《企业会计准则》后，其"记载资金的账簿"的印花税计税依据改为"实收资本"与"资本公积"两项的合计金额。本题中甲企业是 2018 年 5 月 1 日以后注册登记的，故营业账簿免征印花税。陈某、王某、张某和李某只是认缴，实际上企业并未收到资金，认缴出资 3 000 万暂不缴纳印花税。故 A 选项是正确的。

24. 【参考答案】D

《财政部 税务总局关于租入固定资产进项税额抵扣等增值税政策的通知》（财税〔2017〕90 号）规定："自 2018 年 1 月 1 日起，纳税人租入固定资产、不动产，既用于一般计税方法计税项目，又用于简易计税方法计税项目、免征增值税项目、集体福利或者个人消费的，其进项税额准予从销项税额中全额抵扣。”

25.【参考答案】B

《关于延长高新技术企业和科技型中小企业亏损结转年限的通知》（财税〔2018〕76 号）规定：“自 2018 年 1 月 1 日起，当年具备高新技术企业或科技型中小企业资格（以下统称资格）的企业，其具备资格年度之前 5 个年度发生的尚未弥补完的亏损，准予结转以后年度弥补，最长结转年限由 5 年延长至 10 年。”

二、多项选择题（共 20 题，每题 2 分，共 40 分。每题的备选项中，至少有 1 个错项。错选、多选、少选均不得分；请将正确选项的标号填在答题框内。）

26.【参考答案】AB

“两个维护”是指坚决维护习近平总书记党中央的核心、全党的核心地位，坚决维护党中央权威和集中统一领导。

27.【参考答案】CD

委托加工化妆品的纳税人是委托方；批发卷烟的纳税人为卷烟批发企业。

28.【参考答案】AB

选项 C，纳税单位与免税单位共同使用的房屋，纳税单位使用的部分，要按规定征收房产税；选项 D，对行使国家行政管理职能的中国人民银行总行（含国家外汇管理局）所属分支机构自用的房产，免征房产税；对其他专业银行等金融机构（包括信托投资公司，城乡信用合作社，以及经中国人民银行批准设立的其他金融组织）和保险公司的房产，均应按规定征收房产税。

29.【参考答案】ABD

纳税人自产的应税消费品用于换取生产资料和消费资料（以物易物）、投资入股和抵偿债务等方面，应当按纳税人同类应税消费品的最高销售价格作为计税依据。

30.【参考答案】AC

纳税人销售应税产品采取分期收款结算方式的，其纳税义务发生时间为销售合同规定的收款日期的当天。应纳资源税 $=2\ 000\times300\div4\times5\%=7\ 500$（元），应纳增值税 $=2\ 000\times300\div4\times16\%=24\ 000$（元）。

31.【参考答案】ABD

根据增值税现行规定，下列纳税人不办理一般纳税人资格登记：

（1）个体工商户以外的其他个人。其他个人指自然人。

（2）选择按照小规模纳税人纳税的非企业性单位。

（3）选择按照小规模纳税人纳税的不经常发生应税行为的企业。

32.【参考答案】CD

选项 A，进口自用的应税小汽车的计税价格包括关税完税价格和关税，也包括消费税，但不包括增值税；选项 B，汽车销售公司使用保险公司发票代收的保险费，属于提供代收服务，不应并入计税价格计征车辆购置税。

33. 【参考答案】AB

选项 C，深水油气田减征 30%；选项 D，我国油气田稠油、高凝油和高含硫天然气资源税减征 40%。

34. 【参考答案】CD

选项 A，税务机关责令纳税人提供纳税担保而纳税人拒绝提供纳税担保或无力提供纳税担保的，经县以上税务局（分局）局长批准，税务机关可以采取税收保全措施：选项 B，采取税收保全措施的适用对象是从事生产、经营的纳税人，不包括扣缴义务人、纳税担保人。

35. 【参考答案】ABC

（1）选项 A，书证是通过表达或反映的“思想内容”来证明案件的事实；物证是以物品的“自然状态”来证明案件事实，不带有任何主观内容，本题中，甲公司提交的证据是以材料中的内容来证明案件事实，因此属于书证。（2）选项 B，视听资料中的声音资料应当附有该声音内容的文字记录。（3）选项 CD，视听资料是指利用录音、录像、计算机储存等手段所反映出的声音、影像或其他信息证明案件事实的资料。

36. 【参考答案】ABD

企业所得税和增值税目前未列示税目税率表。

37. 【参考答案】ABD

本题的主要考核点是要将税法的基本原则和税法的适用原则区分开来，不能混淆。选项 C 属于税法基本原则。

38. 【参考答案】ABC

税收立法是指有权的机关依据一定的程序，遵循一定的原则，运用一定的技术，制定、公布、修改、补充和废止有关税收法律、法规、规章的活动。

39. 【参考答案】BCD

车船税由税务机关负责征收；电车以“辆”作为车船税的计税依据。

40. 【参考答案】BD

按照《关于部分货物适用增值税低税率和简易办法征收增值税政策的通知》（财税〔2009〕9 号）第二条第三款规定：“一般纳税人销售自产的下列货物，可选择按照简易办法计算缴纳增值税 1. 县级及县级以下小型水力发电单位生产的电力。2. 建筑用和生产建筑材料所用的砂、土、石料。3. 以自己采掘的砂、土、石料或其他矿物连续生产的砖、瓦、石灰（不含粘土实心砖、瓦）。4. 用微生物、微生物代谢产物、动物毒素、人或动物的血液或组织制成的生物制品。5. 自来水。6. 商品混凝土（仅限于以水泥为原料生产的水泥混凝土）。按照《关于抗癌药品增值税政策的通知（财税〔2018〕47 号）规定，自 2018 年 5 月 1 日起，增值税一般纳税人生产销售和批发、零售抗癌药品，可选择按照简易办法依照 3% 征收率计算缴纳增值税。”

41. 【参考答案】ABD

我国把税法通则的有关内容包含在各税税法（条例）之中，没有单独制定税法通则，所以 A 选项错误；税收法律的效力高于税收行政法规的效力，这体现了法律优位原则，B 选项错误；税收征收管理法属于我国的税收普通法，选项 C 正确；2009 年 2 月 28 日起，刑法用“逃避缴纳税款”取代了“偷税”的概念，征管法尚未作出相应修改，选项 D 错误。

42. 【参考答案】ABC

选项 A，限制公民人身自由只能由法律设定；选项 B，属于行政强制执行，行政强制执行只能由法律设定。选项 C，冻结存款只能由法律设定；

43. 【参考答案】CD

根据《关于租入固定资产进项税额抵扣等增值税政策的通知》（财税〔2017〕90 号）第七条规定：“2018 年 1 月 1 日至 6 月 30 日，纳税人支付的高速公路通行费，如暂未能取得收费公路通行费增值税电子普通发票，可凭取得的通行费发票（不含财政票据，下同）上注明的收费金额按照下列公式计算可抵扣的进项税额：高速公路通行费可抵扣进项税额 = 高速公路通行费发票上注明的金额 ÷（1 +3%）×3%；2018 年 1 月 1 日至 12 月 31 日，纳税人支付的一级、二级公路通行费，如暂未能取得收费公路通行费增值税电子普通发票，可凭取得的通行费发票上注明的收费金额按照下列公式计算可抵扣进项税额：一级、二级公路通行费可抵扣进项税额 = 一级、二级公路通行费发票上注明的金额 ÷（1 +5%）×5%；纳税人支付的桥、闸通行费，暂凭取得的通行费发票上注明的收费金额按照下列公式计算可抵扣的进项税额：桥、闸通行费可抵扣进项税额 = 桥、闸通行费发票上注明的金额 ÷（1 +5%）×5%。”

44. 【参考答案】ACD

城镇土地使用税的征税范围包括在城市、县城、建制镇和工矿区的土地，农村的土地不属于城镇土地使用税的征税范围。

45. 【参考答案】ABC

《关于设备器具扣除有关企业所得税政策的通知》（财税〔2018〕54 号）规定：“一、企业在 2018 年 1 月 1 日至 2020 年 12 月 31 日期间新购进的设备、器具，单位价值不超过 500 万元的，允许一次性计入当期成本费用在计算应纳税所得额时扣除，不再分年度计算折旧；单位价值超过 500 万元的，仍按企业所得税法实施条例、《财政部国家税务总局关于完善固定资产加速折旧企业所得税政策的通知（财税〔2014〕75 号）、《财政部国家税务总局关于进一步完善固定资产加速折旧企业所得税政策的通知

（财税〔2015〕106号）等相关规定执行。二、本通知所称设备、器具，是指除房屋、建筑物以外的固定资产。”

三、判断题（共15题，每题1分，共15分。正确的打“√”，错误的打“×”，请将正确答案填在答题框内。）

46.【参考答案】√

法律关系是根据法律规范建立的一种社会关系，这一命题至少说明三个问题：第一，法律规范是法律关系产生的前提。第二，法律关系不同于法律规范调整或保护的社会关系本身。第三，法律关系是法律规范的实现形式，是法律规范的内容在现实社会生活中得到具体的贯彻。

47.【参考答案】√

《税务行政复议规则》第二十三条：“行政复议期间，行政复议机关认为申请人以外的公民、法人或者其他组织与被审查的具体行政行为有利害关系的，可以通知其作为第三人参加行政复议。行政复议期间，申请人以外的公民、法人或者其他组织与被审查的税务具体行政行为有利害关系的，可以向行政复议机关申请作为第三人参加行政复议。第三人不参加行政复议，不影响行政复议案件的审理。”

48.【参考答案】×

课税对象是从质的方面对征税所作的规定，而计税依据则是从量的方面对征税所作的规定。

49.【参考答案】×

平等课征指国家在税法中制定什么样的标准征税对纳税人来说才是公平的，体现税收的实质正义。

50.【参考答案】×

税收的三种职能中，财政职能是最基本的，是实现调节职能和监督职能的基础条件。

51.【参考答案】√

纳税地点关系到税收管辖权和便利纳税等问题，在税法中予以明确有助于防止重复征税和漏征税款。

52.【参考答案】√

税法要素一般包括纳税义务人、征税对象、税率、纳税环节、纳税期限、纳税地点、税收优惠、法律责任等项目。

53.【参考答案】×

应当以捐赠票据中注明的价格作为计税价格。

54.【参考答案】×

比例税率对同一征税对象均按同一个比例征收的税率。累进税率是征税对象数额越大，税率越高。

55.【参考答案】√

《行政强制法》第五十条："行政机关依法作出要求当事人履行排除妨碍、恢复原状等义务的行政决定，当事人逾期不履行，经催告仍不履行，其后果已经或者将危害交通安全、造成环境污染或者破坏自然资源的，行政机关可以代履行，或者委托没有利害关系的第三人代履行。"

56.【参考答案】√

《中华人民共和国增值税暂行条例》（中华人民共和国国务院令第538号）规定，生产免税产品在销售时不计算增值税销项税额，不能抵扣进项税。

57.【参考答案】√

《关于租入固定资产进项税额抵扣等增值税政策的通知》（财税〔2017〕90号）第八条规定，自2016年5月1日起，社会团体收取的会费，免征增值税。

58.【参考答案】×

《中华人民共和国环境保护税法》第十七条规定：纳税人应当向应税污染物排放地的税务机关申报缴纳环境保护税。本题中生产企业应向A市主管税务机关申报缴纳环境保护税。

59.【参考答案】×

《中华人民共和国印花税暂行条例》第三条规定，纳税人根据应纳税凭证的性质，分别按比例税率或者按件定额计算应纳税额。应纳税额在一角以上的，其税额尾数不满五分的不计，满五分的按一角计算缴纳。本题中该企业按购销合同金额计算印花税1 741 200×0.03%＝522.36元，按规定应缴纳印花税522.40元。

60.【参考答案】√

《财政部 税务总局 科技部关于提高研究开发费用税前加计扣除比例的通知》（财税〔2018〕99号）规定："一、企业开展研发活动中实际发生的研发费用，未形成无形资产计入当期损益的，在按规定据实扣除的基础上，在2018年1月1日至2020年12月31日期间，再按照实际发生额的75%在税前加计扣除；形成无形资产的，在上述期间按照无形资产成本的175%在税前摊销。"

四、综合题（共3题10问，每一问2分，共20分。请将正确选项的标号填在括号内。）

（一）

【参考答案】（1）C　（2）D　（3）B

（1）42 000÷12＝3 500（元），适用按月换算后的综合所得税率表，税率为10%，速算扣除数为210元，张某取得的年终奖应缴纳的个人所得税税额 = 420 000 × 10% - 210 = 3 990（元）

（2）甲单位2019年合计预扣预缴个人所得税税额 = 5 000 ×（1 - 20%）× 20% × 12 = 4 000 × 20% × 12 = 9 600（元）

（3）稿酬所得应预扣预缴的个人所得税税额 = 30 000 ×（1 - 20%）× 70% × 20% = 16 800 × 20% = 3 360（元）

（4）张某2019年取得的综合所得收入额 = 150 000 + 5 000 ×（1 - 20%）× 12 + 30 000 ×（1 - 20%）× 70% = 214 800（元）

（5）应纳税所得额 = 214 800 - 60 000 - 3 600 - 1 000 × 12 = 139 200（元）取得两个职业资格证书也只能扣除3 600元继续教育专项附加扣除。

应缴纳的个人所得税税额 = 139 200 × 10% - 2 520 = 11 400（元）

11 400 - 5 280 - 9 600 - 3 360 = -6 840（元），张某就2019年综合所得向主管税务机关办理汇算清缴时申请的应退税额为6 840元。

居民个人办理年度综合所得汇算清缴的时间规定是取得所得次年（本题为2020年）3月1日至6月30日。

（二）

【参考答案】（1）A　（2）C　（3）C

61. 该公司2017年度的会计利润：6 000 + 1 800 + 200 - 3 500 - 500 - 320 - 900 - 700 - 180 + 100 - 300 = 1 700（万元）

62. 该公司2017年度的应纳税所得额 = 1 700 - 50 + 61 + 10 - 50 +（20 + 46）= 1 737（万元）。

纳税调整项目及其金额如下：

（1）广告费和业务宣传费扣除限额 =（6 000 + 1 800）× 15% = 1 170（万元），公司当年"销售费用"中的广告费和业务宣传费500万元可以税前全额扣除。此外，还可以全额扣除以前年度累计结转至本年的广告费和业务宣传费50万元。所以，广告费和业务宣传费的纳税调减金额 = 50（万元）。

（2）与生产经营活动有关的业务招待费，按照发生额的60%扣除，但最高不得超过当年销售（营业）收入的5‰。100 × 60% = 60（万元）>（6 000 + 1 800）× 5‰ = 39（万元）。所以，业务招待费的纳税调增金额 = 100 - 39 = 61（万元）。

（3）①逾期归还银行贷款罚息可以税前扣除，不须进行纳税调整。②支付非金融企业借款利息不超过按金融企业同期同类贷款利率计算的数额的部分，可以据实扣除，超过部分不得税前扣除。所以，支付非金融企业借款利息的纳税调增金额 = 20 - 200 × 5% = 10（万元）。

（4）国债利息收入免征企业所得税。所以，国债投资利息收入的纳税调减金额 =

50（万元）。

（5）①赞助支出，不得税前扣除。所以，赞助支出的纳税调增金额=20（万元）。②公益性捐赠支出当年度的扣除限额=会计利润1 700×12%=204（万元）。所以，公益性捐赠的纳税调增金额=250－204=46（万元）。

63. 该公司2017年度汇算清缴应补缴的企业所得税=1 737×25%－400=34.25（万元）。

（三）

64. 【参考答案】D

《中华人民共和国税收征收管理法实施细则》第八十六条规定："税务机关行使税收征管法第五十四条第（一）项职权时，可以在纳税人、扣缴义务人的业务场所进行；必要时，经县以上税务局（分局）局长批准，可以将纳税人、扣缴义务人以前会计年度的账簿、记账凭证、报表和其他有关资料调回税务机关检查，但是税务机关必须向纳税人、扣缴义务人开付清单，并在3个月内完整退还；有特殊情况的，经设区的市、自治州以上税务局局长批准，税务机关可以将纳税人、扣缴义务人当年的账簿、记账凭证、报表和其他有关资料调回检查，但是税务机关必须在30日内退还。"

65. 【参考答案】ABD

《税务行政复议规则》规定：公民、法人、其他组织对税务机关的"征税行为"不服的，应当先依法申请复议；对复议决定不服的，可以依法提起行政诉讼。

66. 【参考答案】B

《税务行政复议规则》第十九条规定："对下列税务机关的具体行政行为不服的，按照下列规定申请行政复议：（一）对计划单列市国家税务局的具体行政行为不服的，向国家税务总局申请行政复议；对计划单列市地方税务局的具体行政行为不服的，可以选择向省地方税务局或者本级人民政府申请行政复议。（二）对税务所（分局）、各级税务局的稽查局的具体行政行为不服的，向其所属税务局申请行政复议。"

67. 【参考答案】C

《行政强制法》第五十三条规定："当事人在法定期限内不申请行政复议或者提起行政诉讼，又不履行行政决定的，没有行政强制执行权的行政机关可以自期限届满之日起3个月内，申请法院强制执行。"

2021年税务综合能力检测试卷答案解析（二）

一、单项选择题

1. 【参考答案】B

（1）法律保留分为绝对保留和相对保留。绝对保留事项是指这些事项在任何时候只能制定法律进行规范，而不能由其他国家机关代为行使立法权。相对保留是指这些事项本应制定法律进行规范，但是在法律制定时机不成熟时，可以经全国人大常委会授权，由国务院制定行政法规，等到制定法律的时机成熟后再提请全国人大或常委会制定法律。（2）税收立法属于相对保留事项，现行税法中的国务院的各个暂行条例，是沿用了全国人大1984年、1985年对国务院的授权而制定的。

2. 【参考答案】C

本题考查的是行政行为的特征。行政主体实施行政行为，只要是在法律、法规的授权范围内即可自行决定和直接实施，而无须与行政相对方协商或征得其同意，这体现了行政行为的单方意志性。故正确答案是选项C。

3. 【参考答案】C

本题考查的是实施税收保全措施时的人权保障问题。根据《税收征收管理法实施细则》第五十九条第三款规定：税务机关对单价5000元以下的生活用品，不采取税收保全措施和强制执行措施。”故正确答案是C。

4. 【参考答案】A

《行政许可法》规定，行政许可所依据的法律、法规、规章修改或者废止，或者准予行政许可所依据的客观情况发生重大变化的，为了公共利益的需要，行政机关可以依法变更或者撤回已经生效的行政许可，由此给公民、法人或者其他组织造成财产损失的，行政机关应当依法给予补偿。

5. 【参考答案】B

受托方代收代扣的增值税、消费税，应该由受托方同时代收、代扣城建税，再根据扣缴义务人适用的城建税税率计算缴纳税款。城市维护建设税的适用税率，一般规定按纳税人所在地的适用税率执行，但有两种例外：由受托方代扣代缴增值税、消费税的单位和个人，其代扣代缴的城建税税率按受托方所在地税率执行；流动经营无固定地点的单位和个人，在经营地缴纳按经营地税率执行。

6. 【参考答案】D

对纳税人实施假报出口或者其他欺骗手段骗取出口退税的应当分情况定罪处罚。纳税人缴纳税款后，采取上述欺骗方法，骗取所缴税款的，按逃税罪定罪处罚；骗取税款超过所缴纳的税款部分，对超过部分以骗取出口退税罪论处。

7.【参考答案】C

在计算扣除项目金额时，房地产开发费用不是按照纳税人实际发生额进行扣除，而是计算扣除。开发费用主要指三大期间费用：管理费用、销售费用、财务费用。可扣除标准看财务费用是否能按开发项目分摊；能，则利息据实扣除，其他的以（取得土地使用权所支付的金额+房地产开发成本）的5%内扣除；不能按项目分摊的，所有的费用在（取得土地使用权所支付的金额+房地产开发成本）的10%内扣除。

8.【参考答案】A

税收规范性文件不可设定行政许可、行政审批等范围；省以下税务机关的税收规范性文件应当自发布之日起30日内向上一级税务机关报送备案；税收规范性文件可以使用“办法”“规定”“规程”“规则”等名称，但是不得称“条例”“实施细则”“通知”“批复”等。

9.【参考答案】D

城市维护建设税的计税依据是实际缴纳的增值税、消费税税额。滞纳金、罚款不是城市维护建设税的计税依据。

10.【参考答案】B

房产税在城市、县城、建制镇和工矿区征收，农村不属于房产税的征收范围；独立于房屋之外的建筑物，如变电塔、室外游泳池不属于房产，不征收房产税。

11.【参考答案】C

本题考查的是行政许可听证。听证不是行政许可的必经程序，行政许可听证还可以由行政机关依法启动，申请人、利害关系人申请组织听证不承担听证费用。故正确答案选C。

12.【参考答案】A

本题考查赔偿义务机关的确定。《国家赔偿法》第八条规定，经复议机关复议的，最初造成侵权行为的行政机关为赔偿义务机关，但复议机关的复议决定加重损害的，复议机关对加重的部分履行赔偿义务。本题中，复议机关决定维持原处罚决定，因此，承担赔偿责任的是某县税务局，纳税人应向某县税务局请求国家赔偿。

13.【参考答案】D

应纳税所得额是企业所得税的计税依据，按照企业所得税法的规定，应纳税所得额为企业每一个纳税年度的收入总额，减除不征税收入、免税收入、各项扣除以及允许弥补的以前年度亏损后的余额。

14.【参考答案】C

本题涉及的知识点是企业所得税的纳税人。根据《企业所得税法》规定，我国境内的企业和其他取得收入的组织为企业所得税的纳税人，个人独资企业和合伙企业不适用本法。

15. 【参考答案】A

本题涉及的知识点是企业所得税税前扣除。《企业所得税法实施条例》规定："企业发生的符合条件的广告费和业务宣传费支出，除国务院财政、税务主管部门另有规定外，不超过当年销售（营业）收入15%的部分，准予扣除；超过部分，准予在以后纳税年度结转扣除拓展：还有职工教育经费、公益性捐赠可以结转扣除。"

16. 【参考答案】D

应纳增值税 $=25.75/(1+3\%)\times3\%+11.33/(1+3\%)\times2\%+12.6/(1+5\%)\times5\%=1.57$（万元）。

17. 【参考答案】A

对个人出租住房，不区分用途，按4%的税率征收房产税；2019年1月1日至2021年12月31日，增值税小规模纳税人减按50%征收。应纳房产税 $=1\ 200\times12\times4\%\times50\%=288$（元）。

相关规定见《财政部 国家税务总局关于廉租住房、经济适用住房和住房租赁有关税收政策的通知》（财税〔2008〕24号）、《国家税务总局关于增值税小规模纳税人地方税种和相关附加减征政策有关征管问题的公告》（国家税务总局公告2019年第5号）。

18. 【参考答案】B

《行政诉讼法》第五十四条规定："人民法院经过审理，根据不同情况，分别作出以下判决：（一）具体行政行为证据确凿，适用法律、法规正确，符合法定程序的，判决维持。（二）具体行政行为有下列情形之一的，判决撤销或者部分撤销，并可以判决被告重新作出具体行政行为：1. 主要证据不足的；2. 适用法律、法规错误的；3. 违反法定程序的；4. 超越职权的；5. 滥用职权的。（三）被告不履行或者拖延履行法定职责的，判决其在一定期限内履行。（四）行政处罚显失公正的，可以判决变更。"

19. 【参考答案】C

土地使用权赠与、房屋赠与，由征收机关参照土地使用权出售、房屋买卖的市场价格核定计税依据。土地使用权出售、国有土地使用权出让，以成交价格为计税依据。以划拨方式取得土地使用权，经批准转让房地产时，应由房地产转让者补缴契税，计税依据为补缴的土地使用权出让费用或者土地收益。

20. 【参考答案】C

本题考查税务行政诉讼的管辖。《行政诉讼法》第十八条规定，行政案件由最初作出行政行为的行政机关所在地人民法院管辖。经复议的案件，也可以由复议机关所在地人民法院管辖。需要说明的是，故本题答案是C。

21. 【参考答案】B

外购的固定资产，以购买价款和支付的相关税费以及直接归属于使该资产达到预定用途发生的其他支出为计税基础；通过捐赠、投资、非货币性资产交换、债务重组等方式取得的固定资产，以该资产的公允价值和支付的相关税费为计税基础；融资租入的固定资产，以租赁合同约定的付款总额和承租人在签订租赁合同过程中发生的相关费用为计税基础，租赁合同未约定付款总额的，以该资产的公允价值和承租人在签订租赁合同过程中发生的相关费用为计税基础。

22. 【参考答案】C

我国新个人所得税法实行混合征收（综合与分类税制），累进税率与比例税率并用，费用扣除额范围较宽，采用定额扣除与定率扣除等多种方法，源泉扣缴与自行申报相结合。

23. 【参考答案】D

在我国境内收购烟叶的单位为烟叶税的纳税人；烟叶税的纳税义务发生时间为纳税人收购烟叶的当天；烟叶税实行比例税率，税率为 20%；烟叶税按月计征，纳税人应于纳税义务发生月终了之日起 15 日内申报并缴纳税款。

24. 【参考答案】A

铁路线路、飞机场跑道、水利工程占用耕地，减按每平方米二元的税额征收耕地占用税；纳税人实际占地面积小于批准占地面积的，按批准占地面积计税；耕地占用税的纳税人，是指在我国境内占用耕地建设建筑物、构筑物或者从事非农业建设的单位和个人。

25. 【参考答案】B

对充填开采置换出来的煤炭，资源税减征 50%。

二、多项选择题

26. 【参考答案】ABC

本题涉及知识点是税收违法行为及其法律责任。抗税行为主体可以是自然人纳税人和自然人扣缴义务人，也可以是单位纳税人和单位扣缴义务人的直接责任人员，但不能是单位本身。

27. 【参考答案】AC

本题考查举行税务行政处罚听证的法定情形。（1）税务机关对公民作出 2 000 元以上（含本数）罚款或者对法人或者其他组织作出 1 万元以上（含本数）罚款的行政处罚之前，应当向当事人送达“税务行政处罚事项告知书”，告知当事人已经查明的违法事实、证据、行政处罚的法律依据和拟将给予的行政处罚，并告知受处罚方有要求举行听证的权利。（2）税务行政处罚听证程序适用范围一般限于较大数额的罚款案件，其他如没收违法所得、停止出口退税权等税务行政处罚案件不适用听证程序。

28. 【参考答案】ACD

本题考查行政复议过程中有权收集证据的主体。按照行政法原理，行政机关作出具体行政行为应遵循“先取证，后裁决”的程序。行政机关对行政相对人作出行政决定，意味着行政机关已经取得确实充分的证据来支持该决定的合法性、正当性。因此，不允许在行政复议过程中，由被申请人再去调查取证来证明其决定的合法性、正当性。《税务行政复议规则》第五十九条规定，在行政复议过程中，被申请人不得自行向申请人和其他有关组织或者个人收集证据。《税务行政复议规则》第六十条规定，行政复议机构认为必要时，可以调查取证。

29. 【参考答案】BDE

本题考核行政行为。税务检查行为属于外部的、要式的、依职权的具体行政行为。行政确认是指行政主体依法对相对方的法律地位、法律关系和法律事实进行甄别，给予确定、认可、证明并予以宣告的具体行政行为。它是要式的、羁束的、依职权或依申请的具体的行政行为。

30. 【参考答案】ABC

本题考查行政许可的设定。《行政许可法》第十三条规定，本法第十二条所列事项，通过下列方式能够予以规范的，可以不设行政许可：（1）公民、法人或者其他组织能够自主决定的；（2）市场竞争机制能够有效调节的；（3）行业组织或者中介机构能够自律管理的；（4）行政机关采用事后监督等其他行政管理方式能够解决的。故正确答案是选项 A、B、C。

31. 【参考答案】ACD

32. 【参考答案】ACD

《增值税暂行条例》第十五条规定：“下列项目免征增值税：（一）农业生产者销售的自产农产品；（二）避孕药品和用具；（三）古旧图书；（四）直接用于科学研究、科学试验和教学的进口仪器、设备；（五）外国政府、国际组织无偿援助的进口物资和设备；（六）由残疾人的组织直接进口供残疾人专用的物品；（七）销售的自己使用过的物品。”

33. 【参考答案】ABC

本题考核点是消费税的视同销售及纳税环节。纳税人自产自用的应税消费品，用于连续生产应税消费品的，不纳税；用于其他方面的，于移送使用时纳税。自产自用的应税消费品，如需纳消费税，其纳税义务发生时间为移送使用的当天。

34. 【参考答案】BCD

35. 【参考答案】BD

选项 A、C 属于外购货物用于集体福利，不予抵扣进项税额。选项 D 属于既用于增值税应税项目也用于非增值税应税项目、免征增值税项目、集体福利和个人消费的固定资产，准予抵扣进项税额。选项 B 用于生产的货车准予抵扣进项税额。

36.【参考答案】ABD

《中国共产党章程》规定，始终做到“三个代表”，是我们党的立党之本、执政之基、力量之源。

37.【参考答案】BD

纳税人开采销售原油以销售额和价外费用作为资源税计税依据；选项C纳税人以自产的液体盐加工固体盐，按固体盐税额征税，以加工的固体盐数量为课税数量。

38.【参考答案】ACD

《企业所得税法》第三十四条规定：“企业的下列支出，可以在计算应纳税所得额时加计扣除：

（一）开发新技术、新产品、新工艺发生的研究开发费用；

（二）安置残疾人员及国家鼓励安置的其他就业人员所支付的工资。”

第三十一条规定：“创业投资企业从事国家需要重点扶持和鼓励的创业投资，可以按投资额的一定比例抵扣应纳税所得额。”

《实施条例》第九十七条规定：“企业所得税法第三十一条所称抵扣应纳税所得额，是指创业投资企业采取股权投资方式投资于未上市的中小高新技术企业2年以上的，可以按照其投资额的70%在股权持有满2年的当年抵扣该创业投资企业的应纳税所得额；当年不足抵扣的，可以在以后纳税年度结转抵扣。”

39.【参考答案】AB

C为比例税率和定额税率　D为开采或生产所在地。

40.【参考答案】AC。

《行政处罚法》第三十二条规定当事人有权进行陈述和申辩；《税务行政处罚听证程序实施办法（试行）》规定税务机关对公民作出2 000元以上（含本数）罚款或者对法人或者其他组织作出1万元以上（含本数）罚款的行政处罚之前应当向当事人送达“税务行政处罚事项告知书”告知当事人有要求举行听证的权利。

41.【参考答案】ABD

本题考查的是行政强制执行知识点。根据《行政强制法》第三十五条规定，行政机关作出强制执行决定前，应当事先催告当事人履行义务。催告应当以书面方式作出，并载明下列事项：（一）履行义务的方式；（二）履行义务的期限；（三）涉及金钱给付的，应当有明确的金额和支付方式；（四）当事人依法享有的陈述权和申辩权。故答案为ABD。

42.【参考答案】ABD

本题考查的是证据先行登记保存的情形。税务机关在依法进行税务调查或检查过程中，发现有下列情形之一的，可以决定采取证据先行登记保存：（1）被调查或检查单位或个人可能隐匿、转移、销毁、篡改或变卖证据的；（2）因受到自然条件或其他因素的限制，证据可能自然毁损或灭失的；（3）证据可能灭失或以后难以取得的其他情形。

43.【参考答案】BCD

本题考查税务复议前置的情形。复议与诉讼的关系主要有：一是选择复议。即具体行政行为的相对人或相关人对该行为不服时，可以选择复议，也可以直接向人民法院起诉。二是复议前置。即具体行政行为的相对人或相关人对该行为不服时，只能先按照规定申请行政复议，对复议决定不服再向人民法院起诉。法律对纳税争议在救济设置了“复议前置”的程序。根据《税收征收管理法》第八十八条规定，纳税人、扣缴义务人、纳税担保人同税务机关在纳税上发生争议时，必须先依照税务机关的纳税决定缴纳或者解缴税款及滞纳金或者提供相应的担保，然后可以依法申请行政复议；对行政复议决定不服的，可以依法向人民法院起诉。选项中税务机关作出的征税决定、不予减免税决定以及不予抵扣税款决定，都属于纳税争议范畴。纳税人不服，应当先依法申请复议，然后才能向人民法院起诉。而税务机关作出的行政罚款决定，不属于纳税争议范畴，对此不服可以申请行政复议，也可直接向人民法院起诉。

44.【参考答案】ABCD。

《财政部　税务总局关于进一步支持和促进重点群体创业就业有关税收政策的通知》（财税〔2019〕22号）规定，述人员具体包括：（1）纳入全国扶贫开发信息系统的建档立卡贫困人口；（2）在人力资源社会保障部门公共就业服务机构登记失业半年以上的人员；（3）零就业家庭、享受城市居民最低生活保障家庭劳动年龄内的登记失业人员；（4）毕业年度内高校毕业生。高校毕业生是指实施高等学历教育的普通高等学校、成人高等学校应届毕业的学生；毕业年度是指毕业所在自然年，即1月1日至12月31日。

45.【参考答案】ABCD

见《财政部 税务总局公告》2020年第8号。

三、判断题

46.【参考答案】√

《税收征收管理法》第四十五条规定，税务机关征收税款，税收优先于无担保债权，法律另有规定的除外；纳税人欠缴的税款发生在纳税人以其财产设定抵押。质押或者纳税人的财产被留置之前的，税收应当先于抵押权、质权、留置权执行。纳税人欠缴税款，同时又被行政机关决定处以罚款、没收违法所得的，税收优先于罚款、没收违法所得。

47.【参考答案】×

一事不再罚原则强调的是“对当事人的同一个违法行为，不得给予两次以上罚款的行政处罚”，这一原则并不排斥对当事人的同一个违法行为，行政机关依法给予两个种类以上的处罚。而本题中税务机关对非法印制发票的违法行为，处以没收非法所得和罚款的处罚，这是两个不同种类的行政处罚，并不是两次以上罚款的行政处罚。故不违反一事不再罚原则。

48.【参考答案】×

《资源税暂行条例》第十二条规定，纳税人应纳的资源税，应当向应税产品的开采或者生产所在地主管税务机关缴纳。纳税人在本省、自治区、直辖市范围内开采或者生产应税产品，其纳税地点需要调整的，由省、自治区、直辖市税务机关决定。

49.【参考答案】×

根据《行政处罚法》规定，税务机关在作出行政处罚决定之前必须充分听取当事人的意见，对当事人提出的事实、理由和证据，应当进行复核。如果当事人提出的事实、理由或者证据成立的，税务机关应当采纳。同时不得因当事人陈述申辩而加重对当事人的处罚。但是，如果行政相对人提出的事实、理由或者证据符合从轻、减轻或不予处罚情形的，税务机关可改变处罚幅度，依法从轻、减轻或不予处罚。

50.【参考答案】√

房产税在城市、县城、建制镇和工矿区征收。

51.【参考答案】√

52.【参考答案】×

本题考核点是对增值税会计核算健全的理解。会计核算健全，是指能够按照国家统一的会计制度规定设置账簿，根据合法有效凭证核算。

53.【参考答案】×

车船税按年申报，分月计算，一次性缴纳。纳税年度为公历1月1日至12月31日。

54.【参考答案】√

《税务行政复议规则》第三十四条规定，申请人对税务机关作出逾期不缴纳罚款加处罚款的决定不服的，应当先缴纳罚款和加处罚款，再申请行政复议。

55.【参考答案】×

企业从事海水养殖、内陆养殖项目所得，减半征收企业所得税。

56.【参考答案】√

印花税计税依据第12条。

57.【参考答案】√

土地、房屋权属以下列方式转移的，视同土地使用权转让、房屋买卖：以土地、房屋权属作价投资、入股；以土地、房屋权属抵债；以获奖方式承受土地、房屋权属；以预购方式或者预付集资建房款方式承受土地、房屋权属。

58.【参考答案】×

出租、出借房产，自交付出租、出借房产之次月起计征城镇土地使用税。

59.【参考答案】√

见《环境保护税法》的免税规定。

60.【参考答案】×

根据《公务员法》，定期考核的结果分为优秀、称职、基本称职和不称职四个等次。

四、综合题

（一）

61.【参考答案】BCD

本案中，检查人员一人检查程序违法，且在纳税人申辩后，随意加重处罚，并且未告知纳税人有要求举行听证的权利。《行政处罚法》第三十二条规定，行政机关不得因当事人申辩而加重处罚。第四十二条规定，行政机关作出责令停产停业、吊销许可证或者执照、较大数额罚款等行政处罚决定之前，应当告知当事人有要求举行听证的权利；当事人要求听证的，行政机关应当组织听证。

62.【参考答案】D

《行政处罚法》第三十九条规定，行政机关给予行政处罚，应当制作行政处罚决定书。行政处罚决定书应当载明行政处罚的履行方式和期限。第四十六条规定，当事人应当自收到行政处罚决定书之日起十五日内，到指定的银行缴纳罚款。银行应当收受罚款，并将罚款直接上缴国库。

63.【参考答案】A

《税务行政复议规则》第三十三条规定，申请人按照前款规定申请行政复议的，必须依照税务机关根据法律、法规确定的税额、期限，先行缴纳或者解缴税款和滞纳金，或者提供相应的担保，才可以在缴清税款和滞纳金以后或者所提供的担保得到作出具体行政行为的税务机关确认之日起60日内提出行政复议申请。

（二）

【参考答案】64. B　65. A　66. D

当月进项税额：

（1）$64\ 000 \times 13\% + 10\ 000 \times 9\% = 9\ 220$ 元；

（2）$515/1.03 \times 3\% = 15$ 元；

合计本月发生的进项税额 9 235 元。

当月销项税额：

（3）$40 \times 4\ 640/(1+13\%) \times 13\% + 10 \times 4\ 640/(1+13\%) \times 13\% = 26\ 690.27$ 元；

销项税额 = 30 × 2 320/（1 + 13%）× 13% = 8 007.08 元；

销项税额 = 10 × 9 280/（1 + 13%）× 13% × 60% = 6 405.66 元

当月销项税额合计：41 103.01 元。【参考答案】B.

当月应应缴纳的增值税额 = 销项税额 - 进项税额 - 上期留抵

= 41 103.01 - 9 235 - 6 120 = 25 748.01 元

【参考答案】67. D　68. C　69. B　70. A

（1）2018 年度企业会计利润总额 = 6 000 - 2 000 - 100 - 900 - 1 500 - 150 + 20 - 110 = 1 260（万元）。

（2）业务招待费，按照发生额的 60% 扣除，最高不得超过当年销售（营业）收入的 5‰；实际发生额 × 60% = 100 × 60% = 60（万元）＞6 000 × 5‰ = 30（万元），所以业务招待费纳税调增金额 = 100 - 30 = 70（万元）。

（3）广告费扣除限额 = 6 000 × 15% = 900（万元），企业“销售费用”纳税调整金额 = 1 000 - 900 = 100（万元）。

故业务招待费及广告费合计应调增 170 万元。

（4）利息费用可以税前扣除，但是不可以超过同期同类贷款银行利率计算的部分。可以在税前扣除的金额 = 300 × 5% = 15（万元）。所以，企业“财务费用”纳税调整金额 = 22 - 15 = 7（万元）。

（5）国债利息收入 20 万元免征企业所得税。

（6）公益性捐赠的扣除限额 = 1260 × 12% = 151.2（万元），无须调整公益性捐赠。

（7）2018 年该企业境内应纳税所得额 = 1 260 + 70 + 100 + 7 - 20 = 1 417（万元）。

（8）2018 年该企业应补缴纳企业所得税 = 1 417 × 25% - 284 = 70.25（万元）。